WORAN SIE GLAUBTEN –
WOFÜR SIE LEBTEN

WORAN SIE GLAUBTEN – WOFÜR SIE LEBTEN

365 Wegbegleiter für die Tage des Jahres

Ein Kalenderbuch

Herausgegeben von
Rudolf Englert

Kösel

ISBN 3-466-36391-8

© 1993 by Kösel-Verlag GmbH & Co., München
Printed in Germany. Alle Rechte vorbehalten
Druck und Bindung: Kösel, Kempten
Umschlag: Kaselow-Design, München
Umschlagfotos:
Vorderseite:
Albert Schweitzer (Archiv für Kunst und Geschichte, Berlin),
Maria Theresia (Süddeutsche Zeitung, München),
Käthe Kollwitz (Archiv für Kunst und Geschichte, Berlin),
Martin Luther (Archiv für Kunst und Geschichte, Berlin).
Rückseite:
Martin Luther King (Süddeutsche Zeitung, München),
Katharina von Siena (Kösel-Archiv),
Simone Weil (Kösel-Archiv),
Johann Sebastian Bach (Süddeutsche Zeitung, München).

2 3 4 5 · 97 96 95

Inhaltsverzeichnis

Vorwort 7

Januar 9

Februar 40

März 68

April 99

Mai 129

Juni 160

Juli 190

August 221

September 252

Oktober 282

November 313

Dezember 343

*Verzeichnis
der porträtierten Gestalten 374*

*Verzeichnis
der Autorinnen und Autoren 378*

Quellenverzeichnis 381

Vorwort

Wenn Bücher erzählen könnten! Erst sollte dieses Buch heißen: »365 Wege, sein Leben zu verlieren«. Eine Anspielung auf das Jesus-Wort bei Markus (8,35). Zu finster, hieß es im Verlag. Die Leser würden hinter diesem Titel eher einen Leitfaden zum Freitod vermuten. Also: Titel geändert. Der Umschlag sollte erkennen lassen, wie breit das Spektrum der in diesem Buch vorgestellten Personen ist: Von Thomas von Aquin bis Karl Marx, von Paulus bis Walter Benjamin, von Edith Piaf bis Therese von Lisieux... Warum also nicht einfach alle Namen kreuz und quer auf den Buchdeckel schreiben?! Kennt keiner, diese Namen, hieß es. Höchstens Karl Marx, und das führt dann auch wieder in die falsche Richtung. Also: Umschlag geändert. Markante Köpfe sollen die Leser und Leserinnen locken: Der unverkennbare Bloch mit seiner Pfeife vielleicht, der trutzige Luther oder eventuell die intellektuelle Simone Weil mit ihrer proletarischen Nickelbrille...
Der jetzige Umschlag wirkt nach mancherlei Veränderungen »schön«; doch so entschieden erbaulich und so rundherum positiv sind die 365 Skizzen zum Leben und Glauben »großer« und »kleiner« Menschen eben gar nicht. Im Gegenteil: Mancher vermeintliche Tugendheld erscheint hier ungewohnt schattiert – und kommt freilich gerade so näher. Manche bedeutungsschwere Persönlichkeit begegnet hier im menschlichen Normalmaß – und wird gerade so liebenswürdig.
Natürlich können solche Skizzen allenfalls *ein* Fenster auf das Leben und den Glauben eines Menschen öffnen. Natürlich muß auf nur einer Seite vieles ungesagt bleiben. Doch durchwegs spürt man das Bemühen der Autorinnen und Autoren, einem Menschen Gerechtigkeit widerfahren zu lassen, im Fragment einen Widerschein des Ganzen aufzufangen. So sind 365 literarische Miniaturen entstanden, die sich jeweils auch als Annäherungsversuche an das »Geheimnis« eines Menschen lesen lassen: Was war ihm/ihr wirklich wichtig? Welche Vision, welche Hoffnung, welcher Glaube hat ihn/sie getragen? Woraus hat er/sie Kraft geschöpft? Wofür hat er/sie sein Leben eingesetzt?
Gelegen war mir als Herausgeber auch an solchen Modellen des Lebens und Glaubens, die etwas deutlich machen von der großen Inspirationskraft des Evangeliums vom gekreuzigten Gottesknecht. Dieses Evangelium hat eine nunmehr fast 2000jährige Wirkungsgeschichte. Die Größe, aber auch die Ambivalenz seiner Wirkung zeigen sich vielleicht nirgendwo deutlicher als in der persönlichen Geschichte derer, die diesem Evangelium begegnet sind und es, auf welche Weise auch immer, wirklich ernst genommen haben. Auf welch unterschiedliche Weise! Vielleicht ist dies eine interessante Entdeckung, die das Buch Lesern versprechen kann: die unglaubliche Pluralität der Lebensform und -wege, zu denen der christliche Glaube Menschen der verschiedenen Zeiten und Räume bewegt.
Zusammengenommen eröffnen die 365 Skizzen einen weiten Rundblick auf die europäische Geistes- und Christentumsgeschichte; sie laden ein zu Zeit-Sprüngen, die freilich – selbst wenn sie auf der Linie der vermeintlich vertrauten christlichen Tradition geschehen – auch Befremdendes sehen lassen: Wie eng und hartherzig erscheint oft die »Mutter Kirche«, die gerade ihren phantasievollsten Aposteln, ihren kritischen Prophetinnen und Propheten, ihren hellsichtigsten Theologinnen und Theologen das Leben schwermachte und nicht selten die »Gemeinschaft« verweigerte. Wie sehr entfernt erscheinen heute manche Ausprägungen »christlichen Geistes« und religiösen Lebens... Wie nah aber rücken auf der anderen Seite manche lang Verkannten, bisher Fremden, vor allem, wo sie selbst zu Wort kommen (deshalb beziehen sich die Skizzen durchwegs auf eine – kursiv gesetzte – Originalpassage). Wo es zu solcher Nähe kommt, mag der ein oder andere der 365 Lebens-Wege zu weiterer Beschäftigung motivieren (vgl. dazu jeweils den Lesehinweis am Ende der Miniaturen) und schließlich sogar zum Begleiter des eigenen Weges: zum Weg-Begleiter werden.
Natürlich handelt es sich bei den 365 Personen um eine anfechtbare Auswahl. Natürlich hätten hier viele »eigentlich« noch hineingehört. Aber es gab mancherlei Zwänge – unabwendbare und selbstaufgelegte: Der Anlaß des Gedenkens, der einen Rahmen aus Geburts- und Todestagen entstehen ließ, welcher die Dispositionsmöglichkeiten natürlich schon deutlich einschränkte; das Kriterium, daß die ausgewählten Personen irgend etwas Schriftliches hinterlassen haben mußten, durch das man sie im Originalton vernehmlich machen könnte. (Dadurch sind leider vor allem viele Frauen »herausgefallen«.) Und schließlich die Frage, ob sich auch ein/e geeignete/r Autor/in finden lassen würde.

Den zahlreichen Autorinnen und Autoren, die an diesem Buch mitgewirkt haben, sei sehr herzlich gedankt: daß sie einen oder gar mehrere Beiträge zu einem »populären« Buch beisteuerten; daß sie – in vielen Fällen einschlägig ausgewiesene Expertinnen und Experten für »ihre/n« Wegbegleiter/in – sich nicht davon abhalten ließen, Laien-Lesern einen vielleicht ersten Zugang zu Augustinus, zu Mechthild von Magdeburg, zu Hildegard von Bingen, zu Albert Schweitzer usw. zu eröffnen. Dieses Buch bietet keineswegs immer leichte Kost. Mancher, der sich zum Lesen verführen ließ, wird vielleicht die ihm hier zugemuteten Mühen dann doch nicht zu beschwerlich finden, seine Wegbegleiterin/seinen Wegbegleiter zu finden…

Dank gebührt dem Kösel-Verlag, der dieses Buchprojekt von Anfang an gefördert hat, und vor allem dessen Lektor, Herrn Winfried Nonhoff, der selbst in »Stunden der Bedrängnis« seinen Witz nicht verlor.

Rudolf Englert

Geburtstag von Huldrych Zwingli (1484-1531) — 1. Januar

Wenige Wochen jünger als Martin Luther, ist Zwingli am 1. Januar 1484 im Bergdorf Wildhaus in der Grafschaft Toggenburg als Sohn des Ammanns (Bürgermeisters) geboren. Noch heute kann das Geburtshaus im Unterdorf besichtigt werden. Die Zeitgenossen beschreiben ihn als einen mittelgroßen Gebirgssohn mit einem fröhlichen, freundlichen, nüchternen, offenherzigen, gelegentlich auch heftigen Wesen. Seine Rede als Pfarrer von Glarus, Einsiedeln und Zürich empfand man als anschaulich und lebendig, nie grob, zuweilen aber ironisch. Geistig bestimmte ihn vor allem der Humanismus, den er als Schüler in Basel und Bern und als Student in Wien und Basel kennengelernt und angenommen hatte. Seit 1513 kündigt sich aber anderes und Neues an: Eine Zuwendung zum Neuen Testament jenseits von dessen »geheimem Sinn«, wie ihn der große Erasmus lehrte. »Du mußt ... den Sinn Gottes rein aus seinem einfaltigen Wort lernen.« Mit solcher Erkenntnis beginnt die schmerzliche Trennung vom Humanistenfürsten, der Reformen forderte und beim alten blieb. Aus dem der Kurie und dem Papst ergebenen Pfarrer und Feldprediger, dem Humanisten und Reformer wurde jetzt der Reformator, aus dem Begleiter der Glarner Landsknechte in der Schlacht von Marignano 1515 der Kämpfer gegen das Reislaufen* und das für die Oberschichten der eidgenössischen Stände lukrative Pensionswesen:

Gottes Wort muß Widerstand haben, damit man seine Kraft sieht. Wenn ein Pfarrer nur leisetritt und süß schwätzt, geht alle Gerechtigkeit und Freiheit zugrunde. Ich habe alle meine Anfeindungen daher, daß ich gegen Raub, Krieg und Gewalt kämpfe.

Der 1519 an das Zürcher Großmünster berufene Leutpriester wollte auch nicht mehr nach der herkömmlichen Perikopenordnung predigen, sondern in der Form einer fortlaufenden Auslegung biblischer Bücher, zuerst des Matthäusevangeliums. Dabei hoffte er auf den Beistand des Heiligen Geistes, den er unter ernstlichem Gebet und fleißigem Vergleich mit anderen Texten zu empfangen hoffte. Solche Auslegung »der Geschichte von Christus dem Heiland« handelte aber nicht nur von Gott und der Seele, sondern geriet nicht selten zu scharfer Polemik gegen kirchliche und weltliche Mißstände seiner Zeit, gegen Ablaß, fehlgeleitete, abergläubische Frömmigkeit, Götzendienst vor Bildern, Geiz und Unkeuschheit von Mönchen, aber auch gegen sämtliche Bündnisprojekte der Eidgenossen mit Frankreich und dem Papst und vor allem gegen das einträgliche Pensionswesen. Aus dem humanistisch gebildeten Reformer war der prophetische Reformator von Zürich geworden.

Nicht ohne Anstöße aus Wittenberg, aber durchaus eigenständig und in einem durchaus vom Kursachsen Luthers unterschiedenen Kontext ertönte jetzt aus Zürich die reformatorische Botschaft von Gerechtigkeit und Freiheit. Nicht die Befreiung des Gewissens von ewiger Verdammnis bestimmte aber das Zentrum der Botschaft des Schweizers, sondern die Freiheit von menschlichen Geboten. Sich ausschließende Gegensätze waren für Zwingli auch nicht das Gesetz und das Evangelium, sondern Menschenwort und Gotteswort. Dennoch wußte sich Zwingli zeitlebens dem Vorbild Luthers verpflichtet, des Mannes, der ihm anläßlich des Religionsgesprächs in Marburg 1529 die brüderliche Liebe versagte.

Im Jahr 1525 war es dann so weit, daß in Zürich die Reformation der Kirche an Haupt und Gliedern in Gang kam. Die Messe wurde abgeschafft. Es folgte die Austeilung des Abendmahls unter beiderlei Gestalt. Klöster und Stifte wurden zu Spitälern und Schulen. Das Klostergut floß in die Kassen für Bedürftige und Bedrückte. Zu den damit verbundenen harten Auseinandersetzungen mit den Altgläubigen kamen in diesen Jahren auch noch die Konflikte mit den Radikalen, den Täufern, denen die Reformation Zwinglis nicht weit genug ging. Siege und Niederlagen wechselten sich ab. Als es 1528 gelang, die mächtige Stadt Bern für die Reformation zu gewinnen, verschärften sich die Spannungen in der Eidgenossenschaft weiter: Am 9. Oktober 1531 erklären die fünf katholischen Orte (Schwyz, Uri, Unterwalden, Zug und Luzern) dem wenig gerüsteten Zürich und seinen Verbündeten den Krieg. Es kommt zur Schlacht bei Kappel am Albis. Zwingli, der Prediger des Friedens und der Feind des Reislaufens, stirbt als Soldat in der Schlacht. Sein Leichnam wird vom Henker geviertelt und verbrannt.

Lesehinweis: U. Zwingli, Wer glaubt, ist frei, Wien 1984

Glossar: *Die vom 16. bis 18. Jh. in der Schweiz verbreitete Praxis, sich als Söldner einer auswärtigen Macht zu verdingen.

Klaus Wegenast

2. Januar

Kirchlicher Gedenktag von Gregorios von Nazianz (330-390)

Gemessen an großen, in mancher Hinsicht geradezu »heroischen« Gestalten wie Origenes, Tertullian, Athanasios oder Augustinus nimmt sich Gregor ein wenig kleinformatig aus. Er ist ein Heiliger mit ganz unleugbaren Schwächen, der immer wieder redet, anstatt zu handeln, lamentiert, statt zu ertragen, ausführlich von sich selbst spricht, statt die Anliegen der anderen zu sehen. Mehrfach flüchtet er vor der ihm übertragenen kirchlichen Verantwortung in die Einsamkeit eines kontemplativen Lebens. »Mir ist das Leben«, so versucht er sich zu rechtfertigen, »ein Sturm, vor dem ich mich auf einem Felsen, einem Abhange, hinter einem Damme zu schützen suchte«. Er ist ein Jonas, der sich vor einer unbequemen Mission gerne drückt, ein »Zerrissener«, der nicht recht weiß, wo sein Platz ist. Gerade das bringt ihn uns freilich auch nahe, näher vielleicht sogar als manchen der anscheinend unbeugsamen Großen aus dieser Zeit.

Gregor ist der Sohn des Bischofs von Nazianz, aus »bester« Familie, gebildet an den renommiertesten Schulen, befreundet mit hervorragenden Persönlichkeiten (insbesondere Basileios) – so gesehen ein »Glückskind«. Daß dieser so Begünstigte in ganz außerordentlicher Weise fähig ist, mit denen zu fühlen, die ausgestoßen, krank, wie auch immer »arm« sind, hängt gewiß auch mit seiner eigenen Schwachheit zusammen. In bewegender Weise zeigt sich diese Fähigkeit zum Mitleid in Gregors Rede »Über die Liebe zu den Armen«. Gregor verfaßte sie vermutlich 373, anläßlich der Eröffnung eines Siechenhauses. Eindrucksvoll kontrastiert er das Elend der Armen (insbesondere der Leprakranken) und das Wohlleben der Reichen. Dann erinnert er daran, daß der Mensch alles, was er besitzt und an was er sich freut, von Gott hat:

Erkenne es, wer es dir gegeben hat, daß du bist, daß du atmest, daß du denkst, daß du – was das Höchste ist – Gott erkennst...! Erkenne, wer es dir gegeben hat, daß du Gottes Sohn, Erbe Christi und – um ein kühnes Wort zu gebrauchen – Gott selber bist! Woher kommt dir all das, wer hat es dir gegeben? Oder – um von dem Geringeren und dem Sichtbaren zu reden – wer hat dir die Möglichkeit gegeben, zu schauen die Schönheit des Himmels, den Wandel der Sonne, die Scheibe des Mondes, die Zahl der Sterne, die hier überall sich offenbarende, der Leier gleiche Harmonie und Ordnung, den Ablauf der Stunden, den Wechsel der Jahreszeiten, den Kreislauf der Jahre, die gleiche Verteilung von Tag und Nacht, die Erzeugnisse der Erde, das Luftmeer, die weite Fläche des bald entfesselten, bald ruhigen Meeres, die Tiefe der Flüsse, die Strömungen der Winde? ... Ist es nicht der, welcher jetzt von dir vor allem und für alles Barmherzigkeit verlangt? Nachdem wir von ihm so vieles bereits empfangen haben und noch erwarten, müssen wir uns da nicht schämen, daß wir Gott nicht einmal das eine Opfer, die Barmherzigkeit, bringen wollen?

Einige Jahre später rückt Gregor für kurze Zeit ins kirchenpolitische Rampenlicht, als er zum Metropoliten von Konstantinopel bestellt wird (381). Obwohl er diese Aufgabe für seine Verhältnisse ungewöhnlich beherzt angreift, endet schließlich doch auch dieses Intermezzo mit einem ziemlichen Desaster: Gregor tritt von seinem hohen Amt zurück und begibt sich für die letzten Jahre seines Lebens auf den Famlienbesitz in der Nähe von Nazianz. Hier kann er sich endlich wieder einem beschaulichen Leben widmen: »dem Fleisch und der Welt entrückt, in sich selbst versunken, mit Menschen nur, wo es notwendig ist, in Fühlung stehend«.

Lesehinweis: Gregor von Nazianz, Reden. Über den Frieden. Über die Liebe zu den Armen (bearb. v. M. Kertsch, übers. von Ph. Haeuser), München 1983

Rudolf Englert

Todestag von Anton Heinen (1869-1934)   3. Januar

Am 12. November 1869 in Buchholz (Eifel) geboren und 1893 in Köln zum Priester geweiht, wurde Anton Heinen nach Kaplansjahren in Mülheim/Ruhr und als Rektor eines Mädcheninternats in Eupen ab 1909 durch seine Tätigkeit als Referent für Apologetik beim »Volksverein für das katholische Deutschland«, dessen Zentrale sich in Mönchengladbach befand, zum Pionier christlicher Volksbildung. So wie es um die Mitte des 19. Jahrhunderts der dänische Reformer N.F.S. Grundtvig angeregt hatte, waren für Heinen nicht Massenvorträge das Mittel zur Volksbildung, sondern er verband in intensiven Gesprächen Menschen aller Schichten zu Arbeitsgemeinschaften.

Volksbildung sollte »Schule des Lebens« sein, nicht lebensfremde »Buchschule«. Die Formel »Volksbildung ist Volk-Bildung« weckte nach 1918, als die Volksgemeinschaft durch Klassen- und Parteiengegensätze zerrissen war, die Hoffnung auf neues Volksbewußtsein. Heinens Schriften, massenhaft verbreitet, machten die Vorstellungen von einem »organischen« Volksleben im deutschen Katholizismus der Weimarer Zeit populär. Das ab 1920 von Heinen in Paderborn geleitete Franz-Hitze-Haus wurde zum Modell katholischer Heimvolkshochschulen, wo in intensiven Gesprächen und durch den Stil des Zusammenlebens aktives politisches Handeln in Kirche und Staat eingeübt werden sollte.

In den zwanziger Jahren geriet Heinen in Opposition zur Bildungsarbeit der katholischen Vereine (zusammengeschlossen im »Zentralbildungsausschuß« unter Leitung Bernhard Marschalls, von Heinen ironisch »Bildungsmarschall« genannt). Eigenwillig, kritisch und unabhängig im Denken, scheute Heinen auch nicht die Kritik an kirchlicher Organisationsautorität. Die Universität Bonn promovierte ihn zum Ehrendoktor der Theologie. Heinen starb als Pfarrer in Rickelrath am 3. Januar 1934.

Gemeinschaft ist ... die höhere, beseelte Einheit, das innerlich von der lebendigen, organischen Kraft der Liebe, der Verbundenheit im Schicksal Zusammengehaltene. Gemeinschaft kann bloß da sein, wo eine Liebe, ein Gefühl der Zusammengehörigkeit, eine Bindung durch die Gewissen, ein Vertrauen ist, und die Einzelnen in eine höhere Einheit umgewandelt, in eine »andere Welt« verpflanzt hat.
Urzelle der Gemeinschaft ist die Familie und in dieser das Kind: Das Kind schafft seine Welt nicht mit Überlegung, etwa denkend, planend: »Jetzt will ich mir eine Welt schaffen.« Die Welt kommt vielmehr zum Kinde als Mutterlächeln, als Wiegenlied, als Vater, als Bruder und Schwester, als Stück Holz, als Hund und Katze, als Vogel und Blume, als Tag und Nacht, als Hungriger und Durstiger, als Schutzbedürftiger, als Suchender, Ergreifender und Abstoßender. Das Kind steht geistig nicht der Welt gegenüber als Fertiger einem Fertigen, als Subjekt einem Objekt, sondern als Ich einem Du. Man darf nicht denken, dem Kind sei seine Welt einfachhin geschenkt, und es habe nichts weiteres zu tun, als sie in Besitz zu nehmen. So einfach liegen die Dinge nicht. Eine Welt hat das Kind nur in dem Maße, als es sie in sich hineinläßt, aber zugleich Herr darüber wird.

An Heinens Denken wurde kritisiert, in ihm werde ein »Universalismus« der Familie vorausgesetzt, der für die vorindustrielle Welt charakteristisch gewesen sei, aber den Wandel zur kleinen Eltern-Kind-Familie nicht zur Kenntnis nehme, auch nicht das zunehmende Angewiesen-Sein der Eltern auf Erziehungseinrichtungen außerhalb der Familie. Heinens »organische« Auffassung von Gemeinschaft und Familie dokumentierte – vielleicht zum letzten Mal im 20. Jahrhundert – das soziale Bewußtsein der ländlich-bäuerlichen Bevölkerung, weckte aber auch ein neues Fragen nach den Wurzeln menschlicher Gesellung.

Lesehinweis: K. Bozek, Anton Heinen und die deutsche Volkshochschulbewegung, Stuttgart 1963

Franz Pöggeler

4. Januar — Todestag von Albert Camus (1913-1960)

Weder Krieg noch körperliche Krankheit noch Depressionen haben Albert Camus jemals vergessen lassen, was ihn die Jahre seiner Jugend unter südlichem Himmel, am Strand des Mittelmeeres, am Rand der Wüste gelehrt hatten: die Liebe zum Leben. »Sauver les corps – das Leben retten« – das war eines seiner Leitmotive, es war das Motiv seiner politischen Ethik. Ob er als junger Journalist 1939 in einer Artikelreihe das Elend in der Kabylei, jenem gottverlassenen Winkel des französischen Kolonialsystems, anklagte oder ob er 1946, wieder in einer Serie, wieder als Journalist, unter dem Titel »Weder Opfer noch Henker« politisch-moralische Reflexionen über die Nachkriegswelt und deren neue Ordnung anstellte oder ob er, als umstrittener und angefeindeter Schriftsteller, gegen das Gemetzel des Algerienkriegs zur Verständigung aufrief – immer ging es um die Rettung des körperlichen Lebens: vor Verachtung (durch Weltanschauungen) und Vernichtung (durch staatlich organisierten Mord).

Man hat Camus oft als eine Art Propheten des Absurden dargestellt. Solchen Interpreten hat er selbst entgegengehalten: »Wie können sie nur übersehen, daß nie zuvor ein solcher Schrei des Vertrauens zum Menschen lautgeworden ist?« Das war seine philosophische Position: Pessimismus in bezug auf die Conditio humana, aber Optimismus in bezug auf den Menschen, den er für besser hielt als sein metaphysisches Los. Und aus diesem Bekenntnis zum Menschen, aus dieser »Treue zur Erde« ergab sich für ihn die moralische Verpflichtung, »Fürsprecher des lebendigen Geschöpfs« zu sein, die er in seiner Nobelpreisrede im Dezember 1957 insbesondere dem Künstler zuschrieb.

Im letzten Jahrzehnt des 20. Jahrhunderts ist es vor allem Albert Camus' politische Ethik, die ihre Aktualität erweist. Was er in den leidenschaftlichen Debatten um die Neuordnung der (Welt-)Gesellschaft nach dem Zweiten Weltkrieg als Diagnose und Forderung an die Politik festhielt, zeugt von großer Sensibilität für die globalen Probleme. Daß er sich den Koalitionen zur Linken und zur Rechten verweigerte, verlieh seiner Position die Stärke des Moralisten, der sich keinem Fraktionszwang beugen muß. Es dürfte gut sein, sich beim Nachdenken über jedwede »neue Weltordnung« seiner zu erinnern:

Wir wissen heute, daß es keine Inseln mehr gibt und daß die Grenzen sinnlos geworden sind. Wir wissen, daß wir in einer in ständiger Beschleunigung befindlichen Welt, in der man den Atlantik in weniger als einem Tag überquert und in der Moskau binnen weniger Stunden mit Washington korrespondiert, zur Solidarität oder Komplizität gezwungen sind. In den vierziger Jahren haben wir gelernt, daß das Unrecht, das man einem Prager Studenten antut, gleichzeitig einen Arbeiter in Clichy trifft, daß das Blut, das irgendwo an den Ufern eines Flusses in Mitteleuropa verspritzt wurde, einen Bauern aus Texas dazu brachte, sein eigenes auf dem Boden der Ardennen zu vergießen, die er nie zuvor gesehen hatte. Es gab und gibt kein einziges isoliertes Leiden, keine einzige isolierte Tortur in dieser Welt, die nicht auf unser alltägliches Leben zurückwirkte...

Ebensowenig kann irgendein wirtschaftliches Problem, so zweitrangig es auch scheinen mag, außerhalb der Solidarität der Nationen gelöst werden. Das Brot für Europa wächst in Buenos Aires, und die Maschinen für Sibirien werden in Detroit gebaut. Heute ist die Tragödie kollektiv. Wir wissen also alle, ohne den Schatten eines Zweifels, daß die neue Ordnung, die wir suchen, nicht lediglich national oder kontinental sein kann. Sie muß universal sein...

Retten, was noch zu retten ist, um die Zukunft möglich zu machen – das ist gefordert, als Antrieb, Leidenschaft und Opfer...

Lesehinweis: Unter dem Zeichen der Freiheit. Camus-Lesebuch (hrsg. v. H. Wernicke), Reinbek 1985

Michael Laube

Morgen ist der Geburtstag von Gertrud von Helfta (1256-1302)

5. Januar

»Dem Herzen Jesu zuliebe: Zähneputzen. Sich den Hals waschen. Jeden Freitag eine frische Schürze umbinden. An jedem Herz-Jesu-Freitag die Frühmesse besuchen. Am zweiten Freitag nach Fronleichnam das Herz-Jesu-Fest würdig begehen. Das Herz Jesu in sich und sich im Herzen Jesu sein lassen.« In ihrem Roman »Klosterschule«, dem die Passage entnommen ist, beschreibt die österreichische Schriftstellerin Barbara Frischmuth eine Art Abrichtungsprozeß: Ein junger Mensch soll sich in das religiöse Sprachspiel einer geschlossenen Gesellschaft fügen. Szenen aus den fünfziger Jahren, die vielen heute wie Geschichten aus einer versunkenen Welt vorkommen. Zähneputzen um des Herzens Jesu willen – nicht zu glauben. Die »Erfinderin« der sogenannten »Herz-Jesu-Frömmigkeit«, die den meisten von uns heute völlig fremd geworden ist und die in Frischmuths »Klosterschule« auf eine heute kurios anmutende Weise trivialisiert wurde, ist Gertrud von Helfta. »Das Herz Jesu in sich und sich im Herzen Jesu sein lassen« – das ist tatsächlich das, worum es Gerturd im wesentlichen ging. Für Gertrud ist diese Intention freilich die reifste Frucht eines mystischen Begegnungsgeschehens mit ihrem Herrn Jesus Christus, dem »Heil und Licht« ihrer Seele. Diese Begegnung verdichtet und versinnbildlicht sich in der Vereinigung ihrer beider Herzen: Jesu durchstoßenen Herzens, dem Symbol seines erlösenden Leidens, und Gertruds verderbten Herzens, Sinnbild des Menschen als eines »Gefäßes aus Lehm«. Durch diese Vereinigung und die ihr darin zuteil werdende Nähe und Zuneigung Jesu Christi wird das Herz Gertruds geläutert, eine Erfahrung, die sie in ihrem Bekenntnisbuch des »Gesandten der göttlichen Liebe« (Legatus divinae pietatis) immer wieder überschwänglich preist:

Kurz nach Beginn meines sechsundzwanzigsten Lebensjahres kam jener Montag vor dem Fest der Reinigung. ... Du hast mich in mein Innerstes geführt, – dies war mir bis zu jener Stunde unbekannt. Und dann begannst du, in mir zu wirken wunderbar und voller Geheimnis. Du hast mich so verwandelt, daß du in Hinkunft wie im eigenen Hause ein Freund mit dem Freunde oder der Bräutigam mit der Braut vertrauten Umgang hast, so du in meinem Herzen mit meiner Seele deine Freude finden könntest.

Gertrud macht die Erfahrung, durch die Begegnung mit Jesus zuinnerst, in ihrem Herzen, verwandelt zu werden. Sie erlebt diese Verwandlung als Befreiung zu ihrem eigentlichen Leben, eben völlig anders als die Klosterschülerin Frischmuth, die den ständigen Verweis auf das Herz Jesu als Teil einer Fremdherrschaft empfindet. So wird Gertrud zu einer starken Frau, die ihre eigenen körperlichen Leiden auszuhalten vermag und offen ist für die Nöte ihrer Nächsten. Die hochgebildete Nonne, die bereits mit fünf Jahren in das zu den geistigen Zentren ihrer Zeit zählende Zisterzienserinnenkloster Helfta (Gertrud von Hakeborn, Mechthild von Hackeborn, Mechthild von Magdeburg) gegeben wurde, deren Wissensdurst ungeheuer und deren Beredsamkeit groß gewesen sein müssen und die sich in ihren jungen Klosterjahren darauf wohl durchaus auch etwas einbildete, wird schließlich stark genug für die Demut.

Lesehinweis: Erhebe dich, meine Seele. Mystische Texte des Mittelalters (ausgew. u. hrsg. v. J. Lanczkowski), Stuttgart 1988 (Reclam UB 8456)

Rudolf Englert

6. Januar — Todestag von Hanns Lilje (1899-1977)

»Rechenschaft einer Haft« lautet der Untertitel von Hanns Liljes Erinnerungen an seine Zeit in den Gestapo-Gefängnissen von August 1944 bis zum Kriegsende. Lilje, Jahrgang 1899, war als Pfarrer der Bekennenden Kirche in Verdacht geraten, zumindest Mitwisser der Verschwörer des 20. Juli 1944 zu sein. Verdächtig war er als Vizepräsident der World Christian Federation (1932-1935) und Generalsekretär des Lutherischen Weltkonvents (1935-1945) den kleinbürgerlichen Schergen der nationalsozialistischen Terrorjustiz schon alleine wegen seiner Auslandsbeziehungen. Vielleicht hat diese Verbindung mit der weltweiten Kirche verhindert, daß er – wie viele seiner Mithäftlinge – hingerichtet wurde. Die Erfahrung der Todesnähe führte ihn in Selbstprüfungen, die für seinen späteren Lebensweg prägend geblieben sind:

Die Zelle in diesem modernen Gefängnis (Tegel) ist zwar kleiner als die in der Lehrter Straße, man kann nur fünf Schritte in der Längsrichtung machen, aber sie ist ganz sauber, und wenn in diesen lichten Herbsttagen die Sonne hereinfällt, liegt etwas von der kargen klaren Schönheit einer Mönchszelle über ihr. Je deutlicher mein Schicksalsweg wird, desto stiller wird es um mich und in mir. Die Welt versinkt, die Stimmen des Tages schweigen ... Löffel und Napf, Tisch und Pritsche – es sind ganz wenige, einfache Dinge, die um mich geblieben sind. Es ist nichts Aufregendes und Zerstreuendes mehr da. Mein Geist ist ganz ausgeruht und frei für die wesentlichen Eindrücke.
Der Strom der Zeit zieht in ruhiger, mächtiger Bahn frei und gelöst auf Gott zu. Eigentlich tut er es immer; aber mir sind hier in der Stille die Organe zuteil geworden, es deutlicher zu erkennen. Mir ist erlaubt, jenen Streifen Landes am Strande der Zeit zu betreten, auf den schon ein Schein der anderen Welt fällt. Ich habe nicht gewußt, daß ein Dasein, das noch ganz irdisch und menschlich ist, schon so offen sein kann für die Welt Gottes. Gesegnete Stille. Gesegnete Einsamkeit. Gesegnete Haft.
Und nun beginnt die große Revision. Das ist zunächst Schritt für Schritt ein Weg in die Tiefe. Bild um Bild steigt aus der Vergangenheit auf, längst vergessene Szenen aus völlig vergessenen Winkeln. Ich habe nicht gewußt, daß in der Todesnähe die eigene Vergangenheit mit solch plastischer Anschaulichkeit vor unser geistiges Auge treten kann, und ich ahne von Ferne, wie es sein wird, wenn am jüngsten Tage unser Leben vor den Augen des ewigen Richters liegen wird wie ein aufgeschlagenes Buch. Ich verstehe zum ersten Male die unheimliche Wirklichkeit des Psalmwortes: »Unsere unerkannte Sünde stellst du ins Licht vor deinem Angesicht.« Was steigt da alles aus dem Brunnen der Vergangenheit auf! ... Welche Kette dunkler Erinnerungen ergibt das, wenn wir zum ersten Male nicht im milden Lichte bürgerlicher Maßstäbe, sondern im Angesichte der Ewigkeit unseren bisherigen Weg überschauen ... Es ist ein Gefühl völliger Wehrlosigkeit gegenüber der eigenen Vergangenheit; nichts, keinen einzigen Handschlag kann ich mehr an ihr ändern, mit unabänderlicher Abgeschlossenheit steht sie da. Aber es ist gerade dies Gefühl völliger Wehrlosigkeit, das mir den Weg zu Gottes Erbarmen öffnet.

Als Mitunterzeichner der Stuttgarter Schulderklärung vom 18./19. Oktober 1945 wurde er Bischof der evangelisch-lutherischen Landeskirche Hannovers (1947-1971) und bald auch wieder in internationale Organisationen berufen, zuletzt als Mitglied des Präsidiums des Weltrates der Kirchen. Sein Anliegen war das Reich Gottes, das keine Grenzen kennt, »eine Wirklichkeit, die über bloße menschliche Zweckmäßigkeitsplanung weit hinausreicht. Ich glaube eine Communio Sanctorum«. So schließt er seinen Lebensbericht (»Memorabilia. Schwerpunkte eines Lebens«). Das Bewußtsein, daß alle Christen und Menschen den *einen Gott* zum Gegenüber haben, vor dessen Liebe und Gerechtigkeit die historisch bedingten Unterschiede ihre nur relative Bedeutung offenbaren, hat seiner vom Elternhaus vermittelten direkten Art, mit Menschen umzugehen, die geistliche Weite gegeben, die seine Zeitgenossen an ihm erstaunte. Ein bißchen Heiliger, erdverbundener Niedersachse, Weltenbürger zugleich, ein Bischof, der nicht verleugnet hat, daß er aus kleinen Verhältnissen stammte, und der sich auch als Abt des evangelischen Zisterzienserklosters Loccum die Fähigkeit bewahrte, mit der Bevölkerung des Dorfes, das zum Stiftsbezirk gehört, freundschaftlichen Umgang zu pflegen, ohne daß seine bischöfliche Würde einen Kratzer bekommen hätte.

Lesehinweis: H. Lilje, Im finstern Tal. Rechenschaft einer Haft, Hannover 1985

Jörg Ohlemacher

Todestag von Paul Schulte (1895-1974) *7. Januar*

Eigentlich steht am Anfang seiner Geschichte als Ordensmann und Missionar ein Motiv, das so manchen in seiner Zeit bewegt: in fernen Landen vielen Seelen helfen zu können, damit die vielen und vielleicht auch die eigene in den Himmel finden. Doch dann entdeckt der junge Schulte – noch Theologiestudent – im letzten Kriegsjahr (1917) seine Leidenschaft für die Fliegerei. Als Oblatenpater im Sommer 1925 zur Volksmission nach Berlin versetzt, nutzt Schulte die Gunst der Stunde – gleichsam als »wundersame Fügung der Vorsehung Gottes« – und erneuert seine ungültig gewordene Fluglizenz. Er träumt von der »Einführung des Missionsflugzeuges«. Seine Ordensoberen sind von dieser Idee zunächst nicht sehr begeistert. Aber Schultes westfälische Beharrlichkeit, ein Redevermögen, das »auf jeden Pott 'nen Deckel« weiß, und abermals die Hilfe der Vorsehung öffnen den Weg: Im damaligen Südwestafrika ist ein Freund und Mitbruder durch die Kärrnerarbeit auf einer der Missionsstationen umgekommen. Schulte wagt sich mit seiner Idee vor:

Wäre ich nur mit einem Flugzeug drüben – jenseits des großen Wassers – gewesen, und wäre es nur ein altes Schulflugzeug, so hätte ich meinen Freund wohl retten können. Der nach einer Expedition schwer Erkrankte hätte in zweieinhalb Stunden einem europäisch eingerichteten Krankenhaus zugeführt werden können. So starb er allein, in heidnischer Umgebung, ohne Priester. Ja, wenn ihm statt der Ochsen- und Mauleselkarawane, mit der er an manchen Tagen trotz der größten Anstrengungen nur zehn Kilometer voran kam, gleich für dreihundertneunzig Kilometer Hinreise ein Flugzeug zur Verfügung gestanden hätte, wäre er ja gar nicht ermüdet. Die für ihn so verhängnisvoll endende Expedition wäre auf dem Luftwege eine Erholung gewesen. Es ist ein Jammer, zusehen zu müssen, wie die Besten sterben, obschon ein geeignetes Verkehrsmittel vorhanden ist, um so vielen Missionaren das Leben zu erhalten. Wahrhaftig, die Einführung des Missionsflugzeuges ist von missionspraktischer Bedeutung! Tausend Hände sehe ich bittend zu uns herübergestreckt, aus den Urwäldern Afrikas, aus dem Inselgebiet Australiens, aus den Schneehütten der Eskimos, den Savannen Südamerikas, Bitten der Unkultur an die Kultur: »Kommt herüber und helft uns mit sicheren, schnellen Verkehrsmitteln – Kraftwagen, Motorbooten und Flugzeugen!«

Im Frühjahr 1927 ist Schulte am Ziel: In Köln wird die »Miva«, die Missions-Verkehrs-Arbeitsgemeinschaft gegründet. Neben Konrad Adenauer als 1. Vorsitzenden wird er deren geschäftsführendes Vorstandsmitglied und technischer Leiter. Als rühriger Manager sorgt er sich von nun an um die »Beschaffung und (den) Betrieb von modernen Verkehrsmitteln für die katholischen Missionen«. Und umgeben von der Aura eines »tollkühnen Mannes in seiner fliegenden Kiste« wird er zum »fliegenden Pater«, der für seine Sache selbst einsteht.

Dabei bleibt auch er nicht unberührt vom Zeitgeist. Im Nachwort seines 1934 erschienenen Büchleins schlägt er kräftig nationalistische Töne an, (die er bei der Neuauflage dieses Bändchens nach dem Krieg tilgt). Auch seine Wertung der Kulturen in Übersee als »Unkultur« klingt heute eher befremdlich. So sind Schultes pastorales Selbstverständnis und sein fliegerisches Heldentum Ausdruck einer zurückliegenden Epoche kirchlicher Missionsarbeit. Beeindruckend und notierenswert aber bleiben sein Pioniergeist und seine Unerschrockenheit – menschliche wie christliche Tugenden, die wir auch heute dringend brauchen …

Lesehinweis: P. Schulte, Der fliegende Pater. Das Werk eines modernen Missionars, Berlin 1934

Michael Mingenbach

8. Januar — Todestag von Galileo Galilei (1564-1642)

Als am 8. Januar 1642, gegen vier Uhr morgens, in der kleinen Ortschaft Arcetri, unweit von Florenz, Galileo Galilei verstarb, war dies nicht nur der Heimgang eines großen Gelehrten und eines kämpferischen Geistes. Im Morgengrauen jenes Tages endete auch ein langes Leben voller Schmerzen. Krankheiten hatten Galilei seit seiner Jugend begleitet. Mit fünfzehn Jahren kommt ein Augenleiden zum Durchbruch, das ihm immer wieder Probleme bereitet. Im dreißigsten Lebensjahr zieht er sich zusätzlich eine schwere Arthritis zu; auch von ihr wird er immer wieder befallen. Die letzten Lebensjahre verbringt er schließlich in völliger Dunkelheit, seit im Jahre 1637 zuerst sein rechtes, dann auch sein linkes Auge völlig erblindet ist.

Diese Seite seines Schicksals hat die Nachwelt weniger in Erinnerung behalten. Man kennt Galilei als einen der bedeutendsten Forscher und Gelehrten, der engagiert, mit brillanter Rhetorik, nicht selten auch mit ätzender und verletzender Schärfe in einer der großen Umbruchzeiten der europäischen Geschichte Position bezogen hat. Die Umwälzungen wurden durch wissenschaftliche Beobachtungen vorangetrieben, die infolge neuer technischer Geräte, wie beispielsweise des Teleskops, bislang unbekannte Ausmaße annahmen. Dabei kam es zu Entdeckungen, die sich nicht mehr in die herkömmlichen Weltdeutungsmuster einfügen ließen.

Die großen Gelehrten seiner Zeit waren aufgewühlt von den Widersprüchen, die zwischen dem traditionellen, stark von Aristoteles geprägten Modell von Welt und Kosmos und den neuen Theorien eines Kopernikus oder eines Tycho Brahe bestanden. Welche unausdenkbaren Konsequenzen für den christlichen Glauben würde es nach sich ziehen, wenn sich die Basisannahmen bisheriger Wissenschaft in ihren Grundfesten als nicht tragfähig erwiesen! Welche beängstigenden Auswirkungen waren angesichts des rapiden Vertrauensverlustes zu befürchten, dem die kirchlichen und weltlichen Autoritäten durch die Gemetzel des Dreißigjährigen Krieges ausgesetzt waren! Die Zeichen der Zeit standen infolge der konfessionellen Spaltung des Abendlandes auf Sturm.

Es ist wohl richtig, daß Galilei kein Interesse an diesen Zusammenhängen hatte. Auch in seinen wissenschaftlichen Behauptungen war manches unausgegoren und widersprüchlich, die Art, mit seinen Gegnern umzugehen, war bisweilen in unverständlicher Weise hart und verletzend. Aber dies rechtfertigt nicht die Intrigen gegen ihn, nicht die Halbwahrheiten und schon gar nicht die Fälschungen und Lügen, die seine Geschichte zum »Fall Galilei« machten. Und dies rechtfertigt nicht das Vorgehen der Inquisition, vor der er seine Erkenntnisse schließlich widerrief. Keine nachträgliche Rehabilitierung, wie sie endgültig erst durch Papst Johannes Paul II. im Jahre 1979 erfolgte, mindert die menschliche Tragik dieses Mannes, die Friedrich Dessauer anläßlich des 300. Todestages inmitten des Zweiten Weltkrieges so eindringlich bedauert hat:

Das Unglück kam, ein falsches, ein hartes, ein ungerechtes Urteil. Die Größe des Unglücks ist es, die uns angeht. Ein Mensch wird Opfer. Ein bedeutender, ungemein starker, leidenschaftlicher Denker. Ein Mensch mit guten Eigenschaften und mit Schwächen. Von kindlich-naiver – und darum erträglicher Eitelkeit; des Echos bedürftig und darum bedacht auf Resonanz der Umgebung. Fromm und gläubig – ohne Wanken – bis zum Tode, doch derben Erdenfreuden manchmal geneigt. In Glück und Unglück allzu sehr bewegt. Einsicht seiner eigenen Schwächen, doch ohne starken Willen, dagegen zu kämpfen. Kein Weiser, kein Menschenkenner, nicht egoistisch – eher verschwenderisch –, aber stark egozentrisch. Unbändig stark im offenen Kampf der Debatte, hilflos, ratlos gegen verborgenen, nur geahnten Feind.

Lesehinweis: K. Fischer, Galileo Galilei, München 1983

Ferdinand Angel

Gestern war der Geburtstag von Walter Dirks (1901-1991)

9. Januar

Den Roten gilt Walter Dirks als zu schwarz, den Schwarzen als zu rot. Er läßt sich nicht leicht in ein Lager einordnen – weder politisch noch kirchlich. Dirks ist viel zu ehrlich, um feige unentschieden zu sein. Er versteht sein Arbeiten als Publizist und Journalist als »Geschäftsführung ohne Auftrag«. Er mischt sich ein, ohne fremde, externe Legitimation: weder von Staat oder Partei, noch von einer Kirche. Sagen, was ist – darin besteht sein Geschäft. Er versieht es in der Perspektive der bürgerlichen und proletarischen Aufklärung und im Geist des Evangeliums. Gemeinwohl, pragmatische Wahrheit und die Zuwendung zum Publikum aus gemeinsamer Betroffenheit heraus, das sind die ethischen Elemente seines schriftstellerischen Handelns. Wer so selbstverantwortlich und frei wirkt, ist unbequem. Dirks war es als Redakteur linkskatholischer Tageszeitungen während der Weimarer Republik, er war es auch als Kritiker der aufkommenden NSDAP. Die »Frankfurter Hefte« waren unbequem als Schleuder und Stein in seiner Hand im Kampf gegen den restaurativen Charakter der Kanzlerepoche Konrad Adenauers im Wirtschaftwunderdeutschland. Und unbequem blieb Dirks als Kulturchef des WDR. Als sich das Establishment in Reaktion auf die RAF-Anschläge in der Wagenburg von »law and order« verschanzte, plädierte Dirks in einem internen Positionspapier für Dialog und linke Parteilichkeit:

Worauf läuft das hinaus? Eine Antwort wäre: auf mehr Parteilichkeit. Wenn nur ein gewisser Realitätsgehalt in meiner Sorge steckt, kann ich mich nicht mehr als alter, weiser Journalist ... »oberhalb« der pluralen Gesellschaft aufhalten, zwar in vielen Dingen relativ beteiligt als etwas »der SPD nahestehend«, als Freund mancher CDU-Leute, die Kritiker von Barzel und Strauß sind, als behutsamer Sympathisant der ernsthaft »human-liberalen« Tendenzen in der FDP, als Kritiker des Kapitalismus und vieler Kapitalisten, als mehr oder weniger realistischer Reformer undsoweiter undsofort, – sondern dann kommt die Zeit, wo ich Farbe bekennen muß, wo ich mich genötigt sehe, die Gesellschaft in Freunde und Feinde einzuteilen, sich mit den Freunden zu solidarisieren – was Kritik an ihnen und Streit mit ihnen nicht aus-, sondern einschließt. Denn: »Gefahr ist im Verzug«, – und wenn der Faschismus kommt, will ich nicht als Unterlasser mitschuldig gewesen sein. Daß alle Differenzierung zugleich bleibt, Kritik an den »Gleichgesinnten«, Verständnis der Gegner, Sachlichkeit der Argumente, ist ebenso klar – aber diese »weise« Differenzierung bekommt in der neuen und neuerkannten Polarisierung neuen Stellenwert.

Für Dirks bleibt die schwierigste Leistung der Intellektuellen, »die Leidenschaft der Analyse und Kritik mit der Leidenschaft zur Integration zu verbinden«. Als alter Mann bemerkt der Vater von vier Töchtern im Alterssitz des Ehepaars in Wittnau bei Freiburg, daß er nicht nur milder, sondern auch radikaler geworden sei. Und das meint auch: treu zur Wahrheit, die auf die politischen Realitäten hin auszubuchstabieren ist.

Lesehinweis: W. Dirks, Der singende Stotterer. Autobiographische Texte, München 1983

Wilfried Köpke

10. Januar — Todestag von Ignaz von Döllinger (1799-1890)

Das öffentliche Leben Ignaz von Döllingers umfaßt drei etwa gleich lange Perioden. Die erste ist geprägt von seinem Kampf für die römische Kirche. Ihre Freiheit und die Emanzipation der Katholiken in Deutschland schien ihm nur durch konfessionelle Profilierung und Absetzung von den Protestanten möglich. Während die katholische Kirche auf dem Fundament der Apostel beruht, war für den jungen Döllinger jede andere Kirche wie »ein aus der Erde hervorgewachsener Pilz«.

In der zweiten Epoche seines Wirkens wird eine zunehmend schärfere Kritik am römischen Ultramontanismus erkennbar, in dem er nun einen Bruch mit der Alten Kirche erblickte. Gleichzeitig trat für Döllinger der Gedanke der christlichen Einheit immer mehr ins Zentrum seiner Bemühung. So formulierte er in seiner Rede über »die Vergangenheit und Gegenwart der katholischen Theologie« (1863):

Uns (= den Deutschen) allein unter allen Völkern ist das Geschick widerfahren, daß das scharfe Eisen der Kirchentrennung mitten durch uns hindurchgegangen ist und in zwei fast gleiche Hälften uns zerschnitten hat, die nun nicht voneinander lassen und doch auch nicht recht miteinander leben können. Zwei Hälften, sage ich, die sich in des Herzens Tiefe nach Wiedervereinigung sehnen ... Sollte die deutsche Theologie nicht als der Speer des Telephos sich erweisen können, welcher die Wunde erst schlägt und dann heilt? Deutsche Theologen sind es gewesen, welche die Spaltung begonnen, welche das Feuer der Zwietracht entzündet und es seitdem, emsig Holz zusammentragend, genährt haben ... So hat denn auch die deutsche Theologie den Beruf, die getrennten Konfessionen einmal wieder in höherer Einheit zu versöhnen ... Nur derjenige will wirklich einen Zweck, der auch die Mittel will, ohne deren Anwendung der Zweck nicht erreichbar ist, und dieses sein Wollen durch die Tat kundgibt. Die Mittel aber heißen hier: Demut, Bruderliebe, Selbstverleugnung, aufrichtige Anerkennung des Wahren und Guten, wo es sich auch findet, gründliche Einsicht in die Gebrechen, Schäden und Ärgernisse unserer eigenen Zustände und ernstlicher Wille, die Hand anzulegen zu ihrer Abstellung.

Die offizielle katholische Kirche ging in der zweiten Hälfte des 19. Jahrhunderts andere Wege, geprägt von Abgrenzung, Verdächtigung und Verurteilung aller neuzeitlichen Entwicklungen. In diesem Rahmen ist auch die Dogmatisierung der päpstlichen Unfehlbarkeit und des Universalprimats durch das I. Vatikanische Konzil zu sehen, in denen Döllinger einen dogmatischen Bruch mit der Alten Kirche und ihrer Botschaft erblickte. Er konnte diesen Dogmen nicht zustimmen und wurde darum im April 1871 feierlich exkommuniziert.

Döllingers dritte Schaffensperiode ist eng mit dem Entstehen des Altkatholizismus verbunden. Er hat die altkatholische Bewegung geistig und moralisch mitgetragen, wollte aber verhindern, daß sie zu einer Kirche wird und damit das Schisma institutionell verfestigt. Er verstand sich als wegen seiner Glaubenstreue zu unrecht exkommunizierter Katholik. Aber eine ungerechte Exkommunikation schädigt, wie die Kirche immer lehrte, nicht den Betroffenen, sondern den Exkommunizierenden in seinem Seelenheil. Darum war Döllinger auch nach seiner Exkommunikation bereit, Katholiken, denen wegen ihrer Ablehnung des Konzils die Sakramente verweigert wurden, seelsorglich beizustehen.

Lesehinweis: J. Finsterhölzl, Ignaz von Döllinger, Graz 1969

Peter Neuner

Todestag von Lambert Beauduin (1873-1960) *11. Januar*

Auf dem fünften Katholikentag zu Mecheln am 23. September 1909 hielt der belgische Benediktiner Lambert Beauduin aus der Abtei Kaiserberg zu Löwen ein Referat: »La vraie prière de L'Église«. Er nannte die Liturgie das wahre Gebet der Kirche, das Band der Einheit zwischen Priester und Volk und das große Instrument der kirchlichen Verkündigung. Er sprach von der Notwendigkeit, die Liturgie zu einer Angelegenheit des ganzen Volkes zu machen. Die von ihm vorgeschlagenen Entschließungen waren: eine weite Verbreitung muttersprachlicher Übersetzungen der Meß- und Vespertexte mit dem Ziel, das Missale zum Volksgebetbuch zu machen und die Gläubigen während der verschiedenen Gottesdienste auf das Verrichten privater Gebete verzichten zu lassen; Durchdringung aller Frömmigkeit von der Liturgie her. Zum Leitwort seiner pastoral-liturgischen Arbeit hat Beauduin die »tätige Teilnahme« (»actuosa participatio«) der Gläubigen an der Liturgie gemacht. Dieses Wort hat er aufgegriffen aus einem Schreiben Pius' X. über die Kirchenmusik (1903), in dem der Papst die »aktive Teilnahme an den Mysterien und dem öffentlichen und feierlichen Gebet der Kirche« fordert. Diese päpstlichen Worte gaben Beauduins pastoral-liturgischer Arbeit eine feste Grundlage.

Am 4. August 1873 geboren als Sohn eines Großindustriellen, wurde Beauduin zunächst Weltpriester des Bistums Lüttich und schloß sich 1899 der Gemeinschaft der »Aumôniers du Travail« an, die Bischof Doutreloux von Lüttich zugunsten des Arbeiters im Sinne der Sozial-Enzyklika »Rerum Novarum« gegründet hatte. Hier konnte er sein soziales Bemühen und organisatorisches Talent zeigen. Wegen Schwierigkeiten verließ er die »Aumôniers du Travail« und trat in das junge Benediktinerkloster Kaiserberg ein, wo er 1907 die Mönchsprofeß ablegte. In der von der Liturgie geprägten Spiritualität ging ihm eine neue Welt auf. Auf dem Hintergrund seiner sozialen und pastoralen Arbeit erkannte er, daß hier ein verschütteter Zugang für die Gläubigen freizulegen war. Schon als Novize sagte er:

Wir Benediktiner sind die Aristokraten der Liturgie. Es ist notwendig, daß jedermann sich von der Liturgie nähren kann, auch die niedrigsten Leute. Darum ist es notwendig, die Liturgie zu demokratisieren.

Es blieb kein Traum. Wenige Wochen nach seinem Referat zu Mecheln gab er eine Art Volksmeßbuch in Form einer Monatszeitschrift mit dem bezeichnenden Titel »La Vie Liturgie« heraus. 1910 wurden die Zeitschriften »Questions Liturgiques« und »Tijdschrift voor Liturgie« gegründet. 1910 fanden auch die ersten »liturgischen Wochen« in der Abtei Kaiserberg mit großen Teilnehmerzahlen und ausstrahlender Begeisterung statt. Einen Traum jedoch sah er damals nicht in Erfüllung gehen: eine Schule für die Bildung der Liturgiedozenten. Beauduin stieß mit seinen Anliegen durchaus auf Widerstand, zumal man keinen Begriff hatte von der wirklichen Bedeutung der Liturgie: für viele war sie nur der äußerliche, zeremonielle Teil des christlichen Gottesdienstes. Die Widerstände veranlaßten ihn, 1914 seine Meinung in der Schrift »La piété de l'Église« zusammenzufassen. 1920 wurde er zum Dogmatikprofessor am Kolleg San Anselmo in Rom ernannt. Dort reifte der Plan, ein Unionskloster zu gründen, in dem neben der lateinischen auch die östliche Liturgie gefeiert und studiert würde. So wurde 1925 das Unionskloster Amay gegründet, das 1939 nach Chevetogne übersiedelte. Große Widerstände und Schwierigkeiten verursachten, daß er 1928 sein Amt als Prior niederlegen und ein unstetes Wanderleben beginnen mußte. Erst im Jahre 1951 war es ihm vergönnt, nach Chevetogne zurückzukehren. 1943 jedoch, bei der Gründung des »Centre de Pastorale Liturgique« in Paris, konnte er kräftige Hilfestellung leisten. Beauduin starb 1960, am Vorabend des Zweiten Vatikanischen Konzils, das für die Liturgie und für die Ökumene so eingreifend war.

Lesehinweis: B. Neuheuser, Die klassische Liturgische Bewegung 1909-1963 und die nachkonziliare Liturgiereform, in: Mélanges liturgiques offerts au R.P. Dom Botte, Löwen 1972, 401-416

Josef Lamberts

12. Januar — Geburtstag von Johann Heinrich Pestalozzi (1746-1827)

In seinem 1781-87 erschienenen Volksroman »Lienhard und Gertrud« setzte der vaterländisch gesinnte Johann Heinrich Pestalozzi seine politischen Hoffnungen hauptsächlich auf die Gottesfurcht und die Menschenliebe der Fürsten und Vögte. Das hindert ihn nicht, sich wenige Jahre später auf die Seite der Französischen Revolution zu stellen. Als die Revolution 1798 in die Schweiz einmarschiert, bietet Pestalozzi der neugebildeten Regierung alsbald seine Dienste an, »überzeugt, daß das Vaterland eine wesentliche Verbesserung der Erziehung und der Schulen für das niederste Volk dringend bedarf«. Das von Pestalozzi dazu angeregte pädagogische Experiment wird genehmigt und kann, wenn auch unter ganz anderen und viel ungünstigeren Umständen, als sich dieser das gedacht hatte, im Winter 1798 beginnen: in Stans am Vierwaldstättersee. Dort wird in einem Kloster eine Armenanstalt eingerichtet, deren Leiter, Lehrer, Geschäftsführer und Hausmeister Pestalozzi in Personalunion ist. So sehr er sich dadurch überfordert fühlt, so sehr kommt dies seinen pädagogischen Intentionen im Grunde entgegen; denn so kann er seinen Kindern, wie ein Hausvater, »alles in allem« sein. Doch nur ein halbes Jahr später muß das Experiment abgebrochen werden, sieht Pestalozzi sein Werk »zernichtet« und seine »schwindende Kraft unnütz verschwendet«. Der jetzt 53jährige, der schon eine Reihe schwerer Fehlschläge hinter sich hat, der von materiellen, beruflichen und familiären Sorgen niedergedrückt ist und sich durch die kräfteraubende Arbeit in Stans völlig ausgelaugt fühlt, wird von Freunden eingeladen, sich in der Nähe von Bern etwas zu erholen. Dort »auf dem Rasen des Hohen Hubels bei einer alten faulenden Tanne« hat er Zeit, seine Tätigkeit in Stans zu überdenken. In Form eines Briefes an einen Freund, der als »Stanser Brief« später zu einem pädagogischen Klassiker werden sollte, legt er seine Überlegungen schriftlich nieder:

Ich wollte eigentlich durch meinen Versuch beweisen, daß die Vorzüge, die die häusliche Erziehung hat, von der öffentlichen müssen nachgeahmt werden, und daß die letztere nur durch die Nachahmung der erstern für das Menschengeschlecht einen Wert hat.

Schulunterricht ohne Umfassung des ganzen Geistes, den die Menschenerziehung bedarf, und ohne auf das ganze Leben der häuslichen Verhältnisse gebaut, führt in meinen Augen nicht weiter als zu einer künstlichen Verschrumpfungsmethode unseres Geschlechts.
Jede gute Menschenerziehung fordert, daß das Mutterauge in der Wohnstube täglich und stündlich jede Veränderung des Seelenzustandes ihres Kindes mit Sicherheit in seinem Auge, auf seinem Munde und seiner Stirn lese.
Sie fordert wesentlich, daß die Kraft des Erziehers reine und durch das Dasein des ganzen Umfangs der häuslichen Verhältnisse allgemein belebte Vaterkraft sei.
Hierauf baute ich. Daß mein Herz an meinen Kindern hange, daß ihr Glück mein Glück, ihre Freude meine Freude sei, das sollten meine Kinder vom frühen Morgen bis in den späten Abend in jedem Augenblick auf meiner Stirne sehen und auf meinen Lippen ahnen.

Obwohl Pestalozzi in Stans letztlich scheiterte, fühlt er sich in seinen Grundüberzeugungen durch die praktischen Erfahrungen, die er dort gewonnen hat, bestärkt. Er hat die Zuversicht, »daß eine glückliche Nachwelt den Faden meiner Wünsche sicher da wieder anknüpfen wird, wo ich ihn lassen mußte«. In diesem Punkt hat ihm die Geschichte längst recht gegeben. Doch Pestalozzi ist nicht der Mann, der die Ausführung seiner Visionen nur der Nachwelt überläßt. Er macht weiter: in Burgdorf, in Münchenbuchsee und schließlich in Iferten, wo Pestalozzi, der sich selbst als elend schlechten Lehrer empfindet und nach Ansicht auch seiner Mitarbeiter ein gewöhnliches Lehrerexamen schwerlich erfolgreich passiert hätte, mit seiner Methode Weltruf erlangt.

Lesehinweis: J.H. Pestalozzi, Ausgewählte Schriften (hrsg. v. W. Flitner), Frankfurt/M. 1983 (Klett-Cotta/Ullstein 39070)

Rudolf Englert

Geburtstag von Friedrich Gogarten (1887-1967)   *13. Januar*

Friedrich Gogarten gehört zu den wenigen Theologen, deren gesamtes Werk sich als Spiegel unseres Jahrhunderts lesen läßt; denn er suchte nach Gottes Spuren in der Welt. Ihn beschäftigte sein Leben lang die Frage, wie man angemessen von Gott reden kann, ohne einerseits den grundsätzlichen Unterschied zwischen Gott und Mensch zu verleugnen und andererseits die Tatsache außer acht zu lassen, daß Gottes Anspruch und Zuspruch konkret an den Menschen in seiner Zeit ergeht. Die Antwort auf diese Frage hat er konsequent aus der Perspektive des Menschen zu geben versucht.

In seinem nicht nur in Theologenkreisen Aufsehen erregenden Aufsatz »Zwischen den Zeiten« (1920) rüttelte er seine Zeitgenossen wach, indem er die Niederlage von 1918 als den Untergang der gesamten geistigen Welt des 19. Jahrhunderts deutete. Dem veränderten Selbstverständnis der Nachkriegsgeneration entsprechend, entwickelte er einen theologischen Personalismus, der sich von nun an wie ein roter Faden durch das Gesamtwerk zieht: Das Individuum erfährt seine Begrenzung und damit den von Gott gestifteten Lebensgrund im Anspruch des Du, über dessen Willen der einzelne ebensowenig verfügen kann wie über den Schöpferwillen Gottes. Gut und Böse sind bei Gogarten keine moralischen, sondern existentielle Kategorien:

Die gewisse Größe, die in jeder wirklich bösen Tat liegt, ist ein Abglanz des Guten... Daß jede wirklich böse Tat eine gewisse menschliche Größe hat, das ist dadurch bedingt, daß auch das Selbst-sein, das der Mensch mit der bösen Tat erstrebt, nicht möglich ist ohne sein Selbst-sein vom Anderen her, das heißt, ohne daß das Gute immer schon geschieht... Denn er selbst sein kann der Mensch nur, indem das Gute geschieht, nämlich, indem er je vom Anderen her ist. Und so kann der Mensch auch in der bösen Tat immer nur er selbst sein wollen, weil er es immer schon ist je vom Anderen her. Indem er nun aber in der bösen Tat in Frevel er selbst sein will, raubt er seine »Selbstheit«, sein »Selbst-sein« dem Guten. Er raubt dem, der sein Herr ist, die Herrschaft und legt sie sich selbst bei.

Mit der Veränderung der politischen Lage um 1930 hat Gogarten auch den Schwerpunkt seiner Theologie verschoben. Das Gesetz Gottes, also der Anspruch Gottes manifestiert sich für ihn nun – in aller Verzerrtheit – im Gesetz des Staates; der fordernde Gott, in dessen Licht die Wirklichkeit auch als Geschenk erkannt wird, wird als derjenige erfahren, der den Menschen in seine Zeit und an seinen Ort stellt. Die kühne und viele kirchliche Theologen provozierende These jener Jahre lautet: Die Gotteserfahrung gehört mitten in die private und politische Realität eines jeden Menschen hinein.

Das Dilemma einer nur ungenügenden Grenzziehung zwischen dem Machtanspruch des Staates und dem Gottes bzw. des Evangeliums löste Gogarten nach 1945 mit einer theologischen Deutung der Neuzeit, freilich um den Preis einer – die 50er Jahre allgemein kennzeichnenden – Entpolitisierung seiner Theologie: Die Säkularisierung (Verweltlichung) versteht Gogarten nicht als Gegensatz zum Christentum, sondern als seine Folge. Denn erst der christliche Glaube habe den Menschen zwischen Gott und Welt gestellt und ihn befreit, sein Leben und sein Handeln in und mit den Gesetzen der Welt wahrzunehmen. »Verantwortung vor Gott« heißt nun das Stichwort Friedrich Gogartens.

Lesehinweis: F. Gogarten, Gehören und Verantworten. Ausgewählte Aufsätze 1928-1966 (hrsg. v. G. Göckeritz), Tübingen 1988

Friedrich Brandi

14. Januar — Geburtstag von Albert Schweitzer

Am 13. Oktober 1905 wird die Entscheidung über den künftigen Lebensweg und die existenzeinfordernde Aufgabe endgültig. An diesem Tag teilt der 30jährige Elsässer Albert Schweitzer aus Paris seinen Eltern und wenigen Nahestehenden seinen Entschluß über die Aufnahme des Medizinstudiums für den künftigen Dienst als Arzt in Afrika mit. Ein Bruch in seiner Lebensplanung? A. Schweitzer verfügte bereits über anerkannte wissenschaftliche und künstlerische Qualifikationen. Als Hochschullehrer und Bachinterpret lag eine glänzende Karriere vor ihm. »Ich habe jahrelang überlegt, hin und her. Zuletzt wurde mir klar, daß dies mein Leben sei, nicht Wissenschaft, nicht Kunst, sondern einfach Mensch werden und im Geiste Jesu irgend etwas Kleines zu tun.«

Erst im April 1913 erreicht der kritische und kritisierte Theologe (Jesus- und Paulus-Forscher), der Philosoph (Kant- Forscher und spätere Kulturkritiker), Musikwissenschaftler sowie Orgelkünstler und Tropenmediziner in Begleitung seiner Frau Helene, geb. Breslau, sein Ziel: Lambarene am Ogowe in Äquatorialafrika. 70 Kisten medizinischer Ausrüstung und ein mit Orgelpedalen ausgestattetes Klavier bildeten den Grundstock für den Start einer Arztstation in einem umgewandelten Hühnerstall. Mit dem dritten von ihm errichteten Spital werden Albert Schweitzer und Lambarene seit 1927 Synonyme für die konkrete Praxis einer dem leidenden Menschen zugewandten Humanität, die so mancher Besserwisser über Jahrzehnte hin regelmäßig mit Kritik bedachte. Schweitzer selbst verstand seinen Einsatz als Akt stellvertretender Sühne für das kolonialistische Europa, für das von Weißen den Farbigen zugefügte Leid:

Eine große Schuld lastet auf uns und unserer Kultur. Wir sind gar nicht frei, ob wir an den Menschen draußen Gutes tun wollen oder nicht, sondern wir müssen es. Was wir ihnen Gutes erweisen, ist nicht Wohltat, sondern Sühne. Für jeden, der Leid verbreitet, muß einer hinausgehen, der Hilfe bringt. Und wenn wir alles leisten, was in unseren Kräften steht, so haben wir nicht ein Tausendstel der Schuld gesühnt.

Während einer Flußfahrt auf dem Ogowe geht ihm das ethische Prinzip der »Ehrfurcht vor dem Leben« auf, das die ethische Botschaft Jesu in der Perspektive der europäischen Aufklärung universalisiert und gleichzeitig, wenn auch zunächst unthematisch, dem asiatischen Denkhorizont annähert. »Mein Leben trägt seinen Sinn in sich selber. Er liegt darin, daß ich die höchste Idee lebe, die in meinem Willen zum Leben auftritt … die Idee der Ehrfurcht vor dem Leben. Daraufhin gebe ich meinem Leben und allem Willen zum Leben, der mich umgibt, einen Wert, halte mich zum Wirken an und schaffe Werte.«

Das ethisch-universale Leitmotiv der »veneratio vitae« verwirklicht Schweitzer in seinem Krankendienst wie in seinem alle Völker einschließenden Friedensdienst zur Förderung einer »humanitären Zvilisation, auf der Grundlage der Barmherzigkeit« und unter Preisgabe der Vorurteile.

1951 empfängt er aus der Hand des deutschen Bundespräsidenten Theodor Heuss den Friedenspreis des Deutschen Buchhandels. 1953 wird ihm der Nobel-Friedenspreis verliehen. Die internationale Anerkennung stärkt die moralische Autorität des Urwaldarztes von Lambarene in friedloser Zeit. Wiederholt wendet sich der vielfach Geehrte mit seinen Appellen gegen Atomversuche und die Atombombenproduktion. Am 3. Juni 1965 fodert der nun Neunzigjährige den Waffenstillstand in Vietnam. Drei Monate später, am 4. September, stirbt Schweitzer, der den Menschen ein Mensch sein wollte, in Lambarene.

Papst Paul VI. würdigte ihn als »edles Beispiel« menschlich-christlicher Brüderlichkeit. Kardinal Feltin anerkannte sein »ausdrucksvolles Zeugnis für christliche Nächstenliebe und den Ruf nach wahrer Liebe«. Der evangelische Theologe H. Thielicke deutete ihn als prophetischen Unterwanderer des Kolonialismus. –

Stefan Zweig (1932): »…sein ganzes Denken und Leben beruht ja in der höchsten Lebensbejahung oder, besser gesagt, der Bejahung des Lebens in allen seinen geistigen und irdischen Formen, also in verstehender Konzilianz und Toleranz«.

Lesehinweis: A. Schweitzer, Was sollen wir tun? 12 Predigten über ethische Probleme (hrsg. v. M. Strege/L. Stiehm), Heidelberg 1974

Hans-Jürgen Findeis

Geburtstag von Nathan Söderblom (1866-1931)   15. Januar

Als im Jahre 1914 ein neuer Erzbischof von Upsala zu ernennen war, entschied sich der schwedische König, der das letzte Besetzungsrecht hat, für Nathan Söderblom. Dieser war bereits ein bekannter Professor für Religionsgeschichte: seit 1901 hatte er einen Lehrstuhl an der Universität Upsala und seit 1912 zusätzlich eine volle Professur an der Universität Leipzig inne. Söderblom ist zweifellos eine der universellsten Persönlichkeiten unter den Theologen dieses Jahrhunderts. Er vereinigte in sich die Fähigkeit zu hervorragender wissenschaftlicher Forschung mit tiefer persönlicher Frömmigkeit und weitreichender kirchlicher Wirksamkeit.

Es wäre viel über Söderbloms Leistungen für die theologische Wissenschaft wie für die schwedische Kirche zu sagen. Seine stärkste Wirkung ging freilich von seiner ökumenischen Arbeit aus, so daß man ihn als »ökumenischen Kirchenvater« bezeichnet hat. Es besteht kein Zweifel, daß es ohne Söderblom die »Weltkonferenz für Praktisches Christentum« in Stockholm im Jahre 1925 nicht gegeben hätte; und ohne die Stockholmer Konferenz würde es auch keinen »Ökumenischen Rat der Kirchen« geben, jedenfalls nicht in seiner gegenwärtigen Form.

Nach dem Studium in Upsala wurde Söderblom Pfarrer der schwedischen Gemeinde in Paris. Aufenthalte in Amerika, die Lehrtätigkeit in Deutschland, Besuche in anderen Ländern und mannigfaltige Freundschaften schufen gute Voraussetzungen für seine ökumenische Tätigkeit.

Kaum war er Bischof geworden, begann der 1. Weltkrieg. Im November 1914 verfaßte er einen Aufruf »Für Frieden und christliche Gemeinschaft«, weil es ihm als christliche Pflicht erschien, die Führer der Kirchen zu gemeinsamem Handeln aufzurufen: »Der Krieg verursacht unaussprechliches Elend. Der Leib Christi, die Kirche, leidet und trauert ... Wir Diener der Kirche richten an alle, die Macht oder Einfluß haben, einen ernsten Appell, aufrichtig um den Frieden bemüht zu sein, damit das Blutvergießen bald aufhöre«. Doch die Resonanz war gering, Söderblom enttäuscht. Die Vision, daß die Kirchen gemeinsam Verantwortung in Fragen der Politik, der Wirtschaft und der sozialen Ordnung wahrnehmen sollten, gab er nicht auf. Seine Bemühungen gipfelten darin, daß es 1925 zu der großen »Weltkonferenz für Praktisches Christentum« in Stockholm kam. Die ökumenische Bewegung ist seitdem nicht mehr nur Sache einzelner Personen, sondern auch eine Angelegenheit der Kirchen und Kirchenleitungen geworden. In Stockholm waren neben den evangelischen Kirchen auch die orthodoxen Kirchen vertreten, so daß die Vision Söderbloms von der »einen Katholischen Kirche«, die als die drei Hauptteile die orthodox-katholische, die römisch-katholische und die evangelisch-katholische Christenheit umfaßt, ein Stück Wirklichkeit geworden ist. Vorstellungen von einer Wiedereingliederung eines Hauptteils in einen anderen lehnte Söderblom entschieden ab. Er trat demgegenüber für eine »Evangelische Katholizität« ein, welche die historisch gewachsenen, unterschiedlichen Lebens- und Glaubensformen respektiert. Evangelische Katholizität drückt aus, daß den verschiedenen kirchlichen Gestaltungen eine christliche Einheit zugrunde- und vorausliegt.

Auch heute stellt die Frage nach der Einheit der Christenheit ein brennendes Problem dar. Darum verdient Söderblom mit seinem Konzept einer »Einheit in Mannigfaltigkeit« nach wie vor unsere Aufmerksamkeit. Er schreibt über »Die Einheit der Christenheit«:

Verschiedene Erfahrungen, verschiedene nationale Sonderarten, der entscheidende Einfluß großer Persönlichkeiten und der Verlauf der Geschichte haben verschiedene Typen christlicher Frömmigkeit hervorgebracht, verschiedene Formen christlichen Lebens im einzelnen wie in der Gesamtheit und im gemeinsamen Gottesdienst der einzelnen Kirchen. Niemand kann von dem einen oder dem anderen christlichen Bekenntnis verlangen, es solle von seinen Besonderheiten etwas abstreichen ... Man macht sich selten klar, daß gerade die Idee der Einheit Mangel an Glauben ans eigene Bekenntnis verbietet, denn die Einheit der Christen und das wechselseitige Verständnis und Zusammenarbeiten der Kirche Christi muß eine Einheit in Mannigfaltigkeit sein; nicht eine Summe vieler größerer und kleinerer Ziffern, sondern ein Leib mit verschiedenen Gliedern, die für das Leben des Ganzen alle notwendig sind.

Lesehinweis: N. Söderblom, Worte für jeden Tag (Gesammelt aus den Schriften N. Söderbloms v. A. Söderblom), Berlin ²1956

Gottfried Adam

16. Januar — Todestag von Georges Casalis (1917-1987)

So war er und wird er weiterleben, dieser in Reims als Sohn eines Arztes geborene, faszinierende und ebenso Anstöße gebende wie Anstoß erregende Theologe: International bekannt als streitbarer protestantischer Pfarrer und leidenschaftlicher Anwalt der unterdrückten Individuen und ausgebeuteten Völker, beschloß er ebenso freimütig wie unerwartet sein Statement anläßlich der 17. Generalversammlung des Ökumenischen Jugendrates in Europa mit der Aussage: »Ich bin ein glücklicher Mensch!« Wie kommt einer der wenigen authentischen europäischen Befreiungstheologen, der sich mit dem Elend der Moderne, begonnen beim Faschismus und Kolonialismus und endend beim Schicksal des Sozialismus, auseinandergesetzt und sein Herz bis zu seinem Tode in Nicaragua, wo er auch begraben liegt, mit den sich daraus ergebenden Herausforderungen schonungslos belastet hat, zu dieser Aussage? Darf ein Theologe überhaupt in dieser »erbsündlich« verzerrten Welt glücklich sein? Die Antwort finden wir, wenn wir der in seinem Leben wie in seiner Theologie gelungenen Vermittlung von Theorie und Praxis gewahr werden. Als Schüler von K. Barth und schon lange, bevor diese Kennzeichnung Mode wurde, kontextuell denkender Theologe hatte er begriffen, daß theologische Existenz und theologisches Denken unauflöslich zusammengehören müssen, soll das eine glaubwürdig und das andere schlüssig sein. Folgerichtig ist ein zentrales Kapitel in seinem Hauptwerk überschrieben: »Das Ende der Zuschauertheologie«. Eine Theologie, die sich nicht einmischt in die Klassenkämpfe der Geschichte, hat auch keine Wegweisung in Richtung Erlösung zu bieten und endet meist bei einer ebenso würdelosen wie gedanklich dürftigen Rechtfertigung des Status quo. Woher nehmen der Theologe Casalis und umgekehrt auch seine Theologie diese den Widerstand gegen die Strukturen des Bösen nährende Kraft? Wer die thematischen Leitlinien seines Denkens registriert, wird feststellen, daß dieser oft von Schreibtischtätern als linksradikal und unorthodox gebrandmarkte Theologe sich ebenso in seinen theoretischen Reflexionen wie in seinen situationsabhängigen Kampfschriften immer wieder mit den zentralen Fragen des christlichen Glaubens auseinandergesetzt: Bibelauslegung, Auferstehung, Eucharistie, Spiritualität. Oft zieht er dabei ein Fazit, das erhellt, warum gerade aus dem Glauben an den »Gekreuzigten Befreier« ein glückbringender Widerstand erwächst:

Die Freiheit zu leben ist unaufhörlich und gleichzeitig Kampf und Gebet, politische Militanz und Schweigen vor Gott, Parteilichkeit bis zum Äußersten und Hinhören auf ein Wort, das ständig in Frage stellt, wer ich bin und was ich tue. Es will mich aber niemals von meiner Berufung abbringen, ein menschliches Wesen zu sein, das dem Glück der Menschen geweiht ist. Im Gegenteil, ich soll mich immer mehr durch den Bruch mit allen gesellschaftlichen Konformismen auf dieses Ziel ausrichten und mich jenem subversiven Menschen aus Nazareth, dem Gekreuzigten und Auferstandenen, immer gleichförmiger machen.

Doch wenn es stimmt, daß er einer der ersten und überzeugendsten europäischen Befreiungstheologen war, weil er unbestechlich für seine Idee gelebt hat, aber gerade deswegen glücklich war und im Land seiner Sehnsucht, auf das sich so viele unserer Hoffnungen richteten, der »zweiten Auferstehung« entgegenharrte, dann darf man auch nicht verschweigen, daß ihm dies die »Frau an seiner Seite«, Dorothee Casalis-Thurneysen, ermöglicht hat, der in diesem Buch kein Stichwort gewidmet sein wird.
Für eine theoretisch eindringlichere Beschäftigung mit der Theologie von G. Casalis sei auf seine wegweisenden Überlegungen zur Hermeneutik der Bibelauslegung, zur Christologie und zur Spiritualität verwiesen. Eines aber ist sicher: Wer ihm begegnete, blieb nicht, was er vorher war, weil er mit der Frage der Auferstehung und des »Neuen Menschen« konfrontiert wurde.

Lesehinweis: G. Casalis, Die richtigen Ideen fallen nicht vom Himmel, Stuttgart 1978

Kuno Füssel

Kirchlicher Gedenktag von Antonios den Großen (251/252-356)

17. Januar

Antonios war die wohl bedeutendste Gestalt des frühen ägyptischen Mönchtums. Aus der »Vita Antonii«, die der Alexandriner Bischof Athanasios um 357 verfaßte, erfährt man, daß Antonios etwa 251 als Sohn wohlhabender Eltern in Koma, dem heutigen Keman, in Mittelägypten geboren wurde. Nach dem Tod der Eltern verkauft er sein Erbe, um den Erlös den Armen zu geben, und begibt sich zu Einsiedlern, die in der Nähe seines Heimatdorfes leben, um von ihnen zu lernen. Im Laufe der Zeit geht Antonios immer tiefer in die Wüste, wo er zunächst in einer Grabkammer und später in einem verlassenen Kastell wohnt. In der Abgeschiedenheit der Wüste kämpft er gegen Dämonen, eine Vorstellung, die uns heute seltsam und fremd erscheint. Während der Christenverfolgung unter Kaiser Maximinus Daia und im Kampf gegen den Arianismus geht Antonios nach Alexandrien, um die christliche Gemeinde dort zu unterstützen, zieht sich dann aber wieder in die Wüste auf den »inneren Berg« zurück. Scharen von Menschen pilgern zu ihm, um seine begnadeten Reden zu hören, die für viele Eremitenschüler eine Einführung in das Leben als Einsiedler sind. Am 31. Januar 356 soll Antonios im Alter von 105 Jahren gestorben sein.

Die Vorstellung vom Dämonenkampf der Asketen, die gerade das Antonios-Bild nachhaltig geprägt hat – man denke nur an die berühmte Darstellung des Isenheimer Altares von Mathias Grünewald –, muß aus der Zeit und dem kulturellen Umfeld heraus verstanden werden, denen sie entstammt. Erfaßt man ihren spirituellen Kern, so kann sie auch uns heute zeigen, wie ernst die von der Sünde ausgehende Gefahr für den Menschen ist. Man sollte sich bei der Lektüre der »Vita Antonii« außerdem darüber im klaren sein, daß Athanasios mit dieser Lebensbeschreibung nicht in erster Linie historische Information liefern, sondern seine Idee von einem »vollkommenen Christen« vermitteln will. In der literarischen Gestaltung orientiert er sich dabei unter anderem auch an heidnischen Heroenviten, was sicherlich zu einer starken Stilisierung des von Athanasios gezeichneten Antonios-Bildes beigetragen haben wird. Die Vita wurde bereits vor 370 ins Lateinische übersetzt und war von großer Bedeutung für die Entwicklung des Mönchtums im Westen.

Eine zweite wichtige Quelle für das Leben des Antonios sind die sogenannten »Apophtegmata Patrum«. Es handelt sich dabei um eine Sammlung von asketischen Lehrsprüchen und Anekdoten der älteren ägyptischen Mönche, die mit 38 Sprüchen des Antonios beginnt. Auch wenn diese Apophtegmata kein vollständiges Bild des Eremiten liefern, so findet man in ihnen doch »ein christliches Lebenszeugnis, das den Rang eines Bekenntnisses gewinnt« (H. Dörrie). Sie zeigen Antonios als menschlichen und verständnisvollen Lehrer und als weisen Ratgeber:

Einmal kamen Altväter zum Altvater Antonios, und unter ihnen war auch der Altvater Joseph. Antonios wollte sie prüfen, legte ihnen ein Wort der Schrift vor und begann, sie, von den Jüngeren angefangen, zu fragen, was das Wort bedeute. Jeder gab Antwort, je nach seinem Vermögen. Der Greis sagte zu jedem: »Du hast es noch nicht gefunden.« Zuletzt von allen sprach er zum Altvater Joseph: »Was sagst denn du, daß dieser Spruch bedeute?« Seine Antwort war: »Ich weiß es nicht«. Da sprach der Altvater Antonios: »Wahrhaftig, Altvater Joseph hat den Weg gefunden, indem er sagte: ›Ich weiß es nicht‹«.

Lesehinweis: Antonios der Große, Stern der Wüste (ausgew., übers., u. vorgest. v. H. Hanakam), Freiburg 1989 (Herder TB 1625)

Marcus Stark

18. Januar — Gestern war der Geburtstag von Ludwig Windthorst (1812-1891)

Ludwig Windthorst war einer der großen Parlamentarier in der deutschen Geschichte, er war Vorkämpfer und Führer des politischen Katholizismus im 19. Jahrhundert. Seine körperliche Gestalt lud zu karikaturistischen Glossen ein: »Auf einem kräftigen, fast viereckigen Körper saß ein ungewöhnlich großer Kopf ... Hände und Füße dagegen waren klein, Arme und Beine dünn«, er wirkte »im ganzen ... seinem Äußeren nach wirklich häßlich«. Im Gegensatz dazu machten ihn seine politische Dynamik, Freundlichkeit und Verbindlichkeit, sein gesellschaftlicher Charme anziehend, sein gewinnendes Lächeln geradezu beliebt.

Schon früh erkannte Windthorst, daß er seine gesellschaftlichen Ziele, die Verteidigung der Freiheiten der Kirche und die Stärkung der Rechte der katholischen Bevölkerung, nur über aktives politisches Engagement erreichen konnte. Seine politische Heimat fand er im 1871 konstituierten Reichstag bei der Zentrumspartei, für deren Öffnung über die katholische Konfession hinaus er sich von Anfang an einsetzte. Binnen kurzem avancierte er aufgrund persönlicher Autorität zum unumstrittenen Führer des Zentrums und gehörte zum Leitungsgremium der Reichstagsfraktion. Windthorst wuchs um so mehr in diese Rolle hinein, als der Reichskanzler Otto von Bismarck ihn zum persönlichen Gegner stilisierte. Will man den sogenannten »Kulturkampf« (1870-1878), die einem Weltanschauungskampf gleichende Auseinandersetzung zwischen Staat und Kirche, an Personen festmachen, so sehen die von Bismarck initiierten Gesetze zur Beschränkung der Predigtfreiheit (»Kanzelparagraph«), zur staatlichen Aufsicht über katholische Schulen und das Verbot von Niederlassungen der Jesuiten und anderer Orden in Windthorst ihren erbitterten politischen Gegenpol. Während Bismarck das politische Tagesgeschehen nicht vom Emotionalen zu lösen vermochte und Windthorst unverhohlene Haßgefühle entgegenbrachte, begründete dieser seinen ihm vom Volksmund verliehenen Titel der »kleinen Exzellenz« durch seine politischen Umgangsformen: Entschiedenheit und Sachlichkeit in der Politik und dem politischen Gegner gegenüber sowie Toleranz in der persönlichen Gesinnung zeichneten ihn aus. Seine Maxime lautete: »Je schärfer der politische Gegensatz ist, in dem ich mich zu irgendeiner Persönlichkeit befinde, desto mehr Wert lege ich darauf, daß die persönlichen Beziehungen zu ihr sich tunlichst freundschaftlich gestalten«. Sein Toleranzgefühl setzte er in die politische Forderung nach Ausgleich der konfessionellen Gegensätze zwischen Protestantismus und Katholizismus, nach (Rechts-) Gleichheit aller Menschen um; sein Einsatz für die gesellschaftlichen Minderheiten und gegen die Diskriminierung von Polen und Sozialdemokraten, besonders aber von Juden markiert Windthorsts Bedeutung – gerade aus heutiger Perspektive – für die deutsche Geschichte:

Der ganze Inhalt meines Gedankens liegt in ganz kurzen Worten: Keine Judenhetze ...! Die politische und religiöse Duldung ist die einzige Grundlage, auf welcher in Deutschland bei den Verhältnissen, wie sie liegen, der Staat und die bürgerliche Gesellschaft gedeihen können. Diese Duldung sind wir allen unseren Mitbürgern schuldig, auch den jüdischen Mitbürgern, und diesen besonders deshalb, weil sie in der Minderheit sind.

Woher nahm der schon früh fast vollständig erblindete Windthorst bis ins hohe Alter die Kraft für seine Lebendigkeit im Reichstag, als »General Schlauberger« der Karikaturisten, als »allergrößter Schalk« des Kulturkampfes? Es war die religiöse Überzeugung, die ihm – nach frühen Zweifeln – Energie für ein Leben gab, dessen Rechtschaffenheit und Ehrlichkeit eine Volkstümlichkeit zu prägen vermochte, wie sie kaum einem seiner parlamentarischen Kollegen vergönnt war. Ihm schenkte man Glauben – und durfte es zu Recht! Während Windthorst in kirchenpolitischen Fragen engen Kontakt zur Kurie in Rom pflegte, wahrte er seine Unabhängigkeit bei rein politischen Angelegenheiten auch gegenüber römischem Druck. In der Mitgründung des »Volksvereins für das katholische Deutschland« (1890) gipfelte Windthorsts sozialpolitisches Engagement, und mit ihr rechtfertigte er die zahllosen Erwartungen an eine volksnahe, außerkirchliche und vorparlamentarische Organisation zur Durchsetzung von Toleranz und Parität, von Interkonfessionalität bei Parteien und Gewerkschaften, von aktiver Mitgestaltung einer Sozialpolitik aus christlichem Verantwortungsgefühl heraus.

Lesehinweis: Ludwig Windthorst 1812-1891 (hrsg. u. erläut. v. H.-G. Aschoff), Paderborn 1991

Peter Langhorst

Morgen ist der Geburtstag von Sebastian Franck (1499-1542)

19. Januar

Als Zeitgenosse Luthers (geb. 1499 in Donaueschingen) ist Franck ganz und gar geprägt von den großen Umwälzungen seiner Zeit und gehört selbst zu den entschiedenen Kritikern der Reformation. Stets auf der Suche nach dem rechten Glauben, gelten seine Anstrengungen unentwegt dem Werben für die Liebe Gottes und dessen unparteiischer Zuneigung zu allen Menschen. Ihm schwebt die Überwindung der christlichen Kirchen in einer geistigen Religion vor. Die katholische Kirche kennt er aus eigenem Erleben als Priester der Diözese Augsburg (um 1524) und die evangelische als Prediger und Pfarrverweser in Gemeinden nahe Nürnberg (bis 1529). Die katholische Werkgerechtigkeit und die »Vergottung des Bauches« durch die »Pfaffen« ist ihm ebenso zuwider wie die evangelische Wort- oder »Maulgerechtigkeit«, der gemäß jeder nach persönlichem Belieben lebt, solange sein Tun biblisch begründbar ist. Die Lehre Zwinglis ist ihm zu blutleer, und an den Wiedertäufern stört ihn die Weltabgewandtheit. Als ihm klar wird, wie wenig seine Predigt das Verhalten seiner Zuhörer zum Besseren zu beeinflussen vermag, gibt er das Predigtamt auf. Verwurzelt im Humanismus (Erasmus von Rotterdam) und in der deutschen Mystik, verbittert über die Intoleranz der Theologen, konzipiert er eine ecclesia spiritualis, die im Verhalten der Menschen ihren Ausdruck finden muß. Nach Franck folgt daraus für christliches Handeln eine umfassende, selbst Konfessions- und Religionsgrenzen überwindende Toleranz aller gegenüber allen. Theologisch gründet diese Konzeption in der Überzeugung, daß Gottes Wort durch die Vermittlung des Heiligen Geistes im Herzen eines jeden Menschen eingeschrieben ist. Jeder einzelne muß zu diesem inneren Wort als »verbindlicher Autorität« »Ja und Amen« sagen und es im Leben verwirklichen. Wahrer Glaube bringt Liebe mit sich »wie das Feuer die Hitz«.

In seinen Abhandlungen befaßt er sich mit einem breiten Spektrum von Themen. Neben der Beschäftigung mit moralisch-praktischen Fragen in Schriften über Trunkenheit und Krieg gilt sein spezifisch theologisches Interesse dem Aufzeigen widersprüchlicher biblischer Äußerungen und ihrer rationalen Überwindung. Dieses Interesse bringt ihn auch dazu, weltgeschichtliche Zusammenhänge (Türkenchronik; deutsche und weltgeschichtliche Chroniken) aufzuarbeiten. Darüber hinaus stammt eine stattliche Sammlung von Sprichwörtern von ihm. Auch Sprichwörter sind in Francks Augen geeignet, das in jedem Menschen wohnende Wort Gottes und damit Gott selbst in der Erkenntnis aufleuchten zu lassen:

Der mensch ist von himel vnd erd/ von geyst vnnd fleysch zusamen gesetzt/ Ja von fewr vnd von wasser gar ein seltzam gemaecht/ also daß er drumb die kleiner welt wirt gnent. Wer nu sich selbs kent/ der kent was geyst vnnd fleysch/ Got vnnd mensch/ himmel vnnd erden/ vnd all creaturen seind/ dan er hat von iedem ein stuck/ in vnd an jm/ also das kein creatur ist/ dauon er nit etwas an im hab. Von den baeumen vnd alles was vnempfindlich wechßt/ hat er an jm uitam uegetatiuam/ das wachsend leben/ von allen thiern in allen elementen uitam sensitiuam/ ein empfindtlich leben. An jm findst lufft/ wasser/ fewr vnd erd/ Gots bild vnd auch des teuffels sam und Charakter durch die alt schlangen in Adam in jn tragen. Darumb ist die erkantnuß sein selbs das ewig leben vnd die hoehst seligkeyt/ dan darinn wirt begriffen die erkantnuß aller ding zum leben von noten/ Darin findestu Gott/ sein gesatz/ Christum vnd Euangelium/ so du es nahend ansihest/ in die Tafel deines hertzens mit seinem finger geschriben.

In mystischer Gelassenheit und mit einem innigen Gottesglauben erträgt Franck die nicht geringen Anfeindungen, die ihm wegen seiner Überzeugung entgegengebracht werden. Straßburg muß er, von der »reformatorischen Zensur« verfolgt, 1532 verlassen. Nach langen Kämpfen mit dem evangelischen Stadtprediger von Ulm wird er 1539 auch aus dieser Stadt verwiesen. Tag und Umstände seines frühen Todes im Jahre 1542 in Basel sind ungeklärt.

Lesehinweis: S. Franck, Erste namenlose Sprichwörtersammlung vom Jahre 1532 (hrsg. von F. Letendorf), Hildesheim – New York 1970

Erhard Wolf

20. Januar — Geburtstag von Johann Baptist Hirscher (1788-1865)

Hirscher war Priester, Pastoral- und Moraltheologe, Religionspädagoge und Kirchenreformer, Sozialkritiker und Kunstsammler in einer Person – und aus einem Geist: aus dem Geist welt- und zeitoffener christlicher Freiheit. Kurz vor der Französischen Revolution als Kind armer kleinbäuerlicher Leute im oberschwäbischen Bodnegg geboren, durch Vermittlung des Ortspfarrers zum Theologiestudium nach Freiburg gekommen, im Priesterseminar Meersburg vom Konstanzer Generalvikar Ignaz Heinrich von Wessenberg gefördert, war er ein Mann lebendigen Glaubens, tätiger Liebe und gediegener Wissenschaft. Über 40 Jahre lehrte er Theologie, zuerst in Tübingen, dann in Freiburg. Die im Zuge der Zeit liegenden Extreme eines flachen Rationalismus und eines schwärmerischen Mystizismus suchte er ebenso zu vermeiden, wie er den rückwärts gewandten Traditionalismus der sogenannten Neuscholastik bekämpfte. Sein heilsgeschichtlich fundierter und pastoralpraktisch orientierter theologischer Standpunkt erinnert in vieler Hinsicht an Johann Michael Sailer; zugleich weist er ihn als Wegbereiter jener bestimmten, situationsgerechten und botschaftsgemäßen Theologie aus, die mit dem Namen »Katholische Tübinger Schule« verbunden ist und deren Intention, vorübergehend von der Neuscholastik verdrängt, im Zweiten Vatikanischen Konzil erneut zum Durchbruch kam.

Hirscher sah mit erstaunlichem Scharfblick die Gefahren voraus, welche die aufkommende Neuscholastik mit sich brachte: Durch syllogistische Verstandesmanöver und moralistische Gesetzlichkeit, durch bloß formale »Orthodoxie der Lehre«, wie Hirscher sich ausdrückte, meine diese Schule das Christentum in die Zukunft retten zu können, das Gegenteil aber sei der Fall: Sie schade der »Orthodoxie des Lebens« und verhindere damit eine überzeugende Anschauung des Heils, das er mit dem »Kommen des Reiches Gottes« identifizierte. Wenn man, wie die neuscholastische Schulrichtung es tue, lediglich begriffliche Erkenntnisse über Gott aneinanderreihe und die sittlichen Gebote allein auf Autorität gründe, erscheine Gott schließlich als bloßes Gedankending im Kopf, das man leicht vergessen könne. Zugleich verfehle die christliche Sittenlehre ihr Ziel. Sie werde entweder zur Quelle lebenslanger skrupulöser Ängstlichkeit, oder aber sie erzeuge reihenweise Verächter der christlichen Moral:

Was urteilt ihr: Welcher von beiden wird durch euren Religionsunterricht gewonnen haben und an den lebendigen Gott in Wahrheit glauben – der, dem ihr gesagt habt: Gott ist ein unendlicher, ewiger, unbegreiflicher Geist, der alle möglichen Vollkommenheiten besitzt, und dem ihr diese Vollkommenheiten genannt, definiert und aus den Texten bewiesen habt; oder der, welchem ihr alle Absichten, Werke und Führungen Gottes von Adam bis auf Christus, von Christus bis auf unsere Tage, und vom Anfang unserer Tage bis auf diese Stunde erzählt habt – unbesorgt vorderhand um schulmäßige Definition und einzelne Texte? ... Sollte man nicht (statt dem abgezogenen Begriff der Schule) den in den heiligen Urkunden, im menschlichen Herzen und Leben und in der Natur waltenden und anschaulichen Gott predigen? Wie? Läßt er sich denn aus Worten oder vielmehr aus seinen Werken erkennen? –

Und wann richten sich dein Geist, Gemüt und Wille zu ihm empor: wenn du die Definitionen seiner Eigenschaften hörst, oder wenn du Ihn in der Bibel, in der Welt- und deiner eigenen Geschichte wirken und vor dir handeln siehst?

Hirscher plädiert dafür, das Christentum als »ein großes weisheitsvolles Ganzes« des geschichtlich-gesellschaftlichen Handelns Gottes aufzufassen, in dessen Mittelpunkt Christus steht und das in allen seinen Momenten »auf das Heil der Menschen bezogen« ist. Der Gott des Christentums ist für ihn »kein Abstraktum«, vielmehr der »konkrete«, in der Geschichte anschaubare, »sich offenbarende Gott«. Gottes Offenbarung aber wirkt Leben, Gerechtigkeit und Liebe, ist Wahrheit zur Freiheit.

Lesehinweis: E. Keller, Johann Baptist Hirscher (1788-1865), in: H. Fries/G. Schwaiger (Hg.), Katholische Theologen Deutschlands im 19. Jahrhundert, Bd. II, München 1975, 40-69

Walter Fürst

Geburtstag von Katharina von Bora (1499-1552)   *21. Januar*

Katharina von Bora entstammt einer alten Adelsfamilie. Da ihre Eltern verarmt waren, gaben sie ihre älteste Tochter bereits mit fünf Jahren in eine Klosterschule. Dies war für das ausgehende Mittelalter nichts Ungewöhnliches, da auf diese Weise für die Kinder lebenslang gesorgt war. Die Klöster boten Schutz vor Hunger, Krankheit, Not und Krieg. Der Stand der Klosterschwestern war gesellschaftlich hoch angesehen, zumal sie meistens von höherer Bildung waren. Katharina hatte neben Lesen und Schreiben sogar Latein gelernt. Im Alter von zehn Jahren kam sie in das Zisterzienserinnenkloster Marienthron, wo sie nach einem Jahr die ewige Profeß ablegte. Welche Aufgaben sie dort wahrnahm, ist nicht bekannt, es läßt sich aber vermuten, daß sie im Bereich der Krankenpflege tätig war und den Umgang mit Heilkräutern gelernt hat, was ihrem späteren Ehemann, der oft kränkelte, zugute kam.

Durch die Lehren und das Wirken des Mönches Martin Luther sollte das von der Außenwelt abgeschlossene Leben der Nonnen in Marienthron eine entscheidende Wende erfahren. Der Anschlag der 95 Thesen an der Wittenberger Schloßkirche lag sechs Jahre zurück, als die Nonnen aus Marienthron von einem guten Freund des Reformators in der Osternacht 1523 aus den Klostermauern befreit wurden. Zuvor hatten die Schwestern – unter ihnen auch Katharina von Bora – an Luther geschrieben und ihn um Hilfe gebeten, da sie bei ihren Eltern keine Unterstützung für den Plan gefunden hatten, das Kloster zu verlassen. Nach ihrer gelungenen Flucht wurde Katharina im Haus von Lucas Cranach aufgenommen, der ihr bald ein väterlicher Freund wurde.

Dort erlebte sie ihre erste, unglückliche Liebesgeschichte mit einem Patriziersohn aus Nürnberg, dessen Eltern eine in ihren Augen unstandesgemäße Heirat zu verhindern wußten. Luther wollte sie daraufhin mit einem Dozenten der Wittenberger Universität vermählen, was jedoch Katharina zu verhindern wußte. Vielmehr wollte sie Luther gern zum Mann haben und äußerte diesen Wunsch auch selbstbewußt. Luther entschloß sich erst nach langem Zögern, dann aber für alle überraschend schnell zur Heirat am 30. Juni 1525.

Für Katharina von Bora war die Heirat mit Luther die wahrscheinlich glücklichste Entscheidung ihres Lebens, denn damit erfüllte sich auch ihr Wunsch nach einer Familie. Für Luther war die Heirat zunächst eine Gewissensentscheidung, da er sich verpflichtet fühlte, seine Lehren auch vorzuleben. Liebe war es jedenfalls anfangs nicht. Katharina hatte eine glückliche Hand, sowohl was die Kinder als auch den großen Haushalt betraf. Zu der nicht unbeträchtlichen Zahl der Familienmitglieder und Freunde kamen mittags immer noch viele Studenten und auch Professoren der nahegelegenen Universität in das »schwarze Kloster«, um dort ihr Essen einzunehmen. Mit großem organisatorischen Geschick und haushalterischen Kenntnissen sorgte Katharina für den Rahmen der so berühmt gewordenen Tischgespräche, an denen sie selber auch immer teilnahm. Dabei entsprach sie keineswegs dem Typ des Hausmütterchens, sondern war ihrem berühmten Mann eine verständige und selbstbewußte Partnerin, sein »Herr Käthe«, mit dem Luther während seiner häufigen Abwesenheit einen recht intensiven Briefwechsel pflegte. Obwohl Katharinas Briefe nicht erhalten sind, können wir doch aus Luthers Schreiben ersehen, wie stark seine Frau an der Arbeit des Reformators Anteil nahm, aber auch, wie sehr sie sich um ihn sorgte. Es ist keineswegs grob gemeint, wenn Luther ihr wenige Tage vor seinem Tod schreibt:

Laß mich zufrieden mit Deiner Sorge; ich habe einen besseren Sorger, denn Du und alle Engel sind, der liegt in der Krippen und hängt an einer Jungfrauen Zitzen, aber sitzet gleichwohl zur rechten Hand Gottes, des allmächtigen Vaters; darum sei zufrieden, Amen.

Lesehinweis: I. M. Winter, Katharina von Bora. Ein Leben mit Luther, Düsseldorf 1990

Christine Böse

22. Januar — Todestag von Vincenzo Pallotti (1795-1850)

Er lebte noch völlig in der Welt des Kirchenstaates, eines geistlichen Fürstentums, das halb Italien umfaßte. Er war einer derjenigen, die diese Verengung aufbrachen, nicht mit den Mitteln der italienischen Vereinigungsbewegung, sondern mit dem Mittel, das der Kirche als ureigenstes Vermächtnis übergeben worden war, ihrer Sendung in der Welt. Die Mauern des Kirchenstaates brachen bereits, als er noch ein Kind war. Als er 1795 geboren wurde, erreichte die französische Revolution ihren Höhepunkt mit der Zeit des berüchtigten Nationalkonventes. Die christliche Zeitrechnung wurde abgeschafft, die »Religion der Vernunft« war eingeführt worden.

1798 wurde Rom, die Geburtsstadt Pallottis, von den Franzosen erobert. Pius VI. wurde nach Valence deportiert und starb dort als Gefangener. Als Napoleon 1813 scheiterte, konnte Papst Pius VII., den man 1800 in Venedig gewählt hatte, wieder in Rom einziehen. Vincenzo Pallotti begann seine theologischen Studien.

Pallotti setzte seine Hoffnung auf die Glaubens- und Handlungskraft des christlichen Volkes. Mit wenigen Freunden gründete er 1834/35 eine christliche Volksbewegung, die er »Katholisches Apostolat« nannte. Er war fest davon überzeugt, daß die Aufgabe des Apostolates, also der christlichen Sendung, nicht nur dem Papst, sondern dem Volke Gottes insgesamt übertragen ist:

Jeder, sei er Priester oder Laie, kann das Verdienst des Apostolates erwerben, wenn er mit seinen Talenten, seiner Bildung, seinen Beziehungen, seinem Beruf und Handwerk, seinem Wort, mit seinem Vermögen und irdischen Gütern oder wenigstens mit seinem Gebet nach Kräften mithilft, daß der Glaube an Jesus Christus in der ganzen Welt verbreitet werde.

Schon die erste Aktion des »Katholischen Apostolates« zeigt, daß Pallotti auch ungewöhnliche Wege ging, um seine Vorstellungen in die Tat umzusetzen: Er drängte einen ihm persönlich verpflichteten, angesehenen römischen Kaufmann zum Bittgang um einer guten Sache willen.

Später entstand aus dieser Apostolats-Bewegung eine Kongregation von Priestern und Laienbrüdern sowie eine Schwesternkongregation, die Pallottiner und Pallottinerinnen, die heute in der ganzen Welt wirksam sind. Der Gedanke Pallottis, daß die Sendung der Kirche nicht einfachhin dem Klerus, sondern dem ganzen Volke Gottes übertragen ist, fand jedoch nur schwer Eingang in die Kirche. Erst etwa 100 Jahre später verschaffte ihm Pius XI. eine breite Basis durch die »Katholische Aktion«. Der Papst berief sich dabei ausdrücklich auf Vincenzo Pallotti. Das Zweite Vatikanische Konzil widmete dann dem Apostolat der Laien ein eigenes Dekret. Darin heißt es unmißverständlich: »Christliche Berufung ist ihrem Wesen nach auch Berufung zum Apostolat.« Vincenzo Pallotti wurde 1963 heiliggesprochen.

Lesehinweis: E. Weber, Vinzenz Pallotti. Ein Apostel und Mystiker, Limburg ²1961

Heinrich Hamm

Kirchlicher Gedenktag von Heinrich Seuse (1295-1366)

23. Januar

Ein pilgernder Mönch geht über Land. Auf schmalem Pfad durch sumpfiges Gelände kommt ihm eine Frau entgegen. Einer von beiden muß notgedrungen zur Seite treten. Da ist er es, der das Trockene verläßt, um die Entgegenkommende passieren zu lassen. Eine ungewöhnliche Geste im 14. Jahrhundert, handelt es sich doch »nur« um eine geringe Frau von niederem Stand. So ist ihr Erstaunen groß: »Lieber Herr, was bezweckt ihr, daß ihr, der ehrbare Herr und Priester, mir demütig den Weg freigebt? …« – Er, es ist Heinrich Seuse, erwidert: »Ach, liebe Frau, es ist meine Gewohnheit, allen Frauen gegenüber höflich und ehrerbietig zu sein, um der lieben Gottesmutter vom Himmelreiche willen«.

Diese alltägliche Begebenheit wirft ein bezeichnendes Licht auf den gemütvollen frommen Mystiker aus der Schule Meister Eckharts. Ein Diener der göttlichen Minne, der von Mitgefühl für Mensch und Kreatur geprägt ist. An einem St. Benediktstag (21. März) um das Jahr 1295 in Konstanz oder Überlingen geboren, trat er bereits zwölfjährig ins Dominikanerkloster in Konstanz ein. Schon in jungen Jahren erlebte er eine Bekehrung, um »Diener der ewigen Weisheit« zu sein. Zunächst unterwarf er sich strenger Askese, bis ihm aufging, daß echte Christusnachfolge dergleichen nicht bedarf, wohl aber einer vollen Hingabe. Darin muß ihn im Laufe seiner langen Ausbildung als Ordensmann insbesondere sein Kölner Lehrer, Meister Eckhart, bestärkt haben, so daß Seuse in seiner »Vita« seinen Lesern sagen konnte:

Begehrst du in die geheimnisvolle Verborgenheit (der Seligkeit) zu kommen, steig kühnlich aufwärts – laß deine äußeren und inneren Sinne, das Eigenwerk deiner Vernunft, alles, was sichtbar ist oder nicht und was ein Sein oder ein Nichtsein ist, hinter dir – zu der einfachen Einheit. In die sollst du, deiner nicht bewußt, eintreten, in das – Schweigen, das über allem Sein ist und über aller Lehrmeister Wissen, mit einer lauteren Entrückung des unergründlichen, einfachen lauteren Geistes, hinein in den überwesenhaften Abglanz der göttlichen Finsternis. Hier muß jede Fessel gelöst, jedes Ding verlassen sein, denn in der überschwenglichen Dreifaltigkeit der übergöttlichen Gottheit, in dem verborgenen, gänzlich strahlenden Giebel vernimmt man mit wortlosem, stummen Erstaunen Wunder über Wunder. Man erfährt das neue, vom Irdischen abgeschiedene, unabänderliche Wunder in der überstrahlenden dunklen Finsternis, die da ein lichtreicher Schein ist, alle Offenbarung übertreffend.

Von Heinrich Seuse sind uns außer seiner Lebensbeschreibung (»Vita«) einige Schriften sowie 38 Briefe erhalten. Am Anfang steht das um 1327 entstandene »Büchlein der Wahrheit«. Es folgte »Das Büchlein der ewigen Weisheit«, dem er auch eine lateinische Fassung gab (»Horologium Sapientiae«). Im ausgehenden Mittelalter gehörten diese Texte zu den weitest verbreiteten Mystiker-Wortlauten, da sich die Menschen durch den in sich gekehrten Autor zum Leben wie zum Sterben anleiten ließen.

Seuse hat beide Schriften in Dialogform angelegt. Da läßt er sich von der Wahrheit, dort von der ewigen Weisheit belehren, um den Weg mystischer Erfahrung zu gehen. Letztlich ist es eine Weise der Vergegenwärtigung der Passion Christi, verbunden mit einer Konzentration auf das innere Leben in Gelassenheit und meditativer Sammlung. Der Mensch lerne sein äußeres, alltägliches Ich von dem Einen, das nottut, unterscheiden, denn: »Das lautere, köstliche Gut, das da Gott heißt und ist … es ist Wesen, Wirken und Leben, kurzum alles, und wir sind nur in ihm.«

Lesehinweis: H. Seuse/J. Tauler, Mystische Schriften (hrsg. v. B. Jaspers), München 1988

Gerhard Wehr

24. Januar

Kirchlicher Gedenktag von Franz von Sales (1567-1622)

»Jeder oder fast jeder gebildete Katholik hat schon von ihm gehört, weiß, daß er der Verfasser der ›Philothea‹ ist und ein Heiliger, der Sanftmut und Milde lehrt« (Hildegard Waach). So beginnt eine Biographie aus dem Jahre 1954. Heute ist Franz von Sales nur noch wenigen Insidern oder Interessierten bekannt. Als Heiliger ist er ein Mensch »mit Antwort« (Walter Nigg), aber vielleicht sind unsere Fragen nicht mehr so drängend, z.B. wie man mitten in seiner Weltverwobenheit ein gottbezogenes Leben führen kann, wenn man es ernsthaft will.

Im Unterschied zu einer düster-weltabgewandten Askese erscheinen seine Anleitungen zum religiösen Leben, »Philothea« höchst menschenfreundlich:

Ich will keine absonderliche, unruhige, traurige, griesgrämige und verdrossene Frömmigkeit, sondern eine milde, sanfte, ausgewogene und friedliche, eine freie und frohgemute, die liebenswürdig ist vor Gott und den Menschen.

Franz baut Brücken für Menschen aller Berufe und Altersstufen und verweist auf die vielen Wege, die zum Himmel führen. Seine Ratschläge sind jedoch kein unverbindliches Angebot für spirituelle Feinschmecker.

Zunächst begegnet dem Leser ein Mensch aus fernen Zeiten, ein Adeliger der Barockzeit, der Gründer eines Frauenordens, ein geistlicher Seelenführer, ein Vertreter der Hierarchie, der Bischof von Genf. Damit steht er heute fast unter Legitimationsdruck.

Immerhin ist er sehr früh als Heiliger verehrt und später noch zum Kirchenlehrer ernannt worden. Er gehört zu denen, die zu Gott aufgebrochen sind und von Gott aufgebrochen wurden. Das unterscheidet ihn von uns: Er ist ein in Gott verwandelter Mensch! Und weil er Gott näher ist, ist er auch den Menschen näher. Er weiß mehr von ihnen als ein Tiefenpsychologe je wissen kann, denn er kennt das Ausmaß des Heiligen und das der Schuld. Einige feiern ihn als Begründer des christlichen Humanismus. Das ist sicher zu vordergründig. Der Wurzelgrund seines Handelns ist die brennende Gottesnähe.

Die vielgepriesene Sanftmut, sein heiliger Gleichmut, seine innere wie äußere Ausgewogenheit sind primär nicht Ausdruck einer glücklichen Natur oder gar eine Mangels an Temperament und Affektspannung: keine Demut aus Schwäche! Sie sind das Ergebnis einer Lebensbalance von Natur und Gnade, das Produkt einer »Glaubenstherapie«. Diese Glaubenstherapie hat bei Franz die Gestalt eines gnadenhaften und zugleich eines fast organischen Wandlungsprozesses von frühester Kindheit an.

Sein theologisches Grundwerk, »Theotimus«, zeigt wie sehr er in einer Welt jenseits aller Dualismen verankert ist – in Gott. Das befähigt ihn praktisch und theoretisch, das mögliche Ineinander von Weltnähe und Weltdistanz zu verkünden, liebenswürdige Zuwendung und disziplinierte Zurückhaltung zu üben und ein Meister im Einklang von pastoraler Milde und asketischer Strenge zu sein. Sein Leitsatz: »Nichts verlangen – nichts verweigern!«

Er gilt als Begründer einer weltoffenen Askese und damit einer modernen Alltagsspiritualität:

Wenn alles durcheinandergerät, – ich sage nicht nur: um uns herum, sondern: in uns, ... die Spitze unseres Herzens, unser Geist, der höhere Teil unsres Willens, der unser Kompaß ist, muß stets unabänderlich auf Gott schauen.

Das Geheimnis seiner Aura heißt Gottesliebe. Auch seine außerordentlich innige Freundschaft zur heiligen Johanna Franziska von Chantal erlebt er als eine Brücke zu Gott. Berühmt sind über 300 erhaltene Briefe dieser geistlichen Liebesbeziehung, deren Wechselseitigkeit von Geben und Nehmen bisher zu wenig beachtet wurde. Was wäre Franz von Sales ohne Johanna von Chantal?

Lesehinweis: F. v. Sales, Philothea, Eichstätt 1988

Hermann-Josef Silberberg

Geburtstag von Joseph Görres (1776-1848)   *25. Januar*

Das Leben verläuft nicht gerade, sondern in Wendungen und mit Brüchen. Joseph Görres ist ein herausragendes Beispiel dafür: Jugend und frühe Entwicklung sind geprägt durch seine Heimat. Er wurde 1776 in Koblenz geboren; im Rheinland waren die Aufklärung und die neuen Ideen aus dem benachbarten Frankreich besonders zu spüren. Die von Revolutionsanhängern gegründeten »Republikanischen Clubs« in Koblenz und Mainz erlebten den siebzehnjährigen Görres, der die Franzosen wegen der Revolution als Träger einer weltgeschichtlichen Sendung betrachtete, als Redner. Die weltliche Entmachtung des Bischofs von Trier, der in Koblenz als Landesfürst herrschte, durch die Franzosen, begrüßte er. Seine politischen Vorstellungen verbreitete er in der Zeitschrift »Das Rothe Blatt«; dieser Titel erinnerte seine ohnehin franzosen- und revolutionsfeindlichen Landsleute an das Blut der Revolution und schreckte sie eher ab. Die französische Besetzung des Rheinlands seit 1794 erwies sich dann weniger als Ermöglichung neuer Freiheiten denn als Unterdrückung. Görres spürte den Unterschied von Idee und Wirklichkeit am eigenen Leib: Er mußte wegen eines Protestes gegen die Beschneidung von Meinungs- und Pressefreiheit in Haft.

Durch die Veränderungen auf den Landkarten, die im Zuge der Säkularisation erfolgten, sahen sich die Katholiken plötzlich in einer konfessionellen Minderheit innerhalb eines protestantischen Territoriums. Die daraus entstehenden Probleme, insbesondere die Frage der konfessionsverschiedenen Ehen und der konfessionellen Unterweisung der Schulkinder sowie die Erfahrung katholischer Laien, Staatsbürger zweiter Klasse zu sein, führten zu einer Umorientierung auch bei Görres.

Das Umbrechen der Vernunft in ihr politisches Gegenteil begründete für ihn den Schritt, sich mit seinen Freunden Clemens Brentano und Joseph von Eichendorff der Romantik zuzuwenden. Schon im Begriff steckte der Protest gegen die Unterdrückung der Volkssprache, die Empfindsamkeit und Gefühl viel besser auszudrücken versteht als die einseitig rational geprägte Hochsprache. In der Romantik sollten das Volksempfinden und der Volksglaube der Vernunft entgegengestellt werden. Man griff zurück auf das von den Aufklärern als »finster« abqualifizierte Mittelalter und seine Kunst und Frömmigkeitstraditionen. Görres entdeckte die Mystik wieder und bewunderte ganz besonders Franz von Assisi; der erste Satz einer kleinen Publikation über ihn lautet:

Daß der Sohn des Piedro de Bernardone von Assisi ein großer Kirchenheiliger gewesen; daß er einen Orden gepflanzt, dem er die sogenannten evangelischen Räte, die die Welt als unerreichbare ethische Ideale gemeinhin auf sich beruhen läßt, als Regel, um danach das ganze Leben zu richten und zu ordnen, vorgeschrieben; daß dieser Orden, indem er in vielfachen Verzweigungen sich durch alle Welt verbreitet, ihn zum geistigen Vater eines zahllosen Volkes und somit auch zu einer universalhistorischen Person gemacht, das ist vielen nicht unbekannt geblieben; daß er aber auch ein ausgezeichneter Dichter, ein wahrhafter Troubadour gewesen, ist früher kaum zur Kenntnis des einen oder des andern gelangt, wird aber nun zur Anschauung der Gedichte, die im Verfolge dieses Aufsatzes mitgeteilt werden sollen, jedem sich bewähren, der unbefangen und mit rein ausgestimmtem Sinne sie betrachtet.

Neben der wiederentdeckten Mystik interessierte Görres hier wohl die Person des Franz von Assisi, dessen Leben ja auch eine deutliche Wendung kennzeichnet. Da ist aber auch ein aufklärerisch anmutendes Motiv herauszulesen: Görres wollte die ganze Person wahrnehmen lassen, nicht nur das kirchliche Bild von ihr. Der junge Intellektuelle hatte sich von der Kirche entfernt; er kam zu ihr zurück, ohne seine Intellektualität aufzugeben.

Lesehinweis: J. Görres, Ein Leben für Freiheit und Recht. Auswahl aus seinem Werk (hrsg. v. H. Raab), Paderborn 1978

Godehard Ruppert

26. Januar

Todestag von Josef Andreas Jungmann (1889-1975)

In dem Südtiroler Bergdorf Sand in Taufers beginnt am 16. November 1889 der Lebensweg eines ebenso großen wie bescheidenen Gelehrten, der als Liturgiewissenschaftler internationale Anerkennung erlangen sollte. Anfangs sieht der Weg Josef Andreas Jungmanns ganz anders aus, als er dann tatsächlich verlaufen ist: Ein Kaplan der Diözese Brixen, 1913 in Innsbruck zum Priester geweiht, tritt vier Jahre später in den Jesuitenorden ein. Aus unveröffentlichten Quellen konnte man inzwischen nachweisen, welche theologischen Ideen diesen jungen Priester zwischen 1913 und 1917 bewegt haben. Dabei ist man zu der erstaunlichen Erkenntnis gelangt, daß Jungmanns Aufzeichnungen aus diesen vier Jahren »ansatzweise so gut wie alle Ideen« enthalten, »die er später weiter verfolgte oder die zumindest seine wissenschaftliche Arbeit beeinflußt haben« (R. Pacik). Von 1934 bis 1956 wirkt Josef Andreas Jungmann als Ordinarius für Moral- und Pastoraltheologie an der Theologischen Fakultät der Leopold-Franzens-Universität in Innsbruck. Sowohl seine Dissertation (1923) als auch seine Habilitationsschrift (1925) sind aus katechetischem Interesse entstanden. Unter allen Fächern, die damals zur Pastoraltheologie gehörten, liegt Jungmann die Katechetik am meisten am Herzen. Zur Liturgik und Homiletik fühlt er sich zunächst weniger hingezogen, übernimmt aber trotzdem bereits 1926 von Prof. Dr. Michael Gatterer SJ, dessen Nachfolger er 1934 geworden ist, Vorlesungen zur Liturgik. Die Lebens- und Zeitumstände haben es mit sich gebracht, daß Jungmann, zumal auf Grund der Wirkungen, die seine zweibändige genetische Erklärung der Römischen Meßliturgie – »Missarum Sollemnia« (1948) – hervorruft, vor allem als Liturgiewissenschaftler weltweit bekannt geworden ist. In einem »nachkonzilaren Durchblick durch Missarum Sollemnia« (1970) schreibt er:

Als Mitte des christlichen Lebens muß die Messe vor allem am Sonntag zur Geltung kommen. Am Sonntag versammelt sich die Gemeinde zum heiligen Opfer; es ist die wöchentliche Vollversammlung der Gemeinde.... Durch die Feier und Mitfeier der Eucharistie muß das christliche Bewußtsein, das Wissen von unserm Weg zu Gott durch Christus, um das Wesen der Kirche, um unsere Berufung zu einem Leben nach Gottes Gesetz, wachgehalten werden.

Zu einem »Schlüsselerlebnis« ist für Jungmann die Reaktion der Kirche auf seine 1936 erschienene Arbeit »Die Frohbotschaft und unsere Glaubensverkündigung« geworden. Sie führt ihm die Dringlichkeit liturgiegeschichtlicher »Tatsachenforschung« vor Augen, die er im »Zeitalter geistiger Barbarei« in Wien (1939-1942) und in Hainstetten (1942-1945), einem »Zwickel, den die untere Ybbs mit der Donau bildet«, betreibt. Nach eigenem Bekunden ging es Jungmann dort bei der Arbeit an seinem Hauptwerk (»Missarum Sollemnia«) »nicht um die Aufhellung liturgischer Entwicklungen um ihrer selbst willen, sondern immer um den Gottesdienst in unserer Zeit und unserem Volk und um die Klarheit der Grundforderungen und Grundideen, aus denen er erneuert werden konnte«. Auf dem Weg von der Liturgischen Bewegung zur von Rom gelenkten Erneuerung der Liturgie: zur Enzyklika »Mediator Dei« (1947) und vor allem zur Konzils-Konstitution »Sacrosanctum Concilium« (1963) und deren Umsetzung steht Jungmann mit seinen Einsichten bis zu seinem Tod am 26. Januar 1975 der Kirche selbstlos zur Verfügung – als das, was er hat sein wollen: ein Mann der praktischen Theologie im Dienste der Glaubensverkündigung und der Feier der Geheimnisse des Glaubens, deren Zentrum Person und Heilswerk Jesu Christi sind.

Lesehinweis: J.A. Jungmann, Messe im Gottesvolk. Ein nachkonziliarer Durchblick durch Missarum Sollemnia, Freiburg 1970

Theodor Maas-Ewerd

Todestag von Angela Merici (ca. 1470-1540) 27. Januar

Auf Angela Merici, Ordensstifterin und Begründerin der Ursulinischen Pädagogik, geht die Gründung der ersten Mädchenpensionate und Höheren Töchterschulen zurück. Die gebürtige Italienerin aus Brescia wählte für ihre 1535 gegründete religiöse Gemeinschaft die hl. Ursula als Patronin, weil deren engagierter Widerstand gegenüber unchristlichen Strömungen sowie deren Begabung, andere Menschen vom Christentum zu faszinieren, überzeugendes Vorbild für das religiöse und pädagogische Denken und Handeln der Frauen um Angela Merici werden sollten.

Das pädagogische Gedankengut von Angela Merici war geprägt vom Zeitgeist der Renaissance. Sie lebte in einer Welt des großen geistigen, religiösen, sozialen und wirtschaftlichen Umbruchs. Ähnlich wie in der Gegenwart gingen aufgrund einer extremen Verdiesseitigung des Lebens transzendente Bezüge immer mehr verloren, entstand eine geistige und religiöse Orientierungslosigkeit der Menschen. In dieser Situation bewies Angela Merici zeitgeistige Sensibilität. Sie gründete eine religiöse Gemeinschaft, in der sie junge Frauen zusammenführte, die sich ganz bewußt für eine Öffnung der Kirche zur Welt entschieden. Die Ursulinen – wie sie sich nannten – lebten so zunächst ehelos, doch nicht in Klausur und legten auch keine großen Gelübde ab. Statt dessen wohnten sie in denjenigen Familien, denen sie unter anderem in der christlichen Erziehung und Bildung der Kinder zur Seite standen. So kam es, entscheidend gefördert durch Erzbischof Karl Borromäus, zu einem bis dahin weitgehend unbekannten Wirken geistlicher Frauen mitten in der »Welt«.

Nach Angela Mericis Tod allerdings wünschten die Schwestern dann doch gemeinsames Leben und Klausur. Soweit ihr religiöser und pädagogischer Weltdienst dadurch nicht beeinträchtigt wurde, durften sich die Schwestern zu dieser Neuerung durch ihre Ordensgründerin selbst ermutigt fühlen. Denn ein Leitspruch, unter den Angela Merici das Denken und Handeln ihrer Mitschwestern gestellt sehen wollte, lautete:

Wenn die Zeiten und die Erfordernisse in irgendeinem Punkt neue und veränderte Bestimmungen verlangen, so stellt diese mit Klugheit auf und nach weisem Rat.

Angela Merici suchte die Synthese zwischen mittelalterlicher Frömmigkeit und aktiver Gestaltung christlichen Lebens in der Welt pädagogisch durch Belehrung, Beratung und Ermutigung der ihr anvertrauten Schülerinnen zu erreichen. In ihrer pädagogischen Konzeption ist keine Einwegkommunikation zwischen Lehrerin und Schülerin vorgesehen, vielmehr eine Dialogik, die ein sensibles Eingehen der Erwachsenen auf die individuellen Bedürfnisse des Kindes einschließt. Maßstab erzieherischer Maßnahmen ist für Angela Merici die Berücksichtigung der Individualität des einzelnen Kindes, womit sie deutlich als Zeitgenossin der Renaissance sich ausweist. Es ging Angela Merici offensichtlich um eine reflektierte Individuation bzw. Persönlichkeitsbildung der Kinder. Sie versuchte vermittels sozialen Lernens einen Ausgleich zwischen Individuation und Sozialisation herzustellen. So sollen furchtsame Schüler zu Selbstvertrauen geführt, Selbstüberschätzer zu sozialem Verhalten angehalten werden.

Als Voraussetzung für die Umsetzung ihrer Ursulinischen Pädagogik forderte Angela Merici schon damals die kritische Inblicknahme gesellschaftlicher Entwicklungen mit dem pädagogischen Ziel, den jungen Menschen zur personalen Freiheit zu begaben. Deshalb beschränkte Angela Merici ihre Erziehung auch nicht – wie alle anderen Lehrorden dieser Zeit – auf Kinder adliger Herkunft, sondern bezog in ihren Erziehungsauftrag auch die Kinder unterer Volksschichten ein. Durch die Jahrhunderte hindurch entstanden auf der ganzen Welt Ursulinengemeinschaften, die sich vor allem durch ihre Schulen überall einen Namen machten.

Lesehinweis: J. Eichmann, Die Erziehungsweisheit der Hl. Angela Merici, Gründerin der Gesellschaft der Hl. Ursula und das erzieherische Wirken der Ursulinen. Ein geschichtlicher Rückblick, Werl 1982

Margret Fell

28. Januar — Kirchlicher Gedenktag von Thomas von Aquin (1225-1274)

Als der Philosophiestudent Thomas aus dem hochadeligen Grafengeschlecht derer von Aquino, fasziniert von der Begegnung mit dem noch jungen Bettelorden der Predigerbrüder, als Neunzehnjähriger in Neapel das Ordenskleid nimmt, um selbst ein Bettelmönch zu werden, ist das für seine standesbewußte Familie zuviel. Auf dem Weg nach Paris wird er von seinen Brüdern überfallen und ein Jahr unter Hausarrest gestellt. Doch Thomas läßt sich nicht beirren. Nach seiner Freilassung (1245) ist er an der damals bedeutendsten Universität Paris drei Jahre lang Schüler des berühmten Dominikaner-Magisters Albert des Großen, danach wechselt er mit ihm für weitere vier Jahre an das Generalstudium des Ordens in Köln. Von da an ist auf Alberts Empfehlung seine künftige akademische Laufbahn im Orden vorgezeichnet. Sie spielt zwischen der Universität Paris und Italien, hier vor allem als päpstlicher Hoftheologe. Zum 2. Konzil von Lyon (1274) berufen, stirbt er unterwegs, am 7. März 1274, in der Zisterzienserabtei Fossa Nuova.

In diesem nur scheinbar ruhigen akademischen Lebensraum hat Thomas ein wissenschaftliches Werk geschaffen, das ihn als größten Theologen und Philosophen seiner Zeit mit einer tiefen Wirkungsgeschichte bis in unsere Gegenwart ausweist. Die epochale Leistung des Thomas besteht – angeregt durch seinen Lehrer Albert – in der Rezeption der Philosophie des Aristoteles in die Theologie, um sie für das Verstehen der Wahrheit des christlichen Glaubens fruchtbar zu machen. Diese progressive Neuerung (zudem noch entgegen kirchlichen Aristotelesverboten) trifft auf den Widerstand der traditionellen, am (Neu-)Platonismus des hl. Augustinus orientierten Denkrichtung, die wegen ihrer stärkeren Jenseitsausrichtung eine größere Nähe zum christlichen Glauben zu haben schien. Aristoteles dagegen ist vor allem Naturphilosoph, und seine Philosophie schien der Glaubenslehre fremd, ja z.T. entgegengesetzt. Gerade die Naturphilosophie war aber für Thomas der entscheidende Grund für seine Konzeption, vor allem deswegen, weil sie es ihm gestattete, die Welt als Schöpfung in ihrer Eigenwirklichkeit und Eigenwirksamkeit wahrzunehmen und im Rahmen der Anthropologie auch die menschliche Vernunft in ihrem eigenen Sachbezirk zu würdigen.

So wird für Thomas der Schöpfungsglaube zum Haft- und Knotenpunkt seiner Theologie, so daß man ihn zutreffenderweise durch den Beinamen »Thomas a Creatore« (Thomas von Gott dem Schöpfer) charakterisieren könnte (so G.K. Chesterton; J. Pieper). Damit geht Thomas natürlich über Aristoteles hinaus, zumal er die Schöpfungswirklichkeit von vornehrein in einer Heilsperspektive sieht. 1323 wird Thomas heilig gesprochen, nachdem er zuvor (1277), einige Jahre nach seinem Tod, noch einer kirchlichen Verurteilung durch den Bischof von Paris unterworfen worden war. Niemand hat sich um eine so tiefe verstandesmäßige Durchdringung der Glaubenswahrheit bemüht wie Thomas. Doch besteht seine Größe gerade darin, daß er immer um das Versagen des menschlichen Geistes vor der uneinholbaren Wirklichkeit Gottes wußte und so alles theologisch Sagbare in das unsagbare Geheimnis Gottes zurückführte:

Bei der Betrachtung der Wirklichkeit Gottes ist aber vornehmlich der Weg der Verneinung zu beschreiben. Denn die Wirklichkeit Gottes übersteigt jede Form, die unser Verstand erreicht, durch ihre Unermeßlichkeit, und so können wir nicht begreifen, was sie ist. Wir haben jedoch irgendeine Kenntnis von ihr, indem wir erkennen, was sie nicht ist. Und um so mehr nähern wir uns der Kenntnis von ihm, je mehr wir durch unsern Verstand von ihm verneinen. – Einzig dann erkennen wir Gott in Wahrheit, wenn wir glauben, daß er über alles hinausliegt, was Menschen über Gott zu denken vermögen.

Drei Monate vor seinem Tod soll Thomas die Feder aus der Hand gelegt haben mit dem Bemerken, daß angesichts der überragenden Wirklichkeit Gottes alles, was er über ihn geschrieben habe, ihm wie Spreu erschiene.

Lesehinweis: Th. von Aquin, Sentenzen über Gott und die Welt (hg. v. J. Pieper), Einsiedeln/Trier ²1978

Hans Jorissen

Todestag von Martin Stallmann (1903-1980)   29. Januar

Im Jahre 1958 erscheint in der Bundesrepublik ein Buch, mit dessen Gedanken, zusammen mit Publikationen anderer Autoren auf evangelischer Seite, ein neuer Abschnitt in der Geschichte der Religionspädagogik einsetzt, Martin Stallmanns »Christentum und Schule«. Es provoziert und irritiert die einen, befreit und entlastet die anderen. Auf vielen Religionslehrerinnen und -lehrern lag die schwere Aufgabe, im Religionsunterricht ähnlich wie in der Predigt das Wort Gottes bezeugen zu sollen: »Kirche in der Schule« mit Gebet, Gesang und »Verkündigung«. Man konnte nicht ausweichen, wenn man selbst unsicher war. Das Volksschulwesen war konfessionell geprägt, und die Lehrerbildung fand in konfessionellen Pädagogischen Akademien statt. Eine Klassenlehrerin mußte in der Grundschule den Religionsunterricht erteilen, auch wenn sie in religiöser Gewissensnot war. Martin Stallmann unterscheidet demgegenüber wieder zwischen dem, was allein Sache des Gottesdienstes und der Predigt sein kann, und der Sache des Unterrichts. Diese ist dort zu suchen, wo sich der einzelne einer ihn fordernden und überfordernden Wirklichkeit gegenübersieht und in ihr nach dem Sinn dieser Wirklichkeit und darin nach der Wirklichkeit Gottes fragt. Die hiermit gemeinte Situation geht dem Hören der Predigt voraus:

Längst vor aller Predigt hat es der Mensch immer schon mit Gott zu tun ... Nicht als ob die Predigt beim Zuhörer mit einer angeborenen Gottesidee oder wenigstens mit der Vorstellung von einem höchsten Wesen rechnete ... Der Mensch weiß um die Macht, die seines Lebens mächtig ist. Sie läßt sein Leben begrenzt sein durch die Schranken der Zeit, sie nötigt ihn, sorgend vorauszudenken, und doch wird er nie fertig. Sie drängt ihn, über das Alltägliche hinaus nach dem Bleibenden zu fragen, das seinem Leben Sinn geben könnte, sie weckt die Sehnsucht und läßt sie ungestillt. Sie läßt ihn nach Liebe, Freundschaft und menschlicher Verbundenheit verlangen, aber was sie ihm davon beschert, ist umgeben von dunkler Einsamkeit. Diese Macht geht mit dem Menschen um nach undurchschaubaren Regeln, sie erhebt ihn durch das Gefühl des Wissens und Wirkens und erniedrigt ihn, wenn er scheitert; sie läßt ihn um das Gute und Rechte wissen und verstrickt ihn in Schuld und Fehler ... Das alles kann eines Tages umschlagen in das erschrockene Eingeständnis, einer rätselhaften dunklen Macht preisgegeben zu sein. Aber dieses Eingeständnis ist noch kein Glaube an Gott. Trotzdem ist es ein Wissen um Gott, wenn es auch noch gar nicht weiß, daß es Gott ist, dessen Macht ihm begegnet.

Martin Stallmann wurde Professor für Religionspädagogik an der Pädagogischen Hochschule in Göttingen und Honorarprofessor für Praktische Theologie an der dortigen Evangelisch-Theologischen Fakultät. Unter dem Einfluß der Existentialtheologie Rudolf Bultmanns und der Zeitanalyse des späten Friedrich Gogarten zur Situation des Christentums hat er mit großem Ernst vom notvollen Fragen des Menschen nach Gott zu reden gewußt und dem Religionsunterricht die Aufgabe zugewiesen, die junge Generation durch die existenzerhellende Auslegung der Bibel helfend zu begleiten. Dies ist schon schwierig und wichtig genug, die weitere Entwicklung sollte ihm recht geben. Die Absicht, darüber hinausgehend den Glauben selbst zu wecken, hielt Stallmann für eine Überforderung der Schule. Er hat die moderne Schule umgekehrt jedoch nachdrücklich ermahnt, nicht in das Gegenteil zu verfallen und zu verflachen. Sie hat der Suche nach der Wahrheit des Lebens im Spiegel der Erschließung der geschichtlichen Überlieferung Raum zu geben.

Lesehinweis: M. Stallmann, Christentum und Schule, Stuttgart 1958

Karl Ernst Nipkow

30. Januar — Todestag von Mary Ward (1585-1645)

Mary Ward, Stifterin der »Englischen Fräulein«, wurde am 23. Januar 1585 in der Nähe von York in England geboren. Ihre Kindheits- und Jugenderlebnisse wurden vor allem bestimmt durch die Verfolgung und Unterdrückung der Katholischen Kirche in England. Mary Ward ist eine engagierte kritische Christin ihrer Zeit, deren Denken und Handeln bis in die Gegenwart hinein an Aktualität nichts eingebüßt hat.

Nachdem sie zweimal aus einem Kloster ausgetreten war, gründete sie 1609 zusammen mit wenigen Gleichgesinnten in St. Omer in Belgien das Institut der Englischen Fräulein; dieses sollte zur Erziehung und Bildung von anfangs insbesondere aus England stammenden Mädchen und Frauen dienen, die von Krieg und von der Verfolgung der Katholischen Kirche besonders betroffen waren. Obgleich ihre Idee schnell Umsetzung und Verbreitung fand – es entstanden Bildungshäuser in Lüttich, Köln und Trier, später in München, Wien und Preßburg – befand sich Mary Ward zeit ihres Lebens in Auseinandersetzung mit kirchlichen Behörden. Ein Leben lang bemühte sie sich vergeblich um die kirchliche Approbation ihrer Gründung, entsprachen doch ihre Ziele und Pläne kaum dem Konzil von Trient (1545-1563). Die Tridentinischen Beschlüsse, in denen auf strenge Zucht der Frauenklöster Wert gelegt wurde, paßten nicht in ihre Vorstellung von der Stellung der Frau in Kirche und Gesellschaft:

Es gibt keine Wahrheit für Männer oder für Frauen. Es gibt nur die eine Wahrheit Gottes, und die vermögen wir Frauen ebensogut zu erkennen wie die Männer. Wenn manchmal unser Eifer erkaltet, liegt es nicht daran, daß wir Frauen, sondern, daß wir unvollkommen sind. Darin aber gibt es keinen Unterschied zwischen Mann und Frau.

Deshalb empfand Mary Ward gerade in der Zeit der traditionsstützenden Gegenreformation die Erziehung und Bildung von Frauen zur Mitarbeit in Kirche und Gesellschaft als Auftrag. Dabei schien ihr nicht der unreflektierte, auf bloße Befolgung von vorgeschriebenen Geboten beruhende Glaube, sondern nur reflektierter Glaube Überzeugungskraft zu besitzen.

Mary Ward erkannte, daß die klausurierten Formen der strengen Klöster für ihre aktiv-offenen Ziele nicht geeignet waren. Für sie kam nur noch eine bewegliche, offene Form des Ordens in Frage. Die Verfassung des Instituts der Englischen Fräulein sollte deshalb jener der Gesellschaft Jesu ähnlich, das heißt vor allem vom Klausurzwang befreit sein.

1631 wurde Mary Ward als Ketzerin in München verhaftet, nach ihrer Freilassung wurde die Auflösung ihres »Instituts« und die Schließung sämtlicher Häuser durch Papst Urban VIII. entschieden. Offensichtlich waren sich die Kirchenoberen allerdings nicht ganz sicher in ihrer Entscheidung, denn die Lehr- und Erziehungstätigkeit wurde Mary Ward nicht verboten. So blühte ihre erzieherische und bildnerische Arbeit wieder auf.

Mary Ward, die sich keiner Behörde und Institution, sondern nur Gott verantwortlich fühlte, fand erst sehr spät Anerkennung in der Kirche; erst 1903 durften die sich schon zu deren Lebzeiten immer weiter ausbreitenden Englischen Fräulein Mary Ward offiziell als Gründerin ihres Ordens bezeichnen.

Lesehinweis: M. Köhler, Maria Ward. Ein Frauenschicksal des 17. Jahrhunderts, München 1984

Margret Fell

Geburtstag von Carl Muth (1867-1944) — 31. Januar

Zwei entscheidende Entwicklungen sind es, die die deutschsprachige, katholische Laienwelt Europas in der ersten Hälfte des 20. Jahrhunderts dem Begründer, Herausgeber und fast 40 Jahre amtierenden Chef-Redakteur der katholischen Monatszeitschrift »Hochland«, Carl Muth, verdankt: Zum einen die »Emanzipierung« und den Neubeginn einer modernen katholischen Belletristik im deutschen Sprachraum. Muth wuchs auf im Zweiten Deutschen Kaiserreich unter Reichskanzler Bismarck und in der Epoche des »Kulturkampfes«. Er wurde hineingezogen in den »Katholischen Literaturstreit« (1898-1909) zwischen der bayerischen Monatsrevue »Hochland« und der österreichischen Zeitschrift »Der Gral«. Bereits 1898 hatte der bis dahin unbekannte Carl Muth in einer ersten literarischen Kampfschrift provozierend der deutschen Öffentlichkeit die Frage gestellt »Steht die katholische Belletristik auf der Höhe der Zeit?«. Ein Jahr später, 1899, beantwortete er die von ihm aufgeworfene Frage unter dem Pseudonym »Veremundus« mit einem harten, aber klaren Nein. Die Gründung (im Jahr 1903) und die bis 1941 fortlaufende Herausgabe seiner katholischen »Monatsschrift für alle Gebiete des Wissens, der Literatur und Kunst« unter dem Motto »Hochland – hohen Geistes Land, Sinn dem Höchsten zugewandt« machte es ihm möglich, in Zusammenarbeit mit seinem Verleger Dr. Paul Huber vom Kösel-Verlag in Kempten, damals noch unbekannte Schriftsteller und Dichter katholischer Herkunft für seine Idee zu interessieren und zu begeistern und damit ein neues katholisches Schrifttum zu schaffen. Namen wie Enrica von Handel-Mazzetti, Nanny Lambrecht, Friedrich Linhart, Peter Dörfler, wie der italienische Dichter und Schriftsteller Antonio Foggazzaro (»Der Heilige«), der Spanier Mathias Laros, der Dichter Konrad Weiß, Franz Herwig, in späteren Jahren Werner Bergengruen und Gertrud von le Fort prägten damals die während und nach dem katholischen Literaturstreit entstehende moderne katholische Belletristik im deutschsprachigen Raum. Die dritte und letzte Kampfschrift Carl Muths »Die Wiedergeburt der Dichtung aus dem religiösen Erlebnis« (1909) beendete erfolgreich die Auseinandersetzung zwischen »Hochland« und »Gral« mit dem folgenden Schlußzitat:

Nicht aus dem Streit und Kampf der Gegensätze, sondern aus ihrer Überwindung in dem religiösen Erlebnis, dessen letzter Inhalt die Liebe ist, wird eine große Dichtung in der Zukunft möglich sein.

Zum zweiten machte Carl Muth seine Zeitschrift »Hochland« zur Plattform und zum Sprachrohr akademisch-wissenschaftlicher Forschung katholischer Gelehrter und Universitätslehrer auf allen Gebieten des Wissens: Kirchenhistoriker (Heinrich Finke, Ludwig von Pastor, Philipp Funk, Josef Wittig und Franz-Xaver Seppelt), Europäische Historiker (Martin Spahn, Franz Schnabel, Johann Huizinga, Reinhold Schneider), Rechtswissenschaftler (Carl Schmitt, Eugen Rosenstock), Theologen (Theoderich Kampmann, Josef Bernhart), Philosophen (Georg Graf von Hertling, Peter Wust, Alois Dempf, Theodor Haecker) konnten unter der vorsichtigen Redaktion Carl Muths jetzt erstmals nach dem Bismarckreich und dem sogenannten Kulturkampf des norddeutschen Protestantismus gegen alles Katholische zu Wort kommen.

Nach einer ersten literarischen, sodann einer nationalen Phase (1. Weltkrieg), einer politischen Phase (ab 1921 mit dem Kampf gegen den beginnenden Nationalsozialismus) endete Hochland letztendlich in einer reflektorisch-historischen Phase (als dem letzten Mittel der Gegenwehr gegen das Dritte Reich) mit dem Verbot der Monatsschrift 1941 durch das nationalsozialistische Regime.

Drei Jahre später, nach dem tragischen Tod der Geschwister Scholl (1943), denen Carl Muth freundschaftlich verbunden war, starb der Promoter katholischer Weltanschauung und mit ihm die große Zeit der Monatsrevue Hochland.

Lesehinweis: G. Schwaiger (Hg.), Christenleben im Wandel der Zeit, Bd. II, München 1987, 247-264

Wulfried Muth

1. Februar — Mechthild von Magdeburg (1207-1282)

»Der wahre Gottesgruß,/Der da kommt von der himmlischen Flut/Aus dem Brunnen der fließenden Dreifaltigkeit,/Der hat (in sich) so große Kraft,/Daß er dem Leibe benimmt all seine Macht,/Und die Seele wird sich selbst offenbar./Da sieht sie sich selbst den Heiligen gleich und empfängt dann an sich göttlichen Glanz.«

Mit diesen Versen schildert Mechthild von Magdeburg ihre mystischen Gotteserfahrungen, die sie seit ihrem 12. Lebensjahr begleiten. Mechthild, die aus einer Burgritterfamilie der westlichen Mittelmark stammt und eine weltlich-höfische Bildung genoß, schließt sich mit etwa 23 Jahren der damals weitverbreiteten religiösen Frauenbewegung an. Sie wird Begine (eine fromme, gemeinschaftliche Lebensform weltlicher Frauen) und zeigt damit, daß sie als moderne Frau ihrer Zeit ein selbstbestimmtes, religiöses Dasein den möglichen Zwängen eines Ehelebens vorzieht. Ihr Selbstbewußtsein, das immer wieder, trotz Bescheidenheitsformeln, aus ihren Texten spricht, bezieht die Mystikerin aus einer Gotteserfahrung, die ihr die Göttlichkeit der menschlichen Seele bewußt macht. Sie ist kein niedriger Wurm, der sich schuldig vor Gott verkriechen müßte, sondern ebenbürtige Partnerin ihres geliebten Gottes. Als selbstbewußte Mystikerin scheut sie sich nicht, weibliche Gottesbilder zu verwenden, die sie an einer Stelle auch mit ihrer Trinitätsmystik verbindet: »Darauf schwang sich meine Seele im Fluge zu Gott, so daß sie sich ganz ohne eigene Mühe erhob und sich in die Heilige Dreifaltigkeit bettete, wie sich ein Kind in den Mantel einer Mutter einhüllt und sich ganz an ihre Brust schmiegt.«

Erlebt Mechthild hier ihren Gott als Geborgenheit schenkende Mutter, so beschreibt sie ihn an vielen anderen Stellen ihres Werkes »Das fließende Licht der Gottheit« als leidenschaftlichen Liebhaber:

Er (Gott; d. Vf.) wohnt im Frieden der heiligen Innigkeit/Und raunt mit der Geliebten in der Seele tiefer Einsamkeit,/Er grüßt sie mit seinen seligen Augen,/Wenn sich die Liebenden wahrhaft schauen./Er durchküßt sie mit seinem göttlichen Munde,/Wohl dir, ja mehr als wohl, ob der überherrlichen Stunde!/Er liebt sie mit aller Macht auf dem Lager der Minne/Und sie kommt in die höchste Wonne/Und in das innigste Weh/Wird sie seiner recht inne.

Einen/er Leser/in des 20. Jahrhunderts mögen diese sexuell-erotischen Metaphern für die Gottesbegegnung etwas eigenartig anmuten, für Mechthild sind sie Ausdruck ihrer intensiven Liebesbeziehung zu Gott, die ihr Stärke und Kraft verleiht. Sie wird zur geistlichen Minnesängerin, und sie besingt die Anziehung zwischen Gott und ihrer Seele. Egal, ob Mechthild zärtlich-erotische Bilder verwendet oder solche des Leidens, immer fasziniert die sprachliche Leuchtkraft ihrer Texte, die sie in mittelniederdeutsch verfaßte. Mechthild ist also nicht nur Mystikerin, sondern auch Dichterin. Ihre Sprachgewalt zeigt sich in der vielfältigen Formen- und Stilwahl, von Alltagsprosa angefangen bis zu hymnischen Preisungen und lyrischen Dialogszenen, sowie in ihrer Fähigkeit, immer wieder neue Wörter und Symbole zu finden für ihre mystische Erfahrung und theologische Rede. Und bei all ihrem Schreiben scheint sie von einem überzeugt zu sein: daß Gott sich leidenschaftlich einläßt auf die dynamische Beziehung von Menschen, auf das Spiel der Liebe, das begleitet ist von Sehnsucht, Verlangen, aber auch von Ferne und Verweigerung. Mechthild glaubt an einen menschennahen Gott und an die göttliche Würde des Menschen, weshalb beide sich in beglückenden Augenblicken begegnen können. Sie selbst lebt aus dieser Erfahrung und wird so zu einer liebenden Frau.

Mechthilds Werk zeigt, daß sie Mystikerin, aber auch Dichterin und Theologin ist, die heute noch Anstoß geben kann für eine menschenfreundliche und leidenschaftliche Theologie.

Lesehinweis: Mechthild von Magdeburg, »Ich tanze, wenn du mich führst«. Ein Höhepunkt deutscher Mystik (ausgew., übers. u. eingel. v. M. Schmidt), Freiburg 1988

Silvia Hagleitner

Todestag von Alfred Delp (1907-1945) 2. Februar

»Ich kann predigen, soviel ich will, und Menschen geschickt oder ungeschickt behandeln oder wieder aufrichten, solange ich will. Solange der Mensch menschenunwürdig und unmenschlich leben muß, ... wird der Durchschnitt den Verhältnissen erliegen und weder beten noch denken. Es braucht die gründliche Änderung der Zustände des Betens.« So antwortet der angeklagte Jesuit am 9. Januar 1945 dem Volksgerichtshof der Nazis, die ihn am 2. Februar hinrichten werden. Die gründliche Veränderung der Verhältnisse, betend, denkend und handelnd – wie im Fragment ist hier das Ganze dieses nicht einmal 38jährigen Lebens zusammengefaßt. Von früh an um einen Dialog mit der Moderne bemüht, als erster katholischer Theologe wissenschaftlich mit Heidegger befaßt und stets auf der Spur der Tragik des modernen Menschen, der in einem geschlossenen System seines Leistungsdenkens und Machbarkeitswahns doch jede Erdung und jeden Mittelpunkt verloren habe und entsprechend massenweise verführbar wurde durch den großen Führer, geht derselbe Delp gegen kirchlichen Egoismus, gegen fromme Eigenbrödelei, gegen Reduktion der großen Fragen auf die kleinen Andachten an. Er, der neben Philosophie und Theologie eben auch Soziologie studieren sollte, um ein Institut für christliche Soziallehre aufzubauen, woran ihn die Nazis hinderten, gerät äußerlich eher durch Zufall in den Bann des Kreisauer Kreises um Graf Moltke und seinen durchaus konservativ gestimmten Widerstand gegen Hitler. Zwischen Sozialismus und Liberalismus, zwischen Kommunismus und Nationalsozialismus geht es Delp um das, was er personalen Sozialismus und theonomen Humanismus nennt. Hier ist die Kirche gefragt, hier sind Christen und monastische Basisbewegungen gefragt, hier gilt es, zur Erneuerung beizutragen, so daß Delp zu einem Vordenker des Zweiten Vatikanischen Konzils wird. Kairologie also, Mystik der Erde, heraus aus neuscholastischer Enge und hinein in jene missionarische Kirchlichkeit, die man seit Paul VI. Evangelisierung nennt. »Wir sind Missionsland geworden.« Entsprechend findet Delp – durch und durch geerdet in Kirche und Orden und gerade deshalb unbequem und querdenkerisch – die prophetische Hellsicht, von der Verbürgerlichung des Christentums und der Welt zu sprechen, von der egoistischen und konsumistischen Sicherheitsmentalität:

Der bürgerliche Lebensstil hat einmal seine Größe und seine Sendung gehabt. Er war immer gefährdet und gefährlich, weil seine Größe immer mit der menschlichen Schwäche im Bündnis war und dauernd die Möglichkeit bestand, daß sich der Mensch der Güter, die der bürgerliche Mensch anhäufte, die er braucht zur Erfüllung von Auftrag und Sendung, bemächtigte, um in ihnen zu bleiben. Das war denn die Erstarrung und der Kältetod: Der Bürger-sinn für die größere Verantwortung starb und übrig blieb der bürgerliche Hunger und Durst nach Wohlfahrt, Pflege, Ruhe, Bequemlichkeit, gesichertem Besitz. Die Rente, der Coupon, die stille Teilhaberschaft, die Zinshäuser: Das waren und sind die Symbole und Ideale dieser Menschen geworden. Daß da ein Menschentyp geworden ist, vor dem selbst der Geist Gottes, man möchte sagen, ratlos steht und keinen Eingang findet, weil alles mit bürgerlichen Sicherheiten und Versicherungen verstellt ist, darf nicht nur als Erscheinung des Vergangenheit gewertet werden. Dieser Typ lebt noch.

Nicht zuletzt in der Kirche, die gleichermaßen der Tendenz zur Verbürokratisierung unterliegt. Was Delp angesichts des Todes schon, mit gefesselten Händen im Nazigefängnis schreibt, ist – typisch christlich – voller Kirchenliebe und entsprechend voller Kirchenkritik, weil von der heiligen Ungeduld getragen, in der der suchende Gott auf den suchenden Menschen hin unterwegs ist. Delp ist ein durch und durch adventlicher, offener Mensch, ohne Berührungsängste, ohne Gettomentalität, von jener umwerfenden Freiheit, die aus Anbetung und Gottesgehorsam allein erwächst und deshalb zu leidenschaftlicher Solidarität und Weltliebe führt. Und »dazwischen« die Kirche.
»Kirche wird immer sein. Aber wird Kirche immer bei uns sein? Wenn wir fragen: Lebt oder stirbt die Kirche?, dann meint das *unsere* Kirchenstunde. Da helfen uns keine Erwägungen. Da hilft nur die ehrliche Bestandsaufnahme dessen, was ist, und der innere Versuch, damit fertig zu werden ... So wollen wir diese Frage stellen, um zu wissen, ob die Kirche noch der Glaube unseres Geistes und die Liebe unseres Herzens ist. Drei einfache Fragen wollen wir stellen: ›Wodurch lebt die Kirche? Woran stirbt die Kirche? Kirche, bist du heute Kirche des Lebens oder Kirche am Ende?‹«

Lesehinweis: A. Delp, Gesammelte Werke, Bd. I und IV, Frankfurt 1988 ff.

Gotthard Fuchs

3. Februar — Geburtstag von Camilo Torres (1929-1966)

Am 24. Juni 1965 bittet der Priester Camilo Torres seinen Bischof, den Kardinal Erzbischof Luis Conda von Bogota, Kolumbien, um die Versetzung in den Laienstand. In einer Presseerklärung heißt es:

Wenn bestimmte Umstände es den Menschen unmöglich machen, den Geboten Christi zu folgen, dann hat der Priester die Aufgabe, diese Umstände zu bekämpfen, selbst auf Kosten der Möglichkeiten, den eucharistischen Ritus zu zelebrieren, denn das kann nicht ohne die Nachfolge Christi geschehen. Die christliche Gemeinschaft kann jedoch das Meßopfer nicht wirklich darbringen, wenn sie nicht vorher das Hauptgebot der Nächstenliebe in wirksamer Weise erfüllt hat. Ich habe mich für das Christentum entschieden, weil ich in ihm die reinste Form des Dienstes am Nächsten sehe. Ich wurde von Christus zum lebenslänglichen Priesteramt auserwählt, weil ich mich vollständig der Liebe zu meinen Mitmenschen hingeben wollte.
Als Soziologe wollte ich dieser Liebe mit Hilfe von Technik und Wissenschaft Wirksamkeit verleihen. Bei der Untersuchung der kolumbianischen Gesellschaft wurde mir klar, daß eine Revolution nötig ist, wenn man die Hungrigen speisen, die Dürstenden tränken, die Nackten bekleiden und den Massen unseres Volkes ein menschenwürdiges Dasein ermöglichen will.

Der Priester Camilo Torres ist zum Revolutionär geworden. Zunächst versucht er, mit friedlichen Mitteln einen Umsturz der politischen Verhältnisse in Kolumbien zu erreichen. Im Januar 1966 aber schließt er sich dem bewaffneten Guerillakampf an. Bereits am 15. Februar wird er in einem Gefecht zwischen Angehörigen der Armee und der Guerillagruppe des ELN (Ejército de Liberación Nacional) erschossen; so wurde das Leben eines Mannes, der konsequent das Gebot der Nächstenliebe verwirklichen und der als Priester in der Eucharistiefeier die Menschen mit Gott versöhnen wollte, gewaltsam beendet.

Camilo Torres, Sohn freidenkender Eltern der Oberschicht, wird am 3. Februar 1929 in Bogotá geboren, begegnet als Student Dominikanern, die ihm die Wahrheit des Evangeliums erschließen.

Nach seinem Studium der Theologie in Bogotá und der Soziologie in Löwen wird er der erste Studentenseelsorger an der Nationaluniversität. Schnell gewinnt er das Vertrauen auch der der Kirche fernstehenden Studenten, wird Hochschullehrer an der von ihm mitbegründeten Soziologischen Fakultät, muß aber bereits 1962 auf Wunsch seines Bischofs die Ämter an der Universität niederlegen. Er hatte sich für Studenten eingesetzt, die der Rektor wegen ihrer angeblichen Beteiligung an Studentenunruhen von der Hochschule verwiesen hatte.

Zunächst versucht er im Rahmen der Institutionen, zum Beispiel über eine Agrarreform, das Los der Armen zu verbessern; aber sehr bald erkennt er, daß dies nur möglich ist, wenn das Volk die Macht übernimmt. Er kommt den Bitten der nonkonformistischen Gruppen nach, diese zu einer Einheitsbewegung zusammenzuführen, um auf legalem Wege einen Machtwechsel zu erreichen. Doch er wartet die Arbeitsergebnisse der Studiengruppen nicht ab, erarbeitet selbst ein Programm für die Einheitsfront und stellt dieses dann auch ohne Rücksprache und Diskussion der Öffentlichkeit vor. Trotzdem stimmen die Gruppen dem Programm zu, wohl auch deshalb, weil die von Torres redigierte Zeitschrift »Frente Unido« große Zustimmung im Volk findet. Schon bald aber zerbricht die Einheitsfront dann doch. Dadurch wird die Hoffnung auf einen legalen Machtwechsel zerstört. Am 7. Januar 1966 schreibt Camilo Torres:

Jeder echte Revolutionär muß erkennen, daß der bewaffnete Weg der einzig mögliche ist ... Ich habe mich dem bewaffneten Kampf angeschlossen. Von den kolumbianischen Bergen aus will ich mit der Waffe in der Hand den Kampf fortsetzen, bis wir die Macht für das Volk erobert haben ... Alle patriotischen Kolumbianer müssen zum Krieg übergehen.

Lesehinweis: C. Torres, Vom Apostolat zum Partisanenkampf, Hamburg 1969 (Rowohlt Paperback 78)

Hans-Josef Wilting

Todestag von Hrabanus Maurus (ca. 780-856)   *4. Februar*

Von vielen als »Praeceptor Germaniae« (Lehrer Deutschlands) tituliert, gilt er anderen als »öder Kompilator«. Beide Bezeichnungen werden seiner Persönlichkeit und der Bedeutung seines Lebenswerkes nicht gerecht. Gewiß war er ein im Frankenreich hochangesehener Lehrer. Kloster Fulda, dem Hraban zwanzig Jahre lang als Abt vorstand, suchten zahlreiche an seiner Lehre interessierte Mönche auch aus fernen Klöstern des Westfrankenreiches auf. Groß war auch die Zahl derer, die sich mit Bitten an ihn wandten – um Rat, um Erklärung eines biblischen Buches oder einzelner biblischer Texte, um Hilfe in Fragen des kirchlichen Lebens, etwa der Bußdisziplin. Die uns bekannten Bittsteller waren die Spitzen des politischen und kirchlichen Lebens – Kaiser/innen, Könige und Grafen, Erzbischöfe, Bischöfe und Äbte – aus dem gesamten Frankenreich.

Neben seiner Lehrtätigkeit haben ihn schon bei den Zeitgenossen seine Schriften bekannt gemacht. Sein Erstlingswerk galt dem »Lob des heiligen Kreuzes« (»in laudem sanctae crucis«). Ihm folgten bald Werke zur kirchlichen Praxis (Unterweisung der Kleriker, Zeitrechnung) und dann – nach einem Kommentar zum Matthäus-Evangelium – die lange Reihe seiner Erklärungen fast aller biblischen Bücher. Hinzu kamen im Laufe der Zeit Schriften, die durch politische oder kirchliche Vorgänge veranlaßt waren, zum Beispiel den Streit zwischen Kaiser Ludwig (dem »Frommen«) und seinen Söhnen oder Probleme der kirchlichen Bußdisziplin und des Eherechts.

Hraban wollte in seinen Schriften

nichts sagen, was nicht durch die Autorität der Väter begründet und von ihnen formuliert ist.

Er übernahm deshalb viele Sätze, gelegentlich ganze Abschnitte wörtlich aus den Werken der Kirchenväter, besonders Augustinus', gab aber die Namen der zitierten Autoritäten am Seitenrand an. Dabei hat er jedoch nicht etwa gedankenlos abgeschrieben, sondern bewußt ausgewählt, auch gegen die Meinung einer anerkannten Autorität. Die entscheidende Autorität war für ihn stets, selbst in Fragen des Rechts, die Bibel, aus der er daher besonders reich zitiert hat.

Geistige Selbständigkeit bewies er auch in seinen Stellungnahmen zu theologischen und kirchenpolitischen Streitfragen seiner Zeit: zu der durch den Mönch Gottschalk (dem »Sachsen«) seit mehr als zwei Jahrzehnten aufgeworfenen Frage nach der Vorherbestimmung des Menschen durch Gott – wobei er sich gegen Gottschalk sehr hartherzig verhielt –, zu der (durch Paschasius und Ratramnus von Corbie ausgelösten) Kontroverse über das Verständnis der Eucharistie sowie zu den Folgen von Absetzung und Wiedereinsetzung Erzbischof Ebos von Reims, eines der führenden Gegner Kaiser Ludwigs des Frommen und seiner Reichsteilungspläne. Vor allem aber bekundete er seine Unabhängigkeit in der Zeit der Auseinandersetzung zwischen den Söhnen Ludwigs (nach dessen Tod 840). Nach der Niederlage des von ihm unterstützten Kaisers Lothar zog er die Konsequenz und trat als Abt des fortan im Herrschaftsbereich von dessen Rivalen, des Königs Ludwig (des »Deutschen«), gelegenen Klosters Fulda – mit einem Konvent von über 800 Mönchen – zurück. Nach der Aussöhnung mit dem König ist er jedoch 847 noch Erzbischof von Mainz und damit Metropolit der größten Kirchenprovinz des Reiches geworden. Er hat auch diese neuen Aufgaben anscheinend umsichtig und tatkräftig wahrgenommen.

Hraban hat somit auf allen Stationen seines Lebens Bemerkenswertes, zum Teil Herausragendes geleistet – als Schüler, Lehrer, Abt und Erzbischof. Sein Ansehen aber verdankt er vor allem den schon zu seiner Zeit, aber noch mehr in späteren Jahrhunderten an vielen Orten Europas abgeschriebenen und in der Neuzeit wiederholt gedruckten Werken. Sie zeigen, daß er ein »homo spiritualis« war, der aus Bibel und kirchlicher Überlieferung in erstaunlich reichem Maß zusammengetragen hat, was ihm für das Verständnis der Heiligen Schrift und die Lösung aktueller Probleme dienlich schien.

Lesehinweis: Hrabanus Maurus und seine Schule. Festschrift der Rabanus-Maurus-Schule 1980 (hrsg. v. W. Böhne), Fulda 1980

Raymund Kottje

5. Februar   Todestag von Philipp Jakob Spener (1635-1705)

Der »Vater des Pietismus« wird er genannt, jener Frömmigkeitsbewegung des Herzens, von der sich die einen die Erneuerung des Protestantismus erhoffen, die anderen jedoch mehr irritiert als inspiriert sind.

Speners Lebenswerk steht unter dem Leitwort einer gottgefälligen Reform, die in erster Linie die Kirche erneuern sollte, aber sehr wohl auch die Welt verbessern wollte. Motiviert wurde die Reform über einen eschatologischen Zukunftsoptimismus. Die persönliche Bindung des Gläubigen zu seinem Gott »befreit« diesen, in der Welt »zur Ehre Gottes« unermüdlich zu wirken. Zwangsläufig wird in dieser Theologie das Augenmerk auf das Streben des Menschen nach Heiligung gelenkt, ohne daß dieses Streben in Konkurrenz treten soll mit der von Gott als unverdientem Geschenk bewirkten Heiligung.

Zentral für Spener ist das Postulat: Christ ist nur der Mensch, in dem sich eine radikale Verwandlung vollzogen hat, die als Neu- oder Wiedergeburt beschrieben wird. »Daher müssen wir gantz neue Hertze haben / und durch eine wiedergeburt neue menschen werden.«

Aus der »Wiedergeburt« des Menschen zum Christen leitet Spener den zweiten Vorschlag zur Reform der Kirche ab, nämlich die Einführung von »Konventikeln«, einer Art selbstinszeniertem Nachhilfeunterricht für »entschiedene« Christen. Die Taufe und bloß äußerliche Teilnahme am kirchlichen Leben sind nicht ausreichend, die große Gemeinde muß ergänzt werden durch kleine, übersichtliche Lerngemeinschaften, deren Zweck es ist, im frommen, geselligen Zusammenkommen die Bibel zu studieren und sich gegenseitig zu erbauen. Das Postulat der Wiedergeburt und der »geheiligten« Lebensführung setzten den Grundstein zu einer Pädagogisierung des Glaubens.

Erbauung ist ausgerichtet auf die beiden Pole: die Ehre Gottes und das Beste des Nächsten suchen. Von daher erklärt sich auch der dritte Vorschlag in den »Pia desideria«, nämlich die Christen zu der Erkenntnis zu bringen, »daß es mit dem wissen in dem Christenthum durchauß nicht gnug seye / sondern daß es vielmehr in der praxi bestehe«. So hat Spener auch die Zeit als anvertrautes Gut entdeckt, mit dem es zu wuchern gilt:

Ich will keine Zeit mehr versäumen / sondern sehen / daß was ich nicht zu meiner nöthigen leibeserqickung gebrauche / die doch auch den zweck haben soll zu meines GOttes ehre / ich alles zu meines GOttes preiß anwende / mich oder andere zu erbauen / oder etwas Nützliches zu thun / das zu meines GOttes ehre / oder Bestem deß nechsten gereiche. Ich will keine viertel stunde mehr mit willen suchen zuzubringen / daß ich nicht mich bemühe / etwas guthes zu thun.

Der »Praxis pietatis« wird im Vergleich mit der Theorie und der theologischen Disputation eindeutig die Priorität zugewiesen.

Spener hat mit seinen Grundüberzeugungen eines auf die Bibel gestützten Zukunftsoptimismus', einer Lehrbarkeit des Glaubens und einer möglichen Weltverbesserung die Grundpfeiler für eine moderne, geschichtswirksame »Erweckungsbewegung« innerhalb des Protestantismus gelegt. Ihm selbst waren die den Grundüberzeugungen innewohnenden Ambivalenzen noch bewußt, etwa die darin enthaltenen Gefahren von Separation, Dogmatismus und der Bildung eines überzogenen elitären Bewußtseins einer Avantgarde von entschiedenen und wiedergeborenen Christen. Demgegenüber haben seine Nachfolger die Ambivalenzen christlichen Lebens, insbesondere pietistischer Frömmigkeitsübungen allzu oft übersehen und die »Entschiedenheit« christlichen Handelns höher bewertet als den leisen Zweifel an den möglichen Folgen der guten Absicht.

Schon einer seiner wirkmächtigsten Schüler, August Hermann Franke, hat eine Pädagogik konzipiert, die es darauf anlegte, den natürlichen Eigenwillen des Kindes zu brechen zugunsten eines von Gott geleiteten Willens, der allein Gott die Ehre gibt und das Kind anleitet, Demut, Gehorsam und Bescheidenheit anzustreben. Zwar sollte der Wille des Kindes nicht über körperliche Strafen gebrochen werden, dafür aber um so wirksamer über eine Pädagogik der Kontrolle in einer Institution, die der Sozialpsychologe Erving Goffman in anderem Zusammenhang als total bezeichnete. Bekanntlich hat diese Pädagogik bis heute Eingang gefunden in unzählige Familien, in denen die Kinder den gründlich mißverstandenen Reformvorschlag Speners an Leib und Seele erlitten haben.

Lesehinweis: P.J.Spener, Umkehr in die Zukunft. Reformprogramm des Pietismus – Pia Desideria, Gießen ³1983

Albrecht Schöll

Geburtstag von Josef Frings (1887-1978)   *6. Februar*

Natürlich könnte ich auch andere Texte auswählen – die berühmte Silvester-Predigt des Jahres 1946, aus der die Kölner die Erlaubnis zum »Fringsen« heraushörten, oder den Aufruf zur Gründung des Bischöflichen Hilfswerkes »Misereor« oder eine der Ansprachen vor der Shakespeare-Gesellschaft oder eine der Reden auf dem Zweiten Vatikanischen Konzil. Da ich aber einen Zugang zur Personmitte des früheren Kölner Erzbischofs erschließen will, zitiere ich folgende Zeilen aus seinen 1973 erschienenen Memoiren:

Ich glaube sagen zu können, daß ich zeitlebens ein guter Verehrer der lieben Gottesmutter Maria gewesen bin. Von meinen ersten Priestertagen an habe ich neben dem Stundengebet täglich einen Rosenkranz von fünf Gesätzen gebetet. Diese Übungen glaube ich niemals unterlassen zu haben; sie sind mir auch nicht schwergefallen, höchstens in den Zeiten der Ferien, wo man mit priesterlichen Freunden Reisen oder Bergtouren unternahm. Aber soviel ich mich erinnere, habe ich dieses Pensum täglich erledigen können. Seitdem ich nicht mehr lesen kann, also seit etwa elf Jahren, ist der Rosenkranz fast das einzige mündliche Gebet geworden, das ich noch beten kann. Ich pflegte anfangs drei Rosenkränze, nachher täglich zwei zu beten und tue es bis heute. Ich glaube, daß ich aus diesem Gebet reichen Nutzen und viel Kraft geschöpft habe, besonders deshalb, weil hier ja das mündliche Gebet mit dem betrachtenden in einer einzigartigen Weise verbunden ist.

Aus diesen Zeilen werden der Humor und die rheinische Liberalität des 1887 in Neuss geborenen Autors ebenso sichtbar wie die Prägung durch die Lehrer aus dem Jesuiten-Orden im Innsbrucker theologischen Konvikt. Greifbar werden auch schlichte Frömmigkeit und theologische Weisheit. Man kann verstehen, daß Kardinal Ratzinger, der damals als junger Theologie-Professor Konzilsberater des Kölner Erzbischofs war, vom Streit um das marianische Kapitel der Kirchenkonstitution berichtet: »Den einen schien der vorgelegte Text viel zu schwach, beinahe ein Attentat auf die Ehre der heiligen Jungfrau. Den anderen erschien er viel zu stark, aus einer biblisch bestimmten ökumenischen Perspektive heraus kaum zumutbar. Wo die Gründe am Ende waren, konnte nur noch eine Auctoritas helfen: eine Stimme, der alle vertrauten. Kardinal Frings hatte sie, und wohl nur er. Ihm glaubten die einen die Wärme einer tiefen katholischen und marianischen Frömmigkeit, die anderen die Sachlichkeit eines verlässigen theologischen Urteils. So war es wie eine Erlösung, als sich endlich der Kölner Erzbischof zu Wort meldete und beide Seiten des Plenums beschwor, sich um der Einheit willen zu überwinden und den vorliegenden Text anzunehmen, der gewiß nicht alle Wünsche erfülle, aber von jedem guten Gewissens vertreten werden könne. Natürlich blieb das für beide Seiten eine Überwindung, aber der Aufruf von Frings führte sie aus ihrer Erstarrung heraus und gab dem Konzil die Einheit zurück«.

Der ausgewählte Text macht nicht zuletzt deutlich, wie wichtig es für den Christen ist, die Glaubenswahrheiten durch Meditation zu verinnerlichen, und daß der Rosenkranz dazu vorzüglich geeignet ist. Und schließlich bezeugt er auch, daß der auf solche Weise täglich praktizierte Glaube in schweren Stunden seine Kraft erweist; die große Geduld, mit der Kardinal Frings seine fortschreitende Erblindung und das Nachlassen aller Kräfte ertrug, hat mich als seinen früheren Sekretär und Mitarbeiter jedenfalls tief beeindruckt.

Lesehinweis: Josef Kardinal Frings, Für die Menschen bestellt. Erinnerungen des Alterzbischofs von Köln, Köln 1973

Dieter Froitzheim

7. Februar — Geburtstag von Thomas More (1478-1535)

Thomas More (latinisiert: Morus) ist eine der bedeutendsten und zugleich bis heute umstrittensten Persönlichkeiten an der Schwelle zwischen Mittelalter und Renaissance: »John Colet, ein scharfsinniger Mann mit vortrefflicher Urteilsgabe, pflegte oft in vertrautem Gespräch zu sagen, England besitze nur ein einziges Genie, Morus, und doch blühen auf dieser Insel so viele ausgezeichnete Geister« (Erasmus von Rotterdam 1519 an U. Hutten).
»Ob Thomas Morus um des Evangelii willen wäre vom König getötet? Mit Nichten nicht! Denn er war ein großer Thyrann. Ob er wohl des Königs fürnehmster Rath und ein sehr gelehrter und weiser Mann war, und hat viel unschüldiges Bluts vergossen an frommen Christen, die sich zum Evangelio bekannten; dieselben plagete und marterte er mit wünderlichen Instrumenten, wie ein Henker und Stockmeister ...endlich, nachdem er der nächste nach dem König gewaltig ware, lehnete er sich wider des Königs und des Reichs Edict auf, ward ungehorsam, und also gestraft« (M. Luther, 1535).
»In Wirklichkeit war er ein abergläubischer und barbarischer Verfolger... Für diese Grausamkeiten, und nicht für seine Leugnung der kirchlichen Obergewalt Heinrichs VIII., verdiente er die Todesstrafe« (F. M. A. Voltaire, 1756).
»Wer weiß nicht, daß Sir Thomas More einer der vortrefflichsten, gescheitesten, rechtschaffensten Männer seiner und jeder anderen Zeit gewesen« (C. M. Wieland, 1794).
»...der erste der großen kommunistischen Utopisten« (K. Kautsky, 1887).
»Möglicherweise wird er noch einmal als der größte Engländer gelten oder doch als die größte historische Gestalt im Verlauf der englischen Geschichte« (G. K. Chesterton).

Nach anfänglichem Studium der freien Wissenschaften und Theologie in Oxford wird Thomas More von seinem Vater zum Jurastudium in London gezwungen. Hier studiert er auch bei den englischen Humanisten Crocyn, Linacre und Colet und schließt Freundschaft mit Erasmus von Rotterdam. Vier Jahre lang erwägt Morus als Gast in der Londoner Kartause ein Ordensleben. Schließlich entscheidet er sich für die Ehe und eine juristisch-politische Karriere. Trotz seiner zahlreichen Ämter geht er seinen schriftstellerischen Neigungen nach. Die Gesamtausgabe seiner Werke umfaßt über 20 Bände. Seine »Geschichte König Richards III.« bildet die Vorlage zu Shakespeares Drama und hat die Geschichtsschreibung nachhaltig beeinflußt. Sein 1516 in Löwen veröffentlichtes Werk »Utopia« begründet die gleichnamige Gattung und wirkt bis zur Gegenwart in Literatur, Philosophie, Staatsrecht und Politik nach. In zahlreichen Schriften gegen die Reformation verteidigt er die katholische Lehre. Als Richter verhängt er Todesurteile gegen Häretiker. Von tiefer Frömmigkeit zeugen seine kontemplativen Schriften. 1529 beruft ihn Heinrich VIII. zum Lordkanzler. Als Heinrich seine Ehe mit Katharina von Aragon auflösen will, um Anna Boleyn zu ehelichen, und sich wegen des päpstlichen Verdikts dagegen unter Verletzung der Magna Charta und Bruch seines Krönungseides zum Oberhaupt der englischen Kirche erheben läßt, tritt More 1532 zurück. Da er den Eid auf die Suprematsakte verweigert, weil sie »in unmittelbarem Widerspruch zu den Gesetzen Gottes und seiner heiligen Kirche steht«, so More im Prozeß, wird er verurteilt und am 6. Juli 1535 enthauptet. Am 19. Mai 1935 wird er von Papst Pius XI. heiliggesprochen.
– Die Spiritualität Thomas Mores bezeugt ein Gebet, das er während der Haft im Tower verfaßt hat:

Deine Gnade schenk mir, guter Herr,/diese Welt gering zu achten,/von Wortgeklingel, Redeschwall mich freizuhalten/und ebenso von lautem törichtem Vergnügen,/meine Seele fest an dich zu binden,/nicht an Menschenmund und -wort zu hängen./Laß mich bejahen, daß ich einsam bin/und wunschlos nach der Kumpanei der Welt./Laß voller Freude, lieber Herr, an dich mich denken/und deine Hilfe fromm erbitten./Gewähre mir, ganz deinem Trost zu trauen/und dich zu lieben, du meiner Mühen Lohn,/meine Bosheit zu erkennen und Erbärmlichkeit/und demütig in deiner Hand zu werden./Herr, mach mich willig, meine Sünden zu beklagen,/für ihre Sühnung Leid geduldig zu ertragen./Laß mich in Not und Elend fröhlich sein!/Den schmalen Pfad zum Leben laß mich gehen/und Christi Kreuz die eignen Schultern leihn./Die letzte Stunde laß mir vor der Seele stehen,/vor Augen immerfort den Weggefährten Tod,/im Herzen gegenwärtig, was Christus für mich litt./Gewähr mir, lebenslang zu danken für sein Gutsein./Lehr mich den ärgsten Feind als meinen besten Freund erkennen!

Lesehinweis: R. Marius, Thomas Morus. Eine Biographie, Zürich 1987

Thomas Kaut

Geburtstag von Martin Buber (1878-1965)   8. Februar

Er lachte nicht mit dem Mund; den verdeckte ohnehin sein Bart. Martin Buber hatte lachende Augen, mit denen er sein Gegenüber anschaute. Und war sein Gegenüber eine Katze, die ihm den Weg versperrte, so hat Buber sie nicht verscheucht; er schaute sie an und wartete, bis sie ihm den Weg frei gab. Dafür sprang sie auch sogleich dem fremden Gast auf die Knie und schnurrte. Sie hatte erkannt, wen sie vor sich hatte. »Begegnung« – das war die wichtigste Erfahrung in Martin Bubers Leben. Das Erleben der Andersheit des anderen ist in der Grundbeziehung »Ich und Du« Hauptgegenstand seines Nachdenkens geworden. Im Hier und Jetzt der sich ergebenden Ich-Du-Beziehung, die wiederum eine Begegnung mit dem ewigen Du impliziert, geschieht für Buber Offenbarung. Auch Erziehung ist für ihn ein dialogischer Vorgang. Erziehen ist in der Weise Einwirkung eines Menschen auf einen anderen Menschen, daß das Ich zum Du steht und es so zu einem Wechsel des Gebens und Nehmens kommt. Erziehung, so verstanden, bedeutet eine Erweckung für ein Leben in Beziehung, Beziehung zwischen Menschen, die von der Beziehung Mensch-Gott umgriffen ist. Für Buber wohnt Gott der Welt inne, und dennoch geht er nicht in der Welt auf. Die Möglichkeit des In-der-Welt-Seins und des Bei-Gott-Seins besteht für ihn als Wirklichkeit, nicht nur als gedachte Theorie. »Ich und Du« – alle anderen Schriften und Bemühungen Bubers sind nichts anderes als Kommentar dazu, als Ergänzung und Abgrenzung, als Antwort auf Anfragen, Erwiderung auch auf erfahrene Kritik:

Ihr ewiges Du haben die Menschen mit vielen Namen angesprochen. Als sie von dem so Benannten sangen, meinten sie immer noch Du: die ersten Mythen waren Lobgesänge. Dann kehrten die Namen in die Es-Sprache ein; immer stärker trieb es die Menschen, ihr ewiges Du als ein Es zu bedenken und zu bereden. Aber alle Gottesnamen bleiben geheiligt: weil in ihnen nicht bloß von Gott, sondern auch zu ihm geredet worden ist. Manche wollen verweisen, das Wort Gott rechtmäßig zu gebrauchen, weil es so mißbraucht sei. Und gewiß ist es das beladenste aller Menschenworte. Eben darum ist es das unvergänglichste und unumgänglichste. Und was wiegt alle Irr-Rede über Gottes Wesen und Werke (wiewohl es keine andere gegeben hat und geben kann) gegen die eine Wahrheit, daß alle Menschen, die Gott angesprochen haben, ihn selbst meinten? Denn wer das Wort Gott spricht und wirklich Du im Sinn hat, spricht, in welchem Wahn immer er befangen sei, das wahre Du seines Lebens an, das von keinem andern eingeschränkt zu werden vermag und zu dem er in einer Beziehung steht, die alle andern einschließt.

Man kann sich fragen, was Martin Buber zu dem machte, was er war: sein dialogisches Denken? Seine Beschäftigung mit dem Chassidismus? Oder war es die Intensität, mit der er die Bibel übersetzt hat? Man kann sein Werk und seine Entwicklung aber auch in umgekehrter Reihenfolge charakterisieren: Der vom hebräischen Denken der Schrift Herkommende, der horchend und gehorchend Sprache Gestaltende war fähig, den chassidischen Spuren nachzugehen und so in den Horizont des Dialogischen vorzustoßen. Von da her hat er sich in der zweiten Hälfte seines Lebens erneut der Schrift zugewandt und hat angefangen, die Schrift zu verdeutschen. Dabei ging es Buber nicht um ein Buch, um einen neuen deutschen »Text«. Er wollte vielmehr den Leser auf den Weg führen, auf dem er der »Stimme« begegnet und dann von Stund' an sein Leben und das Leben der Welt als Anspruche dieser Stimme erkennt, und ihr mit seinem Tun und Lassen zu antworten. In Bubers Übersetzung ist die deutsche Sprache vom Hebräischen her bewegt und neu gesprochen, nicht aus Verfremdungsabsicht, sondern als Mahnmal. Das Wort der Schrift ist verstanden als Anrede des göttlichen Du, das gehört werden will, nicht durch gefällige Eindeutschung sollte das Anderssein des Ganzanderen bis zur Verharmlosung verdeckt werden. Bubers Ich-Du Philosophie steht dem Chassidismus und der Schrift zugleich nahe.

Martin Buber starb siebenundachtzigjährig am 13. Juni 1965 in Jerusalem. Jüdischer Religionsphilosoph, Kenner des Chassidismus, Verdeutscher der Schrift. Träger vieler internationaler Ehrungen, 1953 des Friedenspreises des Deutschen Buchhandels. Typischerweise hieß der Titel seines Vortrags in der Paulskirche in Frankfurt: »Das echte Gespräch und die Möglichkeiten des Friedens«.

Lesehinweis: Ich führe ein Gespräch. Ein Martin-Buber-Lesebuch (hrsg. v. E. Beck u. G. Miller), Hildesheim-Berlin 1993

Gabriele Miller

9. Februar

Todestag von Fedor Michailowitsch Dostojewskij (1821-1881)

Wenn ich die größten Werke der Weltliteratur an einer Hand aufzählen sollte – der Roman »Die Brüder Karamasow« wäre darunter. Der Autor aus verarmtem Adel; wegen sozialutopistischer Ideen zum Tode verurteilt und erst auf der Richtstätte begnadigt; zehn Jahre Sibirien; dann fieberhafte schriftstellerische Arbeit; Armut und Epilepsie; von krankhafter Spielleidenschaft. Wer wollte sich seinem dichterischen Werk aussetzen? Er ist ständig in Gefahr, von dem Lavastrom der Gestalten mitgerissen zu werden und zu vergehen. Dostojewskij geht es nicht um die Anklage der russischen Verhältnisse, nicht einmal um die Anklage der Verhältnisse seiner Zeit – er ist leidenschaftlich dem Menschen auf der Spur: seiner Größe und seiner Erbärmlichkeit, seiner Liebesfähigkeit und seiner abgründigen Schuld. Und der Dichter geht in all seine Gestalten ein – sie sind nichts als Daseinsformen seiner selbst: Er ist der Stavrogin der Dämonen, ist Iwan Karamasow (und der Großinquisitor) und Aljoscha, ist der Fürst Myschkin – nur vor dem Starez Sosima würde er niederknien, um sich segnen zu lassen.

Das Satanische und das Heilige sind in ihm selbst – zwischen Gott und dem Satan wird er zerrissen.

Was ist das Geheimnis dieses Lebens? Vielleicht ist es der Durst nach dem Leben, nach der so entstellten und doch im Kern bejahten Schöpfung. So sagt Iwan zu Aljoscha:

Gibt es wohl in der Welt eine Verzweiflung, die diesen rasenden, wütenden und vielleicht unanständigen Lebensdurst in mir besiegen könnte? – und ich bin zu der Überzeugung gekommen, daß es wahrscheinlich keine solche Verzweiflung gibt, das heißt wiederum nur bis zu meinem dreißigsten Jahre, dann werde ich selber nicht mehr wollen ... so scheint es mir wenigstens ... Er ist allerdings ein echt Karamasowscher Zug, das ist wahr, und auch in dir steckt dieser Lebensdurst ...

Und später, nach der Katastrophe, sagt Iwan: *Weißt du auch, Aljoscha, daß ich mir niemals das Leben werde nehmen können? Etwa aus Niedrigkeit nicht? Ich bin kein Feigling. Aus Lebensdurst! Vor Durst, vor Sehnsucht nach dem Leben, wirklich zu leben!*

Es ist ein Durst, der ungestillt bleibt. Für den Dichter – für uns alle. Der geliebte Mensch, auch die geliebte Schöpfung sind nicht fähig, diesen Durst zu löschen. Aber wie Dostojewskij gehören die Dürstenden dieser Welt zu denen, denen das Wort des endzeitlichen Herrn gilt: »Der Geist und die Braut sagen: Komm! ... Wer Durst hat, der komme! Wer will, empfange umsonst das Wasser des Lebens« (Offb 22,17). Und Dostojewskij mag im Maß seines Durstes gesättigt werden von dem, dessen Brunnen »Wassers die Fülle« hat (Ps 65,10).

Lesehinweis: R. Guardini, Religiöse Gestalten in Dostojewskijs Werk, München [6]1977

Hermann Kirchhoff

Todestag von Wilhelm Hohoff (1848-1923) 10. Februar

1873 schrieb der auf Schloß Hüffe in Westfalen als Kaplan tätige Wilhelm Hohoff einen Brief an die sozialistische Zeitung »Volksstaat«. Darin weist er leidenschaftlich die Beschuldigung zurück, die Kirche habe in ihrer Gesamtheit am »Klassenkampf von oben« teilgenommen. In einem Antwortartikel wiederholt August Bebel den Vorwurf; er bekräftigt damit die These, Sozialismus und Christentum verhielten sich wie Feuer und Wasser. Im Unterschied dazu versucht Hohoff in seinen nachfolgenden Veröffentlichungen nachzuweisen, daß Sozialismus und Christentum sehr wohl vereinbar seien. In seinem 1908 erschienenen Hauptwerk »Die Bedeutung der Marxschen Kapitalismuskritik« vertritt er die These, daß Karl Marx eine alte ökonomische Wahrheit wiederentdeckt habe, die bereits Thomas von Aquin formuliert hatte: daß allein die menschliche Arbeit Maßstab ökonomischer Werte sei. Mit der wissenschaftlichen Ausarbeitung dieser Lehre habe Marx in der politischen Ökonomie eine Wahrheit zur Geltung gebracht, die für die Theorie ebenso wie für die Praxis menschlichen Zusammenlebens von größter Bedeutung ist. Im Vergleich dazu habe die katholisch-liberale Schule Bankrott gemacht; es werde nämlich immer deutlicher, daß die Behauptung, der Kapitalismus sei eine an sich neutrale Wirtschaftsform, an der nur die Auswüchse zu beschneiden seien, eine Kapitulation vor dem Zeitgeist darstelle:

Da hat der Materialist Marx doch ein viel feineres, richtigeres, christlicheres Sittlichkeits- und Rechtsgefühl. Trotz aller Mühe, die er sich gibt, Ethik und Recht ganz bei Seite zu lassen bei allen ökonomischen Betrachtungen, gelingt ihm das sowenig, daß immer wieder die berechtigte sittliche Empörung zum Durchbruch gelangt und sein verletztes Rechtsgefühl überall zwischen den Zeilen und bisweilen auch ganz offen und unverhüllt zum Vorschein kommt. In seinem Leben wie in seinem wissenschaftlichen Werk ist Marx der größte Idealist, abgesehen von einigen ganz wenigen Entgleisungen, die ihren Grund in seinem theoretischen Materialismus haben.

So sehr sich Hohoff für die marxistische Kapitalismuskritik engagierte, so sehr betonte er seinen Dissens zur materialistischen Weltanschauung und unterschied zwischen Marx als »Philosoph« und Marx als »Ökonom«. Trotzdem trug ihm sein Versuch, den Marxismus auf dem Boden der scholastischen Tradition zu interpretieren, heftige Angriffe von seiten des konservativen »politischen Katholizismus« ein. Wer einige Phantasie dafür aufbringen kann, was es zwischen 1880 und 1923 bedeutet haben muß, daß ein katholischer Priester so zu denken und zu schreiben wagte, muß, so Walter Dirks, diesen Mann als äußerst »raren Vogel« bewundern. Dirks beschreibt Wilhelm Hohoff anläßlich dessen 50. Todestages 1973 als Einzelgänger von Format, dessen Theorie zwar mit den Details unserer Gegenwart unmittelbar nicht allzuviel zu tun hat, der aber durch seine freie, unabhängige Intention auf den Sozialismus hin, durch seine zähe Mühe in der theoretischen Begründung seiner Solidarität mit den Schwachen und nicht zuletzt durch seine vorbildliche Person aktuell sei.

Lesehinweis: K. Kreppel, Entscheidung für den Sozialismus. Die politische Biographie Pastor Wilhelm Hohoffs 1848-1923. Mit einem Vorwort von Walter Dirks, Bonn-Bad Godesberg 1974

Josef Senft

11. Februar *Geburtstag von Else Lasker-Schüler (1869-1945)*

»Ich habe Liebe in die Welt gebracht.« Dieser Vers steht nicht nur im Zentrum des Gedichtes von Else Lasker-Schüler, sondern er faßt, auf wunderbar einfache Weise, das Leben der jüdischen Dichterin zusammen, einer großen Liebenden, gegen die Konventionen der Zeit.

Diese Liebe hat ein Werk geprägt, dessen Rezeption die exaltierten Selbststilisierungen der Dichterin (z.B. als Prinz Jussuf von Theben) eher im Weg stehen. Kindsein, Schwester, Freundin, Geliebte und Mutter bezeichnen die Liebes-Verhältnisse, die ihre Gedichte hervorgebracht haben, von denen ihre Gedichte sprechen, auch und ganz zuletzt und alle mitbedingend und durchdringend: jenes zu ihrem Gott:

Gebet

Ich suche allerlanden eine Stadt,
Die einen Engel vor der Pforte hat.
Ich trage seinen großen Flügel
Gebrochen schwer am Schulterblatt
Und in der Stirne seinen Stern als Siegel.

Und wandle immer in die Nacht ...
Ich habe Liebe in die Welt gebracht –
Daß blau zu blühen jedes Herz vermag,
Und hab ein Leben müde mich gewacht,
In Gott gehüllt den dunklen Atemschlag.

O Gott, schließ um mich deinen Mantel fest;
Ich weiß, ich bin im Kugelglas der Rest,
Und wenn der letzte Mensch die Welt vergießt,
Du mich nicht wieder aus der Allmacht läßt
Und sich ein neuer Erdball um mich schließt.

»Gebet« ist ein Freundschaftsgedicht, Franz Marc, dem »blauen Reiter«, gewidmet, ist Gottesanrede und Versuch der Selbstvergewisserung in des Lebens Mitte. In den drei festgefügten jambischen Strophen setzt sich das Ich mit einigem Selbstbewußtsein an den Beginn, aber als *suchendes* und, in genauem Parallelismus, als ein »schwer« *tragendes* (Vers 3) und *gezeichnetes* Ich (Vers 5). Es trägt das Zeichen des »Engels« an jener Stelle, an der, einem jüdischen Schöpfungsmythos folgend, der Name, das Wort steht, das den Erdenkloß zum Gottesgeschöpf, zum Menschen macht.

Heimat kommt diesem Menschen nicht zu, ihr Ort ist Unterwegssein »in die Nacht«. In der »Nacht« des Lebens ist die »Liebe«, metaphorisch gesprochen, das Licht, das dem Menschen, vertreten durch das »Herz«, erlaubt zu »blühen«. Dieser durchaus vertraute Gedanke, die durchaus vertrauten poetischen Bilder, werden fremd durch das das »blühen« qualifizierende »blau«. Von Franz Marc, dem sie das Gedicht widmete, sagte sie nach dessen Tode: »Denn wo der blaue Reiter ging, schenkte er Himmel«. In diesem »blau« scheint die geistige, die religiöse Dimension dieser »Liebe« auf, die im letzten Vers der Strophe einen Namen erhält. Kühn ist das Verhältnis von Ich und Gott, wie jenes von Engel und Ich, wie die poetische Sprache, die »Herz« und »Atem« zusammenzwingt und diesen Lebenspuls »Atemschlag« in »Gott gehüllt« sein läßt.

Dann geht die Ichaussprache zur Gottesanrede über, wird das Ich vom handelnden Subjekt zum, allerdings *wissenden*, Objekt, an dem Gott handeln soll und handeln wird. Er ist kein richtender Gott, schon gar kein strafender, er ist – für unser geschlechtsspezifisch gespaltenes Bewußtsein und dessen Bildrepertoire (vgl. Schutzmantel-Madonna) – als umhüllender und schützender ein mütterlicher Gott, gerade auch und obwohl er ein allmächtiger (Vers 14) ist. Die »Allmacht« dieses Gottes ist nicht bedrohend, sondern bergend und immer wieder aufs neue schöpferisch.

Diesem bislang nicht datierten Gedicht ist dennoch ein Datum eingeschrieben, seine Entstehung vor dem Ersten Weltkrieg, von dem die Dichterin 1914 hellsichtig sagte: »[Es] erhebt sich eine unermeßliche Blutmühle, und wir Völker alle werden bald zermahlen sein.« 1933 flüchtete Else Lasker-Schüler nach Übergriffen der Nationalsozialisten in die Schweiz; 1939 konnte sie von einer Reise nach Palästina nicht mehr zurückkehren. Dort erschien 1943 ihre letzte Gedichtsammlung »Mein blaues Klavier«, in der wiederum ein mit »Gebet« überschriebenes Gedicht steht. Wie anders endet dieses »Gotteslied« – nach Flucht und Vertreibung:

– Ein Flämmchen Seele
Oh, Gott und ist sie auch voll Fehle –
Nimm sie still in deine Hände ...
Damit sie leuchtend in dir ende.

Lesehinweis: E. Lasker-Schüler, Sämtliche Gedichte, München 1977

Ute Oelmann

Todestag von Friedrich Daniel Ernst Schleiermacher (1768-1834) — *12. Februar*

Schleiermachers persönliche und geistige Entwicklung ist wie die vieler seiner großen Zeitgenossen bestimmt von der Loslösung aus einer als einengend empfundenen theologischen Dogmatik und der Hinwendung zur freien Gedankenführung der Philosophie. Die zu seiner Zeit überall deutlich werdende Spannung zwischen dem unterschiedlichen Wahrheitsanspruch in Theologie und Philosophie findet bei ihm aber weder die Lösung einer Philosophischen Theologie (im Sinne des »vernünftigen Christentums« der Aufklärer) noch die einer Aufhebung der Theologie in die Philosophie (Hegel). Schleiermacher betont vielmehr die Andersartigkeit des Wahrheitsanspruchs der Theologie, indem er sie an die Religion als ein menschliches Grunddatum bindet. Die geistige Potenz der Religion ist dann aber eine andere als die der Wissensbildung. In seinen berühmten Reden »Über die Religion«, gerichtet an die »Gebildeten unter ihren Verächtern«, vertritt er mit großem Engagement die Vorteile einer Abgrenzung von Religion gegenüber philosophischer Wissensbildung.

Worüber denn in der Religion hat man gestritten, Partei gemacht und Kriege entzündet? Über die Moral bisweilen und über die Metaphysik immer, und beide gehören nicht hinein. Die Philosophie wohl strebt diejenigen, welche wissen wollen, unter ein gemeinschaftliches Wissen zu bringen, wie ihr das täglich sehet, die Religion aber nicht diejenigen, welche glauben und fühlen, unter Einen Glauben und Ein Gefühl. Sie strebt wohl denen, welche noch nicht fähig sind, das Universum anzuschauen, die Augen zu öffnen, denn jeder Sehende ist ein neuer Priester, ein neuer Mittler, ein neues Organ; aber eben deswegen flieht sie mit Widerwillen die kahle Einförmigkeit, welche diesen göttlichen Überfluß wieder zerstören würde. Die Systemsucht stößt freilich das Fremde ab, sei es auch noch so denkbar und wahr, weil es die wohlgeschlossenen Reihen des Eigenen verderben und den schönen Zusammenhang zerstören könnte, in dem es seinen Platz forderte; in ihr ist der Sitz der Widersprüche, sie muß streiten und verfolgen; denn insofern das Einzelne wieder auf etwas Einzelnes und Endliches bezogen wird, kann freilich eins das andere zerstören durch sein Dasein; im Unendlichen aber steht alles Endliche ungestört nebeneinander, alles ist eins und alles ist wahr. ... Alles was ist, ist für sie (die Religion, d. Vf.) notwendig, und alles, was sein kann, ist ihr ein wahres unentbehrliches Bild des Unendlichen; ... sie ist die einzige und geschworne Feindin aller Pedanterie und aller Einseitigkeit.

Der Beitrag der Religion zur Bildung ist nach Schleiermacher eine »universale« Perspektive, die »anderswoher nicht zu nehmen wäre«. Sie beruht auf der gläubigen, existentiellen Öffnung für eine den Menschen übersteigende göttliche Wirklichkeit, die nicht mehr Gegenstand seines Denkens sein kann und daher in der Theologie, als der »Selbstauslegung des religiösen Bewußtseins«, immer nur bildlich-analog angesprochen werden kann. Wenn die Theologie sich zu dieser Aussagenstruktur klar bekennt, davon war Schleiermacher überzeugt, wird sie nicht nur gegenüber der Philosophie nicht mehr überflüssig werden können, sondern kann deren Möglichkeiten kritisch ergänzen. Dies impliziert jedoch eine Reform in Theologie und Kirche, die Dogmatismus und Hierarchie überwindet. Unter diesem Anspruch ist Schleiermacher selbst Theologe geblieben und Philosoph geworden; er hat eine Dialektik und Ethik erarbeitet, die den kritischen Beitrag der Religion berücksichtigen; er hat eine Dogmatik verfaßt, die sich von der Philsophie durch den spezifischen Ausweis ihrer Aussagenstruktur abgrenzt.

Die wahre Kirche hat er als eine Gemeinschaft freier Mitteilung des religiösen Bewußtseins verstanden, die nichts braucht »als eine Sprache, um sich zu verstehen, und einen Raum, um beieinander zu sein«.

Lesehinweis: F. Schleiermacher, Über die Religion. Reden an die Gebildeten unter ihren Verächtern, Hamburg 1970

Ursula Frost

13. Februar — Todestag von Georges Rouault (1871-1958)

De profundis...

Der französische Maler und Graphiker Rouault kam 1871 während des Aufstandes der Kommune in einem armen Pariser Vorstadtviertel im Keller zur Welt. In Paris ist er am 13.2.1958 gestorben. Zeit seines Lebens galt er in der Kunstszene als Einzelgänger und Außenseiter – schon deshalb, weil er in einem entkirchlichten Milieu »katholisch« malen wollte. Rouault gehört in den Umkreis der katholischen Erneuerungsbewegung (»renouveau catholique«) in Frankreich um die Jahrhundertwende.

Stilistisch steht er eine zeitlang den wilden Malern (»Fauves«) nahe und den Expressionisten. Anders als jene sieht er jedoch seine Modelle aus der Halbwelt in ihrer Würde als Geschöpfe Gottes und Geschwister Jesu: »Sie sprechen nicht, sie schreiben nicht, sie sind nicht vornehm, und sie riechen nach Schweiß, oftmals sind sie gewöhnlich anzusehen. Sie sind schön, sie beten ... durch ihre Handlungen«.

Der Erniedrigung Gottes in den Bildern der Passion Christi entspricht bei Rouault die künstlerische Erhöhung der unter die Last des Lebens Gebeugten. In Menschen am Rande und im Schatten findet er den leidenden Gottesknecht des Propheten Jesaia. »Ich glaube an das Leid, ich trage es nicht als eine Maske; das ist mein einziges Verdienst, ich war nicht geschaffen, so furchtbar zu sein.«

Das Leiden der Menschen mit dem Leid Christi zusammenzubringen – dies ist auch das Leitmotiv einer Folge von 58 Radierungen mit dem Titel »Miserere«, deren Anfänge auf den Ersten Weltkrieg zurückgehen. Viele Jahre hat Rouault mit Entwürfen und Überarbeitungen zugebracht, 1948 konnte der Zyklus erstmals veröffentlicht werden. Am Schluß dieses Meditationsweges mit 58 Stationen erscheint das Antlitz Christi auf dem Schweißtuch der Veronika. Die Unterschrift lautet: »Durch seine Wunden sind wir geheilt« (Jes 53,5).

Dasselbe Christusbild erstrahlt in Blatt 47 auf der Wand, vor der ein Mensch mit strengem Leidensausdruck ausgestreckt liegt, während draußen vor der Tür das Leben weitergeht. Der Kranke oder Tote ist so an den unteren Bildrand und vor die Augen der Betrachter gerückt, daß diese sozusagen perspektivisch genötigt werden, in die Knie zu gehen und stellvertretend das »De profundis – Aus der Tiefe rufe ich, Herr, zu dir« (Ps 130) zu sprechen. Nur der Betrachter, nicht der Leidende sieht das Heilige Antlitz, das in die Kammer des Alleingelassenen hineinstrahlt ...

Lesehinweis: W. Nigg, Maler des Ewigen, Bd. II: Moderne Ikonen, Zürich 1961, 205-252

Günter Lange

Morgen ist der Geburtstag von Adolf Exeler (1926-1983)   *14. Februar*

Biographie und Theologie sind bei Adolf Exeler eng verwoben; seine Theologie legt seine Biographie aus; darum sind seine intimsten Texte wohl auch seine intensivsten Texte. – Am 15. Februar 1926 wird Adolf Exeler in Eschendorf/Kreis Steinfurt geboren – »als armer Leute Kind« (fast mit energischem Stolz spricht er später davon): der Vater ist seit 1927 arbeitslos, die Mutter besorgt zusätzliche Putzarbeiten bei wohlhabenden Verwandten. Passiver Widerstand gegen den Nationalsozialismus und aktive Mitarbeit in der Katholischen Jugendbewegung prägen seine Kinder- und Jugendjahre. »Mit brennenden Wangen« liest er Augustinus und Pascal, Reinhold Schneider und Ida Friederike Görres, Felix Timmermans und Werner Bergengruen. Nach dem Abitur (1944), Kriegsdienst und Gefangenschaft beginnt er im Frühjahr 1947 das Theologiestudium in Münster; 1951 empfängt Adolf Exeler von seinem Bischof Michael Keller die Priesterweihe. Seiner (über-)strengen Entschiedenheit als Christ und auch als Seelsorger kommt der Münsteraner Paulus-Kreis sehr entgegen. Dem Spiritual Exeler werden rigoristische Züge nachgesagt; sie werden kaum gemildert durch seine Auseinandersetzung mit der »Christlichen Moral« Johann Baptist Hirschers (1788-1865), obwohl die daraus erwachsende theologische Dissertationsschrift den Titel führt: »Eine Frohbotschaft vom christlichen Leben« (Freiburg 1959). Stärker noch als die Moraltheologie treiben Adolf Exeler Praktische Theologen an – besonders Franz Xaver Arnold und Josef Andreas Jungmann. Darum habilitiert er sich 1963 in Münster mit einer historisch-systematischen Untersuchung (»Wesen und Aufgabe der Katechese«, Freiburg 1966) für Pastoraltheologie und Religionspädagogik. Vom Winter 1965 an lehrt Adolf Exeler Religionspädagogik an der Universität Freiburg, ab Sommer 1969 Religionspädagogik und Pastoraltheologie an der Universität Münster.

Kaplansjahre im nördlichen Ruhrgebiet, allwöchentliche Besuche im Freiburger Kinderhaus, Aufenthalte in Frankreich und Uganda und endlich eine Studienwoche in Medellin 1968 – kurz vor der Zweiten Lateinamerikanischen Bischofskonferenz – verändern Adolf Exeler von Grund auf: Ernst und lächelnd zugleich spricht er von seiner »Bekehrung« in Lateinamerika. Die Entdeckung eines Gottes, eines Evangeliums, eines Glaubens, einer Kirche, einer Moral, die dem Menschen guttut, ist sein Damaskus-Erlebnis. Sein Rigorismus wird eingeschmolzen in einen vom Evangelium inspirierten Humanismus. Darum jetzt sein verstärktes Interesse an moralpädagogischen Themen. Was Adolf Exeler, offensichtlich als seine Erfahrung, im Brevier am Rand von Ps 18 markiert, das ist seine Botschaft: »Er führt mich hinaus ins Weite, Er befreit mich, denn Er hat an mir Gefallen«. Schon die Titel der Aufsätze und Bücher rufen es aus: »Verwirklichung der Freiheit als pastorale Aufgabe«, »Eucharistiefeier – ein Fest des Aufbruchs«, »Exodus, ein Leitmotiv für Pastoral und Religionspädagogik«, »Gott, der uns entgegenkommt«, »In Gottes Freiheit leben«, »Glaube, Hilfe zur Menschwerdung«, »Dem Glauben neue Bahnen brechen«. Der Deutsche Katecheten-Verein (1970-1983 ist er Erster Vorsitzender) ist ihm eine Plattform der Herausforderung, heute fällige Experimente eines hoffenden Glaubens zu benennen. Die breite Resonanz auf den Freiburger Katechetischen Kongreß 1983 »Miteinander glauben lernen« – entscheidend von Adolf Exeler mitgestaltet – erlebt er als verstärkenden Ansporn. Aber am 26. Juli 1983 stirbt Adolf Exeler beim Aufstieg auf die Schlüterhütte im Villnößtal/Südtirol an Herzversagen.

Die christliche Botschaft hat nicht primär moralische Absichten; im Gegenteil: die Botschaft der Gnade entlastet zunächst vom alten Zwang zur Vollkommenheit: sie richtet sich an Sünder; sie verkündet Verzeihung. Zwar gehört der ethische Imperativ unausweichlich zur biblischen Botschaft hinzu, aber vorausgeht – und zwar immer wieder – der Indikativ, der vom göttlichen Wirken spricht, und dieser Indikativ verändert alles andere, auch den Imperativ selbst ... Er läßt sich so formulieren: Wenn du »begriffen« hast, was Gott mit dir getan hat und weiterhin mit dir vorhat, wenn du verstanden hast, was er mit der Menschheit überhaupt im Sinn hat, dann wirst du entsprechend handeln.

Lesehinweis: A. Exeler, Religiöse Erziehung als Hilfe zur Menschwerdung, München 1980

Gottfried Bitter

15. Februar
Todestag von Gotthold Ephraim Lessing (1729-1781)

Gotthold Ephraim Lessing, Sohn eines lutherischen Pfarrers, wendet sich nach einer vielfach gebrochenen »Karriere« als Journalist, Sekretär, Theaterkritiker, Bibliothekar und natürlich als Autor (»Miß Sara Sampson«, »Minna von Barnhelm«, »Emilia Galotti« u.a.) in den letzten Jahren seines Lebens immer stärker theologischen Fragen zu. Dabei zeigt er sich weder als der spöttische Rationalist, als den ihn neue und alte »Aufklärer« gerne vereinnahmen wollen, noch als der orthodoxe Lutheraner, den zu spielen ihm in seiner abhängigen Stellung am wenigsten Beschwernis eingetragen hätte. Kurz, er eckt nach allen Seiten hin an und ficht in der ihm eigenen unnachgiebigen wie eleganten Art manchen Streit aus. Der bedeutendste ist der mit Hauptpastor Goeze aus Hamburg; er dreht sich vor allem um das Verhältnis von Bibel und Christentum: Könnte es das Christentum ohne Bibel gar nicht geben, oder ist die Bibel nur ein, letztlich sogar entbehrliches Zeugnis des durch das erlebte und gepredigte Evangelium bereits begründeten Christentums? Lessing erläutert seine Auffassung mit der folgenden Geschichte:

Zu Anfange des vorigen Jahrhunderts wollte ein abgesetzter Lutherscher Prediger aus der Pfalz mit seiner Familie ... sich nach einer von den Kolonien des britischen Amerika begeben. Das Schiff, worauf er überging, scheiterte an einer kleinen unbewohnten Bermudischen Insel, und von dem Schiffsvolke ersoff außer der Familie des Predigers fast alles. Der Prediger fand diese Insel so angenehm, so gesund, so reich an allem, was zur Unterhaltung des Lebens gehört, daß er sich gern gefallen ließ, die Tage seiner Wallfahrt daselbst zu beschließen. Der Sturm hatte unter anderm eine kleine Kiste an das Land getrieben, in welcher bei allerlei Gerätschaft für seine Kinder auch ein Katechismus Lutheri sich befand. Es versteht sich, daß dieser Katechismus bei gänzlichem Mangel aller andern Bücher ein sehr kostbarer Schatz für ihn wurde. Er fuhr fort, seine Kinder daraus zu unterrichten, und starb. Die Kinder unterrichteten ihre Kinder wieder daraus und starben. Nur erst vor zwei Jahren ward wieder einmal ein englisches Schiff, auf welchem ein hessischer Feldprediger war, an diese Insel verschlagen. Der Feldprediger ... ging mit einigen Matrosen, die frisches Wasser einnehmen sollten, ans Land und erstaunte nicht wenig, sich auf einmal in einem ruhigen lachenden Tale, unter einem nackten, fröhlichen Völkchen zu finden, das Deutsch sprach, und zwar ein Deutsch, in welchem er nichts als Redensarten und Wendungen aus Luthers Katechismus zu hören glaubte. Er ward neugierig darob, und siehe, er fand, daß das Völkchen nicht allein mit Luthern sprach, sondern auch mit Luthern glaubte, und so orthodox glaubte als nur immer ein Feldprediger. Einige Kleinigkeiten ausgenommen. Der Katechismus war, wie natürlich, in den anderthalbhundert Jahren aufgebraucht, und sie hatten nichts davon mehr übrig als die Bretterchen des Einbandes. »In diesen Bretterchen«, sagten sie, »steht das alles, was wir wissen«. – »Hat es gestanden, meine Lieben!« sagte der Feldprediger. – »Steht noch, steht noch!« sagten sie. »Wir können zwar selbst nicht lesen, wissen auch kaum, was Lesen ist, aber unsere Väter haben es ihre Väter daraus herlesen hören. Und diese haben den Mann gekannt, der die Bretterchen geschnitten. Der Mann hieß Luther und lebte kurz nach Christo.«

Die Geschichte soll Goeze zeigen: Von deinem biblizistischen Standpunkt aus müßtest Du die absurde Konsequenz ziehen, diesen doch so offensichtlich im Stande der Gnade lebenden »guten Leutchen« ihr Christentum abzusprechen. Letztlich wendet sich Lessing damit gegen alle Versuche, die Offenbarung Gottes auf eine bestimmte, sei es aus der Schrift oder aus der Tradition begründete Auslegung zu fixieren; er tritt ein für den Glauben an die Gegenwart des Geistes, der sich Bibel und Kirche als wichtiger Werkzeuge bedient, aber nicht an sie gebunden ist und in seinem freien Walten schließlich »die Zeit eines neuen ewigen Evangeliums« heraufführen wird. Es ist dies ein Eintreten auch für ein praktisches (vgl. »Nathan der Weise«), unter Umständen ganz einfältiges Christentum. So lautet das Kondensat Lessingschen Scharfsinns schließlich ganz schlicht: »Kinderchen, liebt euch!«

Lesehinweis: G.E. Lessing, Die Erziehung des Menschengeschlechts und andere Schriften, Stuttgart 1972 (RUB 8968)

Rudolf Englert

Todestag von Friedrich Dessauer (1881-1963)   *16. Februar*

»Das Geschick der Menschen, somit auch die Düsterkeit unserer Jahre, wird vom Geiste her bestimmt. Ereignisse einer Epoche folgen den Gedanken der vorangegangenen. Wie ein Geschlecht gesinnt ist, so muß das folgende leben.« Mit diesen Sätzen leitete Friedrich Dessauer seine Newton-Biographie ein, an der er anläßlich des 300. Geburtstags des großen Forschers mitten in den Vernichtungsorgien des 2. Weltkriegs arbeitete.

Es waren sehr verschiedenartige Lebensbereiche, in denen sich Dessauer mit der Bedeutung des Geistes konfrontiert sah. Er war ein Mensch, der auf unterschiedlichen Gebieten gleichzeitig arbeiten konnte und wollte. Er war Unternehmer, in dessen Betrieben neu entwickelte Röntgenapparate hergestellt wurden. Seine technischen Fähigkeiten hatte er schon in seiner frühen Jugend unter Beweis gestellt, als er drei Jahre nach der Entdeckung der Röntgenstrahlen (1895) eine Publikation über einen neuen Unterbrecher von Röntgenstrahlen veröffentlichte. Über Jahre hinweg war er politisch engagiert, zunächst als Abgeordneter der Frankfurter Stadtverordnetenversammlung, später als Mitglied des linken Zentrumsflügels im Reichstag.

Sein politisches Engagement hinderte ihn daran, sich voll seinen naturwissenschaftlichen Interessen zu widmen, wie er selbst bisweilen schmerzlich beklagte. Allerdings darf davon ausgegangen werden, daß seine außerwissenschaftlichen Ambitionen nicht wenig dazu beitrugen, daß sich Dessauer der Tragweite der naturwissenschaftlichen Forschung und der daraus resultierenden gesellschaftlichen Verantwortung des Naturforschers klar bewußt war.

Dieses Wissen um die »Bedeutung des Geistes« kommt deutlich in einem Beitrag zum Ausdruck, in dem er sich mit einer seinerzeit Furore machenden Publikation eines Naturwissenschaftlers, Arnold Heim, auseinandersetzte. Arnold Heim hatte unter dem Titel »Weltbild eines Naturforschers« ein polemisches Werk geschrieben, in dem er verschiedene Vorstellungen des Christentums mit naturwissenschaftlich untermauerten Deutungen angegriffen hatte. Für einen Sammelband »Wissen und Bekenntnis«, der sich weitgehend indirekt mit den Angriffen Heims auseinandersetzte und an dem verschiedene Autoren mitwirkten, schrieb Dessauer einen kleinen Beitrag (der ebenfalls den Titel »Wissen und Bekenntnis« trägt). Diesem Beitrag ist die folgende Passage entnommen:

Es ist wahr: Auch der sorgsame Forscher verfällt bisweilen in Einzelheiten dem Irrtum. Die Gefahr ist groß, wenn ihn sein Thema weit über das Fachgebiet hinaus führt. Er spricht mit fremden Zungen, wenn er nicht aus eigenem Wissen spricht. Schwerer wiegt hier, als der Irrtum in Einzelheiten, das irrige, generalisierende Urteil, das Richten über Mitmenschen, Lebende, Tote, die in ihrer eigenen Zeit und Not standen und stritten, sich oft redlich um Wahrheit und Recht bemüht, auf ihre Weise den guten Kampf gekämpft (haben, d.Vf.), vom Streit der Parteien hin und her gezerrt, (und die, d.Vf.) nur der sorgsamen, einfühlenden Forschungsarbeit ihr wahres Gesicht enthüllen können. Es ist hier Pflicht, vor dem eigenen harten Urteil sorgsam sich zu prüfen und mit der Verkündigung vor den Unbewaffneten (das ist die Mehrzahl der Leser) behutsam zu sein.

Lesehinweis: F. Dessauer, Wissen und Bekenntnis, Olten ²1944

Ferdinand Angel

17. Februar   Geburtstag von Romano Guardini (1885-1968)

Heute nacht, aber es war wohl morgens, wenn die Träume kommen, dann kam auch zu mir einer. Was darin geschah, weiß ich nicht mehr, aber es wurde etwas gesagt, ob zu mir oder von mir selbst, auch das weiß ich nicht mehr.

Es wurde also gesagt, wenn der Mensch geboren wird, wird ihm ein Wort mitgegeben, und es war wichtig, was gemeint war: nicht nur eine Veranlagung, sondern ein Wort. Das wird hineingesprochen in sein Wesen, und es ist wie das Paßwort zu allem, was dann geschieht. Es ist Kraft und Schwäche zugleich. Es ist Auftrag und Verheißung. Es ist Schutz und Gefährdung. Alles, was dann im Gang der Jahre geschieht, ist Auswirkung dieses Wortes, ist Erläuterung und Erfüllung. Und es kommt alles darauf an, daß der, dem es zugesprochen wird – jeder Mensch, denn jedem wird eines zugesprochen –, es versteht und mit ihm ins Einvernehmen kommt. Und vielleicht wird dieses Wort die Unterlage sein zu dem, was der Richter einmal zu ihm sprechen wird.

Diese Traumerinnerung notiert der 79jährige Romano Guardini vier Jahre vor seinem Tod ins Tagebuch – gerade von dem auf ihn zugeschnittenen Münchner Lehrstuhl für »Christliche Weltanschauung« emeritiert und im Besitz einiger Orden, Preise, Ehrendoktorwürden und auch kirchlicher Ehrungen, die ihm in seinen letzten beiden Lebensjahrzehnten zuerkannt worden waren. Damit ist ihm die Anerkennung seines Lebenswerkes quasi schriftlich gegeben worden; aber nichts scheint auszureichen, um seinen tiefen Selbstzweifeln, der ständig dunkel im Hintergrund stehenden Frage, ob denn er dem »Paßwort« seines Lebens entsprochen habe, Antwort zu geben.

Allerdings erfuhr er diese Anerkennung von offizieller Seite nicht von Anfang an: Als Guardini seit 1920 sehr schnell zum geistigen Führer des Quickborn-Bundes und zum Leiter der Burg Rothenfels, von diesen beiden Ausstrahlungspunkten aus dann auch bald zum stärksten Anwalt der liturgischen Erneuerung geworden war, haben viele besorgte kirchliche Autoritäten in ihm lange Zeit keinen Erneuerer, sondern nur einen Neuerer sehen können. Auch im Bereich der Universität hat er sich mit seiner Methode der »christlichen Weltanschauung«, mit seinen existenzdeutenden Schriften, in denen er christliche Denker wie Augustinus und Pascal, aber auch Dichter von Dante bis Rilke und sogar literarische Gestalten wie den Aljoscha der »Brüder Karamasow« auf ihre geistig-geistliche Struktur hin befragte, immer irgendwie zwischen allen Stühlen gefühlt. Mehr als einmal muß er sich beklagen, er sei »unter die Fachleute gefallen«: den Theologen und den Pädagogen sei er zu ästhetisch, den Literaturwissenschaftlern zu pädagogisch und den Philosophen zu theologisch ...

Doch auf das hin, was als der innere Einheitspunkt seiner verschiedenen Wirkensbereiche gelten könnte, hat Guardini in den überfüllten Hörsälen und Kirchenräumen von Berlin, Tübingen und München, auf der Burg Rothenfels und bei den Lesern seiner Bücher eine Resonanz gefunden, die ihn in seinem Selbstwert hätte bestätigen können: Er wollte die geistigen Wege ebnen, auf denen andere vielleicht ihr »Paßwort« finden. Obwohl – oder wahrscheinlicher: gerade weil – er es mit der »Annahme seiner selbst« so schwer hatte, war sie es, zu der er junge Erwachsene seiner Zeit hinführen wollte – durch klärende, strukturgebende Existenzdeutung, mal im Blick auf das individuelle Leben, mal in der Sicht auf die große Geistesgeschichte. Weil für ihn der Begriff der Geschichte seinen christlichen Sinn darin findet, »die Situation zu deuten im Einvernehmen mit Gottes Geist«, so daß durch die Freiheit des Menschen Gottes Schöpfung sich erfüllen kann, ist ihm das *Wort* das entscheidende Medium: das Wort der Annahme, das dem einzelnen zugesprochen wird, damit er leben kann, und das Wort der Sinndeutung, mit dem die Menschen die Welt ihrem Schöpfer wieder »zurücksprechen«. So wenig sich Guardini mit dem Geheimnis des Bösen und des Leidens in der Welt abfinden kann, so sehr ist er überzeugt, daß sich das Verhältnis zwischen Gott und Mensch – über den Abgrund der Schuld hinweg – nur mit »personalen Begriffen« aussagen läßt: Gott beteiligt sich »im Ernst« am Schicksal des Menschen und seiner Welt – »weil Er in reiner Freiheit, in einem Akt nicht zu begreifender Selbsthingabe, der *Liebe* heißt, es so gewollt hat«. Und am Ende, beim Jüngsten Gericht, wird es so sein, daß nicht nur Gott fragt und der Mensch sich ver-antwortet, sondern dieser »darf selbst fragen ... das Warum sprechen, das in der Zeit nie eine Antwort bekommt«, als »letzte Besiegelung der Tatsache, daß Gott den Menschen als Person will«.

Lesehinweis: Angefochtene Zuversicht. Romano Guardini Lesebuch (ausgew. v. I. Klimmer), Mainz 1985

Dorothee Fischer

Gestern war der Todestag von Giordano Bruno (1548-1600) *18. Februar*

Mit seinem gegen das aristotelisch-ptolemäische Weltbild gerichteten und weit über Kopernikus hinausgehenden Entwurf eines ewigen und unendlichen Universums weckt Giordano Bruno bis heute Streit und Widerspruch. In seiner nicht empirischen spekulativen Kosmologie nahm er zahlreiche Entdeckungen der Neuzeit visionär vorweg: die polare Abplattung der Erde, die Fixsterne als Sonnen, die Erde als Planeten, die elliptische Form der Planetenbahnen, die Achsendrehung der Sonne, die Abhängigkeit der Rotations- und Bahngeschwindigkeit der Planeten von ihrer Sonnenentfernung, die Existenz von Planeten jenseits des Saturn. Zweifel an der Trinität ließen ihn 1576 nach elfjähriger Zugehörigkeit aus dem Dominikanerorden in Neapel austreten. 28 Jahre alt, beginnt er ein rastloses Wanderleben quer durch Europa. Von Neapel flieht er nach Rom und verläßt die Kirche. Über Genua und Venedig flieht er nach Genf, tritt zum Calvinismus über und wird 1579 exkommuniziert. Er flieht nach Lyon und Toulouse, von dort nach Paris. Als Gast des französischen Botschafters Castelnau lebt er 1583-85 in London. Er folgt Castelnau nach Paris und entfacht an der Sorbonne einen Eklat. Über Mainz, Wiesbaden, Marburg gelangt er 1586 nach Wittenberg, wo er bis 1588 Vorlesungen hält. Calvinisten vertreiben ihn nach Prag. Über Tübingen zieht er weiter an die junge Universität Helmstedt. Hier wird er von Lutheranern exkommuniziert und flieht nach Frankfurt. 1591 folgt er einer Einladung Mocenigos nach Venedig. Bruno überwirft sich mit Mocenigo und wird von diesem bei der Inquisition denunziert. Verhaftung Mai 1592. Februar 1593 Überstellung an das Heilige Offizium in Rom. Bruno wird nach acht Jahren Haft und Folter als Häretiker verurteilt und am 17. Februar 1600 auf dem Campo de' Fiori auf dem Scheiterhaufen verbrannt.

So ist denn also das Universum einheitlich, unendlich, unbeweglich. ...Es bewegt sich nicht räumlich, weil es nichts außer sich hat, wohin es sich begeben könnte, es ist doch selber alles. Es wird nicht erzeugt, denn es gibt kein anderes Sein, das es ersehnen oder erwarten könnte, hat es doch selber alles Sein. Es vergeht nicht, denn es gibt nichts anderes, worin es sich verwandeln könnte, da es doch selber alles ist. Es kann weder ab- noch zunehmen, da es doch ein unendliches ist, zu dem nichts hinzukommen, vom dem nichts hinweggenommen werden kann, weil das Unendliche keine von ihm verschiedenen Teile hat. Das Universum ist nicht veränderlich, denn es hat nichts außerhalb seiner selbst, von dem es verändert werden könnte. ...Es ist das Größte, ist eins und universell. Es ist nicht meßbar und mißt nicht. Es umfaßt nicht, denn es ist nicht größer als es selbst; es wird nicht umfaßt, denn es ist nicht kleiner als es selbst. Es ist unvergleichbar, denn es ist nicht eines und ein anderes, sondern ein und dasselbe. ...Weil das Universum alles umfaßt und nicht ein Sein und noch ein anderes Sein erleidet, und weder mit sich noch in sich irgendeine Veränderung erfährt, so ist es demzufolge alles, was es sein kann, und es ist in ihm die Wirklichkeit nicht vom Vermögen verschieden. Daher sind in ihm Punkt, Linie, Fläche und Körper nicht voneinander verschieden. Denn die Linie ist Fläche, da die Linie, indem sie sich bewegt, Fläche sein kann; dann ist die Fläche bewegt und ein Körper geworden, da die Fläche sich bewegen und zum Körper werden kann. Also ist im Unendlichen der Punkt nicht verschieden vom Körper; denn der Punkt, vom Punktsein sich losreißend, wird zur Linie, vom Liniesein sich losreißend, zur Fläche, vom Flächesein sich losreißend, zum Körper: da also der Punkt das Vermögen hat, Körper zu sein, so ist er, wo Vermögen und Wirklichkeit ein und dasselbe sind, vom Körper nicht verschieden. Mithin ist das Unteilbare nicht verschieden vom Teilbaren, das Einfachste nicht vom Unendlichen, der Mittelpunkt nicht vom Umfang. ...So können wir mit Sicherheit behaupten, daß das Universum ganz Zentrum oder das Zentrum des Universums überall ist ... Und also hat man nicht grundlos gesagt, daß Zeus alle Dinge erfülle, allen Teilen des Universums innewohne, der Mittelpunkt von dem sei, was Sein hat, als eines in allem, und daß durch ihn Eines Alles ist. Da er nun alles ist und alles Sein in sich umfaßt, so bewirkt er, daß Alles in Allem ist.

Lesehinweis: J. Kirchhoff, Giordano Bruno in Selbstzeugnissen und Bilddokumenten, Hamburg 1980 (Rowohlt Monographien 285)

Thomas Kaut

19. Februar — Morgen ist der Geburtstag von Georges Bernanos (1888-1948)

Auf dem Revolutionsplatz. Die Karmeliterinnen steigen am Fuß des Schafotts vom Henkerskarren. In der vordersten Reihe erkennt man mit einer phrygischen Mütze auf dem Kopf den Priester, der die Absolution murmelt, rasch und fast insgeheim das Zeichen des Kreuzes macht und sofort verschwindet. Alsogleich stimmen die Schwestern das Salve Regina an, dann das Veni Creator. Ihre Stimmen sind hell und sehr ruhig. Die Menge wird ergriffen, schweigt. Man sieht nur den Unterbau des Schafotts, auf das die Schwestern eine nach der anderen hinaufsteigen. Während sie verschwinden, wird der Chorgesang schwächer. Nur noch zwei Stimmen. Nur noch eine. Aber in diesem Augenblick erhebt sich von einer anderen Ecke eine neue Stimme, noch klarer, noch entschlossener als die anderen und kindlicher. Und man sieht, wie durch die erstaunt zurückweichende Menge hindurch die kleine Blanche de la Force auf das Schafott zugeht. Ihr Gesicht scheint von jeglicher Angst befreit.

> *Deo Patri sit gloria*
> *Et Filio qui mortuis*
> *Surrexit ac Paraclito*
> *In saeculorum saecula.*

Heftige Bewegung in der Menge. Eine Gruppe von Frauen umringt Blanche, stößt sie auf das Schafott zu, man verliert sie aus den Augen. Und plötzlich verstummt ihre Stimme wie zuvor Stimme um Stimme ihrer Schwestern.

Warum steigt die Blanche de la Force aufs Schafott? Freiwillig geht sie mit den Karmeliterinnen singend in den Tod. Hans Urs von Balthasar hat diese Stelle in Bernanos' »Die begnadete Angst« für die literarische Explikation des theologischen Begriffs der Stellvertretung gehalten. Die furchtlose Priorin des Karmel stirbt sehr schwer, was so gar nicht zu ihrem Leben paßt. Blanche ist ein ängstliches Kind, und sie geht leicht, beinahe überschwenglich aufs Schafott. Das »leichte« Sterben der Blanche soll dabei die umgekehrte Entsprechung des »schweren« Sterbens der Priorin Croissy sein; diese stirbt stellvertretend für jene einen schweren Tod.

Absurd ist das Sterben der Blanche, da ihr Sterben und Tod von der Priorin bereits vorweggenommen wurde. Blanche wirft sich ohne Not aufs Schafott, um ihren bloßen Glauben zu beweisen, und – stirbt. Kolbe rettet mit seinem freiwilligen Tod im KZ das Leben eines Häftlings. Blanche de la Force rettet kein Menschenleben, sondern vernichtet eines – für den Glauben an das Sterben »Anstelle-von«. Ihr Sterben hat in seiner Leichtigkeit etwas Unheimliches: diese kleine, entschlossene, kindliche Blanche, deren Nachname vollmundig »de la Force« lautet. Ihr Tod entrückt sie in für die Normalsterblichen unerreichbare Höhen. Da ich nicht schwindelfrei bin, kann ich nicht folgen. Eine Art triumphaler Un-Sinn. Nein, Sinn kann ich nicht entdecken, nur Un-Sinn in dem Sinne, daß ihre Hingabe keinen einfach zu beschreibenden Sinn hat und trotzdem geschieht. Für Bernanos und seine Blanche scheint mit der Revolution in Frankreich alles aufs Spiel gesetzt: Kirche, Heiligkeit, Nachfolge, Selbstaufopferung, Bernanos' Blanche ist Nachbild des makellosen Opfers. Blanches Selbstaufopferung hat etwas Verzweifeltes, Hilfloses. Wo der Glaube geschichtlich auf eine derart harte Probe gestellt wird, da gerät er in die Gefahr, ein Glaube zu werden, »der an nichts glaubt als an sich selbst. Und das ist kein Glaube« (Günter Anders).

Dennoch eignet dem freiwilligen Sterben Blanches eine Kraft, die sie aus der Fixierung auf sich selbst befreit und jede irdische Heilsgewißheit verneint. »Deo Patri sit gloria Et Filio qui mortuis Surrexit ac Paraclito In saeculorum saecula.« Dieses – beinahe wahnsinnige – Vertrauen entrückt Blanche aus der Normalität; Blanche nimmt die Endlichkeit so ernst, daß sie den Unendlichen in ihr bezeugen kann.

Lesehinweis: G. Bernanos, Die begnadete Angst, Köln [5]1960

Franz-Rudolf Hartwich

Todestag von Carl Sonnenschein (1876-1929) 20. Februar

Sonnenschein, Initiator einer zwischen 1910 und 1930 noch ungewohnten großstadtbezogenen Sozialpastoral und -ethik, wurde am 15. Juli 1876 in Düsseldorf geboren. Nach Studien in Bonn und Rom promovierte er 1897 zum Dr.phil., 1900 zum Dr.theol. Schon als Kaplan – 1902-1904 in Aachen, Köln und Elberfeld – trat er in sozialpolitischen Versammlungen auf (manchmal zu Zeiten, in denen er Beichte zu hören hatte). Von 1906-1925 war er im »Volksverein für das Katholische Deutschland« in Mönchengladbach Referent für Studenten- und Akademikerseelsorge. 1908 gründete er dort das »Sekretariat für soziale Studentenarbeit«. Die »soziale Frage« hielt er für die Zentralaufgabe der Kirche des Industriezeitalters; und so rief er von 1918 bis zu seinem Tode zahlreiche Einrichtungen wie die »Katholische Volkshochschule«, ein »Akademisches Arbeitsamt« und eine »Akademische Lesehalle« ins Leben. Er beriet Zentrumspolitiker wie Braun und Stegerwald und half ihnen bei der Umwandlung der Zentrumspartei von einer Partei der Katholiken in eine interkonfessionelle Volkspartei. 1928 kandidierte er für den Reichstag.

In den zwanziger Jahren, während seiner Zeit als Seelsorger in Berlin, wurde Sonnenschein zum Leitbild des Großstadtpriesters, der es verstand, christliche Sozialethik unkonventionell in die urbane Umgangssprache zu »übersetzen«, was für die bis dahin übliche, an ländlichen Lebensmustern orientierte Pastoral ein Affront war. Unter dem Titel »Die metaphysische Stadt« schrieb Sonnenschein in seinen »Weltstadtbetrachtungen«:

Gläsern bist du, o Stadt, und hinter samstäglich geputzten Scheiben sehe ich den Pulsschlag deiner Seele! Blut steigt und sinkt! Zündet die Lichter und schaut das seltsame Bild! Hinter all dem Geäder steht Herzblut. Durch das Geächze der Kurven klingt letzter tiefer Ruf. Hinter all diesen Dingen steht Metaphysik. Hinter der Liebe! Hinter der Hast! Hinter der Gier! Hinter dem Geld! Hinter dem Luxus. Hinter der Not. Hinter dem großen Aufschrei eines enttäuschten, entblätterten, blutzerrinnenden Lebens steht eine Transzendenz. An den Rändern der Stadt und mitten in ihren Arbeitsburgen bauen sie, Stein um Stein, doch den Altar. Den Altar, den die Athener zwischen den Areopag gestellt. »Dem unbekannten Gotte.« Siehst du die Hände steigen! Irgendwo in Minaretts der einsamen Moschee! Irgendwo, über die Gardekaserne, die lange Karlstraße hinweg, die goldene Kuppel der Synagoge. Irgendwo, hinter der Oper, eingeengt, das Patinagrün der Hedwigsbasilika. Irgendwo, über den gesteigerten Lichtern am Augusteviktoriaplatz, den Domen des Rheins nachgebildet, die romanische Kunst der Kaiserwilhelmgedächtniskirche. Irgendwo im Großen Schauspielhaus das Weihefest der sozialistischen Jugend! ... Irgendwo das fromme Gebet einer Sekte und einer Gemeinschaft. Sie bauen einen Altar. Sie zünden irgendwo ewige Lichter. Nicht weit von uns. Hier in unseren Häusern. Hier an unsern Straßen ... Der Bau steigt ... Nicht im verblaßten Frieden des traditionellen Landes! Nicht in der barocken Fülle bürgerlicher Erbschaft! Nicht in blauen Feuern weltentrückten Traumes! Er steigt hier, der Bau, umwettert und umfochten! Unter dem Klingen der Schlacht und unter dem Knirschen der Gehirne! Steigt aus dem Atem der harten Straße und aus der Erfahrung der neuen Welt! Alle Wege und alle Versuche und jeder neue Stil führt zu ihm!

Lesehinweis: C. Sonnenschein, Worte der Treue (ausgw. u. eingl. v. C. Klinkhammer), Freiburg 1978

Franz Pöggeler

21. Februar   Geburtstag von John Henry Newman (1801-1890)

In der verregneten Nacht vom 8. auf den 9. Oktober 1845 bittet der frühere Fellow des Oriel-College und frühere Pfarrer der Universitätskirche von Oxford, John Henry Newman, den vorbeireisenden italienischen Pater Domenico Barberi um Aufnahme in die römisch-katholische Kirche. Die viktorianische Öffentlichkeit ist entsetzt. Für Newman aber bedeutet dieser Schritt keinen Bruch in seiner Glaubensgeschichte. Mit 15 Jahren hat er seine »erste Bekehrung«. Er gewinnt die sein Leben bestimmende Gewißheit, daß es genau zwei Wesen von absoluter Evidenz gibt: ich selbst und mein Schöpfer. Der Ort dieser nach Newman grundsätzlich jedem Menschen möglichen Erfahrung ist das Gewissen. Das Gewissen, verstanden nicht als moralische Überich-Instanz, sondern als Ort der lebensgeschichtlich unausweichlichen Erfahrung, daß ich selbst ganz für mich verantwortlich bin, ist für Newman etwas Religiöses. In einem skeptischen Zeitalter, das den Zweifel kultiviert und den Gläubigen unter den Intellektuellen den Boden unter den Füßen wegzieht, postuliert Newman mit seiner Phänomenanalyse des Gewissens und dem Hinweis auf die Gestalt Jesu Christi als Prinzip des Glaubens und der Kirche einen Neuansatz der Glaubensbegründung, den er wie in einem Selbstversuch an sich ausprobiert.

Richtschnur und Maßstab der Pflicht ist weder Nutzen noch Vorteil, noch das Glück der größten Zahl, noch das Staatswohl, noch Vorteil, noch Schicklichkeit, noch Ordnung und auch nicht das pulchrum (das Schöne, d.Vf.). Das Gewissen ist weder weitsichtige Selbstsucht noch das Verlangen, mit sich selbst in Einklang zu stehen; sondern es ist ein Bote von Ihm, der sowohl in der Natur als auch in der Gnade hinter einem Schleier zu uns spricht ... Das Gewissen ist der ursprüngliche Statthalter Christi, ein Prophet in seinen Mahnungen, ein Monarch in seiner Bestimmtheit, ein Priester in seinen Segnungen und Bannflüchen. Selbst wenn das ewige Priestertum in der Kirche aufhören könnte zu existieren, würde im Gewissen das priesterliche Prinzip fortbestehen und seine Herrschaft ausüben.

Die Suche nach der wahren Kirche bestimmt schon das Engagement des Dreißigjährigen in der sogenannten Oxfordbewegung, die eine an der Väterkirche der ersten Jahrhunderte orientierte Reform der anglikanischen Kirche anstrebt. Beim Studium der Väter kommen Newman erstmals Zweifel an der Legitimität der anglikanischen Kirche. Später wird er sagen: »Die Väter haben mich katholisch gemacht«. Der Schock sitzt tief. Als er die Dogmenentwicklung der Kirche als legitime Entfaltung der Christusidee begreift, ist er bereit zur Konversion. Newman hat an der Richtigkeit dieses Schrittes nie gezweifelt, obwohl ihm die Kirche, der er nun angehört, das Leben lange Zeit schwer macht. Seine Lehre vom »consensus fidelium« und von der Notwendigkeit der Befragung der Laien, wenn man den Glauben der Kirche feststellen will, bringt ihm in römischen Kreisen den Ruf ein, der gefährlichste Mann Englands zu sein. Erst das Zweite Vatikanische Konzil bestätigt Newmans Auffassung. Newman durfte jedoch die Anerkennung seines Lebensprojekts noch zu Lebzeiten erfahren. 1877 ernennt ihn das Trinity-College von Oxford, in dem er als Student gelebt hat, zum Ehrenfellow, 1879 erhebt ihn Leo XIII. zum Kardinal. Sein Wappenspruch klingt wie eine Kurzformel für Freundschaft: »Cor ad cor loquitur« (Das Herz spricht zum Herzen).

Lesehinweis: Leben als Ringen um die Wahrheit. Ein Newman-Lesebuch (hrsg. v. G.Biemer u. J.D. Holmes), Mainz 1984

Lothar Kuld

Todestag von
Hans und Sophie Scholl (1918/1921-1943)

22. Februar

»Es fallen so viele Menschen für dieses Regime, es ist Zeit, daß jemand dagegen fällt.« Sophie Scholl, der dieses Wort zugeschrieben wird, ist ebenso wenig Beute hitlerischer Gedanken geworden wie ihr drei Jahre älterer Bruder Hans. Die Ereignisse überschlagen sich im Januar/Februar 1943. In der Münchener Universität findet am 13. Januar die 470-Jahr-Feier statt. Bei der Festrede des Gauleiters Paul Giesler kommt es zu tumultartigen Auseinandersetzungen. Eine Widerstandsgruppe, die sich »Weiße Rose« nennt – und bereits mit Flugblättern auf sich aufmerksam machte – gilt als Drahtzieher. Hans und Sophie Scholl gehören dieser Gruppe an. Mehr oder weniger besteht »Die weiße Rose« aus einem Freundeskreis um Hans Scholl, der in München Medizin studiert. Sophie gehört schon bald nach ihrem Studienbeginn dem Freundeskreis ihres Bruders an, wenig später auch der Widerstandsbewegung. Im Januar 1943 entsteht ein neues Flugblatt. Sophie übernimmt die Verteilung der Blätter in Augsburg, Stuttgart und Ulm. Maueranschriften tauchen auf: »Nieder mit Hitler« usw. Am dritten Februar meldet das Radio: Der Kampf um Stalingrad ist verloren. Das letzte Flugblatt ist davon geprägt. 18. Februar: Hans und Sophie verlassen das Haus. Es ist gegen zehn Uhr. An der Universität werden Flugblätter verteilt und ein Rest einfach in den Lichthof der Universität geworfen. Wenig später werden Hans und Sophie Scholl verhaftet. Stundenlange Verhöre folgen. Erst einen Tag später erfahren die Eltern der Geschwister Scholl von der Verhaftung. Ein Verfahren vor dem Volksgerichtshof wird angesetzt. Anklagepunkt: Hochverrat. 22. Februar, Raum 216 des Volksgerichtshofes, 9.00 Uhr Verhandlungsbeginn. Den Vorsitz führt Roland Freisler, die Eltern werden aus dem Gerichtssaal gewiesen. Gegen 14.30 Uhr ergeht das Todesurteil gegen die Geschwister Scholl. Zwischen 16.00 und 17.00 Uhr kommt es im Gefängnis Stadelheim zu einer letzten Begegnung von Sophie und Hans mit ihren Eltern. Um 17.00 Uhr wird Sophie Scholl durch das Fallbeil hingerichtet. Minuten später stirbt auch ihr Bruder.

Beide verschwinden nicht im undurchdringlichen Nebel der Geschichte. Inmitten einer »Führer-befiehl-, wir-folgen-dir-Zeit«, die in den totalen Krieg führte und deren nationalsozialistische Ideologie Menschenleben als unwert erachtete, gab es Menschen – wie Hans und Sophie Scholl –, denen die Augen aufgingen. Ein Brief von Sophie an ihren Freund Fritz Hartnagel vom 29. Mai 1940 deutet bereits jenen später gewollten Widerstand an, der selbst in innerer und äußerer Bedrängnis, in Gestapohaft und im Angesicht des Todes, in jene Sphäre einer ureigenen Menschlichkeit führt, in der das Christliche präsent wird:

Es ist nicht leicht, alle Gedanken an den Krieg zu verbannen. Wenn ich auch nicht viel von Politik verstehe, und auch nicht den Ehrgeiz habe, es zu tun, so habe ich doch ein bißchen ein Gefühl, was Recht und Unrecht ist, denn dies hat ja mit Politik und Nationalität nichts zu tun. Und ich könnte heulen, wie gemein die Menschen auch in der großen Politik sind, wie sie ihren Bruder verraten um eines Vorteils willen vielleicht. Könnte einem da nicht manchmal der Mut vergehen? ... Aber im Grunde kommt es ja nur darauf an, ob wir bestehen, ob wir uns halten können in der Masse, die nach nichts anderem als nach Nutzen trachtet. Denen, um ihr Ziel zu erreichen, jedes Mittel recht ist. Diese Masse ist so überwältigend, und man muß schon schlecht sein, um überhaupt am Leben zu bleiben. Wahrscheinlich hat es bisher nur ein Mensch fertiggebracht, ganz gerade den Weg zu Gott zu gehen. Aber wer sucht den heute noch?

Eine Verschränkung von christlichem Zeugnis und politischem Widerstand bricht sich Bahn. Keine noch so geschickte Propaganda des Hitlersyndikates und auch nicht die Wirren des Krieges hielten Sophie und Hans davon ab, gegen den Strom der Zeit zu schwimmen und eine gleichsam prophetisch-politische Ansage der Zukunft zu wagen.

Lesehinweis: I. Jens (Hg.), Hans Scholl – Sophie Scholl. Briefe und Aufzeichnungen, Frankfurt/Main 1984

Josef Gerwing

23. Februar — Todestag von Paul Claudel (1868-1955)

Ich selbst stand in der Menge in der Nähe des zweiten Pfeilers am Choranfang, rechts auf der Seite der Sakristei. Da nun vollzog sich das Ereignis, das für mein ganzes Leben bestimmend sein sollte. In einem Nu wurde mein Herz ergriffen, ich glaubte. Ich glaubte mit einer so mächtigen inneren Zustimmung, mein ganzes Sein wurde geradezu gewaltsam emporgerissen, ich glaubte mit einer so starken Überzeugung, mit solch unbeschreiblicher Gewißheit, daß keinerlei Raum auch nur für den leisesten Zweifel offenblieb, daß von diesem Tage an alle Bücher, alles Klügeln, alle Zufälle eines bewegten Lebens meinen Glauben nicht erschüttern, ja auch nur anzutasten vermochten. Ich hatte plötzlich das durchbohrende Gefühl der Unschuld, der ewigen Kindschaft Gottes, einer unaussprechlichen Offenbarung... Tränen und Schluchzer überkamen mich, und der liebliche Gesang des ›Adeste‹ trug noch das Seinige zu meiner Erschütterung bei... Die katholische Religion kam mir nach wie vor wie eine Sammlung törichter Anekdoten vor; ihre Priester und Gläubigen flößten mir den gleichen Widerwillen ein, der sich bis zu Haß, ja bis zu Ekel steigerte. Das Gebäude meiner Ansichten und Kenntnisse brach nicht zusammen, an ihm entdeckte ich keinen Fehler. Es war nur eines geschehen, ich war aus ihm herausgetreten! Ein neues, gewaltige Wesen mit schrecklichen Forderungen an den jungen Menschen und Künstler, der ich war, hatte sich offenbart... Der Zustand eines Mannes, den man mit einem Griff aus seiner Haut reißt und in einen fremden Körper verpflanzt, ist der einzige Vergleich, der annähernd diesen Zustand völliger Fassungslosigkeit veranschaulichen könnte.

Wie ein Blitz trifft den 18jährigen Claudel an Weihnachten 1886 während der Vesper in der Kathedrale von Notre Dame seine Bekehrung zum katholischen Glauben. Sie wird zum zentralen Ereignis seines Lebens und des gesamten dichterischen Schaffens dieses großen französischen Dramatikers. Vier Jahre des erbitterten Widerstands folgen der göttlichen Heimsuchung und stürzen den bis dahin atheistischen jungen Mann in die Krise seines Lebens. Sie endet in einer Beichte und der Versöhnung mit der Kirche und dem Glauben seiner Kindheit. Eine Welt ohne Gott betrügt sich um ihren Sinn – so lautet fortan Claudels Prämisse. Doch die Glaubensgewißheit allein erspart dem Dichter nicht ein jahrzehntelanges Ringen um eine Antwort auf die an ihn ergangene Berufung. In der Figur des Rodrigo in seinem zentralen Drama »Der seidene Schuh« zeichnet sich Claudel als den Gläubigen, der ständig daran zweifelt, ob er seiner Berufung gerecht wird, der nicht weiß, wie er auf die vielen einander widersprechenden Anforderungen antworten soll, die seine Umwelt und das Universum an ihn stellen; das Universum, welches vom ihm die göttliche Offenbarung in seiner ganzen Fülle zu erwarten scheint. Trotz der eigenen Zerrissenheit war Claudel zeit seines Lebens davon beseelt, das Licht des Glaubens an andere weiterzugeben. Immer wieder finden sich in seinem Werk Aufforderungen zu dieser missionarischen Pflicht. »Laßt uns wie auf Flügeln jedem Geschöpf zu Hilfe eilen und ihm bringen, was ihm fehlt, um das katholische Bekenntnis vollkommen zu machen, das es unter Schmerzen und Wehklagen zu gebären versucht hat«, schreibt er in den »Conversions dans le Loir-et-Cher«. Doch gerade dieser Bekehrungseifer Claudels, der seine Dichtung prägt und den er vor allem auch seinen Freunden gegenüber mit großer Hartnäckigkeit an den Tag legt, wirft Schatten auf das gläubige Bemühen des Dichters. So ist André Gide nicht der einzige Freund Claudels, der sich von dessen Versuchen brutaler Proselytenmacherei in unerträgliche Bedrängnis gebracht sieht. Gide kann diese förmliche Gewalt nicht ertragen, aber Claudel fühlt sich geradezu verpflichtet, Gewalt zu gebrauchen – selbst wenn er sich damit unausstehlich macht. »Ich möchte Claudel nie gekannt haben«, schreibt Gide 1912 in sein Tagebuch und »ich habe Angst vor Ihnen, Claudel« (Paris, Mai 1925). Für Claudel gab es nur ein bedingungsloses Ja zum Willen Gottes, wie er ihn erkannt zu haben glaubte, oder ein Nein. An dieser geradezu fanatischen Intoleranz seines missionarischen Eifers zerbrach aber nicht nur die langjährige Freundschaft Claudels zu Gide, sondern auch die Glaubwürdigkeit eines Menschen, der Zeugnis ablegen wollte für die frohmachende Botschaft.

Lesehinweis: P. Claudel, Der seidene Schuh, Luzern ²1944

Veronika Buter-Strack

Gestern war der Todestag von Eugen Rosenstock-Huessy (1888-1973)

24. Februar

Nun gibt es im Sprechen ein jedes Mal vier aufeinanderfolgende Situationen, von denen die erste immer ein Vokativ sein muß, wenn es zu wirksamem Sprechen überhaupt kommen soll. In der ersten Situation hört jemand einen Namen über sich ausrufen. In einer zweiten teilt er jemand anders mit, unter welchem Namen er sich befindet. In der dritten berichten wir, was uns unter diesem Namen alles angetan und geschehen ist: wir berichten, wir erzählen und stellen fest, was geschehen. Schließlich überblicken wir alles und vergleichen und ziehen die Summe in einem logischen System. Wir analysieren.

Aufhorchen, Mitteilen, Erzählen, Systematisieren sind die vier grammatischen Formen. ... Beseelen im Aufhorchen, begeistern im Mitteilen, bekleiden im Feststellen, begreifen im System. ...

Der Mensch erlebt nach grammatischem Gesetz, als »Dich«, erst dann horcht er auf, als Ich; später sprechen dann zwei miteinaner. Als Wir hernach, dann stellen wir fest, was wir haben geschehen sehen. Als Es, am Ende, denn dann ist es klar, was es zu bedeuten hatte.

»Sprache«, »Geschichte« und »Zeit« sind die drei großen, nicht voneinander zu trennenden Themen im Werk Rosenstock-Huessys. Die Organisation der Menschheit läßt sich für ihn nur aufgrund der Sprache enträtseln. Im gegenseitigen Ansprechen beim Namen schafft der Mensch gemeinsames Leben. In der Sprache steht er in einem größeren Zusammenhang, zwischen Tradition und Zukunft, zwischen der Orientierung an der Außenwelt und der Aussprache seines Inneren. »Die Sprache ist weiser als der, der sie spricht.« Rosenstock-Huessys Grammatik vom »Dich«, zum Ich, zum Wir, zum Es beginnt mit der Ansprache, dem Angerufensein des Menschen, der sich diesen Anspruch zu eigen macht, berichtend, gestaltend im Miteinaner umsetzt und dann auf das Geschehene zurückblicken kann. »Wir werden aufgerufen, damit wir sprechen. Und wir sprechen, damit wir handeln können.« Angerufen wurde Rosenstock-Huessy, er hat diesen Ruf vernommen und, mit seiner Biographie für seine Grammatik eintretend, gehandelt. Am 6. Juli 1888 wird der spätere Rechtshistoriker, Kulturphilosoph und Soziologe Eugen Rosenstock in Berlin geboren. Im Alter von 16 Jahren konvertiert er zum Christentum. Er studiert klassische Philologie und Jura, promoviert 1909 in Heidelberg und habilitiert sich im Alter von 23 Jahren in Leipzig. Nach dem Ersten Weltkrieg schlägt er die Mitarbeit bei der Ausarbeitung der Verfassung, die Mitherausgeberschaft des »Hochland« und die Rückkehr an die Universität Leipzig aus, um als Leiter der Werkszeitung zu Baimler-Benz zu gehen.

1921 gründet Rosenstock-Huessy die »Akademie der Arbeit« in Frankfurt, deren Leiter er wird und die noch heute berufserfahrenen Arbeitnehmern die Möglichkeit bietet, ohne formale Voraussetzungen ein wissenschaftliches Studium zu absolvieren. Auch sein Ruf an die Universität Breslau (1923) ändert nichts an seinem Engagement im Bereich der Erwachsenenbildung und der Verbesserung der Lebenswelt der Arbeiter. Er ist als Mitinitiator der Löwenberger Arbeitslager für Arbeiter, Bauern und Studenten (1928-1930) beteiligt an der Gründung der sogenannten »Arbeitslagerbewegung«. Zu seinen Schülern und Mitarbeitern gehören führende spätere Mitglieder des »Kreisauer Kreises«. Im Jahre 1933 emigriert Rosenstock-Huessy in die USA und wird nach einer Zeit an der Harvard University Professor am Darmouth College in Neu-England. 1940 zieht Roosevelt ihn für die Ausbildung von Führungskräften des Civil Conservation Corps heran. Am 23. Februar 1973 stirbt Rosenstock-Huessy in Norwich/Vermont.

Rosenstock-Huessy war einer der einflußreichsten Theoretiker und Praktiker der Erwachsenen-, vor allem der Arbeiterbildung in der Weimarer Zeit, ein Vorbereiter der betriebs- und industriesoziologischen Forschung, der sich gegen die Entfremdung der Menschen in der Arbeitswelt wandte. Als Soziologe hat er sich für methodische Weitherzigkeit, für eine grenzüberschreitende Soziologie eingesetzt, das heißt für eine Soziologie, die immer bereit ist, den methodisch gesetzten Rahmen zu sprengen, wenn die Wirklichkeit es verlangt. Und nicht zuletzt hat Rosenstock-Huessy mit seiner entschiedenen christlichen Weltsicht in der Auseinandersetzung mit Franz Rosenzweig zu dessen Weg zum »Stern der Erlösung« beigetragen.

Lesehinweis: E. Rosenstock-Huessy, Ja und Nein. Autobiographische Fragmente, Heidelberg 1968

Wolfgang Krone

25. Februar — Geburtstag von Jacob Taubes (1923-1987)

»Der gnostische Pneumatiker ist der Dandy der Antike«, in einem solchen Satz verdichtet sich überaus leger, was Jacob Taubes, nach dem Wort Dieter Henrichs »New Yorker Intellektueller und Rabbi in einer niemals ausgeglichenen Einheit«, ein unruhiges Gelehrtenleben lang übte: die Kunst, unsere heimliche Komplizenschaft mit historisch-fernen Denkungsarten, mit abwegig und abseitig scheinenden Diskursen und Debatten aufzudecken. Taubes »müht sich um Marcion, als ob dieser uns heute noch verführen und irreleiten würde. Sein Polemiker-Temperament, sein tertullianischer Einschlag bewirkt, daß er alles belebt, worüber er spricht«, so sagt es Emile M. Cioran. Taubes' Hermeneutig ist Geist, der lebendig macht. Dieses Geistes-Leben feiert Cioran als bleibenden Beweggrund ihrer Freundschaft. »Die Objektivität ist tödlich! Kein Gleichgültiger soll jemals an meine Türe klopfen! Nur der Leidenschaftliche, den der Humor zügelt, ist ein angenehm willkommener Gast.«

Mir wurde Jacob Taubes Anfang der 80er Jahre bedeutsam, als er, entschieden unzeitgemäß, Anstoß nahm an der »Konjunktur des Polytheismus«. Zu einem Zeitpunkt, da das »anything goes« der Postmoderne als geistige Währung des Westens eingeführt wurde, und mitten »im Biedermeier unseres Posthistoire« behauptete Jacob Taubes, dem »Ernst der Frage nach Gott und den Göttern« begegnet zu sein.

In seinem Aufsatz »Zur Konjunktur des Polytheismus« liest Taubes einem zeitgenössischen »liberalen juste milieu«, das nicht weiß oder wahrhaben will, wen oder was es im Lob des Polytheismus lobt, die Leviten.

Im gegenwärtig »gängigen Vorurteil für eine Lebensform allgemeiner Paganität« erkennt Taubes den Frontalangriff auf das Ich, dessen Geschichte mit der des Monotheismus' Israels aufs engste verknüpft ist. Taubes lokalisiert die Urgeschichte der Subjektivität, die latente Geburt des Ich, im 18. Kapitel des Propheten Hesekiel. Gewiß, auch in Israel haben die Väter Heringe gegessen und der Kinder Zähne sind stumpf geworden, aber der Prophet bricht »die Macht des mythischen Nexus von Schuld und Sühne in der Kette der Generationen«: »Solches Sprichwort soll nicht mehr unter euch gehen in Israel. Denn siehe, alle Seelen sind mein; des Vaters Seele ist sowohl mein als des Sohnes Seele. Welche Seele sündigt, die soll sterben« (Hes 18, 3-4). Umkehr durchbricht die mythische Bewußtseinsform. »Werfet von euch alle Übertretung, damit ihr übertreten habt, und machet euch ein neues Herz und einen neuen Geist.«

Solche Umkehr aber ist nicht umzukehren. Von diesem Scheitelpunkt aus erkennt der Prophet Taubes den modischen Rekurs aufs Mythische und Mythologische als Tanzschritt zur tödlichen Suspension des Ethischen und zur Auflösung des Ich.

Taube' abschließendes Angebot an die mit dem Lob des Polytheismus Befaßten ist vor allem ein Desiderat:

von einer Philosophie der Mythologie zu einer (selbstverständlich!) aufgeklärten Philosophie der Offenbarung vorzustoßen.

Hatte Taubes 1983 beobachtet, daß das »Lob des Polytheismus« Aug' in Aug' mit der Krise von Geschichte und ihrer Philosophie, in der Perspektive der sich vollziehenden Selbstzersetzung von Hegel und Marx in der Theorie und Praxis des Marxismus gespendet wird, so haben in der Zwischenzeit nicht nur Hegel und Marx in Theorie und Praxis des Marxismus, sondern eben diese Theorie und Praxis sich zersetzt.

Jacob Taubes' prophetisches Hellhören und Spielverderben hat an Dringlichkeit gewonnen. Die Wüste des Polytheismus ist gewachsen und schluckt Schall.

Lesehinweis: J. Taubes, Zur Konjunktur des Polytheismus, in: K.H. Bohrer (Hg.), Mythos und Moderne, Frankfurt/Main 1983, 457-470

Susanne Sandherr

Todestag von Karl Jaspers (1883-1969)   *26. Februar*

Jaspers erscheint in vieler Hinsicht wie ein Erasmus des 20. Jahrhunderts: ein universaler Gelehrter von europäischem Format und ohne nationale Verblendungen (das gilt auch für die Jahre zwischen 1933 und 1945); wie Erasmus ein »homo pro se« (ein Mensch für sich), der sich abseits hielt von allem Zunftlertum und einsam über allen möglichen Fraktionsbildungen schwebte; ein Mensch, dessen größte Leidenschaft die geistige Arbeit war und für den jeder Tag, den er nicht an seinem Schreibtisch sitzen konnte, schon fast ein verlorener Tag war (in Jaspers' Nachlaß fand sich die Bemerkung: »Ich arbeite; ich tue sonst nichts«); ein chronisch kranker Mann, dessen Lebensplanung durch seine labile Physis (Bronchiektasen der Lunge, sekundäre Herzinsuffizienz) wesentlich mitbestimmt wurde. Eigentlich Mediziner, kam Jaspers erst zur Psychiatrie und Psychologie und dann zur Philosophie; in gewisser Weise kam er schließlich sogar, wenn auch nicht zur Theologie, so doch zur Auseinandersetzung mit ihren Fragen. Die Entfaltung seines »philosophischen Glaubens« läßt sich verstehen als ein Ansatz natürlicher Theologie. Die Erfahrung der Existenz, so Jaspers, verweist auf Transzendenz; »der Mensch, der sich wirklich seiner Freiheit bewußt wird, wird sich zugleich Gottes gewiß«. Doch diese Gottesgewißheit muß sich aller Versuchungen entschlagen, sie in bergenden Formeln und Bildern zu fixieren. Das war Jaspers große Sorge: daß man Chiffren für die Sache selber oder, wie Jaspers es nennt, für »Leibhaftigkeiten« nimmt und sich damit sowohl an dem namenlosen Umgreifenden vergeht, welches wir unter der Chiffre »Gott« ansprechen, als auch sich der Freiheit und Wahrhaftigkeit des eigenen Denkens begibt. Wohl nicht von ungefähr sprach Jaspers in seiner letzten Vorlesungsreihe, im Sommersemester 1961 an der Universität Basel, über »Chiffren der Transzendenz«:

Im Alten Testament gibt es das Ihnen allen bekannte Wort »Du sollst Dir kein Bildnis und Gleichnis machen«, nach Kant das tiefste Wort der Bibel. Warum? Weil die Transzendenz, in Bildnis und Gleichnis gefaßt, nicht mehr die Transzendenz ist, sondern endlich geworden ist. Machen wir uns Bild und Gleichnis von der Gottheit, so ist die Gottheit wie etwas in der Welt, was so viele Götter in der Geschichte gewesen sind. Aber im Alten Testament selber sind die Texte ja voll von Bildern der Gottheit, wird immerfort davon gesprochen, wie Gott zornig, barmherzig, eifernd, gerecht ist, wie er Weisungen gibt, Gesetze gibt und so fort, also voller Bild und Gleichnis. Das ist die unüberwindbare Antinomie des Menschen als eines endlichen sinnlichen Daseins, daß er nicht anders kann, als die Transzendenz oder die Gottheit, von der er Bildnis und Gleichnis nicht machen soll, doch als endliches Wesen in Bild und Gleichnis denken zu müssen, das heißt in Chiffren sich ihr zu nähern. Diese Spannung hört nie auf, kann nicht aufhören. Wir können sie begreifen. Wir können in kantischer Ausdrucksweise sagen: Wir können das Scheinhafte darin durchschauen und brauchen uns nicht dadurch betrügen zu lassen. Wir brauchen all die Chiffren nicht für Leibhaftigkeiten, für die Gottheit selbst zu halten, sondern können sie als Chiffren hören, sehen, lesen, um dadurch Berührung zur Transzendenz zu gewinnen, ohne gezwungen zu sein, was wir aber dem Schein nach doch immer sind, aus den Chiffren sozusagen die Verwirklichung, Leibhaftigkeit der Gottheit selbst werden zu lassen, die sie nie sind.

Nach dem Zweiten Weltkrieg wuchs Jaspers geradezu in die Rolle eines praeceptor Germaniae hinein, dem in wichtigen Fragen des politischen Lebens (Kollektivschuld, Wiedervereinigung, Atomrüstung…) eine hohe Autorität zuerkannt wurde, der sich mit seinen zum Teil sehr pointierten politischen Schriften aber auch aggressive Ablehnung und heftige Polemiken einhandelte. Jaspers selbst »meinte zu spüren: erst mit meinem Ergriffenwerden von der Politik gelangte meine Philosophie zu vollem Bewußtsein bis in den Grund auch der Metaphysik«.

Lesehinweis: K. Jaspers, Chiffren der Transzendenz, München 1970 (SP 7)

Rudolf Englert

27. Februar — Morgen ist der Todestag von Martin Bucer (1491-1551)

Heute ist der aus dem Elsaß stammende Reformator Martin Bucer allenfalls noch als »Vater der Konfirmation« bekannt. Dabei war er im Reformationsjahrhundert weit mehr als eine Lokalgröße: Er hat nicht nur der Reformation im Elsaß, im Südwesten Deutschlands oder in Hessen entscheidende Anstöße gegeben. Auch die Umgestaltung der kirchlichen Verhältnisse in der Schweiz und in England vollzog sich unter seinem Einfluß.

Martin Bucer kam am 11. November 1491 in dem elsässischen Städtchen Schlettstadt, dem heutigen Sélestat, zur Welt. Er trat in den Dominikanerorden seiner Heimatstadt ein, wurde also wie Martin Luther Mönch. Der Wittenberger Reformator übte entscheidenden Einfluß aus auf Bucers Entwicklung. Als Bucer sich immer stärker zu reformatorischem Denken hingezogen fühlte, floh er aus dem Dominikanerorden. 1523 kam er nach Aufenthalten in Speyer, auf der Ebernburg bei Bad Kreuznach, in Landstuhl und Weißenburg schließlich nach Straßburg. Dort entwickelte er sich schnell zu einer führenden Gestalt der Reformation. Geschätzt waren vor allem seine Vermittlungsgabe und sein unermüdlicher Einsatz für die Einheit der Kirchen:

Ich wünsche geeinte Kirchen im wahren, reinen und steten Glauben an unsern Herrn Jesus Christus. Der einzige Weg, um dahin zu kommen, ist, so scheint mir, zuerst und immerfort zu Christus zu beten, damit er uns die Einheit gebe und uns darauf innerlich vorbereite, dann, versammelt im heißen Verlangen, sein Reich zu erleben, die Hauptsätze des Glaubens an Christus aufmerksam zu betrachten und, wenn wir darüber einig sind, durch gemeinsame Begründungen zu befestigen, endlich, da die Einrichtungen und geistlichen Handlungen in unseren Kirchen so verschieden sind, zu erkennen, ob solche äußere Verschiedenheit im Hinblick auf die tiefere Größe des Ziels nicht könne nutzbar oder wenigstens annehmbar gemacht werden.

Im Streit um das Abendmahl, der im evangelischen Lager zu einer Zerreißprobe zu werden drohte, gelang es Bucer nach zähem und mühseligem Ringen 1536 in Wittenberg, wenigstens zwischen Luther und den oberdeutschen Reformatoren eine Verständigung herbeizuführen. Aber nicht nur in den eigenen Reihen versuchte Bucer sich als Brückenbauer. Fast bis zur Selbstaufgabe verhandelte dieser ökumenisch gesinnte Reformator auch mit Vertretern der katholischen Kirche. Das lag nicht zuletzt an seiner biblisch geprägten Theologie. In Schriften wie »Keiner lebe für sich selbst« (1523) unterstrich er besonders den Gedanken der Nächstenliebe. Im Mittelpunkt stand für ihn das Evangelium von Jesus Christus, in dem er den Schlüssel für ein wirklich sinnvolles Leben sah.

Bucers Sinn für das Praktische ließ ihn zu einem geschickten Organisator reformatorischer Kirchen werden, in Straßburg, Ulm und Augsburg etwa oder in Hessen, wo er mit der Ziegenhainer Zuchtordnung von 1538 die Konfirmation einführte. In seiner Heimatstadt wurde Bucer auch zu einem Motor der pädagogischen Entwicklung. Auf seine Initiative hin wurde eine »Hohe Schule« gegründet, eine Art Gymnasium, an dem auch Johannes Calvin Lehrer war. Bucer beeinflußte die Entwicklung des Schweizer Reformators.

Ende der 40er Jahre des 16. Jahrhunderts sank Bucers Stern in Straßburg: Er überwarf sich mit dem Rat der Stadt, nachdem das Gremium – gezwungen durch kaiserliche Gesetze – den Kurs einer Rekatholisierungspolitik einschlug. 1549 mußte Bucer Straßburg verlassen und siedelte als Theologieprofessor nach Cambridge über. Dort starb er am 28. Februar 1551. Ruhe fand er jedoch auch dann noch nicht. Fünf Jahre nach seinem Tod ließ Königin Maria gegen ihn einen Ketzerprozeß führen und seine sterblichen Überreste öffentlich auf dem Marktplatz von Cambridge verbrennen. 1560 erst erfolgte unter Königin Elisabeth I. Bucers Rehabilitierung.

Lesehinweis: H. Joisten, Der Grenzgänger Martin Bucer. Ein europäischer Reformator, Stuttgart-Speyer 1991

Hartmut Joisten

Alfred Loisy (1857-1940) 28. Februar

»Jésus annonçait le royaume, et c'est l'Église qui est venue.« Dieser Satz von Alfred Loisy ist wohl einer der bekanntesten und am häufigsten mißverstandenen Sätze in Theologie und Kirche. Er wurde bewußt aus seinem Zusammenhang gerissen und gegen seinen ursprünglichen Sinn interpretiert. Nur so konnte dieser Satz vom Lehramt gegen Loisy verwendet werden, der schließlich wegen seiner historisch-kritischen Methode in der Bibelauslegung 1908 (kurz nach Erscheinen der Enzyklika »Pascendi«) exkommuniziert wurde.

Jesus hatte das Reich angekündigt, und dafür ist die Kirche gekommen. Sie kam und erweiterte die Form des Evangeliums, die unmöglich erhalten werden konnte, wie sie war, seitdem Jesu Aufgabe mit dem Leiden abgeschlossen war...Eine Absurdität würde es sein zu verlangen, daß Christus die Interpretationen und Anpassungen, welche die Zeit fordern mußte, im voraus schon bestimmt hätte, denn sie hatten keine Berechtigung, früher als notwendig da zu sein. Daß die Zukunft der Kirche durch Jesus seinen Jüngern geoffenbart wurde, war weder möglich noch nützlich. Der ihnen vom Heiland hinterlassene Gedanke bestand darin, das Reich Gottes fortdauernd zu wollen, vorzubereiten, zu erwarten und zu verwirklichen. Die Perspektive des Reiches hat sich erweitert und verändert, die seiner endgültigen Ankunft ist zurückgetreten, aber der Zweck des Evangeliums ist der Zweck der Kirche geblieben.

Mit seinem Buch »Das Evangelium und die Kirche« reagierte Loisy auf Harnacks Vorlesungen über »Das Wesen des Christentums« und verteidigte die Kirche als legitime und notwendige Entwicklung aus der Reich-Gottes-Botschaft Jesu. Damit wird zwischen Kirche und Gottesreich keineswegs der ihm unterstellte Gegensatz konstruiert. Der Gedanke der geschichtlichen Entwicklung der Kirche relativiert die Frage nach ihrer Einsetzung durch den historischen Jesus und mußte zwangsläufig zum Konflikt mit dem Lehramt führen, das im Ersten Vatikanischen Konzil (1870) selbst den Primat und die Unfehlbarkeit des Papstes unmittelbar auf den historischen Jesus zurückführte. Auch in früheren Schriften erregte Loisy, der von Hause aus Bibelwissenschaftler war, Mißfallen, da er weder an der Unveränderbarkeit von Dogmen, noch an der Inspiration der Schrift und ihrer Irrtumslosigkeit festhalten konnte. Er wurde 1893 aus dem Theologischen Lehrbetrieb entfernt und mußte sein weiteres Leben zunächst als Hausgeistlicher in einem französischen Mädchenpensionat fristen. Durch diese Tätigkeit kam Loisy zu der Einsicht, daß das Christentum sein Wesen mehr im praktischen Vollzug und in der religiösen Erfahrung finde als in abstrakten Dogmen. Diese Konzentration ist charakteristisch für den sogenannten »Modernismus« (ein Ausdruck, den die Gegner zur Disqualifizierung dieser Bewegung erfanden), als dessen »Vater« Loisy bezeichnet wurde. Denn er war einer der ersten, der mit Hilfe der historischen Kritik den katholischen Glauben mit dem wissenschaftlichen Bewußtsein seiner Zeit in Einklang bringen wollte. Darin folgten ihm befreundete Theologen wie George Tyrrell oder Friedrich von Hügel, die sich stark von ihm inspirieren ließen und ihm in den Konflikten zur Seite standen. Mit Sorge verfolgten sie die Entwicklung Loisys nach seiner Exkommunikation, als er sich vom katholischen Glauben entfernte und ein humanistisch-sittliches Religionsideal vertrat. Diese Entwicklung kann die Bedeutung Loisys für die katholische Theologie nicht schmälern, da er mit seinem Bemühen zwar keine letztgültige Lösung fand, aber einen Fragehorizont eröffnete, der auch heute noch mehr als brisant ist, insofern die Theologie sich als kritische Wissenschaft des Glaubens der Kirche versteht: »Die Bibel ist die erste und hauptsächliche Ursache meiner geistigen Entwicklung gewesen; nur deshalb, weil ich sie mit Ernst gelesen habe, bin ich ihr Kritiker geworden«.

Lesehinweis: P. Neuner, Alfred Loisy, in: H. Fries/G. Kretschmar (Hg.), Klassiker der Theologie, Bd. II, München 1983, 221-240

Erwin Dirscherl

1. März — Geburtstag von Anton Semjonowitsch Makarenko (1888-1939)

Große Erziehergestalten wußten sich immer wieder durch das Geschick entwurzelter und damit gefährdeter Jugendlicher in besonderer Weise herausgefordert. So auch der Ukrainer Anton Semjonowitsch Makarenko. Mehrfach angestellte Vergleiche zu Pestalozzi und Wichern, zu Don Bosco und Father Flanagan lassen ihn in die seit Platon bekannte Utopie der Kinderkolonie einordnen. Wenn an solchen Gegenüberstellungen neben dem gemeinsamen pädagogischen Eros rasch tiefgreifende und gewichtige Unterschiede deutlich werden, dann weil jedes dieser sozialpädagogischen Experimente seine eigene Prägung durch die Erzieherpersönlichkeit, geschichtliche Umstände und weltanschaulich-ideologische Vorgaben gewinnt.

Er ist ein äußerlich finsterer, wortkarger Mann ... mit großer Nase und klugen scharfen Augen; er sieht aus wie ein Militär und ein Dorfschullehrer »mit Ideen« ... Es ist ihm offensichtlich ein Bedürfnis, im Vorübergehen und ganz unmerklich liebevoll zu sein, für jeden ein freundliches Wort, ein Lächeln zu haben, einen kurzgeschorenen Kopf zu streicheln.

In dieser Mischung von militärisch-verkrampfter und zugleich überzeugend menschlicher Haltung charakterisiert Maxim Gorki Makarenko. Gorki ist auch ein entscheidendes Bindeglied, das den »Sowjetpädagogen« mit der russischen Bildungstradition verbindet. Das Erbe der freiheitlich-individualen Pädagogik Tolstojs und der »proletarische Humanismus« Gorkis bewirken, daß Makarenko mehr von den bewahrenden als von den verneinenden Kräften der russischen Revolution getragen wird. Auch sein literarisches Werk ist von daher geprägt. Exemplarisch steht dafür das »Pädagogische Poem« (1933-1935). Im Stil eines autobiographischen Bildungsromans schildert es die Geschichte der 1920 von Makarenko gegründeten »Gorki-Kolonie« für jugendliche Rechtsbrecher in einer Theorie und Praxis zusammenbindenden Weise. Die zunehmende Anerkennung durch die offizielle Parteilinie dokumentiert der Roman »Flaggen auf den Türmen« (1938). Ferner hat Makarenko eine Reihe von Aufsätzen geschrieben und Vorträge gehalten, um die Grundzüge seiner in der Fürsorgeerziehung entwickelten Erziehungslehre auf die Familienerziehung zu übertragen:

Unser Leben ist ein gänzlich neues Leben. Alles in diesem Leben, die Einheit, der Aufbau, der Kampf, die Siege, alles ist auf neue Art recht, auf neue Art froh und auf neue Art schwer. Jeder Tag bringt uns ganz neue und unerwartete Entdeckungen in der Natur des Menschen selbst, in seiner Schönheit, in seiner Freude, seiner Liebe und sogar in seiner Schwäche, seinem Leid und seinem Irren.

In der kommunistischen Pädagogik der Sowjetunion und der DDR nahm Makarenko in der Zeit nach dem Zweiten Weltkrieg eine Schlüsselstellung ein, da man in seiner sozialistischen Kollektiverziehung die klassenlose Gesellschaft im Modell vorweggenommen sah. Mit der grundlegenden Formel: Erziehung im Kollektiv, durch das Kollektiv und für das Kollektiv ist er der Pädagoge, der das Kollektiv – verstanden als gegliederter Organismus mit einer wesentlichen gesellschaftlichen Aufgabe – als tragende Wirklichkeit in der Jugenderziehung am eindeutigsten verwirklichte und in der pädagogischen Theorie zum entscheidenden Faktor erhoben hat. Im Gegensatz zur Individualerziehung verkündet die Kollektiverziehung die Überwindung des Egoismus durch die kommunistische Moral, verbunden mit der Zuversicht: »Und er – der freie, von dem ich künde, der Mensch – kommen wird er, glaubet mir, glaubet! Und er ist gekommen – der Mensch!« Indem das Jugendkollektiv als Lebensweg und pädagogische Methode zugleich zwischen Individuum und Gesellschaft trat, gelang Makarenko die Transformation der politischen Erwartungen seiner Zeit in die Pädagogik.

Weil sein ganzes Werk überzeugender Ausdruck eines hohen Glaubens an den Menschen ist, wird verständlich, daß Makarenko letztlich dennoch ohne Einfluß auf die Sowjetpädagogik blieb, während seine Vision vom »neuen Menschen« im Westen zu einer zeitgemäßen Neubesinnung auf die humanistische und christliche Tradition von Erziehung und Bildung anregte.

Lesehinweis: A. S. Makarenko, Ausgewählte pädagogische Schriften (bes. v. H. E. Wittig), Paderborn ²1969

Erich Feifel

Todestag von Fridolin Stier (1902-1981)   2. März

Mappe unter dem Arm, ein-zwei Bücher und dazu noch den Mantel, vielleicht zwei Minuten zu spät – so kam er in die Vorlesung, holte sein Ringbuch, und schon fing er an. Wo er anfing, das konnte man vorher nicht wissen, selten dort, wo er stehen geblieben war. Der Tübinger Alttestamentler Fridolin Stier hatte unter den Studenten seine Verehrer, die bereit waren, aufzunehmen, was immer er zu sagen hatte. Daß er etwas zu sagen hatte, das merkten Pedanten nicht. Sie wünschten sich mehr Systematik. Doch wer sich auf Stier nicht einließ, wie man einem Bergführer vertraut, wenn es über zerklüftete Felsspalten geht, wer eher das erwartete, was man üblicherweise »Vorlesung« nennt, und nicht willens war, ein Abenteuer zu wagen, der wurde enttäuscht. Wer wollte, konnte bei Fridolin Stier mehr lernen als in vielen klugen Büchern steht: von der Unerforschlichkeit jenes Gottes, der sich im Wetterdunkel erahnen läßt, dessen Geschöpfe aufblühende Wiesen und schaurige Tiefseekraken sind – nicht vom Gott der Philosophen, schon gar nicht dem mancher Kollegen, die mit dogmatischer Präzision über den Unsagbaren Definitives zu sagen wissen – viel mehr vom Unverfügbaren, der einem Ijob antut, was der nicht »verdient«, der Menschen herausreißt aus ihrer behausten Umgebung, der Propheten sein Drohwort ankündigen läßt, der nicht in Kirchenmauern einzuschließen ist – diesem Gott auf die Spur zu kommen, dazu hat Stier seine Studenten ermutigt. Dabei war es nicht leicht, seinen Ausführungen zu folgen. Wer kein Hebräisch konnte, war arm dran. Und die Bibelübersetzer der Reihe nach, sie kamen nicht gut weg – ausgenommen die »Klassiker«: Luther und Buber.

Von Martin Bubers Sprachverantwortung, von seiner Treue zum Text war Stier fasziniert. Hier hat er Maßstäbe erkannt, die er selber nicht unterschreiten wollte. Kam Buber nach Tübingen, dann rangen die beiden, der Jude und der Christ, um das eine Wort. Fridolin Stier hat sich für das Neue Testament vorgenommen, was Buber für die hebräische Bibel geleistet hat. In langen Jahren hat Stier für seine NT-Übersetzung um immer textnähere Formulierungen gerungen. Der Urtext hatte Vorrang vor jeder gefälligen Alltagssprache. Seine Übersetzung läßt aufhorchen. Dazu kommt, daß er als Alttestamentler das Fundament, auf dem die neutestamentliche Botschaft basiert, besser kannte als manch anderer Übersetzer.

Unverständliches, Unrecht ist geschehen an Ijjob, und Gott hat es selber getan – wer anders, wenn er der Allwirkende ist? Und ist er der Allgerechte – warum? Diese Frage wird immer nur von Menschen gestellt, die in den Gewißheiten, die sie voraussetzt, leben. Sie erkennen im Fall Ijjob den ihrigen, den Fall ihrer eigenen Existenz. Von allem Anfang an steht das individuelle Geschick des Ijjob in der Mitte des überindividuellen Anliegens, an seinem Falle das Sein Gottes zum Menschen und des Menschen Sein zu Gott zu erfragen. Darum erscheint alle Berichterstattung über Ijjob von vornherein als Interpretation seines Falles aus Teilnahme, aus Selbstbetroffenheit. Die drei Freunde, wie später Elihu, ringen um die theologische Bewältigung des Falles. Die Lösungen, die sie fanden, erweisen sich als Versuche, das Problem als solches durch die Wegnahme einer seiner Komponenten aus dem Weg zu räumen – Ijjob selber aber ringt nicht als Theologe mit dem Problem, sondern als Mensch mit Gott. Ijjob »stellt« Gott. Ihm geht es nicht um Antwort auf eine Frage, sondern darum, daß Gott ihm auf seine Frage Rede und Antwort stehe. Ijjob fordert Gott zur gerichtlichen Verantwortung. Wir berauben das Buch des Ungeheuerlichen, das es bezeugen will, nämlich den Antritt eines Menschen zum Prozeß gegen Gott, wenn wir in seiner prozessualen Anlage nicht mehr sehen als literarische Form.

Stier interessierte sich für rundweg alles, was es unter dem Himmel gibt, vor allem aber für die Rätselfragen der Welt, die ihn, je älter er wurde, desto mehr gefangen nahmen. Deshalb blieb er auch der Thematik jenes alttestamentlichen Buches am meisten verpflichtet, dessen Übersetzung samt Kommentar er als erste publizierte: dem Buch Ijob. Das Ijob-Problem hat Stier ein Leben lang nicht losgelassen – am Schreibtisch nicht und nicht als Schicksal. Davon geben seine Tagebücher (»Vielleicht ist irgendwo Tag« und »An der Wurzel der Berge«) beredtes Zeugnis. Sie zeigen aber auch, wie gerne der auf einem Allgäuer Bauernhof Aufgewachsene die Vögel pfeifen und die Katzen schnurren hörte. Am 2. März 1981 gestorben, liegt Fridolin Stier auf dem Tübinger Stadtfriedhof begraben.

Lesehinweis: Wenn aber Gott ist... Ein Fridolin-Stier-Lesebuch (hrsg. v. E. Beck u. G. Miller), Hildesheim-Berlin 1991

Gabriele Miller

3. März — *Todestag von Heinrich Stieglitz (1868-1920)*

Auf einem Foto schaut mich eine aufrechte, energische Gestalt, streng mit sich selbst, mit eindringlichem und lebendigem Blick an: bei aller Freundlichkeit, die sein Gesicht ausdrückt, wohl etwas unnahbar.

»Was Du bist, das sei ganz; was Du tust, das tue recht! Wo ein Wille ist, da ist ein Weg.« Mit dieser Einstellung widmet sich Heinrich Stieglitz seiner Lebensaufgabe, sich ganz dem Heil der Kinder zu widmen. Das tut er als Kaplan, Pfarrer, vor allem aber bei seiner Tätigkeit als Katechet in der Schule, auf die er bei all seinen Ämtern und Pflichten nie verzichtete: 23 Jahre lang, zwölf Stunden wöchentlich. Von seiner Praxiserfahrung in der Großstadt München her attackiert er alle katechetischen Methoden, die sich als unpädagogisch und unpsychologisch enthüllen, und er selbst propagiert und praktiziert die »Münchener Methode«, von vielen auch »psychologische Methode« oder auch »Stieglitz-Methode« genannt.

Was war er für ein Mensch, dieser überaus produktive und erfolgreiche katechetische Autor der ersten beiden Jahrzehnte unseres Jahrhunderts? Geboren in Niederbayern, die Schulen in Freising besuchend, Zögling des Erzbischöflichen Knabenseminars und dann des Klerikalseminars, wurde er mit 25 Jahren zum Priester geweiht, kam dann bald als Kaplan und später als Pfarrer in die Großstadtseelsorge. Bekannt wurden seine Liebe zur Musik und bildenden Kunst und – trotz seiner knappen Vermögensverhältnisse – seine Freude am Reisen. Mit all den ihm zur Verfügung stehenden Kräften arbeitete er an seinen Zielen. Er war ein Mensch, dem zeitlebens wohl mehr Hochachtung als Zuneigung und mehr Respekt als Sympathie entgegengebracht wurde.

Und was ist denn der Erfolg der analytischen Methode (einer von den Begriffen ausgehenden, texterklärenden Methode, d.Vf.) in der Schule? Den Kindern raubt sie das Interesse, und dem Katecheten bringt sie vielfach eine verdrießliche Stimmung, weil nichts vorwärts geht, weil alles umsonst ist und das ganz besonders, wenn in einer Klasse auch noch die Disziplin mangelhaft ist. Natürlich wird die Schuld immer den Kindern aufgebürdet. Man bedenkt aber nicht, daß die Kinder für die analytische Lehrform, die meist geistlos und herzlos ist, einfach kein Verständnis haben, weil sie eben unnatürlich und unkindlich ist. Anstatt eine Erbauungsstunde zu sein, wird die Religionsstunde oft genug eine wahre Marterstunde. So kann gar leicht die Religion selbst den Kindern, namentlich den Knaben, zum Ekel werden. Kann es auch anders sein, wenn man den Kindern anstatt Brot einen Stein darbietet. Und der Erfolg für's Leben?

Von der Anschauung zum Denken, zum Tun kommen! Den Gesetzen des menschlichen Seelenlebens nachspürend, suchen die Münchener Reformkatecheten zusammen mit Heinrich Stieglitz nach Formen einer pädagogisch und psychologisch angemessenen Katechese. Bald wird man ihnen Formalismus und einen Absolutheitsanspruch der Methode vorwerfen müssen. Heinrich Stieglitz hat aber mit seinen Mitstreitern im Katecheten-Verein entscheidend dazu beigetragen, daß sich eine enggeführte und in der Schule ins Abseits geratene Katechetik öffnete für das Gespräch mit der Psychologie und Pädagogik und sich zur Religionspädagogik weiterentwickeln konnte.

Lesehinweis: J. Göttler, Dr. Heinrich Stieglitz. Seine persönliche und literarische Lebensarbeit, in: Katechetische Blätter 46 (1920) 81-98

Georg Hilger

Todestag von Elsa Brändström (1888-1948)   4. März

»Du mußt dich ganz einer Aufgabe hingeben, wenn du sie als richtig für dich erkannt hast.« Diesen Gedanken prägt der schwedische Gesandte in Petersburg seiner Tochter als Kind ein, er bestimmt ihr Leben. 1915 schreibt sie ihrem Vater aus Sibirien: »Du weißt, daß wir hierherkamen und Elend und Not uns erwarteten. Aber die Wirklichkeit ist noch viel schlimmer«. Elsa Brändström lebt für die Gegenwart, was gilt, ist das Jetzt. So sehr setzt sie sich dafür ein, daß sie schreiben kann: »Das eigene Leben schien so unwichtig. Ein merkwürdig befreiendes Gefühl, wenn es einem einmal so recht in die Seele gedrungen ist«. Doch wie muß ein Mensch, eine junge Frau sein, daß sie so sehr nur für andere leben kann?

»Eine große, schlanke Frau trat ein, ... mit hellblondem Haar und großen, strahlenden blauen Augen. Am schönsten war, außer dem Blick ihrer leuchtenden Augen, ihr Lachen. Es klang wie ein Frohlocken.« So beschreibt sie Else Ulich-Beil Mitte der zwanziger Jahre, die erste Frau von Robert Ulich, den Elsa Brändström im November 1929 heiratet – für sie der Beginn eines auch privaten Lebens. Zu diesem Zeitpunkt hat sie bereits ein »Lebenswerk« als »Engel und Königin von Sibirien«, als »Heilige« vollbracht. Dreimal war sie selbst in Sibirien, fünfeinhalb Jahre als »freiwillige Gefangene«, erkrankt an Flecktyphus, fast erfroren, verhaftet ... und hat Zehntausenden Kriegsgefangenen Kraft, Würde und Überleben ermöglicht.

Geboren am 26.3.1888, sorglos aufgewachsen in Linköping, einer schwedischen Kleinstadt, beschrieben als ein lebendiges, fröhliches Mädchen, will Elsa Brändström im Bereich der Volkshochschule tätig sein. So geht sie zusammen mit ihrer Freundin Elsa Björkmann ans Lehrerinnenseminar, wo ihr aber bald absolute Unfähigkeit bescheinigt wird. Der Abbruch des Seminars bringt sie nach St. Petersburg zu ihren Eltern und zeigt ihr den Luxus diplomatischen Lebens, ein »Leben auf Rosen«. Doch der Krieg 1914 verändert alles. Im Herbst 1914 sieht sie, zur Lazarettschwester ausgebildet, erstmals eine Krankenabteilung von Kriegsgefangenen – dies wird ihre Aufgabe weit über den Krieg hinaus: als Delegierte des Roten Kreuzes ist sie mahnendes Gewissen, Schutz für die Gefangenen, Garantie für ein Mindestmaß an menschlicher und medizinischer Versorgung, oftmals allerletzte Hoffnung gegen das Vergessen. 1925 stellt sie ihre Rede auf der Weltkirchenkonferenz unter das Thema »Liebestätigkeit als völkerversöhnende Macht«:

Wenn wir hoffen, daß die Liebestätigkeit eine der Brücken zur Völkerversöhnung werden soll, so müssen wir uns klar darüber sein, welches diese Brücken sind ... Und wenn wir ehrlich urteilen, müssen wir einsehen, daß seither nur leichte Pontonbrücken von Strand zu Strand geschlagen worden sind ... Mit der ethischen Entwicklung der Individuen und Nationen ist auch die Möglichkeit zu einer edleren und aufrichtigeren Liebesarbeit verbunden. Aber diese Entwicklung geht nicht Hand in Hand mit der verstandesmäßigen, sondern oft entgegengesetzt. Wenn wir versuchten, etwas weniger zu denken und etwas mehr zu fühlen, kämen wir sicherlich weiter ... Sich kennenlernen und sich verstehen sind die Brückenköpfe; an die Menschheit glauben und sich für sie begeistern können, sind die Pfeiler, auf denen die Liebesarbeit ruhen muß, wenn sie der Völkerversöhnung dienen soll.

Ihre Vision der Völkerverbindung durch konkretes Tun geht weiter: Nach dem Krieg sieht sie ihre Aufgabe in der Unterstützung vor allem deutscher Heimkehrer und Kinder verstorbener Kriegsgefangener, sie gründet Sanatorien, Fürsorge- und Waisenhäuser. Doch Deutschland gibt ihr keine Zukunft, 1933 legt ihr Mann seine Ämter an der Technischen Hochschule Dresden nieder und geht zusammen mit Elsa in die USA. In ihre Wahlheimat Deutschland wird Elsa Brändström nie mehr zurückkehren.

Von nun an gilt ihre Sorge der Unterstützung deutscher Jüdinnen und Juden. Sie übernimmt Bürgschaften für die Immigration und initiiert Flüchtlingsbetreuung. Ihre Hilfe für deutsche Kinder ist »Feindbegünstigung«, nicht immer findet sie Unterstützung. Doch wieder steht sie über den verfeindeten »Fronten« und sieht notleidende Menschen anstelle von »Nationalitäten«.

Von den Krisen dieser Frau, ihren Ängsten und Depressionen wissen wir wenig. Ihr Herz hängt an ihr lieben Menschen. Für ihre Tochter Brita schreibt sie kurz vor dem Sterben am 4.3.1948 auf: »Ich würde am liebsten allen jungen Menschen sagen: Habt vor nichts Angst. Das Leben ist aufregender, schöner und kraftvoller, als Ihr Euch vorstellen könnt. Wir aber sind viel stärker, als wir glauben«.

Lesehinweis: N. Kohlhagen, Elsa Brändström. Die Frau, die man Engel nannte, Stuttgart 1991

Helga Kohler-Spiegel

5. März — Morgen ist der Geburtstag von Nikolai Alexandrowitsch Berdjajew (1874-1948)

Schöpferische Freiheit, prophetische Eschatologie, mystische Suche, dazu Selbstgewißheit ohne Arroganz, Individualität ohne Verschrobenheit, Geistigkeit ohne Realitätsverlust – man könnte Werk und Leben des russischen Emigranten Nikolai Alexandrowitsch Berdjajew schlagwortartig so belegen und würde ihm, seinem Leben und Schaffen nicht gerecht. Zu sehr litt er an den gesellschaftlichen, kirchlichen und kulturellen Widersprüchen seiner, ja, unserer Zeit, als daß man ihn in widerspruchsfreie Schlagworte pressen könnte. Er war niemals nur teilnahmsloser Beobachter seiner Zeit, eher ihr Opfer. Passive Hinnahme war ihm dabei fremd, aktive Auseinandersetzung immer Gebot: mit der zaristischen russischen Gesellschaft trotz eigener adliger Herkunft (Folge: drei Jahre Verbannung in den Norden Rußlands), Kritik an der russisch-orthodoxen Kirche (Bewahrung vor lebenslänglicher Verbannung nach Sibirien durch die Oktoberrevolution) und mit dem marxistischen Regime wegen neu sich formierender geistiger Unterdrückung (Folge: Ausweisung aus Rußland, Pariser Exil in Frankreich). Schließlich: zu groß war sein Freiheitsdrang, dem sein ganzes (religions-)philosophisches Schaffen galt, und zu groß seine Skepsis gegenüber Schulphilosophie und -theologie, als daß er sich einordnen ließe.

Sein Leben und Werk ist geprägt von dem, wofür er sich einsetzte: die Bewahrung der Menschlichkeit Gottes und der Göttlichkeit des Menschen, die er in der kreativen Freiheit des Menschen sich begegnen sah, und für die Herausbildung und Bewahrung der unverwechselbaren Individualität des Menschen in sozialer Bezogenheit. So war ihm alles zuwider, was diese Freiheit der Person, ihre einmalige und unverwechselbare Würde einschränkt und zunichte macht. In seinem Buch »Selbsterkenntnis. Versuch einer philosophischen Autobiographie« meint er selbst dazu:

Ich habe mich niemals mit einer Weltanschauung des Stammesmäßigen abfinden können, die sowohl den rechts wie den links gerichteten sozialisierten Richtungen zugrunde liegt, die sich gleichviel wovon inspirieren lassen – sei es vom Nationalismus, vom Machtstaat, vom Klerikalismus, vom Familienhaften oder von allmächtiger Gemeinsamkeit, vom Kollektiven, vom alles umfassenden Kommunismus oder Kosmismus. Die stammhafte Weltanschauung ist mir immer banal erschienen, und ich kenne nichts Banaleres als die nationalistische Weltanschauung. Nation, Staat, Familie, äußere Kirchlichkeit, Gemeinschaft, soziales Kollektiv, Kosmos, alles erscheint mir ... böse im Vergleich zum unwiederholbaren individuellen Schicksal der menschlichen Persönlichkeit.

Es verwundert nicht, daß Berdjajew den Mächtigen in Staat, Gesellschaft und Kirche verdächtig erscheinen mußte. Die einen warfen ihm anarchistische Tendenzen und die anderen gnostische Häresie vor. Diese Vorwürfe treffen sicher nicht zu. Zutreffend ist lediglich, daß er sich selbst in seiner Freiheit ernstnahm bis zur Selbstaufgabe, einer Freiheit, die sich letztlich für ihn aus der geistigen Erfahrung Gottes speiste, und die er emphatisch auch für andere verteidigte; die Bedrohungen dieser Freiheit wagte er in geradezu prophetischer Weise zu benennen.

Angesichts neuen nationalistischen Fremdenhasses, kirchlicher Trägheiten und quälender Gottsuche hat Berdjajew nichts an Aktualität verloren. Läßt man sich auf sein Denken kritisch ein, wird man an ihm verstehen und vielleicht für sich selbst sagen können: Ich »bin von einer unstillbaren Sehnsucht erfüllt und denke an eine andere, an eine ganz andere Welt«. Berdjajew starb am 24. März 1948 im Exil. Seine Hoffnung, nach Rußland zurückkehren zu können, hatte sich nicht erfüllt.

Lesehinweis: N.A. Berdjajev, Selbsterkenntnis. Versuch einer philosophischen Autobiographie, Darmstadt-Genf 1953

Franz-Josef Bäumer

Todestag von Martin Niemöller (1892-1984)   *6. März*

Ein wahrhaft spannungsreiches Leben: Preußischer Seeoffizier und während des Ersten Weltkrieges U-Boot-Kommandant, seit 1931 Pfarrer in Berlin-Dahlem, 1937-1945 Hitlers »persönlicher Gefangener«, nach dem Krieg Kirchenpräsident der Evangelischen Kirche in Hessen und Nassau, Inhaber sowohl des Leninordens als auch des Großkreuzes des Verdienstordens der Bundesrepublik Deutschland. Am Anfang die Reichskriegsflagge, am Ende die Fackel bei der Mahnwache für den Frieden; von der Verehrung Kaiser Wilhelms II. zur Zusammenarbeit mit Gandhi und Albert Schweitzer; das Loblied alles Soldatischen wandelte sich zur Solidarität mit den Menschen der Dritten Welt.

Der im Kommandoton sprechende Offizier und Pfarrer erfuhr seine Wandlung als Gefangener mit der Nummer 26679: da wurde er der Bruder der Entrechteten, und er blieb es bis zu seinem Tod. – Wenige Menschen aus der evangelischen Kirche sind bekannter als Martin Niemöller, keiner hat nach dem Zweiten Weltkrieg mehr zur Überwindung von Haß und Feindschaft beigetragen als er. Er war der Friedensbotschafter seines Landes in all den Ländern, die während des Krieges deutsche Truppen gesehen hatten. Schon 1946 führten ihn seine Reisen nach Österreich, in die Schweiz, nach England, 1947 in die USA, nach Norwegen und Dänemark. Weil er selber unter Hitler gelitten hatte, nahmen ihn die Menschen in diesen Ländern an, die jahrelang deutschen Terror hatten ertragen müssen.

Als Christ hätte ich 1933 wissen dürfen und wissen müssen, daß aus jedem Menschenbruder – mochte man sie Kommunisten heißen oder sonstwie – Gott in Jesus Christus mich fragte, ob ich ihm nicht dienen wollte. Und ich habe diesen Dienst verweigert und habe mich meiner Freiheit begeben. Denn ich habe mich meiner Verantwortung begeben.

Man kann Martin Niemöller kaum als »Theologen« bezeichnen, begriffliche Präzision war seine Stärke nicht. Karl Barth sagte von ihm: »Er ist den Orthodoxen zu weltlich, den Liberalen zu klerikal, den Sozialisten zu militaristisch, und wir alle empfinden ihn zu sehr als Preußen« – keine schlechte Beschreibung für einen Menschen, den im Grunde nur eines interessierte: das Evangelium und seine versöhnende Kraft. Ihm ging es nicht primär um die Lehre, sondern um Nachfolge und Zeugnis; Glaube ist ihm weniger eine Sache der Überzeugung als vielmehr eines persönlichen Verhältnisses zu Jesus Christus. Er hat sich nie an ein Parteiprogramm gebunden, »denn jedes Programm ist eine Einschränkung dieser meiner im Dienste Jesu allein sich lebendig vollziehenden Freiheit«. Er kritisierte das Festhalten der Christen und der Kirchen an alten »Ordnungen« ebenso wie ihre Zuwendung zu einer »Theologie der Hoffnung«, weil er in beidem eine Flucht vor der Gegenwart und ihren Herausforderungen erblickte. Weil Mammondienst und Profitdenken Zeichen für den Atheismus und die größten Hindernisse der Nachfolge Jesu sind, übte er eine unerbittliche Kapitalismuskritik und scheute sich nicht, nicht nur Probleme, sondern auch Parteien und Minister beim Namen zu nennen. Die Bundesrepublik sah er in Rom gezeugt und in Washington geboren. Er war ein unbequemer Mann, unbequem vor allem für die Mächtigen. Und Niemöller ging nicht gerade sanft mit ihnen um, er schoß »die Wahrheit heraus wie einen Torpedo«. In seiner rücksichtslosen Ehrlichkeit war er für viele ein Ärgernis. Doch was wäre die Kirche, was wäre unsere Gesellschaft ohne Menschen wie ihn?

Nach eigenem Bekunden verfolgten ihn drei Alpträume: er müsse sein Abitur noch einmal machen; er liege mit dem U-Boot auf dem Grund des Meeres; und Gott habe Hitler gefragt: Warum hast du das getan?, und Hitlers Antwort sei gewesen: Mir hat ja niemand das Evangelium gesagt. – Und so fragte Niemöller nicht nach Menschengunst und -meinung, nur zum Gehorsam gegenüber seinem Herrn und zum Zeugnis für ihn wußte er sich verpflichtet.

Lesehinweis: M. Niemöller, Briefe aus der Gefangenschaft: Moabit, Frankfurt/Main 1975

Heinrich Missalla

7. März   *Geburtstag von Marie-Joseph Lagrange (1855-1938)*

»Von Anfang an faßte er die heißesten Eisen an, an denen man sich nur die Finger verbrennen konnte« (H. Haag). Er, Albert-Marie-Henry Lagrange, am 7.3.1855 im burgundischen Bourg-en-Bresse geboren, war von Kindestagen an ein Mensch, der sich nur dann mit dem Alten beschäftigte, wenn es ihm zur Plattform für neue Ideen werden konnte. Sein Vater ließ ihn Jura studieren, und schon mit 23 Jahren hatte er als frisch promovierter Jurist die ersten Auseinandersetzungen vor Gericht zu bestehen. Sein Sinn aber stand nach dem anderen.

Eine Spur davon fand er in der Beschaulichkeit des Sulpizianerklosters Issy bei Paris, dann im Dominikaner-Konvent St. Maximin-de-Provence, wo in ihm die Leidenschaft für das Wort Gottes geweckt wurde. In Salamanca studierte er Theologie und wurde 1883 zum Priester geweiht.

Erst später findet er zum für ihn Eigentlichen. Er studiert Hermeneutik und Auslegung der Bibel, dann – auf der Suche nach innovatorischen Möglichkeiten – vorderorientalische Philologie und Archäologie in Wien. Von seinen Oberen nach Jerusalem entsandt, gründet er am 15.11.1890 die »École pratique d'études bibliques«, die ganz im Sinne des kirchentreuen Antimodernismus als Zentrum zum Studium der Verteidigung der Heiligen Schrift gedacht war. Lagrange sieht die Bibel im Zentrum des Gespräches zwischen Theologie, Philosophie und Naturwissenschaften, eine Position, die sie nur behalten kann, wenn man den Mut zu neuer biblischer Grundlagenforschung im Kontext der Altorientalistik und Archäologie aufbringt.

Mit diesen »modernistischen« Gedanken legt er die Basis für die kritische Bibelwissenschaft. Der Konflikt mit der Kirche ist vorprogrammiert; mit innerer Notwendigkeit muß die Frage nach der Irrtumslosigkeit der Heiligen Schrift aufgeworfen werden.

Lagranges unablässige Forderung nach Anwendung der Historischen Methode bei der Bibelauslegung und seine Kritik an der mosaischen Verfasserschaft der »Fünf Bücher Moses« machen ihn für die Kirche zu einem ungeliebten Kind. Entsprechend stößt er bei Papst Pius X. auf eisige Ablehnung. Rom setzt seiner »École Biblique« einen Ableger des Päpstlichen Bibelinstitutes vor die Nase. Es wird ihm untersagt, seinen Genesis-Kommentar zu veröffentlichen.

Den Konflikt mit der Kirche hat Lagrange nicht gesucht, er ist ihm aber auch nicht aus dem Weg gegangen. Geschickt hat er Eskalationen vermieden, in entscheidenden Phasen seine Bitternis überwunden und mühsam Contenance bewahrt. So konnte es ihm gelingen, in der äußerst heiklen Frage der Irrtumslosigkeit der Heiligen Schrift – trotz des ihm heftig zusetzenden Pius X. – auf der Basis des Alten neue Gedanken zu entwickeln, die aus dem unheilvollen Bannkreis von »Providentissimus Deus« hinausführten und den Grundstein legten für »Divino afflante Spiritu« und für »Dei Verbum« des Zweiten Vaticanum.

Leo XIII. »Providentissimus Deus« (1893): *Alle Bücher, die die Kirche als heilig und kanonisch anerkennt, sind vollständig mit allen ihren Teilen unter Eingebung des Heiligen Geistes verfaßt. Der göttlichen Eingebung jedoch kann kein Irrtum unterlaufen. Sie schließt ihrem Wesen nach jeden Irrtum aus.*

Lagrange: *Daß die Bibel vollumfänglich unter der Inspiration des Heiligen Geistes geschrieben ist, schließt nicht aus, daß der menschliche Verfasser seine Fähigkeiten voll entfaltet. Deshalb finden sich in der Bibel nicht nur göttliche, sondern auch menschliche Gedanken, zu deren Erfassung auf historische Kritik nicht verzichtet werden darf. Eine biblische Aussage kann nur den Sinn haben, den sein Verfasser ihm geben wollte.*

Pius XII. »Divino afflante Spiritu« (1943): *Was die alten Orientalen mit ihren Worten ausdrücken wollten, läßt sich nicht durch die bloßen Regeln der Grammatik oder der Philologie oder allein aus dem Zusammenhang bestimmen; der Exeget muß sozusagen im Geiste zurückkehren in jene fernen Jahrhunderte des Orients und mit Hilfe der Geschichte, der Archäologie, der Ethnologie und anderer Wissenschaften genau bestimmen, welche literarischen Arten die Schriftsteller jener alten Zeiten anwenden wollten und in Wirklichkeit anwandten.*

Vom Alarmruf der Ärzte aufgeschreckt, kehrte der Hochbetagte heim nach St. Maximin, wo er am 10.3.1938 starb. Er arbeitete gerade an seinem 1750. Aufsatz. Am Horizont leuchtete das Morgenrot einer von Angst befreiten Bibelwissenschaft.

Lesehinweis: H. Haag, Wider die Angst vor der Freiheit: Die Geschichte des Pioniers katholischer Bibelwissenschaft Marie-Joseph Lagrange (1855-1938), in: H. Häring/K.J. Kuschel (Hg.), Gegenentwürfe, München 1988, 269-281

Heinz-Josef Fabry

Geburtstag von
Oswald von Nell-Breuning (1890-1991)

8. März

»Die Achtung, die ich außerhalb der Kirche genieße, ist unvergleichlich größer als diejenige, die ich innerhalb der Kirche genieße. Das ist aber nicht meine Schuld.« – Weder die Verleihung der Bonifatiusplakette der Deutschen Bischofskonferenz zum 90. Geburtstag, noch der Besuch des päpstlichen Nuntius zum 100. Geburtstag haben Oswald von Nell-Breuning bewegt, vom liebgewordenen Bild des kirchlichen Dissidenten Abschied zu nehmen.

Dabei ist sein kirchlicher Einfluß zweifellos groß. Der Jesuit gilt als Nestor der kirchlichen Soziallehre. Er ist Ghostwriter Pius XI. für dessen Sozialenzyklika »Quadragesimo Anno«. Er setzt sich erfolgreich für die Mitgliedschaft katholischer Arbeiter in den Gewerkschaften ein. Und bei der Würzburger Synode der katholischen Kirche trägt der Beschluß »Kirche und Arbeiterschaft« deutlich seine Handschrift, wo das Verhältnis der Kirche zu den Arbeitern als »fortwirkender Skandal« bezeichnet wird und die Kirche sich selbst zur Gewissenserforschung aufruft. Doch ungehört bleibt die näselnde Stimme mit Trierer Tonfall, wenn er die Kirche an ihre Pflichten als Arbeitnehmerin mahnt. Er geißelt es, wenn sie Tarifverträge verweigert, weil in der Kirche kein normales Arbeitsverhältnis bestehe, sondern sie pastoral-wolkig von »Dienstgemeinschaft« spricht:

Befänden Kirche und Arbeitsuchende sich in völlig gleicher Lage, dann könnte man sich ohne Schwierigkeit damit abfinden. Kirche und Arbeitsuchende gingen beide den ihnen richtig erscheinenden Weg; ihre Wege führten sie auseinander; keiner käme dem anderen in die Quere. Tatsächlich befinden die Arbeitsuchenden sich in der Lage, Arbeitsplätze finden zu müssen, *und die Kirche in der Lage, ihnen Arbeitsplätze* anzubieten. *Insoweit sind die Arbeitsuchenden die Schwächeren und ist die Kirche – unter den derzeit bei uns in der Bundesrepublik bestehenden Umständen – die Stärkere. Damit gewinnt die Sache ein neues Gesicht und stellt sich die Frage, ob die Kirche nicht gut daran täte, den bei ihr Arbeitsgelegenheit Suchenden Arbeitsplätze anzubieten von der Art, wie* diese *sie* vorstellen *und suchen.*

Er sieht klar, daß die Mehrzahl der 600 000 kirchlichen Arbeitnehmer Erwerbsarbeitsstellen sucht und keine Rollen als Repräsentanten Christi.

Der stets mit römischem Kragen gekleidete Priester erlebt an diesem Punkt, daß die Kirche sein Lebensanliegen der Versöhnung mit der Arbeiterschaft, den abhängig Beschäftigten nicht verstehen will. Sie läßt in den eigenen Einrichtungen keine Gewerkschaften zu. Sie versteht das Tarifvertragsverhältnis verkürzt, weil nur als notwendig beim Interessengegensatz von Arbeit und Kapital. Überraschend für die deutsche Beamtenkirche, daß sie die Parallelen zum öffentlichen Dienst und zu Dienstleistungsunternehmen nicht sieht, wo es sowohl Tarifverträge als auch Gewerkschaften gibt.

Bei den vielen Ehrungen im Alter spürt Nell-Breuning, daß er längst zum säkularen Heiligen der (bundes)deutschen Wirtschafts- und Sozialordnung geworden ist. Er ist zum Symbol geworden, über das von DGB über CDU bis zur Kirche alle verfügen: seines kritischen Potentials enthoben. Nur noch groß, nur noch bedeutsam – aber nicht mehr ernstgenommen.

Lesehinweis: O. von Nell-Breuning, Den Kapitalismus umbiegen. Ein Lesebuch, Düsseldorf 1990

Wilfried Köpke

9. März — *Gregorios von Nyssa (331-394)*

Im Jahr 379, nach der Teilnahme an der Synode in Antiochien, reist Gregor, Bischof des unbedeutenden Städtchens Nyssa in Kappadokien, der heutigen Zentraltürkei, in das Kloster, in dem seine ältere Schwester, Makrina, im Sterben liegt. Der ältere Bruder, der überragende Kirchenmann Basilios, ist kurz zuvor gestorben. Dessen umfassendes Wirken für das Mönchtum, für Kirche und Orthodoxie und nicht zuletzt für die Sozialfürsorge, die ihn eine ganze Stadt von Einrichtungen vor den Toren Caesareas bauen ließ, das alles war nicht die Sache des Denkers und Philosophen Gregor. Er hatte sich auf Anraten seines Freundes Gregor von Nazianz nach dem frühen Tod seiner Frau in ein Kloster zurückgezogen. Ausgebildet war er zum Rhetor, eine durchaus übliche geisteswissenschaftliche Richtung, die einen Broterwerb als Lehrer, Schriftsteller oder Gelegenheitsredner erlaubte. Bald schon hatte ihn jedoch Basilius zur Übernahme des Bischofsamts genötigt. Diese Arbeit lag ihm nicht; wegen Mißmanagement und Intrigen zwang ihn eine Synode sogar zum zeitweiligen Rücktritt von seinem Amt.

Am Krankenlager der Makrina sucht er Trost und Mitleiden in der Trauer über den Verlust des Bruders. Und es entspinnt sich – mit allen Mitteln der rhetorischen Kunst hier entfaltet – ein Dialog, der die intellektuellen Fähigkeiten der Schwester hell beleuchtet. Er nennt sie, die nur über die Schriften und eine kleine Biographie des Bruders bekannt blieb, seine Lehrerin.

Thema ist das Wesen der Seele, ihr Verhältnis zum Leib und zur Auferstehung. Auch Vorstellungen über Reinkarnation werden erörtert und deutlich zurückgewiesen. Gregor gibt aus seiner profunden Kenntnis der antiken Wissenschaft die Einwände vor, auf die Makrina mit präzisen Darlegungen antwortet.

Wer alles, was er nicht mit den Sinnen wahrnimmt, aus der Liste des Seienden streicht, der dürfte auch jener Kraft, welche das Universum regiert und trägt, das Sein nicht zuerkennen, sondern müßte, sobald er über ihre Unkörperlichkeit und Gestaltlosigkeit belehrt wird, daraus den Schluß ziehen, sie existiere überhaupt nicht. Wenn nun das Nicht-dieses-Sein keineswegs mit dem Nicht-Sein gleichbedeutend ist, wie dürfte man den menschlichen Geist aus dem Reich des Seienden deshalb verdrängen, weil ihm körperliche Eigenschaften abgesprochen werden müssen? –

Demnach, sprach ich, tauschen wir durch diese Schlußfolgerung für eine Verkehrtheit eine andere ein. Denn das Resultat unserer Erörterung geht dahin, daß wir unseren menschlichen Geist für identisch mit dem göttlichen Geist zu halten hätten, weil wir durch Aufhebung der sinnlichen Eigenschaften zur rechten Vorstellung des einen wie des anderen gelangen sollen.

Da sprach meine Lehrerin: Sage nicht, daß Gott und Seele gleich seien – denn dies wäre ein frevelhaftes Wort – sondern, wie das göttliche Wort dich unterrichtet, daß beide ähnlich sind. Denn, was nach dem Ebenbild geschaffen wurde, besitzt nur eine Ähnlichkeit mit seinem Ur- und Vorbild, wenngleich eine weitgehende: das Geistige mit dem Geistigen, das Körperlose mit dem Körperlosen; wie dieses ist es frei von Schwere und erhaben über alle Dimensionen. –

Makrina war zum Zeitpunkt diese Dialogs schwerkrank; dennoch geht offensichtlich ein wesentlicher Teil des Inhalts wirklich auf die Schwester zurück. In seiner »Vita Makrinae« versichert Gregor dem Adressaten der Schrift, sie habe trotz hohen Fiebers diese grundlegenden Fragen des Glaubens klar erörtert. Die formale Gestalt gab der Autor dem Text und orientierte sich mit der Zeichnung seiner Schwester an der weisen Diotima aus den Dialogen Platos.

Keiner hat es so wie Gregor verstanden, das griechische Denken zum Ausdruck christlicher Erfahrung zu machen. Doch hinter dem Text des scharfsichtigen Theologen steht der glaubende, grübelnde, liebende Bruder und Mensch.

Lesehinweis: Gregor von Nyssa, Der versiegelte Quell. Auslegung des Hohen Liedes (gekürzt, übers. u. eingeleitet v. H. U. von Balthasar), Einsiedeln ³1984

Thomas Sternberg

Geburtstag von Friedrich Schlegel (1772-1829)   10. März

Der siebte und jüngste Sohn der angesehenen und ehrgeizigen Familie Schlegel, deren Tradition durch hochbeamtete Pastoren, Historiker und Literaten bestimmt wurde, galt als schwer erziehbar und unzugänglich. Man gab ihn aus dem elterlichen Hause zu einem Onkel, später zum ältesten Bruder – beide Pfarrer, die für den besonderen Charakter des Jungen offenbar nicht viel Verständnis fanden. Bei seiner Rückkehr ins Elternhaus als Dreizehnjähriger schloß er sich eng an seinen nächstälteren Bruder August Wilhelm an, ohne daß er wie dieser das Hannoversche Gymnasium hätte besuchen dürfen. Aus Mißtrauen gegenüber seinem unverstandenen Temperament, das ihm teils grüblerisch, teils leichtsinnig erschien, schickte ihn der Vater in eine Banklehre, von der er sich aber bald flehentlich losbat. Als Sechzehnjähriger holte er in privatem Studium in kürzester Zeit seine gymnasiale Bildung nach, um anderthalb Jahre später die Universität zu beziehen. Die »Lesewut«, mit der er sich in die klassische wie moderne Philosophie und Literatur einarbeitete, machte ihn bald zum geschätzten Kenner und leitete seine Karriere als Literaturkritiker und -theoretiker, als Dichter und Bildungsphilosoph ein. Die Grenzen zwischen diesen Tätigkeiten wollte er selbst niemals gezogen wissen. Sein Beitrag zur Begründung der Romantik bestand gerade darin, traditionelle Einteilungen kultureller Gattungen aufzulösen in eine ganzheitliche Bewegung. So hat er in seinen autobiographischen Roman »Lucinde« alle anderen Literaturgattungen integriert. Später hat er die Vereinigung der vier Grundsphären menschlicher Bildung: Poesie, Philosophie, Moral und Religion gefordert und in seinen eigenen Schriften umzusetzen versucht. Die romantische Philosophie gilt ihm als ein Mittel, das Einzelne als ein Symbol einer lebendigen Ganzheit erscheinen zu lassen. In seinen »Ideen« schreibt er: »Ironie ist klares Bewußtsein der ewigen Agilität, des unendlich vollen Chaos« (Nr. 69).

Von diesem Standpunkt aus ergibt sich ihm auch ein neuer Zugang zum Verstehen von Texten. Gegenüber der Orientierung an Gattungsnormen und vorgegebenen Mustern heben Schlegels Literaturkritiken die individuelle Eigenart eines Werkes hervor und verfolgen den inneren Zusammenhang bis in die Details. Solches nachvollziehende Erfassen und indivuelle Bestimmen nennt Schlegel »Charakterisieren«. In seiner 1804 veröffentlichten Arbeit über Lessing äußert er sich dazu:

Nichts Leichtes ist es, die Entwicklung auch nur eines Gedankensystems und die Bildungsgeschichte auch nur eines Geistes richtig zu fassen und wohl der Mühe wert, wenn es ein origineller Geist war. Es ist nichts schwerer, als das Denken eines anderen bis in die feinere Eigentümlichkeit seines Ganzen nachkonstruieren, wahrnehmen und charakterisieren zu können .... Und doch kann man nur dann sagen, daß man ein Werk, einen Geist verstehe, wenn man den Gang und Gliederbau nachkonstruieren kann. Dieses gründliche Verstehen nun, welches, wenn es in bestimmten Worten ausgedrückt wird, Charakterisieren heißt, ist das eigentliche Geschäft und innere Wesen der Kritik.

Diesen methodischen Zugang des »individuellen Verstehens« hat Schlegel in der Literaturkritik auf einzelne Texte, aber auch auf das Werk bestimmter Autoren und auf ganze Epochen angewendet. Sie wurde die Grundlage seiner Literaturgeschichte (1812), die in geschichtsphilosophischer Sicht die europäische Literatur als Einheit, als »progressive Universalpoesie« begreift, aber auch Zugänge zur östlichen (bes. indischen) Literatur erschließt. Wilhelm Dilthey hat in Friedrich Schlegel einen der führenden Begründer dessen gesehen, was er selbst als »Geisteswissenschaft« bezeichnete. »Man wird Schlegel zugestehen müssen: er erfaßte den geistigen Grundvorgang, auf welchem die geschichtlichen Wissenschaften beruhen, wenn er (ich weiß nicht ob von Schleiermacher angeregt oder selbständig) auf die Natur des Verstehens und des Nachkonstruierens zurückging; und er erkannte das letzte Ziel, welches diesen Wissenschaften gesteckt ist, wenn er Bildungsgesetze der einzelnen Systeme der Kultur vermöge des Studiums der geschichtlichen Erscheinungen selber entdecken wollte« (Leben Schleiermachers, Berlin 1970, 354f.).

Lesehinweis: F. Schlegel, Lucinde, Frankfurt 1985

Ursula Frost

11. März — Todestag von Theodor W. Adorno (1903-1969)

Theodor Wiesengrund – der Name des zum Protestantismus konvertierten jüdischen Vaters – Adorno – der katholischen Mutter – wurde am 11. September 1903 in Frankfurt am Main geboren. Aus dem behütenden, musisch überaus aufgeschlossenen großbürgerlichen Elternhaus führten den Hochbegabten früh Wege in die avantgardistische Musikszene, in Philosophie, Soziologie und Literatur.

Erst in dem Überdruß am falschen Genuß, dem Widerwillen gegens Angebot, der Ahnung von der Unzulänglichkeit des Glücks ... würde der Gedanke von dem aufgehen, was man erfahren könnte.

Nicht so, sondern nicht so: Dieser Duktus kennzeichnet das Adornosche Denken. Die Philosophie Adornos war allerdings die erste, die ich verstanden habe. Ich bekam Brot, und nicht Steine, und vor allem nicht Pappmaché. Was hat mich sogleich, und immer wieder, für diesen philosophischen Schriftsteller eingenommen? Vielleicht Adornos so disziplinierte wie anarchische Doppelfeindschaft gegen die »Doppelfeindschaft gegen Geist und Lust«. Möglicherweise »die Höflichkeit Prousts, dem Leser die Beschämung zu ersparen, sich für gescheiter zu halten als den Autor«. Der Leser, das ist in meinem Fall die Leserin. Und wurde sie von diesem Gesellschaftstheoretiker nicht vergleichsweise wenig, weniger, verschaukelt? »Anstatt die Frauenfrage zu lösen«, so schreibt Adorno, »hat die männliche Gesellschaft ihr eigenes Prinzip so ausgedehnt, daß die Opfer die Frage gar nicht mehr zu fragen vermögen«. Nicht so, sondern nicht so. Und schon gar nicht Pappmaché.

Brot ist die Adornosche Philosophie nicht zuletzt, wo sie hungrig läßt, oder vielmehr, wo sie – ernüchternd, unwiderstehlich schön, gewitzt, naiv, schmerzhaft, gewissenlos, gewissenhaft, schlagend, befreiend, selbstverständlich ... die eigene, unsere hoffnungslose und hartnäckige Vergiftung, Unterernährung, Fehlernährung lehrt.

Initiiert von seinem Freund und Mentor, dem Frankfurter Soziologen und Philosophen Siegfried Kracauer, inspiriert von der Erfahrung der neuen Musik der Schönbergschule und unter dem Eindruck der philosophischen Neutöner Georg Lukacs, Ernst Bloch und Walter Benjamin unternimmt Adorno in den 20er Jahren, zunächst in der Musiktheorie, dann in der Philosophie, erste eigene Versuche historisch-materialistischer Konkretion zentraler jüdisch-christlicher, theologischer Motive – der Hoffnung, der Rettung und Versöhnung.

Gemeinsam mit Max Horkheimer, dem wie Adorno 1933 von den Nationalsozialisten in die Emigration gezwungenen Frankfurter Philosophen und Leiter des Instituts für Sozialforschung, verfaßte Adorno in den USA, in den letzten Jahren des Weltkrieges und der nationalsozialistischen Schreckensherrschaft, »Philosophische Fragmente« zur »Dialektik der Aufklärung«.

Ihre Einsichten in den schwindelerregenden Preis des »Fortschritts«, in die Verschlingung aufklärerischer Rationalität mit Herrschaft über innere und äußere Natur und in die Verzahnung von Rationalität der Selbsterhaltung mit Gewalt gegen das Nicht-Identische, andere, machten Horkheimer und Adorno zur Annäherung an das Unfaßliche, das Grauen des blinden Antisemitismus fruchtbar: Die mißlungene Aufklärung enthüllt das Unmaß ihres Mißlingens und ihrer Destruktivität, wo eine Minorität – im Antisemitismus die jüdische – als Projektionsfläche für Haß- und Sehnsuchtsbilder unangepaßter Natur wie unangepaßten Geistes maßlos ge- und mißbraucht wird.

In den frühen 50er Jahren kehrten Adorno und Horkheimer nach Deutschland zurück. Bis zu seinem Tod am 5. August 1969 lehrte Theodor W. Adorno in Frankfurt Philosophie.

Lesehinweis: Th.W. Adorno, Minima Moralia: Reflexionen aus dem beschädigten Leben, Frankfurt/Main 1980

Susanne Sandherr

Geburtstag von Paul Gerhardt (1607-1676) — 12. März

Wer kennt nicht die berühmten Lieder Paul Gerhardts wie »Befiehl du deine Wege«, »Die güldne Sonne«, »Geh aus mein Herz« oder »Du meine Seele singe«? In einer Zeit der Umbrüche (30jähriger Krieg, Beginn der Aufklärung und des Absolutismus, aufstrebendes Preußen) hat er Glaubenserfahrungen exemplarisch verdichtet, die bis heute Trost spenden. Aber auch vom Westfälischen Frieden 1648 zum Beispiel konnte er ein Lied singen:

1. *GOtt Lob! Nun ist erschollen*
   Das edle Fried- und Freudenwort,
   Daß nunmehr ruhen soll
   Die Spieß und Schwerter und ihr Mord.
   Wohlauf und nimm nun wieder
   Dein Saitenspiel hervor,
   O Deutschland, und sing Lieder
   Im hohen, vollen Chor.
   Erhebe dein Gemüte
   und danke GOtt und sprich:
   HErr, deine Gnad und Güte
   Bleibt dennoch ewiglich.

2. *Wir haben nichts verdienet*
   Als schwere Straf und großen Zorn,
   Weil stets noch bei uns grünet
   Der freche, schnöde Sündendorn.
   Wir seind führwahr geschlagen
   Mit harter, scharfer Rut,
   Und dennoch muß man fragen:
   Wer ist, der Buße tut?
   Wir sind und bleiben böse,
   GOtt ist und bleibet treu,
   Hilft, daß sich bei uns löse
   Der Krieg und sein Geschrei.

3. *Sei tausendmal willkommen,*
   Du teure, werte Friedensgab!
   Jetzt sehn wir, was vor Frommen
   Dein Bei-uns-Wohnen in sich hab.
   In dir hat GOtt versenket
   All unser Glück und Heil;
   Wer dich betrübt und kränket,
   Der drückt ihm selbst den Pfeil
   Des Herzleids in das Herze
   Und löscht aus Unverstand
   Die güldne Freudenkerze
   Mit seiner eignen Hand.

4. *Das drückt uns niemand besser*
   In unsre Seel und Herz hinein
   Als ihr zerstörten Schlösser
   Und Städte voller Schutt und Stein;
   Ihr vormals schönen Felder
   Mit frischer Saat bestreut,
   Itzt aber lauter Wälder
   Und dürre, wüste Heid;
   Ihr Gräber voller Leichen
   Und tapfren Heldenschweiß
   Der Helden, derer gleichen
   Auf Erden man nicht weiß.

Paul Gerhardts bewegtes Leben läßt sich nur ahnen. Sein Familienbesitz geht während des Großen Krieges in Flammen auf. Erst mit 44 Jahren heiratet er; seine Frau stirbt schon nach 13 Jahren Ehe; nur eines seiner fünf Kinder überlebt ihn. Seine produktivste Zeit als geschätzter Dichter des Bürgertums verlebt er in Berlin 1642-1651 und 1657-1669. Ab 1662 gerät der streng-orthodoxe Lutheraner Gerhardt in Konflikt mit der staatlichen Religionspolitik, die Toleranz zwischen Reformierten und Lutheranern verordnete. 1667 verzichtet er auf sein Pfarramt, weil er den staatlichen Eingriff in religiöse Dinge mit seinem Gewissen nicht vereinbaren kann.

Die zunehmend starr werdende lutherische Orthodoxie mildert Gerhardt durch seine Dichtungen mit Wärme lebensnaher Frömmigkeit. In seinen Liedern tritt das repräsentative, das exemplarische Ich der Glaubenden in den Vordergrund. Gerhardt integriert die Sprache der Mystik in das Luthertum, ohne dabei die Differenz zwischen Gott und Glaubenden in einer »unio mystica« verschwimmen zu lassen. Trotz seiner eigenen konfessionalistischen Einstellung sind seine Lieder ökumenisch, denn sie stellen Frömmigkeitserfahrungen dar, die jenseits dogmatischer Festlegung für Christen aller Konfessionen nachvollziehbar sind: »*Dem Herren must du trauen, Wann dirs sol wolergehn, Auf sein Werck must du schauen, Wann dein Werck sol bestehn.*«

Lesehinweis: P. Gerhardt, Geistliche Lieder, Stuttgart 1991 (RUB 1741)

Harald Schroeter

13. März — Todestag von Bruno Bettelheim (1903-1990)

Auf dem Foto, das ich vor mir liegen habe, sieht Bruno Bettelheim keineswegs wie der gütige, einfühlsame alte Mann aus, den man aus seinen Texten reden hört; aus dunkelgeränderter Brille blickt er mich eindringlich an; der Mund ist halb geöffnet und scheint im Schrei erstarrt. Was hat diesen Menschen so gezeichnet?

Als Sohn einer jüdischen Familie in Wien aufgewachsen, beginnt er schon mit 14 Jahren, sich für die Psychoanalyse Sigmund Freuds zu interessieren. Er studiert Philosophie und Psychologie in Wien, unterzieht sich einer Lehranalyse und beginnt an einer Erziehungsanstalt für sozial geschädigte Kinder zu arbeiten. Gemeinsam mit seiner Frau nimmt er ein autistisches Mädchen in seinem Hause auf, um es zu therapieren.

Bettelheim wird nach dem »Anschluß« Österreichs 1938 sofort verhaftet und gemeinsam mit 800 Juden nach Dachau verschleppt, später nach Buchenwald verlegt. Obgleich er selbst schwer mißhandelt und zu Zwangsarbeit verurteilt wurde, gelingt es ihm, Herr seiner selbst zu bleiben, indem er die Verhaltensweisen der Mitgefangenen und der Täter beobachtet und zu begreifen versucht. Mit Hilfe der Eltern des autistischen Kindes gelingt es seiner Frau in den USA nach einem Jahr, seine Entlassung aus dem Konzentrationslager und die Emigration zu erwirken. Dort übernimmt er an der Universität von Chicago einen Lehrauftrag für Psychologie, Kunstgeschichte und Ästhetik. Von 1943 an arbeitet er mit psychisch schwerst gestörten Kindern und Jugendlichen in der Sonia Shankman Orthogenic School in Chicago, deren Leiter er bis 1973 ist. Danach setzt er bis zuletzt seine Studien fort: über Kinder in Schulklassen, über Lesen und Leseunterricht, über Kinder und Museen, Fernsehen, Kino, Literatur, Psychotherapie, Pädagogik, Märchen und schreibt »Über Kinder und mich selbst«. Erst als er wegen der Folgen eines Schlaganfalls in einem Pflegeheim lebt, verlassen ihn seine Kräfte. Er nimmt sich, 86jährig, das Leben.

Da die Tatsachen unzureichend sind, die über unsere Vergangenheit zur Verfügung stehen, weil die Zukunft unerforschlich ist und die Gegenwart zu verwirrend, braucht der Mensch die Bestärkung, die Mythen und vor allem die Religion zu bieten pflegten: Er braucht die Überzeugung, daß die Gesellschaft ihn und seine Arbeit überdauern und auf diese Weise seine allzu begrenzte Existenz transzendieren und sie über seine Lebenszeit hinaus ausdehnen wird. Mit einer solchen Überzeugung werden wir nicht aus Angst vor dem Tod zittern müssen, denn er ist nicht das Ende von allem.

Mehr als 30 Jahre seines Lebens hat Bettelheim psychotische Kinder und Jugendliche behandelt, die in äußerster Isolation lebten, verschlossen und aggressiv waren. »Milieutherapie« hat er die von ihm gefundene Form der Rehabilitation autistischer Kinder genannt. Dahinter verbirgt sich eine äußerst schwierige Arbeit in größter persönlicher Hingabe an Kinder in Extremsituationen, getragen von einem Mitgefühl, das aus der eigenen schmerzlichen Erfahrung kommt. »Wie so oft bei psychologischen Dingen bestimmen letztlich ganz persönliche Angelegenheiten die theoretischen Positionen, etwas, das der Psychoanalytiker als erster erkennen sollte.« Seine Überzeugungen sind nur teilweise als sein jüdisches Erbe zu charakterisieren: das Mitgefühl für andere, Verantwortungsbewußtsein, soziales und gemeinschaftliches Engagement in der Tradition der Aufklärung. Für ihn ist die Wissenschaft der Psychoanalyse in ihrer Anwendung auf menschliche Probleme zu einer »der besten Hoffnungen für die Zukunft der Menschheit« geworden; darüber schreibt Bettelheim und erzählt in immer neuen und aktuellen Facetten Geschichten, Essays, Fallstudien. Seine Wissenschaft kommt nicht in dürren Abstraktionen und nicht in biederem Beratungston einher, sondern in Geschichten. Für ihn ist die Wirklichkeit nicht Folie zur Überprüfung vorgefaßter Theorien über sie, sondern vielfach gebrochener Anlaß, Gegenstand und Grund zum Nachdenken. Weil Bettelheim persönlich beteiligt schreibt, kann er Leser und Zuhörer beteiligen.

»Jedem Menschen ist ein eigenes Leben, so problematisch es sein mag, lieber als ein Leben, das für ihn zurechtgemacht wird, sofern er sich zutraut, daß er letztlich seine Schwierigkeiten meistern wird.«

Lesehinweis: B. Bettelheim, Der Weg aus dem Labyrinth. Leben lernen als Therapie, München 1989 (dtv 15051)

Dietlind Fischer

Todestag von Karl Marx (1818-1883) 14. März

Marx ist der erste, der ausschließlich von der proletarischen Existenz her gedacht hat. Er studiert das bürgerliche Denken bei Hegel, dem letzten großen Systematiker des deutschen Idealismus, und er hat doch mit seiner eigenen Betrachtungsweise die bürgerliche Welt aus den Angeln gehoben. Von der Perspektivlosigkeit der Industriearbeiter ausgehend die Gesellschaft zu analysieren und zu beurteilen, ist sein Lebenswagnis: Marx gewinnt diesen Lebensinhalt durch Gleichsetzung mit denen, die Opfer sind. Dabei geht es nicht nur um einen Akt der Vorstellungskraft oder der intellektuellen Redlichkeit, sondern um den der Solidarisierung. Walter Dirks sieht dafür »jene Liebe gefordert, die ein Loslassen, ein Aufgeben des eigenen Ich bedeutet, ja ein Opfer seiner selbst«.

Marx stammt aus einer für die Geschichte des Judentums bedeutsamen Familie, sein Vater ist Rechtsanwalt, seine Braut kommt aus dem Großbürgertum. Hatte er nicht eine glänzende Zukunft vor sich? Der gebildete Bürgersohn hat sich derart konsequent mit der Lebenlage der Arbeiterklasse identifiziert, daß er nicht einen der gängigen Kompromisse zwischen Bürgertum und Proletariat eingehen und leben konnte. Den Arbeitern hat er so gezeigt, ihre Situation zu durchschauen; er hat ihnen zu einer Bindung untereinander und dazu verholfen, zu einer gesellschaftlichen Bewegung zu wachsen.

An Hegel kritisiert Marx, dieser wolle die Konsequenzen der neuzeitlichen Differenzierung von bürgerlicher Gesellschaft und Staat nicht wahrhaben. Im modernen Staat sei zwar eine politische, nicht dagegen eine allgemein menschliche und ökonomische Emanzipation möglich. Mit der industriellen Aufwertung der Sachenwelt wachse aber die Entwertung der Menschenwelt. Weil die Wirtschaft auf dem Privateigentum beruhe, treten den Arbeitenden die Produkte ihrer Arbeit als eine von ihnen unabhängige Macht gegenüber. Und je mehr die Arbeiter produzierten, um so mächtiger werde die fremde von ihnen geschaffene Welt der Fabriken und der Produkte, um so ärmer werde ihre innere Welt, weil die Arbeit nicht ein Ausdruck ihres eigenen Wesens sei.

Dieser Entfremdung von den Produkten, von der eigenen Tätigkeit, vom eigenen Wesen, von der Natur und in den zwischenmenschlichen Beziehungen stellt Marx das Strukturprinzip der bewußten Lebenstätigkeit gegenüber, das eine menschlichere Gesellschaft begründet:

Gesetzt, wir hätten als Menschen produziert: Jeder von uns hätte in seiner Produktion sich selbst und den anderen doppelt bejaht: Ich hätte 1. in meiner Produktion meine Individualität, ihre Eigentümlichkeit vergegenständlicht und daher sowohl während der Tätigkeit eine individuelle Lebensäußerung genossen, als im Anschauen des Gegenstandes die individuelle Freude, meine Persönlichkeit als gegenständliche, sinnlich anschaubare und darum über allen Zweifeln erhabene Macht zu wissen. 2. In deinem Genuß oder Gebrauch meines Produktes hätte ich unmittelbar den Genuß, sowohl des Bewußtseins, in meiner Arbeit ein menschliches Bedürfnis befriedigt, als das menschliche Wesen vergegenständlicht und daher dem Bedürfnis eines andren menschlichen Wesens seinen entsprechenden Gegenstand verschafft zu haben, 3. für dich der Mittler zwischen dir und der Gattung gewesen zu sein, also von dir selbst als eine Ergänzung deines eigenen Wesens und als ein notwendiger Teil deiner selbst gewußt und empfunden zu werden, also sowohl in deinem Denken wie in deiner Liebe mich bestätigt zu wissen, 4. in meiner individuellen Lebensäußerung geschaffen zu haben, also in meiner individuellen Tätigkeit unmittelbar mein wahres Wesen, mein menschliches, mein Gemeinwesen bestätigt und verwirklicht zu haben.

Unsere Produktionen wären ebenso viele Spiegel, woraus unser Wesen sich entgegenleuchtet.

Die Tatsache, daß Marx sein Leben im Exil verbringen mußte, zeigt, wie er mit seiner Person und seiner Familie für sein Denken eingestanden ist. Allerdings hat er, aus diesem persönlichen Engagement, seine Theorie nicht eigens gegenüber Zugriffen von seiten der politischen Macht abgesichert.

Christen könnten sich aber nur mit Beschämung damit abfinden, so Oswald von Nell-Breuning, daß die kapitalistische Klassengesellschaft nicht von einem Sozialwissenschaftler aus christlichem Gerechtigkeits- und Wahrheitssinn entlarvt wurde. Die christliche Soziallehre habe im weltanschaulichen Kampf bis 1931 übersehen, daß Marx seine Gesellschaftsanalyse aus einem humanitären Ethos entwickelt hat und Christen ihm wichtige Erkenntnisse zu verdanken haben.

Lesehinweis: O. v. Nell-Breuning, Auseinandersetzung mit Karl Marx, München 1967   *Werner Krämer*

15. März Todestag von Klemens Maria Hofbauer (1751-1820)

Johannes Hofbauer, 1751 als neuntes von zwölf Kindern eines Fleischhauers in Taßnitz bei Znaim (Südmähren) geboren, wird als dreiunddreißigjähriger Priesteramtskandidat des Wiener Seminars in Rom in den 1732 von Alfons von Liguori gegründeten Redemptoristenorden aufgenommen. Vorher war er Bäckergeselle in Znaim und Wien, Einsiedler in Tivoli bei Rom (als solcher nimmt er den Namen Klemens an) und in seiner mährischen Heimat Bediensteter des Abtes von Klosterbruck gewesen. Schon zwei Jahre später wird er mit einem Freund nach Wien zurückgeschickt, um Niederlassungen des Ordens nördlich der Alpen zu gründen. Seither treiben ihn zwei Leidenschaften mit dem sprichwörtlich gewordenen »furor hofbauerianus«: die Ausbreitung des Ordens und die Rettung der »Seelen« aus den Gefahren der Aufklärung und des josephinischen Staatskirchentums in die alleinseligmachende römisch-katholische Kirche.

Er gewinnt zahlreiche Mitglieder für den Orden, aber alle Versuche der Gründung von Ordenshäusern (in der Schweiz, in Bayern, in Kurland, in Polen) scheitern. Am längsten, gut zwanzig Jahre, wirkt er in Warschau, St. Benno, wohin er eigentlich gar nicht wollte. Aber auch von dort unternimmt er lange Reisen in (vergeblichen) Angelegenheiten von Neugründungen. Seine Briefe spiegeln fast ausschließlich die ständige Sorge um Geld, kirchliche und staatliche Genehmigungen, Kandidaten usw.

1808 von den Franzosen aus Warschau vertrieben, kommt er nach Wien und widmet sich bis zu seinem Tod (1820) seiner zweiten Leidenschaft. Im Kreise der Romantiker (Brüder Schlegel, Adam Müller, Eichendorff, Körner, Brentano, Zacharias Werner, Klinghoffström) findet er Gleichgesinnte. Unermüdlich ist sein seelsorglicher Eifer der »Rekatholisierung« in Predigten und tage- und nächtelangen Gesprächen mit Studenten. Selbst von der rom- und jesuitenfeindlichen Beamtenschaft verdächtigt und bespitzelt, verführt ihn seine »katholische Nase« (Hofbauer über Hofbauer) seinerseits dazu, oft unbegründet den rechten katholischen Glauben anderer in Zweifel zu ziehen. Deutlich zeigt sich seine Geisteshaltung in dem Fehlurteil über den gleichaltrigen toleranteren, gesprächsbereiteren, der Philosophie seiner Zeit gegenüber aufgeschlosseneren Johann Michael Sailer in einem Gutachten anläßlich von dessen Bischofskandidatur (Augsburg oder Regensburg):

Es ist wahr: in Landshut, wo alle sich gegen Christus erklärt hatten, waren es allein Sailer und wenige andere, die den Mut hatten, offen von Christus zu sprechen. Er ist ein Christ, aber, so viel ich weiß, will er von einer bestimmten Form des Christentums (der scholastischen Theologie, d.Vf.) nichts wissen ... Ich weiß bestimmt, Sailer hat gesagt, die Kirche habe kein Monopol auf den Heiligen Geist, der ebenso in denen wirke, die zur heiligen Kirche gehören, wie in jenen, die draußen sind, wenn sie nur an Christus glauben ... Es ist außer allem Zweifel, daß er über die Maßen dem Mystizismus ergeben ist ... Die Briefe der Sailerschüler enthalten nichts anderes als Liebe: aber diese Liebe kam mir so kalt vor, daß sie mich anekelte, nachdem ich ein paar solcher Briefe gelesen hatte. Zuweilen reden sie von der Kirche, aber ich weiß nicht, was für eine Kirche sie meinen ... Man weiß, daß Sailer den berühmten Stark (katholisierender evangelischer Oberhofprediger in Darmstadt, d.Vf.) und andere davon abgehalten hat, katholisch zu werden ... Dies schreibe ich nach meinem Gewissen. Er hat mich nie beleidigt, im Gegenteil: er hat stets meine Freundschaft gesucht.

Im Gedächtnis Wiens, zu dessen zweitem Stadtpatron der 1909 Heiliggesprochene 1914 erhoben wurde, bleibt Klemens Maria Hofbauer als selbst armer Wohltäter der Armen, als erweckender Prediger, als unermüdlicher Beichtvater, als liebevoller Helfer in geistigen und geistlichen Nöten. Was tut es angesichts dessen, daß er in seiner ultramontanen Einstellung ein Kind seiner Zeit war?

Lesehinweis: J. Donner/J. Steinle (Hg.), Nur Mut, Gott lenkt alles. Klemens Maria Hofbauer in seinen Briefen, München 1984

Wolfgang Langer

Geburtstag von Clemens August Graf von Galen (1879-1946)

16. März

In den Nächten vom 6. – 10. Juli und 15. Juli 1941 wurde die Stadt Münster bombardiert. Viele Häuser wurden zerstört; die Menschen flüchteten in Scharen aufs Land. Die allgemeine Panik nutzten NSDAP und Gestapo, um zwei Maßnahmen durchzuführen, die sie seit langem vorbereitet hatten: die Enteignung von Ordensbesitz, die mit der Vertreibung der Ordensleute aus den Klöstern einherging, und die Durchführung der sogenannten Euthanasie an den Geisteskranken. Häufig hat die Kirche im Dritten Reich zu Verbrechen wie diesen geschwiegen oder den – in der Regel sinnlosen – Versuch unternommen, durch schriftliche Eingaben auf die Regierung einzuwirken. Clemens August Graf von Galen, Bischof von Münster, beschritt einen anderen Weg: In drei Predigten, die er an aufeinanderfolgenden Sonntagen von den Kanzeln der Lamberti- und der Überwasserkirche verlas, erhob er öffentliche Anklage gegen die Verantwortlichen in der Regierung. Die Textvorlagen dieser Predigten wurden auf geheimen Wegen weitergeleitet, erlangten bald internationale Verbreitung und machten von Galen als den »Löwen von Münster« weltberühmt. Für das Selbstverständnis des deutschen Widerstands waren sie von nicht zu überschätzender Bedeutung. Sätze wie die folgenden – aus der Predigt vom 3. August, in der von Galen mit dem Verweis auf das fünfte Gebot den unbedingten Schutz des Lebens einklagte – wurden von der nationalsozialistischen Regierung als der seit Jahren schärfste Angriff gegen die Staatsführung bewertet:

So müssen wir damit rechnen, daß die armen, wehrlosen Kranken über kurz oder lang umgebracht werden ... Man urteilt: sie können nicht mehr Güter produzieren, sie sind wie eine alte Maschine, die nicht mehr läuft, sie sind wie ein altes Pferd, das unheilbar lahm geworden ist, sie sind wie eine Kuh, die nicht mehr Milch gibt ... Wenn einmal zugegeben wird, daß Menschen das Recht haben, »unproduktive« Mitmenschen zu töten – und wenn es jetzt zunächst auch nur arme wehrlose Geisteskranke trifft –, dann ist grundsätzlich der Mord an uns allen, wenn wir alt und altersschwach sind und damit unproduktiv werden, freigegeben. Dann braucht nur irgendein Geheimerlaß anzuordnen, daß das bei Geisteskranken erprobte Verfahren auch auf andere »Unproduktive« auszudehnen ist, daß es auch bei unheilbar Lungenkranken, bei den Altersschwachen, bei den Altersinvaliden, bei den schwer kriegsverletzten Soldaten anzuwenden sei. Dann ist keiner von uns seines Lebens mehr sicher. Irgendeine Kommission kann ihn auf die Liste der »Unproduktiven« setzen, die nach ihrem Urteil »lebensunwert« geworden sind. Und keine Polizei wird ihn schützen, und kein Gericht wird seine Ermordung ahnden und den Mörder der verdienten Strafe übergeben.

Bei der Abfassung der drei Predigten war von Galen bewußt, daß er sich damit in Lebensgefahr begab. Obwohl viele Parteimitglieder seine sofortige Hinrichtung forderten, schreckte die Regierungsspitze vor einem Schlag gegen den Bischof zurück, da sie von Galens Rückhalt in der Bevölkerung fürchtete. Denn Clemens August Graf von Galen war ein »Volksbischof«, der seine Beliebtheit der Tatsache verdankte, daß er – trotz Herkunft aus dem Landadel und konservativ-patriarchalischer Denkungsart – nie seine Verantwortung für die Menschen in seiner Diözese aus den Augen verlor. Als Anerkennung für seinen mutigen Einsatz wurde von Galen im Dezember 1945 zum Kardinal ernannt. Nur drei Monate später, am 22.3.1946, starb er an den Folgen einer Bauchfellentzündung.

Seine Predigten beweisen, daß es durchaus Möglichkeiten gab, christlichen Protest gegenüber der Politik des Dritten Reichs offen zu artikulieren, und daß das Schweigen großer Teile der Kirche angesichts der Untaten des NS-Regimes nicht zu rechtfertigen ist. Über ihre Zeitgebundenheit hinaus stellen sie eine beständige Mahnung für jeden Christen dar, gegenüber dem Unrecht in totalitären Staaten nicht die Augen zu verschließen, sondern es – notfalls unter Einsatz des eigenen Lebens – zu bekämpfen.

Lesehinweis: M. Bierbaum, Nicht Lob nicht Furcht. Das Leben des Kardinals von Galen, Münster [9]1984

Guido Bee

17. März — *Irenäus von Lyon (gest. ca. 202)*

Auf die mangelhafte Kunstfertigkeit einer Rede im Prolog hinzuweisen, ist ein rhetorischer Topos, der als Understatement Rang und Reiz der tatsächlichen Leistung steigern soll. Für Irenäus, zunächst als Presbyter von der Türkei aus in den Westen nach Lyon gekommen, waren es nicht allein Bescheidenheitsfloskeln, wenn er mit solchen Bemerkungen die Vorrede zu seinem Hauptwerk »Adversus Haereses« beschließt. Er war Schüler Bischofs und Märtyrers Polykarp von Smyrna gewesen, eher Theologe als Rhetor. Und nun findet er sich in einer Umgebung, in der nur die Oberschicht romanisiert ist; in den Städten, den Garnisonen und Latifundien. Das einfache Volk spricht die alten Sprachen und Dialekte; auch dort wird missioniert. Die Christen scheinen vor allem wie ihr Bischof aus dem schon weitgehend christianisierten Osten gekommen zu sein und sprechen Griechisch. Zwischen 180 und 185 schreibt Irenäus an diesem Werk, das ihn, obschon fast nur in lateinischen und syrischen Übersetzungen erhalten, bis heute berühmt gemacht hat.

Verlang aber bitte nicht von mir die Kunst der Rede; ich habe sie nicht gelernt, sondern ich lebe unter den Kelten und bin die meiste Zeit mit der barbarischen Sprache beschäftigt. Und auch nicht das Können eines Schriftstellers; ich bin darin nicht ausgebildet. Auch nicht schöne Redewendungen und Überzeugungskunst, worauf ich mich nicht verstehe. Sondern was ich dir in aller Schlichtheit, Wahrhaftigkeit und Ungeschicklichkeit aus Liebe schreibe, das nimm du aus Liebe an und vermehre es von dir aus. Darin bist du begabter als ich. Du bekommst von mir sozusagen Samen und Anfangswissen, und in der Weite deines Denkens läßt du aus den wenigen Mitteilungen, die du von mir hast, viel fruchtbares Wissen werden, und du schilderst denen, die bei dir sind, sehr wirkungsvoll. was ich dir unzulänglich berichte. Weil es schon immer dein Wunsch war, die Ansichten dieser Leute kennenzulernen, habe ich meinen Ehrgeiz darein gesetzt, sie dir nicht nur deutlich zu beschreiben, sondern auch das nötige Rüstzeug zum Nachweis zu liefern, daß sie falsch sind. So wirst du dann deinerseits mit der Gnade, die der Herr dir geschenkt hat, dasselbe für die anderen tun, damit in Zukunft kein Mensch mehr von ihrer Überzeugungskunst mitgerissen wird.

Der eigentliche Titel des Buches lautet: »Entlarvung und Widerlegung der falschen Gnosis«. Es ist als Antwort auf die Frage eines ungenannten Freundes nach dem gnostischen System der Valentinianer angelegt und spricht so den Leser unmittelbar an. Dieser Text verschafft uns bis heute die meisten Informationen über Bewegungen, die unter dem Sammelbegriff »Gnosis« verbreitet waren. Es geht Irenäus um mehr als dogmatische Fixierungen. Menschen aller Schichten wurden in den Zeiten des sich vergrößernden Imperiums, der offenen Grenzen mit Kulturen, Religionen und Lehrern konfrontiert, die fremdartig und interessant, exotisch oder geheimnisvoll, eine Befriedigung religiöser Bedürfnisse versprachen. Sekten, Kulte und Synkretismen entstanden allenthalben in mehr oder weniger abgeschotteten Zirkeln. Und darunter eine Bewegung, die wie die noch ungefestigte christliche Lehre Befreiung und Erleuchtung versprach. Teilhabe an esoterischem Wissen über Gott, Mensch und Welt zu verheißen, sicherte die gespannte Aufmerksamkeit einer in ihren religiös-philosophischen Grundlagen verunsicherten Welt. Nicht diffuse Ablehnung und ängstliche Abwehr ist der Rat des Bischofs an seine Leser, sondern sorgfältiges Kennenlernen und der intellektuelle Nachweis des gnostischen Irrtums und der Überlegenheit des christlichen Glaubens.

Lesehinweis: I. von Lyon, Darlegung der apostolischen Verkündigung. Gegen die Häresien, griech./lat./dt. (hrsg. und eingel. v. N. Brox), Freiburg-Basel-Wien 1993 (Fontes christiani 8/1)

Thomas Sternberg

Kirchlicher Gedenktag von Kyrillos von Jerusalem (313-387)

18. März

Die 24 von Cyrill erhaltenen Katechesen dürfen zu den religionspädagogischen Klassikern der alten Kirche gezählt werden. Cyrill wird wohl erst unlängst zum Bischof von Jerusalem gewählt worden sein, als er sie um das Jahr 348 vortrug. Die in einer Kirche (teilweise der gerade errichteten Grabeskirche) versammelt zu denkenden Zuhörer sind Taufbewerber, die bereits eine längere Zeit des Katechumenats hinter sich haben und sich in den vierzig Tagen der Fastenzeit nun durch dieses geistliche Exerzitium darauf vorbereiten, in der Osternacht die Sakramente zu empfangen (zusammen mit der Taufe wurden auch Firmung und Eucharistie gespendet). Die in dieser Situation liegende Spannung, die Konzentration auf das große, lang erwartete Ereignis, lädt die Katechesen förmlich auf und wird von Cyrill in immer neuen Bildern beschworen und angefacht: »Bereits weht euch, ihr Täuflinge, der Duft der Seligkeit entgegen. Bereits sammelt ihr geistige Blüten zu himmlischen Kränzen. Bereits steht ihr im Vorhof des Palastes.« Jetzt gilt es, sich bereitzumachen und sich – bildlich gesprochen – um jenes »hochzeitliche Gewand« zu bemühen, das die Voraussetzung für einen würdigen Empfang der Taufe ist: »Strengen wir den Geist an, spannen wir die Seele an, bereiten wir das Herz!«. Und zur nötigen Vorbereitung gehört eben auch eine Einführung in die den Täuflingen bis dahin noch vorenthaltenen Geheimnisse des Glaubens; diese stehen im Zentrum der Katechesen und werden am Leitfaden des Glaubensbekenntnisses erläutert. Bei seinen, wie der unbekannte Verfasser der Mitschriften hervorhebt, »frei« vorgetragenen Überlegungen zu den verschiedenen Glaubensartikeln, zeigt Cyrill eine souveräne Vertrautheit mit der Schrift und eine bemerkenswerte Beredsamkeit. Immer wieder findet er eingängige Bilder und plastische Vergleiche, um seine Zuhörer zu packen. In den schönsten Passagen gewinnt seine Rede geradezu poetischen Glanz:

Dulde keinen, der sagt, unser Körper habe mit Gott nichts zu tun! Wer glaubt, der Körper habe mit Gott nichts zu schaffen und die Seele wohne in einem Gefäße, das nicht zu ihr passe, der bedient sich gern des Körpers zur Unzucht. Doch was haben sie an diesem bewundernswerten Körper auszusetzen? Was mangelt ihm an Schönheit? Was ist nicht kunstvoll an seinem Bau? Hätten Sie nicht auf die Augen und ihre glanzvolle Einrichtung achten sollen? Auf die Ohren, welche, schräg vorstehend, den Schall ungehindert aufnehmen? Auf die Nase und ihr Aus- und Einatmen? Auf die zweifache Funktion der Zunge, welche dem Geschmacke und der Rede dient? Auf die im Verborgenen ruhende Lunge, die ständig tätige Luftpumpe? Wer hat dem Herz den ständigen Pulsschlag gegeben? Wer hat so viele Venen und Arterien zugeteilt? Wessen Weisheit hat die Knochen und Sehnen verbunden? Wer vereinigt den einen Teil der Nahrungsmittel mit dem Kröper und scheidet den anderen schamhaft aus? Wer hat die Glieder der Scham an schamhaften Stellen verborgen? Wer hat die (an sich) vergängliche menschliche Natur durch einfache Vereinigung unvergänglich gemacht?

Ein wunderbarer Hymnus auf den menschlichen Körper und seinen Schöpfer – zumal in einer Epoche, in der Religiosität und Leibfeindlichkeit vielfach Hand in Hand gehen, wie zum Beispiel im Manichäismus oder in der Gnosis. Leider konnte Cyrill seiner fruchtbaren katechetischen Tätigkeit in Jerusalem nicht mehr lange nachgehen. Ein tiefgreifendes Zerwürfnis mit dem Metropoliten von Cäsarea zwingt ihn, für lange Jahre ins Exil zu gehen. Erst 378 kann er endgültig nach Jerusalem zurückkehren, wo er 387 stirbt.

Lesehinweis: Des heiligen Cyrillus, Bischofs von Jerusalem, Katechesen (aus dem Griech. übers. v. Ph. Häuser), München 1922 (Bibliothek der Kirchenväter, Bd. 41)

Rudolf Englert

19. März — Möglicher Todestag von Anne Frank (1929-1945)

Anne Frank wurde zum wohl bekanntesten Symbol für die ermordeten Jüdinnen und Juden des Zweiten Weltkrieges. Zwei Jahre lang hielt sich die Familie Frank mit einer befreundeten anderen Familie in einem Versteck der Amsterdamer Innenstadt vor den Nazibesetzern verborgen. In dieser Zeit schrieb Anne ihr weltberühmt gewordenes Tagebuch. Mit der Veröffentlichung und Verbreitung über die ganze Welt erfüllte sich posthum ihr Traum, den sie so oft in diesem Tagebuch beschworen hatte: eine berühmte Schriftstellerin zu werden. Aber so, wie sie es gewollt hätte? Und wird das ihrem Schicksal gerecht?

Annes Einstellung zum Schreiben entwickelte sich erst. Zunächst vertrat Kitty, ihr Tagebuch, die Stelle der fehlenden Freundin, der sie schreibend anvertraute, was sie Mutter, Vater und Schwester nicht erzählen konnte. 1943 begann sie kleinere Geschichten und Erinnerungen an ihre Schulzeit aufzuschreiben sowie Begebenheiten aus dem Hinterhaus aus dem Tagebuch zu übernehmen, um alles in einem gesonderten Geschichtenbuch zu sammeln. Für Anne wird das Schreiben zur Notwendigkeit, trotz beengtestem Raum die Welt entdecken zu können, trotz ihres Gefängnisses frei sein zu können. Auf einen Radioaufruf zur Sammlung von Kriegstagebüchern und Briefen hin beschließt sie, nach dem Krieg ihr Tagebuch als Roman mit dem Titel »Das Hinterhaus« herauszugeben und beginnt zu diesem Zweck, eine überarbeitete Tagebuchfassung zu erstellen. Die Geschichten aus dem Jahr 1944 haben jetzt autobiographische Züge; sie verraten ein großes Gerechtigkeitsempfinden und viel Gefühl für Zärtlichkeit und Melancholie. Und immer wieder erzählt sie darin von der Kraft, die sie leben läßt, die sie am Leben erhält. Eine dieser Geschichten, vermutlich aus dem Frühjahr 1944, ist eine kurze Situationsskizze mit dem Titel »Joke«:

Joke steht vor dem offenen Fenster in ihrem Zimmerchen und atmet tief die frische Luft ein. Ihr ist warm, und es tut ihrem verweinten Gesichtchen gut, ein wenig Luft zu bekommen.
Ihre Augen wandern höher und höher, bis sie endlich zu den Sternen und zu dem Mond aufsieht. »Oh«, denkt Joke, »ich kann nicht mehr, ich kann nicht einmal mehr traurig sein. Paul hat mich im Stich gelassen, ich bin nun allein, vielleicht für immer, aber ich kann nicht mehr, ich kann nichts mehr, ich weiß nur noch, daß ich verzweifelt bin.«
Und während Joke schaut, immer nur die Natur sieht, die sich ihr an diesem Abend sehr schön offenbart, wird sie ruhig. Während ein Windstoß nach dem anderen durch die Bäume vor dem Haus fährt, während der Himmel dunkel ist und die Sterne sich hinter großen, dicken Wolken verbergen, die in dem Wolkenlicht aussehen wie Ballen von Löschpapier, die alle möglichen Gestalten annehmen, fühlt Joke plötzlich, daß sie überhaupt nicht verzweifelt ist, daß sie noch etwas kann und daß ihr niemand ihr eigenes Glück, das was sie selbst empfindet, wegnehmen kann. »Niemand kann es«, flüstert sie, ohne sich dessen bewußt zu sein. »Selbst Paul nicht.«
Nachdem Joke eine Stunde am Fenster gestanden hat, ist sie geheilt, sie ist wohl noch traurig, aber nicht mehr verzweifelt, und jeder, der nur lange und tief genug die Natur und damit auch sich selbst ansieht, wird genau wie Joke von jeder Verzweiflung geheilt werden.

19. März 1945. Es hätte auch ein anderer Tag sein können im Februar oder März 1945. Ihre Spur ist immer dünner geworden und verliert sich schließlich im Nichts. Am 4. August 1944 fiel die Grüne Polizei unter Leitung des SD-Mannes Karl Silberbauer in das Hinterhaus der Prinsengracht 263 ein und verhaftete die 8 jüdischen Untertaucher. Westerbork – Auschwitz-Birkenau – Bergen-Belsen – Deportation und Vernichtung heißen die letzten Kapitel ihrer Geschichte, die sie selbst nicht mehr zu Ende schreiben konnte. Ihre Geschichte spiegelt sich in den Erzählungen derer, die dem Unvorstellbaren entronnen sind. Hannah E. Pick Goslar (Lies Goosens), eine Freundin aus Kindertagen, sieht sie wenige Male, durch einen Stacheldraht getrennt, im KZ Bergen-Belsen. Sie erzählt: »Das war nicht dieselbe Anne, die ich gekannt habe. Sie war ein gebrochenes Mädchen. Ich war vielleicht auch so, aber es war schrecklich. Sie fing sofort an zu weinen und erzählte mir: ›Ich habe keine Eltern mehr.‹«

Lesehinweis: A. Frank, Geschichten und Ereignisse aus dem Hinterhaus, Frankfurt/Main 1982 (Fischer Boot 7533)

Eva-Martina Kindl

Todestag von Joachim von Fiore (ca. 1130-1202) 20. März

Wer sich auch nur ein wenig mit der Gedanken- und Geisteswelt des calabresischen Zisterzienserabtes Joachim befaßt, den reizt es, Parallelen zu ziehen zu unserem heutigen Zeitgefühl und Denken. Ist dies nicht der einzige Weg, damit die Gestalt dieses ungewöhnlichen und umstrittenen Mannes, seine Geschichtstheologie, seine typologische Exegese, seine Spiritualität für uns Profil gewinnen? Wofür und von wem wurde er im Laufe der Zeit nicht alles in Anspruch genommen! Von »großen, schöpferischen Geistern des religiösen, geistigen und sozialen Lebens« ebenso wie von »Wirrköpfen, Schwärmern, radikalen Spiritualisten, ungeduldigen Chiliasten, Ablehnern jeder sichtbaren Ordnung« (A. Rosenberg). Auch die Ideen eines »Dritten Reiches« und eines »Duce« (novus dux de Babylone!) konnte man bei Joachim finden. Was ihn »up-to-date« erscheinen läßt, sind die sich aufdrängenden Parallelen zwischen seiner Apokalyptik und der derzeitigen New-Age- und Esoterikwelle, zwischen seinem assoziativ-freien Umgang mit der Bildersprache der Bibel und der tiefenpsychologischen Exegese, zwischen seiner vom Glauben an die Kraft des Heiligen Geistes genährten Überzeugung, daß die Kirche selbst nur als zwischen-zeitliche, überflüssig werdende Größe zu gelten hat, und der gegenwärtigen Kirchenkritik. Joachim strahlte trotz hohen Problembewußtseins Zuversicht und Optimismus aus, was sich nur mit seiner starken spirituellen Kraft erklären läßt. Sie ermöglichte es ihm, die epochalen Spannungen und Zerreißproben produktiv zu verarbeiten in Visionen wie dieser:

Auf drei Weltzustände (status) weisen uns die Geheimnisse der Heiligen Schrift: auf den ersten, in dem wir unter dem Gesetze waren, auf den zweiten, in dem wir unter der Gnade sind, auf den dritten, welchen wir in Bälde erwarten, in noch reicherer Gnade, denn Gott, wie Johannes sagt, gab uns Gnade für Gnade, nämlich den Glauben für Liebe und beides zusammen. Der erste bezieht sich auf den Vater, der zweite auf den Sohn, der dritte auf den Heiligen Geist. Der erste status war in der Wissenschaft, der zweite in der Macht der Weisheit, der dritte in der Vollkommenheit der Erkenntnis. Der erste in der Knechtschaft der Sklaven, der zweite in der Dienstbarkeit der Söhne, der dritte in der Freiheit. Der erste in der Furcht, der zweite im Glauben, der dritte in der Liebe. Der erste ist der status der Knechte, der zweite der Freien, der dritte der Freunde. Der erste der Knaben, der zweite der Männer, der dritte der Alten. Der erste steht im Sternenlicht, der zweite im Licht der Morgenröte, der dritte im vollen Tageslicht. Der erste steht im Winter, der zweite im Frühlingsanfang, der dritte im Sommer. Der erste bringt Nesseln hervor, der zweite Rosen, der dritte Lilien. Der erste bringt Gras, der zweite Halme, der dritte Weizen.

Wenn es der trinitarische Gott ist, der die Geschicke dieses Kosmos in Händen hält, dann deutet für Joachim alles (insbesondere die Verheißungen der Heiligen Schrift) darauf hin, daß die Geschichte der Menschen – trotz gegenwärtiger Zukunftsangst, scheinbarer Ausweglosigkeit und bedrängender Nöte – ein gutes Ende nehmen wird. In immer neuen, sich überschlagenden, sich aufgipfelnden Bildern richtet er diese Botschaft aus. Der Glaube vermag lähmende Angst ebenso zu überwinden wie blinden, chiliastischen Aktionismus, der die Lösung aller und die Er-lösung von allen Problemen den Menschen selbst auf die Schultern packen will oder in die Irrationalität ausweicht. Der Glaube, daß Schöpfung und Geschichte hineingenommen sind in die innertrinitarische Kommunikation von Vater, Sohn und Heiligem Geist, schenkt unerschütterliche Zuversicht und Gelassenheit. Er setzt Kräfte frei, um, mit Hilfe der Gnade mitzubauen am angebrochenen Reich Gottes, am »neuen Himmel« und der »neuen Erde« – auch wenn die Spannung zwischen schon jetzt erfahrbarer und noch verheißener Erfüllung manchmal schier unerträglich scheint und angesichts der aktuellen Verhältnisse in Kirche und Staat zu Recht zur Ungeduld treibt. Wer, wie Joachim, von dieser Hoffnung her zu denken und zu handeln versucht, ist nicht vor Fehlinterpretationen und Angriffen gefeit. So erstaunt es weniger, daß Joachim nicht heiliggesprochen, als daß er (mit Ausnahme seiner Polemik gegen Petrus Lombardus) nicht verurteilt wurde.

Lesehinweis: Joachim von Fiore, Das Zeitalter des Heiligen Geistes (hrsg. u. eingel. v. A. Rosenberg), Bietigheim 1977

Norbert Weidinger

21. März — Geburtstag von Caritas Pirckheimer (1467-1532)

»England hat seine Morien*, Deutschland seine Pirckheimerin«, schrieb Erasmus von Rotterdam, der neben Philipp Melanchthon wohl bedeutendste Humanist seiner Zeit an Willibald Pirckheimer, seinen Freund in Nürnberg. Gemeint war Caritas Pirckheimer, die ältere Schwester des Gelehrten, die zu dieser Zeit die Äbtissin des Klosters der Klarissen war.

Im Jahre 1487 hatte Kaiser Friedrich III. auf der Nürnberger Burg Conrad Celtis als ersten Deutschen zum »poeta laureatus« gekrönt; dieser Conrad Celtis übersandte ein Exemplar seiner »Norimberga« mit einem Widmungsgedicht an die Äbtissin zu St. Klara, in dem er sie als »Jungfrau, wohlgelehrt in der Sprache der Römer und einzigartigen Stern und Krone aller Frauen« rühmte. Auch mit Albrecht Dürer, dem wohl größten Sohn der Stadt, stand Caritas Pirckheimer in regem Briefverkehr; er widmete ihr nach Vollendung seiner Holzschnitte »Marienleben« ehrfurchtsvoll ein Exemplar. Nürnberg mit seinen rund 40.000 Einwohnerinnen und Einwohnern zählte im 15./16. Jahrhundert zu den volkreichsten und mächtigsten Stadtstaaten in Deutschland und erlebte zu dieser Zeit den politischen, wirtschaftlichen und kulturellen Höhepunkt seiner Geschichte; es wurde von Silvio Piccolomini und Conrad Celtis als »Mittelpunkt des Reiches«, ja sogar als »Mittelpunkt Europas« gerühmt.

In den sechs seit dem 13. Jahrhundert gegründeten Klöstern der Benediktiner und Franziskaner, der Augustinereremiten und Dominikaner, wie auch der Karmeliten und Kartäuser wurde – neben den Schulen zu St. Sebald und St. Lorenz – das geistliche und geistige Leben gepflegt. Das Kloster zu St. Klara war eine Stiftung der Patrizierfamilie Ebner. Dorthin gab auch Dr. Johann Pirckheimer seine älteste, am 21. März 1467 in Eichstätt geborene Tochter Barbara mit 12 Jahren zur Ausbildung; mit 16 Jahren nahm sie den Schleier und lebte in dem Konvent der Klarissen strenger Observanz bis zu ihrem Tode am 19.8.1532, 43 Jahre lang. Mit 36 Jahren wählte sie der Konvent von 60 Ordensfrauen zur Äbtissin. Mit Umsicht, Klugheit und Frömmigkeit leitete sie fast 30 Jahre die Abtei, unterrichtete die Töchter der Stadt, versorgte die Armen und Alten und pflegte die Wissenschaften. Bei aller Strenge gegen sich selbst war sie voll Fürsorge für die ihr Anvertrauten. So hielt sie zur Feier des 25. Jahrestages ihrer Wahl zur Äbtissin ein festliches Mahl und begleitete ihre Schwestern eigenhändig auf dem Hackbrett zum Tanz.

Wir haben das Alte und das Neue Testament hier innen wie Ihr draußen, lesen es Tag und Nacht, im Chor, bei Tisch, lateinisch und deutsch, in der Gemeinde und eine jede wie sie will ... Ich halte aber mehr davon, daß man solches hält, danach lebt und mit den Werken vollbringt, als daß man mit dem Munde viel davon redet und mit den Werken nichts anpackt ... Wir wollen aber niemand auf seinem Weg zur Last fallen, begehren aber auch wiederum dasselbe, daß man uns nicht Gewalt und Unrecht antue und uns nicht zu dem zwinge, was wider unsere Seligkeit und wider unser Ansehen und unsere Ehre ist, worauf unseres Klosters Verderben in geistlichen und zeitlichen Dingen steht.

Im Jahre 1525 hatte der Rat der Stadt beschlossen, die Reformation einzuführen. Damit war zugleich die Auflösung aller Klöster beschlossen, nachdem bereits im 14. Jahrhundert der Rat der Stadt die Schutzvogtei über die Klöster kraft königlichen Privilegs übernommen hatte. Die Nonnen von St. Klara lehnten mit Ihrer Äbtissin den Ratsbeschluß ab. Die letzten sieben Jahre ihres Lebens waren die schwersten für Caritas Pirckheimer: die ungerechten Anfeindungen, die Eingriffe in das Klosterleben, der Entzug der geistlichen Betreuung und der Sakramente, die Belästigungen durch den Pöbel, der den Gottesdienst störte, Steine in den Nonnenchor warf und die Kirchenfenster zertrümmerte. 1590 starb, über 300 Jahre nach der Stiftung, die letzte Äbtissin in St. Klara.

Die Hoffnung der Caritas Pirckheimer auf die Einigung der Christen beruhte auf einem allgemeinen Konzil und dessen Bemühen um »eine gemeyn christlich kirch«, wie sie auch an den Papst in Rom schrieb. So gilt die »große Frau von St. Klaren« heute als Vorbild für die Ökumene. An der Stelle des mittelalterlichen Klosters betreiben heute die Jesuiten im Caritas-Pirckheimer-Haus zusammen mit der Katholischen Akademie ein segensreiches Bildungsinstitut im Herzen der Stadt.

Lesehinweis: »Die Denkwürdigkeiten« der Äbtissin Caritas Pirckheimer (übertr. v. Sr. B. Schrott IBMV, hrsg. v. G. Deichstetter SJ), St. Ottilien 1983

Glossar: *Gemeint ist Margaret More-Roper (1504-1544), die gelehrte älteste Tochter von Thomas More.

Ludwig Kröner

Geburtstag von Johann Evangelist Pichler (1860-1927)

22. März

»Wir müssen den Kindern ... ständig mit Heiterkeit gegenübertreten. Denn das Herz der Kinder ist auf Heiterkeit und Frohsinn gestimmt. Griesgrämiges Wesen ist ihnen widerwärtig.« Das schreibt der 1860 im nordöstlichen Niederösterreich geborene, 1882 in Wien zum Priester geweihte Pichler in einem Aufsatz der »Christlich-Pädagogischen Blätter« 1907. Ich kann es ihm nicht recht glauben. Auf dem Foto schaut mich ein kahlköpfiger Herr im strengen Priestergewand mit leicht nach links geneigtem Kopf durch die Nickelbrille eher melancholisch gestimmt an.

Er war ein »Überflieger«: in der Schule immer Vorzugsschüler und Primus, hat er seine theologischen Studien stets mit Auszeichnung absolviert – außer in Erziehungslehre und Katechetik, wo es nur zu einem »Sehr gut« reichte. Das hat er wettgemacht. Zusammen mit seinem zwei Jahre jüngeren Bruder Wilhelm wird er im ersten Viertel unseres Jahrhunderts zum Erneuerer der Schulkatechese in Österreich. Beide stellen dem nur »erklärenden«, auf bloßes Memorieren bedachten Frage-Antwort-Schema des herkömmlichen Katechismusunterrichts einen »entwickelnden« Unterricht gegenüber. Statt von Begriffen und Lehrsätzen des Katechismus soll der Unterricht vom Konkreten und Historischen (vor allem biblischen Geschichten) ausgehen, um dem Bedürfnis der Kinder nach Anschaulichem entgegenzukommen. Gegenüber der strengen Strukturierung jeder Unterrichtsstunde nach (fünf) Formalstufen, wie sie die gleichzeitig entstandene »Münchener Methode« vorsieht, empfiehlt die »Firma Gebrüder Pichler« einen flexibleren, an der jeweiligen Klassensituation orientierten Unterricht. Heutige Selbstverständlichkeiten waren damals revolutionär!

Johann Pichler hat seine Methode nicht nur in seiner eigenen Unterrichtspraxis verwirklicht, sondern in mehreren Bänden ausgearbeiteter »Katechesen« veröffentlicht, um in die Breite zu wirken. Neben einer Reihe von Aufsätzen zu religionspädagogischen Grundsatz- und Detailfragen hat er außerdem – meist gemeinsam mit seinem Bruder Wilhelm – Lehrpläne für beinahe alle Schulformen und -stufen erarbeitet. Seit 1919 hat er an der Theologischen Lehranstalt der Steyler Missionare in Mödling (St. Gabriel) Katechetik doziert und einen Katechismus für das Volk (»Der Weg zum Leben«, 1919) verfaßt, den er später zu einem bahnbrechend neuen Schulbuch für den Religionsunterricht umarbeitete (»Katholisches Religionsbuch«, 1923). Erst mehr als drei Jahrzehnte später wird sich dieses Prinzip (»Lehrstück-Katechismus«) durchsetzen.

Schon damals gab es Bestrebungen zur Abschaffung des Religionsunterrichts an den öffentlichen Schulen (Verein »Freie Schule«). Pichler erkannte richtig, daß der Religionsunterricht nicht so sehr durch die gesetzliche Verankerung zu sichern sei als vielmehr aus sich selbst überzeugen müßte:

Möge unser Religionsunterricht so beschaffen sein, daß die Kinder sich auf die Religionsstunde jedesmal freuen und daß sie nachher den Eltern mit Freude davon erzählen! Wenn die Eltern immer wieder diese unschuldige, heilige Freude ihrer Kinder sehen, wenn die Kinder vom Religionsunterricht geistig gehoben, gleichsam verklärt nach Hause kommen, werden dann die Eltern das rohe Geschrei: »Hinweg mit dem Religionsunterricht aus der Schule!« nicht mit Entrüstung zurückweisen?

Das alles hat er einer sehr schwachen gesundheitlichen Konstitution abringen müssen. Mit 43 Jahren legt er das bis dahin auch noch versehene Pfarramt in Maissau (niederösterreichisches Weinviertel) nieder und zieht sich in ein Kloster der Barmherzigen Schwestern in Wien-Gumpendorf zurück – wieder mit Bruder Wilhelm. Beide sind jetzt vor allem schriftstellerisch im Bereich der Katechetik tätig, wirken aber auch seelsorglich im Spital der Schwestern und im Religionsunterricht an deren Privatschule. Am 22. Oktober 1927 stirbt er siebenundsechzigjährig an Leukämie im St. Josefsheim in Wien Ober-St. Veit; sein Bruder überlebt ihn um fast elf Jahre.

Lesehinweis: J. SE. Pichler, Der Weg zum Leben. Katholisches Religionsbuch mit Beispielen und Bildern, Mödling ³1923

Wolfgang Langer

23. März — Geburtstag von Erich Fromm (1900-1980)

Als der Sohn jüdisch-orthodoxer Eltern 1934 in die Vereinigten Staaten emigrierte, um dem Dritten Reich und seinem Terror zu entkommen, begann für den Psychoanalytiker und Sozialpsychologen Erich Fromm eine Zeit produktiven Denkens und Schreibens. Was in den Jahren des Hitlerregimes geschah, hat er wie kaum ein anderer Psychoanalytiker seiner Zeit zu analysieren versucht. Die Eckpfeiler seines Denkens vom gefährdeten Menschen, von dessen Destruktivität und Todverfallenheit bilden neben den Lehren des Alten Testaments der radikale Humanismus von Karl Marx und die pessimistisch gefärbten psychoanalytischen Entdeckungen Sigmund Freuds. Anfangs gehörte er als Psychoanalytiker zu jenem Kreis um Max Horkheimer, der später als Frankfurter Schule bekannt wurde. Da er jedoch den Determinismus der Freudschen Trieblehre nicht nachvollziehen konnte und die Idee eines Sozialtriebes einführte, bedeutete die Emigration auch die Trennung vom Frankfurter Kreis. Fromms Denken kreiste künftig um die Frage, wie der Mensch die »Furcht vor der Freiheit« (1941) überwinden könne. Indem er die Folgen der neuzeitlichen Freiheitsgeschichte für das Individuum analysiert, bleibt er einer der aktuellsten, gesellschaftlich-politisch orientierten Psychologen unserer Zeit:

In der Geschichte der Neuzeit wurde die Autorität der Kirche ersetzt durch die des Staates, die des Staates durch die des Gewissens, und letztere fand dann in unserer Ära Ersatz durch die namenlose Autorität der öffentlichen Meinung und des »common sense«, des »gesunden Menschenverstandes«, diesen Instrumenten gleichförmiger Anpassung. Weil wir uns von den alten offenen Formen der Autorität befreit haben, sehen wir nicht, daß wir einer neuen Art Autorität zur Beute geworden sind. Wir sind Automaten geworden und leben unter der Illusion, Individualitäten eigenen Willens zu sein. Diese Illusion hilft dem Individuum, die eigene Unsicherheit nicht zu sehen, aber das ist auch die ganze Hilfe, die so eine Illusion bringen kann. Von seinen Grundfesten her ist das individuelle Selbst erschüttert, geschwächt, fühlt keine Sicherheit. Der Mensch bewegt sich in einer Welt, zu der er keine natürliche Beziehung mehr hat, weil in ihr alles und jedermann und er selbst instrumentalisiert, maschinisiert, motorisiert und zum Bestandteilchen der Riesenmaschine geworden ist, die Menschenhände erbauten. Er denkt und fühlt und will alles, was man seiner Annahme nach von seinem Denken, Fühlen, Wollen erwartet. Dabei verliert er das ganze Selbst, auf dem allein sich jede natürliche Sicherheit einer freien Individualität aufbauen kann.

In diesem Selbstverlust und einem pathologischen Anpassungsbedürfnis vermag man nicht nur die Wurzeln eines totalitären Staates, sondern ebenso die psychologischen Grundlagen des Fundamentalismus zu entdecken. So bleibt die Frage Fromms hochaktuell: Wie findet der Mensch Sicherheit in einer ihn verunsichernden Umwelt, und wie kann er sein Sicherheitsbedürfnis befriedigen, ohne sich fremden Autoritäten zu beugen und zum entmenschlichten Werkzeug einer an Produktion und Profit orientierten Wirtschaft zu werden? Fromm nennt zwei Wege der Überwindung des gefährlichen Selbstverlustes: Liebe und Arbeit. Die Macht wahrer Liebe entspringt dem Verlangen nach Überwindung des Getrenntseins, ohne die eigene Individualität zu verletzen oder auszuschalten. In seiner kleinen Schrift »Die Kunst des Liebens« (1956) hat Fromm seine philosophisch-psychoanalytischen Gedanken zu dieser Grundkraft menschlichen Daseins zusammengefaßt.

Der zweite Weg ist die Arbeit. Diese versteht er als eine Form, Mit-Schöpfer Gottes zu sein. Nur wer sich in der Arbeit verbunden fühlt mit Menschen und Dingen und eine Bezogenheit zum Ganzen erlebt, vermag der zunehmenden Atomisierung des Lebens zu entgehen. Aus dieser Bezogenheit heraus ist es möglich, Arbeit nicht unter dem Gesichtspunkt ihrer Orientierung an einem bestimmten Endprodukt zu erleben, sondern als Vorgang, der in sich wertvoll ist. Nicht das Erwerben der Dinge, sondern das Teilen mit anderen aus dem Verstehen ihrer berechtigten Bedürfnisse heraus gibt dem Menschen die Chance, individuell Handelnder zu sein und in seinem Handeln zu einer besseren Gesellschaft beizutragen. In einem seiner letzten großen Werke »Haben oder Sein« (1976) hat Fromm eine Lebensphilosophie entwickelt, die radikal der Wahrheit des Seins verpflichtet ist. Der Religion sinnt Fromm die Kraft an, Menschen zu dieser Wahrheit hinzuführen und sie aus aller ideologischen Befangenheit zu befreien. Dies vermag jedoch nur eine humanistische, nicht eine autoritäre Religion.

Lesehinweis: E. Fromm, Die Kunst des Liebens, Frankfurt/Main 1992 (Ullstein TB 22 165)

Dieter Funke

Todestag von Oscar Arnulfo Romero (1917-1980) — 24. März

»Es sind Brüder aus unserem eigenen Volk. Sie töten ihre eigenen Brüder auf dem Land ... In Gottes Namen und im Namen dieses leidgezeichneten Volkes, dessen Klagen immer lauter zum Himmel steigen, ersuche ich euch, bitte ich euch, befehle ich euch im Namen Gottes: Beendet die Repression!« Diese Worte in seiner letzten Sonntagspredigt sollten sein Schicksal besiegen: Am Tage darauf, am 24. März 1980, wurde Oscar Arnulfo Romero während der Eucharistiefeier erschossen, 63 Jahre alt. Priester war er seit Ostern 1942. 1970 wurde er zum Bischof geweiht. Zum Erzbischof von San Salvador wurde er 1977 ernannt. Daß sein Leben im Martyrium enden würde, war anfangs nicht voraussehbar. Seinem Studium an der Gregoriana in Rom folgte eine steile kirchliche Karriere: Seminar, Aufgaben im Priesterseminar, Dozent, Weihbischof, Bischof von Santiago de Maria, Erzbischof. Er galt als konservativ, vom Opus Dei beeinflußt, Gegner der theologischen und pastoralen Linie von Medellin (2. Lateinamerikanische Bischofskonferenz 1968).

Die Ermordung von P. Rutilio Grande SJ und zwei Gefährten bei El Paisnal am 12. März 1977 hat Romeros Glauben und Leben grundlegend veränderte. Was ihn seitdem bewegte und wofür er leidenschaftlich und mit ganzer Hingabe kämpfte, hat er anläßlich seiner Ehrenpromotion an der Universität Löwen am 2. Februar 1980 wie folgt formuliert:

Die Welt, der die Kirche dienen soll, ist für uns die Welt der Armen ... Und von dieser Welt der Armen sagen wir, daß sie der Schlüssel ist zum Verständnis des christlichen Glaubens, des Handelns der Kirche, der Schlüssel zum Verständnis der politischen Dimension dieses Glaubens und dieses kirchlichen Handelns. Es sind die Armen, die uns sagen, was Welt und was kirchlicher Dienst an der Welt ist. Es sind die Armen, die uns sagen, was die »polis«, was das Gemeinwesen ist, und was es für die Kirche bedeutet, wirklich in der Welt zu leben. Das ist etwas Neues in unserem Volk, daß die Armen in der Kirche eine Quelle der Hoffnung und eine Stütze in ihrem edlen Befreiungskampf sehen ... Weil sie die Armen verteidigt, ist die Kirche in Konflikt mit den Mächtigen der wirtschaftlichen Oligarchien und den politischen und militärischen Führern des Staates geraten. Die Verteidigung der Armen in einer konfliktgeladenen Welt hat unserer Kirche in El Salvador etwas ganz Neues in ihrer jüngeren Geschichte eingebracht: die Verfolgung.

Es steht außer Frage, daß unsere Kirche verfolgt wurde. Aber das Wichtigste dabei ist zu beachten, warum sie verfolgt wurde ... Es ist nur der Teil der Kirche angegriffen und verfolgt worden, der sich auf die Seite der Armen gestellt und ihre Verteidigung übernommen hat. Das heißt, hier entdecken wir den Schlüssel, der uns die Verfolgung der Kirche verstehen läßt: die Armen.

Die wirkliche Verfolgung richtet sich gegen das arme Volk, das heute der Leib Christi in der Geschichte ist. Es ist das gekreuzigte Volk – wie Jesus –, es ist das verfolgte Volk – wie der leidende Gottesknecht. Es ergänzt an seinem Leib, was den Leiden Christi fehlt.

Eindrucksvoller kann kaum umschrieben werden, was Einheit von Mystik und Politik heißt, konkretisiert in der »Option für die Armen«. Seit seiner Bekehrung lebte Romero sie. Schon immer hatte er den ihm begegnenden Armen mit Almosen geholfen. Nunmehr aber teilte er ihr Leid und ihre Hoffnung; für die Allerärmsten seines Volkes, die Verfolgten, wurde er zum Freund und Bruder. Immer entschiedener setzte er sich für ihre Menschenrechte ein, dafür, daß sie ihr Leben in der ihnen von Gott zugedachten Würde leben konnten. »Irenäus hat gesagt: gloria dei, vivens homo – die Ehre Gottes ist, daß der Mensch lebt! Ich sage heute: Die Ehre Gottes ist, daß der Arme lebt! Gloria dei, vivens pauper.«

Sein Amt und sein internationaler Ruf halfen ihm dabei, für sie, die Namen- und Stimmlosen, zum Sprachrohr zu werden und die Ungerechtigkeit, unter der sein Volk litt, vor der Weltöffentlichkeit anzuklagen. Manches mußte er dafür in Kauf nehmen, Verleumdungen, Anfeindungen, Verfolgungen, Todesdrohungen – auch aus den eigenen Reihen. Doch die Liebe des Volkes wog für ihn schwerer, gab ihm die Kraft, diesen Weg zu gehen.

»Möge mein Tod, wenn er von Gott angenommen wird, zur Befreiung meines Volkes gereichen und ein Zeugnis der Hoffnung für seine Zukunft sein! ... Ein Bischof wird sterben, aber die Kirche Gottes, und das ist das Volk, wird niemals untergehen.« In diesem Volk ist Romero weiterhin gegenwärtig – San Romero de America presente.

Lesehinweis: Oscar Arnulfo Romero. Blutzeuge für das Volk Gottes, Olten 1986

Norbert Mette

25. März — *Todestag von Novalis (1772-1801)*

Bekannt vor allem als Herold der romantischen Bewegung, der er das Symbol der »blauen Blume« (vgl. »Heinrich von Ofterdingen«) schenkte, hat sich Friedrich Leopold Freiherr von Hardenberg, genannt Novalis, sehr ausgiebig auch mit religiösen Fragen beschäftigt. Auch in seinen Gedichten werden immer wieder religiöse Themen angesprochen, vor allem in den »Geistlichen Liedern« und den »Hymnen an die Nacht«. 1799, im Erscheinungsjahr von Schleiermachers Reden »Über die Religion« und inspiriert durch diese, schreibt Novalis eine Art Essay über »Die Christenheit oder Europa«. Er entwirft hier das Bild einer sich in drei Stadien entwickelnden europäischen Geschichte; dabei folgt er dem Schema: goldene Vorzeit (christliches Mittelalter) – verlorenes Paradies (Reformation, Aufklärung und Folgen) – Reich des ewigen Friedens (das er, zumindest in Deutschland, bereits anbrechen sieht). Manches an dieser Vorstellung, so zum Beispiel die Verherrlichung des christlichen Mittelalters (»Mit welcher Heiterkeit verließ man die schönen Versammlungen in den geheimnisvollen Kirchen, die mit ermunternden Bildern geschmückt, mit süßen Düften erfüllt, und von heiliger erhebender Musik belebt waren«), mag merkwürdig unhistorisch, Verschiedenes geradezu »reaktionär« anmuten; es findet sich darin jedoch auch einiges, was in der gegenwärtigen Auseinandersetzung um die Moderne und deren Kehrseiten erstaunliche Aktualität hat. So etwa, wenn Novalis, der durch die Aufklärung geprägten modernen Zeit vorwirft, ihr Interesse an »Wissen und Haben« verdränge den Sinn für »Glauben und Liebe«, sie mache »die unendliche schöpferische Musik des Weltalls zum einförmigen Klappern einer ungeheuren Mühle«. Man sei

rastlos beschäftigt, die Natur, den Erdboden, die menschlichen Seelen und die Wissenschaften von der Poesie zu säubern, – jede Spur des Heiligen zu vertilgen, das Andenken an alle erhebenden Vorfälle und Menschen durch Sarkasmen zu verleiden, und die Welt alles bunten Schmuckes zu entkleiden.

Eine tragfähige europäische Vision, nach der Ausschau zu halten heute, 200 Jahre später, wieder vielfacher Anlaß besteht, gibt Novalis' Europa-Aufsatz freilich nicht her. In einer Art utopischen Ausblicks sieht sein Verfasser ein christliches Europa »das alte Füllhorn des Segens wieder über die Völker ausgießen. Aus dem heiligen Schoße eines ehrwürdigen europäischen Konsiliums wird die Christenheit aufstehn, und das Geschäft der Religionserweckung, nach einem allumfassenden, göttlichen Plane betrieben werden. Keiner wird dann mehr protestieren gegen christlichen und weltlichen Zwang, denn das Wesen der Kirche wird echte Freiheit sein, und alle nötigen Reformen werden unter der Leitung derselben, als friedliche und förmliche Staatsprozesse betrieben werden.« Walter Dirks schrieb dazu 1951: »Ein ›christliches Europa‹ als politische Konzeption ist die Verkennung des wirklichen und die Sabotage des möglichen Europa. Auf ein christliches Europa als ein Land, dessen Bürger Christen sind, hoffen wir so lange, bis unsere Hoffnung durch die Geschichte oder durch die Posaunen des Gerichts widerlegt wird.«

Lesehinweis: Novalis, Fragmente und Studien. Die Christenheit oder Europa, hrsg. v. C. Paschek, Stuttgart 1984 (Reclam UB 8030)

Rudolf Englert

Gestern war der Geburtstag von Antonio Rosmini-Serbati (1797-1855)

26. März

Er wollte Brücken bauen zwischen Offenbarung und Vernunft, Glaube und Wissen, thomistischer Metaphysik und Kantscher Kritik; zwischen Autorität und Freiheit, Kirche und Kultur, Kirche und Staat. Und das nicht nur mit der Feder, sondern auch als Seelsorger, Ordensgründer, Pädagoge und Politiker. Von Pius IX. 1848 nach Rom gerufen, entwarf er einen Vorschlag für die verfassungsrechtliche Neuordnung des Kirchenstaates, der die Vervollkommnung der Einzelperson als Ziel eines jeden Gemeinwesens beschreibt und deshalb für ein Höchstmaß an Freiheit plädiert. Entsprechend sollte die Kirche in ihrem Innern alles beseitigen, was zur Knechtung der Wahrheit durch das Dogma, der Freiheit durch das Gesetz und der Einheit durch die Macht führt. In einem leidenschaftlichen Appell mit dem bezeichnenden Titel »Die fünf Wunden der Kirche« verlangte Rosmini nicht nur die Beteiligung von Klerus und Volk bei der Bischofswahl, sondern sprach auch von der »blöden Moral« vieler »Kirchenfürsten«, die von Reichtum und Macht verführt, Diener weltlicher Interessen statt Väter ihrer Priester und Lehrer ihrer Gläubigen sind.

Rosminis Gesamtwerk (in der kritischen Ausgabe 80 Bände) geht von der Beobachtung aus, daß wir vor aller Bestimmung »von außen« über alles Endliche hinaus verwiesen sind auf die Quelle alles Seienden, ohne den Zielpunkt unserer Verwiesenheit fassen oder begreifen zu können. Die vorreflexe Verwiesenheit auf das Ganze, Absolute und Unbedingte ist das, was den Menschen vom Tier unterscheidet; deshalb verfehlen wir unser Wesen, wenn wir irgend etwas Endliches verabsolutieren. Auch da, wo Rosmini Praktiker sein will, ist sein Grundgedanke stets präsent – zum Beispiel in folgendem Passus über die katechetische Ausbildung der Jugend:

Wer in der Glaubensunterweisung alles auf Gehorsam gründet, ersetzt den Primat der Wahrheit durch den der Methode. Natürlich ist der Katechismus ein Weg, im Gedächtnis der Gläubigen feste Begriffe und Formeln zu verankern. Aber fühlen sich nicht allzu viele durch Formeln vom Verstehen dispensiert? Hat die Vereinheitlichung der Begriffe oder das Insistieren auf unabänderlicher Festlegung und genauer Wiedergabe des Vorgegebenen jemals irgendwen zum Erkennen und Tun der Wahrheit geführt? ... Ein Lehrer, der ängstlich auf die wörtliche Wiederholung des Überkommenen achtet, redet mit frostigen Lippen und verursacht bei seinen Zuhörern nur Rauhreif. ... Es ist an der Zeit, sich zu fragen, ob ein Kind, das aus dem Gedächtnis die Worte des Katechismus aufsagt, von der Wahrheit, die Leben ist, auch nur das Geringste erfaßt hat. Man müßte den jungen Menschen befähigen, selbst auszudrücken, worauf er sich vor allem Denken und Wollen verwiesen weiß. Nur Lehrer, die ihre Definitionen mit der Wahrheit verwechseln, fürchten die Kritik der Fragenden. Wer glaubt, nimmt die Wahrheit nicht in Beschlag, sondern läßt sich von ihr ziehen.

Für Rosmini ist nichts wirklicher als die Wahrheit, die wir nicht begreifen, und nichts mächtiger als die Liebe, die zur Freiheit befreit. Dem entspricht die Kurzformel seiner Leitsätze zur Gründung des »Institutum Caritatis«: »Unbedingtes Vertrauen in die Liebe, die stärker ist als das Kreuz«.

Nur kurze Zeit durfte der Idealist an die Verwirklichung seiner Hoffnungen glauben. 1848 zum Minister berufen und schon öffentlich als Kardinal proklamiert, mußte er noch in demselben Jahr die von einer Revolte veranlaßte Rückkehr der päpstlichen Politik zu den alten Mechanismen eines alles kontrollierenden Zentralismus erleben. Er selbst wurde an den Lago Maggiore verbannt. Seine Reformschriften kamen auf den Index der verbotenen Bücher, und seine Ernennung zum Kardinal wurde widerrufen. Viele Jesuiten empfanden seine Ordensgründung als Konkurrenz und bekämpften mit den Argumenten eines dürftigen Thomismus und mehr noch durch Intrige und billige Polemik seinen Versuch, Kant und den deutschen Idealismus in das christliche Denken zu integrieren. Rosmini hat dazu geschwiegen und selbst in seiner privaten Korrespondenz (13 Bände) kein einziges Wort der Klage oder Verbitterung geäußert. Seine Dante-Studien schließen mit den Worten: »In der Liebe zur Kirche wird der Logos Fleisch.«

Lesehinweis: A. Rosmini, Leitsätze für Christen (hrsg. v. H.U. v. Balthasar), Einsiedeln 1964

Karl-Heinz Menke

27. März — Kirchlicher Gedenktag von Johannes von Damaskus (650- ca. 750)

Mit ihm endet die Zeit der »Kirchenväter«. Er stammte aus einer vornehmen arabisch-christlichen Familie. Sein Vater war Finanzminister am Hof des Kalifen zu Damaskus, er selbst zunächst dessen Mitarbeiter. Um 700 trat er in das Kloster Mar Saba nahe Jerusalem ein und wurde Mönch. Als Priester und gelehrter Theologe, als Prediger, Dichter und als Ratgeber von Bischöfen ließ er sich in Anspruch nehmen.

Der Damaszener Johannes gilt als der originellste Mosaikbildner innerhalb der Kunst der Theologie. In der Bibliothek seines Klosters muß die ganze theologische Tradition handschriftlich greifbar gewesen sein. Sammelnd und ordnend blickt Johannes auf die Jahrhunderte theologischen Denkens und Streitens zurück und zieht die Linie der Orthodoxie kräftig nach.

Wenigstens einmal wird er jedoch durch eine aktuelle Streitfrage theologisch herausgefordert. Daß trotz des alttestamentlichen Bilderverbots im christlichen Glauben Bilder zugelassen und sogar verehrt wurden, war nie ganz unumstritten gewesen. Aber 726-730 machte der christliche Kaiser in Byzanz Schluß mit dem Bildergebrauch und löste einen Bildersturm in Kirche und Reich aus. Johannes, im islamischen Ausland lebend, verfaßte drei Bilderreden und profilierte sich damit als Verteidiger der Bilder. Er zog alle Register der Tradition. In manchem irrte er, zum Beispiel wenn er behauptete, Bilder seien in Alter und Rang dem geschriebenen Evangelium gleichzustellen. Sein durchschlagendes Argument zugunsten der religiösen Bilder gilt jedoch bis heute: Der an sich nicht darstellbare Gott ist in Jesus Christus anschaubar geworden. Die Christusikone ist deshalb ein legitimes Gottesbild: »Wenn wir die körperliche Gestalt Christi betrachten, denken wir – soweit das möglich ist – auch die Herrlichkeit seiner Gottheit mit«. Die Verehrung, die wir dem gemalten Bild erweisen, zielt auf dessen Prototyp, den erhöhten lebendigen Christus. Als das 7. Ökumenische Konzil (Nicäa II, 787) Bildergebrauch und -verehrung guthieß, konnten die Konzilsväter auf die Verteidigung der Bilder durch Johannes zurückgreifen:

Der Gipfel des Wahnsinns und der Gottlosigkeit ist die Gestaltung des Göttlichen. Deswegen war im Alten Bund der Gebrauch von Bildern nicht üblich. Da aber Gott aus seinem innersten Erbarmen wegen unseres Heils in Wahrheit Mensch wurde und nicht wie dem Abraham und nicht wie den Propheten in der Gestalt eines Menschen erschien, sondern dem Wesen nach wahrhaftig Mensch wurde, auf der Erde sich aufhielt und mit den Menschen verkehrte, Wunder tat, litt, gekreuzigt wurde, auferstand, (in den Himmel) aufgenommen wurde, wurde dies für uns, die wir nicht Augenzeugen waren, zur Erinnerung und Belehrung aufgeschrieben, damit wir, obwohl wir es nicht gesehen haben, es hören und glauben und so der Seligpreisung des Herrn teilhaftig werden (vgl. Joh 20,29; Mt 13,16 f). Da aber nicht alle die Buchstaben kennen und sich der Lektüre widmen, sahen es die Väter für gut an, daß solches in der Art von Heldentaten zur zusammenfassenden Erinnerung in Bildern gemalt werden solle. Oft gewiß, wenn wir nicht an die Passion des Herrn denken und das Bild der Kreuzigung Christi sehen und so zum Gedenken des heilsamen Leidens kommen und niederfallen, dann verehren wir nicht die Materie, sondern den Abgebildeten, wie wir auch nicht die Materie des Evangelienbuches oder die Materie des Kreuzes verehren, sondern das dadurch Ausgedrückte.

Dem bilderfeindlichen Vorwurf, Bilderfreunde verehrten bemalte Bretter, also bloße Materie, begegnet der Damaszener mit einem leidenschaftlichen Lob der Materie: »Ich erweise der Materie keine Anbetung, vielmehr bete ich an den Schöpfer der Materie, der um meinetwillen Materie wurde und in der Materie seine Bleibe nahm und durch die Materie mein Heil wirkte – und so ehre ich unaufhörlich die Materie, durch die mein Heil gewirkt wurde«. »Mach die Materie nicht schlecht«, ruft Johannes dem kaiserlichen Bilderfeind zu. Und zwar wird die Materie nicht erst durch die Inkarnation geadelt, vielmehr ist es umgekehrt: Die Gutheit der Materie ermöglicht die Erlösung. Die Materie *an sich* ist offen für Gott und seine Gnadenwirkungen.

Lesehinweis: H.G. Thümmel, Bilderlehre und Bilderstreit. Arbeiten zur Auseinandersetzung über die Ikone und ihre Begründung vornehmlich im 8. und 9. Jahrhundert, Würzburg 1991

Günter Lange

Todestag von Odo Casel (1886-1948) 28. März

Am Morgen des 28. März, dem Ostermorgen des Jahres 1948, starb der Benediktinermönch Odo Casel in der Benediktinerinnenabtei Herstelle, nachdem er wenige Stunden zuvor während der Feier der Osternacht zusammengebrochen war. Welch ein denkwürdiges Zusammentreffen der Ereignisse! Bei der Feier der Osternacht handelt es sich ja um den jährlichen Vollzug des Hindurchgangs Jesu Christi durch den Tod zum Leben. Im österlichen Exsultet, bei dem Casel für immer verstummte, heißt es: »O wahrhaft selige Nacht, dir allein war es vergönnt, die Stunde zu kennen, in der Christus erstand von den Toten. Dies ist die Nacht, von der geschrieben steht: Die Nacht wird hell wie der Tag, wie strahlendes Licht wird die Nacht mich umgeben«. In diesem Paradox kommt das Wesen des Christusmysteriums zum Ausdruck. Und wie kein anderer hat Odo Casel als Theologe unseres Jahrhunderts das Pascha-Mysterium durch seine »Mysterientheologie« ins Wort gefaßt. J. Ratzinger nannte sie »die vielleicht fruchtbarste theologische Idee unseres Jahrhunderts«. Nachhaltigen Einfluß hatte die Mysterientheologie auf zentrale Aussagen des Zweiten Vatikanischen Konzils.

In Anschluß an Joh 13,1: »Es war vor dem Paschafest. Jesus wußte, daß seine Stunde gekommen war, um aus dieser Welt zum Vater hinüberzugehen« schreibt Odo Casel:

Das christliche Pascha ist also das Hinübergehen von dieser Welt, diesem Aion, diesem Ort der Finsternis und der Sünde, zum Vater, d. h. zum Leben Gottes, zum ewigen Tage, zunächst für den Herrn selbst, dann aber auch für alle, die ihm nachfolgen. Das Kreuz ist also Pascha. Das Kreuz ist die große Wegscheide, die nach zwei Seiten blickt: nach der Tötung des Fleisches der Sünde und nach dem Triumph des göttlichen Lebens. Ziel des Überganges ist das Leben beim Vater. Paulus sagt dasselbe mit anderen Worten (Röm 6,9ff.): »Wir wissen, daß der von den Toten erweckte Christus nicht mehr stirbt, der Tod keine Herrschaft mehr über ihn hat. Denn wenn er starb, so starb er allemal der Sünde; wenn er aber lebt, lebt er für Gott.« Das Wort »ein für allemal« bezeichnet den Grenzübertritt des Pascha, das Hinübergehen aus dem Reich der Sünde durch den Tod zum wahren Leben. Pascha ist demnach das glorreiche Eingangstor zum Leben bei Gott und in Gott. Christus ist dabei unser Führer und unser Modell, unser Wegweiser und zugleich unsere Kraftquelle: »So rechnet auch ihr, daß ihr seid: tot für die Sünde, lebend aber für Gott in Christus Jesus« (ebd. 11). Das Pascha des Herrn wird zu unserem Pascha, und das ewige Leben des auferstandenen Herrn beim Vater wird unser Leben. Durch den Glauben schreiten wir hinein in die Mysterien Christi, und durch die Teilhabe an diesem nehmen wir als Christi Glieder teil an allem, was unser Herr unseretwegen erlitt und erlebte.

Der Text ist wie eine Kurzformel der Mysterientheologie. Das einmalige Ereignis von Tod und Auferstehung Jesu Christi wird in der liturgischen Feier Gegenwart. Durch die gläubige Mitfeier werden die Teilnehmenden einbezogen in das Heilsmysterium und so mehr und mehr des neuen Lebens teilhaftig. Man könnte gegen Casel einwenden, er sei nur ein Theologe für Insider gewesen. Nun haben aber gerade seine mitunter erbitterten Gegner ihm vorgeworfen, er greife für die Erklärung des Mysteriums auf außerchristliche Kulte zurück. Tatsächlich kam Casel von der Religionsgeschichte her. Er erkannte in den antiken Mysterienreligionen Analogien zum Christlichen. Casel hatte erkannt, daß in den »heidnischen« Religionen uralte Sehnsüchte der Menschheit nach Teilhabe am Heil verborgen sind. Diese leben gerade in heutiger Zeit in den angeblich aufgeklärten Gesellschaften wieder auf und machen die Menschen für die mitunter absonderlichsten Botschaften des Mysteriösen und Okkulten empfänglich. Odo Casel kann uns heute von neuem lehren, daß das Christentum tragfähige Antworten auf die uralten und unsterblichen Menschheitsfragen bereithält.

Lesehinweis: O. Casel, Gegenwart des Christus-Mysteriums. Ausgewählte Texte zum Kirchenjahr (in Verbindung mit dem Abt-Herwegen-Institut der Abtei Maria Laach hrsg. und eing. v. A. Schilson), Mainz 1986

Albert Gerhards

29. März — Gestern war der Todestag von Marc Chagall (1887-1985)

Da berührt ein Engel den Menschen. Ob er einen Schlafenden weckt oder einen Erschöpften tröstet, Himmel und Erde berühren sich heilsam. Hier sind es der ausgestreckte Arm und die Tora, die die Brücke schlagen; häufig ist es die Jakobsleiter. Wo der Himmel geerdet wird, scheint der Erde jede Schwere genommen. Für einen Moment lang sind sie versöhnt. Das poetische Motiv der Jakobsleiter bezeichnet in gewisser Weise auch die Herkunft Chagalls, meint er doch selbst, manchmal »ein ganz anderer zu sein, sozusagen zwischen Erde und Himmel geboren zu sein«. Es ist die Welt des ostjüdischen Chassidismus, die nicht nur motivisch zeit seines Lebens in seinem Werk präsent ist, sondern sein Lebensgefühl und sein Malen überhaupt prägt. Gewiß, es ist ein harmonisierter Chassidismus. Das reale Elend der von Pogromen bedrohten jüdischen Gemeinden scheint in ein besänftigendes Kolorit getaucht. Nicht aus dem Unterbewußten wie bei den Surrealisten, sondern aus den Tagträumen des Schtetl stammen die Träume Chagalls. Und diese Träume wurzeln tief. Im Chassidismus wurde die esoterische jüdische Mystik popularisiert. Und so auch die Vorstellung vom göttlichen Licht des Anfangs, das sich ergießt, von den »Schalen« der Wirklichkeit nicht gefaßt werden kann, sie zerbricht und sich in Funken in die Welt hinein verliert. Der Fromme ist aufgerufen, in Akten der Hingabe diese Funken aus ihrem Exil zu erlösen. An ihnen entzündet sich auch die Phantasie Chagalls. Bild für Bild widerstreitet dem, was der gesunde Menschenverstand als gegeben und wirklich betrachtet. Er räumt ein: »Vielleicht ist meine Kunst, dachte ich, die Kunst eines Wahnsinnigen, ein funkelndes Quecksilber, eine blaue Seele«. Doch wenn sie das ist, ist sie es zugunsten eines Überschusses an göttlicher Sehnsucht in den Dingen und Kreaturen. Chagall verbindet: den russischen Osten mit dem Frankreich des Westens, seinen frühen Kommunismus mit der künstlerisch kompromißlosen Avantgarde in Paris; er illustriert unter anderem Gogols »Tote Seelen«, La Fontaines Fabeln, »Daphnis und Chloe« wie auch »1000 und eine Nacht«. Ohne jede Berührungsangst wird dem, der unzweifelhaft Jude ist, der Gekreuzigte zur Inkarnation der Leiden seines Volkes. Die stärkste Inspirationsquelle ist ihm nach eigenem Bekunden die Bibel. Seine zahlreichen Arbeiten dazu will er als »den Traum der ganzen Menschheit« verstanden wissen. Mühelos scheint Chagall Grenzen zu überschreiten.

Nicht ohne Mühe die nach Deutschland. Gegen Ende seines langen Lebens läßt er sich dazu überreden, sämtliche Chorfenster der Mainzer Stephanskirche zu gestalten. Es ist dies nicht nur ein künstlerisches Ereignis, sondern auch eine eindrucksvolle Geste der Versöhnung. Bleibt zu fragen, welche Christen sich vor dem Hintergrund der jüngsten Geschichte und einer ebenso subtilen wie tief eingeschliffenen christlichen Judenfeindschaft berechtigt und gerüstet sehen, diese Hand zu ergreifen. Das Lichtspiel, dessen Darsteller die Gestalten der Bibel sind, dessen Regisseur ein jüdischer Künstler ist, bezaubert nicht wenige. Nur, wie wirksam ist der Zauber, wie verbindlich der Blick der Zuschauer?

Lesehinweis: F. Walther/R. Metzger, Chagall, Köln 1987

Paul Petzel

Todestag von Karl Rahner (1904-1984)   30. März

Karl Rahner wurde am 5. März 1904 in Freiburg geboren und wuchs in einem von einem geschlossenen kirchlichen Milieu geprägten Elternhaus auf. Nach dem Abitur trat er in den Jesuitenorden ein und studierte katholische Theologie und Philosophie. 1948 wurde er Professor der Dogmatik. Er gab neben seinen Schriften bedeutende Lexika und Sammelwerke heraus. Am Zweiten Vatikanischen Konzil wirkte er als einflußreicher theologischer Berater mit. Als er achtzigjährig am 30. März 1984 starb, hinterließ er ein in der katholischen Theologie des zwanzigsten Jahrhunderts »in Umfang und Wirkung kaum vergleichbares Werk« (J.B.Metz).

Man hat sich vielleicht zu wenig darüber gewundert, daß der von naturwüchsiger Kirchlichkeit geprägte Rahner zu einem Theologen werden konnte, der in einem bis dahin fast unerhörten Maße die Theologie auf die Fragen unserer Zeit hin zu denken unternahm. Dazu war er sicher nicht zuletzt durch seine große, unter einem »brummigen Charme« (M.v.Galli) versteckte unsentimentale und nüchterne Sensibilität befähigt. Vor allem aber kam Rahner zugute, daß er sich mit dem Daseinsverständnis des modernen Menschen auseinandersetzte, in dem immer weniger Gott den Fluchtpunkt darstellt, auf den alle Dinge zulaufen, sondern die menschliche Vernunft - so daß sich der Theologie die Frage stellt, wie der moderne Mensch in seinem Lebensgefühl und vor seinem Wahrheitsgewissen das Bewußtsein haben kann, in seinem Leben Gott zu begegnen. Eine modellhafte Antwort auf diese Frage fand Rahner in den Exerzitien seines Ordensvaters Ignatius von Loyola, die den Exerzitienteilnehmer zu einer - wie Rahner hervorhob - direkt von Gott inspirierten Lebenswahl hinführen wollen.

In dieser Wahl teilt nach Ignatius Gott der Seele seinen Willen unter anderem dadurch mit, daß er ihr einen nicht durch den Betrachtungsgegenstand hinreichend motivierten und verursachten »Trost« spendet. Dabei wird nach Rahner dieser Gegenstand in dem Sinne überschritten, wie man beispielsweise im Betrachten seiner sich des Vorgangs des eigenen Sehens bewußt werden und den Gegenstand so gewissermaßen abblenden kann. Dabei kommt der Betrachtende selbst in den Blick, näherhin sein Sehen, das ihm alle Gegenstände sichtbar macht, und es kann bewußt werden, daß auch das Sehen auf Voraussetzungen angewiesen ist, die der Beschauer nicht selber hervorbringen kann, wie zum Beispiel das Licht. So wie es in diesem Beispiel nicht primär darum geht, einen Gegenstand zu sehen, sondern sich im Sehen des eigenen Blicks bewußt zu werden und dabei das Licht als das die sichtbare Welt Erschließende deutlicher zu erfahren, so können nach Rahner in den Exerzitien die Gegenstände den Betrachtenden mit seinem ganzen Bewußtsein so ins Spiel bringen, daß das Bewußtsein transparent zu werden beginnt auf Gott, der alles Wissen-Können und Wollen-Können von Gegenständen ermöglicht. Und wie im Hinschauen auf das Sehen nur das deutlicher wird, was im Sehen immer schon geschieht, so wird nach Rahner in den Exerzitien das bewußt und willentlich bejaht, was das ganze menschliche Leben durchwaltet und was letztlich Gott ist.

In diesem Sinne wird Gott im Bewußtwerden des eigenen Lebensvollzuges erfahrbar, so wie im Besinnen auf das Sehen dessen Voraussetzungen (das Licht) deutlicher werden. Darum fragt Rahner nach den inneren Bedingungen dieses Bewußtseins, wenn er verständlich machen will, wie Gott im alltäglichen Leben erfahren werden kann. Damit bedient er sich einer maßgeblichen Denkform der neuzeitlichen Philosophie, der Transzendentalphilosophie, um seine zentrale theologische Intention zu entfalten. In dieser Entsprechung zwischen der Gotteserfahrung der ignatianischen Spiritualität und einer Form der neuzeitlichen Rationalität sieht Rahner die Möglichkeit von Gotteserfahrungen auch unter den Bedingungen der Moderne verbürgt.

Wer schon einmal die Erfahrung der Verantwortung, der wahren Liebe, des seiner Verantwortung nicht Entrinnenkönnens usw. gemacht hat, der hat, ob er es reflektiert oder nicht, im Grunde genommen eine religiöse Erfahrung Gottes gemacht.

Lesehinweis: K. Rahner, Praxis des Glaubens. Geistliches Lesebuch (hg. v. K. Lehmann/ A. Raffelt), Zürich-Köln 1985

Ulrich Gorki

31. März   *Todestag von Hedwig Dransfeld (1871-1925)*

Hedwig Dransfeld wird 1871 als Tochter eines Oberförsters geboren. Mit 8 Jahren Vollwaise, wächst sie zunächst bei ihrer Großmutter, dann in einem Waisenhaus auf – eine Entwicklung, die auch verbunden ist mit dem Verlust gutbürgerlicher Lebensverhältnisse. Hedwig Dransfeld wird von diesen Erfahrungen stark geprägt, noch mehr aber von der Erkrankung an Knochentuberkulose, die zur Amputation des linken Arms und zeitlebens starken Schmerzen führt. Früh schon entwickelt sie, auch biographisch bedingt, ein starkes Interesse an sozialen Fragen und eine hohe soziale Verantwortung, die sie auch nach dem 1890 bestandenen Lehrerinnenexamen an ihre Schülerinnen zu vermitteln sucht. Über ihre Tätigkeit als Lehrerin und Schulvorsteherin in Werl hinaus gilt ihr Interesse einem öffentlichen Wirken für mehr Gerechtigkeit und einer verbesserten Stellung der Frauen in der Gesellschaft. Diesem Interesse kommt sie nach als Schriftleiterin der »Christlichen Frau«, dem späteren Bundesorgan des Katholischen Frauenbundes (KFB; heute KDFB). 1912 wird sie Vorsitzende des KFB und gründet als solche 1916 dessen Soziale Frauenschule. Prämisse ihres Wirkens für eine verbesserte Stellung von Frauen ist, daß die Geschlechter zwar verschiedenartig, aber gleichwertig seien – eine Erkenntnis, die sich bis heute noch nicht überall durchgesetzt hat.

Dransfeld ist in Umsetzung dieser Prämisse bemüht, Frauen zur Übernahme von Verantwortung in Politik und Gesellschaft zu gewinnen und zwar auf der Grundlage einer umfassend verstandenen christlichen Bildung, die Menschen zum Selbstand und einem verantwortlichen Leben in der Gemeinschaft befähigt. In der Konsequenz ihres Anspruches liegt es, daß Dransfeld Abgeordnete des Preußischen Landtages und der Weimarer Nationalversammlung, später des Reichstages wird. Sie ist im Reichstag stellvertretende Fraktionsführerin des Zentrums und wird dort liebevoll »Sitz der Weisheit« genannt. Im Rahmen ihrer politischen Interessen und Tätigkeit beschäftigt sich Dransfeld seit 1906 mit dem Frauenwahlrecht, ohne jedoch deutlich dafür einzutreten. Diese von anderen Gruppen der Frauenbewegung erhobene Forderung übernimmt sie und mit ihr der KDFB erst 1918 in den im November verabschiedeten »Leitsätzen«. In ihren letzten Lebensjahren engagiert sich Dransfeld mit anderen führenden Frauen der Frauenbewegung für die Frauenfriedenskirche, die aber erst nach ihrem Tod 1925 im Jahr 1929 in Frankfurt/Main eingeweiht wird. Hedwig Dransfeld war als scharfsinnige Denkerin geschätzt und geachtet; eine ihrer Mitarbeiterinnen nennt als eine ihrer charakteristischen Fragen: »Sie können also unterscheiden?«. Von daher war ihr auch eine Engführung der Frauenrolle auf Mütterlichkeit, ohne jede Unterscheidung nach Fähigkeit und Möglichkeit, fremd:

Wenn es wahr ist, daß nur die Mutterschaft den Schlußstein in das Gebäude des Frauenlebens setzt, dann hat der Schöpfer hart und ungerecht gehandelt. Und seine Forderung: Seid vollkommen! wird zum Hohne allen Frauen gegenüber, denen seine strenge sittliche Ordnung den Weg zu jener Vollkommenheit verbaut. (...) Sonderbar, daß man diese Einschränkung nur für die Frau gelten läßt und dadurch ihre Vollentfaltung strenge genommen an einen Zufall knüpft. Vom Manne wird keiner behaupten, daß etwa die Priesterschaft für ihn die Vollendung sei. (...) Wir müssen deshalb von der Anbetung zur ruhigen Ehrfurcht zurückkehren, die vor der Mutterwürde das Haupt neigt, aber trotzdem hellen Auges höher und tiefer sieht, die auch andere Wege zur Vollendung und zur Daseinsfreude kennt und deshalb das gepredigte ›Recht auf Mutterschaft‹ als unsittlich zurückweist.

Lesehinweis: H. Weber, Hedwig Dransfeld, in: G. Krabbel, Selig sind des Friedens Wächter, Münster 1949

Henny Engels

Todestag von Amalie Sieveking (1794-1859) 1. April

Liebe, Liebe heißt das ganz große Mittel, das über mein ganzes Wesen den Zauber der Weiblichkeit verbreiten soll. Ich will die Menschen lieben, wärmer, inniger als bisher, und um meiner Liebe willen sollen sies mir vergeben, wenn ich mich, wie es Manchen dünken mag, zu weit aus meinem Kreise herauswage,

schreibt Amalie Sieveking im Jahr 1816 an ihren Lieblingsbruder Gustav Adolf. Diese Zeilen sind zugleich Lebensentwurf und Programm einer Frau, die als »Hauptgestalt der evangelischen weiblichen Diakonie Deutschlands im 19. Jahrhundert«, als »Sozialreformerin« und als »eine Vorkämpferin der christlichen Frauenbewegung« in die Geschichte eingegangen ist.

Noch im gleichen Jahr gründet die in rationalistischer Nüchternheit und Frömmigkeit erzogene hamburgische Patriziertochter eine Freischule für arme Mädchen, die bis 1958 Bestand haben soll. Die Unterrichtspraxis führt Amalie Sieveking rasch an einen biographischen Wendepunkt. Lücken der eigenen Bildung gewahr werdend und von Zweifeln an den rationalistischen Auffassungen ihrer vom frühen Verlust der Eltern und der Verarmung gekennzeichneten Kindheit und Jugend gequält, wendet sie sich der intensiven Beschäftigung mit der Heiligen Schrift zu. Weiteren Grund unter den Füßen gewinnt sie bei der zeitgenössischen Erweckungsbewegung und bei den Philanthropen. All dies zusammengenommen, begünstigt ihre Hinwendung zu emotionaler Religiosität und zu einer selbstlosen Liebestätigkeit. Geistige Heimat findet sie bei den »Erweckten« Johann Wilhelm Rautenberg, August Hermann Franke und Gotthilf Heinrich von Schubert.

Als sie Zwischenergebnisse ihrer theologischen Arbeiten in den »Betrachtungen über einzelne Abschnitte der Heiligen Schrift« (1823) anonym veröffentlicht, stößt sie auf herbe Kritik. Davon zwar verunsichert, letztlich aber unbeeindruckt wagt Amalie Sieveking auch eine zweite Veröffentlichung, obwohl oder gerade weil sie sich als Frau, als zudem theologisch nicht vorgebildete, das Recht herausnimmt, in Glaubensdingen das Wort zu ergreifen.

Starken Gegenwind verspürt Amalie Sieveking auch gegen ihren Plan (1823) zur Stiftung eines Ordens barmherziger Schwestern in der protestantischen Kirche, der der ungenügenden Armenfürsorge durch Staat und Gesellschaft im Hamburg der französischen Besatzungszeit entgegenwirken soll. Vor allem aber will Amalie Sieveking mit diesem Plan (unverheirateten) Frauen ein adäquates berufliches Feld eröffnen. Das Projekt gegen die Diskriminierung unverheirateter Frauen in einer Zeit, die maßgeblich vom bürgerlichen Familienideal geprägt war, kam nie zur Ausführung.

Erst Jahre später begünstigen äußere Umstände – die Choleraepidemie in Hamburg (1831) und das dort zur Geltung kommende und allseits anerkannte Engagement Amalie Sievekings – neue Pläne. Sie gründet einen »weiblichen Verein für die Armen- und Krankenpflege«. Dem Leitgedanken Hilfe zur Selbsthilfe folgend – heute würde man den Fachbegriff der zugehenden Sozialarbeit verwenden – entwickelt sich der Verein in einer gewollten Unabhängigkeit von bestehenden Organisationsformen allmählich. Armenwohnungen, ein privates Kinderkrankenhaus und die Mitarbeit an einem Institut zur Ausbildung von Erzieherinnen kommen hinzu. Der Ruf Amalie Sievekings und ihres vornehmlich von der hamburgischen Oberschicht getragenen Vereins verbreitet sich rasch. Nachahmung findet er in vielen Landesteilen Deutschlands und darüber hinaus, unter anderem in Bremen, Hannover, Potsdam, Bonn, Jülich, Weimar, Göttingen, Stuttgart, Frankfurt am Main, Bern, Zürich. Zahlreiche Vortragsreisen tun ein übriges.

In alldem setzt sich Amalie Sieveking, die sich selbst als »überhaupt keine große Verehrerin meines Geschlechts« bezeichnete, deutlich von den emanzipatorischen Frauenbewegungen ihrer Zeit ab. Dennoch hat sie auch gegen massive Widerstände maßgeblich am Wandel des Rollenbildes und Rollenverständnisses der Frau in der bürgerlichen Gesellschaft des 19. Jahrhunderts mitgewirkt.

Entsprechend fallen die Würdigungen ihrer Person nach ihrem Tod 1859 aus. Johann Heinrich Wichern nennt sie eine »hamburgische Tabea«. Ihre Biographin Haupt sieht gar die »Emanzipation des weiblichen Geschlechts in christlichem Sinne« als das Lebensziel Amalie Sievekings, die am nachhaltigsten als Sozialreformerin gewirkt hat und deren Verein bis heute – seit 1978 unter dem Namen Amalie-Sieveking-Stiftung – besteht.

Lesehinweis: R. Postel, Amalie Sieveking, in: M. Greschat (Hg.), Gestalten der Kirchengeschichte, Bd. 9/1, Stuttgart 1985, 233-242

Jürgen Jansen

2. April — Todestag von Friedrich von Bodelschwingh (1831-1910)

Friedrich von Bodelschwingh, der Ältere, ist eine der großen Gestalten der evangelischen Diakonie. Als im Jahr 1869 im westfälischen Dellwig – dort war er Gemeindepfarrer – seine vier Kinder starben, verarbeitete er dieses tragische Ereignis mit der christlichen Überzeugung:

Damals als unsere vier Kinder gestorben waren, merkte ich erst, wie hart Gott gegen Menschen sein kann, und darüber bin ich barmherzig geworden gegen andere.

Das Anliegen der Barmherzigkeit ist überhaupt ein Schlüsselgedanke für Bodelschwinghs religiöse Überzeugung und kehrt in seinen Äußerungen immer wieder. Er stammte aus einem Elternhaus, das der Erweckungsbewegung nahe stand. Der Vater war Landrat in Tecklenburg, später Minister in Preußen. Zum Theologiestudium empfand Friedrich von Bodelschwingh, der zunächst in Pommern als Gutsverwalter lebte, eine religiöse Berufung. Sein theologisches Denken war vom Missionsgedanken und von der Hoffnung auf das künftige Reich Gottes geprägt.

Bodelschwinghs eigentliche Bedeutung liegt allerdings in der konkreten diakonischen und sozialen Arbeit. 1872 wurde er zum Leiter der »Rheinisch-Westfälischen Anstalt für Epileptische« bei Bielefeld berufen, die er ab 1873 »Bethel« nannte und die von ihm zu einer zunehmend vergrößerten, über Deutschland hinaus als vorbildlich angesehenen diakonischen Einrichtung ausgebaut wurde. Den in Bethel beheimateten Anfallskranken sollte das Gefühl des Ausgestoßenseins genommen werden. Dazu verfolgte Bodelschwingh den Gedanken einer Arbeitstherapie: Für jeden sollte in Bethel Arbeit und Beschäftigung möglich sein.

Auch über die Betheler Anstalten hinaus war Bodelschwingh an sozialen Fragen interessiert. Durch die wirtschaftliche Rezession nach der Reichsgründung bedingt, zogen arbeitsuchende Industriearbeiter durch Deutschland. Für diese Menschen suchte er Arbeiterkolonien und »Herbergen zur Heimat« zu gründen. Zum Beispiel initiierte er 1891 in der Senne nahe Bielefeld eine Arbeiterkolonie, durch die Heideboden kultiviert wurde: Dadurch sollte »Arbeit statt Almosen« gegeben werden. Noch 1903 ließ er sich in den preußischen Landtag wählen und erreichte 1907 ein Gesetz zur Regelung der Fürsorge für die Wanderarmen in Preußen, dem allerdings keine größere sozialpolitische Bedeutung mehr zukam. Er erkannte auch das Problem der Wohnungsnot der Arbeiter, erreichte aber keine umfassende politische Lösung. Vor allem »Bethel« ist seine bleibende Leistung.

An der Betheler Diakonie wird ein tief gegründetes Leitmotiv Bodelschwinghs sichtbar: die Achtung vor der Würde jedes einzelnen Menschen. Auch der bürgerlich Ausgegrenzte und Kranke darf nicht beiseitegeschoben werden. Für Bodelschwinghs christliche Überzeugung galt: »Das Wort unheilbar steht im Wörterbuch eines Christen nicht mehr«. Dies suchte er auch praktisch umzusetzen: Einem jeden sollte in Bethel ein Platz in der Gemeinschaft zukommen; Gesunde und Kranke sind einander verbunden. Die Achtung vor der Würde des einzelnen ist ebenfalls zum Leitmotiv bei Friedrich von Bodelschwingh dem Jüngeren geworden (1877-1946), dem Sohn und Nachfolger in Bethel. Mit Erfolg schützte er Kranke vor Hitlers sogenannter Euthanasieaktion. 1940 widersprach er entschieden der staatlichen Kommission, die sogenannte lebensunwerte, angeblich gemeinschaftsunfähige Kranke zur Tötung freigeben wollte, und betonte: »Es kommt darauf an, ob ich auch gemeinschaftsfähig für den anderen bin. Mir ist noch niemand begegnet, der nicht gemeinschaftsfähig wäre«.

Die Themen »Euthanasie«, »aktive Sterbehilfe« und »Lebensschutz« werden heute, losgelöst von der damaligen Ideologie des NS-Staates, neu diskutiert. Doch auch für die gegenwärtige Diskussion, die im einzelnen von veränderten Fragen und Problemkonstellationen bestimmt ist, bleibt der bei beiden Bodelschwinghs deutlich werdende Leitgedanke der Menschenwürde und des Schutzes jedes einzelnen unvermindert wegweisend.

Lesehinweis: A. Funke, Art. »Bodelschwingh«, in: Evangelisches Soziallexikon, Stuttgart [7]1980, 189-191

Hartmut Kreß

Todestag von Graham Greene (1904-1991) — *3. April*

Die Langeweile des Alltags war der Grund für Greenes Flucht in ein außergewöhnliches Leben. Und seine vielen Romane und Erzählungen haben etwas mit dieser Flucht vor der Eintönigkeit zu tun. Die Motive seiner Bücher sind keineswegs reine Fiktionen, sondern lehnen sich an Begebenheiten an, die er selbst erlebt und erfahren hat. Und so wird sein großer Leserkreis auch bei ärgster Langeweile von seinen Romanen gefesselt.

Als Kind (ein Großneffe von Robert Louis Stevenson) war Graham Greene eher verschlossen, gequält von Schulangst und Krankheiten. Als Jugendlicher und Erwachsener suchte er das Abenteuer. Er arbeitete für Geheimdienste und als Journalist in verschiedenen Krisengebieten. Nordamerika, Mexiko, Indochina und Westafrika waren einige seiner Wirkungsorte. Die eigenen Erlebnisse ließen ernste oder heitere Romane entstehen, in denen immer wieder deutlich wird, daß er die gesellschaftlichen Situationen, die er beschreibt und analysiert, selbst kennengelernt und reflektiert hat. Er übt Gesellschaftskritik in Romanform. Menschliche Grundkonflikte, die Widersprüchlichkeit des Lebens, die Fragen nach Moral und Werten veranschaulicht er in spannenden Erzählungen. Aber auch kleine persönliche Erlebnisse werden von ihm in Kurzgeschichten verarbeitet.

Daß Graham Greene 1926 zum katholischen Glauben konvertiert ist, wird in seinen Biographien meist besonders hervorgehoben. Der äußere Anlaß hierfür war aber weniger die persönliche Überzeugung als vielmehr die Eheschließung mit der tiefreligiösen Vivien Daryll-Browning. Er hatte sie kennengelernt, nachdem sie sich in einem Protestbrief gegen eine Bemerkung Greenes zur Jungfrau Maria wandte. Greene beschäftigte sich zeitlebens mit der Thematik von Sünde, Schuld und der Gnade Gottes. Als »katholischer Schriftsteller« wollte er nicht bezeichnet werden, aber in vielen seiner Werke spiegelt sich die Auseinandersetzung mit der Kirche und religiösen Themen wider.

Die Menschen fühlen sich oft zu unserem Glauben hingezogen, weil sie sich einbilden, er sei eine Vereinfachung. Aber die einzige einfache Lösung, die es in der Welt gibt, ist die Glaubenslosigkeit.

Zur offiziellen Kirche hatte er eher eine kritische Distanz. In dem Roman »Die Kraft und die Herrlichkeit« setzte er sich mit dem Leben eines mexikanischen Geistlichen auseinander. Sein Held ist dabei keineswegs ein Musterbeispiel an kirchlicher Moral. So erregte dieses Buch, wie auch weitere Greenes, Anstoß bei den Kirchenoberen. Wie sehr diese Kritik allerdings der subjektiven Meinung bestimmter Amtsträger entsprang, zeigte die Reaktion Papst Pauls VI. auf die Bemerkung Greenes, der vom Papst gelesene Roman sei durch das Heilige Offizium verurteilt worden: »In jedem ihrer Bücher gibt es manche Passagen, die manche Katholiken immer anstößig finden werden. Das sollte Sie nicht bekümmern«.

Und Greene ließ sich nicht bekümmern. Als politischer Christ setzte er sich für die Sandinisten in Nicaragua ein und protestierte gegen die kirchenamtliche Auffassung der Empfängnisverhütung.

In vielen Erzählungen wird deutlich, wie ihn der Glaube gleichermaßen anzog und irritierte. Ständig reflektierte Greene über die zwischenmenschlichen Beziehungen. Ihn interessierten die Gründe, welche Menschen zueinander finden lassen oder voneinander abstoßen. Ihn interessierte es, wie der Mensch in der gottgeschaffenen Welt menschlich leben kann.

Lesehinweis: G. Greene, Die Kraft und die Herrlichkeit, Reinbek 1953 (rororo 91)

Carolin Hengholt

4. April   Todestag von Martin Luther King (1929-1968)

Der schwarze Gemeindepfarrer Martin Luther King erlangt 1955 nationale Bedeutung als Sprecher eines spontanen, schließlich erfolgreichen Protests gegen die Diskriminierung der Schwarzen in den Bussen von Montgomery/Alabama. Mit gewaltlosen Aktionen gegen die Rassentrennung in öffentlichen Einrichtungen trägt er maßgeblich dazu bei, daß Afro-AmerikanerInnen ein neues Gefühl ihrer eigenen Würde gewinnen und ihre politische Apathie überwinden. Von Gandhi inspirierte Formen gewaltlosen Widerstands versteht er als »Christentum in Aktion«, als Möglichkeit, Jesu Ethik der Liebe auch im politischen Bereich wirksam werden zu lassen. 1964 – als 35jähriger – erhält er den Friedensnobelpreis.

Beschränkte er sich zunächst weitgehend auf den Kampf um volle Bürgerrechte für schwarze AmerikanerInnen, so wird er in seinen letzten Lebensjahren (1966-68) zu einem Anwalt aller Unterprivilegierten und Unterdrückten. Sein Ziel ist »Macht für die Armen« aller ethnischen Gruppen. Immer wieder betont er die »Wechselbeziehung zwischen den drei Übeln Rassismus, Armut und Militarismus«. Die Erkenntnis dieses Zusammenhangs führt ihn in die erste Reihe der Friedensbewegung gegen den Vietnamkrieg. Am 4. April 1967 – genau ein Jahr vor seinem Tod – erklärt er in der Riverside Church in New York:

Ich muß meiner Überzeugung treu bleiben, mit allen Menschen zu den Kindern des lebendigen Gottes zu gehören. Diese Berufung zur Kindschaft und zur Brüderlichkeit geht über die Bindung an eine Rasse, eine Nation oder ein Glaubensbekenntnis hinaus. Und weil ich glaube, daß dem Vater besonders die Leidenden, Hilflosen und Verachteten unter seinen Kindern am Herzen liegen, komme ich heute Abend hierher, um für sie zu sprechen.... Wir sind gerufen, für die Schwachen zu sprechen, für die, die keine Stimme haben, für die Opfer unserer Nation und für die, die sie Feinde nennt. Denn keine von Menschen gemachte Erklärung kann diese Menschen zu weniger machen als zu unseren Brüdern.

Als der 39jährige King unterbezahlte, streikende Müllarbeiter in Memphis/Tennessee unterstützt, wird er am 4. April 1968 von einem weißen US-Bürger erschossen.

Daß King in seinen letzten Lebensjahren massenhaften zivilen Ungehorsam befürwortete, zeigt: er war kein naivharmloser »Apostel der Gewaltlosigkeit«. Seine aktive Gewaltlosigkeit war stets verbunden mit deutlicher Kritik an struktureller Gewalt. In einer von Gewalt bestimmten Gesellschaft forderte er eine »Revolution der Werte«. Er bestand auf Gewaltlosigkeit, weil er in der Durchbrechung des Gewaltzirkels eine unverzichtbare Bedingung für Selbstbefreiung und gesellschaftliche Versöhnung sah.

Die Glaubenstraditionen der »schwarzen Kirchen« in den USA gaben King die Kraft, gegen alle Todesdrohungen und Erfahrungen des Scheiterns an seinem Traum eines geschwisterlichen Zusammenlebens im »Haus der Welt« festzuhalten. Die Hoffnung auf Freiheit, das Streben nach sozialer Gerechtigkeit, der Glaube an die erlösende Macht unverdienten Leidens und die gemeinschaftsstiftende Kraft christlicher (Feindes-)Liebe sind Kennzeichen dieses christlichen Erbes. King berief sich in seinen Reden und Aktionen vor allem auf das biblische Zeugnis von der Gottesebenbildlichkeit und Würde eines jeden Menschen, auf die Exodus-Tradition, auf die Sozialkritik der alttestamentlichen Propheten und auf die Jesus-Tradition.

In der Parteinahme für Leidende und Unterdrückte wurde King zum Anwalt einer versöhnten Weltgesellschaft, die rassische, religiöse, nationale und wirtschaftliche Grenzen überwindet.

Lesehinweis: M.L. King, Testament der Hoffnung, Gütersloh ^{5}1989 (GTB 79)

Heinrich Grosse

Gestern war der Geburtstag von Bettine von Arnim (1785-1859)   5. *April*

Bettine von Arnim verkörpert die Widersprüche und Brüche ihres Jahrhunderts in der eigenen Person. Sie ist einerseits mit Phantasie und schöpferischen Fähigkeiten ausgestattet, andererseits mit scharfem Verstand, einem ausgeprägten Willen und Sinn für Realitäten. So bewegt sie sich zwischen der Hingabe und Zuwendung zu Menschen, die sie faszinieren und die sie verehrt (vgl. ihre literarischen Briefzeugnisse), und zu jenen, die Not leiden und von denen die ihr vertrauten Kreise kaum Notiz nehmen. Bettine spannt den Bogen ihres Lebens und Wirkens weiter, als das zu ihrer Zeit für eine Frau aus der gehobenen Bürgerschicht üblich ist. Als Frau eines begabten, aber schwierigen Mannes und Mutter von sieben Kindern bewältigt sie den ermüdenden Alltag fast allein, da ihr Mann meistens abwesend ist. Dabei versucht sie, ihre schöpferischen Quellen nicht versiegen zu lassen und ihre vielfältigen Kontakte über die Familie hinaus zu pflegen. Nie kommt ihre Sehnsucht nach einem erfüllten Leben zur Ruhe und nie wird ihr Hunger nach neuen Erfahrungen gestillt.

Bettine von Arnim wäre verkannt, wenn man ihr soziales und politisches Engagement für die Armen, die Aufständischen, die politischen Querdenker außer acht ließe. Gradlinig und freiheitsliebend tritt sie radikal und unbeugsam für das ein, was sie als notwendig und richtig erkannt hat, selbst gegen die Widerstände ihrer eigenen Familie. Die Beschränkung aufs Private, auf die geschlossene Welt der Familie ist ihr fremd, die Gängelung durch eine von der Kirche verordnete Moral und Glaubensweise lehnt sie ab. Im Bewußtsein, ihr Leben selber zu verantworten und über dessen Gestaltung frei zu entscheiden, kämpft sie vehement für die Verelendeten in ihrer Umgebung und für politische Veränderungen, die dem Volk zu Recht und Stimme verhelfen sollen.

Sprachgewaltig und mutig tritt sie den Herrschenden entgegen, bis zur Erschöpfung und zur Grenze ihrer Möglichkeiten leistet sie konkrete Hilfe. Bettines Engagement beschränkt sich nie aufs Reden, ihre Überzeugung zeigt sich vor allem im Tun:

Ich will nichts anderes von Gott, als daß mein Herz nicht zu Stein werde in meiner Brust, wenn er mich zum Werkzeug aussieht seiner unmittelbaren Barmherzigkeit! und daß die eigne Energie mir nicht fehle, selbständig zu wirken und zu handeln, wie es einem göttlichen Anregen entspricht. Ich will auch nicht feilschen und Bedingungen stellen; ich will mich ganz vergessen; wo Elend, Schmach und Verzweiflung sich mir entgegendrängen, da will ich höchste Gnade von Gott annehmen, diese lindern zu können! und will kein menschlich Urteil oder Gesetz mich darin beschränken lassen und immer weiter dringen in dieser großen göttlichen Eigenschaft der Barmherzigkeit, der Gnade, die unsterblich macht! Was wollen wir aber um ein Jenseits streiten, oder um Unsterblichkeit, wenn wir die Eigenschaften nicht haben, die der Unsterblichkeit wert sind!

Aus ihrem radikalen sozialen und politischen Einsatz wird sichtbar, aus welchen Quellen ihre Kraft gespeist wird und woher sie ihre gelebten Überzeugungen gewinnt: Bettine sucht für sich selbst Zuwendung und Liebe und ist bereit, diese andern zu geben. Trotzdem ist sie nicht problemlos in den Kreis der vielen, oft ihrer Schattenseiten beraubten Vorbilder einzureihen. Ihr Glaubensverständnis ist so widersprüchlich und eigenwillig wie ihre Persönlichkeit. Unstrittig sind jedoch ihr Mut und ihre Entschiedenheit, mit der sie versuchte, das Leben intensiv und umfassend auszuloten.

Lesehinweis: Ch. Bürger/B. Diefenbach (Hg.), Bettina von Arnim. Ein Lesebuch, Stuttgart 1987 (RUB 2690)

Gabi Häußler

6. April *Todestag von Albrecht Dürer (1471-1528)*

Dürer gilt als der größte und einflußreichste Renaissancekünstler seiner Zeit außerhalb Italiens. Er wurde als drittes von 18 Kindern eines aus Ungarn zugezogenen Nürnberger Goldschmiedemeisters geboren. Vor allem in seinen graphischen Arbeiten zur Passion Christi, zum Leben Marias und zur Apokalypse vereinigt er formvollendet das neu erworbene künstlerische Wissen und Können mit dem überlieferten mittelalterlichen Themenschatz. Der biblische Stoff wird nicht mehr bloß illustriert, sondern in eigenständige, aussagekräftige Bilder umgesetzt.

Dürer hinterließ bei seinem Tod etwa 1000 Zeichnungen, 350 Holzschnitte, 100 Kupferstiche und Radierungen sowie 125 Gemälde. Er verfügte nicht nur über eine schier unerschöpfliche Formenphantasie und Präzision, sondern ebenso über eine lautere Gesinnung, umfassendes Wissen, grüblerischen Ernst und eine tiefe Gläubigkeit. Er reiste gern und viel; das weitete seinen Horizont. Er war melancholisch und hatte doch Sinn für Humor. Er zeigte sich bescheiden, ohne den Stolz auf sein neugewonnenes Selbstverständnis eines unabhängigen und gesellschaftlich angesehenen Künstlers zu verleugnen. Was seine Zeit an künstlerischen und geistigen Anregungen bot, suchte er sich anzueignen: Humanismus und die Erneuerung des Christentums durch die Reformatoren; italienische und niederländische Kunstauffassungen; Kunsttheorien und -praktiken; die Vielfalt der Erscheinungen, seien sie bäuerlich oder kaiserlich, im kleinsten Rasenstück wie im himmlischen Glaubensgeheimnis der Dreifaltigkeit.

A.D. – so signierte er alle seine Werke – war in der spätmittelalterlich-katholischen Frömmigkeit aufgewachsen und hielt an ihr bis an sein Lebensende fest – trotz deutlicher Sympathien für Martin Luther, »des christlichen Mannes, der mir aus großen Ängsten geholfen hat«, und trotz flammender Worte gegen die römische Kurie in seinem niederländischen Reisetagebuch von 1521.

Im Alter von 51 Jahren (1522) hat Dürer sich selber als »Schmerzensmann« gezeichnet, müde, erschöpft und von Leiden geprägt. Die Identifikation mit der Christusgestalt hat ihn aber auch schon in jungen Jahren bewegt. Als 28jähriger (1500) stilisierte er sich selbst in Erinnerung und Anlehnung an die Christusporträts der Tradition. Indem er seine Gesichtszüge denen Christi angleicht, legt er ein künstlerisches Glaubenbekenntnis ab:

Gott ist geehrt, wenn in Erscheinung tritt, daß er einem Geschöpf, dem solche Kunst innewohnt, solche Einsicht (Vernunft) gegeben hat.

Franz Winzinger hat Dürers Selbstbildnis in München von 1500 mit einem Formengerüst versehen, das aus den geometrischen Grundfiguren Kreis, Dreieck und Quadrat besteht und das in gleicher Weise bei früheren Christusbildern, etwa von Giotto oder Jan van Eyck, nachzuweisen ist. Die Symbolik dieser Grundformen führt an das Geheimnis Gottes nach mittelalterlicher Sichtweise. Zugleich sollten die von ihnen abgeleiteten Maße die aller Erscheinung zugrunde liegende absolute Schönheit sichtbar machen.

Lesehinweis: E. Panofsky, Das Leben und die Kunst A. Dürers, München 1977
Günter Lange

Todestag von Johann Hinrich von Wichern (1808-1881)

7. April

Angesichts der übergroßen Not in der damaligen sozialen Unterschicht rief im Jahr 1848 Johann Hinrich Wichern die evangelische Kirche zur praktischen Nächstenliebe und damit zur »Inneren Mission« und diakonischen Tätigkeit in der Gesellschaft auf:

Es tut eines not, daß die evangelische Kirche in ihrer Gesamtheit anerkenne: »die Arbeit der inneren Mission ist mein!«, daß sie ein großes Siegel auf die Summe dieser Arbeit setze: die Liebe gehört mir wie der Glaube.

Wichern war ein Theologe mit vielfältigem sozialen Engagement. Um dem sozialen Elend in seiner Heimatstadt Hamburg zu wehren, gründete er dort das »Rauhe Haus«, ein Rettungshaus für gefährdete Kinder, die nun in kleinen Gemeinschaften erzogen wurden. Dabei betonte Wichern – ungeachtet der strengen Moral im Rauhen Haus – auch die pädagogische Bedeutung von Individualität und Freiheit. Er interessierte sich – damals bemerkenswert! – gezielt und systematisch für empirische, konkrete Fakten, für »Tatsachen« der krisenhaften sozialen und kirchlichen Lage. In seiner Rede von 1848, auf dem Wittenberger Kirchentag, trug er die Aufgabe der Diakonie und sozialen Fürsorge der Kirche als ganzer an: Die Kirche müsse zur »Praxis« und »rettenden Liebe« finden und eine »große Akademie der evangelischen Liebe« werden. In diesem Sinn deutete Wichern auch den im 19. Jahrhundert geprägten Begriff der »Volkskirche«: Die Kirche soll »für« das Volk, gerade auch für die Benachteiligten, Schwachen und sozial Ausgegrenzten im Volk eintreten. In seinem Konzept einer inneren Mission werden soziale Anliegen – Volksbildung, Jugenderziehung, soziales Engagement – und die Evangelisierung des entchristlichten, kirchenfernen Volkes miteinander verknüpft.

Indessen: Sozialer Einsatz sollte nicht mit Evangelisierung und Rechristianisierung verquickt und soziales Elend darf nicht – wie bei Wichern – religiös-moralisierend interpretiert werden. So hoch Wicherns Lebenswerk als bleibende Grundlage der Diakonie in der evangelischen Kirche zu schätzen ist, ist andererseits die Problematik seiner Ansichten zu sehen. Politisch äußerst konservativ denkend, erschienen ihm Proletariat, die »Masse« des Volkes und die Arbeiterbewegung als moralisch heruntergekommen und atheistisch. Ihm schwebte das Leitbild einer patriarchalischen, ständischen Gesellschaft, eines christlichen Gesellschaftsorganismus' vor. Dieses Ideal bleibt vorneuzeitlich und rückwärtsgewandt. In einer problematischen Geschichtsschau hielt er Sozialismus und Revolution für einen Ausdruck des Reiches der Sünde im Gegensatz zum Reich Gottes. Das soziale Elend des Volkes resultiere aus dem Ungehorsam gegen die göttlichen Stiftungen von Staat, Familie, Kirche. Strukturelle Gründe der damaligen sozialen Verelendung wurden mit solchen Denkkategorien nicht erfaßt.

Dennoch: Die von Wichern aufgeworfenen Sachthemen – das Verständnis der Volkskirche; die Frage nach dem Standort der Kirche in der nachchristlichen, säkularisierten Gesellschaft; das Bemühen um eine diakonische Gestalt der Kirche – gewinnen gegenwärtig sogar neu an Dringlichkeit. Denn die volkskirchlichen Strukturen wie auch das System des Sozialstaats sind heute in tiefe Krisen geraten. Im Jahr 1973 unterstrich auch der damalige Bundespräsident Gustav Heinemann die Aktualität des diakonisch-sozialen Anliegens Wicherns von 1848: Weil die heutige Leistungsgesellschaft schwächere Menschen benachteilige, »schreit die Welt von heute nach Menschen, Gruppen und Organisationen, die aus eigenem Einfallsreichtum dort helfend tätig werden, wo eine an Gesetze und Weisungen gebundene Sozialarbeit des Staates nicht rechtzeitig wirksam werden kann oder versagen muß«. Der von Wichern gesetzte Impuls zur Diakonie und zu sozialem Denken hat also nach wie vor, gerade an den Rändern der Leistungsgesellschaft und jenseits der Möglichkeiten sozialstaatlicher Bürokratie, fortzugelten.

Lesehinweis: G. Brakelmann, Die soziale Frage des 19. Jahrhunderts, Bielefeld ^{5}1975, 119-141

Hartmut Kreß

8. April — Geburtstag von Ernst Michel (1889-1964)

Vielleicht war es dem 1889 in Klein-Welzheim am Main geborenen Ernst Michel nur deshalb möglich, wesentliche Inhalte des Zweiten Vatikanischen Konzils schon in den 20er Jahren unseres Jahrhunderts vorauszudenken, weil er kein professioneller Theologe war und in beruflichen und privaten Lebenszusammenhängen stand, die es ihm möglich machten, das katholische Milieu von außen wahrzunehmen. Bei seiner Tätigkeit an der noch heute im Rahmen der Universität Frankfurt/Main bestehenden »Akademie der Arbeit« erfuhr er in den konkreten Problemen und in der Kirchenferne der Arbeiterschaft unmittelbar den »Zerfallsprozeß einer überlebten Form christlichen Wirkens« und das Scheitern der »geschichtlich-restaurativen und christlich-naturrechtlichen Heilsmethoden«. In seinen Schriften, die von der Kirche zum Teil auf den Index gesetzt wurden, stritt er nicht nur gegen geschichtslose Theorien, abstrakte Wahrheitsansprüche und eine isolierende Individualpastoral, sondern meldete mit seinem Bemühen, die Heilsgeschichte in der konkreten Geschichte und das Gottesbekenntnis im religiös-politischen Handeln aufzuspüren, bereits das Paradigma einer »politischen Theologie« an:

Wenn Gott seinen Anspruch in dem mir zugesprochenen Weltbereich erhebt, so ist wirklich die Welt, diese *konkrete Welt gemeint, für die ich antworten, die ich verantworten soll auf Heilung eben dieser Welt hin. Die natürliche und geschichtliche Welt ist nicht in erster Linie Medium und Anlaß auf das individuelle Seelenheil hin, sondern die Rettung der Seele und ihre Bewährung ist zugleich zugeordnet dem Dienst an dem Heil der Welt: dem Kommen des Reiches Gottes, zu dem die Schöpfung berufen ist – »von Anfang an rief ich dich bei deinem Namen« – auf welches hin wir immerfort Verantwortung tragen. ... Alle Offenbarung zielt über das Heil der Einzelseele hinaus auf den Einsatz des Menschen* auch *in das Werk der Heilung und Einheiligung des Menschenvolkes, so daß alle echte christliche Welt-Verantwortung sich erweise als Ausrichtung auf das Reich Gottes. Und dies, obwohl das Reich nicht Menschenwerk ist und die Menschen nicht sagen können, dann und dann komme es, hier und dort sei es im Schwange, so und so sehe es aus. Der Mensch kann zwar durch sein Tun das Kommen des Gottesreiches nicht bedrängen, aber sein Tun kann – wie sein Beten – in Wahrheit auf das Reich ausgerichtet sein und vermag auf diese Weise – von Gott gesegnet und bevollmächtigt –, dem Kommen des Reiches wirksam zu dienen.*

Auf dem Hintergrund dieser Theologie plädiert Michel dafür, die moderne Welt nicht als Produkt des Abfalls vom Christentum rein negativ zu bewerten, sondern den Rückzug auf alte und untaugliche Rezepturen zu verhindern und den Blick für neue Möglichkeiten kirchlichen Wirkens in der Welt zu öffnen. Diese Möglichkeiten liegen nach seiner Meinung in einem als existentielles Verhältnis zu Gott verstandenen Glauben, der die Christen zu einem religiös-politischen Handeln in der Welt motiviert und befähigt. Dabei mißt Michel vor allem dem Laien, der die Sendung der ganzen Kirche in die Welt in besonderer Weise repräsentiert, eine Schlüsselstellung zu, die dieser aber nur erfüllen kann, wenn seine Mündigkeit in ihrer existentiellen, kirchlichen und politischen Dimension in Seelsorge und Bildung geweckt und gefördert wird.

Lesehinweis: B. Haunhorst, »Politik aus dem Glauben«. Zur politischen Theologie Ernst Michels, in: H. Ludwig/W. Schröder (Hg.), Sozial- und Linkskatholizismus. Erinnerung – Orientierung – Befreiung, Frankfurt/Main 1990, 101-129.

Josef Senft

Todestag von Dietrich Bonhoeffer (1906-1945)   9. April

Unter den evangelischen Theologen dieses Jahrhunderts nimmt Dietrich Bonhoeffer eine Sonderstellung ein: Vom Elternhaus her – der Vater war der langjährige Psychiater der Berliner Charité, Karl Bonhoeffer – hätte eine wissenschaftliche Laufbahn nahegelegen: als 24jähriger Privatdozent wäre er auch für sie bestens vorbereitet gewesen. Dennoch ging er, nachdem er 1933 die Kämpfe um einen klaren Kurs seiner Kirche gegen die Machtübernahme der Deutschen Christen in der Evangelischen Kirche Deutschlands verloren hatte, als Pfarrer nach London; seit 1935 übernahm er die Leitung eines illegalen Predigerseminars der Bekennenden Kirche, die sich inzwischen gebildet hatte; nach deren Erliegen stellte er seit 1940 seine ökumenischen Kontakte jener Widerstandsgruppe zur Verfügung, die durch seinen Schwager Hans von Dohnanyi im Abwehramt des Admirals Canaris gebildet worden war. Bonhoeffers Lebensweg und theologische Intentionen lassen sich mit einer brieflichen Aussage zusammenfassen, die er aus der Gefangenschaft 1944 an seinen Freund Eberhard Bethge sandte:

Ich habe in den letzten Jahren mehr und mehr die tiefe Diesseitigkeit des Christentums kennen und verstehen gelernt; nicht ein homo religiosus, sondern ein Mensch schlechthin ist der Christ, wie Jesus – im Unterschied wohl zu Johannes dem Täufer – Mensch war. Nicht die platte und banale Diesseitigkeit der Aufgeklärten, der Betriebsamen, der Bequemen oder der Lasziven, sondern die tiefe Diesseitigkeit, die voller Zucht ist, und in der die Erkenntnis des Todes und der Auferstehung immer gegenwärtig ist, meine ich. Ich glaube, daß Luther in dieser Diesseitigkeit gelebt hat.
Ich erinnere mich eines Gesprächs, das ich vor 13 Jahren in Amerika mit einem französischen jungen Pfarrer hatte. Wir hatten uns ganz einfach die Frage gestellt, was wir mit unserem Leben eigentlich wollten. Da sagte er: ich möchte ein Heiliger werden (– und ich halte für möglich, daß er es geworden ist –); das beeindruckte mich damals sehr. Trotzdem widersprach ich ihm und sagte ungefähr: Ich möchte glauben lernen. Lange Zeit habe ich die Tiefe dieses Gegensatzes nicht verstanden. Ich dachte, ich könnte glauben lernen, indem ich selbst so etwas wie ein heiliges Leben zu führen versuchte. ...
Später erfuhr ich und ich erfahre es bis zur Stunde, daß man erst in der vollen Diesseitigkeit des Lebens glauben lernt. Wenn man völlig darauf verzichtet hat, aus sich selbst etwas zu machen – sei es einen Heiligen oder einen bekehrten Sünder oder einen Kirchenmann (eine sogenannte priesterliche Gestalt!), einen Gerechten oder Ungerechten, einen Kranken oder einen Gesunden – und dies nenne ich Diesseitigkeit, nämlich in der Fülle der Aufgaben, Fragen, Erfolge und Mißerfolge, Erfahrungen und Ratlosigkeiten leben –, dann wirft man sich Gott ganz in die Arme, dann nimmt man nicht mehr die eigenen Leiden, sondern die Leiden Gottes in der Welt ernst, dann wacht man mit Christus in Gethsemane, und ich denke, das ist Glaube, das ist »Metanoia« (Buße, d.Vf.); so wird man ein Mensch, ein Christ (vgl. Jerem. 45!). Wie sollte man bei Erfolgen übermütig oder an Mißerfolgen irre werden, wenn man im diesseitigen Leben Gottes Leiden mitleidet?

Dieser Brief stammt vom 21. Juli 1944, Bonhoeffer wußte vom Mißlingen des Attentats auf Hitler. Als dann im September die Gestapo geheime Unterlagen des Widerstandskreises fand, ging es nur noch ums Überleben; doch in den letzten Kriegstagen wurden alle inhaftierten Widerständler auf persönlichen Befehl Hitlers umgebracht.
Der Lebensweg Bonhoeffers führte zu ungeheuren Beanspruchungen, aber auch zu wichtigen neuen Erkenntnissen. Erstere betrafen die Frage des rechten Handelns, für das man sich nicht einmal mehr auf sein Gewissen berufen konnte; denn Hitler zu töten, war und blieb Mord. Diesen jedoch zu unterlassen, führte nicht zu einem reinen, sondern allenfalls zu einem salvierten Gewissen; denn man ließ ein ungeheures Ausmaß an Unrecht weiterhin geschehen, ohne »dem Rad in die Speichen zu greifen«, was nach Bonhoeffers Meinung im äußersten Fall Aufgabe von Kirche und Christen war. Auf diesem Weg der Verschwörung gelangte Bonhoeffer zu neuen Erkenntnissen, daß nämlich die bisherige Zeit kulturprotestantischen Christentums abgelaufen sei, daß es nicht mehr mit dessen »Religion« weitergehen könne, sondern im christlichen Glauben neue Formen gesucht und gefunden werden müssen für einen Glauben von Menschen in einer religionslos gewordenen, mündig gewordenen Welt. Dies verstand er als »in der vollen Diesseitigkeit des Lebens« zu glauben.

Lesehinweis: D. Bonhoeffer, Widerstand und Ergebung (hrsg. v. E. Bethge), München ³1985 (Neuausgabe)

Ernst Feil

10. April   Todestag von Lorenz Werthmann (1858-1921)

Die Industrielle Revolution im 19. Jahrhundert bescherte bekanntlich nicht nur Fortschritt und Segen. Sie bewirkte eine radikale Veränderung der gesellschaftlichen Strukturen und der Lebensverhältnisse der Menschen in Europa. Sie führte schließlich zur Verelendung breiter Volksmassen und zur Entstehung einer neuen Klasse, der des Proletariats. Um mit den tiefgreifenden globalen Nöten fertig zu werden, bedurfte es in der Kirche und Politik Menschen der Tat. Ein solcher war Lorenz Werthmann. Er wurde am 1. Oktober 1858 in dem zwischen Bingen und Mainz gelegenen Städtchen Geisenheim geboren und studierte von 1877 bis 1884 Philosophie (Promotion 1880) und Theologie (Promotion 1884) im Collegium Germanicum in Rom. Hier wurde er 1883 zum Priester geweiht. Hier wurde er auch vertraut mit der südländischen Wesensart und Lebensauffassung, was ihn später als Hofkaplan des Erzbischofs von Freiburg (seit 1886) eine Vorliebe für die seelsorgliche und caritative Fürsorge für die italienischen Saisonarbeiter der Erzdiözese entwickeln ließ. Seine Sensibilität für die sozialen Probleme der Menschen verband sich mit einer hervorragenden organisatorischen Begabung und einem impulsiven, zupackenden Temperament. So war er die geeignete Persönlichkeit, um die zahlreichen Einrichtungen, Vereine und Verbände der katholischen Fürsorge organisatorisch zusammenzuführen; dadurch sollte ihre Arbeit im Kampf gegen das Elend der Massen politisch wirkkräftiger werden. Auf Werthmanns unermüdliches Treiben hin wurde auf dem zweiten »Caritastag« in Köln, am 9. November 1897, der »Caritasverband für das katholische Deutschland« gegründet. Seine Satzung bestimmte die Stadt Freiburg im Breisgau zum Sitz der Zentrale. Werthmann wurde der erste Präsident. Es gab kaum eine Not im damaligen Deutschland, deren Linderung und Bekämpfung er nicht in das Arbeitsprogramm des Caritasverbandes aufgenommen hätte. 1916 kam es zur Anerkennung seines Verbandes durch die Deutsche Bischofskonferenz. Dadurch erhielt dieser die Festigung und Förderung, die er brauchte, um sich zu einem bedeutenden Partner auf dem Gebiet der freien Wohlfahrtspflege zu entwickeln:

Da die Caritas Mitarbeiterin bei der Heilstätigkeit der Kirche ist, muß sie auch die Eigenschaften der Kirche an sich tragen. Sie muß sein heilig in ihren Beweggründen, in ihren Zielen. Heilig muß ihr sein die Person des Armen, der Christi Stelle vertritt. Heilig muß sein das Werk, vollkommen in jeder Beziehung, denn Armendienst ist Gottesdienst. Katholisch muß die Caritas sein, allgemein, umfassend. Keine Not und kein Bedürfnis soll von ihrem mildtätigen Herzen ausgeschlossen sein. Um diese umfassende Tätigkeit ausüben zu können, bedarf es der dritten Eigenschaft, die Caritas muß einig sein. Die Caritas muß ein Apostolat des Wortes, der Tat, des guten Beispiels und der Schrift ausüben, um den Vereinen viele Herzen, Köpfe und Hände zuzuführen für ihre mannigfaltige Arbeit. Die Caritas muß, mit einem Wort, apostolisch sein.

Bezeichnend für Werthmanns Weitblick war sein beständiges Eintreten dafür, daß der sozial-caritative Dienst auf einer wissenschaftlich fundierten Grundlage geschah, d.h. daß die Mitarbeiterinnen und Mitarbeiter der Caritas eine solide Aus- und Fortbildung erfuhren. Ebenso beharrlich forderte er, daß ihre Tätigkeit für die Öffentlichkeit transparent werden solle; dadurch daß die Anliegen und vielfältigen Dienste der Caritas durch Publikationen und Veranstaltungen zur Diskussion gestellt wurden, erhielt sie auch ein politisches Gewicht. »Publizieren, studieren, organisieren« – das waren die von Werthmann häufig formulierten programmatischen Worte für die verbandlich organisierte Caritas. Sie stellen heute noch Leitideen für den Deutschen Caritasverband dar. Den organisatorischen Ausbau des Verbandes konnte Werthmann dank der Unterstützung der Bischöfe nach 1916 entscheidend vorantreiben. 1922, ein Jahr nach seinem Tode, hatten alle deutschen Diözesen ihren, dem jeweiligen Bischof unterstellten Diözesan-Caritasverband. Werthmann hat sich für sein Lebenswerk nicht geschont. Ebenso aber forderte er auch von seinen Mitarbeiterinnen und Mitarbeitern ein hohes Maß an Einsatzbereitschaft und Fachkompetenz. Sein heftiges, zugleich empfindsames Temperament machte die Zusammenarbeit mit ihm nicht einfach. Dennoch wurde er anerkannt und verehrt. Denn er lebte authentisch, was er von anderen erwartete: Aus einem kindlich-frommen Verhältnis zu Gott heraus machte er mit Herz und Verstand Ernst bei der Realisierung der christlichen Nächstenliebe.

Lesehinweis: Werthmann und die Caritas. Aufgegriffenes und Liegengelassenes der Verbandsgründung im Jahr 1897 (hrsg. v. M. Manderscheid/H.-J. Wollasch), Freiburg 1989

Mathias Hugoth

Geburtstag von Clara Fey (1815-1894)   *11. April*

Eine Frau, die schon 100 Jahre tot ist, Ordensgründerin, Lehrerin und reich war und die in ihrer Arbeit immer wieder von Männern (Priestern, Bischöfen, Regierungschefs) abhing – kann eine solche Frau für uns (vor allem für uns Frauen) heute überhaupt von Bedeutung sein?

Aachen um 1830 – eine Stadt im Umbruch der beginnenden Industrialisierung, gezeichnet von einer schweren Wirtschaftskrise und sozialem Elend: Explosionsartiger Bevölkerungsanstieg, katastrophale Wohnungsnot, Arbeitslosigkeit, Massenverarmung, menschenunwürdige Lebensbedingungen. Die meisten Kinder der unteren Bevölkerungskreise wuchsen ohne Bildung auf, viele lebten vom Betteln und Stehlen. Clara Fey, geboren am 11. April 1815 in Aachen, hatte schon früh einen offenen Blick für diese Not. Sie sah ihre Lebensaufgabe darin, den verwahrlosten, schutzbedürftigen Kindern zu helfen. 1837 eröffnete Clara, damals 22jährig, mit ihren Freundinnen Wilhelmine Istas und Leokadia Startz in der Pfarrei St. Paul in Aachen eine Armenschule für herumstreunende Kinder. 1840 wurde diese Unternehmung in den leerstehenden Räumen eines alten Dominikanerklosters erweitert. Dort erhielten die Kinder Pflege, Erziehung und Unterricht, damit sie ihrem unwürdigen Schicksal entrinnen konnten. 1844 gründete Clara unter Einsatz aller Kraft und ihres gesamten Vermögens ihr erstes Waisenhaus. Im selben Jahr entwickelte sich aus dem gemeinsamen sozialen Engagement eine religiöse Ordensgemeinschaft, deren Mitglieder gelobten, arm und in Gütergemeinschaft zu leben, ehelos zu bleiben um Christi willen und ihm gehorsam verfügbar zu sein im Dienste an schutzbedürftigen Kindern und Jugendlichen: »Schwestern vom armen Kinde Jesu« – ihr Name und ihr Lebensprogramm. Mutter Clara Fey wurde auch zur ersten Oberin ihrer Ordensgemeinschaft gewählt. 1850 durften die Schwestern die Profeß öffentlich ablegen. 1872 zählte die Gemeinschaft bereits mehr als 670 Schwestern und betreute rund 12.000 Kinder und Jugendliche. Es wurden Kindertagesstätten und Wohnheime gegründet, der Schulunterricht für finanzschwache Bevölkerungsgruppen erhielt eine spürbare Förderung.

1875 beendeten die Maigesetze Bismarcks das Wirken der Schwestern. Alle Orden, die sich dem Unterricht und der Erziehung widmeten, wurden des Landes verwiesen. Mutter Clara und ihre Schwestern mußten 1878 als Verbannte ihre Vaterstadt Aachen verlassen, das Mutterhaus wurde ins holländische Simpelveld verlegt. Die Ausweisung des Ordens führte zu einer Ausbreitung im Ausland: Die Schwestern verteilten sich auf Österreich, Frankreich, Belgien, Holland und England. Nach Beendigung des Kulturkampfes kehrten die ersten Schwestern nach Deutschland zurück. 1887 erreichte die Kongregation das Dekret der Bestätigung ihrer Regel aus Rom. Als Clara Fey 1894, 79jährig, starb, zählte ihre Gemeinschaft 1157 Mitglieder. Heute sind die »Schwestern vom armen Kinde Jesu« in vielen Ländern der Welt (auch der »Dritten Welt«) tätig.

»Manete in me et ego in vobis« – Bleibet in mir, dann bleibe ich in euch. – So lautete ihr Leitwort, auf dem sie ihre Spiritualität aufbaute und das sie als Vermächtnis an ihre Schwestern weitergegeben hat. In der Tat: Diese »kleine Frau mit großer Wirkung« kann mit ihrem Gottvertrauen, ihrer Standfestigkeit und ihrer Tatkraft uns heute ermutigen, auch gegen Widerstände unseren Weg zu gehen, unsere Vorstellungen zu verwirklichen und etwas zu bewegen.

Du hast zwei Augen, damit du das eine auf den Alltag und den Beruf richtest, und mit dem anderen Auge unverwandt auf Gott schaust. Du hast zwei Hände, um mit der einen Hand liebend zu dienen, und mit der anderen Hand dich an Gott festzuhalten. Du hast zwei Ohren, um mit dem einen ganz Ohr zu sein für die Bedürfnisse der Menschen, und mit dem anderen Ohr lauschend zu horchen auf deinen Herrn und Erlöser.

Lesehinweis: O. Claeßen, Clara Fey, in: J. v. Aretz/R. Morsey/A. Rauscher (Hg.), Zeitgeschichte in Lebensbildern, Bd. IV, Mainz 1980, 51-63

Regina Gröger

12. April   Todestag von Johann Adam Möhler (1796-1838)

Johann Adam Möhler wurde nach theologischem Studium in Tübingen und kurzer Seelsorgetätigkeit in Stuttgart 1823 mit der Lehrtätigkeit an der jungen Katholisch-Theologischen Fakultät Tübingen betraut. In seiner kurzen Lebensspanne, Möhler starb bereits 1838, hinterließ er doch für das Konzept der »Tübinger Schule« wichtige Prägungen.

Die große Botschaft Möhlers ist, daß der Mensch eins ist mit der Schöpfung Gottes. Einssein mit dem Universum ist zugleich das wahre Sein in Gott. Mit großer Leidenschaft erörterte er den für heute wichtigen und tröstlichen Gedanken, daß die gesamte Geschichte der Welt und der Menschheit »von einem das Ganze durchdringenden Grundgedanken, welcher alles trägt und begreifen läßt, auf welchen sich alles bezieht, der alles Einzelne zu einem wahren Organismus verbindet«, geprägt ist. Im Dialog mit dem Protestantismus formulierte er seine »Symbolik«, in der er leidenschaftlich darauf hinweist, daß alle »gleichsam nur einen Menschen bilden« und deshalb »alles große *nur* in Gemeinschaft gedeiht«. Die intensivere Verbundenheit der Menschen untereinander sieht Möhler nicht als zunehmende Versklavung, sondern als eine Befreiung zum Eigentlichen.

»Diese Erscheinungen, was deuten sie anders an, als eine wundervolle geheimnisreiche, nie genug zu enträtselnde Verschlungenheit des einzelnen Menschen und der Menschheit, so daß der Selbe destomehr sich selbst erfaßt, je mehr er im Ganzen sich zu verlieren scheint, und der Mensch nur in der Menschheit sich wiederfindet?« Christus ist der Inbegriff dieses mächtigen Vereinigungsgeschehens, »die Vereinigung aller ist sein großes Werk, seine Offenbarung«. Wer zu Christus gehört, gehört allen.

In der letzten Phase seines kurzen Lebens beschäftigte sich Möhler mit der Antwort auf die Frage »Was ist der Mensch?«. Die Größe des Menschen sieht er in der umfassenden Beziehung zu Gott. Theologie muß nach ihm *existentielle* Theologie sein. Erkannte Wahrheit, die lediglich abstrakte Vorstellung bleibt, ohne den Menschen willentlich zu ergreifen und ihn zu Handlungen anzustiften, bleibt unvollständig. Denken und Wollen müssen aufeinander bezogen werden. »Wollen, was man weiß, und wissen, was man will«, hängt umgekehrt damit zusammen, daß Erkenntnis ohne den Willen zur Veränderung unfruchtbar bleibt.

Daß Möhler seine christlichen Überzeugungen auch zu »erden« wußte, zeigt seine Korrespondenz mit Verwandten und Freunden. Am 4. Dezember 1833 schrieb er seinem kranken Vater, Bäcker und Gastwirt in Igersheim bei Mergentheim:

Lieber Vater!
Durch den Joseph habe ich betrübte Nachricht erhalten, daß Ihr seid einigen Wochen kränklich seid. Wir wollen zu Gott hoffen, daß er Euch die Gesundheit in Bälde wiedergeben werde; es ist jetzt eine selbst für ganz rüstige Menschen eine oft gefährliche Witterung; wird diese vorüber sein, dann wird wohl auch Eure Krankheit wieder verschwinden. Auch wißt ihr ja, wie der Christ, Drangsale und Leiden jeder Art zu betrachten hat: Als Prüfung in der Geduld und dem Vertrauen auf Gott, als Mittel, uns von allem Bösen zu läutern und uns immer mehr zur Einsicht zu führen, daß alle Güter dieser Welt vergänglich sind und unsere wahre Heimat im Himmel, nicht auf der Erde ist. Ohne Krankheit kommt der Mensch nur selten zum wahren und lebendigen Glauben an Gott, zur Erkenntnis seiner Sünden und zur innigen Reue und zum Schmerz über dieselben und so dann zum rechten Glauben an Christus, der das Opfer für unsere Sünden geworden ist. So hoffe ich denn, daß auch Eure Krankheit Euch zum Besten dienen wird und daß Ihr Gott dafür danken werdet, daß er sich Eurer erinnerte, um Euch desto fester mit sich zu verbinden. Laßt Euch auch öfters Stellen aus der Heiligen Schrift vorlesen oder leset selbst fleißig darin! ...
Zum Neuen Jahre wünsche ich das Beste und hoffe, daß Ihr die Krankheit im alten Jahre noch verlassen werdet. Zum Christkind schenke ich ein Porträt von mir. Auch der Mutter und den Schwestern wünsche ich alles Gute von Herzen. Lebet recht wohl in Unserem Herrn, der Euch alle für sich bewahren möge!

Euer ergebenster Sohn Adam

Lesehinweis: P.-W. Scheele, Johann Adam Möhler (Wegbereiter heutiger Theologie, hrsg. v. H. Fries u. J. Finsterhölzl), Graz 1969

Albert Biesinger

Gestern war der Todestag von Elisabeth Gnauck-Kühne (1850-1917)   *13. April*

Elisabeth Gnauck-Kühne wird 1850 als Tochter eines Juristen geboren; nach dem Examen als Lehrerin 1867 und der Tätigkeit als Hauslehrerin im In- und Ausland gründet sie 1875 eine Privatschule. 1888 heiratet sie – für Verwandte und FreundInnen überraschend – den Arzt Dr. Gnauck; die Ehe erweist sich in kürzester Zeit als äußerst schwierig und wird nach einem Jahr geschieden.

Nach dieser Zeit beginnt Elisabeth Gnauck-Kühne – zunächst als Gasthörerin – ein Studium der Volkswirtschaft und Sozialpolitik in Berlin; erst Jahre später erhält sie als erste Frau die Genehmigung zum ordentlichen Studium. Diese Erfahrung und die Tatsache, daß Gnauck-Kühne während ihres Studiums als Arbeiterin in einer Fabrik arbeitet, führen dazu, daß sie sich in zahlreichen Schriften sowohl mit der Situation der Frauen und der Frage des Frauenstudiums als auch mit der Situation der Arbeiterinnen und der sozialen Frage im allgemeinen intensiv auseinandersetzt. Als Protestantin bildet Gnauck-Kühne 1894 eine »Evangelisch-Soziale Frauengruppe« und gehört damit zu den Wegbereiterinnen des Evangelischen Frauenbundes; 1895 spricht sie als erste Frau auf einer Tagung des damals bedeutenden Evangelisch-Sozialen Kongresses über die soziale Lage der Frauen. 1900 konvertiert Elisabeth Gnauck-Kühne zum Katholizismus und engagiert sich fortan im katholischen Raum für die ihr schon zuvor wichtigen sozialen und Frauen-Fragen. In diesem Kontext wirkt sie intensiv im Katholischen Deutschen Frauenbund mit und wird somit auch zu einer Wegbereiterin der katholischen Frauenbewegung. Kennzeichnend für das Wirken Gnauck-Kühnes ist die Verbindung praktischer Erfahrung mit deren wissenschaftlicher Aufarbeitung und die Suche nach pädagogischen bzw. bildungspolitischen Wegen, wie die Situation der Frauen und deren Möglichkeiten, sich mit ihrer Realität auseinanderzusetzen, zu verbessern seien. Früh erkennt Elisabeth Gnauck-Kühne das – immer noch ungelöste – Problem der Doppelbelastung von Frauen durch Erwerbsarbeit und Familie, die »gesellschaftliche Arbeitsteilung«, die heute noch Frauenbewegung und SoziologInnen gleichermaßen beschäftigt. Sie fordert schon zu Anfang unseres Jahrhunderts die Unterstützung und Entlastung dieser Frauen durch die Gesellschaft, für die die Frauen lebensnotwendige Aufgaben übernehmen. Elisabeth Gnauck-Kühne stirbt 1917 an den Folgen einer Lungenentzündung.

Auch wenn heute die Zahlen und die Ursachen andere sind, hat das folgende Zitat nach wie vor Aktualität:

Die leistungsfähigen Jahre der überwiegenden Mehrzahl des weiblichen Geschlechts gehören dem Eheberuf. In den Altersklassen 30 bis 50 sind (rund) 77% verheiratet. Trotzdem kann die Ehe nicht als lebenslänglicher Beruf, geschweige denn als lebenslängliche Versorgung mit Sicherheit angesehen werden. Von 50 Jahren an ist die größere Hälfte des weiblichen Geschlechts wieder ohne Versorger ... Wie des Lebens Mitte der Ehe, so gehört die Jugend mit 66%, das Alter mit 25% der Erwerbstätigkeit. Zwischen Eheberuf und Erwerbstätigkeit, zwischen Abhängigkeit und Selbständigkeit wird das weibliche Geschlecht hin und her geworfen. Sein Leben ist dualistisch gespalten.

Lesehinweis: E. Gnauck-Kühne, Die deutsche Frau um die Jahrhundertwende, Berlin 1907

Henny Engels

14. April — Morgen ist der Geburtstag von Charles de Montalembert (1810-1870)

Charles de Montalembert, Sohn eines französischen, adeligen Emigranten und dessen englischer Frau, wird am 15. April 1810 in London geboren. Sein Großvater, überzeugter Protestant und Vertreter des englischen Liberalismus, übt einen prägenden Einfluß auf den jungen Montalembert aus. Er entscheidet, daß Charles erst im Alter von 20 Jahren frei zwischen den Konfessionen seiner Eltern wählen soll. Nicht die Zugehörigkeit zu einer der Kirchen, sondern die Verehrung Gottes und der Freiheit seien entscheidend für das Leben des Menschen. Eine Irlandreise wird für Montalembert zum Offenbarungserlebnis: Die Begegnung mit einer von der Staatsmacht getrennten, mittellosen Kirche des Volkes läßt ihn, der mittlerweile in die katholische Kirche eingetreten ist, die Mißstände der durch – napoleonisches – Konkordat an den Staat gebundenen Kirche Frankreichs erkennen (Ernennung der Bischöfe durch die Staatsmacht, Staatskatechismus, Treueeid der Priester, Verbot des kirchlichen Unterrichtswesens).

»Freie Kirche im freien Staat«: ungeachtet kritischer Stimmen seitens des französichen Episkopats und Roms wird Montalembert Zeit seines Lebens für die Trennung von Staat und Kirche, für Presse-, Versammlungs- und Unterrichtsfreiheit eintreten.

Angesichts der indifferenten, nichtchristlichen Gesellschaft Frankreichs gelte es, besonders die jungen Menschen zu religiösen, die Idee der Freiheit verteidigenden Persönlichkeiten zu erziehen. Diesen Auftrag müsse eine freie Kirche in freien Schulen wahrnehmen, um auf diese Weise einer Erneuerung des Katholizismus und der Gesellschaft den Weg zu bahnen. In vielbeachteten Reden kämpft er in der Pairskammer, deren Mitglied er seit 1831 ist, für diese Ziel.

So aber, meine Herren, wird es ein unvergänglicher Ruhm für die katholische Kirche und für die französische Kirche im besonderen seyn, daß sie ohn Furcht sich der Freiheit in die Arme geworfen, diesem in neuerer Zeit so wenig begriffenen Idole, das so viele falsche Propheten und so wenig wahre Gläubigen hat. Und die Freiheit selbst, die durch ihre Freunde wie durch ihre Feinde stets so compromittierte Freiheit, kann sie nicht Alles dabei gewinnen, wenn sie durch einen unsterblichen Verbündeten, den religiösen Glauben, der Seele des französichen Volkes eingepflanzt wird? Der Sieg der Kirche wird es aber seyn, daß sie diese Freiheit nicht zurückgestoßen hat und, ihres alten Glanzes, ihrer Güter, ihrer Privilegien beraubt, in dem Besitze der Freiheit allein Alles wiederzufinden hofft. Ja, meine Herren, dieser solidarische Zusammenhang zwischen der Kirche und der Freiheit ist die Grundbedingung ihrer Wirksamkeit und Lebenskraft unter uns. Und ich sage unsern Gegnern ohne allen Rückbehalt; die Überzeugung, die ihr heget, daß die Gewährung jener beiden großen und alten christlichen Freiheiten, der Freiheit des Unterrichts und der Freiheit der Assoziation, besonders der Kirche Nutzen bringen werde, diese Überzeugung und Wahrheit, die ihr ohne Unterlaß aussprechet, wird euch den Hals brechen und gleichzeitig die glänzendste Demonstration jenes Katholicismus seyn, dem ihr schon so oft die Leichenrede gehalten habet.

1850 erreicht Montalembert in der Durchsetzung des Loi Falloux die Unterrichtsfreiheit; die Trennung von Staat und Kirche erfolgt erst 1905.

Lesehinweis: H. Maier, Revolution und Kirche. Zur Frühgeschichte der christliche Demokratie, Freiburg ^{5}1988

Claudia Neyer

Todestag von Damian de Veuster (1840-1889)   15. April

Eine Vielzahl von Zufällen bestimmte das Leben des Joseph de Veuster aus Tremeloo in Flandern. Wie drei seiner älteren Geschwister will auch er der Kongregation »Von den heiligsten Herzen Jesu und Mariä« beitreten; Joseph fühlt sich nicht zum Kaufmann berufen, sondern er will Missionar werden. Und nachdem seine Eltern ihren anfänglichen Widerstand aufgegeben haben, bietet sich ihm dazu auch vorzeitig Gelegenheit, als sein Bruder kurz vor der Aussendung in die Mission erkrankt. Joseph, der jetzt mit Ordensnamen Damian heißt, bittet seine Oberen, ihn an Stelle seines Bruders zu schicken, obwohl er sein Theologiestudium noch nicht abgeschlossen hat und auch noch nicht zum Priester geweiht ist. Gegen alle Erwartung stimmen seine Oberen zu. Und so bricht Damian nach Hawaii auf.

Nach achtjähriger Pfarrertätigkeit in Kohala greift der »Zufall« 1873 erneut in sein Leben ein. Kurz zuvor nämlich hat die Regierung ein Gesetz erlassen, das die Absonderung aller Aussätzigen auf der einsamen Felseninsel Molokai vorsieht. Doch die einheimische Bevölkerung widersetzt sich heftig, denn die Menschen wollen ihre Kranken nicht allein lassen. Die Lepra wird zum nationalen Streitthema. Deshalb suchen auch die katholischen Missionare gemeinsam mit ihrem Bischof nach einer Lösung für die Seelsorge auf der »Insel der Verlorenen«. Niemand will aber auf Dauer dort tätig sein. Und so beschließt man, sich in der Seelsorge auf Molokai abzuwechseln.

Damian geht als erster. Weil aber die Öffentlichkeit ganz selbstverständlich davon ausgeht, daß er für immer auf Molokai bleiben wird, wird er in der Presse als »Held der Nächstenliebe« und »Vater der Aussätzigen« gerühmt. Damian steht plötzlich im Rampenlicht und gerät dabei zwischen alle Fronten: die protestantische Oberschicht beargwöhnt sein Engagement; und weder die Regierung noch die Kirchenoberen sind erfreut über Damians Bekanntheit. Dazu kommt, daß er kein Diplomat ist. Immer wieder eckt er an. Eigenwillig und aufbrausend fordert er immer alles auf einmal. Verständlich, denn Tag für Tag hat er das Elend »seiner Aussätzigen« vor Augen. Ihnen fühlt er sich verbunden; von Anfang an verzichtet er deshalb auch auf die üblichen Vorsichtsmaßnahmen, was freilich auch ihn ein hohes Maß an Überwindung kostet:

Es fiel mir schwer, mich an diese Atmosphäre zu gewöhnen. Eines Tages, während ich das Hochamt feierte, meinte ich ersticken zu müssen, und ich konnte mich fast nicht halten, hinauszuspringen, um etwas frische Luft einzuatmen. Allein der Gedanke an meinen Herrn vor dem Grab des Lazarus hielt mich zurück. Jetzt ist mein Geruchsorgan bereits abgestumpft, und es fällt mir nicht mehr schwer, in die verpesteten Wohnräume der armen Kranken einzutreten. Allerdings kommt mich noch hin und wieder ein Gefühl des Ekels an, besonders wenn ich die Beichte von Kranken hören muß, deren Wunden bereits voller Würmer sind, ähnlich denjenigen, welche die Leichen im Grabe verzehren ...

Für seine Kranken tut Damian alles. Er gibt ihnen nicht nur seelsorglichen Beistand, sondern baut mit ihnen Häuser und Waisenheime, legt Wege an, gründet ein Orchester und feiert mit ihnen zahlreiche Feste.

Dafür aber braucht Damian Geld. Und zwar mehr als ihm die Regierung bewilligt. Auch hier kommt ihm wieder der »Zufall« zur Hilfe: Ein anglikanischer Geistlicher liest in England einen Artikel über Damians Arbeit und ist begeistert. Er entschließt sich, über alle konfessionellen Vorbehalte hinweg, für Damian Spenden zu sammeln. Und er bleibt nicht der einzige nichtkatholische Gönner. So entwickelt sich aus christlicher Nächstenliebe am Ende des vorigen Jahrhunderts über die Kontinente und über den Argwohn der Oberen hinweg eine für die Zeit ganz ungewöhnliche ökumenische Zusammenarbeit.

Nach fast 25jähriger Missionstätigkeit stirbt Pater Damian de Veuster am 15. April 1889. 16 Jahre wirkte er auf Molokai bei den Aussätzigen, zu denen er sich vom Tag seiner Ankunft an auch selbst zählte. Immer sagte er: »Wir Aussätzigen«. Als aber tatsächlich seine Infektion festgestellt wurde, war er doch entsetzt. Mit der Zeit aber konnte er seine Krankheit auch innerlich annehmen und hat sie schließlich »als Werkzeug der Vorsehung« verstanden. Als »Werkzeug« der Vorsehung verstehen heute zahlreiche Menschen ihn, Damian de Veuster, selbst – und die zahlreichen »Zufälle« seines Lebens.

Lesehinweis: D. de Veuster, Beten sie für uns Aussätzige. Briefe der letzten Jahre (1885-1889). Mit einem Vorwort von Bischof Klaus Hemmerle, Nettetal 1990

Bernd Lutz

16. April   Todestag von Joseph Cornelius Rossaint (1902-1991)

Gerichtspräsident (mit erhobener Stimme): »Sie haben in der nationalsozialistischen Erhebung eine drohende Kriegsgefahr gesehen, ohne zu bedenken, welche Gefahren Sie durch diesen Defätismus heraufbeschwören«.
Angeklagter Rossaint: »Ich habe in einer Besprechung mit Jungkatholiken den Standpunkt vertreten, daß der Nationalsozialismus das Chaos bedeutet, weil er zum Kriege führt«.
Präsident: »Sie haben in vielen Äußerungen Ihrer Abneigung gegen den Nationalsozialismus Ausdruck gegeben, zum Beispiel: Die jungen Kräfte müßten zusammengehalten werden für den Fall einer plötzlichen Machtverschiebung«.
Rossaint: »Das ist möglich. Ich habe den Nationalsozialismus nur als eine vorübergehende Epoche aufgefaßt. Als Nachfolgerin in der Macht kommt die Kommunistische Partei Deutschlands in Frage. In ihr sah ich für den Katholizismus keine Gefahr wie im Nationalsozialismus. Ich habe mich dabei bemüht, die jungen Arbeiter und Erwerbslosen für die Kirche zurückzugewinnen«.
Am 29. Januar 1936 war der Kaplan Dr. Joseph Cornelius Rossaint direkt nach der Hl. Messe in Düsseldorf von der Gestapo verhaftet worden. Schon während seiner Kaplanszeit in Oberhausen hatte er sich besonders um die arbeitslosen Jugendlichen gekümmert und auch Kontakte mit Sozialdemokraten und Kommunisten nicht gescheut. Er war Mitglied des Friedensbundes Deutscher Katholiken und bis zu deren Zustimmung zum Ermächtigungsgesetz der Zentrumspartei. Seit Hitlers Machtergreifung hatte er an illegalen Flugblattaktionen teilgenommen. In einem propagandistisch gegen die Kirche geführten Schauprozeß, mit dem die Nazis sich für die Enzyklika »Mit brennender Sorge« Papst Pius XI. vom 14. März 1937 rächten, wurde Rossaint am 28. April 1937 vom Volksgerichtshof unter Roland Freisler wegen Hochverrats zur Höchststrafe von elf Jahren Zuchthaus und zehn Jahren Ehrverlust verurteilt. Bis zur Befreiung durch die Aliierten erlitt er die Haft in Remscheid-Lüttringhausen. Aus der Untersuchungshaft in Berlin-Moabit schreibt er an Weihnachten 1936 an seine Familie:

Bei mir ist heute bereits in manchen Punkten klar, warum die vergangenen Monate so laufen mußten, wie sie gelaufen sind, sollte manches Positive und Segensvolle überhaupt entstehen. Im allgemeinen gilt der Satz, daß jede Sorge, jedes Leid im weitesten Sinne ein Opfer ist. Das Opfer allein aber garantiert ein echtes Voranschreiten, so wie jedes Samenkorn erst sterben muß, damit neues Leben entstehen kann.

Rossaints Haltung verdeutlicht ein weiterer Brief: »Meine Lieben! Ich weiß, daß Ihr es mir nicht übel nehmt, wenn ich Euch gleich eingangs bitte, in Zukunft doch die vielen lobenden Äußerungen zu unterlassen. ...Ich bin deshalb dagegen, weil alles erstens halb so wild ist; zweitens mehr oder weniger selbstverständliche Pflicht; drittens verglichen mit der faktisch vorhandenen Not nichts; viertens weiß man nicht, wie der Herr darüber urteilt«.
Der kommunistische Haftgefährte Victor Weimer erinnert sich an Rossaints Zeit im Zuchthaus: »Er lebte, dachte und empfand wie wir. Und er sprach unsere Sprache. Und doch sahen wir in ihm den außergewöhnlichen Menschen. Durch seine Lauterkeit und die von ihm praktizierte wirkliche christliche Nächstenliebe rief er große Achtung und Anerkennung auch bei konsequenten Atheisten hervor«.
Als Kardinal Frings nach 1945 von Rossaint den Verzicht auf politische Betätigung und die teils freundschaftlichen Beziehungen zu Kommunisten verlangt, läßt er sich suspendieren. »Die Amtskirche hat es leider nie offiziell zu würdigen und einzugestehen vermocht, daß einer ihrer treuesten Söhne in der Nacht des Faschismus die unverwechselbaren Züge eines tapferen christlichen Bekenners angenommen hat«, urteilte ein Wegbegleiter. Rossaint arbeitet nun als Publizist. An den Gründungen der Freien Deutschen Jugend, des Bundes Christlicher Sozialisten und der Vereinigung der Verfolgten des Naziregimes ist er beteiligt. Bei den Demonstrationen gegen die Wiederbewaffnung der BRD, bei der Anti-Atomkriegskampagne sowie den Ostermärschen ist er aktiv. Er erfährt internationale Ehrungen. Als der Kölner Weihbischof Frotz Rossaint auf dem Sterbebett die Sakramente spendete, erkannte er: »Er ist bewußt innerlich Priester geblieben und hat auch so gelebt«. Im April 1991 schrieb Kardinal Meisner dem todkranken Rossaint die versöhnenden Worte: »Seien Sie gewiß, daß ich an Sie denke, für Sie bete und als Ihr Bischof hinter Ihnen stehe... In der Gemeinschaft unseres Priestertums grüße ich Sie in herzlicher Verbundenheit«.

Lesehinweis: K. Hiekisch, Joseph Rossaint, Berlin 1989

Thomas Kaut

Todestag von Juana Inés de la Cruz (1648-1695)   *17. April*

»Es ist beklagenswert, daß ein so großer Verstand sich von niederen Kenntnissen der Erde herabziehen läßt und nicht den Wunsch verspürt, die Geschehnisse des Himmels zu durchdringen.« Diese Sätze, geschrieben im November 1690 im kolonialen Mexiko, sind eine klare Drohung; ihr Verfasser zeichnet zwar als »Schwester Philotea«, ist aber in Wirklichkeit ein mächtiger Mann: der Bischof von Puebla; ihre Adressatin hingegen ist tatsächlich Ordensfrau, eine äußerst ungewöhnliche allerdings: Sor Juana Inés de la Cruz.

Geboren 1648 als uneheliche Tochter einer Kreolin, mußte sie ungewöhnliche Wege gehen, um gegen ihre Zeit sich der Leidenschaft ihres Lebens widmen zu können: der Dichtung und Wissenschaft. Äußerst intelligent und belesen, findet die Jugendliche die tiefe Zuneigung der Vizekönigin, schreibt barocke Gedichte, Lust- und Singspiele und studiert die verschiedensten Disziplinen, von Astronomie bis Musiktheorie. 1669 tritt sie in ein Hieronymitinnen-Kloster in Mexiko-Stadt ein, einem der wenigen Orte, an dem sie als Frau lesen und schreiben darf. Doch auch hier drohen »die Fallstricke des Glaubens«, wie Octavio Paz formuliert. Obige Warnung des Bischofs ist Reaktion auf eine Schrift, in der Sor Juana unter anderem über die menschliche Freiheit als Form der Liebe Gottes schreibt. Wohl wissend um die eigentliche Identität ihres Kritikers, läßt sich Sor Juana mit ihrer »Antwort an Schwester Philotea« drei Monate Zeit des Nachdenkens. In dieser ihrer letzten Schrift begründet sie das Recht der Frauen auf Studium, die Legitimität des Studiums »weltlicher« Wissenschaft neben der Theologie und beschreibt ihren unendlichen Wissensdurst. Kurz darauf verzichtet sie dennoch auf ihre Bücher, widmet sich der Krankenpflege und stirbt 1695 an Cholera.

Einmal erreichten sie es durch eine sehr fromme und sehr arglose Oberin, die glaubte, die Inquisition könne einschreiten, und mir verbot, die Studien weiter zu betreiben. Ich gehorchte ihr (ungefähr drei Monate dauerte ihre Aufsicht über mich) und nahm kein Buch in die Hand; überhaupt nichts zu lernen und zu erforschen jedoch vermochte ich nicht – es steht auch nicht in meiner Macht, es zu tun oder zu lassen. Und wenn ich auch nicht in Büchern studierte, so studierte ich in all den Dingen, die Gott erschuf, sie waren für mich die Buchstaben, und die Maschine des Alls war das Buch.

Nichts, war es auch noch so klein und plump, sah ich, ohne nicht in Nachdenken zu verfallen, nichts hörte ich, ohne nicht in Überlegungen zu versinken. Denn es gibt nichts Geschaffenes, so niedrig es auch sei, in dem nicht das »me fecit Deus« (Gott hat mich erschaffen, d.Vf.) zu erkennen ist, nichts, das nicht den Verstand in Erstaunen versetzt, wenn man es nur gebührlich betrachtet ...

Einmal sah ich zwei Mädchen mit einem Kreisel spielen, und kaum sah ich die Bewegung und Form des Kreisels, begann ich in meinem Wahn über die große Bewegung der sphärischen Form zu spekulieren und darüber, daß sich die Wirkung der einmal in Gang gesetzten Bewegung unabhängig von ihrer Ursache fortsetzt ... Damit jedoch nicht zufrieden, ließ ich Mehl bringen und auf den Boden sieben, um zu sehen, ob der sich drehende Kreisel mit seiner Bewegung vollkommene oder unvollkommene Kreise beschriebe. Ich entdeckte, daß er nur Linien in Spiralform hinterließ, die die Kreisform in dem Maße verloren, wie der Antrieb schwächer wurde.

Lesehinweis: J.I. de la Cruz, Die Antwort an Schwester Philotea, Frankfurt/Main 1991

Annegret Langenhorst

18. April   *Geburtstag von Karl Färber (1888-1979)*

Wenn Kirchenpolitik zur biographischen Katastrophe wird: Karl Färber wollte Priester werden, doch den »Antimodernisteneid« von 1908, der den Klerus von der »verschmitzten Menschenklasse der Modernisten« säubern sollte und dabei jeder wissenschaftlichen Exegese eine dumpfe Absage erteilte, wollte er nicht ablegen. Schließlich berief sich Färber gerne darauf, daß er aus derselben schwäbischen Pfarrgemeinde Röhlingen stamme wie der Gründer der Tübinger Theologen-Schule, Johann Sebastian Drey. Der junge Theologe aus gläubig-frommem Elternhaus konnte nicht schwören und verließ nach 16 Semestern als schon geweihter Diakon voller Depressionen das Priesterseminar. Trotz dieser Erfahrung: Die Theologie blieb Färbers fester Ausgangspunkt.

Er wechselte zur Presse und setzte dort sein fortschrittliches Denken eines Reformers ohne Radikalität um. Rasch wurde er dabei sicher in seinen Entscheidungen zu politischen und religiösen Fragen. Doch damit kam die nächste Katastrophe: Da er als Chefredakteur der »Augsburger Postzeitung« nonkonformistischen Meinungen im theologisch-kirchlichen Bereich zu viel Platz einräumte, mußte er das Blatt verlassen und wechselte aus dem konservativen Augsburg zur »Freiburger Tagespost«. Als er sich dort jedoch auch deutlich zu Wort meldete, wurde ihm von den Nationalsozialisten jede weitere Arbeit in der Tagespresse verboten: In dieser dritten Katastrophe stand der 48jährige mit Frau und zwei kleinen Söhnen fast mittelos. Aber er war seinem Denken treu geblieben, hatte publizistisch den Aufbrüchen in der Kirche, der liturgischen, biblischen und ökumenischen Bewegung den Weg bereitet. Unter anderem kirchliche Auftragsarbeiten waren es jetzt, die Färber die NS-Zeit überstehen halfen, in der er neben Reinhold Schneider zum Mittelpunkt des »Freiburger Kreises« wurde. 1948 begann Färber dann, als immerhin 60jähriger, sein eigentliches Lebenswerk. Im Verlag Herder verantwortete er als Herausgeber und Chefredakteur das Wochenblatt »Der christliche Sonntag«, das 1967 in »Christ in der Gegenwart« umbenannt wurde. Wie sehr er darin lebte, Theologie lebendig umzusetzen und eine Brücke vom wissenschaftlichen Denken zur breiten Öffentlichkeit zu schlagen, zeigt Färbers Einführung zur Gründung des Blattes:

Solche, die auch um der neuen Weltlage des Christenglaubens willen um vertieftes religiöses Ansehen sich mühen, die auf dem Weg dem »Vollalter Christi« entgegen aus der Ursprünglichkeit der Heiligen Schrift und dem lebendigen Reichtum der Liturgie sich nähren, über das »Praktizieren« und sichernde »Erfüllen der religiösen Pflichten« hinaus dem Gewinnen eines christlichen Herzens nachstreben – ihnen will hier im besonderen zu dienen versucht sein. Wir beginnen das in ganzer Demut, des steten eigenen Versagens bewußt, aber gemeinsam ringend und uns gegenseitig ermunternd und fördernd; in guter Kameradschaft mit allen, die in und mit unserer heiligen Mutter Kirche zum Ziel unterwegs sind.

Als Journalist verstand Färber sich immer als ein »Christ in der Gegenwart«, so sahen ihn auch andere. Auch wenn er sich wiederholt noch als »kleiner Redakteur« bezeichnete, wirkte sein Engagement, durchaus auch angefeindet, mit bei der Vorbereitung des Zweiten Vatikanischen Konzils an der Basis und verhalf neuen Formen des Glaubens zum Durchbruch. Dem Prediger auf der Kanzel müsse der Gläubige eben zuhören, der katholische Publizist dagegen habe seine Leser zu gewinnen, meinte er einmal. So schrieb er, immer bemüht um die Vermittlung zwischen der verdorrten kirchlichen Institution und dem aufbrechenden Glauben. Und schließlich kam Färber doch noch zu akademischen theologischen Ehren: Zum 70. Geburtstag 1958 erhielt er in Freiburg den Ehrendoktor. Und knapp ein Jahr vor seinem Tod verlieh das Land Baden-Württemberg dem Schwaben zum 90. Geburtstag – da schrieb er noch – den Titel eines Professors.

Lesehinweis: Ältere Jahrgänge des »Christlichen Sonntags« bzw. des »Christ in der Gegenwart«

Christoph Strack

Todestag von Philipp Melanchthon (1497-1560)   19. April

Unter den großen Reformatoren ist Melanchthon derjenige, den am stärksten ein pädagogischer Eros bewegt. Er vor allem ist es, der das Bemühen um Bildung zu einem Teil des protestantischen Erbes werden läßt. Schon in seiner Wittenberger Antrittsvorlesung von 1518 streicht der junge Gräzist heraus, »daß einer, der in der Theologie oder der Jurisprudenz etwas leisten will, wenig erreichen wird, wenn er nicht vorher seinen Geist in den allgemeinbildenden Fächern (»humanis disciplinis«) … mit Bedacht und zur Genüge geübt hat«. Auch nachdem er, wie er selbst später sagt, von Luther »das Evangelium gelernt« hat und das heißt in diesem Zusammenhang auch: die Relativität menschlichen Bildungsstrebens, läßt sich der Humanist Melanchthon in seiner Wertschätzung vor allem der sprachlichen Studien nicht irremachen. Die ausgiebige Beschäftigung mit den »humaniora«, der Welt der Antike, ihren Sprachen Griechisch und Latein, ihren großen Autoren und dem, was sich von ihnen über Grammatik, Rhetorik, Poesie und Geschichte lernen läßt, gilt ihm als Voraussetzung einer natürlichen Sittlichkeit, aber auch eines eigenständigen theologischen Begreifens des Evangeliums. Mit Schrecken sieht er, wie sich im Umkreis protestantischer Schwärmer die Überzeugung, daß das Evangelium unmittelbar ergriffen werden könne, mit einer Geringschätzung solcher Studien verbindet. Dem hält er sein »Lob der Beredsamkeit« (»Encomium eloquentiae«) entgegen, ein Plädoyer für die allgemeine, grundlegende, »klassische« Bildung.

Bei uns lebte ein Schwachsinniger, der gewöhnlich Holz in die Küche trug. Er riß immer aus den untersten Haufen die Stücke heraus, die nicht ohne große Anstrengung zu bewegen waren. Als man ihn fragte, warum er dies so handhabe, antwortete er, er wolle den schwierigsten Teil der Arbeit zuerst erledigen. Es leuchtetet ihm nicht ein, daß die obersten Hölzer leichter zu bewegen waren und wie sehr es darauf ankam, die einzelnen Stücke der Reihe nach wegzunehmen. Ihm scheinen mir all die zu gleichen, die, weil ihnen die sprachlichen Fächer lästig sind, gleich nach Höherem streben. Denn dadurch wird insgesamt die Lernarbeit vermehrt. Alles kostet sie mehr Mühe, weil ihnen in den Grundlagen der Schliff fehlt. Allmächtiger Gott, welche Nachteile hat doch diese Eile den Generationen vor uns gebracht! Alle Künste und Wissenschaften sind in den vergangenen Jahrhunderten von denen auf widerliche Weise verunreinigt worden, die Sprachen und schöne Literatur beiseite ließen und gleich wie die Schweine in die Rosen in die höchsten und wichtigsten Fächer eindrangen. Die Theologie wurde ganz und gar mit dummen und pietätlosen Problemen verschüttet.

Im Laufe der Zeit wird Melanchthon als der diesen in vieler Hinsicht optimal erglänzende Vertraute Luthers durch die Organisation der reformatorischen Bewegung immer stärker in Anspruch genommen. Er wird dadurch zunehmend auch in politische Aktivitäten hinein verwickelt und schafft sich dabei nicht nur Freunde. Es wird ihm sogar vorgeworfen, er verrate das Erbe Luthers. Ziemlich unbestrittene Anerkennung allerdings verdient der unter den Gelehrten Europas höchstrenommierte Melanchthon mit seinen Bemühungen um die Reform von Schulen und Universitäten. Hier kann er seine Ideale von der zwischen Glauben und Bildung herzustellenden fruchtbaren Koalition im Rahmen der gegebenen Möglichkeiten umsetzen.

Lesehinweis: Ph. Melanchthon, Glaube und Bildung. Texte zum christlichen Humanismus, Stuttgart 1989 (Reclam 6098).

Rudolf Englert

20. April Todestag von Tuiskon Ziller (1817-1882)

Im Anschluß an Johann Friedrich Herbart war es vor allem Tuiskon Ziller, der mit seinen Arbeiten die Pädagogik als angewandte Wissenschaft mehr und mehr durchsetzen half. Ziller arbeitete zuerst als Gymnasiallehrer in Meiningen (1842-1847), ehe er zunächst als Privatdozent (1853) und dann als Professor (1863) an die Universität Leipzig wechselte. Er war das Schulhaupt der sogenannten »Herbartianer«, die in der zweiten Hälfte des 19. Jahrhunderts das pädagogische Geschehen vor allem in den Volksschulen entscheidend bestimmten. Besonders große Auswirkung hatten sein Hauptwerk »Grundlegung zur Lehre vom erziehenden Unterricht« (1884) und die Gründung des Vereins für wissenschaftliche Pädagogik (1868).

Die Grundlage seiner Arbeit ist ein ethisch geprägter Reformwille: für Ziller ist die Pädagogik, »ebenso wie die Politik, ein Zweig der angewandten Ethik«. Unter dieser Voraussetzung muß Schule zuerst Menschenschule und nicht »Lese-, Schreib-, Rechen-, Katechismus-« oder irgendeine Art von Lernschule sein. Unterricht ist auf eine höhere Art von Bildung ausgerichtet, in deren Zentrum nicht intellektuelles Wissen, sondern die Person des zu Erziehenden steht.

Um diese Intention zu erreichen, soll der Schüler lernen, sich selbst zu helfen; er soll die Gelegenheiten und Wege kennen, sich weiterzubilden, und er soll die Hilfsmittel für das Denken und Tun zu gebrauchen wissen. Ein solcher erziehender Unterricht kann nur »veranstalten, nicht vollziehen lassen«, denn zur Selbständigkeit kann man nicht gängeln.

Eine wichtige Rolle für Zillers Konzept von erziehendem Unterricht spielt sein »Ideal der Persönlichkeit«; darunter versteht er die in einer Person realisierte »Liebe im christlichen Sinne«. Ziel des erziehenden Unterrichts ist es, »Tugend und Liebe« im Bewußtsein des Lernenden zu wecken:

Der Zielpunkt des Erziehungsunterrichtes liegt ... in der Reinheit der Gesinnung. Er liegt in einem idealen Jenseits, in das sich der Zögling hineinleben soll. Der Zögling soll, um ein Kind Gottes zu werden, einer idealen (nur in Christus, Gottes eingeborenem Sohne, vollkommen wirklich gewordenen) Person zustreben, deren Wert nicht darauf beruht, daß sie auch in die Erscheinungswelt eintreten und wirklich werden kann, ja die in der gewöhnlichen Wirklichkeit des Lebens sich immer nur höchst unvollkommen darstellt.

Von daher wird verständlich, daß Ziller neben Ethik und Psychologie die Religionswissenschaft als »dritte Hilfswissenschaft« in die Pädagogik einbezieht; er droht den Unterricht damit freilich auf religiöse und moralische Direktiven zu verkürzen. Die Verbindung von Religionslehre und Pädagogik wird auch in Zillers Auffassung vom Erzieher deutlich; dieser soll im erziehenden Unterricht anstreben, was er in persönlicher Reflexion als das Gute – im Sinne des göttlichen Willens – erkennt. Er soll sein fachwissenschaftliches Wissen dem pädagogischen Ziel (Persönlichkeit und Individualität des Schülers) unterordnen und »umbilden«. »Diesem Zwecke muß alles, was der Erkenntnis oder der Teilnahme des Zöglinges dargeboten, alles, wofür er geübt wird, dienstbar sein.«

Lesehinweis: T. Ziller, Grundlegung zur Lehre vom erziehenden Unterricht, Leipzig ²1884

Joachim Theis

Todestag von Anselm von Canterbury (1033/34-1109) *21. April*

Anselm ist ein »offizieller« Heiliger, ein Kirchenlehrer. Ist er nicht auch ein typischer »Kirchenheiliger«, einer, der die Interessen des Papsttums vertreten hat, dafür vom englischen König zweimal (1097 und 1103) in die Verbannung geschickt wurde und bei all dem die später zu allgemeiner Geltung gelangte Theologie der Scholastik entscheidend angeregt hat? Das Bild trügt. Es verrät nichts von den inneren Konflikten und Risiken, denen dieser Mensch an der Schwelle zu einer neuen Zeit sich ausgesetzt haben muß. Er hat es selbst offenbar deutlich empfunden, daß an dieser Schwelle vieles zurückgelassen und viel gewagt, daß streng geprüft werden muß, was nun weiterhilft. Er hat sich in bis dahin nicht gewagter Entschiedenheit auf die Vernunft eingelassen, wollte so glauben, daß er im Glauben zur Einsicht fand (»credo ut intelligam«) und gab manchen liebgewordenen Mythen – etwa in der Erlösungslehre – den Abschied. Er wollte verständlich machen, was die Christen glaubten; und so zeigte er etwa, wie genau Gottes Heilshandeln den »Plausibilitäten« entsprach, nach denen in einer feudal geordneten Welt Recht und heilvolle Ordnung aufrechtzuerhalten oder wiederherzustellen waren. Aber wird Gott mit dieser Form einer theologischen »Inkulturation« nicht zum Gefangenen sehr zeitbedingter Plausibilitäten? Es dokumentiert Anselms menschliche und geistliche Größe, daß er diese Frage zuließ und sich der Zwiespältigkeit seiner theologischen Methode nicht verschloß. Das wird besonders deutlich in einer spannungsreichen, ja geradezu antithetischen Formulierung seines »Proslogion«, der Gottesanrede:

Also, Herr, der Du die Glaubenseinsicht gibst, verleihe mir, daß ich, soweit Du es nützlich weißt, einsehe, daß Du bist, wie wir glauben, und das bist, was wir glauben. Und zwar glauben wir, daß Du etwas bist, über dem nichts Größeres gedacht werden kann (2. Kapitel). – Herr, Du bist also nicht nur, über dem Größeres nicht gedacht werden kann, sondern Du bist etwas Größeres, als gedacht werden kann (15. Kapitel).

Gott muß das Größte und Höchste sein, was man sich vorstellen – und denken – kann. Aber es ist ja nicht zu leugnen: Was die Menschen jeweils für das Größte und Höchste halten, wovon sie meinen, es müsse um des Größten und Höchsten willen sein, das ist doch immer noch allzu menschlich gedacht, auf Menschen-Lebensgröße »herunterdefiniert«. Und so muß Gott – wenn man sich theologisch nicht vorsieht – in die Rolle eines übermenschlich-allzumenschlichen Feudalherrn schlüpfen, der seine Liebe nur so zum Zuge bringen kann, daß er die Strafe, die das Menschengeschlecht verdient hat, seinen eignen Sohn treffen läßt. Anselm sieht sich vor: Gott ist größer als die Rolle, die ihm die jeweils herrschenden Plausibilitäten so schnell zudiktieren. Er ist größer als alles, was wir mit ihm aufgrund unserer geschichtlich-kulturell geprägten Lebenserfahrung wie selbstverständlich zusammenbringen. Er will unser Größtes und Höchstes sein; aber er will nicht verwechselt werden mit dem, was wir – unser Denken und Vorstellen – jeweils zum Größten und Höchsten machen. Er will, daß wir ihm als dem noch Größeren auf der Spur bleiben – und ihn finden im Kleinen und Elenden, im Niedrigsten, in unser aller Diener, der sich niedriger gemacht hat, als wir es denken oder es uns vorstellen können. Anselm hat »groß« gedacht von Gott; und er hat gewußt, daß er gar nicht groß genug von Gott denken kann. Das hat seine Existenz als »Kirchenlehrer« bestimmt.

Lesehinweis: Anselm von Canterbury, Proslogion, lateinisch-deutsch (hrsg. v. F.S. Schmitt OSB), Stuttgart-Bad Cannstatt ²1984 (Frommann's Studientexte 2)

Jürgen Werbick

22. April   *Geburtstag von Immanuel Kant (1724-1804)*

Am 22. April 1724 ist er als Sohn eines Sattlers geboren; und das Lexikon vermerkt, er sei in einem pietistischen Elternhaus aufgewachsen. So hat er wohl schon früh das pietistische Bemühen um Gottes- und Bekehrungserfahrung, das Streben nach einem »innigen« Gottesgefühl kennengelernt. Der Pietismus wollte sich mit dem »Kopfglauben« einer starren Orthodoxie nicht zufriedengeben. Glauben war für ihn das Ergriffensein des ganzen Menschen von dem Gefühl der Nichtswürdigkeit des Sünders vor Gott und des Trostes angesichts eines Gottes, der sich dem Sünder verzeihend zuwendet. Viele Kantaten Johann Sebastian Bachs, der ja Kants Vatergeneration angehörte, geben von diesem »Glaubensgefühl« Zeugnis. Es scheint, als habe Kant mit dem Pietismus, wie er ihn kennenlernte, ein ganzes Philosophenleben lang abrechnen müssen, oder vielleicht genauer: als habe er in vielen seiner Schriften die tiefe Zwiespältigkeit der pietistischen Gottesbeziehung auf den Punkt bringen wollen. Die »reine« Vernunft war sein Rückhalt gegen die Beliebigkeit und Subjektivität des Gefühls; die praktische Vernunft galt ihm als verläßliches Kriterium eines im alltäglichen Leben bewährten Glaubens. An den Forderungen der Vernunft und des Sittengesetzes darf der Glaubende sich nicht vorbeimogeln wollen, so als gäbe es ein unmittelbares Gottesverhältnis, das ihm den Gehorsam gegen Vernunft und Sittengesetz ersparte. Der folgende Abschnitt aus seiner Spätschrift »Die Religion innerhalb der Grenzen der bloßen Vernunft« (von 1793) bringt diese frömmigkeitskritische Absicht gut zum Ausdruck:

Der Mensch wendet sich gewöhnlicher Weise unter allen göttlichen moralischen Eigenschaften, der Heiligkeit, der Gnade und der Gerechtigkeit, unmittelbar an die zweite, um so die abschreckende Bedingung, den Forderungen der ersteren gemäß zu sein, zu umgehen. Es ist mühsam, ein guter Diener zu sein (man hört da immer nur von Pflichten sprechen); er möchte daher lieber ein Favorit sein, wo ihm vieles nachgesehen, oder, wenn ja zu gröblich gegen Pflicht verstoßen worden, alles durch Vermittelung irgend eines im höchsten Grade Begünstigten wiederum gut gemacht wird, indessen er immer der lose Knecht bleibt, der er war. Um sich aber auch wegen der Thunlichkeit dieser seiner Absicht mit einigem Scheine zu befriedigen, trägt er seinen Begriff von einem Menschen (zusammt seinen Fehlern) wie gewöhnlich auf die Gottheit über …

Man spürt diesem Text Kants Leidenschaft an: Der Glaube darf nicht verkommen zum Buhlen um die Gunst eines allzu menschlich vorgestellten absolutistisch-göttlichen Herrschers. Nicht Günstling soll der Mensch sein wollen, sondern »freier Bürger« im Reich der Freiheit und der Gerechtigkeit, das in Gott seinen gerechten und unbestechlichen Herrn hat. Als freier Bürger aber weiß der Mensch sich Gott verbunden im Wissen eines Gesetzes, das allen Menschen, ja allen Lebewesen in unüberbietbarer Weise gerecht wird, und an dessen konsequenter Befolgung vorbei es kein »Frommsein« geben kann.

Kant hat den Pietismus gewiß nicht bis in seine tiefsten Erfahrungen hinein verstanden. Aber bleibt seine Warnung vor einer privilegierten Günstlingsfrömmigkeit – vor einer Frömmigkeit, die das Gottfühlen über die praktischen Konsequenzen stellt – nicht auch in einer Zeit noch bedrückend aktuell, in der das Pathos des Gottfühlens die Differenziertheit des frühen Pietismus längst als typisch christliche Marotte abgetan hat?

Lesehinweis: I. Kant, Die Religion innerhalb der Grenzen der bloßen Vernunft, Hamburg 1978 (Philosophische Bibliothek Felix Meiner 45)

Jürgen Werbick

Geburtstag von Max Planck (1858-1947) — 23. April

»Nun sag, wie hast du's mit der Religion?« – *Wenn je ein schlicht gesprochenes Wort in Goethes Faust auch den verwöhnten Hörer persönlich erfaßt und in seinem eigenen Innern eine heimliche Spannung erregt, so ist es diese bange Gewissensfrage des um ihr junges Glück besorgten unschuldigen Mädchens an den ihr als höhere Autorität geltenden Geliebten. Denn es ist dieselbe Frage, die seit jeher ungezählte, nach Seelenfrieden und zugleich nach Erkenntnis dürstende Menschenkinder innerlich bewegt und bedrängt. Faust aber, durch die naive Frage etwas in Verlegenheit gebracht, weiß zunächst nur leise abwehrend zu erwidern:* »Will niemand sein Gefühl und seine Kirche rauben«.

Der große deutsche Physiker Max Planck, Max Planck, der geniale Vater der Quantentheorie, empfiehlt sich unserer Erinnerung als einer jener Naturwissenschaftler, deren herausragende und bahnbrechende fachwissenschaftliche Leistung vom lebenslänglichen Bemühen begleitet wurde, sich und anderen Rechenschaft zu geben über die erkenntnis- und wissenschaftstheoretischen Grundlagen sowie über die ethischen und kulturellen Konsequenzen der eigenen Arbeit.

Ein Brennpunkt der Aufmerksamkeit war für Max Planck dabei das Verhältnis von Wissenschaft, namentlich der Naturwissenschaft, und Religion, insbesondere der christlichen.

Gewiß, in der Zwischenzeit haben Naturwissenschaft und Naturwissenschaftler merklich an Reputation verloren. Ihr Image ist nicht unbedingt das eines »als höhere Autorität geltenden Geliebten«.

Zweifellos: anders als der verantwortungsbewußte Naturwissenschaftler Max Planck haben verantwortungsbewußte Naturwissenschaftler heute Mühe, eine »unablässig auf unanfechtbar sicheren Pfaden fortschreitende Naturerkenntnis« mit Stolz und Selbstbewußtsein wahrzunehmen. »Schritt für Schritt muß der Glaube an Naturwunder vor der stetig und sicher voranschreitenden Wissenschaft zurückweichen, und wir dürfen nicht daran zweifeln, daß es mit ihm über kurz oder lang zu Ende gehen muß«: Solche Sätze Max Plancks haben für uns an Stringenz und Plausibilität eingebüßt, und die Naturwissenschaft ist selbst zum Gegenstand einer Gretchenfrage geworden.

Dennoch unterscheidet sich bereits Plancks eigene Position deutlich von Fausts immerhin »ausführliche(r), mit aller Vorsicht und allem Zartgefühl vorgetragene(r) Antwort«. Denn er schreibt: Es »muß beachtet werden, daß hier der von Sinnenlust getriebene und mit Mephistopheles im Bunde stehende Faust das Wort hat. Ich bin sicher, daß der erlöste Faust, wie wir ihn vom Ende des zweiten Teils her kennen, auf Gretchens Frage eine etwas andere Antwort erteilen würde«.

Die Frage, »ob ein naturwissenschaftlich Gebildeter zugleich auch echt religiös sein kann«, hat Max Planck für sich persönlich positiv beantwortet, und er hat seine Gründe und Beweggründe anderen offengelegt.

Möglicherweise wollen oder können wir heute Plancks maßgeblich von der Figur kindlichen Vertrauens auf einen gütigen Vater, von der Sicherungs- und Trostqualität getragenes Religionsverständnis ebensowenig für uns selbst übernehmen wie Plancks Bestimmung des wissenschaftstheoretischen Status der Naturwissenschaften.

Des Erinnerns und des Nach-Denkens wert aber ist Max Planck in seinem ein langes Gelehrtenleben währenden Versuch, ohne Zorn und Eifer, aber mit hohem persönlichem Engagement, mit wissenschaftlicher Redlichkeit, doch nicht Borniertheit, und mit Sinn für das große Ganze, so verantwortungsbewußt wie menschlich bescheiden, den großen Fragen nicht auszuweichen, sondern sie sich und sich ihnen zu stellen.

Lesehinweis: M. Planck, Vorträge und Erinnerungen, Darmstadt 1965

Christoph Klemp

24. April Todestag von Peter Abaelard (1079-1142)

Abaelard, ein glänzend begabter Student der Philosophie und ein leidenschaftlicher Verfechter der dialektischen Methode, übertrifft bald seine berühmten Lehrmeister. Selbst in der Theologie, die er eigentlich gar nicht »ordentlich« studiert hat, verdient er sich schnellen Lorbeer. Die Folgen sind Neid und Mißgunst auf Seiten der Autoritäten, Hochmut und eine gewisse Trägheit auf Seiten Abaelards selbst: »Das Glück hat von jeher die Toren aufgebläht; die Sicherheit dieser Welt schwächt die Spannkraft der Seele... So ging es auch mir«. – In dieser Situation kommt es zu der berühmten Affäre mit seiner Schülerin Heloise. (»Unter dem Deckmantel der Unterweisung gaben wir uns ganz der Liebe hin.«) Als reifer Mann erzählt Abaelard diese Liebesgeschichte und ihre leidvollen Folgen: Heloises getäuschter Vormund läßt Abaelard entmannen, Abaelard und Heloise, die heimlich geheiratet haben, gehen ins Kloster, und vor allem Abaelard hat dort aus mancherlei Gründen viel zu erleiden. Die »Historia calamitatum Abaelardi«, die wohl bedeutendste Autobiographie dieser Zeit, ist der Anlaß für einen vor allem religiöse Fragen betreffenden Briefwechsel zwischen Abaelard und Heloise, der heute noch bewegend zu lesen ist.

Im siebten Brief dieser Korrespondenz versucht Abaelard seiner Heloise, die für ihn nunmehr nicht so sehr Gattin wie »Schwester in Christus« ist (Heloise fühlt in diesem Punkt anders), eine Herleitung der Frauenorden zu geben.

Jener erste und größte Apostel, der in Worten solche Standhaftigkeit gezeigt hatte, daß er zum Herrn sagte: "Ich bin bereit, mit dir ins Gefängnis und in den Tod zu gehen«; dem der Herr seine Kirche im besonderen anvertraut hatte mit den Worten: »Wenn du dich dermaleinst bekehrst, so stärke deine Brüder« – er schämt sich nicht, auf das Wort einer Magd hin seinen Herrn zu verleugnen. Und nicht bloß einmal tut er das, sondern dreimal hintereinander; während sein Meister noch lebt, verleugnet er ihn, und ebenso fliehen alle übrigen Jünger vor ihm, der noch lebt, zum gleichen Zeitpunkt in alle Winde; die Frauen dagegen lassen sich von ihm, auch nach seinem Tode, nicht trennen, weder geistig noch körperlich. Eine von ihnen, jene fromme Sünderin, spricht, indem sie den Toten noch sucht und ihn ihren Herrn nennt: »Sie haben meinen Herrn weggenommen«, und weiter: »Hast du ihn weggetragen, so sage mir, wo hast du ihn hingelegt, so will ich ihn holen«. Die Widder, ja vielmehr die Hirten der Herde des Herrn, sie fliehen: die Schafe halten mutig aus. Seine Jünger mußte der Herr unserer fleischlichen Schwäche wegen tadeln, denn sie vermochten selbst in seiner höchsten Leidensnot nicht eine Stunde mit ihm zu wachen. Die Frauen brachten an seinem Grab eine schlaflose Nacht unter Tränen zu und wurden gewürdigt, die Herrlichkeit des Auferstandenen zuerst zu sehen. Dem sie so treu waren bis in den Tod, sie haben ihm ihre Liebe, während er lebte, nicht mit Worten, sondern mit Taten bewiesen. Und von der Angst, die sie um sein Leiden und Sterben erlitten hatten, wurden sie zuerst befreit durch das Leben des Auferstandenen.

Man spürt: Abaelard geht es in diesem weit ausholenden Brief nicht nur um die Berechtigung von Frauenorden, sondern – weit darüberhinaus – um die Würde der Frau. In einer Epoche, in der die Frau weitgehend als sittlich inferiores Wesen angesehen wird, ist dies höchst ungewöhnlich. Nicht aber sein »Feminismus«, sondern sein neuartiger und ungewohnter Umgang mit Schrift und Tradition bringt ihn kirchlich in die Bredouille: Auf Betreiben Bernhards von Clairvaux verurteilt das Konzil von Sens (1140) 14 Thesen Abaelards als häretisch. Abaelard wird zu Publikationsverbot und lebenslanger Klosterhaft verurteilt. Wenig später, 1142, stirbt er.

Lesehinweis: P. Abaelard, Der Briefwechsel mit Heloisa (übers. u. hrsg. v. H.-W. Krautz), Stuttgart 1989 (Reclam UB 3288)

Rudolf Englert

Gestern war der Geburtstag von Vinzenz von Paul (1581-1660)   *25. April*

Bekannt geworden ist Vinzenz von Paul als »Vater der Armen«. Dabei zielt sein Lebensentwurf zunächst in eine völlig andere Richtung: Geboren als Bauernsohn im Südwesten Frankreichs soll der Priesterberuf ihn und seine Familie aus ärmlichen Verhältnissen in eine gesicherte Zukunft führen. Dieses Ziel verfolgt Vinzenz konsequent: Mit 19 Jahren wird er zum Priester geweiht. Vier Jahre später erwirbt er in Toulouse den Titel eines Bakkalaureus der Theologie. Danach verlieren sich seine Spuren im dunkeln. Eine abenteuerliche Legende berichtet, er sei auf einer Schiffsreise von Piraten überfallen und als Sklave nach Tunis verschleppt worden. Als er Ende des Jahres 1608 in Paris auftaucht, plagen ihn nach wie vor Geldsorgen, und sein Streben gilt unverändert einem halbwegs einträglichen kirchlichen Benefizium.

Erst die Begegnung mit Pierre de Bérulle führt zur Umorientierung, ja im Grunde zu einer Bekehrung. Vinzenz entdeckt nun seine eigentliche Berufung: Er lernt in den Armen Christus selbst zu begegnen und vor dem Elend der Menschen nicht länger die Augen zu verschließen. Obwohl die Möglichkeiten eines einzelnen angesichts der unvorstellbaren Not allzu gering erscheinen müssen, läßt er sich nicht abhalten zu handeln – gleichgültig, ob er einem Galeerensträfling, einem Findelkind, einem Bettler, einem verwahrlosten Jugendlichen, einem Kranken oder einem Flüchtling begegnet. Vinzenz läßt sich von jeder Not unmittelbar anrühren. Und so wird sein Leben fortan zu einer einzigen kraftvollen Auslegung des Schriftwortes: »Was ihr dem geringsten Menschen tut, das habt ihr mir getan« (vgl. Mt 25,31- 46). Für ihn sind nun die Armen »unsere wahren Herren«. Und deshalb muß selbst das Gebet unterbrochen und »Gott um Gottes willen« verlassen werden, wenn während des Betens ein Armer Hilfe braucht:

Gott, nur du läßt mich das Wort begreifen, das Jesus gesagt hat: »Sucht zuerst das Reich Gottes und seine Gerechtigkeit, so wird euch alles andere hinzugegeben.«
Du willst nicht, daß ich meine Arbeiten aufgebe und mich aus den Verpflichtungen dieser Welt löse, um nur an dich zu denken. Ich soll dich vielmehr in meinen Arbeiten suchen.

Deshalb will ich mein ganzes Tun mit dir in Verbindung bringen, um dich darin zu finden: in Glaube, Vertrauen und Liebe und in dem Verlangen, von deiner erbarmenden Liebe Zeugnis zu geben.

Früh erkennt Vinzenz, daß caritative Hilfe dauerhaft angelegt werden muß, und so gründet er verschiedene Kongregationen und religiöse Genossenschaften (in Deutschland bekannt sind z.B. Elisabeth-Konferenzen, Vinzentinerinnen, Lazaristen-Patres). Außerdem errichtet er Krankenhäuser und Findelheime. Er scheut sich auch nicht, seinen politischen Einfluß für sein Werk und gegen seine Kritiker und Spötter geltend zu machen. Die Quelle seines sozialen Engagements aber ist und bleibt sein Glaube.

Lesehinweis: Vinzenz von Paul, Worte des Erbarmens (hrsg. u. eingel. v. P. Otto Schnelle), Freiburg 1980

Bernd Lutz

26. April — Geburtstag von Ludwig Wittgenstein (1887-1951)

Ludwig Wittgenstein wird zu den größten Philosophen unseres Jahrhunderts gezählt. Dies zurecht, wenn man einschränkt: er wollte philosophieren, aber keinesfalls eine philosophische Lehre, gar ein System verfassen. »Die Philosophie ist keine Lehre, sondern eine Tätigkeit.« Unter dieser Forderung stand sein Denken schon früh, auch dort, wo seine Texte systematisch argumentativ aufgebaut scheinen, hat er sie doch als Behauptungen und Beispiele aphoristisch formuliert. Zwar schien ihm in wissenschaftlicher Rede die Beantwortung wissenschaftlicher Fragen durchaus möglich, doch damit seien, meinte er, »unsere Lebensprobleme noch gar nicht berührt«. Deshalb wollte er sich über die Grenzen der Philosophie aufklären, denn mit der Grenze des Wissens zeichnet die Philosophie gleichzeitig die Grenze des Nichtwissens nach. Es deformiert unser Denken, wenn wir über Unsagbares so reden, als ob es sagbar sei. Das ist die Hilfe, die Wittgenstein gewährt: wer ihn liest, soll in einen Spiegel blicken, in welchem er, der Leser, »sein eigenes Denken mit all seinen Unförmigkeiten sieht, und mit dieser Hilfe zurechtrichten kann«. Denn Philosophieren heißt »Arbeit an einem selbst«. So hat er unter ständigem existentiellen und reflektorischen Druck an sich gearbeitet. Während er den »Tractatus«, ein Buch über die Grundlagen der Logik, schrieb, stand er als Kriegsfreiwilliger an der österreichischen Ostfront des Ersten Weltkriegs und kämpfte buchstäblich um sein körperliches und sein geistiges Überleben. Nicht viel anders nach dem Verzicht auf seinen Anteil am Millionenvermögen der Familie während seiner Tätigkeit als Dorfschullehrer in Niederösterreich bis 1926. Askese und Fluchten in Einsamkeiten Norwegens oder Irlands kennzeichnen dann seinen Lebensstil als Professor in Cambridge. Schließlich, nachdenkend über Gewißheit, setzte er sich bis zum Tode einer Krebserkrankung aus.

Auch die Lehren der Religionen galten Wittgenstein als nur begrenzte Sprachspiele. Religiosität, die er anerkannte, läge im schweigenden Staunen, daß es diese Welt gibt, im »Mystischen« also, und im Glauben:

Glaube Du! Es schadet nicht. / Wenn der an Gott Glaubende um sich sieht und fragt »Woher ist alles, was ich sehe?«, »Woher das alles?«, verlangt er keine (kausale) Erklärung; und der Witz seiner Frage ist, daß sie der Ausdruck dieses Verlangens ist. Er drückt also eine Einstellung zu allen Erklärungen aus. – Aber wie zeigt sich die in seinem Leben? / Das Leben kann zum Glauben an Gott erziehen. Und es sind auch Erfahrungen, die dies tun; aber nicht Visionen oder andere Sinneserfahrungen, die uns »die Existenz dieses Wesens« zeigen, sondern z.B. Leiden verschiedener Art ... – das Leben kann uns diesen Begriff aufzwingen. / Die christliche Religion ist nur für den, der unendliche Hilfe braucht, also nur für den, der unendliche Not fühlt. Der ganze Erdball kann nicht in größerer Not sein als eine Seele. Der christliche Glaube – so meine ich – ist die Zuflucht in dieser höchsten Not. Wem es in dieser Not gegeben ist, sein Herz zu öffnen, statt es zusammenzuziehen, der nimmt das Heilmittel ins Herz auf. Wer das Herz so öffnet im reuigen Bekenntnis zu Gott, öffnet es auch für die Anderen. Er verliert damit seine Würde als ausgezeichneter Mensch und wird daher wie ein Kind. Nämlich ohne Amt, Würde und Abstand von den Andern. Sich vor den Andern öffnen kann man nur aus einer besonderen Art von Liebe. Die gleichsam anerkennt, daß wir alle böse Kinder sind.

Wir sind die Meinung gewöhnt, die Philosophie fange mit dem Staunen an. Für Wittgenstein entsteht umgekehrt Schweigen und Staunen erst dem, der durch das philosophische Denken hindurchgegangen und an dessen Grenze angelangt ist. Dort zeigt sich ihm das Unaussprechliche, das dem Denken, der Religion, der Ethik vorausgeht. Wenn Religionen argumentieren und Hermeneutik von Texten betreiben, geraten sie gleichfalls in Gefahr, dies für ihr Wesentliches und Ausschlaggebendes zu halten, und damit verfehlen sie den Glauben. Den Sprachspielen der Religion geht Glaubensgewißheit voran.

Lesehinweis: L. Wittgenstein, Über Gewißheit (Werkausgabe Band 8), Frankfurt/Main 1984 (stw 508)

Konrad Wünsche

Todestag von
Amalie Fürstin von Gallitzin (1748-1806)

27. April

Amalie Fürstin von Gallitzin (am 28. August 1748 in Berlin geboren) ist eine zentrale Figur im »Kreis von Münster«, der sich im Zusammenhang mit den Reformen des Freiherrn von Fürstenberg gebildet hatte. Dieser katholische Kreis erscheint aus heutiger Sicht als Moderator eines Zeitgesprächs zu philosophischen, religiösen und pädagogischen Fragen, der die Tradition des 18. Jahrhunderts und modernere geistige Bewegungen zu verbinden versuchte. Vor allem gesammelte Briefe und Tagebuchaufzeichnungen der Fürstin von Gallitzin lassen das Bild einer interessanten und – für ihre Zeit – erstaunlich selbstständig denkenden und lebenden Frau erkennen, die, zusammen mit Fürstenberg, eine neue Bildungswelt um sich versammelte. Sie lebte, getrennt von ihrem Mann, dem russischen Fürsten Dimitri von Gallitzin, mit ihren beiden Kindern in Münster und unterhielt einen regen Gedankenaustausch mit den geistigen Größen ihrer Zeit wie Goethe, Claudius und anderen.

Reformiert getauft und von der Mutter katholisch erzogen, wandte sie sich – wohl unter dem Einfluß Fürstenbergs – in ihrer Münsteraner Zeit verstärkt religiösen Fragen zu, die in ihrem Leben bisher eine untergeordnete Stellung einnahmen, und bekannte sich 1786 zur katholischen Kirche. Die Grundlage ihres Denkens wird ein betont orthodoxer Katholizismus, der aber – wie zu erwarten – nicht ohne eigene Prägung ist.

Die Einstellung des Fürstenberg-Gallitzin-Kreises bestimmten dogmatischen Aussagen der Kirche gegenüber ist recht vielsagend. So läßt die Fürstin in der Unterrichtung der Kinder bestimmte Teile des Katechismus einfach weg. Das Kapitel von der Dreifaltigkeit wird überschlagen, »weil es so verkehrt und so herzlos geschrieben war«. Und: »Nachher hatten wir im Katechismus den Artikel von der Hölle, den ich großenteils überging, und den Kindern zeigte, wie daß die unendliche Güte Gottes und unser bestes Bestreben mit einem reinen Willen uns diesen Artikel ganz unnütz und ohne Schwierigkeiten ließe«.

Die große Bedeutung des Liebesgedankens für ihre Religiosität und ihr Erziehungsideal, das sich stark an die Gedanken Rousseaus anlehnt, deuten sich im folgenden Zitat aus einem ihrer Tagebücher an:

Mein System, was ich auch von Jugend auf in der Erziehung meiner Kinder mir zum Grunde gelegt hatte, war, daß Zwang wohl sichtbare augenblickliche Wirkungen, Liebe allein aber Bewegungen ... hervorbringen könnte. Geliebtwerden gehört aber als ein notwendiges Requisit zur Efficacität dieses Mittels.

Lesehinweis: Der Kreis von Münster. Briefe und Aufzeichnungen Fürstenbergs, der Fürstin Gallitzin und ihrer Freunde, Sudhof, I-II, Münster 1962

Kathrin Frey

28. April — Geburtstag von Hermann Lietz (1868-1919)

Eine schillernde Persönlichkeit, ein bedeutender Reformpädagoge und ein moderner Religionspädagoge. Auffällig und komisch wirkt, wie er sich öffentlich präsentiert mit dem Pseudonym »Dr. Namreh Zteil« (für Hermann Lietz) oder wenn er seinem Hauptwerk den Titel »Emlohstobba« als Anagramm für Abbotsholme, einem Reforminternat an einer New School in England, gibt; dort hat er noch nicht Dreißigjährig die Anregungen für die Gründung der – wie er es schreibt – »D.L.E.H.« (Deutschen Land- Erziehungs-Heime) erhalten. Wie war er als Mensch, Lehrer und Theologe, und was hat ihn umgetrieben?

Gustav Wyneken, ein Mitarbeiter von Lietz und selber ein bedeutender Pädagoge, schreibt: »Im Kern seines Wesens war er etwas, was sich nicht lernen läßt: ein Bauer; mehr Bauer als mancher moderne Bauer von Beruf. Seine ›Mentalität‹ war durchaus – wie soll man sagen? – nicht bäurisch und auch nicht bäuerlich, sondern bauernhaft. Seine echte Verbundenheit mit der Scholle, das sich deutlich bekundende Gefühl der Überlegenheit des Landbewohners über den Städter, die ironische Einstellung zu städtischem Leben und städtischen Wertungen, ein Einschlag von Bauernschlauheit und Bauernvorsicht – das alles lag ihm im Blut. Er wußte dem in seinen frühen Programmen nicht anders Ausdruck zu geben als in der Forderung eines natürlichen, naturgemäßen Lebens im Sinne der ›Lebensreform‹ ... Lietz wollte kein ›Zurück‹ zur Natur, sondern ihn verlangte es, in seiner ihm angeborenen Natur und ihren Lebensbedingungen verharren zu können und den von ihm erwählten Beruf mit solcher Lebensreform zu verbinden«. Was inspirierte den »größten Pädagogen des modernen Deutschland« (Kurt Hahn) zur Vision einer ländlichen »Erziehungsschule«?

Seit Jahren ist mir mein Plan immer fester geworden mit der Zeit selber eine Schule zu gründen, die den Forderungen der Pädagogik (Hygiene etc.) entspricht, geistige, körperliche, praktische, moralische Erziehung verbindet, – und zwar auf dem Lande – am liebsten auf einer kleinen Insel oder Halbinsel, die ganz Schulgebiet ist. Hier auf Rügen oder um Rügen herum glaube ich mehrere geeignete Plätze zu kennen. Um der Leitung solcher Schule völlig gewachsen zu sein, werde ich nicht nur ... in England verweilen, sondern auch noch nach Frankreich gehen und einen Kursus für Turn- und Handfertigkeitsunterricht, respektive praktische Medicin in Berlin oder Leipzig durchmachen; u. ...98 würde ich mich genügend dazu vorbereitet glauben und mit meinem 30. Jahre den Versuch beginnen; denn wenn man noch älter geworden ist, verliert man die zu derartigen Unternehmungen nötige Kraft.

Seine hohen pädagogischen Ansprüche machen ihm allerdings auch zu schaffen; ihm fehlt eine Portion Selbstkritik; Spaß kann er nicht verstehen, vor allem nicht mit seinen angestellten Lehrern, die alle nicht an sein hohes Lehrerideal herankommen. Er verspottet sie gern als »Mietlinge« und »x-beliebige Lehrer«. Aus ganz lächerlichem Anlaß kommt es zu fürchterlichem Krach, so daß sich eine Konferenz schnell in einen Hexenkessel verwandelt. Dabei aber gehen ihm seine Schüler über alles. Ein ehemaliger Lehrer erzählt: »Die Jungen hatten eigentlich nur vor Lietz Respekt und behandelten die Lehrer mit souveräner Mißachtung. Als einmal in einer Konferenz ein Lehrer äußerte, gegen solche Ungezogenheiten hülfen nur noch Prügel, antwortete Lietz seelenruhig: ›Prügeln Sie doch‹, mit dem Unterton: *ich habe das nicht nötig. Er hatte es natürlich auch nicht nötig und tat es nur ganz ausnahmsweise.*« Der Lehrer ist nach ihm »Priester der Menschheit und Gottes im wahren Sinn des Wortes« – aus heutiger Sicht eine überzogene Rollenbeschreibung des Lehrers; sie zeigt aber, daß »Religion« und »religiöse Erziehung« für ihn mit dem gesamten Lebensvollzug verbunden sind:

Wir suchen Religion nicht vorzulehren, sondern vor- und mitzuleben. Nie dürfen unsere Zöglinge von uns Spott über heilige Dinge, nie Gleichgültigkeit oder Leichtnehmen gegenüber dem Schlechten hören oder schauen, sondern Ehrfurcht vor dem Heiligen, heilige Scheu vor dem Bösen, erbarmende Milde gegenüber der Schwäche, unendliche Hilfsbereitschaft für jeden. Jeden der Lehrer sollen sie das tun sehen, was Jesus seinen Jüngern und allen Menschen that: vergeben, helfen, bessern, heilen, trösten, ermutigen, lieben.

Sein Enfant-terrible-Habitus gehört als Schattenseite auch zu seinem religiösen Profil. Ein früherer Schüler charakterisiert Lietz als aufgeklärten Despoten und als Patriarchen: »Liebte man ihn? Viele sicher. Gefürchtet wurde er von allen.«

Lesehinweis: R. Koerrenz, Hermann Lietz. Grenzgänger zwischen Theologie und Pädagogik. Eine Biographie, Frankfurt/Main 1989

Roland Kollmann

Todestag von Catarina Benincasa (von Siena) (1347-1380)

29. April

Wer die Toscana bereist, wird die Stadt Siena als einen Höhepunkt erleben: bis heute von ihrem mittelalterlichen Stadtbild geprägt, ist sie im Abendlicht in warme, goldbraune Töne getaucht, die einen eigenartigen, fremden Zauber auslösen. Hier wurde 1347 Catarina Benincasa als 25. Kind einer bescheidenen, aber nicht armen Familie geboren. Mit ihr begegnen wir einer Frau, die im Spätmittelalter die faszinierende Spannung von Mystik und Politik lebt. Mit sechs Jahren soll sie ihre erste Vision gehabt haben. Statt, wie es der Wunsch der Eltern war, mit 12 Jahren zu heiraten, bleibt sie noch einige Jahre im elterlichen Haus und führt dort ein asketisch-meditatives Leben, bevor sie Terziarin des Dominikanerordens wird. Ihre mystische Theologie, die zeitlebens von der dominikanischen Tradition geprägt bleibt, stellt sie zusammen mit Brigitta von Schweden (+ 1373) und deren Tochter, Katharina von Schweden (+ 1381), in die mystisch gefärbte religiöse Frauenbewegung. In den 70er Jahren des 14. Jahrhunderts verbindet sie diakonischen Einsatz in der Pflege von Pestkranken mit politischem Engagement, das sich auf einen neuen Kreuzzug und auf die Reform der Kirche richtet. Vor allem aber ist sie leidenschaftlich an der Rückkehr der Päpste aus dem Exil in Avignon interessiert. Seit 1374 unterhält sie Beziehungen zu Papst Gregor XI. (1370-78), den sie 1377 ermuntert, nach Rom zurückzukehren:

Im Namen Jesu Christi des Gekreuzigten und der süßen Maria, Hochwürdiger Vater in Christo Jesu!
Ich Catarina, Eure unwürdige Tochter, Dienerin und Magd der Diener Jesu Christi, schreibe Euch in seinem kostbaren Blute; mit dem Wunsche, daß Ihr als ein mannhafter Mann Euch zeiget ohne jede knechtische Furcht, dem Beispiele folgend des guten und süßen Jesus, dessen Stellvertreter Ihr seid. ... Mein süßer Vater, ihr befragt mich wegen Eures Herkommens, und ich antworte Euch und sage Euch im Namen Christi des Gekreuzigten, daß Ihr kommen sollt, sobald Ihr nur könnt, kommt vor dem September, und wenn Ihr nicht früher könnt, so zögert nicht länger als bis zum September. Und achtet auf keinen Widerspruch, den Ihr etwa erfahret; sondern kommt wie ein mannhafter Mann und ohne jegliche Furcht. Und hütet Euch, so lieb Euch das Leben ist, mit einem kriegerischen Heer zurückzukehren, sondern kommt mit dem Kreuze in der Hand, wie das sanftmütige Lamm. So handelnd werdet ihr Gottes Willen erfüllen; aber wenn Ihr auf andere Weise kommt, werdet Ihr ihn übertreten und ihn nicht erfüllen. Freuet Euch, Vater! und frohlocket. Kommt, kommt!
Mehr sage ich nicht. Verbleibt in Gottes heiliger und süßer Huld. Jesu dolce, Jesu amore. Verzeiht mir, Vater, demütig bitte ich um Euren Segen.

Katharinas politisches Engagement ist, wie etliche ihrer insgesamt 381 erhaltenen Briefe, so auch dieser, bezeugen, von eher gefühlsbetontem als analytischem Denken bestimmt. Ihr Eintreten für den Nachfolger Gregors, den despotischen Papst Urban VI. erweist sich als wenig glücklich; es hat nicht dazu beitragen können, das große Schisma von 1378 in der Wahl eines Gegenpapstes, Klemens VII., abzuwenden. Als Katharina von Siena 1380 in Rom stirbt, hinterläßt sie ihre literarisch bedeutsamen Briefe an geistliche und weltliche Personen, Bücher und Gebete.

Lesehinweis: Katharina von Siena, Ausgewählte Texte aus den Schriften einer großen Heiligen, Düsseldorf 1981

Martina Blasberg-Kuhnke

30. April   Todestag von Pauline von Mallinckrodt (1817-1881)

Bei Menschen mit ausgeprägter Persönlichkeit und besonderem Charisma fällt es oft schwer, die Charakterzüge auszuwählen und herauszuzeichnen, die exemplarisch für das Besondere dieser Person stehen. Kennzeichnend für das Leben Pauline von Mallinckrodts ist ihre Offenheit für die Erfordernisse ihrer Zeit. In ihnen ortet sie den Anruf Gottes und die Erfüllung seines göttlichen Willens, der in einer im Umbruch begriffenen Geschichte häufig genug nur schwer umzusetzen ist:

Du mußt Gottes Willen nehmen und deinen eigenen Willen und mußt den Hammer des Mutes nehmen und beide zusammenschlagen. Dann steht auf der einen Seite Gottes Bild und auf der anderen deine eigene Schrift. Dann bist du etwas wert. – Ich will da stehen, wo Gott mich haben will und die Werke tun, die er von mir verlangt – klein und groß.

Am 3. Juni 1817 als Tochter einer katholischen Mutter und eines protestantischen Vaters geboren, wächst sie in einer Familie auf, die durch tiefe Frömmigkeit der Mutter und hohe religiöse Toleranz des Vaters geprägt ist. In der politisch-gesellschaftlichen Situation des Kulturkampfes und der Verelendung breiter Bevölkerungsschichten erkennt Pauline schon recht früh die Notwendigkeit sozialen Engagements, des Einsatzes für die Randfiguren der Gesellschaft. Anders als ihre Zeitgenossen Marx und Engels, denen es eher programmatisch um die Befreiung der Menschen und den Aufbau einer neuen Gesellschaftsordnung ging, geht Pauline ihren eigenen, viel handfesteren, direkt am einzelnen Menschen orientierten Weg: sie gründet 1849 die Kongregation der »Schwestern der Christlichen Liebe« und tritt mit ihr den Wettlauf gegen die soziale Not an. Auf das Wirken an und mit den Menschen vor Ort und in der Welt verpflichtet sie auch ihre Mitschwestern: »Schulen, Erziehungsanstalten, Kleinkinderbewahranstalten, den Unterricht, die Obsorge und den Dienst in den Waisenhäusern, Taubstummenanstalten, in Gefangenenhäusern, in Irrenhäusern, die Krankenpflege in Spitälern und in den Häusern der Armen und Reichen, – jedes Liebeswerk sollen sie freudig übernehmen, wenn Gott ihnen Gelegenheit dazu bietet ...«, wobei auch den Mitschwestern immer der Paulinische Wahlspruch klar sein muß: »In Gott können wir alles, aus uns nichts«.

Trotz der Wirren der Zeit und des Kampfes weltlicher Kräfte gegen die Kirche, die den Fortbestand der Kongregation stark gefährden, dehnt sie ihren Wirkungskreis bis in die Neue Welt hinein aus. Aber die Sorge um ihr Lebenswerk in einer schweren Zeit kostet Kräfte. Als der Kulturkampf durch die innere Uneinigkeit seiner Protagonisten zuende geht und für den deutschen Katholizismus erneut eine Zeit des Aufatmens beginnt, ist die Lebenskraft der 63jährigen erschöpft. Am 30. April 1881 stirbt Pauline von Mallinckrodt nach kurzer Krankheit in Paderborn. Die »Schwestern der Christlichen Liebe« tragen ihren Auftrag durch den Dienst in Bildung und Erziehung und die Sorge um Waisen sowie körperlich Gebrechliche bis heute fort. 104 Jahre später, am 14. April 1985 spricht sie Papst Johannes Paul II. selig. Dadurch weist sie als Vorbild christlicher Liebe und Nachfolge über ihre Zeit besonders auch in unsere von religiöser Indifferenz geprägte Zeit hinein und mahnt zu verstärktem Bekenntnis und tätiger Nächstenliebe.

Lesehinweis: A. Bungert, Pauline von Mallinckrodt, Schwester der Christlichen Liebe, Würzburg 1980

Johannes Soika

Geburtstag von Pierre Teilhard de Chardin (1881-1955) — 1. Mai

Als Pius XII. am 12. August 1950 in der Enzyklika »Humani generis« mit dem Untertitel »Über einige falsche Ansichten, die die Grundlage der katholischen Kirche zu untergraben drohen« der »Neuen Theologie« eine Absage erteilte, schrieb der mitbetroffene neunundsechzigjährige Jesuitenpater Teilhard de Chardin, Geologe und Paläontologe von Weltformat, auf dem Schloß Les Moulins seines Bruders in der Auvergne unbeirrt an seiner autobiographischen Skizze »Das Herz der Materie«. In diesem »gelebten Dokument« gibt sich Teilhard Rechenschaft darüber, wie sich durch sein ganzes Leben hindurch »die Welt allmählich entzündete, entflammte, bis sie schließlich um mich herum gänzlich von innen her leuchtend wurde ... Das habe ich im Kontakt mit der Erde erfahren: das Durchscheinen des Göttlichen im Herzen eines brennenden Universums«.

Gleichsam als autobiographische Beweisstücke in der Auseinandersetzung zwischen kirchlichem Lehramt und religiöser Erfahrung fügt Teilhard dem Text drei frühere Schriften bei, Schlüsseltexte seiner Erfahrung des Kosmischen Christus: »Christus in der Materie« (1916), »Die geistige Potenz der Materie« (1919) und »Die Messe über die Welt« (1923). Teilhard ist sich seines so fundierten Glaubens derart sicher, daß er am 25. August 1950 an Rhoda de Terra, die ihm in den letzten Lebensjahren zur Seite steht, schreiben kann:

Insgesamt fühlen sich die »Gläubigen« von einigem intellektuellen Format restlos verloren, wenn sie einer Reihe von Aussagen gegenübergestellt werden, die auf unsere moderne Erde wie aus einer lange verschwundenen Welt herabfallen ... Ich werde Ihnen später (im Gespräch) meine eigene Position erklären. Ich glaube, ich sehe, was die römischen Theologen wollen, und ich stimme mit ihnen überein. Doch ihre Anschauungen werden in der unmöglichsten Sprache ausgesagt. Doch bin ich sicher, daß die große Mehrheit der französischen intellektuellen Christen ebenso wie ich selbst reagiert. Die spaßigste Konsequenz des Aufnahmedogmas (über die leibliche Aufnahme Mariens in den Himmel, das am 1. November 1950 feierlich verkündet werden wird, d.Vf.) ist, daß die Fundamentalisten einfach durch seine Bejahung der Ansicht Ausdruck verleihen, daß das Dogma noch evolviert (da kein Wort darüber sich in der Schrift befindet): sie werden Evolutionisten wider Willen!

Die Reaktion Teilhards ist ein Lehrstück für den Umgang mit religiösen Institutionen. Diese sind nicht die Sache selbst: Sie stehen im Dienst an der religiösen Erfahrung des einzelnen. Kommt es zu Differenzen, ist Widerspruch im Namen der eigenen Erfahrung geboten. Sie bedarf, um sich ihrer selbst sicher zu sein, des Gesprächs mit Gleichgesinnten, mit der Tradition und Institution, auch mit Anders- und Nichtgläubigen: Rhoda de Terra war Nichtchristin, eine andere Frau, Ida Treat, der Teilhard vor allem in den zwanziger Jahren nahestand, war kommunistische Atheistin. – Religiöse Auseinandersetzungen sind nicht zuletzt ein Sprachproblem: Wie sag ich's mir selbst und wie sag ich's meinem Kinde? Dogmatische Formulierungen sind immer nur Annäherungen an das Geheimnis der Welt, wie auch die heiligen Texte der Weltreligionen und der Mystiker aller Zeiten ein zeitbedingter Niederschlag authentischer religiöser Erfahrung sind, der immer aufs neue gelesen und interpretiert werden muß – im Licht der eigenen Erfahrung.

Teilhards Erfahrung war die einer vom Göttlichen durchdrungenen, aber vom Menschen bedrohten Natur, von der wir ein Teil sind. Beide Erfahrungen zusammen haben bei Teilhard ein Engagement ausgelöst, das sich bis heute auswirkt, am wenigsten in der Institution der römischen Kirche. Für sie sind Theologie und Praxis im Geiste des Kosmischen Christus immer noch pantheistische Häresien.

Lesehinweis: P. Teilhard de Chardin, Das Herz der Materie, Olten-Freiburg 1990

Günther Schiwy

2. Mai — Todestag von Athanasios von Alexandrien (ca. 295-373)

In kaum einer Persönlichkeit der Kirchengeschichte konzentrieren sich die theologischen, kirchlichen und politischen Kontroversen des vierten Jahrhunderts so sehr wie in Athanasios von Alexandrien. Dieser hat in wichtigen Fragen kirchlichen Lebens und theologischer Lehre entscheidende Impulse gegeben. Doch das Urteil über ihn reicht vom »machtbesessenen Hierarchen« bis zum »fürsorglichen Gemeindehirten«. Wer war Athanasios?

Athanasios ist ein »Kirchenmann«. Geboren um 295 als Sohn christlicher Eltern, genießt er eine umfassende griechische Bildung und Erziehung. Er verkehrt in monastischen Kreisen und ist Schüler des hl. Antonios. Hieraus erklärt sich sein Hang zur Askese. Im Mittelpunkt seines Lebens steht der Streit mit Areios um die theologische Frage der Gottessohnschaft Jesu Christi. Diese Auseinandersetzung prägt das Konzil von Nikaia (325) und die nachfolgenden Jahrzehnte. Unzählige Diffamierungen, Verurteilungen, Verbannungen und Rehabilitierungen kennzeichnen diesen Streit. Athanasios selbst ist vom ständigen Wechsel zwischen Anerkennung und Ablehnung seiner Position, zwischen Einsetzung und Absetzung als Bischof betroffen, je nachdem, welcher theologischen Schule die weltlichen Herrscher näher stehen. Mehr als 17 Jahre seines Lebens verbringt er im Exil.

Ungeachtet zahlreicher Angriffe auf seine Person beweist Athanasios Charakterfestigkeit und Standhaftigkeit im Glauben. Er verweigert sich jeglichem Paktieren mit den Arianern ebenso wie der Unterwerfung unter den Kaiser. Einerseits bedeutet sein Verhalten Beständigkeit im Glauben. Sein Durchhaltevermögen wird zum Symbol der Rechtgläubigkeit und der unbesiegbaren Kirche. Die Distanz der Kirche zum Staat und damit die Idee der »Kirchenfreiheit« gegenüber einem weltlichen Herrscher sind sein Verdienst. Andererseits ist er bei der Durchsetzung seiner Überzeugung in bezug auf die Mittel nicht gerade zimperlich. Sein Verhalten wirkt daher oft skrupellos und selbstgerecht. Die Frage der Rechtgläubigkeit erhält für ihn zentrale Bedeutung, denn Glaube, Bekenntnis und Kirche fallen bei ihm zusammen. Wer sich gegen ihn stellt, gilt ihm als Ketzer.

Aber worum geht es in der Sache? Für Areios ist allein Gott Vater ewig, zeitlich früher als der Sohn. Es muß also eine Zeit gegeben haben, in der der Sohn nicht existiert hat. Das bedeutet, daß der Sohn ein Geschöpf des Vaters ist. Der Sohn ist dem Vater von daher nur wesensähnlich (»homoiousios«). Dagegen steht das Glaubensbekenntnis von Nikaia, das die Lehre von der ewigen Zeugung des göttlichen Wortes und seiner Wesensgleichheit mit dem Vater vertritt. Der Sohn ist mit dem Vater wesenseins oder wesensgleich (»homoousios«). Athanasios entwickelt die Theologie des Konzils von Nikaia weiter und bereitet inhaltlich das nächste Konzil vor. In der Verteidigung der Gottheit und Wesensgleichheit des Heiligen Geistes begründet er das trinitarische Dogma des Konzils von Konstantinopel (381):

Die Trinität ist also heilig und vollkommen, ihre göttliche Natur wird im Vater, im Sohne und im Heiligen Geiste dargetan, in ihr ist nichts Fremdes oder von außen Beigemischtes; sie besteht auch nicht aus Schöpfer und Geschöpf, sondern ist ganz schöpferische und bildende Kraft. Sie ist sich selbst gleich und ihrer Natur nach unteilbar, und ihre Wirksamkeit ist nur eine. Denn der Vater tut alles durch den Logos im Heiligen Geist.

Den »Sieg« seiner lebenslangen Bemühungen zu erleben, ist Athanasios nicht vergönnt. Als er im Jahr 373 stirbt, stehen seine Bemühungen vor dem Abschluß. Nicht nur dieses Durchhaltevermögen macht ihn zum »großen« Athanasios, sondern mehr noch seine theologisch spekulative Kraft. Er ist sicher ein Kirchenlehrer mit autoritärem Wesen, jedoch auch voller Güte und Verständnis für die Sorgen der Menschen.

Lesehinweis: Athanasius, Erster Brief an Serapion, in: Bibliothek der Kirchenväter, Bd. 13 (hrsg. von O. Bardenhewer/Th. Schermann/K. Weyman), München 1913, 400-451

Andreas Würbel

Friedrich von Hügel (1852-1925) — 3. Mai

Das Lebensprogramm von Hügels läßt sich in einer Äußerung anläßlich des Erscheinens der Enzyklika »Providentissimus Deus« (1893) finden, wo er sagt, er glaube »mit der Endgültigkeit des Glaubens an die katholische Kirche, und mit der moralischen Gewißheit der normalen menschlichen Überzeugung an die Grundprinzipien und die notwendigen Ergebnisse der historischen und der kritischen Methode«. Zeit seines Lebens war von Hügel ein treuer Anhänger der katholischen Kirche, obwohl diese Treue durch päpstliche Lehrentscheidungen, vor allem durch die Enzyklika »Pascendi«, auf eine harte Probe gestellt wurde; auch seine engen Freundschaften mit Verfechtern des sogenannten Modernismus (Loisy, Tyrrell), denen es um eine Erneuerung der Kirche ging, wurden dadurch sehr belastet. Von Hügel versuchte immer wieder, in diese harten Auseinandersetzungen vermittelnd einzugreifen und zu retten, was überhaupt noch zu retten war. Aber er konnte weder Loisy noch Tyrrell vor der Exkommunikation bewahren. Wegen seines unermüdlichen, vermittelnden und ratgebenden Wirkens wird von Hügel oft als »Laienbischof der Modernisten« und als deren »Verbindungsoffizier« bezeichnet. Den Teilnehmern des Treffens von Molveno im August 1907, die zusammenkamen, um sich wegen ihnen drohender kirchlicher Strafmaßnahmen zu beraten, blieb von Hügels Abschiedsrede unvergeßlich. Er ermunterte seine Freunde zum Gebet und zur Beharrlichkeit, gab ihnen den Rat, in der Öffentlichkeit Zurückhaltung zu üben und legte ihnen immer wieder ans Herz »Wir wollen beten und wir wollen uns vorbereiten«. Seine Rede ließ alle an die Abschiedsrede des Paulus vor den Ältesten in Ephesus denken.

Ausgangspunkt der Theologie von Hügels ist der Mensch und seine Erfahrung der Geschöpflichkeit. Dabei zeigt er, daß in, mit und im Gegensatz zu den Erfahrungen eines Menschen immer auch bereits ein anderes, ein Gegenüber erfahren wird, das dem Menschen die Erfüllung seines Suchens verheißt. Der Mensch ist in seiner Erfahrung immer schon auf das Unendliche verwiesen; er ist auf eine ihm begegnende und widerfahrende personale Unendlichkeit hin angelegt.

Für von Hügel hat jede theologische Diskussion mit der Frage nach dem Menschen und den Möglichkeiten seiner Personwerdung zu beginnen; die Entwicklung zur Person, zu deren Konstituierung stets neue, fremde, widerstrebende und sich sperrende Elemente zusammengefügt werden müssen, charakterisiert er mit einem Beispiel:

Haben Sie schon einmal Frösche gehalten? Wenn nicht, tun Sie es doch!...Füttern Sie sie mit Heimchen und geben Sie acht, was sie tun. Der Frosch packt ein hartes, langes, dünnes Heimchen und zwingt es kämpfend seinen Schlund hinunter... Der Frosch klopft seinen weißen Bauch von allen Seiten, bis er das Heimchen, das endlich durch die Verdauungssäfte getötet wurde, in rechte Übereinstimmung mit seinem Inneren gebracht hat. Ich bitte Sie nun, sich aufzumachen, und so gut Sie können, eine Menge von geistlicher Nahrung, die zuerst unbequem quer zu Ihrem Geist liegen wird, zu ergreifen und zu verdauen. Haben Sie Geduld. Bevor wir zum Ende kommen, hoffe ich, die Lage erheblich zu erleichtern. Wir werden unseren Verstand klopfen, und die Nahrung, die am Anfang so sperrig war, wird, wie ich glaube, ihren rechten Ort finden und uns wirklich nähren. Keine Nahrung kann uns richtig nähren, ohne daß beträchtliche Reibung und Spannung erzeugt und überwunden werden.

Person umfaßt Einheit und Reichtum, Allgemeingültigkeit und Fülle. Person wird durch Erfahrungen, die immer auch ein Risiko bergen, weil mit ihnen auch immer das erkennende Subjekt auf dem Spiel steht. Jedoch kann nur das, was sich sperrt und quer legt, nach diesem Verständnis Erfahrung im umfassenden Sinn vermitteln und so zur Personwerdung beitragen.

Lesehinweis: P. Neuner, Religion zwischen Kirche und Mystik, Frankfurt/Main 1977

Erwin Dirscherl

4. Mai — Geburtstag von Johann Friedrich Herbart (1776-1841)

Wer sich vergewissern will, wie Herbart über die Erziehung zur »Charakterstärke der Sittlichkeit«, zur moralischen und religiösen Bildung der Kinder dachte, tut gut, von seinem »Umriß pädagogischer Vorlesungen« (1835) auszugehen: »Es ist nötig, daß man die eigentliche moralische Bildung mit der religiösen verbinde, nämlich um die Einbildung, als wäre etwas geleistet worden, zu demütigen. Allein, die religiöse Bildung bedarf auch rückwärts wiederum der moralischen, indem bei ihr die Gefahr der Scheinheiligkeit äußerst nahe liegt«.

Von seiten einer isolierten moralischen Erziehung sah Herbart also die Gefahr der ethischen Hybris oder Vermessenheit drohen und von seiten einer isolierten religiösen Erziehung die der Scheinheiligkeit oder der Frömmelei. Eine wesentliche Voraussetzung der Wirkkraft der Erziehung ist bei Herbart also die Interdependenz, das heißt die wechselseitige Abhängigkeit der moralischen und der religiösen Bildung. Letztere ist leider in fast allen neueren Darstellungen der Pädagogik Herbarts nicht genügend gewürdigt worden, obgleich dieser schon 1806 in seiner »Allgemeinen Pädagogik« geschrieben hatte: »Der wesentliche Kern unseres Daseins kann durch Erfahrung und Umgang nicht mit sicherem Erfolge gebildet werden. Tiefer in die Werkstätte der Gesinnung dringt gewiß der Unterricht. Man denke an die Gewalt der Religionslehre!«

In seiner Auseinandersetzung (1816) mit dem Königsberger Pfarrer Zippel, der meinte, in den Gymnasien stehe dem Religionsunterricht zu wenig Zeit zur Verfügung, hat Herbart angedeutet, wie er sich einen christlichen Religionsunterricht vorstellt:

Vollends die jugendlichen, vollends die kindlichen Seelen, sie verlangen Abwechslung. Einerlei Interesse, und wäre es das höchste, kann ihr Gemüt nicht ausfüllen. Es gibt also hier ein Zuwenig ebenso als ein Zuviel. Es gibt in der Mitte einen vorteilhaftesten Punkt, den man suchen muß ... Mir wird angst vor einem Religionsunterricht, der sich in eine Menge von eigentlichen Lehrstunden ausdehnt, ebenso angst wie vor einer weitläufigen Glaubensformel, welche in vielen Artikeln die Art und Weise vorschreibt, wie das Herz des Menschen sich dem Höchsten nähern soll. Daß nämlich jede Himmelsleiter mit genau abgezählten Sprossen, die man methodisch eine nach der andern besteigen soll, untauglich ist, um das universelle Bedürfnis der Religion zu befriedigen.

Ich weiß und erkenne es an, daß dieselbe den tiefsten Grund und einen der frühesten Anfänge der menschlichen und der kindlichen Bildung ausmachen muß, ohne den alles andere eitel ist. Ich sage dies selbst nicht erst heute; ich habe es in der ersten meiner pädagogischen Schriften gesagt, und zwar, wenn ich nicht irre, deutlich und nachdrücklich genug ...

Die intensive Trefflichkeit des Unterrichts muß aber in allen Religionsstunden der intensiven Wichtigkeit des Gegenstandes entsprechen, und daher ist die Frage, wie gut und eingreifend auf irgendeiner Schule der Religionsunterricht erteilt werde, wie vollkommen vorbereitet der Lehrer in jeder Stunde erscheine, nicht eine Nebenfrage, sondern eine Hauptfrage bei der Würdigung einer solchen Schule.

Aufs ganze und von heute her gesehen mag noch hervorgehoben werden, daß, unbeschadet aller Interdependenzen, Herbarts Lehre der Charakterbildung gegen die deterministischen Dogmen unserer dürftigen Zeit steht: sowohl gegen den die Menschen als bloße Produkte oder Opfer sogenannter Zwänge unserer Gesellschaft verstehenden Marxismus als auch gegen den die Menschen als Produkte oder Opfer ihrer Triebe begreifenden Freudianismus oder den sie als Produkte ihrer Gene begreifenden Hereditismus.

Lesehinweis: J.Fr. Herbart, Kleinere pädagogische Schriften (hrsg. v. W. Asmus), Stuttgart 1982

Walter Asmus

Geburtstag von Sören Kierkegaard (1813-1855)   5. Mai

Lieber Leser, liebe Leserin,
kommst Du nach Kopenhagen, so darfst Du Kierkegaard nicht versäumen. Auch wenn nicht alle wissen, daß sein Grab auf dem Assistents-Friedhof liegt mit jenem von ihm selbst gewählten Grabspruch aus dem Choral von Björnson: »Ja, schon in kurzer Zeit/hab ich gewonnen, dann ist der ganze Streit/im Nu zerronnen./Dann werde ruhen ich/im Garten Eden/und ewig, ewiglich/mit Jesus reden«. Du kannst ihn finden in seinen Briefen, Gebeten und, wie er sie nannte, »aufbauenden Reden«. Sie waren alle »an jene(n) Einzelne(n)« gerichtet, das war verschlüsselt, an Regine Olsen, die verlorene Verlobte, durch Schwermut verloren, aber auch durch Aufrichtigkeit, aber auch an jenen einzelnen, der wie Kierkegaard selbst bereit war, redlich zu sein, um sich selbst ohne schützendes System im Leben zu riskieren, gegen die Nivellierung der Masse. In einer seiner letzten Reden lesen wir seine Lebensbilanz über das, was er verloren hat und was er gewonnen hat, besser: was er bewahrt hat als Glaube nicht nur für ihn, sondern für alle, die aufmerksam werden:

Eine von Stufe zu Stufe fortschreitende schriftstellerische Wirksamkeit, die ihren Anfang mit »Entweder – Oder« genommen, sucht hier ihren entscheidenden Ruhepunkt, am Fuße des Altars, allwo der Verfasser, persönlich sich seiner Unvollkommenheit und Schuld selber am besten bewußt, sich keineswegs einen Wahrheitszeugen nennt, sondern lediglich einen Dichter und Denker eigner Art, welcher »ohne Vollmacht«, nicht Neues zu bringen gehabt hat, sondern »die Urschrift der individuellen humanen Existenzverhältnisse, das Alte, Bekannte und von den Vätern Überlieferte, noch einmal hat durchlesen wollen, womöglich auf eine noch innerlichere Weise« (vgl. meine Nachschrift zur »Abschließenden Nachschrift«). Derart zum Altar gewendet, habe ich hier nichts weiter hinzuzufügen. Jedoch laß mich nur noch aussprechen, was da gewissermaßen mein Leben ist, mir meines Lebens Inhalt ist, dessen Fülle, dessen Glück, dessen Friede und Befriedigung – jene Lebensanschauung, welche der Gedanke der Menschlichkeit und Mensch-Gleichheit ist: christlich ist ein jeder Mensch (der Einzelne), unbedingt ein jeder Mensch, noch einmal, unbedingt ein jeder Mensch Gott gleich nahe; und wieso nahe und gleich nahe? geliebt von ihm.

Gottes Liebe als Grund menschlicher Gleichheit und gleicher Würde, das mitzuteilen, bedeutet keineswegs überall, Freude und Wohlgefallen zu verbreiten. Kierkegaard hat es selbst erlebt, wie er zum Gespött wurde, weil er ernsthaft fragte, ob das Christentum in der Christenheit überhaupt noch da sei, ob nicht eine große Sinnestäuschung alles vernebelt habe, so daß die Urschrift der Existenzverhältnisse neu zu lesen sei. Er verlor sein Leben an die Ironie und Polemik im Dienst solcher Redlichkeit. Was hat er gewonnen? Nicht nur späten Nachruhm, sondern vor allem in sich selbst die Gewißheit jener Nähe Gottes, die auch eine Dichterexistenz finden kann, am Fuße des Alltags, nicht nur der oder jener Apostel. Letztlich wird jeder vor diesem Entweder-Oder stehen, wenn er den Weg nicht scheut, den je eigenen Weg, der vor die Unbedingtheit der Liebe Gottes führt, die wir so leicht in unsere Bedingungen zu Ungleichheit, zu Unmenschlichkeit – im Dänischen besagt dasselbe Wort Menschlichkeit und Menschgleichheit – verfälschen. Kierkegaard, der Souffleur der Existenz, kann uns das richtige Stichwort geben: Sei redlich gegenüber Gottes Liebe.

Lesehinweis: S. Kierkegaard, Erbauliche Reden 1850/51 (übers. v. E. Hirsch), Gütersloh 1984 (GTB 622)

Henning Schroer

6. Mai   *Geburtstag von Friedrich Oetinger (1702-1782)*

Friedrich Christoph Oetinger, »Magus des Südens«, gilt als »nicht die einflußreichste, aber die eigenartigste Gestalt in der Kirchengeschichte Württembergs, wo nicht Deutschlands« (Realenzyklopädie 1904). Am Ende eines für württembergische Pfarrer klassischen Lebenslaufs (Landexamen, Seminarist, Theologiestudent in Tübingen, 1731 Repetent am Stift, ab 1738 Pfarrer, 1752 Dekan) wurde Oetinger 1766 auf Initiative des Herzogs von Württemberg zum Prälaten in Murrhardt befördert. Die Kirchenleitung wie seine Gemeinden beobachteten sein Wirken hingegen eher mit Mißtrauen. Denn hinter der Normalbiographie verbirgt sich eine umtriebige und »umgetriebene Seele«. Oetinger lebte auf der Grenze. Ein Biograph attestiert ihm sogar »in der Jugend schizotyme Züge«, »im Alter geistige(n) Zerfall«. Dabei suchte er eine Weisheit, die das Ganze der Wirklichkeit umgreift und sowohl praktische Frömmigkeit, Moralität, theoretische Erkenntnis wie praktisch-empirische Erforschung der Natur stimmig miteinander verbinden sollte:

In heiligen Dingen muß eine Panharmonie sein, in der Natur auch; alsdann giebt sich nervus probandi bald. Die Wahrheit Gottes in der Natur und Schrift bei so skeptischer Zeit ist mein Grund.

Entscheidende Anstöße empfing Oetinger aus der altkirchlichen Mystik, von Swedenborg und von Jakob Böhme. Reisen führten ihn öfters zu Zinzendorf und den Herrnhutern, aber auch zu den Spiritualisten in Berleburg und nach Halle (Gotthilf August Francke). Oetinger ist Barockmensch, Wiederbeleber der hellenistischen Antike, Alechemist (mit eigenem Labor), Mystiker, Kabbalist, Pietist. Am stärksten steht er in der Tradition der Theosophie. »Leiblichkeit ist das Ende der (Wege) Werke Gottes.« Auch als Katechet verdient Oetinger gewürdigt zu werden. Entgegen dem herrschenden mechanischen Lernverständnis betont er die Notwendigkeit der Anknüpfung bei den Lernenden und bevorzugt ein handfestes Lernen. Seine Katechctik greift sein Grundverständnis auf:

Die Weisheit auf der Gasse, die Schickungen Gottes, und der Geist, der durch das Wort gereicht wird, müssen zusammen ein einig Werk des Geistes in der Seele des Lehrenden ausmachen.

An anderer Stelle mahnt er, Lehrer und Katecheten hätten »sich insonderheit vorzusehen, daß sie ihre Dürftigkeit und Armut an Erkenntnis nicht mit dem Eifer über dem Buchstaben überziehen und hernach einen falschen Religionseifer über Pietisten, Separatisten, Quietisten, Naturalisten, Sozianer, Arianer und über neue Sektierer ausstoßen«. Auf Veranlassung der Kirchenleitung schreibt Oetinger eine »Theologie, aus der Idee des Lebens abgeleitet«; der Tenor dieser Rechtfertigungsschrift ist: Gott selber ist das unauflösliche Leben (Hebr. 7,16 war für Oetinger zentral), das alles Leben aus sich fließen läßt, zu dem alles Leben wieder zurückströmen wird. Diese »Vorstellung vom Leben, die er ebenso theologisch wie durch die Erkenntnisse der modernen Naturwissenschaft zu stützen sucht, verdient ihren Platz innerhalb der Geschichte des neuzeitlichen Denkens« (Hans-Georg Gadamer).

Lesehinweis: F.Chr. Oetinger, Selbstbiographie. Genealogie der reellen Gedanken eines Gottesgelehrten (hrsg. v. I. Roessle), Metzingen ³1990

Christoph Th. Scheilke

Geburtstag von Adolf von Harnack (1851-1930)   *7. Mai*

»Er hat mir eine lebendige Anschauung der Goethe-Zeit vermittelt. Er hat mir unverlöschlich eingeprägt, daß man die Humanität nicht vergessen darf – gerade wenn man ... die Wurzel und das Wesen des Christentums und der Theologie nicht in der Humanität suchen möchte.« Dies schrieb Karl Barth über seinen Lehrer und späteren Widerpart Adolf von Harnack. Harnack, am 7. Mai 1851 in Erlangen als Sohn des Theologieprofessors Theodosius Harnack geboren, kann ohne Zweifel zu den ganz wenigen Universalgelehrten und zu den eindrucksvollsten Wissenschaftlern seiner Zeit gerechnet werden. Nach Promotion (1873) und Habilitation (1874) führte ihn sein Dozentenweg von Leipzig über Gießen und Marburg nach Berlin (1888). Seine eigentliche Disziplin war die Kirchen- und Dogmengeschichte, er war jedoch auch für die Naturwissenschaften ein gesuchter Gesprächspartner. Er bekleidete zahlreiche hohe Ämter, brachte es auf 1611 Veröffentlichungen und wurde 1914 sogar geadelt, so daß er sich mit »Exzellenz« anreden lassen durfte. Erstaunlich nicht nur seine wissenschaftlichen Leistungen, sondern auch sein politisches Engagement: Für Kaiser Wilhelm II. entwarf er 1914 den Aufruf an das deutsche Volk; er war Mitunterzeichner jenes verhängnisvollen Manifestes der 93 deutschen Intellektuellen zur Sanktionierung der deutschen Kriegspolitik, unterstützte jedoch nach Ende des Krieges die Weimarer Republik. Am 10. Juni 1930 starb er.

Harnack verstand das Christentum vor allem als eine kulturstiftende Kraft. Als echter Liberaler hoffte er, daß eine hochentwickelte Kultur zur Humanisierung der Lebenswelt führt. Die christliche Religion sollte nicht nur von spekulativer Metaphysik, sondern vor allem von dem Ballast des *rein formalen* Autoritätsanspruches von Dogmen befreit werden: »Das Dogma ist in seiner Conception und in seinem Ausbau ein Werk des griechischen Geistes auf dem Boden des Evangeliums«, so lautet Harnacks Kernthese aus seinem Lehrbuch der Dogmengeschichte. Dagegen sollte die Erlebbarkeit Mitte der Religion sein: »Erleben – nur die selbst erlebte Religion soll bekannt werden; jedes andere Bekenntnis ist im Sinne Jesu heuchlerisch und verderblich«. Beachtliche Namen sind in Harnacks Schülerkreis zu finden. Manche von ihnen (wie Karl Barth) wandten sich später von ihm ab, etwa wegen seiner Identifizierung mit der deutschen Kriegspolitik, die nun gerade alles andere als kulturstiftend und humanitär war; aber auch wegen der Stellung zum Alten Testament, die er in seiner Monographie über Marcion bezieht und die für seine Theologie als symptomatisch empfunden wurde:

Die These, die im folgenden begründet werden soll, lautet: Das AT im 2. Jahrhundert zu verwerfen, war ein Fehler, den die große Kirche mit Recht abgelehnt hat; es im 16. Jahrhundert beizubehalten, war ein Schicksal, dem sich die Reformation noch nicht zu entziehen vermochte; es aber seit dem 19. Jahrhundert als kanonische Urkunde im Protestantismus noch zu conservieren, ist die Folge einer religiösen und kirchlichen Lähmung ... Im Gebiete des Luthertums machten sich seine bedenklichen Wirkungen zwar weniger geltend, um so stärker aber in den täuferischen und den aus Täufertum und Reformation gemischten Kirchen, zu welchen die Calvinischen gehören. Hier hat das dem NT völlig gleichgestellte AT unheilvoll auf die Dogmatik, die Frömmigkeit und die christliche Lebenspraxis eingewirkt, in einigen Gruppen sogar einen islamitischen Eifer erzeugt, in anderen eine neue Art von Judaismus hervorgerufen und durchweg ein gesetzliches Wesen befördert.

Abgesehen von der bedenklichen Verkürzung des Evangeliums, die aus solchen Sätzen spricht, konnten sie auch, 1921 geschrieben, eine unheilvolle Nachwirkung begünstigen, die kulturzerstörend und zutiefst inhuman war – wenn diese auch nicht im fernsten Interesse Harnacks lag! Für uns stellt sich die Frage nach der Definition und dem Stellenwert von Kultur und Humanität im christlichen Glauben. In diesen Zusammenhang gehört dann auch die Kritik der alttestamentlichen (!) Propheten an der Kultur und dem Kult Israels, die humanes Recht und Gerechtigkeit vernachlässigten (z.B. Jes 1). Harnacks Plädoyer für ein emanzipatorisches, in seinem Sinne undogmatisches Christentum, das sich auf das *Erleben* des Glaubens besinnt, stellt je aktuell vor die Frage, in welchem Sinne Dogmen und Dogmatik hilfreich sein können, den Glauben zu leben und in Worte zu fassen. Harnacks großes Verdienst bleibt es, immer wieder zu betonen, daß die Theologie nicht die Humanität, die Liebe zur Wissenschaft und zur Kultur vergessen darf.

Lesehinweis: A. von Harnack, Das Wesen des Christentums, Gütersloh 1985 (GTB 227)

Dieter Jeschke

8. Mai

Morgen ist der Geburtstag von Gustav Götzel (1885-1950)

Da strömen monatlich hunderte Katecheten in den großen Saal des Zentralgesellenvereins und führen hitzige Wortgefechte um die richtige Methode in der schulischen Katechese. Andernorts bestellt sich ein Hochschulprofessor eine Schulklasse auf eine Theaterbühne und traktiert vor großem Publikum »nach alter Manier« den Katechismus, um zu zeigen, was die einzig wahre Methode der religiösen Unterweisung sei.

Bei den Kursen und Disputationen des »Münchener Katecheten-Vereins« ist Gustav Götzel mit dabei, seit 1918 Vorsitzender dieses Vereins, den er über München hinaus ausweitet zum Deutschen Katecheten-Verein (1921), von seinen Anfängen an eine Bewegung, die sich die katechetische und religionspädagogische Reform auf die Fahne schreibt.

Gustav Götzel, ein freundlicher und bescheidener Mensch mit Ausdauer und Integrationskraft: Zweiunddreißig Jahre lang bis zu seinem Tod im Jahre 1950 ist er Mentor und ausgleichender Treuhänder der Katechetischen Bewegung in Deutschland, stets wach für neue Ideen und tragfähige Impulse. Mit Mut und mit einem in seinem Glauben gründenden Optimismus steht er große Durststrecken und Rückschläge durch und macht den Deutschen Katecheten-Verein nach dem Zusammenbruch des »Dritten Reiches« wieder zu dem, was er in seiner Blütezeit, den 20er Jahren, war.

Von Ideen der Reformpädagogik, der Arbeitsschulbewegung erhofft er sich eine Neubelebung der katechetischen Arbeit, vor allem die verlorengegangene Verbindung zwischen »Religion und Leben«. Die Reformpädagogik sollte Impulsgeber sein für einen katechetischen Aufbruch aus alten und verstaubten Wegen der Kirche mit dem Ziel einer neuen, lebendigen Praxis des Christentums:

Die Religion ist der Moderne eine Stadtmauer aus alter Zeit geworden, die man aus Pietät hat stehenlassen, um die sich aber ein neues, ihr fremdes Leben entfaltet hat. Wie lange noch – und auch diese Pietät wird ihre Wirkung verlieren?
Die Beziehungen zwischen Religion und Leben sind vielfach abgebrochen. Ist daran jene Methode schuldlos, welche zu sehr Lernen und Wissen betonte, Können und Tun darüber aber vernachlässigte? Die alte Schule kann diese Schuld nicht ganz von sich abwälzen. Sie hat nicht immer verstanden, Leben und Religion glücklich miteinander zu verbinden. Das ist ja die Misere unseres Religionsunterrichts, daß der fernab vom Leben steht. Wir bringen es fertig, in der größten Gemütsruhe zu definieren, zu analysieren ..., und daneben geht das Leben seinen Gang und kümmert sich nicht um Religion, weil sich der Religionsunterricht nicht um das Leben kümmert.

Das Krisenbewußtsein nach dem verlorenen Ersten Weltkrieg und nach dem Zusammenbruch alter Ordnungen und Strukturen schärfte die Wahrnehmungsfähigkeit für die Mängel von Schule und religiöser Erziehung. Die wachsende Selbsttätigkeit der Kinder in Denken und Fühlen, Wollen und Handeln wurde zum wichtigen Ziel auch des religiösen Lernens. Der Religionsunterricht sollte sich als Teil einer Lebensschule verstehen. Schnell aber nahmen die restaurativen Bedenken derer überhand, die in einer wachsenden geistigen Selbsttätigkeit der Kinder eine Gefahr für die autoritäre Struktur des Offenbarungsglaubens sahen. So versandeten die Reformimpulse Götzels und seiner Freunde aus der religionspädagogischen Arbeitsschulbewegung in den geistigen Wirren der dreißiger und vierziger Jahre.

In seinem Todesjahr 1950 schreibt der schwer herzleidende Gustav Götzel als Rückblick und Ausblick: »Inzwischen hat der Arbeitsschulgedanke seinen Weg über das Wasser genommen und kommt von dort als neue, alte Forderung an uns zurück. Wollen wir ihr besser als vor zwanzig Jahren gerecht werden?«

Lesehinweis: G. Götzel, Religion und Leben. Das Arbeitsschulprinzip in seiner Anwendung auf den Religionsunterricht, drei Teile, Kempten ²1922

Georg Hilger

Todestag von Nikolaus Ludwig Graf von Zinzendorf und Pottendorf (1700-1760)

9. Mai

Der dem österreichischen Reichsadel angehörige Graf von Zinzendorf war Besitzer der in der Oberlausitz gelegenen Herrschaft Berthelsdorf, wo sich anfangs des 18. Jahrhunderts mährische Exulanten am Hutberg niederließen und zusammen mit Adeligen, einheimischen Handwerkern und zwei Schweizern eine völkisch wie glaubensmäßig bunt gemischte, von Zinzendorf geleitete Brüdergemeinde bildeten: die »Herrnhuter«. Das Gemeinsame dieser Hussiten, Lutheraner und Reformierten bestand in der von Zinzendorf eingeführten Ordnung, auf die er die brüderlichen Untertanen kraft seiner gräflichen Machtbefugnis verpflichtete. Seine Satzungen regelten das Zusammenleben (durch die Einführung kleiner Seelsorgegruppen, der sogenannten »Banden«, und später der »Chor«-Gemeinschaften) und die Glaubenspraxis (gemäß den konfessionell bedingten »Tropen«), wobei das täglich gepflegte umfangreiche Liedgut, welches der Lamm-Gottes-Mystik des Gründers entsprach, für alle verbindlich war.

Den Schlüssel zur Zinzendorfschen Religiosität erhalten wir aus seinem autobiographischen Bericht, den uns August Gottlieb Spangenberg, Zinzendorfs langjähriger Freund und Mitarbeiter, überliefert hat. Zinzendorf war weder ein wohlhabender Reichsgraf noch ein sich hochdienernder Hofbeamter. Sein Leben wurde vielmehr von seiner im Grunde einfach strukturierten Jesus-Gläubigkeit bestimmt, die ihm schon als Kind geschenkt wurde, als er im Schloß seiner pietistisch veranlagten Großmutter, der Baronin von Gersdorf, seine Jugendzeit verbrachte. Er schreibt, daß zwei Umstände seine künftige Lebensart geprägt hätten: Einmal waren es die Abschiedsworte seines Hauslehrers über den Heiland und seine Verdienste, welche dem Sechsjährigen so naheingingen, daß er beschloß, »lediglich für den Mann zu leben, der sein Leben für ihn gelassen hatte«. Das andere Mal gab das Abendlied seiner Großmutter Anlaß zu einem intensiven Nachdenken, wobei er einen Entschluß faßte, der seiner Religiosität ihren bestimmten, endgültigen Charakter verlieh. Er entschied sich für die Mystik des Lamm Gottes, die heute noch den Geist der Herrnhuter kennzeichnet:

Die raffiniertesten Ideen der Atheisten entsponnen sich von selbst in meinem Gemüt, und ich war dadurch so angegriffen und so tief hineingebracht, daß alles, was ich seitdem gehört und gelesen, mir sehr seicht und unzulänglich geschienen und die geringste weitere Impression nicht gemacht. Weil aber mein Herz mit dem Heiland, und ich mit einer empfindlichen Aufrichtigkeit zugetan war und vielmals dachte, wenn es möglich wäre, daß ein anderer Gott als er sein oder werden könnte, so wollte ich lieber mit dem Heiland verdammt werden, als mit einem andern Gott selig sein, so hatten die seitdem immer wiederkommenden Spekulationen und Vernunftschlüsse keine andere Gewalt bei mir, als mich zu ängstigen und mir den Schlaf zu verderben, aber auf mein Herz nicht den geringsten Effekt. Was ich glaubte, das wollte ich, was ich dachte, das war mir odieuse (hassenswert, d.Vf.), und ich faßte damals gleich den firmen Schluß, den Verstand in menschlichen Dingen so weit zu gebrauchen, als er langte, und ihn mir soweit ausklären und schärfen zu lassen, als es nur immer damit könnte getrieben werden, im Geistlichen aber bei der im Herzen gefaßten Wahrheit, und in specie an der Kreuz- und Bluttheologie des Lammes Gottes so einfältig zu bleiben, daß ich sie zum Grund aller anderen Wahrheiten legen, und was ich nicht aus ihr deduzieren könnte, gleich wegwerfen wollte. Und das ist mir geblieben bis diesen Tag.

Weil Zinzendorf kaiserlichen Untertanen eine Bleibe ermöglicht und mit seiner Unitätsgründung angeblich Unruhe in die kirchlichen Verhältnisse Sachsens gebracht hatte, wurde er vom Landesfürsten Friedrich August I. in die Verbannung geschickt. Während dieser elf Jahre bereist er, oft zu Fuß auf staubigen Landstraßen oder als Schiffspassagier auf stürmischen Meeren, die Alte und Neue Welt, gründete religiöse Sozietäten und baute seine weltweite Diaspora auf. Zinzendorfs Erfolg ist jedoch undenkbar ohne den aktiven Einsatz seiner klugen Gattin Erdmuthe und die Mitwirkung der ihm treu ergebenen Freunde. Er schrieb unzählige Gedichte, von denen etliche in den Gesangbüchern enthalten sind, und seine meditativen Texte werden heute noch als Tages-»Losungen« verwendet.

Lesehinweis: Zinzendorf und die Herrnhuter Brüder. Quellen zur Geschichte der Brüder-Unität von 1722 bis 1760 (hrsg. v. H.Ch. Hahn/H. Reichel), Hamburg 1977

Heini Gut

10. Mai *Todestag von Sebastian Brant (1458-1521)*

Sebastian Brant, wer kennt den Namen heute schon noch? Dabei ist Brant, humanistisch gebildeter Juraprofessor in Basel und später Kaiserlicher Rat in seiner Heimatstadt Straßburg, der Verfasser des ersten deutschen Weltbestsellers. Das Buch, das innerhalb kurzer Zeit zahlreiche Auflagen, Nachdrucke und Übersetzungen erlebte, heißt »Das Narrenschiff«. Es enthält 112 volkstümlich gereimte und mit wunderbaren Holzschnitten, die zum großen Teil dem jungen Dürer zugeschrieben werden, illustrierte Lehrgedichte. In jedem dieser Gedichte wird eine bestimmte menschliche Narrheit aufs Korn genommen; zum Beispiel die übermäßige Sorge:

> *Der ist ein Narr, der tragen will,*
> *Was ihm zu heben ist zuviel,*
> *Und der allein meint zu vollbringen,*
> *Was ihm selbdritt kaum könnt gelingen.*
> *Wer auf den Rücken nimmt die Welt,*
> *In einem Augenblick oft fällt.*
>
> *Von Alexander kann man lesen,*
> *Daß ihm die Welt zu eng gewesen;*
> *Er schwitzte drin, als ob er kaum*
> *Für seinen Leib drin hätte Raum,*
> *Und fand zuletzt doch seine Ruh*
> *In einem Grab von sieben Schuh.*
> *Der Tod allein erst zeiget an,*
> *Womit man sich begnügen kann. ...*
>
> *Wer hohen Dingen nach will jagen,*
> *Der muß auch hoch die Schanze wagen.*
> *Was hilfts dem Menschen zu gewinnen*
> *Die Welt und zu verderben drinnen?*
> *Was hilfts dir, daß der Leib käm' hoch*
> *Und die Seele führ' ins Höllenloch? ...*
>
> *Zu viele Sorg' ist nirgend für,*
> *Sie machet manchen bleich und dürr.*
> *Der ist ein Narr, der sorgt all Tag',*
> *Was er zu ändern nicht vermag.*

Im kunterbunten Durcheinander des Narrenschiffs sind Personifikationen der großen Sünden – wie Habsucht, Hybris, Neid und Hoffart – genauso versammelt wie solche modischer und läppischer Narreteien – wie unnützes Studieren, närrische Arzneikunst, nächtliches Hofieren oder aufwendige Jagden. Gerade bei der Schilderung zeittypischer Narrheiten erfahren wir eine Menge über spätmittelalterliche Lebensformen und auch über die kirchlichen Verhältnisse; etwa über »Lärm in der Kirche«, verursacht von Leuten, die ihren Hund oder ihren nach Falknerart abgerichteten Habicht in die Messe mitbringen, über den Verfall des geistlichen Standes oder über die Unsitte, Kinder in die Orden abzuschieben.

Brants Absicht bei alledem ist eine Art »negativer Pädagogik«. Das heißt, er schreibt »zu nutz und heilsamer Lehr«, gibt, um die Menschen zu bessern, aber keine positiven Tugendbeispiele, sondern verteilt Narrenkappen. In der Erkenntnis, daß der Mensch ein Narr ist, und zwar jeder, weil die Narrheit sozusagen ein menschliches Existential ist, sieht Brant den Anfang der Weisheit. Vielleicht darf man hier sogar von einer Art "Religionspädagogik" sprechen, insofern sich im Schicksal des Narren letztlich auch die Pädagogik Gottes erschließt, die Brant in den Motiven des Glücksrades ("heute oben – morgen unten«) und des Totentanzes versinnbildlicht. Es ist dies eine »Religionspädagogik«, die immer wieder auf ein »memento mori« hinausläuft: »Das Glück teilt ungleich arm und reich/Aber der Tod macht alles gleich/Er ist ein Richter, der fürwahr/Nichts abläßt, wenn man bittet gar/Er ists allein, der alles lohnt/Der keinen jemals hat geschont/Und keinem je gehorsam war–/Sie mußten all auf seine Fahrt/Und ihm nachtanzen seinen Reigen/Päpst', Kaiser, König', Bischöf', Laien/«.

Lesehinweis: S. Brant, Das Narrenschiff, Stuttgart 1988 (Reclam UB 899)

Rudolf Englert

Origenes (ca. 185-253/54) — 11. Mai

Es gibt in der Kirche viele Aufbrüche, viele Heilige und Denker, die ihre Zeit nachhaltig prägten und der Nachwelt ein reiches Erbe hinterließen. Kaum ein Denker hat der Kirche jedoch so viele Impulse auf so vielen verschiedenen Gebieten – Dogmatik, Exegese, Mystik – gegeben wie Origenes und ist dabei so verborgen geblieben. Sein Denken ist wie ein großes Feuer, das ihn und seine Werke verzehrt hat, aber das von ihm ausgehende Licht wird weitergetragen durch die Jahrhunderte.

Wenn man das Denken des Origenes mit einem Satz beschreiben sollte, so könnte man vielleicht sagen: er suchte in allem dem lebendigen Wort Gottes zu begegnen, und seine ganze Liebe galt von daher der Heiligen Schrift. Sie auszulegen, ihr verborgenes Mysterium zu erkennen und für die Kirche fruchtbar zu machen, war die Arbeit und das Bemühen seines Lebens. Sein Schüler Gregor Thaumaturgos schreibt von ihm: »Er besaß die hervorragende Gabe, die er von Gott empfangen hatte, Interpret des Wortes Gottes für die Menschen zu sein, Gottes Wort zu verstehen im Hören auf Gott und es auszulegen für die Menschen, damit sie es begreifen können.« Dabei leistete er eine ungeheure Arbeit; neben zahlreichen großen Kommentaren hielt er Homilien zu fast allen Büchern der Schrift – Origenes predigte in Cäsarea fast täglich – und verfaßte daneben noch dogmatische Schriften von beträchtlichem Umfang. All das war getragen von einer geradezu glühenden Begeisterung. Origenes war alles andere als nur ein Wissenschaftler, er war ein Liebender, der in seiner Liebe ganz und gar aufging. Die Heilige Schrift ist für ihn nicht Gegenstand der Forschung oder religiös-ethisches Erbauungsbuch, sondern ein Raum, in den der Mensch eintreten und in dem er dem lebendigen Gott begegnen kann. Diese Begegnung geschieht jeden Tag neu und ist in dem, was sie dem Menschen schenkt, immer überraschend und voll Reichtum. Origenes vergleicht in seinen Homilien zum Buch Numeri die Schrift in ihrer Lebensnotwendigkeit für den Christen mit einer Nahrung, die nicht verzehrt wird, wenn man sie aufnimmt, sondern im Gegenteil, je mehr man von ihr ißt, um so reichlicher vorhanden ist:

Dies nämlich ist das Brot, das immer vorhanden bleibt, auch wenn man es immer ißt, ja es vermehrt sich nur immer. Es ist also, wie der Apostel sagt, die »geistige Speise«, die um so reichlicher wird, je mehr man von ihr genießt. Je mehr du nämlich vom Wort Gottes aufnimmst, je beharrlicher du diese Speise ißt, um so üppiger wird sie dir überfließen.

Origenes war davon überzeugt, daß der Mensch die Schrift niemals ausschöpfen könne, daß sie nie langweilig und nichtssagend für ihn werden könne, daß man im Gegenteil durch dauernde Beschäftigung mit ihr ihre Faszination immer mehr erfahren würde: die Faszination, die darin besteht, Gott selbst in seinem Wort zu begegnen. Von daher galt der ganze Lebenseinsatz des Origenes der Aufgabe, die Schrift zu erforschen und die Ergebnisse dieser Forschung und seine Begeisterung anderen Menschen zu vermitteln.

Lesehinweis: Origenes, Geist und Feuer (Ein Aufbau aus seinen Schriften von H. U. v. Balthasar), Einsiedeln ³1991

Theresia Heither

12. Mai   *Todestag von Nelly Sachs (1891-1970)*

Der schwedische Dichter Johannes Edfelt schreibt an Nelly Sachs: »Deine Handgelenke, unerhört schmal, unheimlich zerbrechlich, waren stark genug, aus dem Schweigen und aus dem Tode die Wahrheit der Poesie und des Lebens von den Gehetzten und Geschändeten zu heben. Röcheln und Leichengestank, Lumpen und Entsetzen – alles brachtest Du hinein in der Worte lebendes Adernetz«. Nelly Sachs, 1891 als einziges Kind jüdisch-assimilierter Eltern in Berlin geboren, konnte 1940 mit ihrer Mutter vor der nazistischen Verfolgung nach Schweden fliehen, wo sie in Stockholm weiterhin Gedichte in deutscher Sprache schrieb – um zu überleben. Nelly Sachs' Dichtung, emphatisch bereits in ihren Anfängen, sie selbst von peinigender Empfindsamkeit, wird nach der Flucht zur Grabschrift für die zurückgelassenen Toten, gesteigert in der Anspannung, sich bis in deren Todesmarter hineinzuschmerzen, entschlossen, so das Menschliche zu bewahren. In »Eli. Ein Mysterienspiel vom Leiden Israels« (1943) verbindet Nelly Sachs ausdrücklich Deportation und Ermordung der Juden in der Hitler-Zeit mit dem Leidensschicksal des biblischen Volkes Israel.

Liebe und Schmerz – ein unerfülltes Liebeserlebnis in ihrer Jugend und der gewaltsame Tod dieses geliebten Mannes, der symbolisch für das Leiden des jüdischen Volkes »Martyrium« genannt wird (vgl. die »Gebete für den toten Bräutigam« aus dem Gedichtband »In den Wohnungen des Todes«, 1947) –, waren die Pole ihrer Existenz, an ihnen entzündeten sich ihre Gedichte und szenischen Dichtungen, die sich an biblischen und jüdisch- mystischen Quellen orientieren, ohne in ihnen aufzugehen. Gerade über die Aktualisierung traditioneller Momente gelingt es der Dichterin, ihr privat-individuelles Erleben universalisierend zu durchbrechen. Wie für Paul Celan, mit dem sie eine kurze, intensive Freundschaft verband, in der sich gerade ihr gemeinsames Schicksal belastend auswirkte, waren für Nelly Sachs die Schriften Martin Bubers, Gershom Scholems und das kabbalistische Buch »Sohar« bedeutsam.

VOR DEN WÄNDEN DER WORTE – Schweigen –
Hinter den Wänden der Worte – Schweigen –
Offenbarungen der Schwermut wachsen durch die Haut
Augen gehen über die Gletscherwasser des Leidens

Im Dunkeln tasten die Hände
nach den weißen Zinnen des Nichtseins
Außerhalb
bricht Tanz ein in den Gottesraum der Liebe
der Stern erhält die Wunde des Lebens –

HIER NEHME ICH EUCH GEFANGEN
ihr Worte
wie ihr mich buchstabierend bis aufs Blut
gefangen nehmt
ihr seid meine Herzschläge
zählt meine Zeit
diese mit Namen bezeichnete Leere

Laßt mich den Vogel sehen
der singt
sonst glaube ich die Liebe gleicht dem Tod –

Spät, dann aber nachhaltig, wurde die (deutsche) Öffentlichkeit auf Nelly Sachs aufmerksam: 1960 erhält sie den Meersburger Droste-Preis für Dichterinnen, 1961 den Nelly-Sachs-Preis der Stadt Dortmund, 1965 wird ihr der Friedenspreis des Deutschen Buchhandels in Frankfurt/Main zugesprochen und schließlich 1966, an ihrem 75. Geburtstag, gemeinsam mit dem israelischen Dichter Samuel J. Agnon, der Nobelpreis für Literatur. Nach dem Tod der geliebten Mutter und in den letzten Lebensjahren mehrten sich ihre Verfolgungsängste, die mehrwöchige Krankenhausaufenthalte erforderten. Der Text der Urkunde, mit dem Nelly Sachs, als »jüdische Dichterin deutscher Sprache« angeredet, der Friedenspreis des deutschen Buchhandels verliehen wird – »Das dichterische Werk von Nelly Sachs steht ein für das jüdische Schicksal in unmenschlicher Zeit und versöhnt ohne Widerspruch Deutsches und Jüdisches« – hat allerdings nur dann Berechtigung, wenn uns ihr Werk sensibilisiert, den Wahn selbstgerechter »Vergangenheitsbewältigung« aufzudecken und so erst die Wege der Versöhnung zu bereiten.

Lesehinweis: N. Sachs, Fahrt ins Staublose. Gedichte, Frankfurt/Main 1988 (st 1485)

Lydia Koelle

Geburtstag von Reinhold Schneider (1903-1958) — 13. Mai

Reinhold Schneiders dichterisches Werk erzählt von der Last des Lebens und von der Last des Glaubens, von der Last des Tragischen. Schon in den Wurzeln seiner Herkunft und Kindheit sieht Reinhold Schneider die »Wege ins Dunkel« vorgezeichnet. In Baden-Baden als Sohn großbürgerlicher Eltern am 13. Mai 1903 geboren, im berühmten Hotel Messmer, erbt er vom Vater die Schwermut und von der Mutter habsburgische Weltfrömmigkeit.

Aber ein Gasthaus ist nicht Heimat. Alle Türen sind offen, die Zimmer ohne Wände ... Wo die Türen nicht geschlossen, die Wände nicht dicht sind, kann keine Familie sein ... Der Anfang meines Lebens brach in diesen Jahren von meiner Gegenwart ab. Es war unmöglich, diesen Bruch je zu verheilen. Zugleich verfielen die Anschauungen und Gewißheiten, mit denen ich ausgerüstet war.

Aus der Erfahrung des Zusammenbruchs der (groß-)bürgerlichen Kultur, des deutschen Kaiserreiches, der Familie (1922 nimmt sich der Vater das Leben, die Mutter flieht, das Hotel geht in Konkurs) und des eigenen Lebens (zwei vergebliche Lehrzeiten, äußerste Armut in Dresden: »Ich habe wohl zwei Jahre nichts Warmes gegessen ...« und ein Selbstmordversuch) sagt Reinhold Schneider rückblickend:

Wenn der Ort unseres Lebens Geschichte ist mit den unermeßlichen Verpflichtungen dieses Namens, so bleibt nichts anderes übrig, als die Jugend auf das Tragische des geschichtlichen Lebens, seine Unheilbarkeit vorzubereiten.

Darum kann das Lebenswerk Reinhold Schneiders gelesen werden als das Wiederentdecken und zugleich Erleiden des Tragischen der Geschichte. Denn das Leben ist längst und für immer vom Tod umstellt; ob Gnade das Gericht aufhalten kann, steht noch dahin; vielleicht ist die Nacht die Gnade oder gar das Nichts. Auch das Schicksal des Christen ist immer tragisch, denn er hat die Tragik des ohnmächtig-mächtigen Gottes auszuleiden. Die großen historischen Werke »Philipp II.« (1930) und »Innozenz III.« (1931), die »Hohenzollern« (1933) und »Las Casas vor Karl V.« (1937) sind genauso wie die im Zweiten Weltkrieg weitverbreiteten Protestgedichte (»Sonette«, 1939; »Jetzt ist des Heiligen Zeit«, 1943; »Die letzten Tage«, 1945), die Friedensschriften (»Der Friede der Welt«, 1956 u.a.) und die autobiographischen Berichte »Verhüllter Tag« (1954), »Der Balkon, Aufzeichnungen eines Müßiggängers in Baden-Baden« (1957) und endlich »Winter in Wien« (1958) Zeugnisse des Mutes, des »Feuers der Verzweiflung« und des Betens in der Gott und Menschen und Welt umspannenden Tragödie. Allein im Karfreitag, allein im Kreuz Gottes und im Kreuz der Menschen mag noch eine Leiter des Ausstiegs angeboten sein:

Ich hatte am Anfang das Gefühl, tief ins Dunkel zu gehen. Wolle es Gott, daß es ein winziger Anteil ist an der heiligen Finsternis des Nikolaus von Cues und des Johannes vom Kreuz, der Karfreitagsnacht auf dem Grabe! Es geht nicht mehr um den Glauben, nur ums Gebet, um das Wort »ohne Unterlaß«. Mit ihm würde das Seil zerreißen, das gerade noch trägt. Wir können nur bitten, daß uns Christus nicht verläßt im Sterben. Aber auch das kann ja geschehen – wie Er verlassen wurde am Ende, die Liebe von der Liebe um der Liebe willen. Wir können nur bitten, daß er uns, nach schrecklicher Überfahrt, erwartet am anderen Ufer – Freund und Feind, uns alle, alle.

Vielleicht sagt Friedrich Heer zu Recht: »Reinhold Schneider war ein Karfreitag, sein ganzes Leben war ein Karfreitag«. Am Karsamstag 1958 stürzt er auf der Straße nach dem Kirchenbesuch; am Ostersonntag, am 6. April 1958 stirbt Reinhold Schneider in Freiburg.

Lesehinweis: R. Schneider, Verhüllter Tag, Frankfurt/Main 1987 (it 2321)

Gottfried Bitter

14. Mai — *Gedenktag für Walther von der Vogelweide (ca. 1170 - ca. 1230)*

Urkundlich nur in einem Ausgabenbeleg von 1203 erwähnt, wonach er Geld für einen Pelzrock erhalten hat, ist Walther von der Vogelweide wohl um 1170 geboren, um 1230 gestorben. In einer kritischen Situation von Reich und Kirche erlebt er Höhen und Tiefen und daraus erwachsend sind ihm Spott und Polemik nicht fremd, treten aber in der Läuterung des Lebens und in der Sorge um richtiges Verhalten der Menschen und um die rechte Ordnung in Reich und Kirche zunehmend zurück. Walther ist nicht nur der Dichter, der für die mittelalterliche Minne die persönlich-partnerschaftliche Beziehung entdeckt, er mischt sich auch ein in die Tagesordnung der Welt. Er zählt zu den schärfsten Kritikern der Mißstände in der mittelalterlichen Kirche. Er hat ein waches Auge auf die Christenheit und vor allem auf Rom; so im »Unmutston«, einem Lied, das Walther wohl im Sommer 1213 verfaßte, nach Erscheinen der päpstlichen Bulle, die zur Aufstellung des Opferstocks in Deutschland führte. Mit dem Opferstock (»her stoc«) sollte für den Kreuzzug gesammelt werden, doch oft wurde das Geld dann für ganz andere Zwecke verausgabt:

Sagt an, her Stoc, hat iuch der babest her gesendet,
dazr in richet und uns Tiutschen ermet unde pfendet?
swenn im diu volle masze kumt ze Lateran,
so tuot er einen argen list, als er e hat getan.
Seit uns danne wie daz rieche ste verwarren,
unz in füllent aber alle pfarren.
ich waen des silbers wenic kumet ze helfe in gotes lant.
grozen hort zerteilet selten pfaffen hant,
her Stoc, ir sit uf schaden her gesant:
daz ir uz tiutschen liuten suochet toerinne unde narren.

Sagt doch, Herr Stock, hat Euch der Papst hergeschickt,/ damit Ihr ihn reich und uns Deutsche arm macht und beraubt?/ sooft ihm das volle Maß in den Lateran kommt,/ dann vollführt er einen bösen Streich, wie er es auch früher getan hat./ Er sagt uns dann, wie das Reich in Unordnung sei,/ bis ihn abermals alle Pfarren aufgefüllt haben./ Ich fürchte, von dem Silber kommt wenig zur Hilfe ins heilige Land,/ große Schätze teilen die Hände der Geistlichen selten aus,/ Herr Stock, Ihr seid zum Schaden hergeschickt:/ damit Ihr unter den Deutschen Törinnen und Narren sucht.

Wer Mißstände kritisiert, dient auch der Wahrheit (nicht einfach nur, wie man Walther vorgeworfen hat, der politischen Propaganda). Walther ist dabei aber tief im Glaubensgut verwurzelt, wovon das »Palästinalied« in zeitloser Schönheit zeugt:

Do er sich wolte übr uns erbarmen,
hie leit er den grimmen tot,
er vil riche durch uns armen,
daz wir komen uz der not.
daz in do des niht verdroz,
dast ein wunder alze groz,
aller wunder übergnoz.

Als er sich über uns erbarmen wollte,/ litt er hier den grimmen Tod,/ er, der gar Mächtige, für uns Schwache,/ daß wir aus der Bedrängnis kamen./ Daß ihm das damals nicht zuviel war,/ ist ein Wunder allzugroß/ und übertrifft alle Wunder.

In den Wirren seiner Zeit legt Walther im politischen Spruch den Finger auf die Wunde. Er läßt an Deutlichkeit und Eindringlichkeit nichts zu wünschen übrig. Darin hätte mancher von Walther zu lernen: Sich betreffen zu lassen, fähig zu werden, bei sich und den Dingen bis auf den Grund zu gehen, sich zu besinnen und dann umzukehren. Wie bei Walther die Kritik nicht alleine dasteht, sondern einhergeht mit einer tief beeindruckenden Sprache des Gebets, sollte auch der moderne Kritiker nicht vergessen zu bitten: »Gott, unser Vater! Gib, daß wir im Streit nicht die Liebe verletzen« (Bernhard Häring).

Lesehinweis: Walther von der Vogelweide, Sämtliche Lieder. Mittelhochdeutsch und in neuhochdeutscher Prosa (mit einer Einführung in die Liedkunst Walthers hrsg. u. übertr. v. F. Maurer), München 1972 (UTB 167)

Herbert A. Zwergel

Todestag von Daniel O'Connell (1775-1847)

15. Mai

In der Innenstadt von Dublin, der Hauptstadt der Republik Irland, gibt es eine Brücke über den Fluß Liffey, von der jeder Ire weiß, daß sie breiter ist als lang: »O'Connell Bridge«. Von dieser Brücke aus führt die prächtigste Straße der Stadt, »O'Connell Street«, nach Norden. Am Anfang dieser Straße steht ein Denkmal: Daniel O'Connell.

Wer wurde 1922 von den Gründern des Freistaates Irland für so wichtig erachtet, daß man den ursprünglich einem Vertreter der englischen Geschichte gewidmeten Namen der zwei wichtigsten Verkehrsadern der Hauptstadt zu seinen Gunsten abänderte?

Berühmt geworden ist Daniel O'Connell in der Landes- und Kirchengeschichte Irlands wegen seines gewaltlosen Engagements gegen die Benachteiligung von Katholiken, die zum Beispiel keinen Sitz im Parlament in London haben durften. Später, als Abgeordneter im Parlament, setzte Daniel O'Connell sich ein neues politisches Ziel: die Aufhebung der parlamentarischen Union mit Großbritannien, die 1801 gegen den Widerstand der protestantischen Oligarchie in Irland von London durchgesetzt worden war. Bei den Massenkundgebungen, die er mit Hilfe des irischen Klerus organisierte, verstand es O'Connell, das Volk für dieses politische Ziel zu mobilisieren. Zur Durchsetzung seiner Ziele verabscheute er Gewalt. Er wußte dennoch von der potentiellen Gewalt der Massen bei seinen Kundgebungen und konnte diese geschickt politisch einsetzen. Bei der größten Kundgebung am 15. August 1843 in Tara, dem ehemaligen Sitz der altirischen Könige des Landes, sagte er:

Die Stärke ... der nationalen Bewegung ist nie zuvor so eindrucksvoll manifestiert worden, wie bei dieser großen Kundgebung. Die Anzahl der Teilnehmer ist größer als bei jeder bisherigen Versammlung in Irland, sei es in Friedens- oder in Kriegszeiten. Diese Kundgebung ist nicht nur ein grandioses Ereignis, sondern ist auch grauenvoll – sie erfüllt nicht nur mit Stolz, sondern auch mit Furcht.

Diesmal ließ sich die Regierung in London durch diese Demonstration nicht einschüchtern. Aus Angst vor Gewalt gegen das herrschende System, die sich bei den Massenkundgebungen möglicherweise nicht mehr zügeln ließ, verbot die Regierung alle weiteren Großkundgebungen. O'Connell gab nach und verlor dadurch auch seine Führerrolle und sein Ansehen beim Volk. Er starb wenige Jahre später in Genua auf dem Weg nach Rom.

Was hat das heutige Irland von diesem großen Politiker geerbt? Die Volksbewegung, die O'Connell in Gang setzte, verband das nationale Bewußtsein mit dem Katholizismus, eine Verbindung, die noch heute verheerende Folgen im Konflikt in Nordirland zeigt. Der Mißerfolg der gewaltlosen Strategie O'Connells führte bei vielen irischen Nationalisten zur Ansicht, daß das Ziel der politischen Unabhängigkeit von Großbritannien auf dem Weg der Gewaltlosigkeit nicht zu erreichen sei.

Als Schüler habe ich nur im Geschichtsunterricht etwas über Daniel O'Connell gelernt. Im Gegensatz dazu hörte ich von anderen Freiheitshelden der irischen Geschichte, die den Weg der Gewalt gegangen sind, nicht nur im Geschichtsunterricht, sondern auch im Musik-, Englisch- und Gälischunterricht. Entweder wurden ihre eigene Lyrik und Prosa behandelt, oder sie wurden in Volksliedern besungen. Ich kenne keine Volkslieder oder keine Lyrik, in denen Daniel O'Connell, der einflußreichste Befürworter einer gewaltlosen politischen Auseinandersetzung mit Großbritannien in der Geschichte Irlands, gepriesen wird.

Lesehinweis: V. Conzemius, Propheten und Vorläufer, Zürich 1972, 15-27: Daniel O'Connell – König der Bettler

George Reilly

16. Mai   *Geburtstag von Karl Barth (1886-1968)*

Zu Berühmtheit gelangt war der Schweizer Pfarrer Karl Barth durch den kompromißlosen Einspruch gegen eine Allianz von konservativer Kultur und Frömmigkeit, die den Ausbruch des Ersten Weltkriegs nicht allein nicht verhindern konnte, sondern geradezu sanktioniert hatte. Gestalt angenommen hatte dieser Einspruch in einer originellen Auslegung des »Römerbriefs« (1919). Die Resonanz dieses Buchs trug Barth eine Professur in Göttingen ein, aber auch die Herausforderung, das angemessene Reden von Gott anders als bloß negativ zu kennzeichnen. Gott ist ganz anders als unsere Gottesbilder – aber die Bibel spricht unbefangen von Gottes Gegenwart. Barth suchte nach dem »rechten Schlüssel« und stieß bald auf die altkirchliche Lehre vom Dreieinigen Gott. Gott ist kein abstraktes Jenseits all unserer Vorstellungen, sondern in geheimnisvoller Weise gegenwärtig. Gottes Gegenwart ist unerschöpflich:

Offenbarung bedeutet in der Bibel die Menschen zuteil werdende Selbstenthüllung *des seinem Wesen nach dem Menschen unenthüllbaren Gottes. ... Wenn die Bibel von Offenbarung redet, so tut sie das ja in Form des Berichtes von einer Geschichte oder von einer Reihe von Geschichten. Der Inhalt dieser Geschichte und jeder einzelnen von diesen Geschichten ist aber eben jene Selbstenthüllung Gottes. ... Es ist ihm nicht unmöglich und es ist ihm nicht zu gering, in seiner Offenbarung sein eigener Doppelgänger zu sein, Doppelgänger, sofern seine Selbstenthüllung, sein Gestalthaben offenbar keine Selbstverständlichkeit, sondern ein Ereignis, und zwar ein weder aus dem Wollen und Tun der Menschen noch aus dem übrigen Weltlauf erklärliches und abzuleitendes Ereignis ist, sofern ein Schritt seinerseits zu diesem Ereignis nötig ist und sofern dieser Schritt offenbar bedeutet: ein Neues in Gott, ein sich Unterscheiden Gottes von sich selbst, ein Sein Gottes in einer seiner ersten, verborgenen Seinsweise als Gott gegenüber ... anderen Seinsweise, ... in der er auch* für uns *seiend sein kann.*

Gott nimmt Gestalt an – schon das ist keine Selbstverständlichkeit. Gott ist frei, nicht gebunden an den unendlichen qualitativen Unterschied zwischen Schöpfer und Geschöpf. Gott selbst kann in einzelnen Geschöpfen gegenwärtig sein, zuletzt und endgültig im Menschen Jesus von Nazareth. Die Selbstenthüllung Gottes kann aber zugleich tiefste Verborgenheit Gottes bedeuten. Das zeigt der Karfreitag. Die Gegenwart Gottes ist immer wieder eine Entscheidung Gottes, bleibt uns unverfügbar – und das kommt uns zugute, denn wir dürfen die Begegnung mit Gott stets von neuem erwarten. Deshalb redet Barth von einer Vielfalt von Gestalten der Enthüllung Gottes. Das Alte Testament ist dabei unverzichtbar für das biblische Reden von Gott. Es ist ein und derselbe Gott, der sich in der Geschichte Israels und in der Geschichte der Kirche offenbart. Im biblischen Zeugnis erkennen wir die Vielfalt des göttlichen Handelns und der göttlichen Gegenwart – immer wieder unerwartet anders und nie auf den Begriff zu bringen. Der Hinweis auf dieses Ereignis: auf die Begegnung mit dem lebendigen Gott – das ist die Pointe der Lehre vom Dreieinigen Gott. Sie schärft die Spannung ein zwischen Gottes Unverfügbarkeit und Gottes Gegenwart. Gott ist »frei«, aber wir dürfen diese Freiheit nicht mit Willkür verwechseln, denn Gottes Freiheit wird durchdrungen von Gottes Liebe. Gott ist »Liebe«, aber Gottes Zuwendung zu seiner Schöpfung entspringt keinem Mangel, keiner Einsamkeit Gottes, sondern dem Überfluß der göttlichen Liebe. So bleibt uns auch die Liebe Gottes unverfügbar. Die Trinitätslehre wird zur Anweisung, die Bibel immer wieder von A bis Z zu lesen und biblische Linien zu entdecken, die auch uns in das biblische Geschehen verwickeln, so daß die Bibel immer geheimnisvoller, immer tiefer wird, je tiefer wir in das biblische Reden von Gott eindringen.

Lesehinweis: K. Barth, Dogmatik im Grundriß (1947), Zürich [7]1987

Ernstpeter Maurer

Vorgestern war der Todestag von Ida Friederike Görres (1901-1971)   *17. Mai*

»Kirche« ist das Programmwort, das sich mit dem unauffälligen Leben und mit dem literarischen Werk der Ida Friederike Görres verbindet. Kirche, das ist die Quelle, aus der die unterschiedlichsten Arbeiten der Ida Friederike Görres fließen. Ist es zufällig, daß am Anfang ihres öffentlichen Wirkens das »Gespräch über die Heiligkeit« (1931) steht und am Ende der persönliche Beitrag für die Erneuerung der Kirche in Deutschland (durch die Würzburger Synode, Mitarbeit in der Sachkommission II »Gottesdienst – Sakramente – Spiritualität«)?

Ida Friederike Görres wurde am 2. Dezember 1901 auf Schloß Ronsperg im Böhmerwald (damals Österreich-Ungarn) als sechstes Kind des Reichsgrafen und österreichischen Diplomaten Heinrich Coudenhove-Kalergi und seiner japanischen Frau Mitsou Aoyama geboren. Erzogen im liberalen und zugleich erstarrten österreichischen Katholizismus in Klosterpensionaten und nach einem unvollendeten Ordensnoviziat (»Englische Fräulein«) gerät sie »Mitte der zwanziger Jahre in die letzten Wellen der ausebbenden bündischen Jugendbewegung«. Der »Quickborn«, Burg Rothenfels und Romano Guardini ziehen die junge Frau an. Aus einem Aufsatz der Rothenfelser Zeitschrift »Die Schildgenossen« entsteht das »Gespräch über die Heiligkeit, Ein Dialog um Elisabeth von Thüringen«:

Liebesfähigkeit ist vielleicht das einzig notwendige natürliche *Substrat zur Heiligkeit. Ein Mensch braucht nicht gescheit und nicht gebildet und nicht einmal »gut veranlagt« zu sein, um heilig zu werden, aber er muß lieben können.*

Dem Aufspüren und Fördern solcher Liebesfähigkeit als Grund der Heiligkeit gilt nun die literarische Arbeit der Ida Friederike Görres. Nach Geschichtsstudien in Freiburg und Wien entwickelt sie Schritt für Schritt einen neuen Typ Hagiographie: in Nähe und Glaubwürdigkeit treten hier heilige Frauen und Männer hervor (Maria Ward, Radegundis, Elisabeth von Thüringen, Franz von Assisi und Franz von Sales, endlich Teilhard de Chardin). Wohl am eindrücklichsten ist »Eine Studie über Therese von Lisieux, Das verborgene Antlitz« (1944). Hier wird Kirche als Kirche der Heiligen und der Sünder erfahrbar.

Wie leidenschaftlich und unerschrocken Ida Friederike Görres für die Gestalt der gegenwärtigen Kirche eintritt, belegen ihre beiden Briefe in den »Frankfurter Heften« (1946/47). In Anlehnung an ein berühmtes Guardini-Wort heißt es fast seherisch:

Es gibt ein »Erwachen der Kirche in den Seelen«. Es gibt auch das »Sterben der Kirche in den Seelen«. Wir erleben es rund um uns, mitten unter uns, selten als plötzlichen Zusammenbruch unter dem Blitzschlag einer Katastrophe, ... sondern als das langsame, schleichende Sterben an Erkältung und Verarmung, an geistlicher Unterernährung und Verhärtung. Das schleppt sich so hin, bis die Kirche ihnen nur mehr als ein Äußerliches und Fremdes gegenübersteht, nur mehr Organisation, Zwang, Machtgebilde – auch dort, und das ist wichtig, wo sich noch kein Zweifel an ihrer Lehre erhoben hat. Dann erst sucht der Mensch nach Angriffspunkten, ... um die unbehaglich bis unerträglich gewordene Autorität ins Unrecht zu setzen ..., als ungültig zu entlarven ...

Ida Friederike Görres leidet unter dem boshaften Protest und dem ausdrücklichen Tadel des Papstes Pius XII., aber sie eifert weiter für die »erwachende« Kirche, für »Die leibhaftige Kirche, Gespräch unter Laien« (1951) – auch unter der Last schwerer Krankheit (seit 1950 Gehirnspasmen). Das Zweite Vatikanische Konzil erlebt sie wie ein Ereignis des Heiligen Geistes in der Kirche. Jedoch zunehmend ängstlich, verstört fragt sie: »Erneuerung oder Revolte. Dieses Doppelgesicht, diese ungeheure Zweideutigkeit macht das Eigentümliche und die besondere Gefahr aus«. Leidenschaftlich entschlossen – fast gegen ihr eigenes Herz gerichtet – bekennt sie: »Ich glaube an Gottes Treue. Ich glaube einfach nicht, daß der Heilige Geist Seinen Pfingstausbruch, die große Verheißung des Konzils, im Stich lassen, der Vergiftung und Verzerrung überlassen wird – es sei denn, es geschähe durch unsere eigene übergroße Schuld, wenn wir vorzeitig kapitulieren.«

Mitten im Dienst an der schmerzlich geliebten Kirche stirbt Ida Friederike Görres am 15. Mai 1971 in Frankfurt.

Lesehinweis: I. F. Görres, Im Winter wächst das Brot, Einsiedeln 1970

Gottfried Bitter

18. Mai — Geburtstag von Pius Johann Parsch (1884-1954)

Pius Parsch – Johann ist sein Taufname – stammt aus Mähren; er wurde geboren am 18. Mai 1884 in Neustift bei Olmütz, der auf zwei felsigen Hügeln gelegenen Bischofsstadt an der March, die in der letzten Phase der Monarchie ungefähr 20.000 Einwohner zählte. Bekannt geworden ist Parsch, der von 1904 bis zu seinem Tode dem Augustiner-Chorherrenstift in Klosterneuburg bei Wien angehört, als unermüdlicher Förderer der Liturgischen Bewegung. Vor allem in den Jahren zwischen 1919 und 1938 erlebt er seine »große Zeit«. Er kann erheblich dazu beitragen, den bald nach dem Ersten Weltkrieg hervortretenden biblisch-liturgischen Anliegen den Weg in die Pfarrgemeinden zu bahnen. Seelsorgliche Erfahrungen als Feldkurat im Ersten Weltkrieg bewegen ihn, christliche Frömmigkeit in neuer, im Grunde aber uralter Akzentsetzung zu fördern: aus den Quellen der heiligen Schrift und der Liturgie der Kirche. Dabei steht die Bibelnähe, die Parsch für die rechte Frömmigkeit der Christen fordert, in enger Beziehung zu seinem Liturgieverständnis und seiner Auffassung vom »Gnadenleben«. Der Sammelband »Volksliturgie. Ihr Sinn und Umfang« (1940) faßt sein »Programm« zusammen. Darin erzählt Pius Parsch:

Im letzten Halbjahr des Weltkrieges war unser Regiment in Kiew, der Hauptstadt der Ukraine, stationiert. Die vielen goldkuppeligen Kirchen dieses »russischen Rom« machten auf mich großen Eindruck, das Mönchsleben, der feierliche Gottesdienst, z.B. in der Osternacht, zog mich mächtig an ... Der Krieg nahm ein unrühmliches Ende. ... Mitte November 1918 kam ich in mein Stift zurück. ... Inzwischen begann ich in Klosterneuburg mit den Bibelstunden. Das kam so: In der Fastenzeit wurden mir die Fastenpredigten in der Stiftskirche übertragen; eine Predigt hatte das Thema: Christus kennenlernen ... Nach der Predigt kam eine Dame zu mir und bat mich um ein Leben Jesu. Ich war in Verlegenheit, weil ich kein geeignetes Buch angeben konnte. Da entschloß ich mich kurzerhand, Bibelstunden über das Leben Jesu zu halten ... Ein Jahr lang hielt ich nur Bibelstunden ... Im folgenden Jahr kam aus dieser Gemeinschaft die Anregung, ich solle einmal die Messe erklären. Ich tat es wirklich zuerst in einem kleinen Kreis; da wurde mir klar, daß unser katholisches Volk von der Messe ... sowenig verstand. Und ich entschloß mich, neben der Bibelstunde wöchentlich eine Liturgiestunde über die Messe zu halten ... So wurde aus der Bibelgemeinde auch eine Liturgiegemeinde. Nun hatte ich ein Jahr lang die Messe nach ihrem Wesen und Gang erklärt; das sollte aber nicht bloße Theorie bleiben ... Um diese Zeit hatte ich von der Missa recitata gehört ... Da entschloß ich mich, mit meiner Gemeinde die erste Gemeinschaftsmesse zu halten. Es war zu Christi Himmelfahrt 1922 ... Die volksliturgische Bewegung hat sich zuerst der Messe angenommen und sucht alle Möglichkeiten, das Volk in die Feier hineinzuziehen.

Parsch hat mit viel Geschick und Phantasie zentrale Anliegen der Liturgischen Bewegung unters Volk gebracht. Fasziniert von seiner Aufgabe, findet er immer neue Wege. Indessen bekennt er: »Die ganze Größe und Tiefe der liturgischen Idee verdanken wir Maria Laach. Nur das spezifisch Volksliturgische ... dürfen wir uns als eigene Idee gutschreiben«. Dem Chorherrn aus Klosterneuburg, gestorben am 11. März 1954, ist das Prophetenschicksal jedoch nicht erspart geblieben. Erfolg und Leid liegen auf seinem Lebensweg dicht beieinander. Gleichwohl ist sich Parsch der »säkularen Bedeutung« des Aufbruchs zur Liturgie hin bewußt geblieben. Ebenso ist er überzeugt vom Wert seiner eigenen Lebensarbeit. Er versteht sich immer als Praktiker, nie als Theoretiker oder Systematiker. Bezeichnend sind – neben vielen anderen volksnahen Publikationen – Parschs »Klosterneuburger Meßtexte«. Seit 1922 gehen sie in Millionen von Exemplaren in die Pfarrgemeinden hinaus.

Lesehinweis: P. Parsch, Volksliturgie. Ihr Sinn und Umfang, Wien ²1952

Theodor Maas-Ewerd

Todestag von Max Scheler (1874-1928) 19. Mai

Max Scheler wurde zu Anfang des 20. Jahrhunderts von vielen als »die stärkste philosophische Kraft im heutigen Deutschland, nein, im heutigen Europa und sogar in der gegenwärtigen Philosophie« (so Martin Heidegger) eingeschätzt. Diese Hochschätzung steht in einem merkwürdigen Gegensatz zur Unbekanntheit, ja Vergessenheit, der das Werk Schelers schon bald und bis in die Gegenwart anheim fiel. Der Moralist und Ethiker, der Anthropologe, der Wissenssoziologe, der Metaphysiker und Metaphysikkritiker, der Phänomenologe Max Scheler hat kein windschnittiges, in sich geschlossenes philosophisches System hinterlassen. Philosophieren inmitten anderer Wissenschaften und drängender Probleme seiner Zeit war seine Leidenschaft, die im unmittelbaren Kontakt seine Schüler faszinierte. Der Kunsthistoriker Heinrich Lützeler, einer seiner Schüler, beschreibt das Philosophieren dieses Philosophen, der keine Schule gebildet und hinterlassen, aber geprägt und angeregt hat, so: »Wir waren im Umgang mit Scheler Erglühte, aber auch Freche. Kritik freute ihn; dann fuhr es in ihn, und der Riese erwachte; er pflegte dieses Erwachen mit einem Grunzlachen zu begleiten: so wohl tat ihm das Philosophieren«. Natürlich ist für Scheler Philosophie Erkenntnis, doch die Phänomenologie, deren Mitbegründer er ist, entspringt einer tieferen Quelle, die auch für den Philosophen Scheler charakteristisch ist:

An erster Stelle ist Phänomenologie weder der Name für eine neue Wissenschaft noch ein Ersatzwort für Philosophie, sondern der Name für eine Einstellung geistigen Schauens, in der man etwas zu er-schauen oder zu er-leben bekommt, was ohne sie verborgen bleibt: nämlich ein Reich von »Tatsachen« eigentümlicher Art. Ich sage »Einstellung« – nicht Methode. Methode ist ein zielbestimmtes Denkverfahren über Tatsachen, z.B. Induktion, Deduktion... Das erste, was daher eine auf Phänomenologie gegründete Philosophie als Grundcharakter besitzen muß, ist der lebendigste, intensivste und unmittelbarste Erlebnisverkehr mit der Welt selbst... Durstig nach dem Sein im Er-leben wird der phänomenologische Philosoph allüberall an den »Quellen« selbst, in denen sich der Gehalt der Welt auftut, zu trinken suchen.

Das Leben Schelers selbst entspricht in seinem Erlebnishunger, in seiner Zerrissenheit und auch in seinen Leiden diesem Ansatz seines Denkens. Er war ein Leben lang auf der Suche nach Liebe. Und so steht auch im inhaltlichen Mittelpunkt seiner Philosophie ein »ordo amoris«, eine Wertordnung des Fühlens, die dem Erkennen und Wollen des Menschen vorgeordnet ist und ihm Richtung und Orientierung gibt. Scheler steht so in einer philosophischen Tradition von Platon über Augustinus zu Pascal, die Erkenntnis und Liebe zusammendachten:

Das Wesen der Geisteshaltung, die allem Philosophieren zugrunde liegt, ist: liebebestimmter Actus der Teilnahme des Kerns einer endlichen Menschenperson am Wesenhaften aller möglichen Dinge... Ohne eine Tendenz in dem Seienden, das »weiß«, aus sich hervor- und herauszugehen zur Teilhabe an einem anderen Seienden, gibt es überhaupt kein mögliches »Wissen«. Ich sehe keinen anderen Namen für diese Tendenz als Liebe, Hingebung: gleichsam Sprengung der Grenzen des eigenen Seins und Soseins durch Liebe.

Auf dieser Basis entwickelte Max Scheler mit großer Achtung vor und in differenzierter Auseinandersetzung mit Immanuel Kant sein Hauptwerk: »Der Formalismus in der Ethik und die materiale Wertethik«.

Lesehinweis: M. Scheler, Die Stellung des Menschen im Kosmos, Bonn [11]1988

Wilhelm Mader

20. Mai   *Todestag von Johann Michael Sailer (1751-1832)*

Daß ein Pastoraltheologe Bischof wird, ist eine Seltenheit in der Kirche, wenigstens heutzutage. In Johann Michael Sailer gingen pastoraltheologische Wissenschaft, seelsorgliche Fähigkeit und kirchliches Leitungsamt eine für die damalige Welt, die durch Französische Revolution und Säkularisierung tief aufgewühlt war, eine außerordentlich segensreiche Verbindung ein. Man darf Sailer, der vor seiner Erhebung zum Diözesanbischof von Regensburg Theologieprofessor in Dillingen und Landshut war, wohl als einen Glücksfall bezeichnen für jene krisenhafte Zeitenwende, in der das Ende der Reichskirche das Ende der Konstantinischen Ära besiegelte, so daß die brennende Frage entstand: Wie und durch wen soll denn nun, da die Gesellschaft sich im Prinzip aus der traditionellen Verbindung mit der christlichen Glaubensgemeinschaft gelöst hat, das Christentum in die Zukunft fortgepflanzt werden?

In der 1812 völlig neu bearbeiteten Auflage seiner »Vorlesungen aus der Pastoraltheologie« schrieb Sailer: Die »eine große Aufgabe«, die sich uns jetzt stellt, besteht darin, »das göttliche, apostolische Christentum in uns und unseren Gemeinden, durch uns und unsere Gemeinden auf die Nachwelt zu überliefern«. Dabei kam ihm seine schon vorher entwickelte Pastoraltheologie, die er auf das doppelte Fundament von »praktischem Schriftstudium« und »Kenntnis des Menschen« gebaut hatte, im wahrsten Sinne des Wortes zu Hilfe. Sailer vertrat eine Konzeption, die es ihm in der neuen Situation zugleich erlaubte, den Gegenstandsbereich dieses Faches den neuen Umständen entsprechend zu erweitern. War die Pastoraltheologie vorher »Wissenschaft, welche die Bildung von Seelsorgern zum unmittelbaren Zweck hat«, so steht jetzt die umfassendere Aufgabe im Vordergrund, »die Menschen, die von Gott getrennt und unter sich uneins sind, in Annäherung unter sich und zu Gott zu bringen, und zwar im Geiste Christi und seiner Kirche«. Ohne die wissenschaftliche Exegese zu verachten, schien ihm doch der lebensbezogene, »praktische« Umgang mit den biblischen Schriften dazu besonders geeignet zu sein:

Die gelehrte Schriftforschung geht auf Untersuchung aus, und endet mit Untersuchung; die praktische geht auf Umwandlung des ganzen, innern Menschen aus. ... Die gelehrte Schriftforschung muß in den Labyrinthen der Altertümer und Sprachenkunde umherirren; die praktische deckt die Irrgänge der Selbstsucht im Menschen auf, und weiset ihm in Christus die Hand, die ihn herausführt. Sie, die praktische Schriftforschung, weiset zwar keinen Fund der Gelehrten zurück, wenn er den müden Pilger auf dem Wege zu Gott vorwärtsbringen kann, ja sie nimmt von ihm alle Arbeiten, die sie zur klaren Anschauung Gottes in Christus führen können, dankbar an; aber ihr Beruf ist doch nur der: den Menschen von ihm selbst los, und mit Gott eins zu machen.

Ehre allen gelehrten Schriftforschern – Heil dem praktischen!

Anders als der staatskirchlich orientierten Pastoraltheologie im damaligen Österreich, die »auf Besserung und Beruhigung der Bürger« aus war, ging es Sailer um die Pflege »hellen lebendigen Christentums« und, in eins damit, um »Glückseligkeit des Volkes«. Sailer verstand seine Pastoraltheologie als eine auf das umfassende Heil der Menschen zielende »Volkstheologie«. Seine bezeichnende Devise: »Gott in Christus – das Heil der Welt«.

Lesehinweis: J.M. Sailer, Die Gegenwart Gottes (ausgew. u. eingel. v. H. Krömler), Zürich 1982

Walter Fürst

Todestag von Tommaso Campanella (1568-1639) 21. Mai

Ein Multitalent wie der am 5. September 1568 in Stilo (Calabrien) geborene Giovan Domenico Campanella mußte es in seiner Zeit zwischen ausklingendem Mittelalter und bereits angebrochener Neuzeit schwer haben. Der philosophisch, theologisch, politisch und naturwissenschaftlich begabte junge Mann trat – seinen großen Vorbildern Albertus Magnus und Thomas von Aquin folgend – in den Dominikanerorden ein, wo er den Namen Thomas erhielt. Der Mediziner M.W. Mönnich fand in Campanellas naturwissenschaftlichen Veröffentlichungen jüngst sogar genügend Stoff für eine pharmaziehistorische Dissertation. Darin würdigt Mönnich die Vielschichtigkeit der Persönlichkeit Campanellas und seines facettenreichen Œuvres, in dem sich magische Vorstellung und rationale Erkenntnis, metaphysisch-theologische Konstruktionen und empirisch fundierte Wissenschaft, traditionell anmutende Überzeugungen und radikaler Veränderungswille, Realitätssinn und phantastische Spekulation verbinden. Tommaso stand in regem Briefwechsel mit Galileo Galilei, dem französischen König Ludwig XIII. und Pabst Urban VIII. Letztere gewährten ihm Zuflucht nach mehrfacher, qualvoller Folter und insgesamt 27jähriger, wechselweise durch die römische Inquisition oder das spanische Königshaus angeordneter Kerkerhaft; denn Tommaso setzte sich allzu deutlich für die Befreiung Süditaliens von der spanischen Fremdherrschaft ein. Im Kerker entstand auch sein berühmter – obwohl literarisch nicht sonderlich origineller – utopischer Staatsroman »Der Sonnenstaat«. Inspiriert von Platons »Staat« und dem auch von den frühen Kirchenvätern bezeugten urkirchlichen Kommunismus träumt Campanella den leidenschaftlichen Traum von einer auf der Gleichheit aller Menschen und Gütergemeinschaft aufgebauten, sozialistischen Gesellschaft der Zukunft. K. Heinisch stellt ihn in eine Reihe mit Francis Bacon (»Neu-Atlantis«), Thomas More (»Utopia«), Jean Jacques Rousseau (»Contrat social«), George Orwell und Aldous Huxley. Aber ist dieser Traum mit dem Zusammenbruch des real existierenden Kommunismus im Osten nicht endgültig ausgeträumt und hat somit seinen »Sitz im Leben« verloren? Zugegeben: Manches in diesem als Dialog zwischen einem Seemann und einem Hausvater angelegten Werk mutet seitdem noch märchenhafter an. Aber bleibt »Der Sonnenstaat« nicht dennoch beredtes Zeugnis der tiefen Sehnsucht aller Menschen nach einem Leben in Frieden, Freiheit, Gerechtigkeit in einer geschwisterlichen und die Schöpfung bewahrenden Welt? Ist nicht angesichts brennender Asylantenheime in Ost und West und dem ansteigenden Fremdenhaß gerade die folgende Stelle bleibend aktuell, weil sie – utopisch zwar – an die Bereitschaft zur Gastfreundschaft appelliert, wie sie aus biblischem Glauben und echter Humanität erwächst?

Diese Straßen (sc. die zu den vier Stadttoren hinausziehen, d.Vf.) sind mit Ziegelsteinen gepflastert und führen bis zum Meer, damit die Fremden, die man sehr zuvorkommend und gastfreundlich behandeln will, angenehmer reisen und bequemer ihre Waren transportieren können. Drei Tage lang speist man die Fremden auf öffentliche Kosten. Zuerst wäscht man ihnen die Füße. Dann zeigt man ihnen die Stadt und ihre Einrichtungen, läßt sie an die öffentliche Tafel, wo sie von eigens dafür bestimmten Personen bedient werden. Wünschen die Fremden, Bürger des Sonnenstaates zu werden, so müssen sie sich einen Monat auf dem Lande und einen zweiten in der Stadt gewissen Prüfungen unterziehen. Danach trifft man die Entscheidung über ihre Aufnahme, die nach einem bestimmten Zeremoniell unter Vereidigung erfolgt.

Die Zuwege für Fremde werden nicht dicht gemacht und erschwert, sondern sogar noch erleichtert. Fremde sind Staatsgäste, denen nach altchristlichem und -klösterlichem Brauch im Ritual der Fußwaschung Ehrerbietung erwiesen wird. Denn biblischer Glaube rechnet mit der Möglichkeit, daß uns – wie Abraham an der Eiche von Mamre – im Fremden Gott begegnen könnte. Deshalb erhalten Fremde überaus zuvorkommend erst befristete, dann nach eingehendem Kennenlernen auf Wunsch auch bleibende Aufnahme im Sonnenstaat. So wird die Gastfreundschaft zum »Ausdruck einer eschatologischen Frömmigkeit des Christen« (R. Zerfaß), der darum weiß, daß auch er selbst nur »Gast auf Erden« ist und keine »bleibende Stätte« (Heb 13,14) hat. Begreifen wir, daß uns mit dem Wegbrechen der Gastfreundschaft in unserer Gesellschaft eine elementare Chance verloren zu gehen droht, Glaubenserfahrung zu machen?

Lesehinweis: F. Hiebel, Campanella, Stuttgart 1972

Norbert Weidinger

22. Mai — Geburtstag von Oskar Hammelsbeck (1899-1975)

Hammelsbeck ist im Blick auf die Fragen einer am Evangelium orientierten Bildung und Erziehung einer der interessantesten evangelischen Denker. Sein zentrales Thema ist die Frage nach der »Erziehung in der Korrespondenz mit dem Evangelium«. In inhaltlicher Hinsicht stellt die Aussage, daß »Erziehung um der Freiheit des Menschen willen« geschieht, den Schlüssel zu seinem Denken dar. Er hat eine evangelische oder christliche Pädagogik zu konzipieren abgelehnt, weil ihm die Eigenständigkeit der Pädagogik wichtig war. Es geht ihm nicht um eine Unterordnung der Pädagogik unter die Theologie oder umgekehrt, sondern er entwickelt ein dialogisches Verhältnis zwischen Theologie und Pädagogik. Das Feld, auf dem diese miteinander in Beziehung treten, ist die Frage der Humanität. Diese Humanität wird konkretisiert im Sinne der Freiheit des Menschen.

Sein Lebensweg ist bewegt. Geboren am 22. Mai 1899 in Elberfeld, Studium in Heidelberg, Gründung der Volkshochschule in Saarbrücken, 1934 bis 1936 Lehrer für Deutsch und Evangelische Religion, Entlassung, weil er sich weigert, in die NSDAP einzutreten. Der Kirchenkampf im Dritten Reich wird zur prägenden Phase seines Lebens. 1937 übernimmt er den Aufbau des Katechetischen Seminars in Berlin, in dem die Pfarrer der Bekennenden Kirche pädagogisch und psychologisch fortgebildet werden. Die Freundschaft mit Dietrich Bonhoeffer wird zu einer beglückenden Erfahrung. Den persönlichen Ertrag des Kirchenkampfes hat er in dem Satz zusammengefaßt: »Ich bin ein Lehrer!« So ist es konsequent, daß er 1946 eine Professur für Praktische Theologie an der Universität Göttingen ablehnt und statt dessen Professor für Allgemeine Pädagogik in Wuppertal wird. Später lehrt er auch noch in Hagen. Am 14. Mai 1975 stirbt er.

Anläßlich der Reifeprüfung des ältesten Sohnes am 23. März 1942 findet sich ein Tagebucheintrag, in dem das Grundanliegen Hammelbecks deutlich erkennbar ist:

Schon der Verzicht auf ein festes System ist nicht ohne Einfluß auf die Lebenskurve. Statt dessen haben wir Schritt für Schritt mehr dem Taufversprechen gemäß »im christlichen Glauben« erzogen. Das heißt ja einerseits, dem biblischen Wort und der Gemeinschaft unter dem Wort Raum geben und Raum geben lassen; und das heißt darum beten, daß Gott dieses getaufte Kind in seine Führung nehme. Für die Haltung der Eltern dem Kinde gegenüber ist aber damit vor allem gegeben, daß die Ehrfurcht vor dem Gott unmittelbar gehörigen Menschenkinde alle erziehliche Willkür ausschließt ... Eine Erziehung, die nur für die Zeit erzieht, ist eine schlechte Erziehung. Es sind allzuviel Gehilfen am Werk, daß die jungen Menschen in die heutige Welt »passen«. Die Eltern haben darum eine besondere Verantwortung, den Zeitmächten nicht den größten Raum zu überlassen. Aber jene haben auch ihr Recht und ihren Anspruch ... Eine Erziehung, die vom Ewigen weiß ..., hält im Zeitlichen Wacht für die Werte, die mehr sind als das Augenblickliche. Die Freiheit des Menschen darf nicht von der Zeit geknechtet werden, sondern sie muß ihr dienen lernen, nachdem sie atmen gelernt in den Bereichen der das Überzeitliche wirkenden Kräfte. Dem entsprechen ganz natürliche Quellen in jedem Menschen, das heißt, weil er mit seinem Natürlichen genau so gegen das bloß Zeitliche steht. Darum muß diesem Natürlichen, nach Anlage und Neigung vorbestimmten Lebensraum Freiheit der Entwicklung gelassen werden, ohne zu versäumen, die Bildungswerte anzubieten, die ihm den Sprung in geschichtliches Wirken ermöglichen.

Erziehung unter dem Wort und Hilfe zur Selbstbestimmung vor Gott miteinander zu verbinden, war Hammelsbeck wichtig. Er ist der Überzeugung, daß Freiheit und Mündigkeit vom Evangelium her ermöglicht, zumindest mit-ermöglicht werden können. Gewiß geht es in der Erziehung auch um Anpassung an die sich verändernde Welt. Aber der entscheidende Punkt bleibt, daß es nicht um kapitulierende Gleichstellung gehen darf, sondern darum, die Freiheit des Menschen als Person ermöglichen, stützen und wahren zu helfen.

Lesehinweis: O. Hammelsbeck, Verantwortung und Freiheit des Glaubens (aus O. Hammelsbecks Tagebüchern ausgew. u. hrsg. v. H. Horn), Wuppertal 1986 (Brockhaus-TB 405)

Gottfried Adam

Todestag von Franz von Baader (1765-1841)   *23. Mai*

Es gibt Menschen, die so viel vom Zusammenhang des Ganzen verstehen, daß sie es nur im Fragment auszudrücken vermögen. Doch das Fragment wird ihnen zum Knotenpunkt, um Fäden zu spannen ins Äußerste und Entfernteste, Fäden, die ins Ganze führen und es doch im Geheimnis dessen belassen, je größer zu sein als die Gestalt, die es faßt. Franz von Baader ist Zeitgenosse, Inspirator und kritischer Kommentator seiner Zeitgenossen Hegel und Schelling. Er ist unter den Geistern des Deutschen Idealismus der einzige Katholik, ein sehr frommer und überzeugter, aber unbequemer und die Schemata sprengender. Ehe er, verhältnismäßig spät, an der Münchener Universität Honorarprofessor für Religionsphilosophie wurde, hat er sich mit der Medizin und vor allem mit dem Bergbau befaßt, in dem er als bedeutender Experte galt. Auch der Versöhnung zwischen Katholizismus und russischer Orthodoxie widmete er sich. Was von ihm weiterwirkt, ist freilich die Kraft seines Denkens, dem Bild und Begriff gleichermaßen Sprache sind. »Fermenta cognitionis« heißt eines seiner Hauptwerke, das eben aus Fragmenten besteht, die frappierende Zusammenhänge aufweisen. Und ebenso typisch für ihn ist der Titel einer anderen Schrift, aus der ein knapper Text uns in die Denkwelt Baaders einführen soll: »Alle Menschen sind im seelischen, guten oder schlimmen Sinn unter sich Anthropophagen (Menschenfresser, d. Vf.)«. Das Wort kann nur vom Wort, der Mensch nur vom Menschen leben, und immer ist es ein Sich-Geben, ein Opfer, in welchem dem Menschen das zuteil wird, wovon er leben kann. Baader hat, über seine Zeit hinaus, Gedanken gegeben, die Leben speisen können. Zum Beispiel:

Der Mensch, nämlich als Herz oder, wie die Schrift sagt, als innerer Mensch im Gegensatze des äußeren, lebt nicht von äußerer Nahrung oder vom leiblichen Brot, sondern er lebt, und zwar nicht im methophorischen*, sondern im reellsten Sinne nur von anderen inneren Menschen, Herzen der persönlichen Wesen als ihn Speisenden und von ihrem Wort als Speise. Es versteht sich, daß hier nur von jenem Wort oder von jenem Inhalt desselben die Rede ist, welches aus dem Herzen kommt ..., d.i. zu dessen Spendung der Mensch, sein Inneres aufschließend, seine Seele ins Wort legt ..., sei dieses nun in Liebe, sei es im Haß.

Lesehinweis: F. von Baader, Über Liebe, Ehe und Kunst (hrsg. v. H. Grassel), München 1953

Klaus Hemmerle

24. Mai — Kirchlicher Gedenktag von Madeleine Sophie Barat (1769-1865)

Die hl. Madeleine Sophie Barat ist als Gründerin der Gesellschaft der Ordensfrauen vom Heiligsten Herzen Jesu weitgehend unbekannt geblieben in der Kirche. Ihre Gründung hingegen, »das Sacré Coeur«, hatte sich schon zu Lebzeiten der Stifterin in der alten und neuen Welt einen Namen gemacht.

M.S. Barat wurde in Joigny/Burgund als drittes Kind eines Winzers und Faßbinders geboren. Ihre Jugend im elterlichen Hause war geprägt von einer umfassenden humanistischen Bildung durch ihren älteren Bruder Ludwig und die Herz-Jesu-Verehrung, wie sie von der hl. Marguerite-Marie Alacoque verbreitet worden war.

Nach den Wirren der Französischen Revolution weihte sie sich am 20. November 1800 zusammen mit einigen Freundinnen dem Herzen Jesu. Die Idee zur Gründung eines dem Herzen Jesu geweihten Ordens stammt nicht von ihr. Diese war vielmehr das Vermächtnis eines heiligmäßigen Jesuiten, François-Léonon Tournély, das nach dessen Tod von seinem Freund de Varin gehütet und – nach der ersten Begegnung mit der jungen Madeleine Sophie – dieser geistig und religiös gleichermaßen begabten Person anvertraut wurde. M.S. Barat hat diese Berufung mit ganzer Seele aufgenommen und ihr in einem fast 65 Jahre währenden Dienst als Generaloberin bleibende und wirkunsvolle Gestalt gegeben.

Unter schwierigsten Umständen richtete sie Schulen ein für die Armen und Internate für die Töchter der führenden Gesellschaftsschicht. Ihr Ziel war es, den Mädchen eine christliche Erziehung zu geben, weil von einer frommen, gebildeten und selbstlosen Frau die wohltätigsten Wirkungen ausgehen auf das Leben in Familie und Gesellschaft. Die Mädchen erhielten im Sacré Coeur eine solide intellektuelle Ausbildung, eine prägende charakterliche Erziehung und eine sorgfältige spirituelle Anleitung für ihr religiöses Leben. Dieses sollte, wie auch das der Ordensfrauen selber, in einer tief innerlichen Christusliebe, eben der Liebe zu seinem Herzen verankert sein. M.S. Barat erkannte darin die sicherste Kraftquelle, um allen Angriffen auf den Glauben und die Kirche zu widerstehen.

Innerlichkeit erwächst aus dem vollständigen Opfer unserer selbst durch die Beherrschung unserer Sinne und unserer Leidenschaften und durch den immer erneuerten Blick auf Ihn, der in uns lebt und für den wir wirken. Innerlichkeit bedeutet die innigste Verbindung unserer Seele mit Gott, die zarte Scheu, Ihm zu mißfallen, die ausschließliche, unmittelbare Abhängigkeit von seiner Gnade und vom leisesten Antrieb des Heiligen Geistes. Innerlichkeit bedeutet den feinen Takt der Seele, mit dem diese das Wirken Gottes in sich wahrnimmt und sich ihm überläßt; sie bedeutet vollkommene Entäußerung von allen eigensüchtigen Interessen. Stellen Sie sich einen solchen innerlichen Menschen vor. Er strahlt Bescheidenheit und Ruhe aus, Sanftmut, Frieden und Demut. Er setzt sich gern ein, und jeder empfindet sein natürliches, liebenswürdiges Wesen als wohltuend. Er liebt Menschen in demselben Maß, wie er Gott liebt. Gewiß, von Zeit zu Zeit begeht er einige Fehler, aber der Heilige Geist macht ihn auf die geringsten Unvollkommenheiten aufmerksam. Der innerliche Mensch fürchtet sogar den Schatten einer Untreue. Das heißt nicht, daß er übertrieben gewissenhaft und wachsam sich selbst gegenüber wäre. Nein, innerliche Menschen sind gewöhnlich heitere Menschen. – Gott ist alles, alles übrige nichts! Innerlichkeit ist nichts anderes als das Erfassen dieser Wahrheit in ihrer Höhe, Tiefe und Breite. Ein innerlicher Mensch lebt und atmet in Gott. Leben, Atmen, Tätigsein – das ist der ganze Mensch. Wir Christen sollen leben und wirken in Gott durch Jesus Christus: »Nicht mehr ich lebe, Christus lebt in mir!«

Zu Lebzeiten der Stifterin entstanden 120 Schulen und Internate in 16 verschiedenen Ländern Europas und Nordamerikas. Heute haben die Ordensfrauen, neben ihrer Tätigkeit in Colleges und Schulen, sich in besonderer Weise dem Dienst an den Armen zugewandt.

Madeleine Sophie Barat starb am 24. Mai 1865 in Paris, an diesem Tag wird auch ihr Fest gefeiert. Sie wurde 1925 heiliggesprochen.

Lesehinweis: E. Smith/ I. Vermehren, Mutter Barat, Berlin 1966

Isa Vermehren

Morgen ist der Todestag von Georg Hermes (1775-1831)   25. Mai

Georg Hermes, 1775 in einer einfachen Bauernfamilie in Dreierwalde bei Rheine in Westfalen geboren, studierte von 1792-98 Philosophie und Theologie in Münster. Nach der Priesterweihe wirkte er zunächst als Gymnasiallehrer. Mit der Schrift »Untersuchung über die innere Wahrheit des Christentums« (1805) erwarb er sich die Qualifikation zum Hochschullehrer und wurde 1807 Professor für Dogmatik in Münster. 1820 wechselte er an die neu gegründete preußische Universität in Bonn, wo er bis zu seinem Tod im Jahre 1831 Dogmatik lehrte.

Hermes war ein begnadeter und gefeierter theologischer Lehrer. Er arbeitete tage- und nicht selten nächtelang an der Vorbereitung seiner Vorlesung, und wenn er seine Hörer dann auf seinen zuvor erkundeten Denkweg mitnahm, so hatten sie das Gefühl, an dem teilzuhaben, was den Lehrer selbst aufwühlte. Der tiefere Grund, warum Hermes ein so gefragter Lehrer war, liegt darin, daß die Schüler ihm die Lösung der Frage zutrauten, die damals alle Welt in ihren Bann zog. Worum es ging, wird aus den ersten Sätzen, der Vorrede der oben genannten Schrift deutlich:

Vorliegende Untersuchung über die innere Wahrheit des Christentums beschäftigt sich nicht damit, die historische Wahrheit der Tatsache zu prüfen, wodurch das Christentum zuerst auf Erden entstand und verbreitet wurde ..., sondern sie betrifft die Wahrheit der Lehre selbst, welche in den Urkunden enthalten ist. ... Wäre gar keine vernunftmäßige Entscheidung, weder für noch wider die Wahrheit, möglich; so würde eben dadurch gewiß, daß die christliche Lehre keine Gegenstand möglicher Annahme für vernünftige Menschen sei. (Ich werde versuchen,) diese Frage über die christliche Lehre vernunftmäßig zu beantworten ... und wie ich hoffe, wird kein vernünftiger Zweifel an ihrer Wahrheit übrig bleiben.

Die Hoffnung darauf, daß kein vernünftiger Zweifel an der Wahrheit des Christentums übrigbleibe, schließt ein, daß zunächst ein solcher Zweifel wirklich besteht. Hermes selbst räumte ein, in seiner Studentenzeit »ernstlichen« Zweifel am Dasein Gottes gehabt zu haben; und man wird sagen können, daß die allgemeine Stimmung unter den gebildeten Katholiken Deutschlands dieser Zeit vom Zweifel am eigenen Glauben geprägt war – Kants Religionsschrift, mit der sich Hermes in der oben genannten Schrift zu befassen hatte, war 1794 erschienen. Hermes' Auseinandersetzung mit dem Zweifel beginnt damit, daß er ihn als Anfrage an die Vernunft des Glaubenden zuläßt, statt ihn durch ein wie immer geartetes Pathos zu unterdrücken. Dieses Zulassen erregte die beschriebene Faszination der einen und die Abwehr der anderen, die die Ge-lassenheit solchen Zu-lassens nicht besaßen. Man muß es wohl als Projektion eigener unbewußter Probleme deuten, wenn Gegner ihm unterstellten, er verabsolutiere den Zweifel. Denn das Gegenteil ist der Fall. Hermes hofft ja, wie zitiert, daß kein Zweifel übrig bleibe. Seine Begründung geschieht mit Hilfe der praktischen Vernunft. Der distanzierenden theoretischen Vernunft, wenn sie sich wirklich ganz auf sich selbst stellt, bleibt letztlich alles unentscheidbar, aber die Praxis unseres Lebens erfordert eine Entschiedenheit, der die Vernunft zu dienen hat.

Vier Jahre nach Hermes Tod verbot Rom seine Bücher, und obwohl der begründende Text nicht als Verurteilung seiner Lehre aufgefaßt werden muß, nahmen die rückwärtsgewandten ultramontanen Kreise, die sich in der deutschen Kirche auch aufgrund der politischen Lage immer mehr durchsetzten, das Verbot zum Anlaß, die Hermesschüler von ihren Lehrstühlen zu entfernen, soweit sie sich nicht unterwarfen. Erst in der katholischen Theologie des 20. Jahrhunderts kam Hermes' Anliegen zum Zuge.

Lesehinweis: E. Hegel, Georg Hermes, in: H. Fries/E. Schwaiger (Hg.), Katholische Theologen Deutschlands im 19. Jahrhundert, Bd. I, München 1975, 303-322

Klemens Baake

26. Mai — *Todestag von Franz Overbeck (1837-1905)*

Walter Benjamin hat in Franz Overbeck, dem Freund Friedrich Nietzsches, dem Baseler Exegeten und Kirchengeschichtler, »eine der großen Mittlergestalten« gesehen. Mit dem »schärfsten Blick für die Extreme« war er, wie Nietzsche, fähig, in den Idealen seiner Zeit die Dekadenz, in der »Modernität« der Theologie den Verlust an jüdisch-christlicher Identität und Radikalität zu erfassen. Denker und Theologen einer gegenweltlichen Gottesgewisserung wie Jakob Taubes oder Karl Barth haben sich vehement auf ihn berufen. Eine gnostisch-neumoderne Beerbung jedoch, die sich an Overbecks Kritik des »modernen« Christentums delektieren wollte, vergriffe sich, weil hier weit mehr an religiös-apokalyptischer Hartnäckigkeit gefordert war, als einem modischen Postmodernismus lieb sein kann. – Wobei sich Overbeck erst recht nicht als Kronzeuge für einen sich ankündigenden Fundamentalismus in Kirchen und Gemeinden eignet – er läßt sich für überhaupt keine Form christlicher Selbstverteidigung gebrauchen, sei sie modern, postmodern oder antimodernistisch:

Menschen ist es nicht beschieden, in irgend welche Beziehungen zu treten, die sie nur vertheidigen könnten; denn keine vermögen menschlicher Kritik Stand zu halten. Zum Glück indessen können sie lieben ... Denn Liebe erkennt gar keinen Angriff an und ist verloren wenn sie sich dadurch irre machen läßt. Aber das kann und braucht sie auch nicht zu thun, denn sie ruht auf ganz anderer Grundlage als auf der Anerkennung objectiver, allgemein auch für andere bestehender Unangreifbarkeit ihrer Objecte, und ist darum auch durch keinen fremden Angriff von ihrem Grunde abzudrängen. ... Was kann aber darüber weniger beruhigen als der nervöse Drang, der neuerdings in unserer modernen Welt so stark hervortritt, die Religion zu vertheidigen? Man fühlt eben die Liebe schwinden, die sonst aller Vertheidigung so leicht macht, heißt das aber nicht so viel als daß die Grundlagen menschlicher Liebe bei der Religion zu versagen beginnen?

Mit diesem Passus enden Overbecks »Selbstbekenntnisse«. Erst 1941 ediert, sorgen sie dafür, daß bis heute eine eher »bohrende« Erinnerung an diese theologische »Kassandra« zurückbleibt. Schon in seiner Streitschrift »Über die Christlichkeit unserer heutigen Theologie« (1873/ ^{2}1903) hatte Overbeck beklagt, daß das Christentum fast vollständig zur Theologie, zu einem Objekt distanzierter Betrachtung geworden sei; daß es »verwest« und – mit seinem »Wesen« als das, »was gewesen ist« (Hegel), beschäftigt – sein eigenes Ende heraufbeschwört. Denn das »Allgemeine« (Kierkegaard), als welches das Christliche alle Verhältnisse überhöht, bestätigt und scheinbar unbeschadet überdauert, gibt es allein »um den Preis gänzlicher Lossagung« vom lebendigen Ursprung; Anpassung als »Totengräberarbeit«! »Das hohe Alter des Christentums ist für eine ernste geschichtliche Betrachtung das tödliche Argument gegen seine Ewigkeit.« – Dieser negative Theologe und »anonyme Glückspinsel«, als den Nietzsche ihn bezeichnete, hat in seinem abgründigen Skeptizismus nichts Geringeres als den »Glutkern« der jüdisch-christlichen Religion zu retten versucht. Etwas, das mehr als nur eine Analogie zur »Liebe« und deren »Unangreifbarkeit« darstellt: daß man »Christ nur als Enthusiast sein könne«; daß keine Glaubensreflexion, kein hermeneutisches Verfahren, kein »Verstehen« ausreicht, um die messianische Zeit, die »Urgeschichte« einzuholen, diese »Vergangenheit in zweiter Potenz«, die nie »war«, sondern immer nur »jetzt« ist. Ganz im Sinne solcher »Jetztzeit« verweist Hans Blumenberg auf ein Wort der außerkanonischen Jesus-Überlieferung: »Die mit mir sind, haben mich nicht verstanden«. – Nicht um das Denken zu diffamieren, war Overbeck angetreten. Vielmehr um das Gegenüber von Vernunft und Offenbarung, um »den Zwist von Glauben und Wissen nicht bloß verewigen, sondern ewig schärfen« zu helfen.

Lesehinweis: F. Overbeck, Über die Christlichkeit unserer heutigen Theologie, Darmstadt 1989

Tiemo Rainer Peters

Todestag von Thomas Müntzer (1489-1525)   27. Mai

Am Allerheiligentag des Jahres 1521 schlägt Thomas Müntzer in Prag einen eigenhändig geschriebenen Aufruf an: das sogenannte »Prager Manifest«. Der hochgebildete Theologe, der »klein gewachsen, schwarzen Haars, dunkler Hautfarbe, feurigen Blicks« (E. Bloch) gewesen sein soll, ist zu diesem Zeitpunkt Anfang Dreißig und hat bereits einiges hinter sich. Im Frühjahr des Jahres hatte er wegen seiner aufrüttelnden, den »sozialen Frieden« gefährdenden Predigten aus Zwickau, wohin ihn Luther empfohlen hatte, fliehen müssen. Die Reformationsbewegung ist noch jung, aber sie entzweit sich schon. Müntzer zeigt immer deutlicher, daß er Luther als einen bloßen Schriftgelehrten verachtet, der den ungebildeten Leuten keine wirklich lebendige Erfahrung des Evangeliums zu vermitteln vermag und der nicht sehen will, daß auch das »weltliche Regiment« unter die Norm des Glaubens gestellt werden muß. Ein solcher »Vater Leisentritt«, wie er Luther später beschimpfen wird, ist Müntzer nun gewiß nicht. Seine Schriften zeigen ihn als einen sich vom Geist Gottes ergriffen wissenden Feuerkopf mit hohem Sendungsbewußtsein, der weder Tod noch Teufel fürchtet, wenn es darum geht, die Gerechtigkeit Gottes aufrichten zu helfen. Verstärkung erhofft er sich dabei von hussitischen Kreisen in Böhmen. Diese Nachfahren des als Ketzer verbrannten Jan Hus soll das Prager Manifest hinter ihren Öfen hervorholen.

Cristus sagt Luce am 11. (52), das die Pfaffen den Slussel von dissem Buche, das geslossen ist, stelen, sie slißen die Schrift zu unde sagen, Got dorf nicht in eigner Person mit dem Menschen reden. Wu der Same felt uf den guten Acker, das ist in die Herzen, die der Forcht Gots vul sein, das ist dann das Papir unde Pergamee, do Got nicht mit Tunten, sundern mit seinem lebendigen Finger schreibt die rechte Heilige Schrift (2 Kor. 3,2), die di eußerliche Biblien recht bezeugt. Und es ist auch kein gewisser Gezeugnisse, das die Biblie war macht, dan die lebendige Rede Gots, do der Vater den Son anspricht im Herzen des Menschen. ... Got redt alleine in die Leidlichkeit (das Leiden; d. Vf.) der Creatüren, welche die Herzen der Ungleubigen nicht haben. ... Der Ungleubige wil durch keinen Weg mit seinem Leiden Cristo gleichformick werden (Röm 8,29), er wils nur mit honigsußen Gedanken ausrichten. Dorumb sein solche vortumpte (verdammte; d. Vf.) Pfaffen, di den rechten Slussel wegnemen und sagen, ein solcher Weg sei fantastisch und narrenkoppisch, unde sprechen, es sei uf das allerunmuglichste. Dieselbigen sein itzund mit Haut unde Horen vorrechtet (abgeurteilt; d. Vf.) zum ewigen Vertümnis... Aber am Volk zweifel ich nicht. Ach du rechte, arme, erbermlich Teufelein, wie dorstig bistu noch dem Wort Gots!

Doch dem Aufruf Müntzers ist kein Erfolg beschieden. Wenig später muß er Prag verlassen haben. Über mehrere Stationen zieht sich sein immer entschiedenerer Kampf für die Aufrichtung einer göttlichen Ordnung bis hin zu seiner Verbündung mit den revoltierenden Thüringer Bauern. Für deren Debakel ist er, der ansonsten keineswegs der große Bauernführer war, den manche in ihm sehen wollen, nicht unverantwortlich. Bis zuletzt glaubt er, sich in einem heiligen Krieg wähnend, an eine von Gott herbeigeführte Wendung; so trägt er dazu bei, ein mögliches Arrangement mit den Fürsten zu verhindern. Bei Frankenhausen wird der Bauernhaufen in einem grausamen Schlagen und Stechen völlig aufgerieben; Thomas Müntzer wird auf einem Dachboden aufgegriffen und nach schweren Folterungen am 27. Mai 1525 hingerichtet.

Lesehinweis: Th. Müntzer, Die Fürstenpredigt und andere Schriften, Stuttgart 1990 (Reclam UB 8772)

Rudolf Englert

28. Mai — Geburtstag von Augustin Bea (1881-1968)

Konzilsbeobachter der von der katholischen Kirche getrennten Kirchen bezeichneten Augustin Bea als den »weisen und doch so tätigen, den konservativen und doch so kühn auf das Neue hin ausschreitenden Bahnbrecher und Wegweiser des Ökumenismus, der für die Hoffnung des großen, wahrhaft ökumenischen Neuwerdens der Kirche in unserer Zeit zu wirken vermochte« (W. Küppers). Sein Tod war »ein Verlust nicht nur für die römische Kirche, sondern für die ganze Christenheit. Unvergleichlich hat sich sein Bild unzähligen Herzen eingeprägt, die seiner in Liebe und Verehrung gedenken«, schrieb evangelischerseits Edmund Schlink und bezeichnete Kardinal Bea nach Papst Johannes XXIII. »als die eindrücklichste Gestalt des Zweiten Vatikanischen Konzils«. – Dabei war Bea fast 80 Jahre alt, als der Papst ihn zum Präsidenten des 1960 gegründeten Sekretariats zur Förderung der Einheit ernannte. 35 Jahre hatte er am Päpstlichen Bibelinstitut gearbeitet; er war vertraut mit der Heiligen Schrift, dem gemeinsamen Buch der getrennten Christenheit; ihn bewegte das Gebet Jesu für die Einheit: »Vater, laß sie eins sein, damit die Welt glaubt, daß du mich gesandt hast« (Joh 17,21):

Was kann jeder einzelne Christ tun, so werde ich oft gefragt, um mitzuhelfen, zumindest ein Stück der Einheit aller Christen zu erreichen oder um dieser Einheit näherzukommen? Dafür gibt es vielfache Möglichkeiten. Beispielsweise mit Angehörigen verschiedener Konfessionen eine Zusammenarbeit anzustreben, in Bereichen, die nicht direkt den Glauben betreffen, etwa in der sozialen Aktivität, im karitativen Bereich. Weiterhin in der Geltendmachung des natürlichen Moralgesetzes auf familiärer und staatlicher Ebene, in der öffentlichen Moral usw. Man kann auch zusammenarbeiten zu einer Geltendmachung der christlichen Ideen, die den verschiedenen Konfessionen gemeinsam sind. So haben sich z.B. in Indien verschiedene Konfessionen zusammengefunden zur Verteidigung der von den Missionaren geschaffenen Schulen. In Afrika haben einige anglikanische Bischöfe Hirtenbriefe katholischer Bischöfe gegen die Rassendiskriminierung anerkannt und empfohlen. Diese Zusammenarbeit hat, abgesehen von nicht abschätzbaren unmittelbaren Ergebnissen, vor allem den großen Vorteil, daß sie unter denen, die daran teilhaben, einen Geist der Kameradschaft und den Geist einer Annäherung in der Mentalität schafft – was eine fundamentale Voraussetzung dafür ist, daß man sich nach und nach auch auf der Ebene der Lehre versteht.

Nur mit großem Staunen kann man zur Kenntnis nehmen, was Augustin Bea seit seiner Ernennung zum Kardinal geleistet hat: Reisen in alle Welt mit vielen Vorträgen und Begegnungen; zahlreiche Veröffentlichungen – zehn seiner Bücher wurden in mehrere Sprachen übersetzt. Sie zeugen von unermüdlicher Arbeit im Mühen um das große Ziel der Einheit aller Christen und um den Frieden in der Welt. Von bleibender Bedeutung sind die unter seiner Leitung bereiteten Vorlagen für das Zweite Vatikanische Konzil: Das Dekret über den Ökumenismus, die Erklärung über das Verhältnis der Kirche zu den nichtchristlichen Religionen und die Erklärung über die Religionsfreiheit. An der Erstellung der Konstitution über die göttliche Offenbarung hatte Kardinal Bea mit seinem Sekretariat maßgeblichen Anteil. Nach dem Konzil war er Wegbereiter offizieller ökumenischer Dialoge mit den getrennten Kirchen und dem Ökumenischen Rat, die zu wachsender Übereinstimmung führten. Am 16. November 1968 wurde er von Gott heimgerufen, seinem Wunsch gemäß in seiner Heimatkirche in Riedböhringen beigesetzt. In seinem Geist beten und arbeiten heute die noch getrennten Christen auf dem Weg zum Ziel Kirchengemeinschaft, zur Einheit der Kirchen in der einen Kirche Christi.

Lesehinweis: A. Bea, Der Weg zur Einheit nach dem Konzil, Freiburg 1966

Heinz Schütte

Gestern war der Geburtstag von Peter Reichensperger (1810-1892)

29. Mai

Historische Leistungen sind nicht immer eindeutig, oft eher vieldeutig und ambivalent. Peter Reichensperger gehört zu jenen politischen und sozialen Reformern, die Kinder ihrer Zeit und zugleich ihrer Zeit weit voraus waren. In Koblenz geboren, wurde der vielseitige Jurist zunächst dort tätig, dann 1850 als Appellationsgerichtsrat nach Köln berufen; 1859 bis 1879 war er »Obertribunalrat« in Berlin; parallel dazu entwickelte sich seine politische Karriere: 1847 Mitglied der Preußischen Nationalversammlung, 1849 bis 1892 Abgeordneter im preußischen Landtag und 1867-1892 auch Abgeordneter im Reichstag. Sein bedeutendstes Werk, 1847 erschienen, trug den Titel »Die Agrarfrage aus dem Gesichtspunkte der Nationalökonomie, der Politik und des Rechts«. Peter Reichensperger setzte sich darin vor allem für das Recht auf Eigentum ein, verstanden als persönliches und natürliches Recht des Menschen, mit dem Grund und Boden seine von ihm selbst bestimmten Zwecke zu erfüllen. Das private Grundeigentum, ergänzt durch weitere Ordnungsgesetze, stellte für ihn ein wichtiges Element zur Behebung sozialer Mißstände und der weit verbreiteten Armut dar. Fortschrittlich war Reichensperger auch in anderen Fragen: in der Forderung nach öffentlichen und mündlichen Anklageprozessen, der Abschaffung der Folter, der Zulassung unabhängiger Verteidiger, der grundrechtlichen Verankerung der Religionsfreiheit in der Reichsverfassung und der Preußischen Verfassung, in vielen anderen Fragen, die den liberalen Katholizismus in der Mitte des 19. Jahrhunderts bewegten.

Gerade das Revolutionsjahr 1848 zeigte jedoch, daß solche Reformvorstellungen keineswegs immer mit zukunftsweisenden gesellschaftspolitischen Auffassungen korrelieren müssen. Der immer stärker werdende Druck der Straße machte Peter Reichensperger Angst, seine lebendigen Schilderungen über Anfeindungen und Gewaltakte belegen es. Entsprechend seiner Grundauffassung, daß vom Volk letztlich nur Umsturz und Aufruhr zu erwarten seien, setzte Reichensperger den Ideen der Französischen Revolution das Prinzip der Vereinbarung zwischen König und Volksvertretung entgegen. Als konstitutioneller Monarchist freute er sich über ein dankendes Handschreiben »von ihrem wohlgeneigten Könige Friedrich Wilhelm«. Im Rückblick auf die stürmischen Jahre der Revolution von 1848 las er dem Staat, der Politik und damit auch den Politikern gründlich die Leviten. Die Kritik klingt für heutige Zeiten auffällig aktuell:

Den hiermit herbeigeführten verhängnisvollen Zusammensturz kann man lebhaft beklagen, weil jedes Übermaß der Leidenschaft nur zu zerstören, nicht aber lebenskräftige Bildungen hervorzubringen im Stande ist; allein man wird zugleich anerkennen müssen, daß auf den normalen Wegen der Reform jene Besserung nur schwer zu erhoffen war. Das Staatswesen in Deutschland war durchweg erstarrt und verknöchert und dem Volksgeiste entfremdet. Von einem lebensvollen Organismus, der allein den Begriff und das Wesen des Staates deckt und erfüllt, war wenig zu verspüren und selbst der offizielle Sprachgebrauch wußte nur noch von der »Staatsmaschine« zu reden. Sobald ein Rad stockte oder ein Stein dazwischen fiel, mußte diese ganze Maschine stille stehen oder brechen. Die Hauptverantwortlichkeit der vorbezeichneten Erscheinungen lastet darum weit weniger auf dem Volke, als auf den Regierungen, welche in Verkennung ihrer heiligen Pflichten, wie ihres eigenen Interesses es versäumt hatten, politisch denkende und zurechnungsfähige Bürger zu erziehen und rechtzeitig das Nothwendige oder Zulässige zu gewähren, um dann mit Hülfe aller Wohlgesinnten den ungebührlichen Forderungen politischer Schwarmgeister entgegentreten zu können.

Reichensperger, Mitbegründer des Zentrums, betonte die Bedeutung des vom Staat garantierten Rechts, in dessen Bewahrung seine Legitimation lag. Auch wenn für ihn die Einheit des Staates und damit die Garantie für das Recht durch das monarchische Staatsoberhaupt verkörpert wurde, forderte er individuelle Freiheit und rechtliche Gleichheit, kämpfte für das Wohl aller Volksklassen, die Rechte der Minderheiten und votierte für die gesetzliche Beschränkung der Arbeitszeit, für Maßnahmen zum Schutz der Arbeiter bei Krankheit und im Alter. Der Tod seines Sohnes 1873 machte Reichensperger eigenbrötlerisch und schwierig. Vielleicht vielsagend: Er starb am 31. Dezember 1892, am letzten Tag des alten Jahres, an der Schwelle zum Neuen ...

Lesehinweis: W. Becker, Peter Reichensperger (1810-1892), in: J. v. Aretz/R. Morsey/A. Rauscher (Hg.), Zeitgeschichte in Lebensbildern, Bd. V, Mainz 1982, 41-54

Stefan Vesper

30. Mai   *Todestag von Emmanuel Suhard (1874-1949)*

Emmanuel Suhard stammt aus Nordfrankreich, früh lernte er am eigenen Leib Armut und Entbehrung kennen. Mit 25 Jahren zum Priester geweiht, war er lange Zeit Dozent für Theologie am Seminar von Laval. Mit 54 Jahren wurde er Bischof von Bayonne und Lisieux, der Heimat der »kleinen Therese«. Sein erster Hirtenbrief galt dieser Heiligen, der Patronin der Mission.

Bald sollte der Begriff »Mission« und »Missionsland« eine ganz unerwartete Bedeutung für Suhard annehmen: mehr und mehr erkannte er, daß neben dem lobenswerten Engagement der europäischen Christen für die sogenannten Missionsländer ein anderes Engagement noch ausstand: das Engagement der Kirche für die Wiedergewinnung des vormals christlichen Europa. Weite Bevölkerungskreise, besonders in Frankreich mit seiner laizistischen Tradition, waren entchristlicht; der Glaube des einfachen Volkes war zum Gespött geworden, die Anschauungen der Kirche zu Zeitfragen wurden nicht ernstgenommen oder lächerlich gemacht.

1930 wurde Suhard Erzbischof von Reims, 10 Jahre später, inzwischen zum Kardinal erhoben, Erzbischof von Paris – genau in jenem unseligen Jahr 1940, als die Deutschen das Land besetzten. Seine Bemühungen waren ganz auf die »Mission de France« ausgerichtet, besonders seit das aufrüttelnde Buch »Frankreich – Missionsland« erschienen war. Wie die Menschen überzeugen, die fern von der Kirche leben und Christentum nur als Karikatur kennen? Suhard erkannte, daß dies eine völlig veränderte spirituelle Grundeinstellung der Christen und insbesondere auch der Priester verlangte. Mit großer Entschiedenheit forderte er, was wir heute die »Inkulturation des Evangeliums« nennen würden. 1947 schrieb er dazu in seinem Hirtenbrief »Aufstieg oder Niedergang der Kirche?«:

Das Apostolat, das völlig übernatürlich ist, muß zugleich angepaßt sein. Dieses Wort darf man nicht mißverstehen. Anpassung ist nicht gleichbedeutend mit Zugeständnis, es besagt nicht eine systematische Ersetzung des »Alten« durch das »Neue« und erst recht nicht eine Verstümmelung der Botschaft, vielmehr ist darunter allein die vollständige und verständige Inkarnation dieser Botschaft in demjenigen, den es zu bekehren gilt, zu verstehen.

Die Inkarnation der Botschaft im entchristlichten Milieu des Proletariers – das war der Grundgedanke der Arbeiterpriester. So stand Kardinal Suhard, ohne dies direkt aktionistisch zu planen oder zu lenken, auf einmal an der Spitze der Bewegung der Arbeiterpriester, die seit 1944 in Marseille und dann in anderen französischen Großstädten Lebensgemeinschaften bildeten und selbst manuell arbeiteten, wobei sie die Fabrik als eigentliches Missionsland betrachteten. Vorausgegangen war der mutige Einsatz einzelner Priester während der Besatzungszeit, als sie unerkannt in Fabriken, Strafkolonien und Arbeitskolonnen tätig waren.

Doch das Mißtrauen gegen die neue Form von Apostolat wuchs nach dem Kriege ungeheuer an, besonders als der Vorwurf der kommunistischen Agitation gegen die Arbeiterpriester erhoben wurde. 1947 fuhr Suhard nach Rom, um Verständnis für diesen spirituellen Weg innerhalb der französischen Kirche zu wecken – mit wenig Erfolg. Doch in seinen Rundschreiben hörte Kardinal Suhard nicht auf, die Notwendigkeit eines Apostolats zu unterstreichen, das die Fronten zwischen »Kirche« und »Welt« aufbricht, das Sauerteig sein will und weiß, daß die Stadt Gottes nicht außerhalb der weltlichen Städte mit ihren Fabriken gefunden werden kann, sondern nur innerhalb. Er rief auf zu einer innigen Verbindung von Arbeit und Gebet, warnte davor, beides voneinander zu trennen: »Wenn die religiöse Lebendigkeit zurückgeht, flüchtet das religiöse Leben in den reinen Kult; wenn sie aber auf dem Vormarsch ist, verteilt sich diese Lebendigkeit, von der Eucharistie ausgehend, auf alle Tätigkeiten des Christen, sogar die ganz weltlichen«.

1949, in seinem Todesjahr, schrieb Suhard in seinem letzten Hirtenbrief »Der Priester in der Stadt«: »Die Liebe ist alles. Ein Priester, der aus der Liebe lebt, wird ganz hell und klar und durchsichtig auf diese Liebe hin. Nicht das Wissen, das Befehlen, das Erobern ist seine Sache, sondern einzig das Lieben«.

Lesehinweis: G. Siefer, Die Mission der Arbeiterpriester, Essen 1960

Michael Klein

Todestag von Herman Schell (1850-1906)   31. Mai

Herman Schell war von 1884 bis 1906 Professor für Apologetik, christliche Kunstgeschichte und vergleichende Religionswissenschaft in Würzburg und galt als einer der populärsten katholischen Theologen seiner Zeit, auch über den Raum der Kirche hinaus. Seine hoch geachtete Stellung wurde durch seine Wahl zum Rektor der Universität Würzburg bestätigt. Schells größte Sorge war, daß der Katholizismus nicht auf der Höhe der Zeit und des Fortschritts bleiben würde.

Daher forderte er die Erziehung von Priestern und Gläubigen zur Mündigkeit, die Beseitigung von Vorurteilen, die Fühlungnahme mit anderen Konfessionen und die Mitarbeit im öffentlichen und kulturellen Leben. Er verlangte eine Stärkung des allgemeinen Priestertums der Laien und forderte den Abschied von Priesterseminaren, damit der Geistliche nicht mehr fern und hilflos seinen Aufgaben in der Welt gegenübersteht. Er trat für die Freiheit der theologischen Wissenschaft und die Mitarbeit der Katholiken am Fortschritt der anderen Wissenschaften ein. Er stellte sich im Gespräch mit den kulturellen und philosophischen Strömungen seiner Zeit vor allem atheistischen Denkern wie Nietzsche und bemühte sich um den ökumenischen Dialog der christlichen Konfessionen wie der Religionen. Es ging ihm darum, in anderen Religionen vor allem das Wahre und Gute aufzuweisen. Diese ökumenische Offenheit führte zu dem jeder Grundlage entbehrenden Vorwurf, Schell sei eher evangelisch oder Moslem als Katholik. Das auf Verständigung angelegte Denken Schells ist wesentlich von seinem Gottesbegriff geprägt. Gott ist die Ursache seiner selbst und der Welt und wirkt lebendig in ihr weiter:

Die Religion hat immer den Grundsatz eingeschärft: »Bete und arbeite! Hilf dir selbst und Gott wird helfen! Strenge die eigenen Kräfte so an, als ob kein Gott wäre, und bewahre zugleich die fromme Überzeugung, daß alles von Gottes Segen und Vorsehung abhängt«… Es kommt allerdings auf den Gottesbegriff an, um darzutun, daß diese scheinbar entgegengesetzten Forderungen sich nicht beeinträchtigen, sondern innerlich gegenseitig mitbedingen. Gott ist keine Teil- und Einzelursache neben und außer uns, die ihren besonderen Anteil an der Weltentwicklung hat und nicht mehr; die zurückhalten muß, um dem Geschöpf für seine Tätigkeit eben dadurch Raum zu gewähren, daß sie selber darauf verzichtet, alles zu wirken. Gott ist vielmehr die Allursache: »In ihm leben wir, bewegen wir uns und sind wir«… Darum ist in der Tat alles unser Werk und alles zugleich Gottes Werk: unser Werk, insoweit es von unserm bewußten Sorgen und Streben umfaßt und beseelt wird, Gottes Werk, insofern es in dem Gesamtzusammenhang unserer Lebensentwicklung von Bedeutung ist, sowie derjenigen unserer Nächsten und dann der Menschheit überhaupt.

Schells Gottesbegriff und besonders seine reformkatholischen Schriften »Der Katholizismus als Prinzip des Fortschritts« (1897) sowie »Die neue Zeit und der alte Glaube« (1898) führten 1898 zur Indizierung seiner Werke. Man brachte ihn zu Unrecht mit extremen modernistischen Gedanken in Zusammenhang. Schell unterwarf sich formell und setzte dann ohne wesentliche inhaltliche Änderungen in kirchlich korrekter Weise seine Publikationen, Vorträge, Predigten und Seelsorge fort. 1903 kam es zu einem freundschaftlichen und klärenden Gespräch mit Papst Pius X. Dennoch gab es seit der Indizierung weitere Verdächtigungen und Denunziationen, die Schell gesundheitlich sehr zusetzten und sein Herz schwächten. Er hielt daran fest, daß ihn nichts aus seiner Kirche bringe.

Lesehinweis: J. Hasenfuß, Herman Schell als Wegbereiter zum II. Vatikanischen Konzil, Paderborn u.a. 1978

Erwin Dirscherl

1. Juni — Todestag von Margareta Porete (ca. 1250/60-1310)

Wenig wissen wir von dieser Frau, sicher ist ihr Tod: Am 1. Juni 1310 wird sie in Paris auf dem Place de Grève als »rückfällige Ketzerin« verbrannt. Margareta Porete (oder Marguerite Porète), geboren um 1250/60, stammte aus dem städtischen Adel im Hennegau, dem heutigen Valenciennes im Nordosten Frankreichs. Dort lebte sie als Begine, d.h. in einer religiösen Lebensform mit zeitweiliger Bindung an Gelübde. Auffallend an den Beginen ist unter anderem ihre starke spirituelle und mystische Ausrichtung mit dem Anspruch, der Demut Jesu nachzufolgen und so den Glauben gemäß dem Evangelium von innen her zu erneuern.

Grund für den Prozeß und den Tod von Margareta Porete war ihr am Ende des 13. Jahrhunderts entstandenes »Lehrbuch« der Liebesmystik. Margareta Porete personalisiert einzelne Begriffe – die Vernunft, die Seele, die Liebe ... – und bringt sie miteinander ins Streitgespräch. In der unterschiedlichen Denkart von vernunftmäßiger Erkenntnis und Liebe beschreibt sie spekulativ-theologisch den Weg der Seele zu Gott in sieben Stufen. Ihr Buch »Der Spiegel der einfachen Seelen« zeigt den Aufstieg der Seele bis zur Vollkommenheit, die nicht mehr verloren werden kann. Es ist ein »Spiegel« der ausschließlichen Suche nach einer möglichst großen Unmittelbarkeit zu Gott.

Die Liebe: *Die Seele, die solcherart vollkommen ist, ist frei in vier Richtungen. ... Der erste Bereich, in dem diese Seele frei ist, besteht darin, daß sie sich innerlich keine Vorhaltungen macht, selbst wenn sie die Werke der Tugend nicht ausführt oder wirkt. ... Der zweite Bereich besteht darin, daß sie keinerlei Willen mehr habe ... außer einzig nur den göttlichen Willen. Eine solche Seele kümmert sich weder um Gerechtigkeit noch um Barmherzigkeit. Sie gründet und setzt alles in den alleinigen Willen dessen, den sie liebt. ... Die dritte Richtung ist die, daß sie glaubt und daran festhält, daß niemand je gewesen, noch einer sei oder je sein werde, der schlechter wäre als sie, daß aber niemals einer mehr geliebt worden sei von jenem, den sie liebt, als sie selbst geliebt ist. Merkt euch dies, doch versteht es nicht falsch! Der vierte Bereich besteht darin, daß sie glaubt und daran festhält, daß es nicht möglich sei, daß Gott etwas anderes denn Gutes wollen könne. Gleichfalls hält sie daran fest, daß es ebenso unmöglich sei, daß sie etwas anderes wollen könne als seinen göttlichen Willen.*

Wohl um die Gefahr von Fehlinterpretationen wissend, holte sich Margareta Porete bereits um 1285 drei kirchliche Gutachten, dennoch wurde der »Spiegel der einfachen Seelen« im Jahre 1300 konfisziert und in Valenciennes öffentlich verbrannt und geächtet. Sie ließ sich davon nicht einschüchtern und verbreitete weiterhin die Wahrheit, die sie erfahren hatte. 1307 eröffnete der Bischof von Cambrai, Philippe de Marigny, einen zweiten Prozeß gegen sie, Ende 1307 beschäftigte sich schon die Inquisition von Oberlothringen mit ihr, schließlich nahm der französische Generalinquisitor und Betreiber der Templerprozesse, der Dominikaner Wilhelm von Paris, den Prozeß in die Hand. Damit war Margareta Porete vollends in die Mühlen der Ketzerprozesse geraten: Eineinhalb Jahre scheint sie angekettet im Kerker gesessen zu haben, bis Anfang 1309 mit der Befragung begonnen wurde. Sie widerrief an keiner Stelle, sie verweigerte jede Beantwortung der Fragen des Inquisitors. 21 namhafte Theologen der Universität von Paris wurden als Gutachter verpflichtet, einstimmig erkannten sie auf Häresie. 15 Sätze wurden verworfen, deretwegen Margareta Porete zwei Tage später verbrannt wurde. Der Weg ihrer Gedanken war durch die Ermordung nicht zu verhindern: »Der Spiegel der einfachen Seelen« findet sich bis ins 17. Jahrhundert in vier Sprachen (altfranzösisch, mittelenglisch, lateinisch, altitalienisch), zugänglich in 13 Textzeugen.

Was ist es nun, das sie für diese ihre Wahrheit sterben ließ? Es geht Margareta Porete um den Vorrang der Liebe, die die absolute Übermacht der Liebe Gottes erfahren hat und somit »vollkommen« ist, herausgelöst aus dem System von Denken und Moral. Die Gnadenstufen der Askese, der Gebotsgehorsam, die »geistige Trunkenheit« werden als zu durchlaufende Stufen beschrieben, der Weg führt zu einer »Freiheitsmystik«, in der die befreite Seele alles hinter sich gelassen hat, was äußere religiöse Vorschriften oder kirchliche Übungen sind. Margareta Poretes Freiheitsbegriff löst die religiösen Aktivitäten vom Zwang der Verpflichtung; gute Werke sind Folge, nicht Ursache der mystischen Freiheit. Dieser ihr kompromißloser Weg einer unbedingten Liebe bringt sie auf den Scheiterhaufen.

Lesehinweis: M. Porete, Der Spiegel der einfachen Seelen. Wege der Frauenmystik, Zürich-München 1987

Helga Kohler-Spiegel

Geburtstag von
Friedrich Wilhelm Foerster (1869-1966)

2. Juni

Nach meiner Ankunft in Freiburg galt mein erster Gang am Morgen dem weltberühmten Münster. Da stand der Kolonialdeutsche vor der großen Vergangenheit seines eigenen Volkes und der europäischen Menschheit. Die Welt der katholischen Kirche war mir, dem norddeutschen Protestanten und Freidenker, nie anders erschienen als jene versunkene Welt des Mittelalters, die unwiderruflich verurteilt schien, der neuen Weltbeherrschung Platz zu machen. Noch heute ist der völlig andersartige Eindruck in mir lebendig, den mir der erste Eintritt in das Portal der Kathedrale und in das Innere ihres erhabenen und geheiligten Raumes machte. Ich sehe sie heute noch vor mir, diese großen Gestalten der Apostel, der Märtyrer, der Bekenner und der Heiligen am Portal der Kathedrale… Als ich mich dann im Innern der Kirche niedersetzte und das Glasgemälde auf mich wirken ließ, da konnte ich mich nicht wehren gegen das überwältigende Bewußtsein, daß hier das Ewige, Überzeitliche, Übergeschichtliche zu mir redete, ja daß die heilige Geschichte, die dort dargestellt war, wohl die eigentliche und wesentliche Geschichte des Menschen sei. Es war der Maienmonat mit seiner Marienandacht… Das wirkliche und stilreine Preußentum, in dessen Sphäre ich aufgewachsen war und zu dessen Göttern zu beten die Schule mich gelehrt hatte, war weltenfern von Maria… Da sah ich nun die entgegengesetzte Welt, die Welt des Erlösers der Menschheit, die durch die Himmelskönigin zu mir sprach. Da gab es keinen Widerstand in mir, da streckte ich bedingungslos die Waffen, da war etwas in mir erweckt, das nie mehr schlafen sollte und das mich langsam aber unaufhaltsam derjenigen Welt zuführen mußte, die mir bis dahin so fremd und abgetan erschien, daß ich kaum noch der Mühe wert fand, dagegen zu kämpfen.

Trotz dieses Bekehrungserlebnisses hat sich Friedrich Wilhelm Foerster nie der katholischen Kirche angeschlossen. Diese Widersprüchlichkeit ist typisch für den verworrenen Lebensweg wie für Werk und Rezeption des zwischen 1900 und 1920 einflußreichsten deutschen Pädagogen, dessen Bücher mehr als eine halbe Million Auflage erlebten und der mit seinem Selbstverständnis, »Gewissen einer Generation« zu sein, die katholische Lehrerschaft und Erzieherbildung wie kein Zweiter prägte. Von Grund auf und bewußt völlig unsystematisch, ist er ein eigenwilliger »Außenseiter der Pädagogik«, der in keiner seiner Schriften ganz zu fassen ist. Scharfe Polemiken, apodiktische Sicherheit, nicht selten predigtartige Beschwörungen schließen eine Distanzlosigkeit bei der Lektüre seiner Werke aus: Entweder man stimmt den oft rigoristisch anmutenden Prämissen seiner Pädagogik zu, oder man wird sie kopfschüttelnd ablehnen. So gilt er den einen in einer Reihe mit Sailer, Pestalozzi und Guardini als »Pädagogarch der Neuzeit«, den anderen als Inbegriff der Scharlatanerie. »Wissenschaftliche Pädagogik« ist ihm fremd. Religionsfreie Erziehung ist für Foerster ein Widerspruch in sich, weil Religion die Erziehung und alle Lebensfunktionen und Daseinsbereiche durchdringt. »Katholische Grundwahrheiten« werden dabei stets zum Ausgangspunkt, um mittels der »christlichen Charakterbildung« gegen den »Zeitgeist der Moderne« anzukämpfen. Foersters Werke beschäftigen sich – z. T. radikal pazifistisch – mit Politik gleichermaßen wie mit Religion, Philosophie und Wirtschaft. »Tierpädagogik« interessiert ihn ebenso wie die Außenpolitik des Vatikans. Ihm gerecht zu werden, ist schwer. Mittlerweile ist der einst so Gefeierte und Bekämpfte fast ganz vergessen. Erinnerungswürdig ist er jedoch auch heute: als eine integre Persönlichkeit und eine schillernde und interessante Figur im Katholizismus des beginnenden Jahrhunderts.

Lesehinweis: F.W. Foerster, Erlebte Weltgeschichte, Nürnberg 1953

Michael Langer

3. Juni   Todestag von Franz Kafka (1883-1924)

Es ist Ende August 1920 in Prag. Ende Juni war der schwer erkrankte Versicherungs-Jurist und Dichter aus einer längeren Kur in Meran zurückgekehrt: ins elterliche Domizil und hatte am 3. Juli seinen 37sten Geburtstag »gefeiert«. Seine dritte Entlobung (zweimal von Felice Bauer: 1914 und 1917, diesmal von Julie Wohryzek) liegt gerade hinter ihm. Er weiß bereits um das Scheitern der Beziehung zu Milena Jesenská; einzig allein sie hätte ihn seiner Phantasie nach gesunden lassen: von der Tuberkulose und der Angst. Und da beginnt der vielfach Verlorene nach einer längeren Pause, wieder intensiver Prosa zu schreiben, u.a. diese Geschichte:

Ich bin zurückgekehrt, ich habe den Flur durchschritten und blicke mich um. Es ist meines Vaters alter Hof. Die Pfütze in der Mitte. Altes, unbrauchbares Gerät, ineinanderverfahren, verstellt den Weg zur Bodentreppe. Die Katze lauert auf dem Geländer. Ein zerrissenes Tuch, einmal im Spiel um eine Stange gewunden, hebt sich im Wind. Ich bin angekommen. Wer wird mich empfangen? Wer wartet hinter der Tür der Küche? Rauch kommt aus dem Schornstein, der Kaffee zum Abendessen wird gekocht. Ist dir heimlich, fühlst du dich zu Hause? Ich weiß es nicht, ich bin sehr unsicher. Meines Vaters Haus ist es, aber kalt steht Stück neben Stück, als wäre jedes mit seinen eigenen Angelegenheiten beschäftigt, die ich teils vergessen habe, teils niemals kannte. Was kann ich ihnen nützen, was bin ich ihnen und sei ich auch des Vaters, des alten Landwirts Sohn. Und ich wage nicht, an der Küchentür zu klopfen, nur von der Ferne horche ich, nur von der Ferne horche ich stehend, nicht so, daß ich als Horcher überrascht werden könnte. Und weil ich von der Ferne horche, erhorche ich nichts, nur einen leichten Uhrenschlag höre ich oder glaube ihn vielleicht nur zu hören, herüber aus den Kindertagen. Was sonst in der Küche geschieht, ist das Geheimnis der dort Sitzenden, das sie vor mir wahren. Je länger man vor der Tür zögert, desto fremder wird man. Wie wäre es, wenn jetzt jemand die Tür öffnete und mich etwas fragte. Wäre ich dann nicht selbst wie einer, der sein Geheimnis wahren will.

Was André Gide grundsätzlich zu Franz Kafkas Dichtungen sagt, trifft auch für diese Erzählung zu: »Der Realismus seiner Bilder übersteigt ständig die Vorstellungskraft, und ich wüßte nicht zu sagen, was ich mehr bewundere: die ›naturalistische‹ Wiedergabe einer phantastischen Welt, die durch minuziöse Genauigkeit der Bilder glaubhaft wird, oder die sichere Kühnheit der Wendung zum Geheimnisvollen«. 1919 hatte Franz Kafka in seinem »Brief an den Vater« seine Abscheu vor dem tatsächlichen und zugleich seine Sehnsucht nach einem verstehenden Vater ausgedrückt. Die Sehnsucht nach wirklicher »Heimkehr« (so der vom Herausgeber Max Brod gewählte Titel für diese Erzählung) zu einem »barmherzigen Vater«, der dem Sohn, wie »verloren« der auch sein möchte, entgegenläuft und ihn in seine Arme schließt, bleibt unerfüllt, wirkt aber dadurch um so mächtiger. Es wird nicht ganz vier Jahre dauern, bis der Suchende endgültig heimkehrt: am 3. Juni 1924. Er kann aber auch jederzeit von Leser und Leserin neu »barmherzig« aufgenommen werden: über seine Dichtungen.

Lesehinweis: B. Nagel, Kafka und die Weltliteratur. Zusammenhänge und Wechselwirkung, München 1983

Sturmius Wittschier

Geburtstag von Theodor Haecker (1879-1945)   *4. Juni*

Man kann den Schriftsteller und Philosophen Theodor Haecker nicht auf systematische Formeln reduzieren und seine Arbeiten zur christlichen Philosophie, zur Religion, zur Sprache, zur Satirik usw. nicht in leicht entwirrbare Zusammenhänge bringen. Unter falscher, häufig vereinnahmender Perspektive ist auch seine Konversion zum Katholizismus gesehen worden. Denn diese war ein mühsamer Prozeß, der entscheidend mit der langsamen Umorientierung Haeckers von Sören Kierkegaard hin zu John Henry Newman zu tun hatte. Was Haecker an dem Dänen bewundert, nämlich die Intensität der ethischen Leidenschaft, findet er bei dem englischen Kardinal in gleicher Weise, jedoch mit größerer Kraft ehrfürchtiger Bewältigung der Wirklichkeit. Gegenüber der katholischen Kirche sieht sich Haecker in der Rolle eines Warners. Ihm schwebt ein »liberaler Katholizismus« vor: »Die katholische Kirche hat noch lange nicht die Schätze der Erkenntnis... erkannt, geschweige denn verarbeitet, die Menschen außerhalb der Kirche, die Christus geliebt haben von ganzem Herzen, beigebracht haben. Die katholischen Theologen... haben sich recht mittelmäßig verhalten gegenüber Männern wie Blumhardt, Hilty, Kierkegaard. Sie sehen nicht einmal blinken die Goldbarren unter dem häretischen Staub – sie sehen nur diesen. Und das ist schade!« Enttäuscht zeigt sich Haecker auch über die Stellung der Kirche zum Nationalsozialismus, von dem er mit Rede- und Schreibverbot belegt wurde: »Manchmal kommt es mir vor, als habe man im Vatikan ganz und gar vergessen, daß Petrus nicht nur Bischof von Rom..., sondern auch Märtyrer war«. Schon früh sah der Querdenker die Bedrohung durch den Faschismus und seine ideologischen Wegbereiter. In seinen Tag- und Nachtbüchern lassen sich erschütternde Zeugnisse über seinen inneren Kampf gegen den braunen Terror finden: »Ihre Stimmen, mein Gott, ihre Stimmen! Immer neu überwältigt mich ihr Verrat. Am furchtbarsten ist ihre Ausgestorbenheit. Tönende Masken menschlicher Stimmen. Stinkender Leichnam einer vox humana! Tod, Pest, Lüge in der Wüste einer stolzen Gottverlassenheit!« Oder an anderer Stelle: »Nun hört man schon deutlicher das Heulen und Winseln der Dämonen in ihren Phrasen der Angst. Es ist das Keuchen der Amokläufer vor dem Ende«.
Das beständige Ringen mit Gott ist ein Grundtenor aller Werke des Philosophen: »All mein Wissen und auch Schreiben ruht doch auf meinem Glauben. Ich erschrecke manchmal darüber, wie sehr das der Fall war. All meine Erkenntnisse zerfallen in zusammenhangslose Stücke, in sinnlose, leere Stücke, wenn sie nicht im Glauben hangen«. Ein melancholisches Erleben der Gottentfremdetheit und Verlorenheit in der Welt führt Haecker immer wieder zu dem zentralen Gedanken der »Unbegreiflichkeit Gottes«:

Wenn ich heute stürbe... ich würde nicht verzweifelt sterben... Ich habe Schwierigkeiten und lebe unter einer Wolke, aber ich habe eine unfehlbare Methode: wenn die Schwierigkeiten zu groß werden, stürze ich mich in die Unbegreiflichkeit Gottes. Sie birgt mich... Sie trägt mich auch in diesem Abgrund. Verzweifelt würde ich nicht sterben... Die Unbegreiflichkeit Gottes steht vor meinem Schweigen und hinter meinen Worten. Könnte ich dies in meiner Sprache ausdrücken, so wäre ich ein großer Schriftsteller.

Von seinem unerschütterlichen Glauben zeugt die Notiz am Tag der Zerstörung seines Hauses: »Im Keller. Sprengbombe. Zerstörung des Hauses und meiner Wohnung. Beispiellose Verwüstung... Gott ist barmherzig! Gott ist großartig! Gott ist genau, aber großartig. Es geschieht mir kein Unrecht«.

Lesehinweis: Th. Haecker, Tag und Nachtbücher (hrsg. v. H. Siefken), München 1989

Michael Langer

5. Juni — Geburtstag von Kurt Hahn (1886-1974)

Kurt Hahn war Reformpädagoge und Mitbegründer verschiedener Internate im In- und Ausland, von denen das bekannteste Schloß Salem am Bodensee ist. Er gilt als Wegbereiter der Erlebnispädagogik (Outward-Bound-Erziehung). Manches von dem, was er gedacht und getan hat, war person- und zeitgebunden, manches ohne Zweifel auch problematisch. Der Historiker Golo Mann, ein ehemaliger Salem-Schüler: »Hahns Pädagogik fehlte es an Diskretion. Zu oft, zu deutlich ließ er uns wissen, was er von uns erhoffte: daß wir Deutschland eine Generation von ›Führern‹ stellen sollten, besser als jene des Kaiserreiches gewesen waren: ferner auch, daß wir den moralischen Verfall, wie er ihn sah, aufhalten oder den üblen Gang der Dinge umzukehren bestimmt waren ... Ein anderer Irrtum der Hahnschen Pädagogik war, daß er allzusehr an den Willen und die Möglichkeit seiner systematischen Stärkung glaubte« ... »Ein dritter Irrtum wiegt am schwersten. Kurt Hahn hatte von Sexualität und sexueller Erziehung nahezu keine Ahnung.« Doch die wichtigste von Hahns pädagogischen Intentionen, nämlich zur Verantwortung zu erziehen, wird Bestand haben und mit seinem Namen verbunden bleiben. Unleugbare Einseitigkeiten werden aufgewogen durch das, was der Pädagoge Kurt Hahn tatsächlich bewirken konnte:

1. »Einführung der Erlebnistherapie« (als vorbeugende Kur); dazu zählen die selbstverantwortliche Bewährung in Ernstfall-Situationen, z.B. in der schuleigenen Feuerwehr, in der Bergwacht oder in der Durchführung eines Projektes; so sollen die Jugendlichen zu sinnvoller Selbsterfahrung angeleitet werden. Hahn versucht damit auch, den von ihm beobachteten gesellschaftlichen Verfallserscheinungen entgegenzuwirken:

Wir müssen uns darüber klar sein, daß die heranwachsende Jugend von heute von einem verführerischen Verfall umgeben ist. Ich nenne den Verfall der körperlichen Tauglichkeit, den Verfall der Unternehmungslust, der Selbstzucht, des Gedächtnisses und der Phantasie, den Verfall der Sorgsamkeit und den schlimmsten Verfall des Erbarmens.

2. »Reform des Erziehungswesens« (als politische Umsetzung seiner Pädagogik); »Kurt Hahn war«, so schreibt Michael Knoll, »man darf nicht sagen, ein gescheiterter Politiker, denn nie wünschte er, Politik zu seinem Beruf zu machen; wohl aber hatte er, im Verborgenen, oder halb Verborgenen, politisch wirken wollen. Nun, seit dem unglücklichen Verlauf und Ende des Weltkrieges sollte die Pädagogik ihm die Politik ersetzen oder sollte die menschlichen Voraussetzungen für eine neue und bessere Politik schaffen.« Hahn forderte: »Wir brauchen Ereignisse, die die öffentliche Meinung aufschrecken und der Erkenntnis zum Durchbruch verhelfen, daß es heute gilt, unsere Jugend vor der Verwilderung, der Verweichlichung und der Verflachung zu bewahren. Nur unter dem Druck der öffentlichen Meinung werden die Regierungen sich entschließen, die entscheidende Reform des Erziehungswesens ins Werk zu setzen, und zwar eine Reform, die nicht nur der lernenden, sondern auch der arbeitenden Jugend zugute kommt«.

3. »Aristokratie der Hingabe« (Privatschulen und Internate als weithin sichtbare Beispiele für das staatliche Schulwesen). Exklusivität und Elitebewußtsein nahm Hahn als Vorwurf um der besseren Sache willen in Kauf.

Alles in allem war Kurt Hahn eher kein Unterrichtsreformer, obwohl er vorbildlichen Unterricht hielt; sein Verdienst liegt in der konzeptionellen Reform des Erziehungswesens, der politischen Umsetzung seiner Ideen und ihrer europa- und weltweiten Verbreitung. »Ein bedeutender Theoretiker war er wohl nicht eigentlich, seine Schriftstellerei gering – er war ein Tuer« (Golo Mann). Er praktizierte Schülerselbstverwaltung, die jungen Menschen das Vertrauen in die heile Gemeinschaft und Harmonie des Zusammenlebens vorgibt und ihnen ermöglicht, sich selbst zu regieren. Er gab der Herrschaft der Guten eine Chance, weil er an das Gute im Menschen glaubte.

Lesehinweis: K. Hahn, Erziehung und die Krise der Demokratie. Reden, Aufsätze, Briefe eines politischen Pädagogen (hrsg. v. M. Knoll), Stuttgart 1986

Roland Kollmann

Todestag von Carl Gustav Jung (1875-1961) 6. Juni

Carl Gustav Jung stand dem Judentum ablehnend gegenüber, was unter anderem auch die Trennung von Sigmund Freud und eine gefährliche Nähe zum deutschen Nationalsozialismus förderte. Das Christentum dagegen hat er sein Leben lang ausdrücklich und immer wieder neu umrungen: nicht als Theologe, sondern als (psychiatrischer) Psychoanalytiker aus protestantischem Pfarrershaus. Da er die jeweilige, sich ändernde Seelenlandschaft (in sich und den ZuhörerInnen) ernstnahm, klingen seine vielfältigen schriftlichen Äußerungen von »bitter-atheistisch« bis »tief-religiös«. 1932 redet er in Straßburg vor der Elsässischen Pastoralkonferenz: »Über die Beziehung der Psychotherapie zur Seelsorge«. Der Höhepunkt ist die Überlegung zur Selbst- und Fremdannahme und der »vorurteilslosen Objektivität«, das heißt einer »Fühlung«, daß sich in dem Absonderlichsten, und auch in Krankheit und Fäulnis, die »dunkle Gegenwart des göttlichen Willens« zeige. Die barmherzige Annahme der ärmsten und schlimmsten Seiten in uns selbst und dann auch im anderen sei die Voraussetzung für jede ärztliche wie seelsorgliche Betreuung: »Man kann nichts ändern, was man nicht annimmt«. Aber es sei auch das »Allerschwierigste«, ja fast »Unmögliche«: weit schwieriger als alle Nächsten- und Feindes-Liebe:

Daß ich den Bettler bewirte, daß ich dem Beleidiger vergebe, daß ich den Feind sogar liebe im Namen Christi, ist unzweifelhaft hohe Tugend. Was ich dem Geringsten meiner Brüder getan habe, das habe ich Christo getan. Wenn ich nun aber entdecken sollte, daß der Geringste von allen, der Ärmste aller Bettler, der Frechste aller Beleidiger, ja der Feind selber in mir ist, ja, daß ich selber des Almosens meiner Güte bedarf, daß ich mir selber der zu liebende Feind bin, was dann? Dann dreht sich in der Regel die ganze christliche Wahrheit um, und dann gibt es keine Liebe und Geduld mehr, dann sagen wir zum Bruder *in uns »Racha«, dann verurteilen wir und wüten gegen uns selbst. Nach außen verbergen wir es, wir leugnen es ab, diesem Geringsten in uns je begegnet zu sein, und sollte Gott selber es sein, der in solch verächtlicher Gestalt an uns herantritt, so hätten wir ihn tausendmal verleugnet, noch ehe überhaupt ein Hahn gekräht hätte.*

Dieser Selbstannahme, so meint C.G. Jung schon damals, entflöhen Unzählige ungestraft, und zwar gerade mit geschäftiger »Bekümmerung um andere und anderer Schwierigkeiten und Sünden. Dort winken sichtbare Tugenden, die die anderen und einen selbst wohltätig täuschen... aber nicht alle, und diese brechen dann vor ihrem Damascus mit einer Neurose zusammen. Wie kann ich diesen Menschen helfen, wenn ich selber zu den Ausreißern gehöre und womöglich selber am Morbus sacer der Neurose leide? ›Vorurteilslose Objektivität‹ besitzt nur der, der sich selber angenommen hat«. Das sei niemals vollkommen möglich und könne am ehesten von Christus gesagt werden, »der seine historische Befangenheit dem Gotte in ihm geopfert und sein Leben so gelebt hat, wie es war, bis zum bitteren Ende, wahrlich ohne Rücksicht auf Konvention«. Die »imitatio Christi« bestehe nicht darin, daß wir »*seine* Wundmale nachäffen«; die wahre Nachfolge sei »unsäglich viel schwieriger«, nämlich: »das *eigene* Leben zu leben«, uns so anzunehmen, wie wir sind. – Was Carl Gustav Jung hier 1932 proklamierte, mußte er selbst noch in einem langen und schmerzhaften Prozeß an sich selbst in seiner zweiten Lebenshälfte verifizieren, erfahren, durchleiden.

Lesehinweis: M. Stein, Leiden an Gott Vater. C.G. Jungs Therapiekonzept für das Christentum, Stuttgart 1988

Sturmius Wittschier

7. Juni — *Morgen ist der Todestag von Christine Lavant (1915-1973)*

Von der österreichischen Lyrikerin Christine Lavant gibt es Portraits, Ölbilder und Holzschnitte, die der Kärntner Künstler Werner Berg geschaffen hat. Diese Bilder bleiben, einmal gesehen, in Erinnerung. In dem eigenartig herben Profil der Dichterin liegt eine Spannung, in den fast blinden Augen eine Kraft, in den markanten Zügen ein Wissen, das im Betrachter eine Ahnung von einem »Geschlagensein« mit seherischer Gabe, mit prophetischem Wissen, einem »Mehr« der Wahrnehmung weckt. Etwas Prophetisches oder Hexenhaftes, nicht Heimeliges, Unheimliches liegt in dem Gesicht dieser Frau, die ihren Lebensunterhalt über weite Strecken mit Stricken verdiente und die nichts weniger als eine Heimatdichterin war.

Eine Zumutung war das Leben dieses durch Arme-Leute-Krankheiten entstellten, durch Augen- und Gehörleiden von vielem ausgeschlossenen Kindes von Anfang an. 1915 als neuntes Kind in ärmlichsten Verhältnissen zur Welt gekommen, wurde schon für die Heranwachsende das Ausgesetzt- und Ausgeschlossensein aus der Welt der Gesunden und Tauglichen zur zentralen Erfahrung: »Seit ich den Leib meiner Mutter verließ, war ich nie wieder geborgen.«

Mit der Hellsicht der Außenseiterin nahm sie ihre Welt wahr, und sie fand, indem sie sich nicht abfand, im Dichten, diesem »Durchstehen der Träume, bis sie klar sind«, zu einer eigenen, einmaligen, völlig unverwechselbaren Stimme:

Pfaffenhut im Spindelbaum,
dreh mir her die Mutterseite,
ehe ich ins Wasser gleite
aus dem Fegefeuertraum.

Hopfenschlinge, grobgedrehte,
schlüpf von selbst um meine Kehle,
wenn ich mich im Glanz verfehle
und den Feuerschein betrete.

Weidenrute, laß mich los,
lege deine Silberohren
einer, die noch nie geboren,
nicht in den verfluchten Schoß.

Weg von Spindelbaum und Schlinge,
schlag mich mit dem nackten Zweige,
daß ich Zögernde und Feige
endlich in mein Kindsbett springe.

Sonst verdorrt im Wasser auch
die verkehrte Mondesähre,
ehe ich den Tod gebäre
im verkehrten Dornenstrauch.

Eine Annäherung an die Gedichte, an die »Lästergebete« der Christine Lavant ist ohne das Koordinatensystem der christlichen Religion, ein Netz, in dem sie gebunden, gefangen, vielleicht zuletzt gehalten war, nicht denkbar. In ihrem beunruhigenden Gegenübersein zu einem Gott, den sie provozierte, weil sie ihr Sein als Provokation empfand, in ihren bohrenden Fragen, ihren hadernden Klagen und ihrem ent-setzlichen Wissen um Schuld und den Zwang zum Schuldigwerden sind diese Gedichte eine Herausforderung. Sie fordern, jenseits aller modischen Tabubrüche und Effekte, den Leser heraus, weil sie seine eigenen, vielleicht vergessenen und brachliegenden Dunkelheiten und Hellsichtigkeiten zu berühren vermögen. Die Gedichte der Lavant, diese »Nachfrucht wilder Leiden« sind die Zumutung eines hellwach durchlebten, durchlittenen, ins Wort gebrachten Lebens von beunruhigender Aktualität, sie sind aber auch – gerade in ihrer utopischen Verortung in den Grenzbereichen menschlicher Erfahrung – kostbare Zeugnisse des Menschlichen.

Lesehinweis: Ch. Lavant, Der Pfauenschrei, Salzburg ³1980

Dorothee Sandherr-Klemp

Todestag von August Hermann Francke (1663-1727)

8. Juni

Am 29. August 1717 bricht August Hermann Francke aus Halle zu einer Reise nach Süden auf, die sieben Monate währen sollte. In diesem Jahr ging Franckes Rektorat an der Universität Halle zu Ende, und er hatte beim König um Urlaub nachgesucht. Aber wie es bei einem Mann von solcher Aktivität nicht anders sein konnte – aus dieser geplanten Urlaubsreise wurde eine Predigtreise. Überall, wo Francke Station machte, von Eisenach über Stuttgart bis Ulm, wurde er ehrenvoll empfangen. Der Name des Mannes, der in den Stiftungen in Halle mit Kraft und Originalität ein neues Werk erschuf, das ihm Verehrung, Bewunderung und bei seinen Gegnern Neid und Haß einbrachte, war nicht nur in Deutschland, sondern in ganz Europa bis nach Rußland bekannt.

Am 22. Mai 1663 in der freien Reichsstadt Lübeck geboren, kam er schon in früher Jugend nach Gotha. Sein Vater, der Justizrat Dr. Johannes Francke, wurde von dem Herzog Ernst dem Frommen von Sachsen von Sachsen-Gotha an dessen Hof nach Gotha berufen. Mit 16 Jahren zieht er auf die Universität Erfurt, noch nicht zu weit von zu Hause entfernt, zumal er bei einem guten Freund seines Onkels Unterkunft, Aufsicht und Unterweisung findet. Die Stationen seines Studiums gehen über Kiel und Hamburg nach Leipzig. Neben eingehenden Bibelstudien vertieft er sich in die alten Sprachen mit einer Gründlichkeit, die ihn zur Orientalistik führt. In Leipzig erwirbt er ohne Mühe den Magistergrad und zählt dort zu den tüchtigsten jungen Dozenten. Großen Zuspruch findet das aufgrund der Anregungen von Speners »Pia Desideria« von ihm eingerichtete »Collegium philobiblicum«, in dem eine wissenschaftliche Textexegese getrieben wurde.

Das entscheidende Ereignis in seinem Leben war seine Bekehrung. Er selbst über diese Erfahrung:

In solcher großen Angst legte ich mich nochmals an erwähntem Sonntagabend nieder auf meine Knie und rief an den Gott, den ich noch nicht kannte, noch glaubte, um Rettung aus solchem elenden Zustande, wenn anders wahrhaftig ein Gott wäre. Da erhörte mich der Herr, der lebendige Gott, von seinem heiligen Thron, da ich noch auf meinen Knien lag. So groß war seine Vaterliebe, daß er mir nicht nur nach und nach solchen Zweifel und Unruhe des Herzens wieder benehmen wollte, daran mir wohl hätte genügen können, sondern damit ich desto mehr überzeugt würde und meiner verirrten Vernunft ein Zaum angelegt würde, gegen seine Kraft und Treue nichts einzuwenden, so erhörte er mich plötzlich. Denn wie man eine Hand umwendet, so waren alle meine Zweifel hinweg. Ich war versichert in meinem Herzen der Gnade Gottes in Christo Jesu. Ich konnte Gott nicht allein Gott, sondern meinen Vater nennen. Alle Traurigkeit und Unruhe des Herzens war auf einmal weggenommen, hingegen ward ich als mit einem Strom der Freuden plötzlich überschüttet, daß ich aus vollem Mut Gott lobete und preisete, der mir solche große Gnade erzeiget hatte. Ich stand ganz anders gesinnet auf, als ich mich niedergeleget hatte. Denn mit großem Kummer und Zweifel hatte ich meine Knie gebogen, aber mit unaussprechlicher Freude und großer Gewißheit stand ich wieder auf.

Am augenfälligsten und nachhaltigsten haben die religiösen Gedanken Franckes in seinem großen Werk in Halle ihren Ausdruck gefunden. Was im Glauchauer Pfarrhaus begonnen hatte, setzte sich im Waisenhaus und den verschiedenen Schulen fort. Diese Verkoppelung ist nicht zufällig; nicht nur Armut mußte beseitigt, sondern geistliche und geistige Verwahrlosung mußten überwunden werden. In der Reform der Pädagogik erblickt Francke einen verheißungsvollen Anfang für die Erneuerung der Gesellschaft.

Lesehinweis: A.H. Francke, Der große Aufsatz (mit einer quellenkundlichen Einführung hrsg. v. O. Podczeck), Berlin 1962

Siegfried Wibbing

9. Juni   Kirchlicher Gedenktag von Ephräm der Syrer (306-373)

»Sonne der Syrer« und »Harfe des Heiligen Geistes« nennen ihn von je her die Kirchen syrischer Tradition, die die ethnisch- und kulturbedingte Eigenprägung kirchlichen Lebens und Lehrens, die ihn kennzeichnet, weiterhin bewahren. Als »größten Dichter der Väterzeit, der vielleicht der einzige Dichtertheologe neben Dante ist«, werten ihn Wissenschaftler, die seine faszinierende, uns fremde Gedanken- und Glaubenswelt erforschen, die er in Lieder und rhythmische Reden faßte, und zwar in jener typisch orientalischen Weise, die sich vor Überzeichnungen nicht scheut und in der scheinbare Widersprüche, gleiche Bilder für verschiedene Wirklichkeiten, widersprechende Symbole für dieselbe Wahrheit keine Seltenheit sind.

Ephräm der Syrer, der aus der von Persern und Römern umkämpften Grenzstadt Nisibis stammt, weiß es in der Rückschau zu schätzen, daß er in einer christlichen Familie »auf dem Weg der Wahrheit geboren« wurde, betont aber zugleich, daß er als Jugendlicher diesen Weg mit selbständigkritischem Denken, »sobald er ihn wahrnahm, prüfend erworben« hat. Diese »geschenkte Wahrheit« und selbst erworbene Glaubenseinsicht prägen sein Leben und Wirken. Die politische Lage sowie das unduldsame Nebeneinander von heidnischen Kulten, Judentum und Christen verschiedener Bekenntnisse im römisch-persischen Grenzgebiet fordern ihn immer wieder heraus, seine eigene Position zu vertiefen, zu erläutern und auch wortstark zu verteidigen. Seine Intention ist jedoch nicht in erster Linie apologetisch, schon gar nicht polemisch. Immer wieder besingt er das »Geheimnis« der erlösenden, in seiner Sprache: »Leben wirkenden« Zuwendung Gottes zu allen Menschen und erklärt christliches »Glauben« als »Standfassen auf dem Felsen Christus« und daher sichere Lebensbasis; er sucht das biblisch vermittelte Wissen mit Bildern aus der Natur zu erläutern, fordert in ganzheitlicher Sicht des Menschen die Bildung von Geist und Leib, damit sie im Religiösen harmonisch zusammenklingen, ermuntert und ermahnt zur konsequenten Umsetzung von philosophisch-theologischer Erkenntnis in christliche Lebensgestaltung, da ihm ein ausschließlich »grübelndes Untersuchen« der Größe Gottes unangemessen erscheint. So wundert es nicht, daß seine Darlegungen oft unmittelbar in staunendes Gebet übergehen:

An diesem Tag der Erlösung / laßt uns unsere Worte wählen, nichts Überflüssiges sprechen, / um »das Heil« nicht zu verlieren!

Refrain: Dir sei Lob, Sohn unseres Schöpfers!

Dies ist die Nacht der Versöhnung; / in ihr finde sich keiner mit zornig finsterem Blick!
In dieser alles befriedenden Nacht / finde sich keiner, der droht und lärmt!

An diesem Tag der Verzeihung / laßt uns kein Vergehen rächen!
An diesem Tag der Freuden / laßt uns nicht Schmerzen austeilen!

An diesem Tag, da gekommen ist / Gott zu den Sündern, erhebe sich nicht in Gedanken / der Gerechte über die Sünder!

An diesem Tag, an dem arm wurde / der Reiche um unseretwillen, soll auch der Reiche teilnehmen lassen / den Armen an seinem Tisch!

An diesem Tag erschien uns ein Geschenk, / um das wir nicht baten.
Wir nun wollen Almosen geben / denen, die laut darum bitten!

Gebunden ist der Körper durch seine Natur, / unfähig, seine Größe zu ändern.
Frei jedoch ist der Wille, / in jedem Maß zu wachsen.

Heute hat die Gottheit sich selber / der Menschheit eingeprägt, damit auch die Menschen sich schmücken / mit dem Siegel der Gottheit.

Ephräm führte, vielleicht als Diakon, das spezifisch syrische Asketenleben der »Bundessöhne und -töchter«. Seine Aktivität, die schon in Nisibis in lebhafter Anteilnahme am politischen und kirchenpolitischen Geschehen wie in engagierter Lehr- und Seelsorgetätigkeit, verbunden mit sozialem Einsatz, bestand, setzte sich in Edessa fort, wo er 363 als Kriegsflüchtling Zuflucht fand. Zeitgenossen rühmen, daß er, obwohl selbst heimatlos, während der Hungersnot 372 umfangreiche Hilfsaktionen organisiert hat. Ephräms Lebenserfahrung klingt in seinem Aufruf nach: »Die Könige mögen den Krieg beenden, die Bischöfe den theologischen Streit! Gepriesen sei der Sohn dessen, der den Frieden aller gibt!«

Lesehinweis: Ephräm der Syrer, Lobgesang aus der Wüste (eingel. u. übers. v. E. Beck), Freiburg 1967

Winfried Cramer

Todestag von Sigrid Undset (1882-1949) *10. Juni*

Die norwegische Schriftstellerin Sigrid Undset erlangte Weltruhm mit ihren beiden im Mittelalter spielenden Romanen, der Trilogie »Kristin Lavranstochter« (1920-22) und mit dem zweibändigen Werk »Olav Audunssohn« (1925-27). 1928 wurde sie mit dem Nobelpreis für Literatur ausgezeichnet. Darüber hinaus hat Sigrid Undset zahlreiche Gegenwartsromane und -novellen geschrieben. Zentrale Themen sind Liebe und Ehe sowie die individuelle Suche nach Glück. Sie thematisiert neben den positiven Facetten auch die Abgründe von Entfremdung, Ehebruch, Drogen- und Alkoholsucht im Spannungsfeld zwischen Sehnsüchten, eigenen Widerständen und Moralvorstellungen der damaligen Zeit. Parallel dazu durchzieht die Auseinandersetzung mit der Religion ihr Werk: Religion als Sinngebung und Orientierung, die über das Diesseits mit seinen Licht- und Schattenseiten hinausweist. Sigrid Undset konvertierte 1925, im Jahre ihrer Scheidung, zum Katholizismus; dies war im überwiegend lutherischen Norwegen ein höchst ungewöhnlicher und unpopulärer Schritt. Der Roman »Gymnadenia« (1929) und seine Fortsetzung »Der brennende Busch« (1930) können als literarischer Versuch der Begründung gewertet werden. Der Protagonist der beiden Romane, Paul Selmer, entwickelt sich vom gleichgültigen Lutheraner zum bewußten Katholiken – gegen den Widerstand seiner Frau, die Anfeindungen der Umgebung und seine eigenen Zweifel. Es kommt, bedingt auch durch Pauls religiöse Konsequenz, zu wachsenden Spannungen in seiner Ehe, bis ihn seine Frau Björg schließlich verläßt. Gegen Ende des Romans gerät Paul Selmer unverschuldet unter Mordanklage; im Gefängnis, am Tiefpunkt seines wechselvollen Lebens, wird ihm die Kraft und Zuversicht seines Glaubens bewußt:

Ich bin ganz einfach Katholik, weil ich glaube, daß die Kirche – abgesehen von allem, was sie außerdem gibt – gleich zu Anfang nüchterne Aufklärungen über absolute Wahrheiten gibt. ...
Paul! ... Bitte, antworte mir nur ganz ehrlich und aufrichtig: Hast du nie das Gefühl, daß du es bist, der sich in einer Welt der Unwirklichkeit eingerichtet hat? Hast du tatsächlich den Mut, immer zu glauben – daß das, was du siehst, die Wirklichkeit ist, und daß wir alle anderen so kurzsichtig sind, höchstens ein paar Zentimeter der Wirklichkeit über und unter uns zu sehen? ...

Ich habe meinen Glauben nicht gewählt, um eine andere Leere damit auszufüllen, als die, die daher kommt, daß man nichts Wahres in der Welt kennt. ...
Doch er hatte das Gefühl, als wisse er gar nicht mehr, wie lange er schon in dieser Zelle sei ... Es war die Gewißheit, nie wieder sein eigenes Ich als etwas Wirkliches empfinden zu können. Er war ausgelöscht worden, und das einzige, was wirklich existierte, in ihm und in allem, war Gott.

Sigrid Undset floh 1940 nach der Besetzung Norwegens durch die deutschen Truppen Hitlerdeutschlands nach den USA. Dort widmete sie sich nur noch dem Journalismus. Sie arbeitete engagiert mit Reden und Artikeln für den norwegischen Informationsdienst im antifaschistischen Widerstand. Hinsichtlich der Lernfähigkeit und Veränderbarkeit der Deutschen war sie äußerst pessimistisch, wie sie in ihrem Essay »Die Umerziehung der Deutschen« (1945) zum Ausdruck brachte. Flucht und Exil zehrten derartig an ihren Kräften, daß sie 1949, vier Jahre nach ihrer Rückkehr nach Norwegen, in Lillehammer verstarb.

Lesehinweis: S. Undset, Frühling, Frankfurt/Main 1984 (Ullstein-TB 20431)

Burglind Jantscher-Scheler

11. Juni — Vorgestern war der Geburtstag von Bertha von Suttner (1843-1914)

Bertha von Suttner – wer war das noch gleich? Irgendwo hab' ich den Namen doch schon gelesen …! Schriftstellerin? Vorkämpferin der Friedensbewegung? Das Bild in meinem Innern gewinnt immer mehr Konturen: Eine Frau um die 60, beeindruckende Erscheinung, Würde und Vornehmheit ausstrahlend, lebendige Bewegungen, strenge disziplinierte Mimik – eine Dame vom Scheitel des ergrauten Haares bis zur rockumsäumten Schuhsohle.

Am 9. Juni 1843 wurde sie als Gräfin Kinski in Prag geboren. Ihr Lebenslauf ist in vieler Hinsicht für eine Frau ihrer Zeit und ihres Standes ungewöhnlich. Nach sorgloser Kindheit und Jugend versuchte Bertha dreimal vergeblich, durch Verlobung mit einem reichen Mann ihre Familie finanziell zu sanieren. Mit 30 nahm sie eine Stellung als Gouvernante bei Baron Suttner in Wien an. Dort verliebte sie sich in Arthur, den um sieben Jahre jüngeren Sohn des Hauses, und mußte, als dieses Verhältnis aufflog, das Haus verlassen. Sie ging nach Paris und wurde von Alfred Nobel als Sekretärin und Hausdame eingestellt. Zwischen beiden entstand sofort großes Einvernehmen. Trotzdem verließ Bertha Nobel, heiratete heimlich ihren Arthur und floh mit ihm in den Kaukasus. Neun Jahre verbrachten sie dort in Armut, hielten sich durch Gelegenheitsarbeiten (Sprachunterricht, Zeitungsartikel, Übersetzungen, Romane) über Wasser. So wurde sie aus Not Schriftstellerin, deren guter Ruf ihr bei ihrer Rückkehr in die Heimat bereits vorausgeeilt war. Wie Nobel, den sie nach 11 Jahren in Paris wiedersah, hatte sie sich inzwischen mit Krieg und Frieden beschäftigt und war durch die Schilderung der Greuel des Krieges zu einer überzeugten Pazifistin geworden.

Mit 46 Jahren erkannte sie von einem Augenblick auf den anderen ihr Lebensziel. Sie nahm Kontakt zu den großen Pionieren der Friedensbewegung auf (Hodgson Pratt, Frédéric Passy, Rudolf Virchow). Ihr Roman »Die Waffen nieder«, traditioneller Frauenroman und Werbeschrift für die Friedensbewegung in einem, schockierte durch die realistische Schilderung des Krieges, wurde ein Skandal und ein Welterfolg. Über Nacht war Bertha von Suttner berühmt. Sie entwickelte sich zu einer Organisatorin im großen, internationalen Stil, einer Vereinsgründerin und Vortragsreisenden in Sachen Frieden. Nobel finanzierte diese Reisen, Arthur begleitete sie. Obwohl ihr ihre »unweiblichen« Aktivitäten (vor allem in Männerkreisen) viel Hohn und Spott einbrachten, gab sie nicht auf. Mit aller Kraft versuchte sie, Männer und Frauen zu gemeinsamer Friedensarbeit zu bewegen.

Die Suttner führte eigentlich zwei Leben. Hier: weltberühmte Schriftstellerin, Gründerin der österreichischen, deutschen und ungarischen Friedensgesellschaften – dort: gefühlvolle, von Selbstzweifeln geplagte, einsame Frau. Der Tod Nobels im Jahre 1886 traf sie schwer, der Tod Arthurs 1902 hinterließ eine nicht zu füllende Lücke. Von nun an konzentrierte sie sich voll auf ihre Mission, schrieb nächtelang Friedensartikel, reiste durch die Welt, um flammende Reden zu halten und um die großen Politiker und Führer der Staaten für die Friedensbewegung zu gewinnen. 1905 erhielt sie den Friedensnobelpreis – einen Preis, der in Wahrheit ihr Preis ist, denn sie hatte Nobel dazu gebracht, ihn zu stiften. Trotz all ihrer Bemühungen blieb ihr der durchschlagende Erfolg verwehrt. In Europa wuchs die Kriegsbegeisterung. Im Mai 1914 verfaßte sie ihr letztes Manuskript als Aufruf an den Frauenbund der deutschen Friedensgesellschaft:

Die Zeit rückt immer näher, da die Frauen im Rat der Völker in der Lenkung politischer Dinge Sitz und Stimme besitzen werden, es wird ihnen daher möglich sein, gegen das, was sie als Kulturschäden erkannt haben, nicht lediglich zu protestieren, sondern an der Umwandlung der Zustände tätig und praktisch mitzuwirken.

Bertha von Suttner starb am 21. Juni 1914, sieben Tage vor Ausbruch des Ersten Weltkriegs. Der Weltfriede, für den sie bis zu ihrem Tod gekämpft hatte, blieb aus. Dennoch sind ihr Leben und ihre Vision vom Frieden heute aktueller denn je. An Nobel schrieb sie 1893:

Nennen Sie doch unsere Friedenspläne nicht immer einen Traum. Fortschritt hin zu Gerechtigkeit ist gewiß kein Traum, denn es ist das Gesetz der Zivilisation. Wildheit und Dummheit sind in der Welt sicherlich noch sehr groß, aber Güte und Sanftheit und Vernunft wachsen täglich.

Lesehinweis: B. von Suttner, Die Waffen nieder. Eine Lebensgeschichte, Berlin 1990

Regina Gröger

Todestag von Michael von Faulhaber (1869-1952) 12. Juni

An Michael Faulhaber läßt sich wie an kaum einer anderen Gestalt des deutschen Katholizismus der ersten Hälfte dieses Jahrhunderts Glanz und Elend kirchlichen Handelns in der Gesellschaft ablesen.

Noch immer geprägt durch Hingabe an Kaiser und König, bejahte der vormalige Theologieprofessor in Straßburg als Bischof von Speyer und Feldprobst der Königlich Bayerischen Armee Deutschlands Eintritt in den Ersten Weltkrieg. 1917 wurde Faulhaber vom bayerischen König zum Erzbischof von München und Freising ernannt und geadelt. Mit tiefem Mißtrauen verfolgte er den Gang der jungen deutschen Demokratie – eine Skepsis, die er mit vielen Katholiken teilte. Doch bereits 1931 warnte er, seit 1921 Kardinal, vor der Gefahr des Nationalsozialismus:

Der Nationalsozialismus enthält in seinem kulturpolitischen Programm Irrlehren, weil er darin wesentliche Lehrpunkte des katholischen Glaubens ablehnt oder doch schief auffaßt... Was der Nationalsozialismus Christentum nennt, ist nicht mehr das Christentum Christi.

Trotz dieser Erkenntnis ließ sich Faulhaber wie viele Christen und kirchliche Würdenträger von Hitlers »Erfolgen« und propagandistischen Absicherungen der Rechte der Kirche täuschen. In »aufrichtiger Verehrung« gratulierte Faulhaber 1933 dem Reichskanzler anläßlich der Ratifizierung des Konkordats. Wie so oft in der Geschichte der Kirche beruhigte sich das kirchliche Amt, wenn Garantien zum Erhalt seines institutionellen Einflusses gegeben wurden. Doch der Friede war faul: Hitler mißbrauchte den bischöflichen Segen brutal für seine Zwecke. Das junge Konkordat war bald mehr oder weniger nur noch Papier. Faulhaber warnte – z.B. in seinen berühmten Adventspredigten – zwar immer wieder vor dem Nationalsozialismus, gab aber doch die Hoffnung auf friedliche Koexistenz nicht auf. Immer war die Sorge um das Überleben der eigenen Kirche entscheidend. Schwer läßt sich von heute aus darüber befinden, ob kirchliche Würdenträger, also auch Faulhaber, durch entschiedenere Haltung gegenüber dem Terror, dem Judenmord, durch offensiveren öffentlichen Einsatz für Nichtkatholiken bzw. Nichtchristen massiveren Widerstand hätten leisten können. Faulhabers Mut und Risikobereitschaft bis hin zur Lebensgefahr radikalisierten sich zunehmend während der Kriegsjahre. Dennoch: Vorsicht und Rücksichtnahme ermöglichten zwar Überleben, erlaubten aber auch dem politischen Gegner die religiöse Maske zur Tarnung aufzusetzen.

An Kardinal Faulhaber läßt sich, stellvertretend für die Kirche und die Mehrzahl der Christen, wie im Brennspiegel die bis heute nicht aufgelöste Spannung zwischen Bestandsicherung, Autoritätsgläubigkeit, Einsatz für Menschen und entschiedenen Widerstand nachvollziehen. Angesichts des entsetzlichen Endes von Krieg und deutschem Reich gestand 1945 Faulhaber jedoch öffentlich – und das macht viel seiner Größe aus – eigene Schuld und Mitschuld der Kirche ein:

Furchtbares ist schon vor dem Kriege in Deutschland und während des Krieges durch Deutsche in den besetzten Ländern geschehen. Wir beklagen es zutiefst: Viele Deutsche, auch aus unseren Reihen, haben sich von den falschen Lehren des Nationalsozialismus betören lassen, sind bei den Verbrechen gegen menschliche Freiheit und menschliche Würde gleichgültig geblieben; viele leisteten durch ihre Haltung den Verbrechen Vorschub, viele sind selber Verbrecher geworden.

Lesehinweis: G. Denzler, Widerstand oder Anpassung? Katholische Kirche und Drittes Reich, München 1984 (SP 294)

Winfried Nonhoff

13. Juni — Kirchlicher Gedenktag von Antonius von Padua (1195-1231)

Man muß sich das einfach einmal vorstellen, sich in die Situation hineinversetzen: wir sind im Jahr 1221, in der Nähe von Assisi, tausende von Franziskanern sind da, Generalkapitel an Pfingsten, Pläne werden geschmiedet, Predigertrupps zusammengestellt, alles ist voller Aktion – und dann das:

Nachdem das Kapitel wie gewöhnlich abgeschlossen worden war und die Oberen die ihnen anvertrauten Brüder zu ihrem Bestimmungsort geschickt hatten, blieb nur Antonius verlassen beim Generalminister zurück, da er von keinem Provinzialminister gewünscht worden war – wie einer, der, weil er unbekannt war, zu nichts gut schien. Endlich, nachdem er Bruder Gratian beiseite gebeten hatte, nahm ihn dieser mit in die Romagna, um ihn dort in die ersten Grundlagen des Ordensleben einzuführen.

Kein Honigschlecken für den, der da zurückbleibt und zu nichts nütze erscheint. Voller Elan und Enthusiasmus ist der aus Lissabon stammende Antonius ein paar Monate vorher aufgebrochen, hat den Orden verlassen, dem er gut zehn Jahre angehört hat, und ist zu den Franziskanern übergetreten (seitdem erst heißt er »Antonius«). Kaum Franziskaner geworden, hat er alles aufs Spiel gesetzt und ist nach Marokko aufgebrochen, um dort zu missionieren und den Märtyrertod zu erleiden. Doch diese Reise schlägt fehl. Ein schwerkranker Franziskanerneuling wird, statt nach Portugal, nach Italien verschlagen, landet mitten in der jährlichen Hauptversammlung der jungen Brüderbewegung bei Assisi (Franziskus ist auch da!) – und kein Mensch nimmt Notiz von ihm, keiner erkennt, was für Talente, Begabungen und Fähigkeiten in diesem jungen Portugiesen stecken. Das lange gewohnte, sichere Leben verloren, die Hoffnungen auf eine Karte gesetzt (nämlich mit den noch ganz »neuen« Franziskanern, den Minderbrüdern, eine radikalere Form der Nachfolge Christi in Armut und Gehorsam zu leben!), mit dem ersten Versuch jetzt krank – und dann das: die Brüder nehmen keine Notiz, lassen ihn stehen, ihn, der müde und enttäuscht ist, krank und noch dazu kaum Italienisch kann.

Und aus diesem Randständigen, aus diesem Statisten, der aller Hoffnungen und allen Lebens beraubt scheint, wird der große Heilige, der Antonius von Padua, »il santo«, der Heilige schlechthin für die Italiener – ein Gigant der franziskanischen Gründerzeit! Kaum zu glauben, aber wahr; doch in diesem einsamen und verlassenen Augenblick werden weder er noch seine Mitbrüder daran gedacht haben, es geahnt haben. Es ist dann wieder ein kaum zu begreifender »Zufall«, durch den aus dem Übersehen ein Mittelpunkt wird: Nachdem Antonius von einem gnädigen Ordensoberen mitgenommen und für einige lange Monate in eine Einsiedelei geschickt wurde, kommt es anläßlich einer Priesterweihe zu »seinem« großen Augenblick: Keiner der anwesenden Franziskaner und Dominikaner ist vorbereitet, keiner will die Predigt übernehmen. Und da ist dann ein »Notnagel«, der, so die Legende, auf höheren Befehl hin in der Küche gelandet war – als Tellerwäscher, anscheinend zu nichts anderem brauchbar. Antonius! Und dieses lange begrabene, lange verborgene Talent predigt aus dem Stegreif so, daß es die Anwesenden schlicht vom Sessel haut. Damit ist aber auch die Karriere der letzten neun Lebensjahre in dieser kurzen Vita festgelegt: Prediger, Volksprediger wird er sein, dieser Antonius, in Italien und in Südfrankreich, wird erfolgreicher »Ketzerbekehrer« und zwischendurch auch einer der ersten Theologielehrer des jungen Franziskanerordens.

Aus dem, der da am Rande einer Versammlung steht, wird der, der dann in fast jeder Kirche als Statue steht, wird der, der als »Patron der Schlamper« zuständig sein soll für alle verlorenen Dinge ... Kaum zu glauben! Ein Enttäuschter, Angeschlagener und eher Aussichtsloser wird zum Titanen unter den Heiligen aus dem Franziskanerorden – an manchen Orten verdrängt er sogar den »großen« Bruder Franziskus. Und das, obwohl kaum etwas aus seinem Leben an gesicherten Daten zu haben und kein authentisches Wort aus seiner Hand überliefert ist: All das ist verloren an die Geschichte, verloren an den Dschungel von Legenden, die sich über Antonius gelegt haben und seinen oft durchkreuzten Lebensweg...

Lesehinweis: L. Hardick/E. Häcker, Lehrer des Evangeliums. Zur Spiritualität des heiligen Antonius von Padua, Werl/Westfalen 1981

Andreas-Pazifikus Alkofer

Todestag von Gilbert Keith Chesterton (1874-1936) 14. Juni

Die angelsächsischen Literaturkritiker taten sich lange Zeit schwer, das Phänomen G. K. Chesterton zu beurteilen. Zuviel Hagiographie über seine Person, zuwenig Genialität in seinem unüberschaubaren Gesamtwerk trugen nicht dazu bei, dem nach Shakespeare meistzitierten englischen Schriftsteller gegenüber zu einem entspannten Urteil zu gelangen. Immerhin gab es da Romane wie »The Napoleon of Notting Hill« (1904) oder »The Man who was Thursday« (1908), dessen 4. Kapitel so beginnt:

Gabriel Syme ... war einer von denen, die früh im Leben allzu konservativ werden: durch das wahnsinnige Gehaben der meisten Revolutionäre. Und er war es absolut nicht durch irgendeine geistlose, erstarrte Tradition geworden. Seine Respektabilität war eine spontane und eine plötzliche gewesen, eine Rebellion gegen eine Rebellion. Er stammte aus einer verdrehten Familie, in der die ältesten Leute die jüngsten Kinderein an sich hatten. Einer seiner Onkel ging stets ohne Hut herum; und ein anderer hatte sogar den nicht sehr glücklich ausgefallenen Versuch unternommen, mit einem Hut wohl, aber mit sonst gar nichts anderem herumzugehen. Sein Vater kultivierte Kunst und Selbstverwirklichung. Seine Mutter trat ein für Schmucklosigkeit und Hygiene. So kam es, daß das Kind durch all seine zarteren Jahre an kein Getränk gewöhnt war zwischen den beiden Extremen Absinth und Kakao, gegenüber denen er jeweils eine gesunde Abneigung verspürte. Je mehr seine Mutter eine mehr als puritanische Abstinenz predigte, desto mehr artete sein Vater in eine mehr als heidnische Lebensführung aus. Und als die erstere so weit gekommen war, daß sie den Vegetarismus einführte, war der letztere ziemlich an dem Punkt angelangt, wo er den Kannibalismus verteidigte. Von jeder nur denkbaren Art von Revolte von Kindheit an umgeben, mußte auch Gabriel in irgendeiner Richtung revoltieren, und so revoltierte er hinein in das einzige, was blieb – hinein in den gesunden Menschenverstand.

Genialer Indeenreichtum oder Spinnerei? Chesterton nahm Kritik mit Gelassenheit hin. Anders als die späteren Literaturkritiker sah er sein literarisches Schaffen mehr und mehr als Nebenprodukt, sein journalistisches Schaffen als wirkungsvolles Instrument eines inzwischen fast vergessenen Unternehmens: des »Distributismus«. Zusammen mit seinem Freund Hilaire Belloc und anderen linksliberalen Intellektuellen hatte er 1925 eine Bewegung ins Leben gerufen, die von einer katholischen Sozialethik her sowohl den kapitalistischen als auch den sozialistischen »Sklavenstaat« und das Konzept großindustrieller Konzentration kritisierte. Erklärtes Ziel war eine friedliche Revolution der Schwachen gegen die Starken, die Privateigentum in größtmöglicher Weise dezentralisieren und verteilen und dadurch die Verantwortung des »kleinen Mannes« und die Rolle der Familie stärken würde.

Chesterton stellte sowohl seine Zeitschrift »G.K.'s Weekly« als auch den Erlös aus den Pater-Brown-Büchern in den Dienst des Distributismus. Dessen Grundlagen beschrieb er am 17. September 1926 in der Gründungsversammlung der »Liga für die Erhaltung der Freiheit durch die Wiederherstellung des Eigentums« so:

Sie glaubten *an den sehr einfachen gesellschaftlichen Gedanken, daß ein Mensch sich glücklicher, würdevoller und mehr wie ein Ebenbild Gottes empfindet, wenn der Hut, den er trägt, sein eigener Hut ist; und nicht nur sein Hut, sondern sein Haus, der Grund und Boden, den er betritt, und verschiedene andere Dinge. Es mag Leute geben, die es bevorzugen, ihren Hut wöchentlich verpachtet zu bekommen, oder im Rotationsprinzip den Hut ihres Nachbarn zu tragen, um dem Gedanken der Kameradschaft Ausruck zu verleihen, oder sich möglicherweise unter einem sehr großen Hut zusammenzudrängen, um eine noch größere kosmische Idee zu repräsentieren; aber die meisten fühlten, daß etwas zur Würde der Menschen hinzugefügt wird, wenn sie ihre eigenen Hüte aufziehen.*

Chesterton und Belloc gingen in ihren Bemühungen eine eindrucksvolle Symbiose ein, die von George Bernard Shaw kritisch als »Chesterbelloc« bezeichnet wurde. Das Auseinanderbrechen der Bewegung nach Chestertons Tod am 14. Juni 1936 zeigt, daß sie seine integrative Kraft nötiger hatte als Bellocs unerbittlichen Geist und daß es nicht hinreichend war, sich in einer Bewegung darauf zu einigen, daß Menschen glücklicher und würdevoller sind, wenn sie ihre eigenen Hüte aufziehen, sondern daß auch analysiert werden muß, welche privaten Rebellionen innerhalb dieser Bewegung ausgetragen werden.

Lesehinweis: G.K. Chesterton, Der Mann, der Donnerstag war, Stuttgart 1982   *Desmond Bell*

15. Juni — Gestern war der Todestag von Max Weber (1864-1920)

Jemanden als einen Intellektuellen zu bezeichnen, beinhaltet meist ein zwiespältiges Urteil über einen Zeitgenossen. Seine geistigen Leistungen fordern zwar Anerkennung ein, verleihen ihm aber ebenso rasch das Image eines von der Alltagswirklichkeit abgehobenen Einzelgängers. Daß sich aber wissenschaftliche und politische Zeitgenossenschaft nicht ausschließen müssen, zeigt der Soziologe Max Weber. Aufgewachsen im Umfeld des deutschen Liberalismus der späten Bismarckzeit, stand für ihn keineswegs der Weg in die Wissenschaft von vornherein fest. Nach Abschluß eines Jurastudiums führt ihn erst die erfolglose Bewerbung um die Stelle eines Syndikus zurück an die Universität. Ein Forschungsauftrag des Vereins für Sozialpolitik veranlaßt ihn, sich erstmals intensiv mit volkswirtschaftlichen und politischen Fragen zu befassen. Dabei wird er gleich mit der Auswertung des politisch sensibelsten Teils einer umfassenden Studie über die Lage der Landarbeiter in Deutschland betraut: die Situation in den ostelbischen Gebieten, wo die Landflucht der Arbeiter nach Berlin und in die westlichen Reichsteile besonders groß war und zugleich enorme soziale Spannungen aus dem Zustrom von polnischen, ruthenischen und ukrainischen Wanderarbeitern entstanden (1892). Bei der Auswertung des umfangreichen statistischen Materials tritt erstmals Webers Bestreben hervor, die politische Relevanz einer methodisch sauberen Gesellschaftsanalyse vorzuführen, ohne sie einer politischen Ideologie anzudienen. Weber erfüllt seine Auftragsarbeit ohne Rücksicht auf Parteistandpunkte und auf die eigene Karriere. Ziel- und Grenzmarken wissenschaftlicher Arbeit sind für ihn: empirische Realität, Objektivität und Werturteilsfreiheit (d.h. Beschränkung auf empirisch-analytische Aussagen und Folgerungen). Er fühlt sich als kritischer Beobachter, der Impulse vermitteln kann, nicht aber als Politiker, der taktische Rücksichten nehmen muß, und auch nicht als Visionär oder Prophet. Auftrag und Grenzen des Wissenschaftlers hat er eindrucksvoll in dem 1919 publizierten Vortrag »Wissenschaft als Beruf« formuliert:

Daß Wissenschaft heute ein fachlich betriebener »Beruf« ist im Dienst der Selbstbesinnung und der Erkenntnis tatsächlicher Zusammenhänge, und nicht eine Heilsgüter und Offenbarungen spendende Gnadengabe von Sehern und Propheten oder ein Bestandteil des Nachdenkens von Weisen und Philosophen über den Sinn der Welt, – das freilich ist eine unentrinnbare Gegebenheit unserer historischen Situation, aus der wir, wenn wir uns selbst treu bleiben, nicht herauskommen können. Und wenn nun wieder Tolstoj in Ihnen aufsteht und fragt: »Wer beantwortet, da es die Wissenschaft nicht tut, die Frage: was sollen wir denn tun? und: wie sollen wir unser Leben einrichten?« ... dann ist zu sagen: nur ein Prophet oder ein Heiland. Wenn der nicht da ist oder wenn seine Verkündigung nicht mehr geglaubt wird, dann werden Sie ihn ganz gewiß nicht dadurch auf die Erde zwingen, daß Tausende von Professoren als staatlich besoldete oder privilegierte kleine Propheten in ihren Hörsälen ihm seine Rolle abzunehmen versuchen ... Es kann, glaube ich, gerade dem inneren Interesse eines wirklich religiös »musikalischen« Menschen nun und nimmermehr gedient sein, wenn ihm und anderen diese Grundtatsache, daß er in einer gottfremden, prophetenlosen Zeit zu leben das Schicksal hat, durch ein Surrogat, wie es alle diese Kathederpropheten sind, verhüllt wird.

Diese selbstauferlegte Beschränkung hat Weber nicht an einer hellsichtigen Kritik der Moderne, am Prozeß der fortschreitenden Rationalisierung, bürokratischen Institutionalisierung und Entzauberung aller religiösen Sinnsysteme gehindert. Auch den Konflikt mit der Obrigkeit hat Weber nicht gescheut. 1911 übt er öffentlich Kritik an der preußischen Bildungspolitik und am Korporationswesen; 1915 protestiert er gegen überzogene deutsche Kriegszielforderungen; 1916 verfaßt er eine Denkschrift gegen den verschärften U-Boot-Krieg; 1919 besucht er General Ludendorff und will ihn zur Auslieferung an die Siegermächte des Ersten Weltkrieges überreden. Daß er mit seinen politischen Interventionen weniger Wirkung erzielte als mit seinen wissenschaftlichen Schriften, darin teilt Weber das Schicksal vieler politischer Intellektueller unserer Zeit.

Lesehinweis: M. Weber, Gesammelte Aufsätze zur Religionssoziologie I-III, Tübingen⁹1988 (UTB 1488-90)

Hans-Joachim Höhn

Todestag von Johannes Tauler (1300-1361) 16. Juni

Als ein Meister des inneren Weges, der mitten in der Welt, im Beruf und in der Erfüllung der Alltagspflichten, zu gehen ist, gehört Johannes Tauler zusammen mit seinem (wahrscheinlichen) Lehrer, Meister Eckhart, und Heinrich Seuse zu jenem bedeutsamen Dreigestirn der mittelalterlichen Mystik, das auf die Mit- und Nachwelt eine anhaltende Wirkung ausüben sollte. Er wurde um 1300 in Straßburg geboren, wo er auch lange Zeit wirkte und 1361 starb. Wie Meister Eckhart und Heinrich Seuse war er Dominikaner. Als Angehöriger dieses Predigerordens gehörten zu seinen Hauptaufgaben die Nonnenseelsorge und die Volkspredigt (84 Predigtnachschriften legen davon Zeugnis ab). Tauler haben wir uns als einen Seelenführer zu denken, der den Mittelpunkt eines Kreises von religiös aufgeschlossenen, nach innerer Erfahrung strebenden Männern und Frauen darstellte, die sich selbst als »Gottesfreunde« verstanden. Ihnen wollte er helfen, den Nöten und Gefahren der Zeit (beispielsweise der Pest) gewachsen zu sein, aber auch mit ihren persönlichen Problemen fertig zu werden. Wenn äußere Stützen und Sicherheiten versagen, bleibt nur die Übung in der Gelassenheit und das Vertrauen auf die Zusage Gottes in seinem Wort. Dieses Wort gilt es aufzusuchen und in der eigenen Seelentiefe, im »Grund« zu finden. In einer Predigt über das 15. Kapitel des Lukasevangeliums, wo von einem verlorenen Groschen die Rede ist, heißt es bei Tauler:

Das Suchen, bei welchem der Mensch sucht, geschieht auf zweierlei Weise: Das eine Suchen des Menschen ist äußerlich, das andere innerlich; dieses ist so hoch über jenem wie der Himmel über der Erde, und ist jenem ganz und gar ungleich. Das äußerliche Suchen, mit dem der Mensch Gott sucht, besteht in äußerer Übung guter Werke mancherlei Art, so wie der Mensch von Gott gemahnt und getrieben wird, wie er von seinen Freunden angewiesen wird, vor allem durch Übung der Tugenden, als da sind Demut, Sanftmut, Stille, Gelassenheit und andere Tugenden, die man übt oder üben kann. – Aber die andere Art des Suchens liegt weit höher. Sie besteht darin, daß der Mensch in seinen Grund gehe, in das Innerste und da den Herrn suche, wie er es uns selbst angewiesen hat, als er sprach: »Das Reich Gottes ist in euch!« Wer dieses Reich finden will – und das ist Gott mit all seinem Reichtum und in seiner ihm eigenen Wesenheit und Natur –, der muß es da suchen, wo es sich befindet: nämlich im innersten Grunde der Seele, wo Gott der Seele näher und inwendiger ist, weit mehr als sie sich selbst. Dieser Grund muß gesucht und gefunden werden.

Worte wie diese haben insbesondere reformatorisch gesinnte Christen angesprochen, die mit Tauler zur Einsicht gelangt sind, daß der Wert äußerer Leistungen und religiös motivierter »guter Werke« begrenzt ist und ohne Zuordnung zur Gnade Gottes mißverstanden wird. Martin Luther schätzte Taulers Predigten nicht geringer als die in hohem Ansehen stehende namenlose Mystikerschrift »Theologia Deutsch« (genannt: Der Frankfurter). Auch Thomas Müntzer und viele andere lasen ihren Tauler mit Hingabe, so daß er zu einer Zentralfigur der Deutschen Mystik werden konnte. Seinen Freunden legte er ans Herz, auf den »Sturm der Liebe« zu achten, der uns allen Kleinmut und selbst die Düsternis der Sünde vergessen läßt. Und so schärfte er ihnen ein: »Man soll sich der Liebe überlassen, ihr ganze Treue bewahren und sich frei und ledig halten alles dessen, was nicht Liebe ist; begehre nach dieser Liebe stets eifrig, habe ein ganz festes Vertrauen zu ihr, halte dich an ihr fest!«

Lesehinweis: G. Wehr, Die deutsche Mystik. Mystische Erfahrung und theosophische Weltsicht, München 1988

Gerhard Wehr

17. Juni Todestag von Sebastian Kneipp (1821-1897)

Keine alltägliche Audienz in Rom. Leo XIII. erbat sich von dem in ganz Europa bekannt gewordenen Landpfarrer aus dem Allgäu in seinen Privaträumen eine Kostprobe seiner Wasserbehandlung. Ein Rückfall in obskure Quacksalberei in einer Zeit der aufgeklärten, selbstbewußten Schulmedizin von Virchow bis Ziemssen? »Wir weisen solche Afterärzte von der Schwelle der geheiligten Wissenschaft!«, lautete ein professorales Verdikt. Aber Kneipp war zeit seines Lebens auch in einschneidenden Lebensenttäuschungen unbeirrbar seinen Einsichten gefolgt.

Der Sohn eines hochverschuldeten Hauswebers, in Stephansried bei Ottobeuren 1821 geboren, hat keine Chance, Priester zu werden. Mit 12 Jahren verbringt er Tag um Tag am Webstuhl, um den Familienunterhalt zu sichern. »Von meinem 11. bis zu meinem 21. Jahre, also volle 10 Jahre, habe ich keine einzige Stunde gehabt, in der mich mein Leben zufriedengestellt hätte.« Alle Bitten an Geistliche um Lateinunterricht – in 5 Jahren ungefähr 20mal – schlagen fehl. Zuletzt erscheint im Alter von 21 Jahren der Brand seines Elternhauses noch die letzte Hoffnung zunichte zu machen. Mit 23 Jahren wird er gegen alle Widerstände dennoch am Gymnasium in Dillingen angenommen und schafft ein mäßiges Abitur – mit einer bereits Jahre währenden lebensgefährlichen Lungentuberkulose. In München inskribiert, stößt er in der Hofbibliothek auf die kleine Schrift eines schlesischen Arztes: »Unterricht von der Krafft und Würckung des frischen Wassers in die Leiber der Menschen« (1749). Selbsttherapie bringt ihm Heilung, Mitstudenten im Herzoglichen Georgianum werden seine ersten »Patienten«.

Entgegen jeder zeitgenössisch-medizinischen Vernunft heilt er als junger Geistlicher sogar Cholerakranke. Es kommt zu Verleumdungen und Gerichtsklagen, es beginnt ein Kesseltreiben in Schulmedizin und Presse, die bis in sein Alter dauern werden. »Ich kann gewissenhaft sagen: ich habe die Medizin geflohen soviel als möglich, aber entkommen konnte ich ihr nicht, da mich gerade die Seelsorge soviel zu den Kranken führte.« Zugute kommen ihm seine angeborene Neugier und sein praktischer Sinn für Lebensverbesserungen. 1855 als Beichtvater zu den Dominikanerinnen nach Wörishofen berufen, macht er die darniederliegende klösterliche Landwirtschaft zum Mustergut, schreibt er Ratgeber über Futteranbau, Viehzucht, ein »Bienenbüchlein«, bekämpft er Seuchen und baut sein Herzensprojekt, das Waisenhaus des Klosters, aus. Aber das Wasch- und Badehäuschen im Klosterhof wird von Jahr zu Jahr mehr zum Magneten für Kranke, die sich entweder Ärzte nicht leisten können oder die von diesen aufgegeben sind. Auch als sich zunehmend europäischer Hochadel einfindet: Kneipp will entschieden seine Gesundheitsreform nicht für Eliten, sondern für das breite Volk. Der Priester, Bauer und Arzt spricht die Sprache des Volkes ohne Förmlichkeit und Aufputz, wird tätig aus Freude am Dasein mit wachem Sinn für die Ganzheit des Menschen und mit Gespür für die verborgenen Kräfte des Wassers, der Kräuter, des Lichtes, der Luft und körperlichen Bewegung.

Zwei Alemannen: Pestalozzi und Kneipp, wurden, jeder auf seine Weise, zu »Erziehern der Menschheit« ... Der Begriff der griechischen »diaitia« trifft sein Kernanliegen: Wasser, Pflanzenwirkung, Ernährung und Sport verfehlen als funktionale »Diät« ihren Sinn, sie bedürfen einer inneren Lebensordnung im Einklang von Körper, Seele und Geist:

Das Leben ist eine harte Schule; es erfordert Gesundheit und Kraft an Geist und Körper, es erfordert einen ganzen Menschen; es verlangt nach noch mehr: Wer nicht verzagen oder verzweifeln will, den muß eine höhere Idee beseelen; der muß sich stets bewußt sein, daß das Erdenleben nicht der Endzweck unseres Daseins ist.

Heils-sorge und Heil-sorge am Menschen sind die Triebfedern Kneipps. Sie machen ihn zum Pionier heutigen Gesundheitsbewußtseins. Heilkunst aus den Kräften der Natur hat sich mittlerweile in vielfältiger Weise durchgesetzt, man rennt damit offene Türen ein. Diätkurse haben Hochkonjunktur, Sport ist Ausdruck neuen Körperbewußtseins. Hat sich nicht der Sinn für Gesundheit, Sinnenfülle und Lebensbejahung »innerweltlich« verselbständigt – jenseits des Wissens um eine Lebensbestimmung des Menschen? Christen brauchen keine Berührungsängste zu haben. Sie sehen Wohl und Heil des Menschen in untrennbarem Zusammenhang. »Der Leib ist der Tempel des Heiligen Geistes« (1 Kor 6,19). Ist er es wirklich? Wirkt der Geist auch in allen Lebensfasern oder halten wir uns immer noch an den alten Dualismus? Erkennt man Christen an der Freude an Leib und Leben und an ihrem Gewißheitsvorsprung um das »Mehr« darin und darüber hinaus?

Lesehinweis: S. Kneipp, Meine Wasserkur, München 1984 (Knaur TB 4314) *Wilhelm Albrecht*

Morgen ist der Geburtstag von Félicité de Lamennais (1782-1854)   18. Juni

Am 19. Juni 1782 wird Hugues Félicité Robert de Lamennais in St. Malo in der Bretagne geboren; spät, mit dreiunddreißig Jahren, wird er zum Priester geweiht. Als reiner Autodidakt und ohne sich zu seelsorgerlichem Dienst berufen zu fühlen, widmet er sich intensiv publizistischen Tätigkeiten. Diese finden breite Anerkennung, da man in Lamennais endlich einen Apologeten in der Kirche hat, der die Auseinandersetzung mit den Ideen der Aufklärung mit den nötigen Kenntnissen und Mitteln führt. Bis in die 20er Jahre tritt Lamennais für das Bündnis von Monarchie und Katholizismus ein und versucht, den Ultramontanismus in Frankreich zu fördern; er ist ohne Zweifel ein Reaktionär, doch ein ungewöhnlicher, visionärer Reaktionär. Sein genauer Blick auf die politischen und sozialen Verhältnisse bewirkt, daß er sich vom Absolutismus enttäuscht abwendet. Der durch seine Schriften äußerst einflußreiche Abbé wird – eine erstaunliche Wende – zur Leitfigur des katholischen Liberalismus, der für Demokratie und moderne bürgerliche Freiheiten eintritt. Lamennais fordert, ein echtes Christentum müsse zu Barmherzigkeit und Armut zurückkehren. Er stößt nun freilich auf immer entschiedenere kirchliche Ablehnung und wird in zwei Enzykliken – nicht namentlich – verurteilt. (»Singulari nos« verdammt seine 1834 veröffentlichten »Paroles d'un Croyant«, eines der meistverkauften Bücher des 19. Jahrhunderts.) Lamennais wird dadurch mehr und mehr isoliert, hält aber bis zu seinem Tod am 27. Februar 1854 in Paris am katholischen Glauben fest. Seine Auffassung von der Aufgabe der Kirche in der gegenwärtigen Situation legt er in den »Affaires de Rome« (1836/37) dar, die dann zum endgültigen Bruch mit Rom führen. Dabei wird sowohl Lamennais' unbeirrbares Festhalten an der zentralen kulturellen und gesellschaftlichen Aufgabe der Kirche als auch sein Empfinden dafür deutlich, wie sehr die Kirche in Gefahr ist, die Zeichen einer neuen Zeit zu verkennen und ihre Mission zu verfehlen:

Es ist vor allem wichtig für die Kirche, sich nicht zu irren und rechtzeitig den Platz zu erkennen, der ihr in der neuen Ordnung zukommt, den Platz, den die Vorsehung, die immer über ihre Bestimmung wacht, für sie belegt hat ... Der Kirche, nur der Kirche allein kommt es zu, der Welt den Weg durch den dunklen Raum zu zeigen, aber dazu muß sie vorangehen, sie muß gehen, ihre eigenen Führer müssen die unermeßliche Zukunft, die sich vor ihnen eröffnet, ergründen, um sich – umgeben von Klippen – am ewigen Pol des Lebens zu orientieren.
Sie werden dies sicher nicht allein durch menschliche Einsichten vollenden, denn was weiß der Mensch und was sieht er? Es wird ihnen eine andere Hilfe zukommen, ein Lichtstrahl aus der Höhe wird sie erleuchten: ... Aber es ist auch notwendig, daß sie aufmerksam alle Zeichen beobachten, die ihnen helfen können, den zu verfolgenden Weg zu erkennen: Was wären sie sonst, wenn nicht Blinde, die andere Blinde führen? Die Ahnungen der Völker, ihre natürlichen Triebe, ihre einmütigen Wünsche, ein gewisser Bestand an bleibenden Gedanken ... gehören zu den Zeichen, die selten täuschen. Daß sie sich hüten, sie zu mißachten! ...

Die von Lamennais konstatierte Kluft zwischen dem Volk, das areligiös zu sein scheint, und der Kirche führt er vor allem auf die Kirche selbst zurück, die sich aus Eigennutz, Bequemlichkeit oder Angst am politisch Opportunen orientiert, statt am Evangelium. Infolgedessen sieht er in einer Berichtigung des kirchlichen Kurses (auf allen Ebenen) die Lösung zur Wiedergewinnung der der Kirche zukommenden zentralen Stellung und Aufgabe. Indem sich die Kirche am Evangelium ausrichtet und Dienst am Volk tut, wird sich der Glaube des Volkes erneuern und die Kirche ihren Platz in der neuen Gesellschaft einnehmen.
Lamennais' Einschätzung der Lage mag einem heute vielleicht einseitig erscheinen und seine Hoffnung für die Zukunft zu fortschrittsgläubig. Was ihn aber von vielen seiner gläubigen Zeitgenossen unterscheidet, dürfte der genaue, unvoreingenommene Blick auf die Wirklichkeit sein, von der ausgehend er Veränderungen forderte. Daß dies kein einfacher Weg sein würde, hat er gesehen und selbst erfahren.

Lesehinweis: L. Le Guillou, Félicité de Lamennais, in: Gestalten der Kirchengeschichte (hrsg. v. M. Greschat), Bd. IX, Stuttgart 1985, 187-199

Elisabeth Schrader

19. Juni   Todestag von John Emeric Edward Acton (1834-1902)

»Wenn man sich auf einen Angriff gefaßt machen muß«, sagt mein Freund Peer, «kann man zwei Dinge tun: Man kann sich dem mit aller Macht entgegenstemmen – oder man kann folgendes machen«: und dabei weicht er leichtfüßig-tänzerisch zur Seite aus – wie ein Torero, denke ich, und ich sehe vor meinem geistigen Auge einen kräftigen schwarzen Stier, der an ihm vorbei ins Leere galoppiert.

John Emeric – Lord Edward Dalberg – Acton hat das letztere getan. Der katholische Liberalismus hatte längst verloren, als er am 18. November 1874 seinen umstrittenen Brief an den Erzbischof von Westminster, Henry Edward Manning, schrieb und damit den Angriff der ultramontanen Inquisition ins Leere laufen ließ.

Lord Acton, 1834 als Sohn einer Deutschen und eines Engländers in Neapel geboren, hatte im Hause Ignaz von Döllingers gelebt und studiert. Bei seiner Übersiedlung nach England 1857 galt er als ein Historiker und Journalist, der einen unbritisch-weiten Katholizismus vertrat. Dennoch: In ihm sollte der englische liberale Katholizismus für 15 Jahre seine bedeutendste Symbolfigur finden.

Acton hatte seit 1858 versucht, sich in katholischen Zeitschriften wie »The Rambler« und »The Home and Foreign Review« dem ultramontanen Gegenwind entgegenzustemmen. Als Pius IX. 1864 die Enzyklika »Quanta cura« veröffentlicht hatte, in deren berüchtigtem Anhang, dem »Syllabus errorum« achtzig Sätze des Modernismus verdammt worden waren, hatte auch Acton zu spüren bekommen, wie erbittert Rom – noch immer unter dem Schock der Französischen Revolution – jegliche Nähe zu liberalen Gedankengängen zu sanktionieren suchte.

Acton hatte dort als Beobachter beigewohnt, wo die Hoffnungen der progressiven Katholiken beerdigt wurden: beim Ersten Vatikanischen Konzil, hatte dazu beigetragen, daß die Vertreter der Konzilsminorität zusammenfanden und hatte von dort seinem Lehrer Döllinger Material zur Veröffentlichung zugespielt, das die Winkelzüge der Anhänger von Pius IX. gegenüber der Konzilsopposition dokumentierte. Er hatte vergeblich versucht, über seinen Vertrauten, den britischen Premierminister William Gladstone, auf höchster Ebene Einfluß auf den Konzilsverlauf zu nehmen, und hatte schließlich im Juli 1870 die Proklamation des Unfehlbarkeitsdogmas erleben müssen. Der Frontalangriff gegen Acton kam im November 1874, als er in einem Leserbrief an die »Times« mit Gladstone über die Konzilsdekrete disputierte. Als Erzbischof Manning nach Studium der kirchengeschichtskritischen Äußerungen Actons eine Klarstellung seiner Position forderte, hätte eine unvorsichtige Antwort seine Exkommunikation bedeuten können. Aber Acton wußte seine Worte abzuwägen:

In Antwort auf Eure Frage, die Ihr mir mit Bezug auf einen Abschnitt meines Briefes vom Sonntag stellet, kann ich nur sagen, daß ich keine private Auslegung oder Lieblingsinterpretation des Vatikanischen Konzils habe. Die Akten des Konzils alleine bilden das Gesetz, das ich anerkenne. Ich habe es als Laie nicht als meine Pflicht empfunden, die Kommentare von Geistlichen weiterzuführen, geschweige denn zu versuchen, sie durch eigene Privaturteile zu ersetzen. Ich begnüge mich damit, weiterhin absolutes Vertrauen in Gottes Vorsehung für Seine Führung der Kirche zu setzen.

Lord Actons Vertrauen in Gottes Vorsehung war das Vertrauen darauf, daß mit der Zeit die Kirche unaufhaltsam das wieder abstoßen würde, womit sie die ultramontanen Eiferer überfrachtet hatten. Doch wenige waren gewillt, diese Untertöne zu hören. Was ein tänzerisches Ausweichen vor einer Übermacht sein wollte, wurde von der Öffentlichkeit als Spagatschritt empfunden: Lord Acton, der den Ruf kompromißlos-moralistischer intellektueller Aufrichtigkeit genossen hatte, dieser Acton sollte nun klein beigegeben haben?

Acton war überzeugt davon, daß das Konzil nur Symptom für tiefer liegende Übel war, und er wußte, daß es notwendig sein würde, die Bedingungen dafür zu schaffen, daß diese Wurzeln ihre Kraft verlieren würden. Seine Antwort an Manning war Ausdruck dieser Überzeugung. Wie auch immer man die katholische Kirche heute beurteilt, die Zeitläufe haben Actons Hoffnung auf ihre Liberalisierung recht gegeben. Dies sah schon Gertrude Himmelfarb, als sie 1952 in dem Vorwort zu ihrer Acton-Biographie den Satz formulierte: »He is of this age, more than of his«.

Lesehinweis: I. von Döllinger – Lord Acton. Briefwechsel 1850-1890 (bearb. v. V. Conzemius), I-III, München 1963/1965/1971

Desmond Bell

Morgen ist der Todestag von Eva von Tiele-Winckler (1866-1930)

20. Juni

Eva von Tiele-Winckler wurde 1866 als achtes von neun Kindern in Miechowitz (Oberschlesien) geboren. Die Großgrundbesitzer- und Großindustriellenfamilie von Tiele-Winckler hatte maßgeblichen Anteil an der industriellen Entwicklung Schlesiens, die trotz allen Aufschwungs auch bedrückende Folgen zeitigte.

Die 17jährige Eva von Tiele-Winckler beschreibt das Bild vom guten Hirten (Joh 10) als Leitmotiv ihres Lebens:

Gleichzeitig mit der inneren Offenbarung Christi erwachte in mir eine neue, heiße Liebe zu den Armen und Elenden. Sie kam über mich wie eine bezwingende Macht, wie eine Herz und Gedanken hinnehmende Leidenschaft. Die Augen wurden mir geöffnet für den Jammer der Erde. Ich litt mit den Leidenden und hatte nur noch ein Verlangen: Mein Leben hinzugeben, um dem Elend zu helfen.

Ihr Vater ermöglicht ihr eine achtmonatige Ausbildung in Bethel und schenkt ihr zum Weihnachtsfest 1888 die Baupläne für ein Haus. »Friedenshort« nennt Eva von Tiele-Winckler das Haus in der Nähe des elterlichen Schlosses, das den Ausgangspunkt einer diakonischen Einrichtung mit später 28 Häusern für Waisenkinder, Obdachlose, Strafentlassene, pflegebedürftige ältere Menschen usw. bildet. »Brich den Hungrigen Dein Brot und die im Elend sind, führe ins Haus.« Dieser Jesajavers ist Nachlaß der Mutter, Einsegnungswort des Friedenshortes und Leitmotiv des Lebenswerkes Eva von Tiele-Wincklers. Als Ratgeber und väterlicher Freund steht ihr lebenslang Friedrich von Bodelschwingh zur Seite, der ihr Denken und Handeln ebenso maßgeblich beeinflußt wie Fritz Oetzbach, Missionar in osteuropäischen Ländern, und Hudson Taylor, der Begründer der China-Inland Mission.

Das Amt als Vorsteherin des Diakonissenmutterhauses Sarepta in Bielefeld, das sie kurze Zeit nach der eigenen Diakonissenweihe (1893) von 1985-1901 innehat, der Aufbau einer Schwesternschaft in Miechowitz und der Ausbau der im Friedenshort begonnenen Arbeit sind die Folgen.

1908 datiert der Beginn der Auslandsmission in Norwegen, der weitere in Asien, Mittelamerika und Afrika folgen sollen. 1910 richtet sie im Haus »Warteberg« bei Breslau die erste Kinderheimat ein, aus der sich die »Heimat für Heimatlose GmbH« mit über 40 Häusern in verschiedenen Teilen Deutschlands entwickelt. Das »Kind, unser Bundesgenosse im Werk der Erziehung«, steht im Mittelpunkt der Kinderheimaten, die immer in Gestalt von kleinen Kinderfamilien entstehen, jeweils von einer Schwester – Mutter oder Mütterchen genannt – geleitet und mit eigener Kasse, eigener Küche, Nähstube, eigenem Garten und Viehhaltung ausgestattet. »Nichts ist unmöglich« ist gleichzeitig Lebensdevise und Titel eines kleinen Buches, in dem Eva von Tiele-Winckler den Bildungsauftrag ihrer Kinderheimaten schildert. Der Gefahr einer Isolierung dieser »behüteten Bezirke« begegnet sie durch Gründung eines »Sternenbundes«. Die »Sterne« – heute würde man sie »Paten« nennen – sollten engagierte Begleiter beim Aufwachsen »ihrer« Kinder sein.

Das begonnene Werk setzt Eva von Tiele-Winckler auch durch die Wirren des Ersten Weltkrieges hindurch fort und baut es mit Hilfe der zeitweise über 700 Schwestern weiter aus. Zeiten der Ruhe und Orientierung gewinnt Eva von Tiele-Winckler in den Jahren ihrer Krankheit, die sie mehrere Male an den Wendepunkten ihrer Biographie zu Zwischen-Zeiten zwingen.

Der Ruf ihres Werkes verbreitet sich über die Grenzen Europas hinaus, wozu nicht zuletzt auch ihre rege Reisetätigkeit beiträgt. Am 21. Juni 1930 stirbt »Mutter Eva«, wie sie respektvoll genannt wird, schließlich in ihrem Friedenshort, dem Ausgangspunkt ihres Wirkens. In den »letzten Wünschen« diktiert sie als dringenden Wunsch: »daß der Friedenshort auch in späterer Zeit offene Türen und offene Herzen haben möge für alles Elend, daß jeder, der in irdischer, leiblicher oder Seelennot sich befindet, Rat, Trost, Hilfe und, wenn nötig und möglich, Zuflucht und Aufnahme fände. Nie darf ein Geist kluger Berechnung und irdisch menschlicher Überlegung an Stelle des heiligen Impulses warmer Jesusliebe treten«.

Lesehinweis: A. Funke, Eva von Tiele-Winckler. »Mutter Eva«. Hamburg – Freiburg/Schweiz ²1986

Jürgen Jansen

21. Juni — Todestag von Friedrich Fröbel (1782-1852)

Auch heute noch wird sein Name eher mit Spielzeug als mit pädagogischen Leitvorstellungen in Verbindung gebracht: Friedrich Fröbel. Eine vertiefte Auseinandersetzung mit seiner neuen Pädagogik wurde ihm zu seinen Lebzeiten versagt. Schon kurz nach seiner Schulgründung 1817 in Keilhau/Thüringen und den sehr guten Anfangserfolgen durch seine kindorientierten Lehr- und Lernmethoden wurde er diffamiert, so daß er bald darauf die Schule schließen mußte.

1912 wurde Fröbel durch die Wissenschaft wieder entdeckt, seine grundlegenden Vorstellungen fanden Eingang in die Reformpädagogik. Heute wird er als Neuerer und Reformer beschrieben, der sich erstmals auch den Vorschulkindern zuwandte. Fröbel ließ sich von der Prämisse leiten: »Laßt uns von unseren Kindern lernen; laßt uns den leisen Mahnungen ihres Lebens, den stillen Forderungen ihres Gemütes Gehör geben! Laßt uns unseren Kindern leben: So wird uns unserer Kinder Leben Friede und Freude bringen, so werden wir anfangen, weise zu werden, weise zu sein!« Dieser kindorientierte Ansatz spiegelt sich in seinen Spielgaben und Methoden der Vorschulpädagogik, zum anderen verdeutlicht er die Imitationsvorgänge beim Kind und appelliert an das Verantwortungsgefühl von Eltern, durch ihre Lebensgestaltung den Kindern Vorbild zu sein.

Friedrich Fröbel war ein tiefgläubiger Mensch, der aus dieser Freiheit heraus sich ganz seinen Aufgaben widmen konnte. Sein Subjektbegriff ist synonym mit dem Begriff des Kindes als Gottes Geschöpf. Diese Würde des Menschen legt er der Erziehung zugrunde und verbindet sie mit seiner naturphilosophischen Sicht. Erziehung geschieht jedoch weder allein nach dem Wesen der Menschen selbst, noch nach den in dem Wesen der Dinge liegenden Gesetzen, sondern nach den Verhältnissen zwischen diesen. Schule im weitesten Sinne des Wortes ist für Fröbel die Synthese zwischen Außen und Innen in einem ganzheitlichen Prozeß, bei dem »Kenntnis, Einsicht, Umsicht, Überblick und Bewußtsein« vorherrschen:

Um also die natürliche Willenstätigkeit des Knaben zu wahren, echte Willensfestigkeit zu erheben, müssen alle Tätigkeiten des Knaben, aller Wille desselben von der Entwicklung, Ausbildung und Darstellung des Innern ausgehen und sich darauf zurückbeziehen. Beispiel und Worte, Unterricht, später Lehre und Beispiel sind der Weg, das Mittel dazu. Nicht Beispiel allein, und nicht Worte allein! – Nicht Beispiel allein: denn Beispiel ist ein Einziges, Einzelnes, welches durch das Wort erst seine Allgemeinheit und Anwendbarkeit erhält; nicht Wort allein: denn Wort ist ein Allgemeines, Geistiges, oft Vieldeutiges, welches durch Beispiel, durch Unterricht erst Anschaulichkeit, Bedeutung und Dasein erhält. Aber Beispiel und Wort, Unterricht und Beispiel als ein Gesamtes und Einziges tut es doch allein auch nicht; sondern einzig treffend ein feines gutes Herz, und zu diesem wirkt die Erziehung der Kindheit.

Was Fröbel modern macht, ist seine Naturverbundenheit und die Beschreibung, wie das Kind sich mit der Natur vertraut macht. Das größte Verdienst von Friedrich Fröbel ist seine Spieltheorie: »Spielen, Spiel ist die höchste Stufe der Kindesentwicklung, der Menschenentwicklung dieser Zeit; es ist die freitätige Darstellung des Innern, die Darstellung des Innern aus Notwendigkeit und Bedürfnis des Innern selbst, was auch das Wort Spiel selbst sagt«. Von Fröbel stammt der Begriff »Kindergarten«. Er kann somit als Vater der Kindergartenbewegung bezeichnet werden.

Lesehinweis: F. Fröbel, Die Menschenerziehung. Die Erziehungs-, Unterrichts- und Lehrkunst, Leipzig 1926

Dieter Fuchs

In vier Tagen ist der Geburstag von Peter Petersen (1884-1952)

22. Juni

Am 26. Juni 1884 wurde der Reformpädagoge Peter Petersen in Großenwiehe bei Flensburg geboren. Petersen, der zu seinen akademischen Lehrern Paul Barth, Johannes Volkelt, Wilhelm Wundt und Karl Lamprecht zählen darf, promoviert 1908 in Jena bei Rudolf Eucken mit einer Arbeit über den Entwicklungsgedanken in der Philosophie Wundts und habilitiert sich 1920 an der Universität Hamburg mit der Schrift »Geschichte der aristotelischen Philosophie im protestantischen Deutschland«. Sein Anliegen, »die überlieferte Schulwirklichkeit innerlich so umzugestalten, daß sie erzieherische Funktionen wahrhaft entfalten könne«, bekommt Impulse aus seiner Arbeit als Oberlehrer am Johanneum in Hamburg (seit 1911), dem Besuch des Landerziehungsheims Schondorf am Ammersee (1912), seiner Mitarbeit im »Bund für Schulreform« (1912-1923), seiner Tätigkeit als Leiter der Lichtwarkschule (seit 1920) und seiner fundierten Kenntnis der reformpädagogischen Bewegung, deren Grundstrukturen er 1926 in seinem zunächst auf dänisch erschienenen Buch »Die Neueuropäische Erziehungsbewegung« darstellt.

1923 nimmt Petersen einen Ruf nach Jena an und wird dort gleichzeitig Leiter der Erziehungswissenschaften-Anstalt sowie der mit ihr verbundenen freien Versuchs- und Übungsschule, der Petersen später einen Fröbelkindergarten angliedern wird. Hier entwickelt er in der »Pädagogischen Tatsachenforschung« ein Instrumentarium, Erziehungs- und Unterrichtsprozesse wissenschaftlich zu erfassen und damit Hilfen für deren Verbesserung geben zu können. In umfassenden kulturphilosophischen, soziopsychologischen und metaphysischen Betrachtungen führt er die theoretische Grundlegung seiner pädagogischen Position aus. Seine Wirksamkeit liegt jedoch weniger hier, als vielmehr in der praktischen Umsetzung seiner Gedanken: in der Konzeption der sogenannten Jena-Plan Schule. Petersens leitende Frage lautet:

Wie muß diejenige Erziehungsgemeinschaft gestaltet werden, in welcher sich ein Menschenkind die für es beste Bildung erwerben kann, eine Bildung, die seinem in ihm angelegten und treibenden Bildungsdrange angemessen ist, die ihm innerhalb dieser Gemeinschaft vermittelt wird und die es reicher, wertvoller zur größeren Gemeinschaft zurückführt, es ihr als tätiges Glied wiederum übergibt? Oder kürzer: Wie soll die Erziehungsgemeinschaft beschaffen sein, in der und durch die ein Mensch seine Individualität zur Persönlichkeit vollenden kann.

Auch wenn das Besondere der Jena-Plan Schulen gerade in Momenten der äußeren Organisation augenfällig wird, so muß man sich immer vor Augen führen, daß Petersen hier nicht von einem pädagogischen Arrangement von einzelnen erzieherischen Maßnahmen, von einer geschlossenen *Struktur* der Sozialform Schule, sondern von dem das Ganze des Schullebens bestimmenden Ethos, von der Gestaltung einer Erziehungs*gemeinschaft* spricht. »Die Idee der Gemeinschaft wird oberste, alles Geschehen in der Schulgemeinde letzthin normierende Idee. ... Dort ... ereignet sich Erziehung, wo in einer menschlichen Gemeinschaft Menschen absichtslos füreinander da sind und *tätig* sind.« Erziehung ist dabei ebenso eine Tatsache wie das Leben und in ihrem Wesensgrunde genauso unerklärlich. Der »kosmischen Funktion der Erziehung« muß sich die Erziehungskunst einordnen, wenn sie überhaupt erzieherische Prozesse ermöglichen will. Das Schulleben nimmt in seiner Gestaltung die drei Bezüge menschlicher Gemeinschaft: Natur (Sachwelt), Menschenleben und Religion und die Urformen menschlichen Lebens: Gespräch, Arbeit, Spiel und Feier auf. Als weitere Momente finden wir in den Jena-Plan Schulen: den Abschied von den Jahrgangsklassen zugunsten von Stammgruppen, den Schulgarten, die Gestaltung der »Klassen«zimmer als Schulwohnstube, Patenschaften zwischen älteren und jüngeren Schülern und vieles mehr. In den Niederlanden hat Petersens Konzeption großen Anklang gefunden.

Peter Petersen, dessen letzte Lebensjahre von dunklen Ereignissen überschattet waren, starb am 21. März 1952.

Lesehinweis: P. Petersen, Der Kleine Jena-Plan, Weinheim/Basel 1980

Wolfgang Krone

23. Juni — Geburtstag von Hermann Gmeiner (1919-1985)

Lebensgeschichte von Albert bis zur Aufnahme in ein Kinderdorf: Nach der Geburt drei Wochen Aufenthalt in einer Klinik; bis zum vierten Lebensjahr bei den Eltern (Vater alkohlabhängig, neigt zur Gewalt; die Mutter tablettenabhängig); dann zwei Monate Einweisung in eine Pflegefamilie; zehn Monate in einer psychiatrischen Kinderklinik; mit vier Jahren und zehn Monaten schließlich Aufnahme in das SOS Kinderdorf D. – So beschreibt eine Erzieherin die ersten Monate einer Lebensgeschichte, die außerhalb der Norm eines bürgerlich behüteten Familienidylls liegt. Erklärungen und Analysen können die sozialen Zusammenhänge durchsichtiger machen; aber sie helfen diesem konkreten Kind nicht, ein menschenwürdiges Leben zu leben. Die wirkliche Frage ist: Wer gibt dem kleinen Jungen, was er braucht, worauf er ein Recht hat, weil er ein Mensch ist, eine vollgültige Person, nämlich: Geborgenheit, liebende Zuwendung, körperliche Nähe und menschliche Wärme? Die Antwort ist so einfach wie schwer zu verwirklichen. Hermann Gmeiner hat sein Leben lang nach einer solchen Antwort gesucht. Er schreibt über den Anfang seiner Bewegung (1949) und seine ursprüngliche Idee:

Aus dem Nichts heraus hatte ich mit ein paar Studienkollegen und ein paar hilfsbereiten Frauen dieses Werk begonnen. Wir hatten kein Geld, wir waren unbekannt. Aber wir hatten eines: den Glauben daran, daß der Weg, den wir beschreiten wollten, richtig und notwendig ist. Die SOS-Kinderdorf-Idee ist sehr einfach. Ich wollte nichts anderes, als dem entwurzelten Kind jene Welt der Geborgenheit schenken, die es braucht, um gedeihen zu können. Ich war sicher, daß die Menschen mich verstehen werden.... Und ich bin gehört und verstanden worden. Es erfüllt mich mit Glück und Dankbarkeit, daß heute viele Tausende, Hunderttausende guter Menschen das Werk der SOS- Kinderdörfer tragen.... Ich sage mir, alles Große in der Welt wird nur dadurch wirklich, daß irgendwer mehr tut als er tun muß.

Die besondere Situation, mit der uns die Lebensgeschichte von Albert konfrontiert, verlangt ein besonderes Handeln. Das wußte H. Gmeiner und er wußte auch, daß er damit die Normen einer mit sich selbst zufriedenen bürgerlichen Welt durchbricht. Nur wer bereit ist, Abschied zu nehmen, sein genügsames Leben aufzugeben, kann wirklich helfen. Ein Wagnis, nein, eine Zumutung, die provozierend und inspirierend zugleich ist. Die Voraussetzung ist ein offenes Auge für die Not der Menschen und besonders für die Schwächsten unter ihnen, die Kinder. Gmeiner hat am eigenen Leib erfahren, was es heißt, in einer kinderreichen Bauernfamilie ohne Mutter aufzuwachsen. 1919 in Allerschwede in Österreich geboren, studiert er nach dem Zweiten Weltkrieg Medizin in Innsbruck, wo er die Not der Nachkriegsjugend und der Flüchtlingskinder kennenlernt. Sein Engagement, sein offener Blick für das, was die Menschen brauchen, und seine Bereitschaft, das »Leben zu verlieren«, um es im Einsatz für andere neu zu gewinnen, lassen ihn 1949 in Innsbruck die »Societas Socialis« (SOS) gründen und den Bau des ersten SOS-Kinderdorfes in Imst (Tirol) beginnen; damit Kinder wie Albert Geborgenheit finden und das bekommen, was ihnen zusteht: ein menschenwürdiges Leben.

Lesehinweis: H. Gmeiner, Eindrücke, Gedanken, Bekenntnisse, Innsbruck-München 1978 (SOS-Kinderdorf-Verlag)

Gerd Jungbluth

Morgen ist der Geburtstag von Ingeborg Bachmann (1926-1973)   24. Juni

Sie steht in der schmalen Reihe mit denen, die querstehen zur abfließenden Zeit, quer zur Katastrophe, »daß es immer so weitergeht« (W. Benjamin) – mit einer leisen, aber sehr genauen, mit einer verzagten, aber sehr bewußten Stimme. Zwischen Klagenfurt und Rom, Geburt und Tod (sie stirbt an Folgen von Verbrennungen), spannt sich das Leben einer Dichterin, einer – großes Wort – Heiligen der Nachkriegsliteratur, die den großen Worten standhält und entspricht, weil sie um deren abgründige und endgültige Gefährdung weiß.

Wie kann das sein, daß – geschaffen zu nichts als zur Dichtung – dieser Mensch, diese Frau, vom Verlust, von der Entzogenheit bestehender Sprache getroffen ist bis auf ihren Grund? Und daß sie, scheu und diskret, angewiesen auf unendlich viel Barmherzigkeit wie wir alle – aber sie weiß es –, *so genau* zusehen muß, hinhören muß; der verlorenen Sprache, der entstellten Wirklichkeit, der Vernichtung. Zeitenwende.

Einmal, in einem Fernsehgespräch, sagt sie einen Satz, der, auswegloser kaum zu denken, die Erde umspannt bis in die kleinste Nische menschlichen Miteinanders, nochmals verdichtet darin zwischen Mann und Frau: »… Was wir den Frieden nennen, … das ist der Krieg … Der Krieg, der wirkliche Krieg, ist nur die Explosion dieses Krieges, der der Frieden ist«. Und ihre Büchner-Preis-Rede (1964) »Ein Ort für Zufälle«, nicht zufällig ganz nahe an der Paul Celans vier Jahre zuvor, folgt dem Riß durch die Welt in aller Konsequenz. »Der Wahnsinn kann auch von außen kommen, auf die einzelnen zu, ist also schon viel früher von dem Innen der einzelnen nach außen gegangen, tritt den Rückweg an, in Situationen, die uns geläufig geworden sind, in den Erbschaften dieser Zeit.« Und sie weiß genau, warum sie den zum Plakat gewordenen Namen der polnischen Stadt verschweigt, verschweigen muß. Daß wir aufmerken, aufmerksam werden, dem erfahrungslosen Leben aus zweiter Hand, wie die Massenmedien es abliefern, entgegen. Nein, der Verwechslung von Fließtext und Bilderflut mit der Wirklichkeit gibt sie sich nicht anheim; in der Konsequenz ihres Schreibens liegt es, sich *aussetzen* zu müssen, damit »Kunde gegeben werden kann«.

Nur so bliebe der Wunsch nach Rettung wirklich: indem nicht vergessen würde die Nachtseite unserer Epoche äußerster Bedrohung und Vernichtung, die den fortbestehenden Wortschwall, die Wortbegier versiegen müßte und, gerade so der Grund wäre, der uns nicht schweigen ließe. Das gilt, mit Ingeborg Bachmann, jetzt, das heißt immer, für immer oder solange es geht.

Was für eine Sprache – unverloren und verloren zugleich!? Sie ist noch geöffnet, nach vorne wie nach hinten, wenn auch in noch unwirkliche, äußerste Möglichkeitsform zurückgenommen:

> *Nach dieser Sintflut*
>
> *Nach dieser Sintflut*
> *möchte ich die Taube,*
> *und nichts als die Taube,*
> *noch einmal gerettet sehn.*
>
> *Ich ginge ja unter in diesem Meer!*
> *flög' sie nicht aus,*
> *brächte sie nicht*
> *in letzter Stunde das Blatt.*

In einer Metapher auf die Poesie – und nicht nur auf die Poesie, denn Ingeborg Bachmann verweigert dem Trennungsstrich zwischen Autor und Ich konsequent das Recht – heißt es: »Poesie wie Brot? Dieses Brot müßte zwischen den Zähnen knirschen und den Hunger wiedererwecken, ehe es ihn stillt. Und diese Poesie wird scharf von Erkenntnis und bitter von Sehnsucht sein müssen, um an den Schlaf der Menschen rühren zu können. Wir schlafen ja, sind Schläfer, aus Furcht, uns und unsere Welt wahrnehmen zu müssen«.

Lesehinweis: I. Bachmann, Liebe: Dunkler Erdteil. Gedichte aus den Jahren 1942-1967, München-Zürich ³1988 (Serie Piper 330)

Markus Roentgen

25. Juni Todestag von Helene Weber (1881-1962)

Helene Weber wird 1881 als Tochter eines Lehrers geboren. Nach dem Besuch des Lehrerinnenbildungsseminars und der Tätigkeit als Volksschullehrerin studiert sie in Bonn und Grenoble Geschichte, Philosophie, Romanistik und Sozialpolitik und wirkt als Studienrätin in Bochum und Köln. Früh hat sie enge Verbindungen zum 1903 gegründeten Katholischen Deutschen Frauenbund, in dem sie bis zu ihrem Lebensende eine bedeutende Rolle spielt. Früh entwickelt sie auch Interesse an sozialen Fragen und organisiert schon vor dem Ersten Weltkrieg Vorträge und Kurse für Industrie- und Heimarbeiterinnen über die Arbeiterinnen- und andere soziale Fragen. 1916 übernimmt Weber die Leitung der Sozialen Frauenschule des Katholischen Frauenbundes und ist im gleichen Jahr an der Gründung des Vereins der Katholischen Deutschen Sozialbeamtinnen beteiligt, dessen Vorsitzende sie bis zu ihrem Tod bleibt. Es liegt in der Konsequenz eines solcherart pädagogisch und sozial ausgerichteten Lebens und Interesses, daß Helene Weber politisch tätig wird. Sie arbeitet ab 1919 im Preußischen Wohlfahrtsministerium und – nach dessen Auflösung durch die NSDAP – in einer Abteilung des Kulturministeriums, wird aber 1933 aufgrund ihrer Gegnerschaft zum Nationalsozialismus entlassen. Während der Zeit im Wohlfahrtsministerium ist sie entscheidend beteiligt an der Entwicklung des Reichsfürsorgegesetzes (das später durch das Bundessozialhilfegesetz abgelöst wird) und des Reichsjugendwohlfahrtsgesetzes. Seit 1919 Abgeordnete des Zentrums in der Weimarer Nationalversammlung, ist sie bis zu seiner Auflösung Abgeordnete des Berliner Reichstages. Sie bleibt in ihrem politischen Wirken ihren frühen Interessen treu: Sozialpolitik, aber auch und in besonderem Maße Frauenpolitik und dem Bemühen, Frauen nach Erlangung des Frauenstimmrechtes (1918) ihre Pflichten und Rechte und den Sinn der Demokratie nahezubringen. 1948 wird Helene Weber in den Parlamentarischen Rat berufen und wird eine der oft verschwiegenen vier Mütter des Grundgesetzes; sie bleibt bis zu ihrem Tod Mitglied des Deutschen Bundestages. Entscheidend für ihr politisches, soziales und pädagogisches Wirken scheinen zwei Grundlinien: eine enge Verbundenheit zu christlichen Werten, die nach Webers fester Überzeugung auch im Staat deutlich werden sollten, und die ebenso feste Überzeugung, daß Demokratie nur wirklich wird, wenn sie von weiten Teilen des Volkes getragen wird, was wiederum einer engen Verbindung zwischen PolitikerInnen und Bevölkerung bedarf, so daß erstere nicht in einer von der Realität des Wahlvolkes abgehobenen Wirklichkeit leben. Helene Weber stirbt 1962, hoch geachtet und geehrt.

Es rücken Menschen in »leitende« Posten, die nie zuvor die Kleinarbeit mit ihren tausend Mühen spürten, denen die Menschengruppen, für die sie arbeiten und eintreten sollen, eine terra incognita sind. – Uns fehlt gerade in den obersten, leitenden Stellen der »wissende« Mensch, der in seiner Arbeit durch alle Schwierigkeiten und kleinen Kämpfe gegangen ist, der mit den einzelnen lebte, der in ihnen fast aufging. Wir brauchten den gütigen, vorempfindlichen Menschen, der die Sorgen ganzer Gruppen spürt, weil er unter ihnen stand und mit ihnen gelitten hat. – Zur leitenden Stellung ringt man sich nach gründlicher Facharbeit durch, die nicht nur ein Schul-, sondern ein Lebenswissen ist. Und auch nach dieser gewissenhaften Vorschulung sind nur Menschen ganz bestimmter Prägung zur Leitung geschaffen: Menschen, die einen starken Willen, ein zielbewußtes organisatorisches Talent und eine gewisse Schöpferkraft besitzen, Menschen, die durch Dienen führen.

Lesehinweis: A. Mohr/E. Pregadier (Hg.), Ernte eines Lebens: Helene Weber (1881-1962). Wege einer Politikerin, Annweiler-Essen 1991

Henny Engels

Geburtstag von Stefan Andres (1906-1970) 26. Juni

Die Heiligen, die Liebenden und die utopischen Träumer dichten immerfort auf ihre Weise an der Welt weiter, und alle merken sie bald, wenigstens die besten von ihnen ..., daß man die himmlischen Visionen schwer unterbringt auf dieser Welt. Das stimmt schwermütig, wenn die Bilder reiner Sehnsucht in keinen Rahmen passen wollen, wenn die Wirklichkeit sich scheinbar als ein blindes, wucherndes Gewächs erweist, das die Heiligen, Liebenden und Träumer nur wie parasitische Blattläuse erduldet. Aber wie traurig wäre die Welt ohne die Schwermut aus unstillbarer Sehnsucht! Das erlebte er an sich selber, sooft er praktisch und vernünftig werden sollte, nur das ansteuernd, was das körperliche Wohlbefinden verlangte. Das war ein Vorgang, als entschlösse sich jemand, beim Anblick der munteren Fische einer von ihnen zu werden: er stürzt sich hinab, doch merkt er bald, daß, um da unten zu leben, ganz bestimmte Organe vorhanden sein und andere fehlen müssen.

Stefan Andres, in der Nähe von Trier geboren, nachhaltig geprägt durch seine moselländische Heimat und seine »katholische Kindheit«, trug sich zeitweilig mit dem Gedanken, Priester zu werden. In seinem Erstlingswerk »Bruder Luzifer« (1932) ist die Auseinandersetzung mit und der Abschied von dieser Möglichkeit verarbeitet. In Andres' wohl bekanntester Arbeit, der 1941 in seinem italienischen Exil Positano entstandenen Novelle »Wir sind Utopia«, geht es ebenfalls um die Frage nach der wahren Berufung eines Menschen. Der Franko-Söldner Paco Hernandez gerät in den Wirren des spanischen Bürgerkrieges durch Zufall in jenes – zwischenzeitlich in ein Gefängnis umfunktionierte – Kloster, in dem er ehemals der Karmelit Padre Consalves war. Eingesperrt noch dazu in seine frühere Zelle, holt ihn dort die Vergangenheit ein, und in fiktiven Dialogen mit seinem ehemaligen theologischen Lehrer vergegenwärtigt er sich seine eigene Entwicklung (die schließlich einen unerwarteten Ausgang nimmt).
In dieser Selbst-Vergegenwärtigung Pacos spielt die Frage, inwieweit sich himmlische Visionen erden lassen, eine zentrale Frage sicherlich auch von Andres selbst, eine wichtige Rolle. Dabei werden Grundprobleme des christlichen Glaubens angesprochen – auf eine sehr ernsthafte, aber auch, verglichen mit dem Hauptstrom vorkonziliarer Theologie, sehr erfrischende Art. Offenbar will Andres sagen: Diese Erde läßt sich nun einmal nicht in ein himmlisches Jerusalem verwandeln. Trotzdem kommt der »unstillbaren Sehnsucht« des Menschen eine besondere Würde zu; unser »mehr-als-alles« Haben-Wollen ist nicht etwa das Stigma einer evolutionsgeschichtlichen Fehlkonstruktion, sondern gewissermaßen das Rumoren Gottes im Menschen. Nicht indem wir für eine selbstgemachte, nur vermeintlich »himmlische« Utopie kämpfen, sondern indem wir uns den Ein-Fällen Gottes überlassen, kommt die Welt voran: »*Wir* sind Gottes Utopia, aber eines im Werden!«

Lesehinweis: St. Andres, Wir sind Utopia, München 1989 (SP 95)

Rudolf Englert

27. Juni — Geburtstag von Eduard Spranger (1882-1963)

Der Philosoph, Psychologe und Pädagoge Eduard Spranger war einer der renommiertesten Gelehrten seiner Zeit. Zwei Werke sind es vor allem, die seinen internationalen Ruf begründeten: Die »Lebensformen« (1921) mit dem Versuch der Begründung einer geisteswissenschaftlichen Psychologie und sein berühmtestes Buch, »Die Psychologie des Jugendalters« (1924), vielfach aufgelegt (29. Aufl. 1979) und weltweit verbreitet. Einen Namen machte sich Spranger in der Weimarer Republik auch durch seine »Gedanken über Lehrerbildung«. – Zeitlebens ging es Spranger um die Begründung von Humanität, um die Möglichkeit humanen, Gott zugewandten Lebens in einer industrialisierten, technisierten Welt. Der Erziehung rechnete Spranger für die Versittlichung des Menschen einen hohen Stellenwert zu.

Die Erfahrung der nationalsozialistischen Herrschaft und der Verbrechen, zu denen Menschen in der Lage sind, erschütterten Spranger zutiefst. Seine politische Haltung erfuhr nach 1945 eine Veränderung: Von einem Gegner der Demokratie wandelte er sich zu einem entschiedenen Befürworter. Seine kulturkritische, skeptische Haltung gegenüber der abendländischen Kulturentwicklung war jedoch bis zu seinem Tode ungebrochen; das »Massenmenschentum« sah er als schwerwiegende Bedrohung einer humanen Lebensgestaltung. In seinen erzieherischen Reflexionen rückte somit der Gedanke der Gewissenserziehung ins Zentrum. Unermüdlich warnte Spranger vor dem »systemgebundenen Menschen«, dem er den sittlich verantwortlich handelnden, auf sein Gewissen hörenden Menschen gegenüberstellte. Immer wieder verwies Spranger in diesem Zusammenhang auf Sokrates, in dessen Person er die Gewissenserziehung vorbildlich verwirklicht sah:

Sokrates war der Überzeugung, daß der Mensch, wenn er in seine eigene Tiefe zurückgehe, dort die sicheren Leitsterne für seine sittliche Orientierung finden würde: »Wirst keine Regel da vermissen: Das selbständige Gewissen ist Sonne deinem Sittentag!« Deshalb wollte er seine Mitmenschen anleiten, ihre eigenen Tiefen aufzugraben, um dort den kostbarsten Edelstein zu entdecken. Er selbst, in der Exponiertheit zwischen Wissen und Nichtwissen, ahnte die göttliche Führung in seiner Seele, die ihm, dem unablässig Suchenden, in ein Reich des Guten und der innersten Beseligung geleitete. In der eigenen Brust hörte er die unüberhörbare Stimme des Gottes. Seine Pädagogik kannte das eine, wesentliche Ziel, die Menschen zu öffnen für das Hinhören auf den letzten tragenden Sinn des Daseins, der sich in der eigenen Tiefe offenbart.

Und dieser Sokrates ist nicht gestorben. Er wandelt auch heute unter uns umher und stellt jeden von uns zur Rede: »Wie sorgst Du für Deine Seele, daß sie so gut wie möglich werde?« Deshalb kann die Menschheit nicht oft genug daran erinnert werden, daß es einmal einen Mann namens Sokrates gegeben hat.

An anderer Stelle drückt Spranger seine zentralen Gedanken folgendermaßen aus: »Das Entscheidende ist der Gedanke, daß sich das Wesen des Menschen nicht in seiner Naturgebundenheit und in seiner Gesellschaftsgebundenheit erschöpft. Er trägt vielmehr, religiös gesagt, in sich Gottgebundenheit, philosophisch gesagt: er hat Wurzeln im Metaphysischen«.

Lesehinweis: E. Spranger, Gedanken zur staatsbürgerlichen Erziehung, Bochum 1963 (Kamps pädagogische Taschenbücher 18)

Eva Matthes

Geburtstag von Jean-Jacques Rousseau (1712-1778)

28. Juni

Das Unglück des Menschen resultiert für Rousseau aus dem Widerspruch

zwischen dem Menschen und dem Staatsbürger; laßt den Menschen eins mit sich werden, und ihr werdet ihn so glücklich machen, wie er nur sein kann. Liefert ihn ganz und gar dem Staat aus oder überlaßt ihn ganz und gar sich selbst.

Unter den politisch-religiösen Bedingungen post-antiker Gesellschaften – das Christentum hat das Individuum freigesetzt, aber die Tugenden öffentlichen Lebens ausgezehrt, – bleibt nur die Politik des Privaten: Erziehung. Erziehung zum Menschsein als Erziehung zur Übereinstimmung des Ich mit sich selbst. Emile, die Titelfigur des Rousseauschen Erziehungsromans, wird einzig für sich selbst erzogen. Und seine Selbstliebe ist unschuldig, da ihr eine ebensogroße Selbstgenügsamkeit entspricht. Doch dies ist ein »Kunst«-stück; »natürlich« ist das nicht. Solches Gleichgewicht, solchen Selbstand zu gewinnen und zu halten in einer bedürfnissteigernden Gesellschaft, deren süßes Gift die Abhängigkeit aller von allen exponentiell wachsen läßt, verlangt raffinierteste Gegenstrategien – die Rousseausche Erziehungskunst.

Das Motto dieser Erziehungskunst ist nicht zurück, sondern vorwärts zur Natur. Der Weg der natürlichen Erziehung erweist sich als ein Kalkül fortschreitender Emanzipation von der Natur; nur durch die Emanzipation von der zweiten Natur, der Gesellschaft, kann für den Zögling eine Wiederherstellung der ersten Natur auf höherer Stufe herausspringen – als jenes sublimste Wohlgefühl der eigenen Existenz nämlich, das sich der »moralischen« Balance von Bedürfnis und Befriedigungsmöglichkeit verdankt. Rousseaus natürlicher Mensch – ein Gesamtkunstwerk und kulturelles Spätprodukt, ein entschieden geschichts-, kultur- und gesellschaftsfernes und -feindliches Produkt von Geschichte, Kultur und Gesellschaft.

Rousseau hat die geschichtlich-gesellschaftliche Genese der Selbstentfremdung des zeitgenössischen Menschen spekulativ nachgezeichnet; er hat politische Entwürfe zur Heilung der Spaltung vorgelegt; und er hat in literarischen Modellen der Erziehung und Selbsterziehung vereinzelungswilligen und -fähigen Individuen Auswege aus der Entfremdung aufgezeigt – das ist seine epochemachende Leistung.

Für mich ist die Erfahrung Rousseaus unerläßlich – als die eines aufklärerischen Denkers, der die Schatten der Aufklärung sieht. Mit prophetischer Schärfe, monoman und unerschrocken, mit aller Beweglichkeit seines Geistes und mit allem Glanz seiner Sprache spürte Rousseau der Wunde der Zivilisation nach – am Leitfaden einer zarten, reichen und »neurotischen« Individualität, am Leitfaden des nicht verleugneten eigenen Leidens an den Widersprüchen des geschichtlich-gesellschaftlichen Ortes, an dem er sich vorfand.

Lesehinweis: J.-J. Rousseau, Emile oder über die Erziehung, Paderborn [10]1991 (UTB 115)

Susanne Sandherr

29. Juni — Kirchlicher Gedenktag für Paulus von Tarsos (Anfang 1. Jh. - ca. 60)

Einiges vom Völkerapostel Paulus wissen wir alle: daß er etwa 10 Jahre später als Jesus, dem er nie begegnet ist, geboren wurde, einige Jahre nach Tod und Auferweckung Jesu vor Damaskus vom erhöhten Herrn zum Apostel berufen wurde und dann als erster christlicher Missionar unter den Heiden das Evangelium verkündete. Nach der Tradition hat er anfang der 60er Jahre unter Kaiser Nero in Rom den Märtyrertod erlitten.

Wenn auch nicht wie in einem Katechismus oder einer systematischen Theologie, so hat doch Paulus in vielen Facetten fast alle Themen der späteren Theologie schon vorgedacht, so daß man ihn unter den kirchlichen Theologen als »den Größten« bezeichnen müßte. Das macht uns freilich auch Probleme, denn Paulus war nie ein »pflegeleichter« Kirchenlehrer. Auch als Apostel blieb er Jude mit hellenistischer Bildung und einer die Kirche prägenden Heils- und Freiheitsbotschaft. All dies bindet er in seinen Briefen in meist recht komplizierten Satz- und Gedankengefügen zusammen, so daß schon der 2. Petrusbrief (3,16) vermerkt: »Es findet sich darin einiges, was nicht leicht zu verstehen ist«. Als der größte Theologe der frühen Kirche blieb er zeitlebens ein körperlich gebrechlicher Lederhandwerker. – Der Neutestamentler Wolfgang Trilling schreibt über ihn:

Der wirkliche Paulus, das ist der Denker in Gegensätzen, in »Anti-thesen«, die sich nicht in höhere Einheiten »aufheben« lassen… Er ist kein gepflegter Geist, der behaglich eine durchsichtige Glaubenslehre oder gar eine »christliche Weltanschauung« entwickelt, sondern das ist ein Herd der Unruhe…, der auch zur Maßlosigkeit neigt, nach dem Guten wie nach dem Schlechten, in verschwenderischer Liebe wie in brennendem Zorn. Wir finden Töne zartester Herzlichkeit und feinfühligen Taktes neben Äußerungen voll bittern Sarkasmus' und hemmungsloser Beschimpfung.

Solche Charaktere erschließen sich schwerlich dem ersten Zugriff. Paulus wird einem lange fremd bleiben.
Vielleicht ändert sich das, liest man in der Apostelgeschichte die Umstände nach, die sich um die Areopagrede ranken: In Athen sah Paulus die Stadt »voll von Götzenbildern«, und »ihn erfaßte heftiger Zorn«. Doch er redete auf dem Markt und in der Synagoge mit Juden und Gottesfürchtigen und diskutierte mit den Philosophen, »und manche sagten: Was will denn dieser Schwätzer?… und fragten: Können wir erfahren, was das für eine neue Lehre ist, die du vorträgst?« Und dann hält Paulus die berühmte Rede, reich an Argumenten aus der griechischen Philosophie und an Zitaten aus der Hebräischen Bibel, die alle hinzeigen auf den von den Toten erweckten Jesus Christus. Und als die Philosophen »von der Auferstehung der Toten hörten, spotteten die einen«, weil für sie der Körper das Gefängnis der Seele ist und folglich Auferstehung niemals erstrebenswert sein kann, »andere aber sagten: Darüber wollen wir dich ein andermal hören. So ging Paulus aus ihrer Mitte weg…« (vgl. Apg 17,16-33).

Man mag auf dem Areopag die Botschaft des Paulus nicht, und wohl auch nicht seine Redeweise. Böswillig könnte man resümieren:… und so »ging« ein Apostelfürst »baden«. Doch halt! »Baden geht« unser triumphalistisches Bild vom übergroßen Paulus, »baden geht« unsere Sakralisierung der – manchmal verqueren – Paulustexte in den Sonntagslesungen. Gewinnen könnte ein menschlicherer Paulus, dessen häufige Erfolglosigkeit – nicht nur auf dem Areopag – jene menschliche Schwachheit zeigt, in der die Kraft Gottes zur Vollendung kommt (vgl. 2 Kor 12,9). Paulus als solidarischer Heiliger, wenn man sich mies fühlt, das wäre kein schlechter Kumpel.

Lesehinweis: W. Trilling, Mit Paulus im Gespräch, Graz 1983

Paul Neuenzeit

Todestag von Erich Klausener (1885-1934) — 30. Juni

Erich Klausener war eines der ersten katholischen Opfer der Willkürherrschaft des Nationalsozialismus. Seit 1924 war er Ministerialdirektor im Reichsinnenministerium und als solcher absolut loyal gegen den Staat. Er war Vorsitzender der Katholischen Aktion im Bistum Berlin. Mutig bekannte er sich stets zu seinem Glauben. Dies machte ihn nach 1933 unbequem. Nach der Machtergreifung Hitlers wurde er in das weniger wichtige Reichsverkehrsministerium versetzt, das seinen Sachverstand nach kurzer Zeit zu rühmen wußte. Er hatte, wie die Bischöfe, zunächst versucht, im neuen Staat mitzuarbeiten, und die Katholiken ermutigt, die Regierung bei ihren guten Zielen zu unterstützen. Trotz Konkordatsverhandlungen und -abschluß wurden in den Jahren 1933 und 1934 die Differenzen zwischen der katholischen Kirche und dem NS-Staat immer größer. Mühsam waren von Anfang an die Ausführungsverhandlungen zu Art. 31 des Reichskonkordats, der die Vereine schützen sollte. Schon 1933 wurden Vereine bespitzelt, ihre Tätigkeit erschwert, teilweise ganz unterbunden. Seine Enttäuschung wegen der Angriffe auf die Vereine artikulierte Klausener auf dem 31. Katholikentag am 25. Juni 1933 im Grunewaldstadion Berlin in einer flammenden Rede. In ihr stellte er mit scheinbar harmlosen Worten den Führungsanspruch der NSDAPD in Frage und wies die Angriffe auf die Vereine als unbegründet zurück. Die Nationalsozialisten, insbesondere Göring, verstanden sehr wohl und waren aufgebracht.
Er sagte:

Wie könnten größere Triebkräfte für den Aufbau einer gottgewollten Ordnung des gesellschaftlichen Lebens gefunden werden als aus dem Gedankengut, das uns an die Kommunionbank geführt ... Die katholische Kirche ist ... universal. Sie vermählt sich mit jedem Volk der Erde, aber sie muß kraft ihrer göttlichen Stiftung und Sendung für sich in Anspruch nehmen, die Seelen aller Völker zu Gott dem Schöpfer und dem Endpunkt der Welt zu führen. Solches Gedankengut in unseren katholischen Volksgenossen zu mehren und zu erhalten, ist der Sinn und Zweck unserer katholischen Organisationen. Darum wünschen wir so leidenschaftlich die Erhaltung und Achtung unserer katholischen Organisationen, weil wir hoffen, ... daß sie ihre Aufgaben erfüllen: ... vollreife katholische Charaktere zu formen, die dann in die Volksgemeinschaft, ... ihr Wertvollstes hineingeben können: sich selbst, als hochgemute, sittlich gefestigte, verantwortungsbewußte deutsche Männer und Frauen. ...

Ordnungskraft für Leben und Gesellschaft ist die Liebe (nicht die NSDAP). Nach dieser Devise hat Klausener immer gehandelt. Und dies war auch das Thema seiner letzten Rede auf dem schicksalhaften Katholikentag am 24. Juni 1934 im Berliner Hoppegarten. Getragen von den Wogen der Begeisterung sprach Klausener spontan ein Schlußwort, die Schlußrede seines Lebens. Er wurde deutlicher als 1933. Das Bekenntnis zur Nächstenliebe sei, so sagte er, das Kennzeichen des Christen im Alltag. Auch der Gegner habe mehr Achtung vor dem Mutigen. Stolz müsse man sein auf den Glauben und treu zu Kirche, Volk und Vaterland. Ein Spitzelbericht besiegelte endgültig das Schicksal Klauseners. Er wurde in die Mordaktion des 30. Juni 1934 (Röhm-Putsch) auf Befehl Görings einbezogen. Klausener wurde an jenem Tag in seinem Dienstzimmer im Ministerium erschossen. Die offizielle Version, die niemand glaubte, lautete Selbstmord. In der Todesanzeige, die seine Familie aufgab, hieß es: »Er wurde uns nach einem Leben der Liebe und des Opfers für Familie, Kirche und Vaterland am 30. Juni 1934 plötzlich entrissen«. Klausener hatte sich in der Tat keinerlei Verfehlungen zuschulden kommen lassen. Den Ereignissen fielen auch weitere prominente Katholiken zum Opfer: Adalbert Probst, Fritz Gerlich und Willi Schmidt. Alles Männer, die sich um die Vereinsarbeit verdient gemacht hatten. Männer eines frühen katholischen Widerstandes.

Lesehinweis: W. Adolph, Erich Klausener, München 1955

Karl-Werner Goldhammer

1. Juli — Todestag von Otto Willmann (1839-1920)

Otto Willmann gehört nicht zu den weithin bekannten Klassikern der Pädagogik. Die Abkehr von einer weltanschaulich gebundenen Erziehungswissenschaft ließ sein Werk ortlos werden. Die bis heute fehlende Biographie läßt seine Gestalt hinter seinem Werk zurücktreten. Geboren 1839 in Lissa/Posen, Instruktor an Tuiskon Zillers Seminar und Übungsschule in Leipzig, Dozent am Wiener Pädagogium, Professor für Philosophie und Pädagogik in Prag, Organisator der Salzburger Hochschulkurse, der Lebensabend in Leitmeritz/Böhmen, wo Willmann 1920 starb – das sind die äußeren Stationen eines Gelehrtenlebens, verbunden mit einem vielseitigen wissenschaftlichen Wirken und einem breiten Engagement in der Lehrerbildung. Erziehung und Bildung: Willmann versteht sie als lebendige geschichtliche Phänomene. Es bedarf eines weiten historischen und sozialgeschichtlichen Horizontes, um der Vielfalt der Erscheinungen gerecht zu werden. Und es bedarf eines weiten »idealen« Horizontes, um sie zu ordnen. Willmann orientiert sich am Ideal einer »philosophia perennis«, in der die Erkenntnis und Weisheit der Zeiten und Kulturen ihren Platz und ihr Recht finden sollen. »Weisheit«, nicht nur Wissenschaft ist das Ziel seiner philosophisch vermittelten Bildungs- und Erziehungslehre. Willmann ist »Gebildeter« und wirkte bildend auf viele, die ihm begegneten. In seiner »Didaktik« erinnert er an das für solche Bildung grundlegende Ethos:

Der wahrhaft Gebildete weiß genug, um zu wissen, daß sein Wissen ein unvollkommenes und vielfach bedingtes ist und der Nachhilfe nicht entbehren kann; er hat die Wissenschaft gekostet, um innegeworden zu sein, wie wenig von derselben er sich zu eigen gemacht hat. Wo sich Gelegenheit dazu bietet, weiß er zu hören, zu lernen, zu fragen und die Antworten mit eigenem Urteil zu verwerten. Die Beweglichkeit des Geistes darf aber nicht in Unruhe, die »Vielseitigkeit« nicht in »Vielgeschäftigkeit« ausarten; mit den »Vertiefungen« müssen die Akte der »Besinnung« abwechseln ... Das Bewußtsein, eingereiht zu sein in große Zusammenhänge geschichtlicher, sozialer, transzendentaler Natur muß den Menschen überhaupt, und zumal den nach Bildung Strebenden, bewahren, ein Spielball des Tages, »ein Narr der Zeit« zu werden. Der echt Gebildete ist aufgeklärt, er weiß, daß das Überkommene nicht schon darum gut und recht ist, weil es überkommen ist, aber er weiß auch, daß das Neueste nicht schon darum taugt, daß es sich aufdrängt. Er ist zur Klarheit darüber gekommen, was den menschlichen Dingen Halt und Wert gibt, und weiß dies im Kaleidoskop des Lebens und der Geschichte herauszuerkennen.

Lesehinweis: O. Willmann, Didaktik als Bildungslehre nach ihren Beziehungen zur Sozialforschung und zur Geschichte der Bildung, 2 Bd., Braunschweig 1882-1889 (Freiburg-Wien ^{6}1957)

Werner Simon

Geburtstag von *2. Juli*
Ulrich Megerle (Abraham a Santa Clara) (1644-1709)

Wer vom »Lexikon für Theologie und Kirche« zum »bekanntesten Prediger des im bayerisch-österreichischen Raume weithin nachwirkenden volkstümlichen Barocks« gemacht wird, wer von einem evangelischen Theologen als »einer der phantasiebegabtesten Fabeldichter« (W. Schütz) charakterisiert wird und wen ein katholischer Theologe (J.B. Schneyer) gar zu einem »ganz großen Prediger deutscher Zunge« macht, der hat, so sollte man meinen, sich einen unvergänglichen Platz im kulturellen Leben seines Volkes erworben. Für den Sohn eines Kneipenwirtes, Ulrich Megerle, scheinen aber andere Gesetze zu gelten. Sein Ordensname Abraham a Santa Clara ist heute noch allgemein bekannt. Doch darüber hinaus fällt es schwer, sich seiner zu erinnern. Leserinnen und Leser finden nur drei kleine Hefte auf dem deutschen Büchermarkt, und die enthalten nicht einmal seine stärksten Werke. Liegt das Vergessen an Abrahams konservativer Haltung, die manche Literaturwissenschaftler zu Recht als reaktionär kritisieren? War er allzuleicht von den österreichischen Monarchisten zu vereinnahmen? Oder hat er sich mit seinem barocken Tand zu weit von der Heiligen Schrift entfernt? Jede Frage berührt einen wunden Punkt seines Lebens und Wirkens, das sich dem damaligen Zeitgeist anpaßte. Er war ein barocker Mensch: sinnlich verspielt, österreichisch-habsburgisch und dabei ganz volkstümlich. Den Kontakt zu den Hörerinnen und Hörern anzuknüpfen, war für Abraham kein Problem. Er traf die Situation des Volkes so gut, daß seine Predigten bis heute eine unerschöpfliche Quelle für die Erforschung des Barockzeitalters sind. Vielleicht hatte Ulrich an der Theke seines Vaters viele Schwänke aufgeschnappt; während seiner Ausbildung bei den Jesuiten in Ingolstadt füllte er die Schatztruhe seiner Anekdoten weiter auf. Aus diesem Grund kam das Volk in Scharen, um seine Geschichten zu hören und sich selbst in den Geschichten wiederzufinden. Wahrscheinlich kam in seinen Predigten das Evangelium zu kurz. Dennoch stand es als Anspruch hinter jeder Predigt, wie der Wahlspruch von Abraham beweist: »Und den Armen wird das Evangelium verkündet« (Mt 11,6).

Solang ein Prediger eine schöne, zierliche, wohlberedte, eine aufgeputzte, mit Fabeln und sinnreichen Sprüchen unterspickte Predigt macht (wie sie das Barockzeitalter wollte, d. Vf.), *da ist jedermann gut Freund. Vivat der Pater Prediger! ein wackerer Mann; ich hör ihm mit Lust zu usw. Wenn er aber einen scharpfen Ernst anfangt zu zeigen mit Paulo: O insensati Germani, o insensati Christiani!; wenn er anfängt, großen Herrn die Wahrheit zu sagen, sie sollen doch einmal die Brillen brauchen und nicht allzeit durch die Finger schauen; sie sollen doch mit der Justiz nicht umgehen wie mit einem Spinngeweb, allwo die großen Vögel durchbrechen, die kleinen Mucken hangen bleiben; sie sollen doch nicht sein wie die Destillierkolben, welche aus den Blumen die letzten Tropfen heraussaugen. ... Wenn er die Wahrheit sagt den Gärtnern, daß sie gar oft den Garten säubern, aber das Gewissen lassen verwachsen und nichts mehr pflanzen als das Weinkräutl. Die Wahrheit den Wirten, daß sie gar oft Kein-Wein für Rhein- Wein, Lugenberger für Luettenberger ausgeben und öfters auch dem Tuchscherer in die Arbeit greifen* (den Wein verschneiden!, d. Vf.). *Die Wahrheit den Bauern, daß sie sich zwar einfältig stellen, aber so einfältig wie die Schweizerhosen, so 100 Falten haben. Wann er anfangt, die Wahrheit zu sagen den Kindern, daß sie den Passauerklingen nicht nacharten, dero beste Prob ist, wann sie sich biegen lassen; die Wahrheit dem Frauenzimmer* (damals Kollektivbegriff, d. Vf.), *daß sie gar zuviel ziehen an den Schweif des Rocks, zu wenig um den Hals tragen. ... Wann dergestalten der Prediger den Scharfhobel* (andere Lesart: Strafhobel, d. Vf.) *brauchen wird, wann er auf solche Weise wird die Wahrheit reden, so bringt ihm solches Reden Rädern, so bringen ihm solche Wörter Schwerter; so bringt ihm solches Sagen Klagen; Inimicus factus sum dicens: Er verfeindet sich allenthalben. Sein Auditorium wird bald die Schwindsucht leiden, die Kirche still werden, bald lauter (nur) Quartier der alten Weiber werden; die Kirche wird bald werden wie ein abgebrochener Jahrmarkt. An allen Orten wird man hören: was key ich mich um den Prediger. Sic facta est veritas in aversionem – »So ist die Wahrheit zum Abscheu geworden«.*

Lesehinweis: Abraham a Santa Clara, Wunderlicher Traum von einem großen Narrennest, Stuttgart 1969 (RUB 6399)

Albert Damblon

3. Juli   *Kirchlicher Gedenktag von Ramon Llull (ca. 1232/35-1316)*

Er selber nannte sich einmal »Ramon lo foll« – Raimund, den Narren, und ganz sicher war er eine der originellsten Gestalten unter den mittelalterlichen Theologen und Philosophen. Zwischen 1232 und 1235 als Kind einer adeligen Familie in Palma de Mallorca geboren, wuchs er in einen Kulturkreis von tiefgreifender Heterogenität hinein - in eine von einer christlichen Lebensform geprägte Gesellschaft mit einem starken islamischen und einem einflußreichen jüdischen Bevölkerungsanteil. Die Rückgewinnung der Moslems und Juden war also zugleich eine religiös wie gesellschaftlich und kulturell bedeutsame Frage. Dies war Ramon Llull wohl nicht unbekannt, der im Schatten des aragonesischen Königshauses aufwuchs: Ungefähr im Alter von 13 Jahren wurde er Page bei Hofe und nach 1256 Minister des Erbprinzen Jakob. Durch seine Erziehung und Stellung war Ramon mit der Welt des Rittertums und seiner Troubadourlyrik vertraut; seine späteren geistlichen Gedichte atmen diesen Geist.

Im Jahre 1263 führte eine Vision zu Ramons »Bekehrung«, in der er seine zentrale Lebensaufgabe fand: die Mission der Ungläubigen, das heißt vor allem der Mohammedaner. Auf diese Aufgabe bereitete er sich zunächst durch ein intensives, neunjähriges Privatstudium unter anderem der arabischen Sprache und der Philosophie vor. Dabei richtete er sein Augenmerk darauf, wie sich der christliche Offenbarungsglaube so mit der vernünftigen Erkenntnis verbinden lasse, daß ihre Einheit auch vom Standpunkt der Vernunft aus und somit von den »Ungläubigen« erkannt werden könnte. Den dafür nötigen umfassenden Ansatzpunkt fand Ramon in den übergreifenden Grundbegriffen, mit denen sich die Wirklichkeit erfassen läßt. Diese Grundbegriffe sollten sowohl die allgemeinsten Formen des Denkens und Erkennens als auch die grundlegenden Bestimmungen der Wirklichkeit sein; das Nachdenken über sie war somit die alle Erkenntnis begründende fundamentale Philosophie. In ihr sollten die Prinzipien für alle Erkenntnisbereiche gewonnen werden, so daß die von ihm anvisierte Wissenschaft auch eine umfassende Methodenlehre als Grundlage für alle Wissenschaften bilden sollte, eine alle »Künste« einbegreifende »Kunst«. Entsprechend seinem missionarischen Interesse zielte er im besonderen auf eine »Philosophie des Christentums« ab; die Dreifaltigkeit Gottes und seine Menschwerdung sollten so als durch Vernunft erkennbar erwiesen werden.

Diesem umfassenden Unternehmen widmete sich Ramon in stets erneuten Anläufen, nachdem er 1273 die Inspiration zu seiner »Kunst« empfangen hatte; an die 290 Werke in katalanischer, arabischer und lateinischer Sprache hat er verfaßt, von denen 256 erhalten geblieben sind - von hochabstrakten Darlegungen bis hin zu geistlicher Lyrik. Dennoch führte Ramon keineswegs ein zurückgezogenes Gelehrtendasein, denn er wollte auch die Christenheit zu umfassenden missionarischen Bemühungen antreiben und unterbreitete dazu etliche konkrete Vorschläge, etwa die Gründung von Missionsseminaren in ganz Europa, an denen vor allem das Arabische gelehrt werden sollte. Für das Verfolgen seiner Pläne war ihm keine Mühe und Entbehrung zu groß: Nicht lange nach seiner »Bekehrung« verließ er seine Frau und seine beiden Kinder. Vier Jahrzehnte lang führte er ein unstetes Wanderleben, das ihn vor allem durch Spanien und Italien, aber auch nach Paris und Jerusalem führen sollte. In immer erneuten Anläufen versuchte er Könige und Päpste, die Kurie und Ordensobere für seine Pläne zu gewinnen. Drei gefahrvolle Missionsreisen unternahm er auch selber nach Nordafrika. Auf seiner vierten Reise wurde er – über achtzigjährig – in Burgia gesteinigt. Auf dem Schiff in die Heimat starb er 1316.

Ramons Leben und Tod werden vielleicht nur angesichts seines leidenschaftlichen Gottliebens und Gottleidens verständlich, das er in seiner Dichtung besingt:

Sprich Narr: Willst du sterben?
Er antwortete: Ja, ich will tot sein
für die Freuden dieser Welt
und in den Gedanken jener Unseligen,
die meinen Geliebten vergessen und mißachten.
Von diesem Denken möchte ich weder verstanden
noch geschätzt werden, denn mein Geliebter
hat keinen Raum darin.

Lesehinweis: R. Llull, Das Buch vom Freunde und vom Geliebten (hg. u. übers. v. E. Lorenz), Freiburg/Basel/Wien 1992

Ulrich Gorki

Gestern war der Todestag von Ernst Lange (1927-1974)   *4. Juli*

Wenn ich an Ernst Lange denke, habe ich ein Bild von ihm vor Augen, das im Eingang der nach ihm benannten Evangelischen Studentengemeinde in Bremen hängt: Es zeigt einen großen, dunkelhaarigen und bärtigen Mann, der eine Pfeife in der Hand hält. Zugleich wach und ernst, melancholisch und skeptisch sieht er auf die Besucher des Hauses. Am 17. April 1927 in München geboren als Sohn eines Psychiaters und einer jüdischen Mutter, die Ärztin war, hat er als Kind hautnah den Nationalsozialismus durchlitten: die Selbsttötung der Mutter 1937, die Angst und Unsicherheit des »Halbjuden«. In seinen Augen hat die Kirche in der NS-Zeit versagt; so bleibt für ihn eine sein ganzes Leben durchziehende Herausforderung, daran mitzuarbeiten, daß sich diese Ereignisse nie wiederholen. Unter den Theologen des Widerstands spricht ihn vor allem Dietrich Bonhoeffer an; zu dessen systematischer Theologie behält sein theologisches Denken zeitlebens eine besondere Nähe. Nach seinem Theologiestudium in Göttingen und Berlin wird Lange 1950 Vikar in Berlin und arbeitet wenige Jahre später im Lektorat und in der Gemeindehelferinnenausbildung des Burckhardthauses in Gelnhausen. In dieser Zeit entwickelt er seine Gemeindepastoral: Gemeinde ist diakonische Dienstgemeinschaft und hat sich in der Einheit von Glauben und Alltag zu bewähren. Zu Beginn der 60er Jahre kann Lange im Experiment »Ladenkirche« in Berlin-Spandau seine theologischen und pastoralen Vorstellungen in gemeinschaftliche christliche Lebenspraxis übersetzen. Leben und Glauben und die Weitergabe des Glaubens sind für Lange unaufgebbar miteinander verbunden; sie treffen den Kern des christlichen Glaubens in der Spiegelung der Praxis Jesu. Für diesen Selbstvollzug des Glaubens in Gottesdienst, Katechumenat, Diakonie und aus Glauben gelebtem Alltag prägt er den Begriff »Kommunikation des Evangeliums«:

Unter dem Stichwort »Kommunikation des Evangeliums« wird das Ganze des Lebens und Arbeitens einer Gemeinde, soweit es darin um die Interpretation der biblischen Botschaft geht, in seiner Einheit und in seiner Differenziertheit greifbar.

Gemeinde, die das Evangelium im alltäglichen Gottesdienst des Lebens praktiziert, fürchtet Veränderungen und Wandel nicht: Gemeinde ist Gemeinde im Übergang:

Und sie sieht ihre Funktion eben darin, selbst ein Übergang zu sein und andere Übergänge zu provozieren. Entwürfe der Kirche von morgen am Reißbrett gibt es genügend, an Einfällen fehlt es nicht. Sie sind bestechend und in der Mehrheit völlig bedeutungslos. Denn die Kirche wird nicht konstruiert, sie wandelt sich in vielen Übergängen, indem sie sich, ihrer Botschaft entsprechend, hier und da einläßt auf den Wandel der Zeit.

Entsprechend ist Kirche für Lange, den an Bildung und Lernen so immens Interessierten, Lerngemeinschaft, eine Kirche, die um das Erwachsenwerden der Menschen im religiösen und gesellschaftlichen Sinne besorgt ist. In seiner Zeit beim ÖRK in Genf Ende der 60er Jahre holt er Paulo Freire, fasziniert von dessen »Pädagogik der Unterdrückten«, zum Bildungsrat des Weltrats der Kirchen. Und wieder erweist er sich als praktisch-theologischer Avantgardist, der schon sieht, was heute, gut 20 Jahre später, nicht mehr zu übersehen ist:

Der Mensch beginnt zu begreifen, daß er sich selbst mit seiner Welt und seiner Zukunft nicht als Datum vorgegeben ist, sondern als Projekt, als Potential, als Rahmenentwurf aufgegeben. Es ist letztlich dieses neue Verhältnis des Menschen zu sich selbst, in tausend Sachverhalten gesellschaftlich wirksam, das die Pädagogen unruhig macht: der Mensch ist für sich selbst im umfassenden Sinn eine Bildungsaufgabe geworden.

Diese Weitsicht, die Ernst Lange in seinen letzten Lebensjahren gerade auf dem Feld der ökumenischen Bewegung zeigt, macht zugleich die Tragik seiner Existenz aus: Er bleibt oft genug einsam und unverstanden und reibt sich an der Enge und Unbeweglichkeit der Kirche. Er ist häufig krank. Am 3. Juli 1974 wird er tot aufgefunden; er hat sich 47jährig das Leben genommen. Aber das Wort dieses eigensinnigen und bis heute nicht eingeholten Visionärs und Avantgardisten der Praktischen Theologie bleibt: »Der Tod ist kein Argument gegen das Leben«.

Lesehinweis: E. Lange, Sprachschule für die Freiheit, München-Gelnhausen 1980

Martina Blasberg-Kuhnke

5. Juli *Gedenktag für Tertullian (ca. 160- nach 220)*

Die Frage, wieweit sich die Christen ihrer Umwelt anzupassen haben, war eines der großen Themen der Kirche der ersten drei Jahrhunderte. Einer der wichtigsten Kontrahenten in dieser Auseinandersetzung war an der Wende vom 2. zum 3. Jahrhundert der Karthager Tertullian, der erste christliche Autor lateinischer Zunge und gleichzeitig einer der bedeutendsten und kraftvollsten Literaten seiner Zeit. Wiewohl er zur kleinen Schicht von Gemeindegliedern mit umfassender Bildung paganer Prägung gehörte, war er ein radikaler Verfechter größtmöglicher Distanz zur nichtchristlichen Umwelt und ihrer Kultur. Die theologische Begründung dieser Abgrenzung, die er in seiner Schrift »De idololatria« gibt, lag in der Vorstellung, daß die gesamte zeitgenössische Gesellschaft grundlegend vom Übel des Götzendienstes geprägt war:

Die Grundsünde des Menschengeschlechts, der Inbegriff aller seiner Verschuldungen, der ausschließliche Gegenstand des Weltgerichts ist der Götzendienst.

Hintergrund dieser heute nur noch schwer begreiflichen Vorstellung war die Tatsache, daß das Alltagsleben in einer Stadt wie Karthago in vielfältiger Weise religiös eingebettet war. Dabei ist weniger an die Tempel und ihre Kulte zu denken, denen ein Christ sich leicht entziehen konnte; vielmehr stand nahezu das gesamte private und besonders öffentliche Leben in irgendeiner – wenn auch teilweise nur sehr lockeren und kaum noch als solcher wahrgenommenen – Verbindung mit dem Götterkult: Die Ratssitzung begann mit einem Opfer, die Spiele im Amphitheater und Circus fanden zu Ehren der Götter statt, bei den Vorstellungen im Theater ging es meist um Göttermythen, nahezu alle Feste von den großen städtischen bis hin zu den Straßenfesten waren Göttern gewidmet, und selbst die Kinder in der Schule lernten das ABC anhand von mythologischen Texten der großen Dichter.

Für einen Rigoristen wie Tertullian beging jeder Christ Götzendienst, der in irgendeiner Weise mit dem religiösen Rahmen des städtischen Lebens – und sei er auch noch so äußerlich – in Berührung kam. Damit wäre den Christen die Teilnahme an den Festen, der Besuch des Theaters und der Sportveranstaltungen, die Übernahme politischer Ämter, kurz das gesamte öffentliche Leben verschlossen gewesen, dazu noch viele Berufe vom Lehrer bis hin zu manchen Sparten des Handwerks und Handels. Natürlich stieß er damit auf Widerstand: »Wer kann sich derartig vorsehen? Er muß die Welt verlassen«.

Doch die Großkirche ist im wesentlichen Tertullian gefolgt; sie hat sich in den ersten drei Jahrhunderten gegenüber ihrer heidnischen Umwelt weitgehend isoliert und sich als Gegenwelt verstanden, zwar nicht ganz so rigoros, wie es Tertullian wollte, doch zumindest so deutlich, daß die Christen ihren heidnischen Zeitgenossen als krasse Außenseiter galten. Erst mit Kaiser Konstantin hat sich das entscheidend geändert.

Lesehinweis: Tertullian, De spectaculis. Über die Spiele (Lat./dt.), Stuttgart 1989 (RUB 8477)

Georg Schöllgen

Todestag von Jan Hus (ca. 1370-1415)   6. *Juli*

»Bisher, so sollt Ihr wissen, habe ich noch nicht einen einzigen Feind zu Gesicht bekommen.« So frohgemut schrieb der gebannte Jan Hus auf seiner Reise zum Konzil von Konstanz (1414-1418), auf dem sein Fall verhandelt werden sollte, an seine Freunde in Böhmen. Er vertraute auf seine Fähigkeiten als Volksprediger, die er in der Prager Bethlehemkapelle erworben hatte, und als Professor der Prager Universität auf seine Kompetenz im theologischen Disput. Immer wieder hatte er sich bereit erklärt, einen jeden seiner Artikel zu verbessern, wenn er im Widerspruch zum Gesetz Christi stehe. Doch statt – wie erhofft – in theologischer Diskussion vor großer Zuhörerschaft fand Hus sich kurz nach Konzilsbeginn allein im Kerker wieder. Die Wahrheitsfrage sollte auf dem Konzil in anderer Weise geklärt werden.

An seine Freunde schrieb Hus: »Ein Doktor sagte zu mir, was auch immer ich täte in dem Bestreben, mich dem Konzil zu unterwerfen, das sei alles gut und erlaubt für mich, und er fügte hinzu: Wenn das Konzil sagte ›Du hast nur ein Auge‹, obwohl du zwei hast, so solltest du doch mit dem Konzil erklären, es sei so«. Das wichtigste Ziel der Konzilsteilnehmer war die Überwindung des Großen Schismas (seit 1378). Zur äußeren Spaltung war der innere Verfall getreten. Die sich aus einem höheren Finanzbedarf der Kurie ergebene Finanznot der Kirche hatte Kardinäle und Prälaten bei der Ausschöpfung neuer Geldquellen erfinderisch gemacht. Durch zeitweise jährlich ausgerufene Gnadenjahre und eine damit verbundene Intensivierung der Ablaßpraxis hatte die Kirche viel moralischen Kredit verloren. Weil die angestrebte Einheit nach außen durch eine Einheitlichkeit nach innen abgesichert werden sollte, erstaunt es nicht, daß – trotz der Wirren des Schismas – der Ketzerprozeß gegen Jan Hus von der Kurie äußerst zielstrebig vorangetrieben worden war.

Hus hatte sich im Streit unter Prager Theologen um die Lehre John Wyclifs klar und öffentlich auf die Seite des Engländers gestellt. Ohne die Abendmahlslehre Wyclifs zu teilen, wollte er – wie dieser – die bestehende, historisch gewachsene Kirche nicht einfach mit der wahren Kirche Christi identifizieren. Von dieser Überzeugung aus nannte er viele Mißstände der Kirche deutlicher beim Namen als andere. Jegliche Wahrheit wollte Jan Hus biblisch begründet wissen, da nicht der Papst und auch nicht das Konzil das Haupt der Kirche seien, sondern Christus allein. Als philosophischer Vertreter des damals scheinbar rückständigen Realismus konnte er, anders als viele Nominalisten seiner Zeit, den Streit um den Wahrheitsgehalt einer Aussage nur als Angelegenheit seiner ganzen Existenz begreifen. So blieb ihm bei der Wahrheitsfrage kein Raum für Kompromisse oder für eine pragmatische Anpassung an die (ach so schlechten) Verhältnisse. Als ihm ein Würdenträger des Konzils eine Kompromißformel anbot, die ihm das Abschwören erleichtern sollte, schrieb Hus an einen Freund in Konstanz:

Das alles hat das Konzil von mir schon öfter verlangt. Aber das schließt ein, ich solle widerrufen, abschwören und mich einer Buße unterziehen. Täte ich das, so müßte ich erstens viele Wahrheiten preisgeben, die das Konzil als anstößig bezeichnet, zweitens müßte ich abschwören und auf diese Weise meineidig werden, indem ich mich zu Irrtümern bekenne, die mir fälschlicherweise angedichtet worden sind. Drittens würde ich dadurch auch vielem Volke Gottes, dem ich gepredigt habe, Ärgernis geben. Viel besser wäre mir dann, mir würde ein Mühlstein um den Hals gehängt und ich würde ersäuft in der Tiefe des Meeres (Mt 18,6). Und viertens: Täte ich das Verlangte, um der kurzen Pein und Strafe zu entgehen, so würde ich der allergrößten Pein und Strafe verfallen, wenn ich vor dem Tod nicht härteste Buße leistete.

Am 6. Juli 1415 starb Jan Hus auf dem Scheiterhaufen.

Lesehinweis: R. Friedenthal, Jan Hus, München [4]1987 (SP 331)

Karl-Werner Peitzmann

7. Juli — Todestag von Tilman Riemenschneider (ca. 1460-1531)

Auf den ersten Blick erkennt man im Leben Riemenschneiders kaum die Widersprüche seiner Zeit. Als junger Mann läßt er sich nach Lehr- und Wanderjahren in Würzburg nieder. Ort und Zeit sind günstig. Die Heirat einer Goldschmiedewitwe erlaubt ihm, eine Werkstatt zu gründen, die schulbildend wird. Wie auch Dürer gelingt es ihm, sich sowohl künstlerisch als auch bürgerlich zu etablieren. Steinbildhauerei und Holzbildnisse sind gefragt. Neben Adel und Klerus treten arrivierte Bürger als Auftraggeber auf. Meister Tyl beschäftigt 1500 zwölf Lehrlinge neben einer wachsenden Zahl von Gesellen. 1520/21 erstmals Ratsherr, bekleidet er künftig eine ganze Reihe von Ehrenämtern. Dabei schafft er ein auch quantitativ beeindruckendes Werk. Auffallend, wenn man so will, fortschrittlich nimmt sich dabei aus, daß er seine Altäre nicht dem Zeitgeschmack entsprechend farbig und golden faßt. Er überzieht sie lediglich mit einem leicht getönten Leim, was die Plastizität des Schnitzwerks erhöht. Mit seinen Zeitgenossen und Kollegen Veit Stoß und Michael Pacher teilt er die Vorliebe für figurenreiche Flügelaltäre. Sei es auf dem in Creglingen, in Rothenburg oder Dettwang, immer drängen sich vergleichsweise viele Personen auf der schmalen Bühne. Auch im Detail herrscht der Plural. Äußerst kleinteilig sind Gewandfalten und Haare gestaltet; Kaleidoskope von Biegungen und Brechungen entstehen. Dennoch fällt die Szenerie nicht auseinander. Die Figuren bilden Gruppen und nehmen Kontakt zueinander auf. Im Unterschied zu Veit Stoß und erst recht zu Grünewald, die ihre Figuren gern in expressiv ausladender Gestik und Bewegung vorführen, wirken Riemenschneiders Gestalten auffallend verhalten, ja melancholisch. Es ist dieser Zug, der ihm bei seinen Interpreten vor allem dieses Jahrhunderts zum Verhängnis wurde. Man sprach von »Innerlichkeit« und packt in sie Weltentrücktheit, Gesellschaftsferne und Tiefsinn hinein, bis schließlich aus dieser so schlechthin deutschen Wesensart ein arisierter Riemenschneider hervortritt. Ein namhafter Autor (W. Pinder), selbst »in diesem zweiten großen Krieg nicht mehr kampffähig«, erhofft sich 1939 aus seinem Riemenschneiderbeitrag »zur Selbstbestärkung des deutschen Volkes auch einen kleinen Trost: daß das Betrachten ein wenig dem Handeln dienen möge«. Riemenschneider als »Stimulans für einen Aggressionskrieg« (Hans-Christian Kirsch), auch das gab es. Nichts erscheint dabei absurder. Als 1525 die rebellierenden Bauernheere Würzburg erreichten, schlug sich der Bürger Riemenschneider auf die Seite der Aufständischen. Schon als »Steuerherr« hatte er sich über die ungleiche Besteuerung reicher Domherren und einfacher Bürger empört. Seine Parteinahme kam ihn wohl teuer zu stehen: er verlor Ämter und einen Gutteil seines Vermögens. Ungleich härter dürfte ihn die neunwöchige Haft auf der Marienburg getroffen haben. Hier wurde er »peinlich verhört«, also, wie es in einer Akte heißt, »hart gewogen und gemartert«. Ob man ihm dabei auch – sei es gezielt oder aus Routine – die Finger bzw. Hände gebrochen hat, ist historisch nicht sicher auszumachen. Sicher ist, daß es die Schergen des Bischofs schafften, ihm »das Handwerk zu legen«. Als gebrochener Mann verließ Riemenschneider die Marienburg. Er lebte noch sechs Jahre, ohne daß in dieser Zeit noch ein bedeutenderes Werk entstanden wäre.

Lesehinweis: H.-Ch. Kirsch, Tilman Riemenschneider. Ein deutsches Schicksal, München 1981

Paul Petzel

Geburtstag von Käthe Kollwitz (1867-1944) — 8. Juli

Als Käthe Schmidt am 8. Juli 1867 in Königsberg in Ostpreußen geboren wird, kommt sie in eine für ihre Zeit ungewöhnliche Familie. Ihr Vater, Maurermeister und engagiertes Mitglied der »Freireligiösen Bewegung«, macht sie mit Leid und Elend des Proletariats bekannt. Und obwohl der wilhelminische Vaterlandsdünkel seine Blütezeit hat, steht Karl Schmidt sozialdemokratischem Gedankengut nahe. In seiner Offenheit unterstützt er die zeichnerischen Fähigkeiten und Ambitionen seiner Tochter. Käthe wird an der Berliner Zeichenschule für Damen und später in München ausgebildet.

1891 heiratet Käthe Schmidt den Arzt Karl Kollwitz. Das junge Paar zieht nach Berlin, wo Karl in einem Arbeiterviertel eine Praxis eröffnet. Sein Engagement für das Elend der Fabrikarbeiter gibt seiner Frau Einblick in erbärmliche Lebensverhältnisse. Unter diesen Eindrücken entstehen viele Bilder. Trotz der Geburt ihrer zwei Söhne Hans (1892) und Peter (1896) bleibt sie ihrer künstlerischen Arbeit verpflichtet.

Ihr jüngerer Sohn, Peter, stirbt 1914 als Kriegsfreiwilliger. Damit tritt ein Schmerz in ihr Leben, der Käthe Kollwitz so tief bestimmt, daß er von da an ihre gesamte menschliche, politische und künstlerische Entwicklung prägt. Wenige Wochen nach Peters Tod schreibt sie in ihr Tagebuch: »Immer derselbe Traum: er wäre noch da, es wäre noch eine Möglichkeit, daß er lebte und wieder käme, und dann noch im Traum die Erkenntnis, er ist tot. ›Saatfrüchte sollen nicht vermahlen werden.‹«

So groß die Verlockung dazu auch ist, Käthe Kollwitz will nicht im Schmerz versinken; sie erträgt ihn und wird durch ihn zur unermüdlichen Anklägerin gegen den Krieg, das sinnlose Sterben, und gegen alles Leid und Elend, das durch Krieg verursacht ist. Sie arbeitet an zwei großen Statuen: »Vater und Mutter«, die am Grab des Sohnes trauern, um das vergeudete Leben. Der Tod wird ihr Thema. Oft fühlt sie sich dafür nicht stark genug, immer wieder liegt sie im Kampf mit ihren eigenen Unzulänglichkeiten, mit den eigenen Gefühllosigkeiten. Gerade so überzeugt sie durch die Balance in ihrem Leben: zwischen Stärke und Schwäche, Anklage und Sanftmut. Mit einer geradezu seismographischen Wachsamkeit nimmt sie die Bedrohungen des Lebens, Angst, Armut, Hunger, Tod wahr und schreit sie hinaus in ihren Bildern. Dieser Konfrontation, die Käthe Kollwitz mir zumutet, will ich mich aussetzen.

Lesehinweis: K. Kollwitz, »Ich will wirken in dieser Zeit«. Auswahl aus den Tagebüchern und Briefen, aus Graphik, Zeichnungen und Plastik, Frankfurt/Main 1989 (Ullstein TB 36062)

Hildegard Englert

9. Juli — Todestag von Angelus Silesius (1624-1677)

1657 erschienen »geist-reiche Sinn und Schlußreime zur göttlichen Beschaulichkeit anleitend«, von denen der schlesische Autor sagt: »Dise Reimen gleich wie sie dem Urheber meistentheils ohne Vorbedacht und mühsames Nachsinnen in kurtzer Zeit von dem Ursprung alles Gutten einig und allein gegeben worden auffzusetzen; also daß er auch das erste Buch in vier Tagen verfertigt hat; sollen auch so bleiben und dem Leser eine auffmunterung seyn / den ihn sich verborgenen Gott / und dessen heilige Weißheit selbst zusuchen / und sein Angesichte mit eigenen Augen zu beschawen«. Gewachsen also in einer spannungsreichen Biographie sind diese paarweise gereimten Alexandriner-Epigramme der Versuch, das mystische, das christliche Paradox förmlich im Konzentrat zu benennen und zur Umkehr, zum Leben statt Lesen zu befähigen. Als er 1675, nunmehr als cherubinischer Wandersmann, seine Sinnsprüche erneut, um ein sechstes Buch vermehrt, publiziert, heißt es zum Schluß: »Freund es ist auch genug. Im fall du mehr wilt lesen / so werde selbst die Schrifft und selbst das Wesen«. Sind die ersten 302 Sinnsprüche wie unter Diktat niedergeschrieben »ohne Vorbedacht und mühsames Nachsinnen«, so sammeln doch alle, kunstvoll geschmiedet und förmlich kristallin, überlieferte und selbsterprobte, gelesene und erlesene Glaubenserfahrung. Johann Scheffler, als Sohn eines polnischen Vaters in Breslau geboren und lutherisch erzogen, konvertiert am 12. Juni 1653 zum katholischen Glauben und läßt sich am 29. Mai 1661 zum Priester weihen. Der philosophische und medizinische Doktor leidet offenkundig unter den Rigorismen der kirchlichen Orthodoxie, diesesmal lutherisch; im schlesischen Freundeskreis lernt er Schrift und Leben Jakob Böhmes und der mittelalterlichen Mystik kennen; vor allem ist es die ignatianische Spiritualität der Jesuiten der Gegenreformationszeit, die ihn innerlich trifft und gegenreformatorisch wirken läßt. Später wird er aus seinen 55 kontrovers-theologischen Traktaten 39 unter dem Titel »Ecclesiologia oder Kirchen-beschreibung« veröffentlichen. Im heißen Kern freilich seines sozialen und pastoralen Engagements, seiner durchaus kirchenpolitischen Aktivität lebt das Ergriffensein von Gottes Licht in dieser Welt und allen Dingen: Klarheit, Licht, Aufklärung, Helle, Anschaulichkeit, Anschauung. Alle diese optischen Bilder zeigen den Kern seiner Spiritualität – und dies inmitten der Wirren von Dreißigjährigem Krieg und (Gegen-)Reformation.

Der Umkreis ist im Punkt, im Samen liegt die Frucht,
Gott in der Welt; wie klug ist, der ihn drinne sucht!
Der Himmel ist in dir
und auch der Höllen Qual: Was du erkiest und willst –
das hastu überall.

Dabei kommen die Verse von dort her, wohin sie führen wollen: zur göttlichen Beschaulichkeit, zur Gottes- und Selbsterkenntnis – dies freilich nicht ohne heiligen Witz, ohne die Absicht zu verblüffen, ja zu erschrecken, schöpferisch zu beunruhigen, zu irritieren und nachdenklich zu machen. Ein Stück mystagogische Didaktik – will er doch »als ein gelehrter und Geistlicher Arzt, der Haupt-Kranckheit deß Unglaubens vor Zeiten selbst erfahren, allen, so in diesem Fall, mehr Licht als Gesundheit bedürffen«, beistehen. Alles zielt auf Erfahrung, auf Umkehr, auf Lebenspraxis, auf geistliches Leben, auf ökumenische Innerlichkeit in einem durchaus nicht weltflüchtigen Sinne.

Kein Ding ist hier noch dort, das schöner ist als ich,
Weil Gott, die Schönheit selbst, sich hat verliebt in mich.

Lesehinweis: A. Silesius, Cherubinischer Wandersmann. Kritische Ausgabe, Stuttgart 1984 (Reclam 8006)

Gotthard Fuchs

Geburtstag von Jean Calvin (1509-1564)   *10. Juli*

Jean Calvin, der 1509 in Noyon geboren wurde und 1564 in Genf starb, wollte die Kirche reformieren. In der Reform der Kirche sah er seine Lebensaufgabe. Das Ziel der Reform war eine unversehrte Seelsorgskirche, in der Gott die ihm gebührende Ehre erwiesen wird, in der Christi Herrschaft ohne Einschränkung bejaht wird, in der die Kraft des Heiligen Geistes bedacht wird und in der das lautere und unverfälschte Wort Gottes als einziges Richtmaß anerkannt wird. Calvin lagen demnach fünf Dinge am Herzen: die Ehre Gottes, die Würde Christi, die Kraft des Heiligen Geistes, die Reinheit des Evangeliums und die Unversehrtheit der Kirche. Über die Würde Christi schreibt Calvin in seinem Hauptwerk, der »Institutio christianae religionis«:

Unser ganzes Heil, alles, was dazu gehört, ist allein in Christus beschlossen (Apg 4,12). Deshalb dürfen wir auch nicht das geringste Stücklein anderswo ableiten. Suchen wir das Heil, so sagt schon der Name Jesus: es liegt bei ihm! (1 Kor 1,30). Geht es um andere Gaben des Geistes, so finden wir sie in seiner Salbung! Geht es um Kraft – sie liegt in seiner Herrschaft, um Reinheit – sie beruht auf seiner Empfängnis, um Gnade – sie bietet sich uns dar in seiner Geburt, durch die er uns in allen Stücken gleich geworden ist, auf daß er könnte Mitleiden haben mit unseren Schwachheiten (Hebr 2,17;4,15). Fragen wir nach Erlösung – sie liegt in seinem Leiden, nach Lossprechung – sie liegt in seiner Verdammnis, nach Aufhebung des Fluchs – sie geschieht an seinem Kreuz (Gal 3,13), nach Genugtuung – sie wird in seinem Sühnopfer vollzogen, nach Reinigung – sie kommt uns zu in seinem Blut, nach Versöhnung – wir haben sie um seines Abstieges zur Hölle willen, nach der Absterbung unseres Fleisches – sie beruht auf seinem Begräbnis, nach dem neuen Leben – es erscheint in seiner Auferstehung, nach Unsterblichkeit – auch sie wird uns da zuteil. Wir möchten Erben des Himmels sein – wir können es; denn er ist in den Himmel eingegangen; wir begehren Schutz und Sicherheit, Reichtum aller Güter: in seinem Reich finden wir sie! Wir möchten zuversichtlich dem Gericht entgegensehen: wir dürfen es, denn ihm ist das Gericht übertragen! Und endlich: in ihm liegt ja die Fülle aller Güter, und deshalb sollen wir aus diesem Brunnquell schöpfen, bis wir satt werden, nicht aus einem anderen! Denn wer sich mit ihm allein nicht zufrieden gibt, sondern sich von allerlei Hoffnungen hin und her treiben läßt – mag er auch »besonders« auf ihn schauen! – der verfehlt den rechten Weg, weil er mit seinem Dichten und Trachten zum Teil in anderer Richtung geht! Freilich kann diese Art Unglaube gar nicht einschleichen, wenn man einmal die ganze Unermeßlichkeit seiner Güte recht erkannt hat!

Calvin bietet hier gleichsam einen Hymnus auf das »Christus allein«. Er wendet sich damit unter anderem gegen die Anrufung der Heiligen. Aber die Heiligen haben Anteil an der Fürsprache Christi. Ihre Anrufung bedeutet das Sichhineinbegeben in die Mittlerschaft Christi. Die Fürbitte der Heiligen, die im rechten Glauben angerufen werden, offenbart folglich nicht die Schwäche oder das Ungenügen der Fürbitte Christi, sondern ihre Kraft und ihre Fülle.

Lesehinweis: J. Calvin, Unterricht in der christlichen Religion. Institutio christianae religionis (nach d. letzten Ausgabe übers. u. bearb. v. O. Weber), Neunkirchen [5]1988

Heribert Schützeichel

11. Juli

Kirchlicher Gedenktag für Benedikt von Nursia (ca. 480- ca. 547)

Im 6. Jahrhundert nach der endgültigen Zeitenwende taumelt der römische Reichs-Koloß. Die staatlichen und religiösen, geistigen und sozialen Umstände bieten ein verwirrendes Schauspiel: Auflösung und Verfall, Desinteresse an der Sache des Volkes, der »res publica«. Die Völkerwanderung gibt den letzten Anstoß zum Zusammenbruch. 529 schließt Kaiser Justinian I. die platonische Akademie in Athen. Im gleichen Jahr eröffnet Benedikt auf den Mauern des Jupiter-Tempels eine »Schule für den Dienst des Herrn«. Kann die Regel des Klosters auf dem Monte Cassino durch Gebet, Lesung und Arbeit, durch Gehorsam, Ortsgebundenheit und Augenmaß das Leben derer organisieren, die radikal Christus nachfolgen? Benedikt beschreibt, ordnet und regelt mit römisch-realistischem Augenmaß die Lebensvollzüge einer Mönchsgemeinde. Die Regel ist aber zugleich eine Anleitung zum christlichen Leben der Welt-Christen.

Gebet schafft zweckfreien Raum und Zeit für Gott. Wer »wirklich Gott sucht«, setzt eine andere Priorität als sogenannte Sachzwänge des Terminkalenders. – In der Lesung der Schrift will der Christ seinen Gott hören. Hören-Lernen auf Gottes Wort, das verändert, weil es wie Feuer brennt, wie ein Hammer den Felsen zerschmettert (Jer 23, 29) und wie belebender Regen für Leben und Nahrung sorgt (Jes 55, 10), ist in einer durch Reden übersättigten Zeit ein Heilmittel zum Über-Leben. – In und durch die Arbeit erfährt sich das Ebenbild Gottes schöpferisch. Der Mensch gestaltet Welt mit. Kreativ entfaltet er sich. – Gehorsam erdet und richtet den Nachfolge-Christen nach oben aus. Der Geschaffene ist nicht in sich verkrallt, sondern der Absolute, der väterliche Du-Gott, der mütterlich Leben schenkt und den Sohn/die Tochter emanzipiert, steht im Mittelpunkt. – Ortsgebundenheit verweist den modernen, motorisch-mobilen Menschen auf einen Ort hin, an dem er Wurzeln schlagen, Mensch werden kann. Hier wird er durch seine Brüder und Schwestern stabilisiert. Hier steht er seinerseits treu zu den Seinen. Die »stabilitas loci« macht ihn aber auch frei für die anderen. – »Discretio« – nicht einfach mit Augenmaß, Unterscheidungsfähigkeit, Umsicht oder Gelassenheit übersetzbar – ist das Herzwort der Benedikts-Regel. Der Ordensvater verlangt vor allem von seinen Mitbrüdern in dienender Leitungsfunktion diese Tugend. »Die Mutter aller Tugenden« verhindert, daß die durch Ideale der Christus-Nachfolge und reale menschliche Unzulänglichkeiten, Forderungen der Gemeinschaft und Ansprüche des Individuums, Autorität und Freiheit konstituierte Spannung nicht einseitig aufgelöst wird. »Discretio« ist gerade für Pädagogen höchst aktuell. Sie trägt den personalen Bezug zwischen Lehrendem und Lernendem. Der discrete Menschenführer anerkennt die eigenartige Ausgangssituation und die Charismen seines Schülers, mit dem er einen gemeinsamen Weg geht. Einfühlungsvermögen, Sym-pathie und vor allem Respekt vor der Würde der jungen Persönlichkeit, in der Christus gegenwärtig ist, charakterisieren die Relation Lehrer-Schüler. Der von benediktinischem Geist geprägte, verständig abwägende Pädagoge läßt die Eigenart eines Menschen reifen. So wird dieser seine individuellen Fähigkeiten für das Gemeinwesen und das Volk Gottes am besten einbringen können:

Er hasse das Böse und liebe die Brüder.
Muß er zurechtweisen, so gehe er klug vor
und tue nicht zu viel des Guten,
damit das Gefäß nicht zerbricht,
wenn er den Rost allzu eifrig auskratzen will.
Stets mißtraue er seiner eigenen Schwachheit
und erinnere sich:
Ein geknicktes Rohr darf man nicht brechen!
Damit sagen wir nicht, er dürfe Fehler wuchern lassen,
sondern er schneide sie klug und liebevoll heraus,
wie es dem einzelnen nach seiner Ansicht hilft, –
was wir schon sagten –;
und er suche, mehr geliebt als gefürchtet zu werden.

Mit »ora et labora!« legte Benedikt eine im Evangelium begründete Lebensordnung vor, die jahrhundertelang die europäischen Völker in ihrer Kultur und wirtschaftlichen Entwicklung nachhaltig mitbestimmte. Die Rückbesinnung auf die Benedikts-Regel ist keine Nostalgie, sondern Aufforderung, die ins 3. Jahrtausend gehende Geistes- und Kulturgeschichte und – nicht zuletzt – die Geschichte des Volkes Gottes in benediktinischem Sinn »discret« mitzugestalten.

Lesehinweis: G. Holzherr, Die Benediktsregel. Eine Anleitung zum christlichen Leben, Zürich 1980

Bernhard Jendorff

Todestag von Erasmus von Rotterdam (1469-1536)   *12. Juli*

Es ist im Spätherbst des Jahres 1509. Ich stelle mir vor: Erasmus, ausnahmsweise einmal nicht geplagt von den üblichen kleinen und größeren körperlichen Beschwerden, sitzt im Landhaus seines Freundes Thomas More und schreibt. Der sonst so Distanzierte fühlt sich wohl bei den fröhlichen Mores, er ist zufrieden mit der jüngsten politischen Entwicklung in England, wo er zunächst einmal zu bleiben gedenkt, und vor allem: er hat eine wirklich gute Idee gehabt, als er, von Italien kommend, wo er sich einige Jahre lang umgetan hatte, über die Alpen ritt: er will eine kleine Schrift zum Lobe der Torheit schreiben.

Das kleine Schriftchen, das Erasmus gut von der Hand ging und in wenigen Tagen niedergeschrieben war, ist sein bekanntestes Buch geworden: Das »Encomium Moriae«. Seine Aufnahme war freilich so zwiespältig wie es das Urteil über den großen Humanisten Erasmus überhaupt war. Die einen sahen in diesem Lobpreis der Torheit das freche Machwerk eines vaterlandslosen und gottlosen Spötters, andere waren entzückt darüber, wie hier die vorgeblich Weisen und Großen geistreich entlarvt wurden. Erasmus läßt den, der sich in die Torheit des Lebens schickt und der die Dummheiten und Verblendungen zu schätzen weiß, die dieses Leben erst erträglich machen, als den wahren Weisen erscheinen. Als Tölpel und Tor hingegen steht da, wer seine Weisheit aus Büchern bezieht und sich dem Ideal eines durch und durch vernunftgeleiteten Lebens verschreibt: »Man hole sich einen (in diesem Sinne) weisen Mann zu einem Gelage: Entweder ist er in brütendes Schweigen versunken, oder er stört mit aufdringlichem Problematisieren.« In diesem Zusammenhang bekommen auch die geistigen Professionen von Erasmus »ihr Fett« ab: die Grammatiker, die Dichter, die Redner, die Schriftsteller, die Juristen, die Philosophen. Besonders schlecht kommt die zeitgenössische Theologenschaft weg: All die »Realisten, Nominalisten, Thomisten, Albertisten, Occamisten und Scotisten« mit ihren »unaussprechlichen Spitzfindigkeiten«. Gegen Ende dann schlägt Erasmus einen anderen Ton an und kommt auf die »Torheit des Kreuzes« zu sprechen:

So wendet sich auch Christus immer ausdrücklich gegen die eingebildeten Klugen und verurteilt sie. Paulus bezeigt das einleuchtend mit den Worten »Was vor der Welt Torheit ist, hat Gott erwählt«, oder wenn er sagt, Gott habe es gefallen, durch Torheit die Welt zu erlösen, da er sie ja durch Weisheit nicht wiederherstellen konnte. ... Dem entspricht auch die allgemeine Heftigkeit im Evangelium gegen Pharisäer, Schriftgelehrte und Gesetzeslehrer und die auffallende Vorliebe für das ungebildete Volk. Was bedeutet denn das »Wehe euch, Schriftgelehrte und Pharisäer!« anders als »Wehe euch Weisen!«. An Kindern, Frauen und Fischern dagegen scheint der Herr seine größte Freude gehabt zu haben. Ja, sogar unter der stummen Kreatur gefällt Christus am meisten, was an der Schläue des Fuchses den geringsten Anteil hat. Er bevorzugt den Esel als Reittier, obwohl er doch ohne Besorgnis auf einem Löwen hätte sitzen können, wenn er gewollt hätte. ... Dazu paßt auch, daß er seine Auserwählten für das ewige Leben Schafe nennt. Ein dümmeres Tier gibt es ja nicht... Beweist das alles nicht eindeutig, daß alle Menschen töricht sind, sogar die frommen? Ist nicht Christus selbst, der doch die Weisheit des Vaters ist, auf eine gewisse Art zum Toren geworden, als er die Menschheit von ihrer Torheit erretten wollte und menschliche Gestalt annahm?

Auch wenn »Das Lob der Torheit« so schließlich in die Mitte des christlichen Glaubens vorstößt, Erasmus' Respektlosigkeiten hat man nicht durchgehen lassen. Weder auf protestantischer, noch auf katholischer Seite. Das kleine Buch landete nach Erasmus' Tod auf dem Index der verbotenen Bücher, und noch Erwin Iserloh tadelt im »Handbuch der Kirchengeschichte« den religiös zerstörerischen Unernst, den es ausstrahle. Als ein Buch der Lebensklugheit, geschrieben von einem, der sich dem Leben in vieler Hinsicht selber entzog, kann es uneingeschränkt empfohlen werden. Heutige Leser können aus ihm mehr lernen als aus den beiden löblichen Katechismen, die Erasmus auch verfaßt hat.

Lesehinweis: Erasmus von Rotterdam, Das Lob der Torheit (Encomium Moriae), Stuttgart 1987 (Reclam UB 1907)

Rudolf Englert

13. Juli *Todestag von Wilhelm Emmanuel von Ketteler (1811-1877)*

Wer sich mit dem Verhältnis von katholischer Kirche und sozialer Frage im 19. Jahrhundert beschäftigt, kommt an einer zentralen Gestalt nicht vorbei: Wilhelm Emmanuel von Ketteler ging als »sozialer Bischof« in die Geschichte ein. Wie ein roter Faden zieht sich die Sorge um die Not der Menschen durch alle Stadien seines priesterlichen Wirkens. Deswegen sieht er auch in der Beschäftigung mit der sozialen Frage eine zentrale Aufgabe der Kirche:

Die Kirche kann und soll hier helfen; alle ihre Interessen sind hierbei beteiligt. Freilich befaßt sie sich zunächst nicht mit dem Kapital und Industrie, sondern mit dem ewigen Seelenheile der Menschen ... Aber gerade dieses von Christus ihr übertragene Amt kann sie an Millionen von Seelen nicht üben, wenn sie die soziale Frage ignorieren und ihr gegenüber sich auf die gewöhnliche hergebrachte Pastoration beschränken wollte. ... Die soziale Frage berührt das depositum fidei. Wenn es auch nicht evident sein sollte, daß das Prinzip der modernen Volkswirtschaftslehre, welche man treffend als den »Krieg aller gegen alle« charakterisierte, an sich mit dem Naturgesetz und mit den Lehren der christlichen Nächstenliebe in offenem Widerspruche sich befinde, so steht doch außer Zweifel, daß ein gewisser Grad der Entwicklung dieses Systems ... mit der Würde des Menschen, geschweige denn des Christen, mit der von Gott gewollten Bestimmung der Güter dieser Welt zum Unterhalt des Menschengeschlechtes ... und am meisten mit den Geboten der christlichen Nächstenliebe ... allerdings in offenem Widerspruch steht und verdient, aus dogmatischen Gründen verworfen zu werden.

Schon 1848, also zwei Jahre vor seiner Bischofsweihe, hielt Ketteler im Mainzer Dom sechs Adventspredigten zu den »großen sozialen Fragen der Gegenwart«. Hier legte er unter Berufung auf Thomas von Aquin die christliche Eigentumsethik dar. Bereits in dieser Frühphase ist sein Gespür für diese Fragen um so erstaunlicher, als man in der Öffentlichkeit noch die politischen Fragen für die allerwichtigsten hielt.

Um die Arbeiterfrage möglichst umfassend in den Blick zu bekommen, suchte Ketteler den Dialog mit allen gesellschaftlichen Kräften und sammelte alles, was an Elementen zur Analyse und Lösung bereits existierte: Mit Marx teilte er die Auffassung, die Arbeit sei im kapitalistischen System ausschließlich zur Ware geworden, was zum Raub der Menschenwürde des Arbeiters geführt habe. Von Lassalle übernahm er das »eherne Lohngesetz«, wonach das Überangebot an Arbeitskräften und die geringere Nachfrage den Lohn am Rande des Existenzminimus halten, und diskutierte mit ihm brieflich das Modell der Produktivassoziationen.

Ketteler war stets fest davon überzeugt, daß ohne den christlichen Glauben und die Kirche keine wirkliche, den Arbeiter in seiner Menschenwürde ernstnehmende Lösung möglich sei. Gleichzeitig sah er, daß hier vor allem ökonomische Faktoren eine Rolle spielen. Als wichtige Ursache nannte er die Kapitalmacht, die das Verhältnis von Arbeitgeber und Arbeitnehmer »nicht mehr nach sittlichen, die Menschenwürde respektierenden Gesetzen, nicht durch die wohlwollende Teilnahme christlicher Nächstenliebe« regelt, »sondern lediglich nach den Gesetzen kaufmännischer Berechnung«. Auf diesem Hintergrund kam er dann zu der Erkenntnis, daß die soziale Reform innerhalb des bestehenden Systems – auf der Basis der Menschenwürde und der daraus abzuleitenden Menschenrechte – geschehen muß. Konkret bedeutete dies für Ketteler eine Lösung der sozialen Frage, gestützt auf drei Grundpfeiler: 1. Die staatliche Sozialpolitik, vor allem die Arbeiterschutzgesetzgebung. 2. Die Arbeiterselbsthilfe in Form von Gewerkschaften, am Vorbild der englischen »trade unions« orientiert. 3. Die Kirche, denn »Christus ist nicht nur dadurch der Heiland der Welt, daß er unsere Seelen erlöst hat, er hat auch das Heil für alle anderen Verhältnisse der Menschen, bürgerliche, politische und soziale, gebracht.«

Mit diesem Ansatz, der die Eigenständigkeit der verschiedenen Sachbereiche akzeptiert und differenzierte Sachkenntnis mit dem spezifisch christlichen Beitrag verbindet, hat Bischof Ketteler dem sozialen und politischen Katholizismus sowie der katholischen Soziallehre den Weg bereitet.

Lesehinweis: W. E. von Ketteler 1811-1877 (hrsg. u. erläut. v. E. Iserloh), Paderborn 1990

Ursula Nothelle-Wildfeuer

Morgen ist der Todestag von George Tyrrell (1861-1909)

14. Juli

G. Tyrrell war einer der bedeutendsten Vertreter des englischen Modernismus. Unter einem Modernisten versteht Tyrrell einen Christen, der die Überzeugung vertritt, daß die wesentlichen Wahrheiten seiner Religion und die wesentlichen Wahrheiten der modernen Gesellschaft durchaus eine Synthese eingehen können. Genau dieses Programm der Synthese von Kirchentreue und Bejahung moderner Kultur sowie wissenschaftlicher Freiheit brachte die sog. modernistischen Theologen Europas mit dem Lehramt in einen starken Konflikt, unter dem auch Tyrrell litt. Er entstammte einer anglikanischen Familie, konvertierte 1879 zum katholischen Glauben, trat 1881 in den Jesuitenorden ein, empfing 1891 die Priesterweihe und wurde 1894 Professor der Moraltheologie in Stonyhurst. Aufgrund seiner Schriften zunächst 1906 aus dem Orden ausgestoßen, wurde er später wegen heftiger, in der Presse veröffentlichter Kritik an der päpstlichen Enzyklika »Pascendi« von seinem Priesteramt suspendiert und schließlich exkommuniziert. Kardinal Mercier nannte Tyrrell den typischsten Repräsentanten des von der Enzyklika verurteilten theologischen Modernismus. 1909 schreibt Tyrrell:

Welche Tyrannei hat jemals ihre eigene Vernichtung vorgeschlagen oder eine Wahrheit anerkannt, die ihren Interessen gefährlich war? Wird die römische Bürokratie, die selbst das Papsttum ausbeutet, je auf ihre Einkünfte und ihren Aufstieg verzichten? Die Modernisten glauben das nicht einen Augenblick. Sie setzen ihre ganze Hoffnung auf die unwiderstehliche Flut der Wahrheitserkenntnis, die schließlich die von der Unwahrheit aufgerichteten Schranken der Unwissenheit umspülen und überfluten muß. Und vor allem vertrauen sie auf das innerliche und lebendige Christentum, das sich auch noch in einer jäh absterbenden Kirche findet. Zeigt sich nicht gerade darin das Wachstum des Geistes, daß er die alten Denkweisen und Formen sprengt und nach einer vollkommeneren Verkörperung strebt...? Warum sollte der Modernist seine Kirche verlassen, solange noch solche Hoffnung in ihm lebt, mag sie auch noch so trügerisch sein? Wo sonst sollte er die wahre Katholizität suchen, von der er träumt?

Tyrrell ging es, wie auch seinem Freund Baron von Hügel, der ihn mit der Bibelkritik Loisys und der Philosophie Blondels bekannt machte, zunächst um eine Reform des Katholizismus und eine neue Sicht des Glaubens. Sein Anliegen war es, gegenüber spekulativer und intellektualistischer Gottrede die Erfahrbarkeit der Offenbarung im Leben des Menschen zu betonen. Die Offenbarung Gottes, die jeder Mensch wahrnehmen kann, nicht nur der Christ, ist eine innere Erfahrung des Menschen, die unter dem »Schock« des göttlichen Eindrucks auf eine Neugestaltung der Lebenspraxis zielt. Gott ist transzendent und für unsere Erkenntnis unerreichbar. Aber er ist in jedem Menschen immanent geoffenbart, und dies wird nicht geglaubt, sondern erfahren im religiösen Gefühl. Insofern ist die Erfahrung der Offenbarung Gottes unabhängig vom Lehramt oder Lehrsätzen. Auch unabhängig von einer jeweiligen Theologie, die nur eine vorläufige und fehlbare Analyse dieser Erfahrung leisten könne. Die Rede von der Immanenz Gottes im Menschen liegt für Tyrrell in einer mystischen Erfahrung begründet, der ein absoluter Primat gegenüber allen Dogmen zukommt. Kirche sei daher als Schule der göttlichen Liebe anzusehen, nicht als despotische Autorität. Dieses Programm mußte, zumal in der Zeit nach dem Ersten Vaticanum, unausweichlich zum Konflikt mit dem Lehramt führen. Tyrrell publizierte seine Positionen mit so viel Energie, daß manche seiner Freunde ihm mehr Umsicht gewünscht hätten. Aber er wollte und konnte nicht schweigen und verstand sich auch nach der Exkommunikation als Glied der Kirche.

Lesehinweis: G. Tyrrell, Das Christentum am Scheideweg, München-Basel 1959

Erwin Dirscherl

15. Juli — Todestag von Johannes Fidanza (Bonaventura) (1217/18-1274)

Als der wahrscheinlich achtzehnjährige Johannes Fidanza das umbrische Bagnoregio verläßt und im Jahre 1235 als Student an die noch junge Universität nach Paris kommt, sind dort die Nachwirkungen des ersten großen Streites um die Freiheit der universitären Lehre noch spürbar, der sich an den Schriften des Aristoteles entzündet hatte. Können und dürfen die geoffenbarten Heilswahrheiten mithilfe der Vernunft ausgelegt werden und darf sich die Theologie hierbei in einen wissenschaftlichen Wettstreit mit anderen Wissenschaften begeben? – so lautete die Frage.

Noch entscheidender wird für Johannes jedoch die Begegnung mit der innerkirchlichen Reformbewegung der neuen »Bettel«orden der Prediger- und Minderbrüder, die seit 1217 in kürzester Zeit viele Mitglieder unter den Studenten und Lehrenden gewinnen. Auch Johannes tritt im Jahre 1243 in den Franziskanerorden ein und trägt von nun an den Ordensnamen Bonaventura. Danach setzt er zunächst seine akademische Laufbahn fort und wird schließlich ordentlicher Professor an der theologischen Fakultät. Als Thema für seine Antrittsvorlesung, die er Ende 1253 oder Anfang 1254 gehalten hat, wählt er die Frage nach dem Wissen Christi, die mit dem zentralen Glaubensgeheimnis der wahren Gottheit und Menschheit Christi verbunden ist. Bonaventura nimmt die Seele Christi als Modell, um vor dem Hintergrund der drängenden, aktuellen Fragen die Bedingungen des Wissens und des Erkennens umfassend zu diskutieren. Christus, in dem göttliche und menschliche Natur zusammentreffen, ist das Modell, an dem sowohl »die Weise des Erkennens in der Erkenntnis des Schöpfers wie in der Erkenntnis des Geschöpfes sichtbar werden« kann:

Zum ersten nämlich muß zugegeben werden, daß Gott Unendliches weiß, daß er sozusagen durch sich selbst und nicht durch ein Ähnlichkeitsbild weiß; nicht durch ein empfangenes Ähnlichkeitsbild, sondern durch die sämtliche Dinge ausdrückende und hervorbringende Wahrheit selbst. In Bezug auf diese Dinge sprechen wir von vielen Ähnlichkeits- und Ausdrucksbildern, nicht wegen einer Vielheit und Getrenntheit an ihnen selbst, sondern gemäß der Maßgabe des Erkennens. Diese aber sind die ewigen Ähnlichkeitsbilder oder Ideen, von denen jede Gewißheit der kreatürlichen Erkenntnis herrührt, und zwar ebenso in der Seele Christi wie bei allen anderen geschaffenen Geistwesen. Sie sind jedoch nicht die alleinigen Maßgaben des Erkennens, sondern zusammen mit diesen benutzen wir auch die von außen empfangenen Ähnlichkeitsbilder. Sowohl wenn wir uns auf dem Wege, aber auch sofern wir uns in der Heimat befinden, wird nicht nur nach der Gegenwärtigkeit des ewigen Lichtes gefragt, sondern auch nach seinem unmittelbaren Einfluß, nicht nur nach dem ungeschaffenen göttlichen Wort, sondern auch nach dem im Innern gebildeten Wort. Weil dieses endlich ist, kann weder die Seele Christi noch irgendeine andere Seele das ewige göttliche Wort oder unendliches Wissbares begreifen, mag sie auch zu diesem durch einen Überstieg hinaufgetragen werden.

Dieses Überschreiten ist gewiß die äußerste und vortrefflichste Weise des Erkennens. Über diese mystische Weise des Erkennens handelt gleichsam die ganze heilige Schrift; über sie heißt es im zweiten Buch der Apokalypse: »Ich werde ihm einen Stein geben und auf diesem Stein steht ein neuer Name geschrieben, den niemand weiß, der ihn nicht empfängt«. Denn diese Weise des Erkennens kann kaum oder niemals jemand verstehen, wenn er sie nicht erprobt hat, und er kann sie nicht erprobt haben, wenn er nicht »in der Liebe verwurzelt und auf sie gegründet ist«…

Doch Bonaventura ist kein kontemplativer Lebensweg beschieden. Schon Anfang 1257 wird er zum 7. Generalminister der Minderbrüder gewählt. Bonaventura vermochte den schnell gewachsenen Orden institutionell zu reorganisieren und die inneren Streitigkeiten um das Armutsgebot zu überwinden; er gilt deshalb vielen als der zweite Ordensgründer nach Franziskus. Zusätzlich wurde Bonaventura, der 1273 zum Kardinal erhoben wird, mit wichtigen kirchlichen Aufgaben betraut. Bis heute wirken jedoch seine Schriften, welche die ganze Breite eines Lebens zwischen Aktion und Kontemplation widerspiegeln.

Lesehinweis: Bonaventura, Quaestiones disputatae de scientia Christi – Vom Wissen Christi (übers., komm. u. eingel. von A. Speer), Hamburg 1992 (PhB 446)

Andreas Speer

Todestag von Andreas Gryphius (1616-1664) — 16. Juli

Die Welt ist die Hofstadt des Tyrannen Dracula, besetzt und umringt mit Spießen, Galgen und Rädern, von welchen das Blut, die Fäule und der Eiter der unschuldig Erwürgten rinnt. ... Sie ist ein großes und weitläufiges Beinhaus, darinnen nichts als verdorrte Knochen der Abgeseelten. Sie ist die Folterkammer, darinnen man nichts höret als das Dräuen der Richter, das Anschreien der Henker, das klägliche Winseln der Gemarterten, den Klang der Ketten und den Gestank der angesteckten Schwefelkerzen.

Gryphius hat nie ein Horror-Video gesehen, Gryphius hat den Menschen als Wolf erfahren, Gryphius wußte, wovon er schrieb: Gryphius lebte im Dreißigjährigen Krieg.

> *Der Augen ausgelöschtes Licht*
> *Beginnt sich scheußlich zu bewegen.*
> *Durch innerlicher Würmer Regen,*
> *Die Nase rümpft sich und zerbricht....*
> *Was lispelt durch der Kehle Röhr?*
> *Was merk ich in den Brüsten zischen?*
> *Mich dünket, daß ich Schlangen hör*
> *Mit Nattern ihr Gepfeife mischen.*
> *Welch unerträglich-fauler Schmauch*
> *Erhebt sich durch die bangen Lüfte.*

Das am 11. Oktober 1616 geborene Kind eines lutherischen Pastors verliert mit vier Jahren den Vater, mit zwölfen die Mutter. Von den vielen Geschwistern versterben die meisten jung, von den sechs Kindern des Stiefvaters wird kein einziges alt. Wenige Monate, nachdem er Vollwaise geworden ist, besetzten die Kaiserlichen seinen schlesischen Geburtsort Glogau, schließen das evangelische Gymnasium, rekatholisieren zwangsweise. Sein Stiefvater zieht weg, der 16jährige steht allein, verläßt aber wenig später ebenfalls Glogau. 1631 versucht er erneut in Driebitz, wo sein Stiefvater nun wohnt, die Schule zu besuchen, aber die Kriegswirren ... Im Sommer dieses Jahres kehrt er nach Glogau zurück, das jedoch von einer – kriegsbedingten – Feuersbrunst weitenteils verheert wird. Gryphius muß erneut fort. Die Schule besucht er dann in Fraustadt, als Untermieter im Haus des Mediziners Otto. Dessen Frau und fünf Kinder sterben 1632 an der Pest, Otto bleibt gelähmt, Gryphius überlebt. Von seinen eigenen sieben Kindern werden vier früh sterben, eines muß (vermutlich wegen einer Kinderlähmung) sein Leben im Hospital verbringen. Keine Frage. Gryphius weiß, wovon er schreibt. Er hat dem Grauen ins Auge gesehen. Die folgenden Jahre werden leichter: An der Universität Leiden ist er Student und später Hochschullehrer, Reisen führen ihn nach Frankreich und Italien. Ehrenvolle Berufungen an Universitäten – unter anderem als Professor für Mathematik – lehnt er ab. Sein Leben endet, noch nicht 48jährig, wieder in Glogau: Er stirbt dort als Syndikus in Ausübung seiner Amtsgeschäfte, als Rechtsberater der Landstände, der die Rechte der lutherischen Konfession verteidigte. Mit seiner tiefsitzenden lutherischen Frömmigkeit hat er auf all das menschengemachte Grauen unter anderem zwei Antworten gegeben. Zum einen: angesichts des überall präsenten Sterbens und Verreckens muß man im Fragment des Augenblicks das Ganze des Lebens annehmen:

Mein sind die Jahre nicht, die mir die Zeit genommen,
Mein sind die Jahre nicht, die etwa möchten kommen.
Der Aubenblick ist mein, und nehm ich den in acht,
So ist der mein, der Jahr und Ewigkeit gemacht.

Sodann – und hier bleibt uns Gryphius ein erratisches Stück Barockfrömmigkeit – hat er nicht die Konsequenzen gezogen, die für uns nach Auschwitz akzeptabel geworden sind. Gott war für ihn nicht tot, sondern das Licht in der Nacht der geschändeten Leichen. Das Leiden wurde ihm nicht zum Fels des Atheismus, sondern zum Grund des Theismus. Jenseits des diskursiven Arguments, aber diesseits spiritueller Plausibilität formuliert Gryphius diese Überzeugung in den letzten Zeilen eines Weihnachtssonetts:

Der Zeit und Nächte schuf, ist diese Nacht ankommen!
Und hat das Recht der Zeit /
und Fleisch an sich genommen!
Und unser Fleisch und Zeit der Ewigkeit vermacht.

Der Jammer trübe Nacht, die schwarze Nacht der Sünden
Des Grabes Dunkelheit /
muß durch die Nacht verschwinden.
Nacht lichter als der Tag; Nacht mehr den lichte Nacht.

Lesehinweis: A. Gryphius, Gedichte, Stuttgart 1992 (Reclam)

Helmut Zander

17. Juli   *Todestag von Ludwig Wolker (1887-1955)*

Viele Jahre seines Lebens wurde er von seinen Leuten kurz »GP« genannt – Generalpräses des Katholischen Jungmännerverbands Deutschlands. Was war das für einer, dessen großmächtiger Titel in ein so schnittiges Kürzel umgesetzt werden konnte?

Am 8. April 1887 in München geboren, ab 1915 Kaplan an Sankt Peter in München und Religionslehrer. Ludwig Wolker ließ sich vom Schwung der katholischen Jugend-Bewegung jener Jahre nicht nur mittragen, sondern drehte selbst kräftig am Schwungrad. In München ließ er sich 1917 zum Bezirkspräses der Katholischen Jungmännervereine wählen, und 1920 rief er dort auch den Katholischen Sportverband Deutsche Jugendkraft (DJK) ins Leben. Fünf Jahre später war er Diözesan- und Landespräses und Vorsitzender der Deutschen Jugendkraft Kreis Bayern.

Das sieht heute eher nach einer Funktionärskarriere aus, war aber damals alles andere als das. Jugend galt in jenen Jahren nicht eben viel. In den preußischen Jugendpflege-Erlassen 1911/12 wurde erstmals dafür gesorgt, Jugend wenigstens »von der Straße zu holen«. 1919 wurde in einem reichsweiten Vereinsgesetz der Jugend erstmals beschränktes Selbstvertretungs- und Koalitionsrecht zugestanden. Wolkers wichtigstes jugendpolitisches Anliegen war es, junge Männer nach den Prinzipien der Freiwilligkeit, der Ehrenamtlichkeit und der kreativen Eigenverantwortung zum Engagement in Kirche, Staat und Gesellschaft zu befähigen. Seine bajuwarische Kraft und Ausstrahlung machten ihn in der katholischen Jugend in der Weimarer Republik bald so bekannt und beliebt, daß seine Wahl zum Generalpräses des Katholischen Jungmännerverbands Deutschlands und zum Ersten Vorsitzenden des Reichsverbands Deutsche Jugendkraft 1926 den Charakter der zwingenden Logik hatte – ohne ihn ging nichts mehr.

Die folgenden zehn Jahre, bis zum endgültigen Verbot der katholischen Jugend durch die Nazis 1939, stand Ludwig Wolker dann an der Spitze der »Katholischen Jugend«, soweit sie vom Jugendhaus Düsseldorf repräsentiert wurde, und viele Großväter von heute, die damals jung waren, bekommen glänzende Augen, wenn sie sich erinnern: in Altenberg war die Führerschule des Katholischen Jungmännerverbands. In Trier gab es 1931 eine Reichstagung, in Koblenz 1932 ein Sturmschartreffen. Die DJK feierte glanzvolle Sportfeste. Mit »Kirchenlied« und »Kirchengebet« wurde das liturgische Leben der katholischen Pfarrgemeinden sozusagen modernisiert. Von 1932 bis 1936 gab es eine Wochenzeitung junger Katholiken mit dem Titel »Junge Front«, die in den ersten Jahren der Hitlerzeit manches kämpferische Wider-Wort gegeben hat, ehe sie verboten wurde. In der »Verbotszeit« war Wolker als Schriftsteller, Redner und Versammlungsleiter im Auftrag der deutschen Bischöfe unentwegt tätig, um die spärlichen Möglichkeiten des Zusammenhaltens in der katholischen Jugend mit zu nutzen. 1945 wurde er zum Direktor von Haus Altenberg ernannt und mit der Gründung und Leitung der Bischöflichen Hauptstelle für katholische Jugendseelsorge und Jugendorganisation beauftragt. Er war 1947 an der Gründung des Bundes der Deutschen Katholischen Jugend (BDKJ) maßgebend beteiligt, war bis 1952 Geistlicher Leiter der Mannesjugend und blieb auch dem deutschen Sport durch zahlreiche Leitungsfunktionen verbunden, aber seine große Zeit war vorbei. Am 17. Juli 1955 ist Ludwig Wolker in Cervia bei Ravenna in Italien gestorben. Sein Grab ist auf dem Düsseldorfer Nordfriedhof.

Gloria Dei! Höchste Ehre Gottes ist der Mensch, der Gott liebt ...

Das ist die Liebe Gottes in Christo Jesu: Die Liebe – die Ihn aus ganzem Herzen, ganzer Seele und über alles liebt. Die Liebe – die nichts Größeres kennt als Seine Ehre, Sein Reich und Seine Herrlichkeit. Die Liebe – die an Ihn denkt, in Ihn sich versenkt, gar nicht loskommt von Ihm. Die Liebe – die lobt und weint und schreit und bittet in Seinem Namen. ... Die Liebe – die Angstschweiß und Geißelhieb, Dornenkrone und das Kreuz auf sich nimmt und leidet mit Ihm. Die Liebe – die in Seinem Namen das große Wagnis des Lebens wagt und für Ihn ins Dunkel springt. Die Liebe – die in jedem Bruder Ihn erkennt, die in jedem Nächsten Ihm schenkt und dient und hilft und wohltut. Die Liebe – die durch nichts sich von Ihm scheiden läßt und ausharrt, bis zum Tode getreu. ... Und das ist Jesu Frage, wie an Simon, so an dich: »Simon, Sohn des Jonas, liebst du mich ... liebst du mich ... liebst du mich mehr als diese?« (Joh 21) Des Simon Antwort aber sei auch unsere Antwort, bis zum letzten Atemzug: »Ja, Herr, Du weißt alles, Du weißt, daß ich Dich liebe!«

Lesehinweis: W. Berger (Hg.), Ad personam Ludwig Wolker, Buxheim 1975

Bernd Börger

Geburtstag von Ricarda Huch (1864-1947) *18. Juli*

Ricarda Huch wird zwar oft als deutsche Autorin erwähnt, ihre Werke jedoch werden kaum mehr gelesen. Berühmt wurde sie vor allem durch ihre politische Entscheidung und Haltung, sich nicht von der nationalsozialistischen Diktatur vereinnahmen zu lassen: Als 1933 Heinrich Mann, Käthe Kollwitz, Alfred Döblin und andere zum Austritt aus der Preußischen Akademie der Künste gezwungen werden, läßt Ricarda Huch keinen Zweifel aufkommen. Mit aller Deutlichkeit schreibt sie an den Präsidenten der Akademie: »Was die jetzige Regierung als nationale Gesinnung vorschreibt, ist nicht mein Deutschtum. Die Zentralisierung, den Zwang, die brutalen Methoden, die Diffamierung Andersdenkender, das prahlerische Selbstlob halte ich für undeutsch und unheilvoll. Bei einer so sehr von der staatlich vorgeschriebenen Meinung abweichenden Auffassung halte ich es für unmöglich, in einer staatlichen Akademie zu bleiben.«

Temperamentvoll, immer am konkreten Leben der Menschen interessiert, studierte Ricarda Huch Geschichte, Philosophie und Philologie in Zürich, promovierte dort 1892 als eine der ersten Frauen. Sie widmete sich neben ihren Essays und Gedichten besonders der Geschichte, wobei sie die Widersprüchlichkeit der Menschen ernst nimmt und sich auch nicht scheut, sie zu benennen. Nicht einmal in ihrer Abhandlung über die Frauen läßt sie sich zu einer einseitigten, romantischen Beschreibung hinreißen, obgleich ihr Naturverständnis aus heutiger Sicht sicherlich nicht mehr in dieser Weise vertreten werden kann: »Die Leiden und Entbehrungen, zu denen die Frau durch die Natur bestimmt ist, wird keine menschliche Einrichtung je ganz aufheben können; denn wer befreite sie von der Liebe zu den Kindern, die von diesen nie im selben Grad erwidert wird, von ihrer Anhänglichkeit an den Mann, der im Wechsel glücklich ist …, von der Zartheit ihres Gewissens, das ihnen manches verbietet, was der Mann sich erlaubt, und ihnen manches auferlegt, was der Mann vernachlässigt.« Dieser Darstellung widersprechend, beschreibt sie eindrücklich und direkt im mittelalterlichen Teil ihrer Geschichtsdarstellung Frauen folgendermaßen: »Unbändiger Stolz beseelte die deutsche und namentlich die nordische Frau. Es kommt vor, daß der Mann die Frau im Zorne schlägt, aber ebensooft, daß sie den Schlag mit seinem Tode rächt.«

Überrascht von ihrer Einschätzung des realen Lebens, schreibt sie über die Verbreitung des Christentums, die bis heute weithin als ein männliches Geschehen dargestellt wird: »Daß die Frau die frohe Botschaft verständnisvoll aufnahm, hat die rasche Verbreitung des Christentums erleichtert, wenn nicht ermöglicht. In vielen Fällen wurden die Könige und Volkshäupter, die das Beispiel gaben, durch die Frau bekehrt.«

Doch finden sich trotz ihrer Begeisterung und Schaffenskraft auch Texte, die die Fragwürdigkeit ihres schriftstellerischen Tuns zum Thema haben. Im Zwiespalt, ob helfendes Handeln nicht bsser als Schreiben von Büchern sei, formulierte sie:

Lesen ist ein süßes, ein gefährliches Gift. Mit den Büchern öffnet sich uns die Zauberhöhle des Berges, wo Edelsteine aufgehäuft sind, wo schimmernde Säle uns in die Tiefe locken, wo Schätze ungesehener Schönheit uns winken. Man weiß, daß, wer sich nicht vor Mitternacht diesen Wundern entreißt, nie mehr zurückfindet in die Welt unter Sonne und Mond, den Tummelplatz menschlicher Taten und Leiden. Ist es nicht besser, Kranke zu pflegen, zwischen Streitenden zu vermitteln, Übeltäter vom Bösen abzuhalten als Bücher zu lesen?

Ihre Sorge, der Welt durch ihre schriftstellerische Arbeit nicht ausreichend Zeit und Zuneigung zukommen zu lassen, ist ihrer Biographie nach unbegründet, wohl aber zeigt sich darin ihr Bemühen, nicht in ein geistiges Traumhaus zu verschwinden, sondern die Alltäglichkeit mit all den Problemen zu sehen und darauf zu reagieren.

Lesehinweis: R. Huch, Erinnerungen an das eigene Leben, Frankfurt 1982

Ursula Schachl-Raber

19. Juli — Geburtstag von Seraphim von Sarow (1759-1833)

Sie erinnern sich sicher noch an den Putschversuch in Moskau im Sommer 1991. Kurz darauf stürzte das russische Volk die letzten monströsen Standbilder seiner ehemaligen Beherrscher vom Sockel. Zur gleichen Zeit geleitete dieses selbe Volk zu Hunderttausenden die Reliquien des hl. Seraphim von Sarow aus dem Moskauer Museum, wo sie nach der Revolution gelandet waren, zurück in sein Kloster. Wem fällt bei diesem merkwürdigen geschichtlichen Zusammentreffen nicht das Magnificat ein: »Er stürzt die Mächtigen vom Thron und erhöht die Niedrigen«? Wer war dieser Seraphim, dieser letzte Heilige des Zarenreiches, zu dessen Reliquiar im Museum während der Zeit des verordneten Atheismus heimliche Wallfahrten stattfanden und dessen Ikonen nach dem hl. Nikolaus in russischen Wohnstuben am häufigsten sind?

Der 1759 geborene, früh vaterlos gewordene Kaufmannssohn entwickelte in Opposition zu den Plänen seiner Mutter den Wunsch, in einem strengen Kloster ein kontemplatives Leben zu führen. Als junger Erwachsener pilgerte er zum Kiewer Höhlenkloster und erhielt von Starez Dosifej den Rat, ins Kloster Sarow einzutreten und das immerwährende Jesusgebet zu üben. Dort arbeitete er jahrzehntelang geradlinig an der Vervollkommnung seiner selbst und bereitete seine Seele für die Einwohnung des Heiligen Geistes vor. Die asketischen Mittel waren die der monastischen Tradition seit den Wüstenvätern: Arbeit und Gehorsam im Kloster als Novize und Handwerker (acht Jahre); Schweigen und Abgeschiedenheit als Eremit in einer Waldhütte, zwei Stunden vom Kloster entfernt (zehn Jahre) bzw. in einer Klosterzelle, die er nie verließ und niemandem öffnete (fünfzehn Jahre); strenges Fasten (drei Jahre nur Zwiebeln!); harte körperliche, noch künstlich erschwerte Arbeit; traditionelles mündliches Stundengebet und ständiges inneres Gebet.

Gott ließ ihn in seltener Weise seine liebevolle Nähe erfahren und beschenkte ihn reichlich mit mystischen Gaben: immerwährendes Gebet, Visionen, starke Fürbittkraft, Krankenheilungen, Naturwunder, eine lichtvolle Ausstrahlung, Herzenserkenntnis und Prophetie. Diese Gaben des Heiligen Geistes setzte Seraphim in den letzten acht Jahren seines Lebens voll zum Heil derer ein, die persönlich oder brieflich um seine Hilfe baten; manchmal waren es über 100 Hilfesuchenden an einem Tag, bei einem Siebzigjährigen! Von sich sprach er dabei stets als dem »armen Seraphim«; seinen Besuch redete er mit »du meine Freude« an. Er starb 1833, während er – mit über der Brust gekreuzten Armen – vor einer Muttergottesikone kniete und betete. Der folgende Text zeigt auf, wie Seraphim seinen Besuchern – meist »Laien« – zeigte, wie sich weltlicher Alltag und mystisches Gebetsleben mit Hilfe des Jesusgebets verbinden lassen:

Um das Licht Christi im Herzen zu empfangen und zu fühlen, muß man sich so weit wie möglich von allen sichtbaren Dingen entfernen. Wenn man die Seele, im innigen Glauben an den Gekreuzigten, durch Buße und gute Werke gereinigt hat, muß man die leiblichen Augen schließen, den Verstand ins Herz versenken und unablässig den Namen unseres Herrn Jesus Christus anrufen: »Herr Jesus Christus, Sohn Gottes, erbarme dich meiner«. Dann findet nach dem Maß seines Eifers und des Erglühens des Geistes zum Geliebten der Mensch im Anrufen des Namens ein Entzücken, das in ihm den Willen erweckt, die höchste Erleuchtung zu suchen. Wenn der Verstand in solchen Übungen lange genug verbleibt und das Herz stille wird, dann strahlt das Licht Christi auf und erleuchtet den Tempel der Seele mit dem Göttlichen Licht, wie der heilige Prophet Malachias im Namen Gottes sagt: »Euch, die ihr meinen Namen fürchtet, soll aufgehen die Sonne der Gerechtigkeit« (Mal 3,20).

Lesehinweis: N. Esser, Der russische Heilige Seraphim von Sarow. Mystiker und geistlicher Vater, Leutesdorf, 1993

Norbert Esser

Todestag von Franz Hitze (1851-1921) 20. Juli

Ohne seine große Sachkenntnis wäre die Lösung der sozialen Frage des 19. Jahrhunderts nicht möglich gewesen, ohne seinen Einsatz der heutige Stand unserer Sozialpolitik nicht denkbar – die Rede ist von Franz Hitze, dem »agitierenden Kaplan«, dem niemals eine Aufgabe in der Pfarrseelsorge übertragen wurde, sondern den man kirchlicher- und staatlicherseits als »Altmeister der Sozialpolitik« schätzte.

Schon von der Studentenzeit an durchzog die Sorge um die verarmten Industriearbeiter, den sogenannten vierten Stand, sein gesamtes Denken und Handeln; sein zentrales Anliegen war, daß dieser »wirtschaftlich und politisch eine des Menschen würdige Stellung einnehme«. Als junger Priester in Rom suchte er intensiv nach einer christlichen Antwort auf die Herausforderung durch das Hauptwerk von Marx »Das Kapital«. Die bestehende gesellschaftliche Ordnung wollte er so umgestalten, daß die unhaltbare konfliktreiche Spaltung der Gesellschaft in die beiden Klassen von »Arbeit« und »Kapital« überwunden werden konnte. In seiner Frühzeit sah Hitze die Lösung in der Rückkehr zur mittelalterlichen Ständeordnung, die er für seine Gegenwart zu demokratisieren und den Verhältnissen anzupassen gedachte. Von dieser ursprünglichen Vorstellung der utopischen Totalreform der Gesellschaft gelangte er zu der Auffassung, die positiven Dimensionen der neuen Wirtschafts- und Gesellschaftsordnung zu nutzen und die negativen, zumeist im Bereich des Sozialen liegenden Begleiterscheinungen möglichst zu beseitigen. Der zunehmende Kontakt mit der Wirklichkeit der Industriegesellschaft und dem Alltag der Fabrikarbeiter führte ihn auch zu größerer Realitätsnähe und stärkerer politisch-praktischer Orientierung. Als Generalsekretär des 1880 gegründeten Verbands »Arbeiterwohl« wandte er sich insbesondere an die Arbeitgeber, die er durch ihre soziale Stellung in der Lage sah, die Bestrebungen zur Linderung der Not zu unterstützen. Sein zentraler Ansatzpunkt zur Lösung der sozialen Frage wurde dann der umfassende Bereich der Sozialpolitik. So machte er etwa die Zeitschrift »Arbeiterwohl« zu einem Forum für Fragen der Sozialpolitik, insbesondere des Arbeiterschutzes:

Die Arbeiterschutzgesetzgebung hat die Aufgabe, zum Schutz von Leben und Gesundheit, der Sittlichkeit, der persönlichen Freiheit und der gerechten Durchführung des Arbeitsvertrages gewisse Bedingungen und Schranken für den Abschluß und Inhalt des Arbeitsvertrages festzulegen.

Schon vom Standpunkt des »Rechtsstaates« hat der Staat die Pflicht, den Schwächeren in seinen persönlichen Gütern gegenüber dem Stärkeren zu schützen; nie und nimmer darf er einem Vertrag, der, aus Not geschlossen, auf Kosten von Leben und Gesundheit, Ehe und Familienglück geht, seine starke Hand zur Durchführung leihen, vielmehr ist er durch Pflicht und eigenes Interesse gehalten, solche wucherischen Verträge zu verhindern. ... Jedenfalls verdient der friedliche Weg gesetzlicher Regelung gewiß den Vorzug vor dem der Streiks; andererseits kann erst auf Grund eines gewissen gesetzlichen Schutzes gegen die schlimmsten Mißbräuche bezüglich Kinderausbeutung, Frauenarbeit, Ausdehnung der Arbeitszeit, Sonntagsarbeit usw. eine gesunde gewerkschaftliche Organisation gedeihen. Arbeiter-Organisationen und Arbeiterschutz-Gesetzgebung ergänzen sich. Was durch erstere im Wege der »Selbsthilfe« erkämpft ist und sich bewährt hat, soll letztere dauernd festlegen.

Um die angesprochene Selbsthilfe der Arbeiter zu fördern, engagierte sich Hitze in den achtziger Jahren zunächst für die Gründung katholischer Arbeitervereine, in den neunziger Jahren dann – durchaus im Widerspruch zu einigen deutschen Bischöfen – für die christlichen Gewerkschaften. Abgerundet ist allerdings das Bild von Hitzes Persönlichkeit erst, wenn man auch seine Tätigkeit als Generalsekretär des 1890 mit Windthorst und Brandts gegründeten »Volksvereins für das katholische Deutschland« sowie seine 1893 erfolgte Berufung auf den ersten Lehrstuhl für Christliche Gesellschaftslehre an der Universität Münster einbezieht.

Sein vom Glauben motiviertes Engagement und sein Sachverstand ließen ihn schnell zum sozialpolitischen Fachmann werden, der auch in der Auseinandersetzung mit dem Kanzler Bismarck und in der Diskussion grundlegender Fragen des gesetzlichen Arbeiterschutzes eine bedeutende Rolle spielte. Darüber hinaus hat wohl Hitze als christlichsozial engagierter Priester und Politiker nicht unwesentlich dazu beigetragen, daß die Katholiken nach der Kulturkampfzeit wieder positiven Zugang zum Staat hatten und ihre Mitarbeit anerkannt, ja sogar unverzichtbar war.

Lesehinweis: H. Mockenhaupt, Franz Hitze, in: J. v. Aretz/R. Morsey/A. Rauscher (Hg.), Zeitgeschichte in Lebensbildern, Bd. I, Mainz 1973, 53-64

Ursula Nothelle-Wildfeuer

21. Juli — Geburtstag von Filippo Neri (1515-1595)

Jesus hat nichts Schriftliches hinterlassen, Philipp Neri hat vor seinem Tod alle erreichbaren Aufzeichnungen verbrannt. Drei Sonette, zwei Handvoll Briefe, einige Dutzend Aphorismen sind seinem Feuer entkommen – nichts sonst. Für eine Schriftkultur ist Philipp die Wüste. Er wußte, daß sich gelebtes Leben im Grunde nicht festschreiben läßt, daß es in Büchern bloß verstaubt und allzuleicht dorthin zurückkehrt, wovon es genommen ist: in den Staub. Sein Anarchismus gegenüber der Welt der Bücherwürmer ist exemplarisch für sein gesamtes Leben. Es ist eine seiner Strategien, die Erfahrung vom göttlichen Surplus des Lebens vor den Mißverständnissen eines agnostischen oder bigotten Barock zu retten.

Sein Wirkungsfeld ist das Rom des 16. Jahrhunderts, das Philipp, nachdem er es einmal betreten hatte, 60 Jahre lang nicht mehr verließ, um dort 1595 mit 80 Jahren zu sterben. Mit seinem Tod hatte er 15 Päpste überlebt und das Entstehen von Gegenreformation und katholischer Reform mitgemacht. Auf ihn geht eine eigentümliche Form gemeinschaftlichen Lebens zurück, das »Oratorium«. Dies war ursprünglich ein Zimmer nahe der Kirche San Girolamo, wo er, auf dem Bett mit herunterbaumelnden Beinen sitzend, zwischen aufgehängter Wäsche, seiner Katze mit rotem Fell und Bratpfanne Gäste empfing, die Rat oder spirituelle Hilfe suchten: Stadtstreicher, Kinder, aber auch zeitgenössische Berühmtheiten, Ignatius von Loyola etwa oder Karl Borromäus. Nachdem ihn sein Beichtvater mehr zur Priesterweihe gedrängt als gelockt hatte, wurde daraus eine Kommunität aus Laien und Klerikern – seinerzeit revolutionär, heute auf Kleriker beschränkt. Anregungen zur kirchengeschichtlichen Forschung sind aus all dem auch noch erwachsen, eine Bruderschaft für soziale Dienste ist entstanden, und die Musik zu seinen Gottesdiensten hat er neu gestalten lassen, unter anderem durch Palästrina. Aber das barocke Rom hätte in dem, was wir als Nachwirkungen schätzen, Philipp nur halb erkannt. Damals war er stadtbekannt für seine Despektierlichkeiten: einem Adeligen etwa, der ins Oratorium eintreten wollte, legte er nahe, mit einem Fuchsschwanz am Hintern durch Rom zu laufen – ein Ansinnen, daß der Kandidat dankend ausschlug; einer Frau, die verehrungsvoll vor ihm niederkniete, setzte er seine Brille auf, damit sie ihn besser sähe; vor Kardinälen zog er in demonstrativer Persiflage einen kardinalsroten Pullover über; als ihn jemand für einen Heiligen hielt, versetzte er ihm eine schlichte Ohrfeige; sich selbst ließ er einmal den Bart nur zur Hälfte scheren. Solche Geschichten überwuchern Philipps Vita, und ihretwegen ist er als »humoristischer Heiliger« (so Goethe) in die Geschichte eingegangen. Und doch: dies ist nicht der wahre Philipp, sondern nur der Firnis dessen, was man im bürgerlichen Comment als die anekdotische Oberfläche von Heiligkeit sich wahrzunehmen gestattet. Seine Frechheiten sind eben auch eine Strategie, das Innerste vor dem penetranten Zugriff des religiösen Tourismus zu schützen, der sich im Oratorium unaufhaltsam einstellte. Aber was war dieses Zentrum? Über die entscheidenden Grenzgänge erfahren wir nur in homöopathischen Andeutungen: Er berichtet das Gefühl der Unendlichkeit angesichts der Wellen des Meeres, bekannt ist eine Ekstase des 29jährigen, die ihm für sein weiteres Leben über dem Herzen die Rippen der linken Seite aus ihrer Knorpelverankerung drückte. Solche psychosomatischen Reaktionen – Weinen, Anschwellen des Körpers, Zittern, Kältestarren, zu Berge stehende Haare – haben ihn sein Leben lang in existentiellen Situationen begleitet – und ihm das Kopfschütteln der kritischen Zeitgenossen und den Voyeurismus des Superfrommen beschert. Auch hier hatte er seine Strategie: Abwiegeln, mal verschmitzt, mal kritisch. Nur in der Verneinung des Äußerlichen läßt sich zum Kern durchblicken.

Auch geschah es oft, daß er auf der Kanzel vor Tränen kein Wort hervorbringen konnte und es ihm zuletzt nur mühsam gelang, mit erstickter Stimme seine Zuhörer zu bitten: Haltet mich doch nicht um dieser Tränen willen für einen frommen Mann, denn auch die Dirnen weinen, wenn sie von Gott sprechen hören. – Die Täuschung ist die Regel, echte Mystik die Ausnahme.

Lesehinweis: H.C. Zander, Die emanzipierte Nonne und andere Portraits von heiligen Individualisten, Stuttgart ²1991

Helmut Zander

Kirchlicher Gedenktag von Juliana von Norwich (ca. 1343-1416)

22. Juli

»Aber soll ich deshalb, weil ich eine Frau bin, glauben, daß ich euch nicht von der Güte Gottes sprechen soll, da ich doch in demselben Augenblick sah, wie sehr es Sein Wille ist, daß sie erkannt werde?« Die englische Mystikerin Juliana von Norwich schreibt diesen Satz aus dem Wissen heraus, daß sie Gefahr läuft, verketzert zu werden, wenn sie als Frau zu theologischer Rede ansetzt. Das ist auch der Grund, warum sie nach ihrer ersten großen Vision 15 Jahre lang zögert, von dieser zu berichten oder sie gar niederzuschreiben. Nach mehrjährigem Inklusenleben (als Einsiedlerin in eine Zelle eingeschlossen, d. Vf.) und bestärkt durch Gebet und Meditation überwindet sie ihre Bedenken und beschreibt ihre »Offenbarungen von göttlicher Liebe«. Dabei zeigt sie sich als leidenschaftliche Gotteslehrerin, als weise und gebildete Frau, die in freier und schöpferischer Weise mit der christlichen Überlieferung umzugehen weiß. Juliana verkündet einen gütigen, barmherzigen und mütterlichen Gott der Liebe so überzeugend, daß auch aus ihren Texten Freude und Leichtigkeit hervorleuchten. Einmal schreibt sie: »Von allem, was ich sah, war dies für mich das Tröstlichste, daß unser Herr so traulich und so gnädig ist und das war es auch, was meine Seele am tiefsten mit Wohlgefallen und Sicherheit erfüllte.« Dieses Gefühl der Sicherheit und die daraus resultierende Lebensfreude will sie allen ChristInnen weitergeben, weshalb sie vor Kleinmut und Ängstlichkeit warnt:

Gott zeigte mir, daß das Siechtum, an dem wir leiden, ein zweifaches ist, und Er will, daß wir von beidem geheilt werden. Das eine ist die Ungeduld – denn wir nehmen unsere Mühsal und unsere Pein sehr schwer – und die andere ist die Verzweiflung kleingläubiger Furcht ... Und der Grund, warum uns die beiden solche Mühsal bereiten, ist, weil wir die Liebe nicht verstehen. Obwohl die Personen der Heiligen Dreifaltigkeit alle ihre Wesenszüge in gleichem Maße besitzen, wurde mir am meisten die Liebe gezeigt, da sie uns am nächsten steht. In diesem Wissen sind wir am meisten blind, denn viele Menschen glauben zwar daran, daß Gott allmächtig ist und alles zu tun vermag, und daß Er allwissend ist und alles tun kann, aber daß Er all-liebend ist und alles tun will, dazu sind sie zu kleinlich ... Es ist Gottes Wille, daß wir unter allen Eigenschaften der Heiligen Dreifaltigkeit auf das Wohlwollen und die Liebe am meisten vertrauen, denn die Liebe bewirkt es, daß Macht und Weisheit sanft mit uns verfahren. Ebenso wie Gott in Seiner Gnade unsere Sünden sogleich vergißt, wenn wir sie bereuen, so will Er, daß wir unsere Sünden und unsere Trübsal und unsere kleingläubige Furcht vergessen sollen.

Eine ihrer Visionen, bei der sie des Teufels Macht »in Gottes Händen verriegelt« sieht, versetzt sie in schallendes Gelächter, das schließlich auch die sie umgebenden Personen ansteckt. In dieser Situation wünschte sie sich, »daß alle meine Mitchristen gesehen hätten, was ich sah, dann hätten alle mit mir gelacht«. Dabei weiß sie, daß sich Christus freut, wenn »wir zu unserer Erquickung lachen und in Gott fröhlich sind, weil der Feind überwältigt ist«.

Juliana von Norwich erfährt immer wieder den Spannungsbogen zwischen Glückseligkeit und abgrundtiefer Verlassenheit und nimmt beide Pole als gottgewollt an. Sooft sie in ihren Visionen die Passion Christi schaut und mit Schmerzen nachempfindet, sooft wandelt sich diese Schau aufgrund ihrer Erlösungskraft in vergnügte Heiterkeit.

Es ist zu vermuten, daß Julianas Entwurf eines mütterlichen, schützenden Gottes (Christus ist unsere Mutter) ihre optimistische Lebens- und Grundhaltung begünstigte.

Lesehinweis. J. of Norwich, Offenbarungen von göttlicher Liebe, Einsiedeln ²1988

Silvia Hagleitner

23. Juli — Todestag von Birgitta von Schweden (ca. 1302-1373)

Es passiert nicht oft, daß – wie im Fall der hochadeligen Birgitta von Schweden – eine Ehefrau und Mutter von acht Kindern heiliggesprochen wird. Papst Bonifatius IX. bezeichnet sie in seiner Bulle zur Heiligsprechung als »ein starkes Weib« und rühmt ihr vorbildliches Glaubensleben, ihr Fasten und Beten, sowie ihren unermüdlichen Einsatz für die Armen und Kranken. Entscheidend für ihre Heiligsprechung sind sicher auch die vielen Krankenheilungen, die in ihrer Gegenwart geschehen, und ihre Ordensgründung. Birgittas Leben und Denken sind zudem geprägt von ihren Visionen und Prophetien, die ihr auch unter den Theologen ihrer Zeit hohes Ansehen einbringen. Noch zu ihren Lebzeiten wurden ihre Offenbarungen niedergeschrieben und überliefert.

Ihre ganze Lebensenergie verwendet sie dazu, das eigene Leben und Handeln mit der christlichen Botschaft in Einklang zu bringen. Wie viele andere Frauen und Männer des Spätmittelalters strebt sie nach einem geistlichen Leben in Armut. Asketische Spiritualität und der Wille zur radikalen Nachfolge Christi bilden dazu die Wegpfeiler. Die Krise des Adels durch das aufkommende Bürgertum und das im Wandel befindliche Wirtschaftstreiben lassen Adelige wie Birgitta an der Sinnhaftigkeit weltlicher Güter zweifeln und auf die Suche gehen nach unvergänglichen Werten. So findet sich die Auseinandersetzung um die Spannung zwischen weltlichen und geistlichen Genüssen in ihren Texten immer wieder. An einer Stelle spricht sie davon, daß weltlicher Überfluß ein geistlich erfülltes Leben verhindere:

Die Ausschweifungen in Speise und Trank verhindern, daß der Heilige Geist den Menschen süß ist, und bewirkt, daß sie gesättigt werden durch die Freuden der Welt. Der Überfluß aber an Gold und Silber, an Geschirren und Kleidern und Einkünften verhindert, daß der Meist Meiner Liebe ihre Herzen entflammt und entzündet. Auch der Überfluß an Dienern und Pferden und Tieren ist der Annäherung des Heiligen Geistes im Wege; ja, ihre Diener, Meine Engel, entfernen sich von ihnen, und es treten verräterische Teufel heran. Deshalb kennen sie jene Süße und die Heimsuchung nicht, mit der Ich, der Ich Gott bin, die heiligen Seelen und Meine Freunde besuche ...

Das religiöse Armutsideal aber ist für eine Adelige, die Ansehen und Reichtum genießt und mit den Mächtigen ihrer Zeit an einem Tisch sitzt, nicht leicht zu verwirklichen, solange sie sich nicht radikal von dieser Welt trennt. Aus diesem Grund versucht Birgitta während ihrer Ehejahre, sich mit kleinen Schritten ihrem Ideal anzunähern. Die Enge des adeligen Hof- und Familienlebens sprengt sie dadurch, daß sie täglich Arme speist und mit ihren Kindern Bettlägrige und Hilfsbedürftige in der Umgebung besucht und pflegt. Der üppigen Lebensart Adeliger entkommt sie durch zeitweilige Askese.

Ihre Bestrebungen, andere Mitglieder ihrer Gesellschaftsschicht zu einem frommen, verantwortungsbewußten Leben zu bewegen, scheitern beim jungen König Magnus II. und seiner Frau Blanche genauso wie bei ihrem eigenen Sohn Karl. Nach dem Tod ihres Mannes beginnt sie ein geistliches Leben zu führen, wie es schon immer ihr Wunsch war. Eine treue Gefährtin hat sie dabei in ihrer zweitältesten Tochter Katarina, die auch die erste Äbtissin in dem von Birgitta gegründeten Kloster in Vadstena wird. Birgitte bleibt in ihrer Religiosität stets eine weltzugewandte Frau. Sie engagiert sich für die Verbesserung der Situation der Armen und Kranken ebenso wie für kirchenpolitische Angelegenheiten, beispielsweise für die Rückkehr des Papstes Urban V. von Avignon nach Rom. Schon zwanzig Jahre nach ihrem Tod wird sie heiliggesprochen.

Lesehinweis: E. zur Bonsen-C. Glees, Birgitta von Schweden. Visionen, Aschaffenburg 1989

Silvia Hagleitner

Todestag von Joseph Cardijn (1882-1967) 24. Juli

»Die Grundsätze der Soziallehre lassen sich gewöhnlich in folgenden drei Schritten verwirklichen: Zunächst muß man den wahren Sachverhalt überhaupt richtig sehen; dann muß man diesen Sachverhalt anhand dieser Grundsätze gewissenhaft bewerten; schließlich muß man feststellen, was man tun kann und tun muß, um die überlieferten Normen nach Ort und Zeit anzuwenden. Diese drei Schritte lassen sich in den Worten ausdrücken: sehen, urteilen, handeln«. Kein geringerer als Papst Johannes XXIII. war es, der Joseph Cardijns Dreischritt in seine Enzyklika »Mater et Magistra« und damit in die Katholische Soziallehre aufnahm. Selbst wenn nichts mehr von diesem, am 13. November 1882 in Schaerbeck, einem Vorort von Brüssel, geborenen Priester Joseph Cardijn bliebe als diese saubere methodologische Unterscheidung zwischen der Bestandsaufnahme der Fakten, der sorgfältigen gesellschaftlichen Analyse und dem entschiedenen Einsatz – zweifellos hätte sich sein Leben schon gelohnt. Doch Joseph Cardijn war mehr, sein Werk war größer als diese drei Worte. Grundlage seines Glaubens war ein geradezu radikal empfundenes Credo von der göttlichen Berufung eines jeden Arbeiters und einer jeden Arbeiterin:

Ein jeder Arbeiter und eine jede Arbeiterin unter all den Millionen hat hier auf der Erde eine göttliche Sendung zu erfüllen, besitzt eine ganz persönliche, göttliche Berufung; und weil jeder einzelne eine menschliche Person, ein freies Wesen ist, kann niemand diese Sendung für ihn an seiner Stelle erfüllen. Jedem Menschen, jedem Arbeiter und jeder Arbeiterin senkte Gott seine Freiheit ein, seine Freundschaft, seine Wahrheit, seine Liebe, seine Würde; und jeder muß das alles in sich entfalten. Darum muß ein jeder gewissermaßen geachtet werden wie Gott selbst. Man kann Gott nicht achten, wenn man den Arbeiter und die Arbeiterin, Gottes Ebenbild, nicht achtet ...
Der Arbeiter hat auch eine göttliche Berufung in seiner Arbeit. Nichts kommt ohne Arbeit. Ohne Arbeit kann die Schöpfung nicht ausgewertet werden; denn die Arbeit setzt die Schöpfung fort, verwertet sie, entdeckt ihre Reichtümer und macht, daß sie der ganzen Menschheit zugute kommen.

Der Würde der Arbeit zur Durchsetzung zu verhelfen – diesem Ziel galt sein Leben. In einfachen Verhältnissen geboren, schaffte er durch die freiwillige Selbstbeschränkung seiner Familie, Theologie zu studieren. 1906 zum Priester geweiht, gingen die Studien weiter, freilich immer intensiver ergänzt und immer schärfer geprägt durch die Erfahrung der ungelösten Arbeiterfrage und ihrer Lösungsversuche in Deutschland, Holland, England und Frankreich. Immer wieder besuchte er Arbeiterhäuser und Berufsschulen – und wurde anschließend von Priestern, Theologieprofessoren und Bischöfen über seine Erfahrungen ausgefragt, denn sie hatten nie Kontakt mit diesem Milieu gehabt. Als er Kaplan war, protestierte er während des Ersten Weltkrieges gegen die Verschleppung belgischer Arbeiter nach Deutschland und kam dafür eineinhalb Jahre ins Gefängnis. Er war ein Unbequemer, ein Störenfried, ein Radikaler. Kritik und Anfeindungen blieben nicht aus. Papst Paul VI., der Cardijn schon lange kannte und schätzte, stellte sich vor ihn – und erhob ihn zum Kardinal. Mehr als 100 Jahre nach seiner Geburt, mehr als 15 Jahre nach seinem Tag am 24. Juli 1967 beschrieben Menschen, wie Cardijns Gedanken sie sozial sensibilisiert, sie politisch aufgerüttelt, ihr Bewußtsein erweitert, ihr Gewissen geschärft, ihren Lebensstil verändert haben. Unter anderem beriefen sie sich auf zwei Grundsätze, die sich untrennbar mit Joseph Cardijn und der von ihm ins Leben gerufenen Christlichen Arbeiter-Jugend (CAJ) verbinden: »Nicht aufgeben!« und »Ein CAJler tut nie etwas allein«. Wieviel Gelegenheiten gibt es für jeden gesellschaftlich engagierten Christen an jedem Tag, den Mut zu verlieren. Wieviel gute Gründe zur Resignation. Wieviel »Tropfen«, die das »Faß zum Überlaufen bringen könnten« in Partei und Gewerkschaft, in Kirche und Verband, in Gruppe, Initiative und Bewegung. Doch gerade ein Mann wie Cardijn konnte mit unbeschreiblichem Elan, mit einer Glaubwürdigkeit, der man sich kaum entziehen konnte, den Mutlosen neue Hoffnung geben: »Ihr müßt den Reichtum der Kleinen erkennen und an ihre Möglichkeiten glauben«. Er würde auch heute, wie Helder Camara betont, zu den Menschen sagen: »Vorwärts!« Und noch ein Gedanke Cardijns ist hochaktuell: die »revision de vie«, schon 1930 entstanden. Sein Leben betrachten, seine Lebenswelt »Revue passieren lassen«, seinen »Umgang« reflektieren. Seine Lebenserfahrung mit der Lebenserfahrung Christi vergleichen. Wo bin ich heute auf seinem Weg? Cardijn sagte: »Das Leben ist das fünfte Evangelium«.

Lesehinweis: B. Antony (Hg.), Zur Arbeiterschaft – zur Arbeiterbewegung entschieden. 100 Jahre Joseph Cardijn, Mainz 1982

Stefan Vesper

25. Juli — Todestag von Thomas von Kempen (1380-1471)

Neben der Bibel gibt es wohl kein anderes Buch, das einen so großen Einfluß auf das christlich-mystische Denken ausgeübt hat, wie die »Nachfolge Christi« von Thomas von Kempen. Der Augustiner-Chorherr hat seit gut 500 Jahren bedeutende Gestalten wie Thomas Morus, Ignatius von Loyola, Franz Xaver, Dag Hammarskjöld sowie unzählige Unbekannte mit seiner tiefen Weisheit, gedanklichen Klarheit und überzeugenden Art geprägt. Obwohl primär für Mönche verfaßt, begeistert die Schrift Menschen jeglichen Standes. Sie macht deutlich, daß es auch einen anderen Weg gibt; damit ist nicht allein der monastische gemeint; vielmehr ist jeder einzelne aufgerufen, still zu werden und sich zu besinnen. Die »Nachfolge« bewahrt den Menschen vor der Gefahr der Vermassung und Entseelung. Sie ruft ihm das Wesentliche des Menschseins in Erinnerung. Obwohl Mystiker, bleibt Thomas von Kempen immer Realist und Praktiker, der um die Schwächen und Eitelkeiten der Mitmenschen wußte.

Die zentrale Botschaft der »Nachfolge« ist das Licht der Wahrheit und das Leben der Gnade; beide gehören zusammen, und nur durch die Verwirklichung beider kann man sein Ziel erreichen. Konkret geschieht dies durch das Praktizieren der christlichen Werte; dies führt zur Vereinigung mit Christus, und diese vollzieht sich in der Eucharistie. Faszinierend ist, wie Thomas sich in das Leben Christi versenkt, ja sich mit ihm identifiziert, so daß man meinen möchte, Christus selber spräche zum Leser. Diese totale Identifikation ist nur möglich, weil er von einer tiefen Liebe zu Gott durchdrungen ist, die sich mit einem realistischen Verständnis vom Menschen paart, und weil das Ziel des menschlichen Daseins im Lobpreis, der Liebe und dem Dienst an Gott sieht. Dieses profunde anthropologische Verständnis durchzieht die vier Bücher der »Nachfolge«. Im dritten Buch, Kapitel neun, heißt es:

Mein Sohn! Ich muß dein höchstes und letztes Ziel sein, wenn du wahrhaft glücklich werden willst.
Dadurch wird dein Herz geläutert, das sich so oft sündhaft zu sich selbst und zu den Geschöpfen wendet.
Wenn du dich selbst in irgendeinem Ding suchst, wirst du gleich schwach und kraftlos.
Beziehe alles auf mich als den Urgrund; denn ich bin es, der alles gegeben hat. ...
Ich will alles wiederhaben und fordere mit großer Strenge, daß man mir Dank sagt.
Dies ist die Wahrheit, vor ihr verkriecht sich die eitle Ehrsucht.
Wo aber die himmlische Gnade und wahre Liebe einkehrt, da wird es keinen Neid und keine Engherzigkeit geben und auch die Eigenliebe nicht herrschen.
Denn die Gottesliebe überwindet alles und beschwingt alle Kräfte der Seele.
Hast du die rechte Weisheit gefunden, so wirst du dich in mir allein freuen, auf mich allein hoffen; weil »niemand gut ist als Gott allein« (Lk 18,19). Er ist über alles zu loben und in allem zu preisen.

Was ist für den modernen Menschen das Faszinierende an der »Nachfolge«? Sie stellt einen Kontrast zur Hektik und zum Leistungszwang dar, denen der Mensch der Neuzeit immer stärker ausgesetzt ist. Alles, was wir unter Fortschritt verstehen, versagt, wenn wir nicht zur Ruhe kommen, innehalten und uns öffnen für das Sein der Transzendenz.

Lesehinweis: Thomas von Kempen, Nachfolge Christi, Kevelar 1965

Ludwig Watzal

Gestern war der Todestag von Elisabeth Langgässer (1899-1950)

26. Juli

Direkt nach dem zweiten Weltkrieg erscheint ihr berühmtester Roman »Das unauslöschliche Siegel« (1946), ein mythologisch- katholisches Welttheater, eine große epische Konversionsgeschichte und Erlösungsparabel. Die Literaturkritik feiert sie als deutsche Antwort auf Georges Bernanos und Graham Greene und so gilt die aus dem rheinhessischen Alzey stammende Elisabeth Langgässer bis in unsere Gegenwart hinein als eine der wichtigsten deutschen Vertreterinnen des »katholischen Romans«.

Ihre Schilderung eines Lebens voller Leidenschaft, schuldhafter Verstrickung, Tragik, Gläubigkeit und Erlösungshoffnung war bitteren biographischen Erfahrungen abgerungen. Gerade ihre unorthodoxe und dennoch tiefgläubige Katholizität entsprang der Suche nach identitätsstiftendem Halt. Der Vater, Architekt und Baurat, war einen Tag vor der Hochzeit mit der katholischen Mutter von seinem angestammten Judentum zum Christentum konvertiert. Für die Nationalsozialisten galt Elisabeth Langgässer dennoch als »Halbjüdin« und wurde mit jahrelangem Schreibverbot belegt.

Vor den Jahren der Schreckensherrschaft hatte Elisabeth Langgässer, damals 29 Jahre alt, ledig und als Lehrerin tätig, eine Tochter zur Welt gebracht, Cordelia, deren Vater ein verheirateter Jude war. Sie war sich der tödlichen Bedrohung, die der Naziterror für ihre Tochter als Jüdin bedeutete, bewußt. Um Cordelia zu retten, organisierte sie eine Adoption durch eine spanische Familie. Doch umsonst – die deutschen Behörden durchschauen das Täuschungsmanöver. Mutter und Tochter werden ins Gestapo-Hauptquartier bestellt. Der Tochter wird ein Papier vorgelegt, mit dem sie ihre deutsche Identität – und damit die sichere Fahrkarte nach Auschwitz – bestätigen soll. Ansonsten drohe der – als »Halbjüdin« sowieso gefährdeten – Mutter ein Verfahren wegen Irreführung der Behörden. In ihrem 1986 veröffentlichten Rückblick auf die Schreckenszeit dieser Jahre, »Gebranntes Kind sucht das Feuer«, schildert Cordelia, verheiratete Edvardson, diese alptraumartige Szene:

Wieder sah das Mädchen die Mutter an und begegnete dem Blick der schönen, braunen Augen, Augen, die vor Intensität strahlen, das Mädchen verzaubern konnten, die aber jetzt randvoll waren von stummem, hilflosem Schmerz. Niemand sagte etwas, nichts brauchte gesagt werden, es gab keine Wahl, hatte nie eine gegeben, sie war Cordelia, die ihr Treuegelöbnis hielt, sie war auch Proserpina, sie war die Auserwählte, und nie hatte sie dem Herzen ihrer Mutter nähergestanden. Die Kehle schnürte sich ihr zu, aber schließlich brachte sie es heraus: »Ja, ich unterschreibe.« Der Drache, jetzt satt und zufrieden, wurde wieder zu einem fast freundlichen Beamten und gab zum Abschied die Auskunft: »Und jetzt können Sie ins Zimmer gegenüber gehen und sich dort einen neuen Judenstern abholen, er kostet 50 Pfennig.«

Cordelia Edvardson sollte als eine der wenigen Auschwitz überleben. Ihre »geliebte, gehaßte Mutter« Elisabeth Langgässer aber klammerte sich an einen – mystisch-synkretistischen – Katholizismus, an eine Erlösungsvision, die selbst Spuren des »religiösen Antisemitismus« (E. Hoffmann) trug. Im Titel ihres großen Romans »Das unauslöschliche Siegel«, symbolische Bezeichnung für die christliche Taufe, bündelt sich ihre Hoffnung auf eine letzte Auflösung aller schuldhaft-tragischen Lebensverstrickungen.

Lesehinweis: E. Langgässer, Das unauslöschliche Siegel, München 1989 (dtv 11116)

Georg Langenhorst

27. Juli *Geburtstag von Hilaire Belloc (1870-1953)*

»Gibt es denn für den Vielseitigen keine Unsterblichkeit?« fragt Ronald Knox in der Einleitung zu Hilaire Bellocs »Collected Verses«. Auf der Suche nach Belloc in den Buchläden Englands wollte ich diese Frage schon mit dem Ausruf »Belloc ist tot!« beantworten.
Belesene Freundinnen halfen mir jedoch weiter: »Belloc? Ich glaube, ich habe da noch ein Bilderbuch von ihm«, sagte Anne Hamilton, als ich sie in Chelsea besuchte, und sie hatte recht. »Belloc? Du hättest besser meine Mutter fragen sollen, die hat sich mit europäischer Geschichte beschäftigt«, sagte Jacky Mortimer, und auch sie hatte recht. »Belloc? Sie suchen Reiseliteratur?«, sagte die Antiquarin an der Charing Cross Road – und sah mir meine Verwirrung an.
Zu Beginn meiner neuen Bekanntschaft bewunderte ich zunächst die Beobachtungsgabe, die Bellocs Essays, aber auch seine Versdichtungen oder Reisebeschreibungen auszeichnet. Seine Biographien, etwa über Danton, Marie–Antoinette oder Cromwell, die grundsätzlich weniger Wert auf Wissenschaftlichkeit und Historizität als auf atmosphärische Ver-Dichtung legen, gaben mir das Gefühl, daß der Autor selbst am Ort des Geschehens gewesen war. (Dies wird in gewisser Hinsicht auch zutreffen: Belloc nutzte jede Gelegenheit, sein Geburtsland Frankreich und seine Heimat England als Wanderer, Radfahrer und Segler zu erfahren.)
Das Urteil über Bellocs Vielseitigkeit fand ich am eindrücklichsten in den Essays bestätigt, in Zeitungen wie »The Morning Post« erschienen und später zusammengestellt unter sprechenden Titeln wie »On Nothing« (1908), »On Everything«(1909), »On Anything« (1910) oder »On Something« (1911). Hier erörterte Belloc neben philosophischen Themen wie »Erfahrung« oder »Unsterblichkeit« auch solche, die sonst einer literarischen Bemerkung kaum für würdig erachtet werden – und uns doch mehr betreffen als Marie-Antoinette oder Cromwell: »Der Nebel«, »Über die Luft der Dordogne« – oder auch »Über die Herstellung eines Omelettes«. Dabei erlag er zuweilen der hermeneutischen Bedingtheit all unserer Erfahrung: Was er wahrnahm, war geprägt durch die androzentrische Perspektive des anglo-französischen Gentleman, der seine humanistische Bildung und journalistisch geschärfte Wahrnehmungskraft zudem mit einer ultramontanistisch geprägten Skepsis gegenüber der Moderne und mit einem zweifelhaften Schatz an anti-protestantischen, anti- deutschen und anti-semitischen Vorurteilen verband – deutlich vor allem in seinen Stellungnahmen zur Reformationsgeschichte oder in der von Theodor Haecker übersetzten Abhandlung »The Jews« (1922, überarbeitet 1937, deutsch 1927).
Überblickt man die literarischen Gattungen, mit denen sich Belloc beschäftigte, so scheint eine zu fehlen: die Autobiographie. Als der 76jährige Belloc in einem Interview dahingehend befragt wurde, gab er die provozierende Replik: »Nein. Kein Gentleman schreibt über sein Privatleben. Außerdem hasse ich es zu schreiben. Ich hätte überhaupt nie ein einziges Wort geschrieben, wenn ich es hätte ändern können. Ich habe immer nur für Geld geschrieben«.
Hinter dieser seltsamen und wenig glaubhaften Zurückweisung kann man ein kokettierendes Understatement vermuten, vielleicht aber auch eine unbewußte gedankliche Vorwegnahme seiner heute so geringen literaturgeschichtlichen Bedeutung spüren – eine Vorwegnahme, die bereits fünfzehn Jahre früher in einem Essay über »Die verlorenen Dinge« in den folgenden Worten angeklungen war:

Aber schließlich sollte man sich nicht allzusehr darüber wundern, daß materielle Dinge in so launenhafter Weise verschwinden konnten. Die Zeit, welche die Römerstadt Timgad (an der Saharagrenze) verschont hat, so daß sie wie eine dächerlose Stadt von gestern aussieht, dieselbe Zeit hat Laimboesis vom Erdboden rasiert. Die beiden Städte waren Nachbarn – die eine wurde genommen, die andere gelassen – und da gibt es keinen Schatten eines Grundes, den irgendein Mensch dafür anführen könnte. Nein, man sollte sich nicht so sehr wundern, denn ein noch viel größeres Wunder ist das plötzliche Verhauchen und Vergehen der großen Bewegungen der menschlichen Seele. Daß das, was unsere Vorfahren leidenschaftlich glaubten oder bestritten, bei ihren Nachkommen in ein, zwei Generationen sinnlos, absurd und falsch werden kann – das ist das größte Wunder und die größte Tragödie von allen.

Lesehinweis: H. Belloc, Gespräch mit einer Katze, Zürich 1940

Desmond Bell

Todestag von Johann Sebastian Bach (1685-1750) 28. Juli

Es gibt wohl nur wenige Christen, die ihren Glauben so musiziert haben wie Johann Sebastian Bach; und umgekehrt gibt es wohl nur wenige Musiker, die so ausdrücklich ihre Musik

Dem höchsten Gott allein zu Ehren,
dem Nächsten daraus sich zu belehren

(so im Orgelbüchlein) gemacht haben. Darum lohnt es sich, hier nach dem Theologen Johann Sebastian Bach zu fragen. Nur eine einzige Kantate soll aus dem Riesenwerk der Konzerte und Sonaten, der Passionen, der Orgel- und Klavierwerke, der h-moll-Messe und der Kunst der Fuge hier als Glaubenszeugnis betrachtet werden: »Ich geh und such mit Verlangen« (BWV 49).

Johann Sebastian Bach, der am 21. März 1685 als sechstes Kind des Stadt- und Hofmusikers Johann Ambrosius Bach und seiner Frau Elisabeth in Eisenach geboren wurde, verliert schon mit zehn Jahren seine Eltern und wächst im Geist orthodoxen Protestantismus' lutherischer Prägung in der Familie seines ältesten Bruders Johann Christoph auf. Er besucht die Lateinschule und erhält Unterricht in Klavier und Orgel, Violine und Bratsche und Musiktheorie. Nach frühen Organistentätigkeiten wird J. S. Bach als Konzertmeister und Organist an die Fürstenhöfe in Weimar und Köthen berufen, ehe er vom Rat der Stadt als Kantor an der Thomaskirche und Thomasschule in Leipzig bestellt wird auf Lebenszeit. In den fruchtbaren ersten Leipziger Jahren entsteht unsere Kantate als »musikalische Predigt« zum 20. Sonntag nach Trinitatis. Das Evangelium, das Gleichnis vom königlichen Hochzeitsmahl (Mt 22,1-14, Lk 14,15-24) bestimmt den Grundton der Kantate: Hochzeitsfreude. Gott selbst macht sich auf die Suche nach den Menschen. Das Handeln Gottes, das dem endgültigen Hochzeitsmahl vorausgeht, wird zum Thema erhoben: das Werben des göttlichen Bräutigams um seine Braut Israel, die Kirche. Der Textdichter ist unbekannt, vielleicht hat J. S. Bach die Texte selbst zusammengestellt.

Um der Menschenliebe Gottes eine musikalische Gestalt zu geben, wählt J. S. Bach die Form der Dialogkantate. Sie wird eröffnet mit einer Sinfonia für konzertierende Orgel und Streicher; das festliche Dreiklangsthema springt über zwei Oktaven und läßt damit schon das Dreiklangsthema des Cantus firmus im Schlußduett anklingen: »Wie schön leucht uns der Morgenstern«. Auch im zweiten Satz begleitet ein virtuoser Orgelpart die Baßarie »Ich geh und such mit Verlangen«. Das Thema – mit einem Quintensprung abwärts und dann in gehenden Sekundenschritten aufwärts – musikalisiert das Suchen Gottes: ein verliebtes Suchen (im 3/8-Takt mit einem fröhlichen Triolenmotiv) und zugleich ein mühsames Suchen (in cis-moll, in der parallelen Molltonart zur strahlenden E-Dur-Einleitung). Nach der großen Dacapo-Arie nun der erste Dialog des Duetts: »Mein Mahl ist bereit« hier und »Komm, Schönster, komm, und laß dich küssen«. Das Seccorezitativ geht über in ein »regelrechtes Liebesduett in tänzerischem Dreiertakt, wie es jeder Oper zur Zierde gereicht hätte« (A. Dürr). Es gibt bei J. S. Bach nicht geistliche Musik und weltliche Musik, sondern nur gute Musik. In der folgenden Sopranarie »Ich bin herrlich, ich bin schön« gibt sich die von Gott geliebte Braut = Israel = Kirche = Seele der staunenden Betrachtung über das Wunder dieser göttlichen Liebe hin. Oboe d'amore und Violoncello piccolo (eine große Bratsche mit besonderer Ausdruckskraft) konzertieren mit der Sopranstimme; in drei steigenden Skalen wird das Liebesglück bejubelt und zugleich bescheiden anerkannt: »Seines Heils Gerechtigkeit ist mein Schmuck und Ehrenkleid«. Verse aus dem Hohenlied und dem Epheserbrief sind hier zusammengefügt.

Ein knappes Rezitativ für Sopran und Baß führt zum Finalsatz hin. Musikalische Virtuosität und theologische Intensität sind hier verschmolzen: der Bräutigam ruft seiner Braut zu: »Dich hab ich je und je geliebet« (nach Jer 31,3) begleitet von obligatorischer Orgel, Oboe d'amore und Streichern. Die Braut antwortet mit der siebten Strophe aus Ph. Nicolais Lied »Wie schön leucht uns der Morgenstern«: »Wie bin ich doch so herzlich froh«. Die als cantus firmus eingefügte Liedstrophe weitet die Intimität des Gott-Jesus Christus-Bräutigam-Dialogs mit der Seele-Braut endgültig aus auf die Gemeinde, die sich in dieser gesungenen Liebesgeschichte Gottes mit den Menschen wiederfinden kann. J. S. Bach setzt hier die musikalische Rhetorik zum Erleben des Evangeliums, des christlichen Glaubens ein – ganz im Sinn der Kantate als »musikalischer Predigt«.

Lesehinweis: A. Dürr, Die Kantaten von Johann Sebastian Bach, I-II, Kassel ^{7}1971 (dtv)

Gottfried Bitter

29. Juli *Todestag von Vincent van Gogh (1853-1890)*

»Sein Leben war ein einziger Mißerfolg. In allem, was seiner Welt, seiner Zeit belangvoll erschien, war er ein Versager: Er war unfähig, eine Familie zu gründen, unfähig, seinen Lebensunterhalt zu bestreiten, ja, sogar unfähig, mit Menschen Kontakt zu halten« (Ingo Walther). Und doch erobert er aus seinem Grab heraus Herzen und Gemüter so vieler. Wem wäre ein van Gogh nicht teuer! Einem japanischen Konzern war bekanntlich eine Version der »Sonnenblumen« 22,5 Millionen Dollar wert. Worin besteht das Geheimnis von van Goghs Erfolg in spätbürgerlichen Leistungsgesellschaften? Was rührt so viele an dieser Elendsgestalt? Die These sei gewagt: Sein Elend und seine Intensität, die man auch Reinheit nennen könnte; sein Elend in Reinform sozusagen. Van Gogh verausgabt sich; er dient allen. Den Bergarbeitern im Kohlerevier der Borinage, seinem Wiener Malerkollegen Arnulf Rainer heutigentags und nicht minder uns Bürgern. All die Leidenschaften, Exzesse und Risiken, die der Bürger so erfolgreich aus seinem Leben verbannt hat, werden in Werk und Leben van Goghs so herrlich ansichtig. Ein van Gogh an der Wand erspart das eigene Abenteuer! Was den Bürgern das wohltemperierte, mittlerweile in Theorien eingefangene Chaos als Farbtupfer in ihrer verplanten Welt ist, ist ihm Schlund und Abgrund, an dessen Rand er zeitlebens siedelt. Um ihr Heim behaglich zu wärmen, schicken die Bürger die Proleten in den Schlund der Erde: Kohlen holen und sich selbst die Silikose. Für lodernde Zypressen, flammende Lilien, betörend schöne Nachthimmel und Farbkontraste, die an urgründige Passionen rühren, hat man seine van Goghs. Van Gogh, das Raubtier der Bürger – hinter Panzerglas? Sein Leben produziert Szenen, die seinen Bildern an Intensität in nichts nachstehen. Ein Theologiestudium bricht er flugs ab; eine vierteljährige (!) Ausbildung in einer Missionsschule schafft er nicht. Um so drastischer fällt seine praktische Nachfolge Christi, als die er sein Leben unter den Bergleuten versteht, aus. Selbst den Arbeitern war diese Gestalt nicht geheuer; den Amtsträgern der Kirche erschien sie gefährlich. Und gegen Ende seines Lebens: Das Ohrläppchen, in hellem Wahn abgeschnitten, wird ins Bordell gebracht. Wo Frauenfleisch merkantil wird, verabschiedet sich der gute Gast entsprechend, geht nach Hause und legt sich schlafen. Bei van Gogh decken sich dagegen Arbeit und Leben. Er malt, was er ist. Der Schuß aus dem Revolver, der womöglich Vögel aufscheuchen sollte – er brauchte sie als Motiv – traf ihn selbst. Das ist Identität von Leben und Werk in Vollendung; Wahrhaftigkeit, Reinheit, wenn man so will. Leider tödlich.

Der Sehnsuchtsbesessene hat immerhin sein Traumland Japan erreicht. Millionenschwer hängt er im firmeneigenen Museum von Yasuda, einer Schiffahrts- und Feuerversicherung (wer schrieb nur das Drehbuch zu diesem Film!). Hommage à van Gogh? Das Bild dieses Desperado als schöner Schein der Sicherheit! Van Gogh geht für alle in den Schlund. Van Gogh ist Chaot. Kein anständiger Bürger, der van Gogh nicht mag!

Arnulf Rainer, Van Gogh als Zigeunerkönig, 1977, Öl und Ölkreide auf Foto

Lesehinweis: H. Frank, van Gogh, Reinbek 1976 (rororo 239)

Paul Petzel

Morgen ist der Todestag von Bartolomé de Las Casas (1474-1566)

30. Juli

Als Christoph Kolumbus 1492 Amerika »entdeckte«, brach für die westeuropäischen Länder eine neue Zeit an. Die Heimgekehrten erzählten von unermeßlichen Schätzen und von den Eingeborenen, die so friedlich seien, daß sie sich alles gefallen ließen. Nachdem sich die späteren Kolonialstaaten des Landes bemächtigten, war es mit dem friedlichen Leben der meisten Ureinwohner vorbei. Unter dem Vorwand der Christianisierung wurden sie beraubt, verschleppt, ermordet oder von den europäischen Seuchen dahingerafft. Innerhalb weniger Jahrzehnte war der größte Teil der Indianer ausgerottet. Der Blutrausch der Eroberer schien kein Ende zu nehmen. Allein in Haiti überlebten nur knapp zwei Prozent der Urbewohner.

Als Priester und Grundbesitzer auf Kuba gehörte der Spanier Bartolomé de Las Casas anfangs selbst zu den Eroberern. Seine eigentliche Berufung zum »Prokurator der Indianer« erfuhr er erst später. Angeregt durch die Kritik weniger Zeitgenossen brach er mit seinem bisherigen Leben und sah sich veranlaßt, die Bibel aus anderer Sicht zu lesen als die Kolonialisten und die Kirche, die mit ihnen gemeinsame Sache machte.

Etliche Jahre verbringt er in den verschiedensten Teilen Amerikas, lernt die Mentalität der »Eingeborenen« kennen und erlebt ihre Ausrottung hautnah. In zahlreichen Schriften prangert er die unglaublichen Greueltaten der Europäer an. Der vorherrschenden Ansicht, die Indianer seien aufgrund ihrer Natur Menschen zweiter Klasse und als solche wie Tiere zu behandeln, setzt er eine neue Blickweise entgegen, die er auf eindeutige Aussagen aus dem Alten und Neuen Testament stützt:

Ich hinterlasse in Westindien Christus, unseren Herrn, nicht einmal, sondern vieltausendfach ausgepeitscht, gequält, geohrfeigt und gekreuzigt.

In den Indianern sieht er die Armen, von denen in der Bibel die Rede ist (z.B. Sir 34,21-27; Mt 25,31-46). Unter diesen Unterdrückten, denen die Eroberer Götzendienst vorwerfen, ist Jesus Christus gegenwärtig. Die Konquistadoren als falsche Christen verfallen selbst den Götzen, indem ihnen das Gold wichtiger ist als der Mensch. Ausgerechnet diese lasterhaften Menschen sollen für das Seelenheil der einheimischen Bevölkerung sorgen. Somit wird die vermeintliche Christianisierung durch Ausbeutung, Unterdrückung und Mord an den Indianern zur Abkehr von Gott. Den vielen Anfeindungen zum Trotz, aber selten mit langfristigem Erfolg deckt Bartolomé de Las Casas die heuchlerischen und scheinheiligen Rechtfertigungen gegen die Verbrechen auf. Aus der Gerechtigkeit und der Liebe, von denen die Bibel spricht, leitet er Ansprüche der Indianer und aller Menschen auf ein Leben in Freiheit ab.

Angesichts der Anprangerung der himmelschreienden Sünden gegen die armgemachten Völker wird Bartolomé de Las Casas aus heutiger Sicht zum Wegbereiter einer Theologie der Befreiung.

Lesehinweis: G. Gutiérrez, Gott oder das Gold. Der befreiende Weg des Bartolomé de Las Casas, Freiburg 1990

Carolin Hengholt

31. Juli — Todestag von Ignatius von Loyola (1491-1556)

Ignatius war dem Lesen nichtiger und verlogener Bücher verfallen, wie sie über die Taten großer Helden geschrieben werden. Als er sich nach seiner Verwundung wieder gesund fühlte, wünschte er solche Bücher, um sich die Zeit zu vertreiben. Im ganzen Haus fand sich kein Buch dieser Art. Darum brachte man ihm ein Buch mit dem Titel »Das Leben Jesu« und ein anderes »Blüte der Heiligen«, beide in seiner Muttersprache. Durch wiederholtes Lesen dieser Bücher regte sich in ihm ein gewisses Gefallen an ihrem Inhalt. Manchmal jedoch schweiften beim Lesen seine Gedanken zurück zu dem, was er früher gelesen hatte, zu den oberflächlichen Empfindungen des Herzens, die seine Gedanken früher breschäftigt hatten, und zu vielen anderen derartigen Dingen.

Inzwischen aber kam die Barmherzigkeit Gottes zu Hilfe und verdrängte bei neuer Lesung jene Gedanken durch andere. Als er nämlich das Leben unseres Herrn Christus und der Heiligen las, dachte er bei sich nach und folgerte: »Wie, wenn ich so lebte wie der heilige Franziskus oder der heilige Dominikus?« Vieles Derartige überlegte er in seinem Herzen, und auch diese Gedanken beschäftigten ihn ziemlich lange. Darauf folgten dann wieder oberflächliche, weltliche Gedanken, mit denen er sich erneut lange Zeit abgab. Dieser Wechsel der Gedankengänge in ihm hielt längere Zeit an.

Bei diesen verschiedenartigen Gedanken jedoch gab es einen großen Unterschied: Wenn er sein Denken auf Weltliches richtete, empfand er großes Vergnügen. Hörte er aber damit ermüdet auf, dann erfaßte ihn Traurigkeit und Trockenheit. Wenn er dagegen über die harten Lebensregeln nachdachte, die er die Heiligen befolgen sah, dann empfand sein Geist Freude, und zwar nicht nur dann, wenn er sie im Herzen hin und her überlegte, sondern er fühlte sich auch dann noch froh, wenn er von ihnen abgelassen hatte. Zuerst bemerkte und wertete er diesen Unterschied nicht, bis ihm eines Tages die Augen des Herzens aufgingen und er sich über diesen Unterschied zu wundern begann. Denn durch Erfahrung erkannte er, daß bei der einen Art von Gedanken Traurigkeit, bei der andern aber Freude zurückblieb.

Dies war die erste der Überlegungen, die er über das geistliche Leben anstellte. Später, als er die geistlichen Übungen angefangen hatte, war das die erste Erleuchtung, mit der er die Seinen über die Unterscheidung der Geister belehrte.

Der schlichte Text aus dem »Bericht des Pilgers« beschreibt den Anfang der Berufung des Gründers der Gesellschaft Jesu oder – wie man die geistliche Gemeinschaft später kurz nannte – des Jesuitenordens, Ignatius' von Loyola, eines Basken, 1491 geboren, vorgesehen für einen höfischen und militärischen Dienst, durch eine schwere Verwundung in Pamplona aus der vorgesehenen Lebensbahn geworfen, dann aber in der Genesungsphase 1521 auf Loyola konfrontiert mit der im Text beschriebenen Situation. Mit ihr beginnt nicht nur eine Wende in seinem eigenen Leben, sondern an der Wende zur Neuzeit zugleich eine entscheidende Wende zum religiösen Subjekt der Gottbegegnung. Es ist der Blick auf die inneren Bewegungen und Reaktionen, auf die Erfahrungen, die er mit seiner Lektüre macht, der ihn lehrt, Gutes und Böses, Wesentliches und Überflüssiges, Hilfreiches und Schädliches zu unterscheiden. In diesen Unterscheidungen vernimmt er zugleich den Anspruch an sein Leben, – einen Spruch, den er nicht als seine eigene Stimme vernimmt, sondern als Anspruch Gottes an ihn. Sein ganzes weiteres Leben gilt der Einübung in das Vernehmen des Wortes Gottes für jeden einzelnen, die Erkenntnis göttlichen Rufes in meinem Leben. Das bleibende Problem war, in der Hinkehr zu den eigenen Bewegungen nicht in der eigenen Subjektivität zu versinken. Hier gab es unübersehbare Hilfen: die Beachtung des Wortes Gottes in fremder Geschichte, in der Geschichte der Heiligen, letztlich im Leben Jesu, wie es ihm in der Geschichte durch die Gemeinschaft der Kirche vermittelt wurde. Ausgespannt zwischen dieser Kirche und den Gottsuchenden seiner Zeit wirkte er als »Hörer des Wortes« (K. Rahner) zum »Heil« der Menschen. Er starb am 31. Juli 1556 in Rom.

Lesehinweis: I. von Loyola, Geistliche Übungen und erläuternde Texte (übers. u. erl. v. P. Knauer), Graz 1978

Hans Waldenfels

Todestag von Alfons von Liguori (1696-1787) *1. August*

Der »lachende Papst«, Johannes Paul I., schreibt: Man legte Alfons »nahe, ein Reskript zu verlangen, das ihm erlaubte, das Bischofskäppchen auch während der Messe zu tragen, und er: ›Oh schön! Ich soll also noch Geld bezahlen, um vor Jesus Christus eine schlechte Figur zu machen?‹« Alfons war alles andere als ein trauriger Moralapostel, ein kirchlicher Karrieremacher, – obwohl sich seine Daten äußerlich so ansehen könnten: am 27. September 1696 geboren, seliggesprochen im September 1814, heiliggesprochen am 24. Mai 1839, zum Doctor Ecclesiae erhoben am 23. März 1871, von Pius XII. 1950 als Patron »aller Moralisten und Beichtväter« gewählt. Wie ein so hochbegabter, vitaler Neapolitaner (mit 12 Jahren Aufnahme universitärer Studien, mit 16 Doktor beider Rechte, mit 20 Anwalt, glänzender Verteidiger, Botschafter, Maler, Bildhauer und Dichter) schließlich bei ganz einfachen Linien des Glaubens bleiben kann, um diese mit Leidenschaft an die Menschen in seiner unmittelbaren Nachbarschaft weiterzugeben: »Eines empfehle ich euch vor allem: die Liebe zu Jesus Christus. Gerade wir sind in höchstem Grad verpflichtet, ihn zu lieben« (Rundschreiben des hl. Alfons an die Mitglieder seiner Kongregation im Juli 1774). Es mag sein, daß sich hinter der Neapolitanischen Vitalität eine sehr komplizierte, sensible/labile Psyche verbarg. Aber das Faszinierende der Theologie des Alfons und seines missionarischen Lebens ist die eigentümliche Mischung zwischen Parteinahme für sozial Marginalisierte und ausdrücklicher religiöser Verkündigung; eine Befreiungstheologie europäischer Prägung in der Zeit des 18. Jahrhunderts, die ganz auf der Ebene der religiösen Bildung der benachteiligten Menschen ansetzt: »Das schlichte Sagen auch der schlichtesten Dinge ist alles andere als leicht; ja, es scheint sogar das Allerschwierigste zu sein«. Alfons war davon überzeugt, daß der Glaube letztlich überhaupt nicht kompliziert ist, sondern ein ganz einfaches, eindeutiges Gefühl der Dankbarkeit: »Mein Gott, was man in seiner Gegenwart macht? Man liebt, man lobt, man dankt, man bittet«. Innere Freiheit, die sich den Mitmenschen ganz zuwenden kann, kommt für ihn aus der Beziehung zum Mensch gewordenen Gott, zu Christus – eine Beziehung, die jedem offen steht, sei er arm oder reich: »Zuerst erscheinst du unter uns als Kind in einem Stall, als Armer in einer Werkstatt, dann als Verurteilter am Kreuzesholz, schließlich unter Brotgestalt auf unsern Altären. Sag mir doch: Konntest du überhaupt noch mehr ersinnen, um zu erreichen, daß wir dich lieben?« Erst nach der Aufgabe des Bischofsamtes kommt Alfons zur Beschäftigung mit der Moraltheologie, die ihn weit über seinen Tod hinaus bekannt gemacht hat. Bernhard Häring, der einflußreichste Moraltheologe unserer Zeit, schreibt: Für Alfons war »ein Zentralanliegen als Moraltheologe und Seelsorger: Man darf nicht versuchen, einem Mitchristen etwas gesetzlich aufzuzwingen, was dieser jetzt und hier sich nicht in ehrlichem Gewissen aneignen kann«. Das ist Sensibilität, die in der Moral eine Beziehung zwischen aufrichtiger, objektiver Verantwortung und existentiell persönlicher Ehrlichkeit herstellt. Sind wir heute dagegen nicht manchmal übersensibel?

Manche verhalten sich wie die Igel, die ganz sanft erscheinen, wenn man sie nicht anrührt. Macht ihnen dagegen ein Vorgesetzter oder ein Freund Vorhaltungen, so zeigen sie die Stacheln, antworten erbittert, das sei nicht wahr oder sie hätten Grund gehabt, so zu handeln, und jene Ermahnung sei ganz einfach unverständlich; mit einem Wort: wer sie zurechtweist, wird ihr Feind. Sie sind jenen gleich, die dem Chirurgen zürnen, weil der heilende Eingriff weh tut.

Lesehinweis: A. von Liguori, Jesus lieben lernen (hrsg. v. B. Häring), Freiburg 1982

Josef Römelt

2. August — *Vorgestern war der Todestag von Antoine de Saint-Exupéry (1900-1944)*

»Der kleine Prinz« ist für viele, die ihn kennen, eine scheinbar vertraute Figur. Er kommt von einem Planeten, der nicht größer ist als ein Haus, auf die Erde und macht in der Wüste Sahara die Bekanntschaft eines Piloten, der dort wegen einer Flugzeugpanne notlanden mußte. Er erzählt von seiner Herkunft, von seiner Reise auf die Erde und seinen Erfahrungen mit den »großen Leuten«. Er lernt von einem Fuchs, was »zähmen« bedeutet. Und er lehrt den Piloten durch seinen geheimnisvollen Weggang, daß mit dem Herzen sehen bedeutet, anzuerkennen: Jede Beziehung beruht auf einem Geheimnis, und jeder Mensch bleibt letztlich ein Geheimnis.

Sich dem Autor des Buches, dem Menschen Antoine de Saint-Exupéry anzunähern, fällt schwer. So vielfältig wie seine Namen sind seine Gesichter. Tonio – Saint-Ex – Sonnenkönig – Mondgucker – Herr des Sandes – die Beziehungen hinter diesen Namen spiegeln die Facetten seines Wesens. Schon früh erfaßte ihn die Leidenschaft zur Fliegerei. Und seine zweite Leidenschaft war das Schreiben. Durch die Fliegerei lebte er in Frankreich, in Nordafrika, in Südamerika, in New York und auf Sizilien, war überall zuhause – und nirgends. Auf seinen Flügen immer unterwegs zu Menschen, verbunden mit vielen, die seine Güte, seine Menschenliebe, seine ansteckende Freude am Leben erfuhren, blieb aber wohl für die meisten, wie es Friedrich Sieburg beschreibt, der Eindruck einer »freundlichen Fremdheit«. Anvertraut hat er sich nur ganz wenigen, am tiefsten und bleibend allein seiner Mutter. Ihr vertraut er in einem Briefe, datiert im Jahre 1924, einen Schlüssel zu dem Geheimnis seiner selbst an:

Ich bin so verschieden von dem, was ich sein könnte. Es genügt mir, daß Du das weißt und mich etwas schätzt. … Jeden Abend ziehe ich die Bilanz meines Tages: ob er mir als persönliche Erziehung unfruchtbar war, ob ich gegen die Menschen häßlich gewesen bin, die ihn mir verdorben haben und in die ich Vertrauen setzen konnte. Du mußt mir nicht böse sein, weil ich fast nicht mehr schreibe. Das alltägliche Leben ist ja so unwichtig und gleicht sich so sehr. Das innere Leben ist schwer in Worte zu fassen, es besteht da eine gewisse Scham. Es ist so anmaßend, davon zu reden. Du kannst Dir nicht vorstellen, wie sehr das die einzige Sache ist, die für mich zählt; alle Werte werden dadurch verändert, sogar in den Urteilen über andere. Ein »guter Kerl« sagt mir nichts, wenn er bloß leicht gerührt ist. Will man wissen, wie ich bin, muß man mich in dem suchen, was ich schreibe und was das gewissenhafte und durchdachte Ergebnis meiner Gedanken und Beobachtungen darstellt. Da: in der Ruhe meiner Stube oder eines Bistros, kann ich mich so recht mir selber gegenübersetzen, kann jede billige Formulierung, jede literarische Mogelei vermeiden und mich mühsam ausdrücken. Da habe ich dann ein ehrliches und verantwortungsbewußtes Gefühl. Alles ist mir unerträglich, was nur frappieren soll und die Blickrichtung verfälscht, um auf die Fantasie einzuwirken. Viele Autoren, die ich gern hatte, weil sie mir ein allzu billiges geistiges Vergnügen verschaffen – wie Caféhausmelodien, die einem auf die Nerven gehen –, verabscheue ich ehrlich. Du kannst wirklich nicht mehr von mir verlangen, daß ich am Neujahrstag Neujahrsbriefe schreiben soll.

»Will man wissen, wie ich bin, muß man mich in dem suchen, was ich schreibe …«: Seine großen erzählenden Werke »Südkurier«, »Nachtflug«, »Wind, Sand und Sterne«, »Flug nach Arras«, »Die Stadt in der Wüste«, seine kleineren Schriften und nicht zuletzt »Der kleine Prinz« zeugen von der Identität von Leben und Schreiben. Was André Gide im Vorwort zu »Nachtflug« sagt, gilt nicht nur für diesen Roman: »Alles, was Saint-Exupéry erzählt, trägt den Stempel des Selbsterlebten«.

1944, ein Jahr nach Erscheinen von »Der kleine Prinz«, kehrt Antoine de Saint-Exupéry von einem Aufklärungsflug nicht mehr zurück. Jutta Duhm-Heizmann zieht die Parallele zu seiner Märchengestalt: »Er verschwand einfach. Wie der kleine Prinz. Man hat seinen Körper nie gefunden«.

Lesehinweis: A. de Saint-Exupéry, Briefe an seine Mutter. Botschaften eines großen Herzens, Freiburg 1991 (Herder Spektrum 4007)

Eva-Martina Kindl

Morgen ist der Todestag von Ernst Bloch (1885-1977)   3. August

Ernst Bloch entstammte dem liberalen Judentum und wandte sich schon als Schüler philosophischen Fragen zu. Utopie als Ent-decken des Noch-Nicht-Gewordenen, das auf Erfüllung zielt, prägt sein Denken. Das Gesamtwerk bleibt dieser Grundintention verpflichtet. Dabei erkennt er zunächst im Marxismus einen Weg zum Reich der Freiheit, dessen Verwirklichungen er auch politisch anerkennt: »ubi Lenin, ibi Jerusalem«; doch nach Errichtung der Berliner Mauer in der Bundesrepublik blieb und lehrte er in Tübingen Philosophie.

Dabei spielt »Erbschaft« als Methode eine bedeutende Rolle. Denn durch Beerbung der Geschichte will Bloch das »Prinzip Hoffnung« aufzeigen, das besonders in Kunst und Religion vor-scheint. Bloch arbeitet in eindringlicher Weise bestimmte Züge des Christlichen heraus, von dem er meint, es impliziere unbedingt Atheismus, solange unter »Gott« ein »Oben«, Unterdrücker, Pharao verstanden wird. Deswegen gilt es, aus diesem Gott auszuziehen, was im Exodus angelegt ist: Der Exodusgott ist der Rettergott, der Gott »Hoffnung« und steht gegen den Herren-Gott und gegen Weltenherrschaft:

Bei Moses bereits bleibt also der Deus Spes angelegt, auch wenn das Bild eines letzten Führers aus Ägypten, also des Messias, erst tausend Jahre später auftritt; der Messianismus ist älter als dieser Messiasglaube.

Was im Exodus-Gott angelegt war, führt Jesus als Menschensohn zu seiner endgültigen Gestalt. Das unter »Gott« Gedachte wird endlich Mensch. Hier ereignet sich eine neue Wendung des biblischen Exodus: der Exodus aus Gott selbst und der Einsatz des Humanum an dessen Stelle:

Jesus setzte sich als Menschensohn in dieses Oben ein. ... Nicht den vorhandenen Menschen setzte er ein, sondern die Utopie eines Menschenmöglichen, ... Gott ... ist zum menschgemäßen, menschidealen Mittelpunkt geworden ... Dazu gehörte und überzeugte ein Stifter, in dem das Wort zu Fleisch geworden, zu greifbarem, crucifixus sub Pontio Pilato. Dazu gehörte die unfingierbare Zartheit einer Hybris, die so ruhig behauptend sich darstellt, daß sie nicht einmal als solche empfunden worden ist und wird.

Dieser Jesus erscheint ohne Gott, ohne Vater – aber als ein Licht für alle Menschen. Der Blick nach oben wurde umgebrochen auf die Erde, auf den Heiland für die Mühseligen und Beladenen, mit Parteilichkeit für die Schwachen und Entrechteten. Mit Nachdruck hebt Bloch stets neu diese Hinneigung Jesu hervor und trifft sein Wesen, das sich für den Christen allerdings nicht gegen Gott, sondern als Einheit mit ihm kundtut, weil in Jesus eine Liebe erscheint, wie sie noch in keinem Gott gedacht war:

Die antike Liebe war Eros zu dem Schönen, Glänzenden, die christliche wendet sich statt dessen nicht bloß dem Gedrückten und Verlorenen, sondern darin dem Unscheinbaren zu. Nur diese Bewegungsumkehr der antiken Liebe gibt der Parteiischkeit für die Armen nun doch einen Selbstzweck, eben den aus ihrer Erwählung folgenden, aus dem Aufenthalt im Kleinen. Jesus ist selber bei den Hilflosen anwesend, als Element dieser Niedrigkeit, im Dunkel stehend, nicht im Glanz: »Was ihr getan habt einem unter diesen meinen geringsten Brüdern, das habt ihr mir getan« (Matth. 25,40). Die christliche Liebe enthält diese Hinneigung zu dem vor der Welt Unscheinbaren als Begegnung mit ihm, als Betroffenheit dieser Begegnung, sie enthält das Pathos und das Geheimnis der Kleinheit. Daher wird das Kind in der Krippe so wichtig, zusammen mit der Niedrigkeit aller Umstände im abseitig-engen Stall. Das Unerwartete, den Erlöser als hilfloses Kind zu finden, teilte sich der christlichen Liebe dauernd mit, am sichersten franziskanisch; sie sieht das Hilflose als bedeutend, das von der Welt Weggeworfene als berufen. Andacht zum Unscheinbaren leitet letzthin die Bewegungsumkehr dieser Liebe und ihres Aufmerkens, Einschlagens, Umschlag-Erwartens in den Nebenpunkten, Stillepunkten, Anti-Größen der Welt.

Lesehinweis: E. Bloch, Das Prinzip Hoffnung, 3 Bde., Frankfurt/Main 1973 (stw 3)

Heino Sonnemans

4. August — Todestag von Jean-Baptiste Marie Vianney (1786-1859)

Geistliches Leben, menschliche Reife, theologische Bildung, pastorale Befähigung: diese Voraussetzungen muß ein Kandidat mitbringen, der zum Priester geweiht werden will – so fordert es die von den deutschen Bischöfen 1988 in Kraft gesetzte »Rahmenordnung für die Priesterbildung«. Bei den letzteren beiden Kriterien wäre Vianney glatt durchgefallen. Der Bauernknecht, der in den Wirren der Französischen Revolution aufgewachsen war und kaum eine Schulbildung erhalten hatte, konnte intellektuell nur wenig aufweisen. Nur dank der Fürsprache des Generalvikars von Lyon wurde er zur Weihe zugelassen. Nach einigen Kaplansjahren wurde er als Pfarrverwalter nach Ars, einem kleinen, entchristlichten Dorf, geschickt. Seine seelsorglichen Bemühungen fruchteten wenig. Er lebte einsam und in äußerster Askese. Man rief ihn zur Mitarbeit bei Volksmissionen; allerdings nicht zum Predigen, denn damit tat er sich schwer – seine Predigten waren größtenteils mühsam erarbeitete Auszüge aus Predigtbüchern. Man ließ ihn lediglich Beichte hören. Hier lag allerdings sein eigentliches Charisma. Immer mehr Menschen kamen zu ihm und suchten seinen Rat. Aus der ganzen Umgebung strömten die Menschen, zum Verdruß seiner Mitbrüder. Allmählich entwickelte sich auch in Ars selbst ein neues Glaubensleben. Doch je mehr er bewirkte, desto heftiger wurde er zugleich angefeindet. Nachbarpfarrer verleumdeten ihn. Vianney ging durch Zeiten großer Niedergeschlagenheit: Er litt unter diesen Anfeindungen, aber auch unter seiner theologischen Unwissenheit und unter der Last seiner seelsorglichen Arbeit. Andererseits wuchs aber sein Ansehen in Kirche und Öffentlichkeit immer mehr. Er selbst dachte nie groß von sich. Doch als er 1859, total entkräftet, starb, da war seiner Umgebung deutlich, wieviel Gutes dieser Mann durch sein glaubwürdiges Leben und seine radikale Menschenfreundlichkeit bewirkt hatte.

Welche Impulse könnte der »Pfarrer von Ars« für unsere heutige Situation geben? Daß man, um den Priestermangel zu beheben, den intellektuellen Level der Weihekandidaten getrost außer acht lassen darf? Daß es ganz in Ordnung ist, seine Predigten aus Predigtbüchern abzuschreiben? Daß ein Priester ein einsamer Büßer und Asket sein soll? Daß derjenige der beste Seelsorger ist, der sich bis zur äußersten Erschöpfung in seinem Dienst verzehrt und sich keinerlei Freude gönnt? Es wäre sicher nicht in seinem Sinne, seine persönliche Biographie zur Norm zu erheben. Mir macht dieser Heilige vielmehr zweierlei deutlich: Das erste und wichtigste Medium der Seelsorge bist du selbst, mit deiner Person, deiner Echtheit und deinem Einfühlungsvermögen. Wichtiger als das, was du verkündest, ist das, was du verkörperst! – Und: Gib auch in scheinbar aussichtslosen Situationen nicht auf! Lebe an deinem Platz das Evangelium, gleichgültig, was andere sagen und denken; sei als glaubender, hoffender und liebender Mensch präsent; und es wird seine Wirkung haben:

Unsere ganze Frömmigkeit ist falsch, und alle unsere Tugenden sind nichts als Einbildung, und wir sind in den Augen Gottes nur Heuchler, wenn wir nicht eine umfassende Liebe zu allen haben, zu den Guten wie den Bösen, zu den Armen wie zu den Reichen, zu allen, die uns Böses antun, wie zu denen, die uns Gutes tun. ... Warum seht ihr große Fehler an euerem Nächsten? Ach, mein Freund, seien Sie überzeugt, daß Sie größere Fehler in den Augen Gottes haben, nur Sie kennen sie nicht. Es ist wahr, wir dürfen die Fehler und Schwächen des Sünders nicht lieben, aber wir müssen ihn selbst lieben. Wenn er auch Sünder ist, so hört er doch nicht auf, Geschöpf Gottes zu sein und sein Ebenbild. Wenn ihr nur die lieben wollt, die keine Fehler haben, dann werdet ihr keinen lieben, denn keiner ist ohne Fehler. ... Je mehr ein Christ Sünder ist, desto mehr verdient er unser Mitleid und einen Platz in unserem Herzen.

Lesehinweis: G. Rossé, Der Pfarrer von Ars an seine Gemeinde. Ausgewählte Gedanken und Predigten mit einer biographischen Einführung, München 1991

Helmut Gabel

Todestag von Janusz Korczak (1878-1942) 5. *August*

Warschau, den 6. August 1942: Am frühen Morgen marschieren fast 200 Kinder aus einem jüdischen Waisenhaus in geordneter Reihe zum Umschlageplatz, von wo aus sie in versiegelten Waggons verladen und nach Treblinka in die Gaskammer abfahren sollen. Ein älterer Junge trägt eine grüne Fahne, auf der ein goldenes vierblättriges Kleeblatt zu sehen ist, so wie es sich König Hänschen I. in Korczaks berühmtem gleichnamigen Märchenbuch erträumt hatte, weil grün die Farbe der Hoffnung ist. Der Zug wird angeführt von einem älteren Herrn, der ein 5jähriges Kind auf dem Arm trägt und ein anderes Kind an der Hand hält. Es ist der bekannte jüdische Arzt und Pädagoge Dr. Janusz Korczak, auch der »alte Doktor« genannt. Die jüdische Polizei macht einen Weg frei für diese Prozession und salutiert instinktiv. Die Hoffnung auf ein anderes Leben hatte Korczak seinen Kindern im Waisenhaus vermittelt. Aus ihr lebte er, sie gab ihm die Kraft, selbst noch den grausamen Tod der Gaskammer bewußt auf sich zu nehmen: »Die Menschen empfinden und betrachten den Tod als das Ende, aber er ist nur eine Fortsetzung des Lebens, ein anderes Leben«.

Der aus einer großbürgerlichen jüdischen Familie in Warschau stammende Henryk Goldszmit alias Janusz Korczak schlug zunächst die Laufbahn eines Kinderarztes ein; eine glänzende berufliche Karriere lag vor ihm. Aber er verzichtete auf Ruhm und Reichtum, um sich ganz elternlosen oder alleingelassenen Kindern zu widmen. Er war ein begnadeter Pädagoge im ureigenen Sinne des Wortes, er lebte mit seinen Kindern, teilte ihre Sorgen, Nöte und Freuden. Für ihn war das Kind ein großes Geheimnis, vor dem er ehrfürchtig verharrte. Für ihn war das Kind kein Mini-Erwachsener, sein Wert wird für ihn nicht vom Erwachsenen bestimmt. Es muß auch nicht am Erwachsenen Maß nehmen, vielmehr ist das Kind ein vollrechtliches Wesen. »Es ist einer der bösartigsten Fehler anzunehmen, die Pädagogik sei die Wissenschaft vom Kinde und nicht zuerst die Wissenschaft vom Menschen.« Lange vor den Vereinten Nationen proklamierte Korczak die Rechte des Kindes: »1. Das Recht des Kindes auf seinen Tod. 2. Das Recht des Kindes auf den heutigen Tag. 3. Das Recht des Kindes, so zu sein, wie es ist«.

Gebet einer Mutter

Ich neige mich über dich, mein holdes Kind, warum bist du mir, du kleines Ding, so lieb? – Ich weiß, du bist wie viele, doch ich glaube – glaube – glaube: ich könnte dich, ohne hinzusehen, an deiner Stimme unter Tausenden erkennen; deine Lippen, die an meiner Brust saugen, erkenne ich, ohne hinzuhören – du mein Einziges auf Erden.
Ich verstehe dich ohne Worte, ohne einen Laut weckst du mich aus tiefstem Schlaf – mit einem Blick, einem Wunsch. Mein Kind, du aufrichtige und einzige Wahrheit meines Lebens. Wehmütige Erinnerung bist du für mich, gefühlvolle Sehnsucht, Hoffnung und Zuversicht.
Kind, werde glücklich …!
Verzeih, Gott, daß ich das Kind mehr liebe als dich. Denn ich habe es ins Leben gerufen, aber auch du, Gott, hast es ins Leben gerufen: Wir tragen gemeinsam Verantwortung, wir beide sind schuld, daß es gerade erst lebt und schon leiden muß. Wir müssen es beschützen.
Es leidet – es weint.
Gott, wenn ich diesen kleinen Wurm so wahnsinnig liebe, so liebe ich vielleicht dich in ihm, denn du bist – du bist in diesem Geringsten – du größtes Geheimnis – mein Gott.

Dieses Gebet ist der Gebetssammlung Korczaks »Allein mit Gott. Gebete eines Menschen, der nicht betet« entnommen. Diese Gebete geben uns Einblick in das Innerste des »alten Doktors«, der von Haus aus dem mosaischen Glauben angehörte, sich aber von dessen orthodoxer Prägung entfernt hatte. Auf sehr unkonventionelle Weise spricht Janusz Korczak in dieser kleinen Gebetssammlung mit Gott, er zieht alle Register menschlicher Sprache: Lobpreis, Bitte, Klage und Protest. Zu Recht konnte Johannes Paul II. sagen: »Janusz Korczak ist für die heutige Welt ein Symbol der Religion und der Moralität«.

Lesehinweis: J. Korczak, Das Kind lieben. Ein Lesebuch von E. Dauzenroth und A. Hampel, Frankfurt/Main ^{3}1988

Ralph Sauer

6. August Geburtstag von Franz Oberthür (1745-1831)

Der Würzburger Domkapitular, Stadtschuldirektor und Professor für Dogmatik, Franz Oberthür zählte zu den herausragendsten Persönlichkeiten im geistigen und kirchlichen Leben der Residenzstadt. Nicht zuletzt wegen seiner zahlreichen Kontakte zum Protestantismus stand der Aufklärer und Philanthrop in dauernder Auseinandersetzung mit seinem Fürstbischof. Seine lautere Persönlichkeit und sein beständiger Einsatz für die Verbesserung des Schul- und Bildungswesens der Stadt schützten ihn jedoch weitgehend vor lehramtlichen Zugriffen. Um die Wende zum 19. Jahrhundert radikalisiert Oberthür seine Vorstellungen von Humanität, Nächstenliebe und Toleranz als Wesen der christlichen Religion um eine entscheidende Dimension: Er verwirft seinen Plan, eine Dogmatik zu schreiben, weil man »über Theologie nichts Neues, nichts Eigenes mehr laut sagen durfte, ohne die Censur der strengen Orthodoxie – die um so mehr zu fürchten war, weil sich unter der Maske derselben auch manche niedrige Leidenschaft versteckt hatte«, und wendet sich stattdessen den Juden Frankens zu. Für diese Entscheidung dürfte auch ein – das Konfliktfeld erhellendes – biographisches Erlebnis ausschlaggebend gewesen sein:

Ich sahe nämlich noch die Rohheit der ältern Zeiten, sahe noch die Großen, ihren Uebermuth, die Jugend, ihren Muthwillen an den Juden üben. Schon in der frühesten Jugend fand meine Seele hohen Abscheu daran, und trauerte tief um die entehrte Menschheit. Da hörete ich nun einmal, höchstens neun Jahre alt, ein Jude, den ich gekannt, den ich selbst unter den Unglücklichen gesehen hatte, mit denen Große ihr rohes Spiel trieben, den müßige, vom Fette der Erde gesättigte Menschen, ihren Uebermuth fühlen ließen, habe sich in dem Hause eines dieser Großen erhängt, und betete in der Stille für ihn, daß Gott dem armen Unglücklichen dort barmherzig und gnädig seyn wolle. Das geschah nun freylich nicht ohne einen harten Kampf in meinem Innern... Für die Todten beten hatte mich der Catechismus gelehrt, und diese Lehre stand mit meinem Gefühle ganz im Einklange; aber für einen Juden? Den hatte ja das gemeine Vorurtheil schon ohne Weiteres zur ewigen Hölle verdammt! Und nun gar noch für einen Selbstmörder?... Die unbedingte Verdammniß eines Juden und eines Selbstmörders, konnte ich nicht gradezu glauben, und schob hier in diesem Falle die Schuld des Selbstmordes auf die Großen, die den Mann geplagt hatten... Das alles fühlte und dachte ich damals. Aber ich hatte das Herz nicht, es jemals Jemanden zu sagen, daß ich so gefühlt und gedacht, daß ich für den unglücklichen jüdischen Selbstmörder gebetet habe...

1792 legt Oberthür dem fränkischen Kreisconvent eine erste Bittschrift zur Verbesserung der bürgerlichen Rechte der Juden vor. Nachdem diese ergebnislos bleibt, drängen die Juden Frankens Oberthür 1803 erneut, mit einer Petition an den bayerischen Kurfürsten heranzutreten. Oberthür verfaßt ein ausführliches Memorandum, welches die Vorsteher aller jüdischen Gemeinden unterzeichnen, und überbringt dieses persönlich dem Kurfürsten: »Durchlauchtigster! Zutrauungsvoll wagt es die Judenschaft in Franken, Ew. Durchlaucht um Erleichterung ihres sie schwer drückenden Looses zu bitten... Wir wünschen und bitten..., so viel es einstweilen noch tunlich und anderen Staatsrücksichten und Verhältnissen nicht entgegen ist, den übrigen Unterthanen Ew. Durchlaucht gleich gehalten zu werden«. Den meisten Widerstand erfuhr der Theologe jedoch von seinen christlichen Mitbürgern: »Die Juden, die Clienten eines Theologen... Dieser der Sachwalter der Judenschaft!« Unbeirrt ging der Dogmatiker seinen Weg weiter. Der Erfolg der Resolution ließ noch einige Zeit auf sich warten: 1813 brachte ein Edikt erste Verbesserungen, und 1848 war die bürgerliche Gleichstellung der Juden erreicht. Ein Ziel, für das Oberthür – von seinen Kollegen allein gelassen und verspottet – jahrelang gestritten hatte.

Lesehinweis: A. Lindig, Franz Oberthür als Menschenfreund. Ein Kapitel aus der katholischen Aufklärung in Würzburg, Würzburg 1966

Michael Langer

Todestag von
Friedrich Spee von Langenfeld (1591-1635)

7. August

Dem Dichter Friedrich Spee begegnet man in Deutschland in aller Regel zum ersten Mal schon als Kind; daß der Autor von »Zu Betlehem geboren« aber auch der Autor der »Cautio criminalis« und damit des mutigsten Buches über die Hexenverfolgung ist, stellen wir erst später und dann zumeist mit Erstaunen fest. Er war Dichter, Seelsorger und Wissenschaftler. Seine wissenschaftliche Arbeit war geprägt von einem pastoralen Grundanliegen und gründete in einer tiefen Frömmigkeit. Weil er die Not derer, die er als seine Nächsten verstand, mitfühlte und teilte, konnte der Autor beschaulicher, zärtlich inniger Lyrik und kritischer, scharfsinnig differenzierender Texte sogar ausfallend werden:

Was wundern wir uns noch, wenn alles voller Hexen ist? Wundern wir uns lieber über die ungeheure Blindheit der Deutschen und die Beschränktheit selbst der Gelehrten. Aber sie sind freilich gewohnt, in Ruhe und Behaglichkeit hinter dem Ofen ihren Gedanken nachzuhängen, und da sie nicht einmal eine bloße Vorstellung von dem Schmerz der Tortur besitzen, haben sie prächtige Gedanken und Worte über die Folgerung der Angeklagten und ordnen sie so freigebig an, wie ein Blinder von der Farbe redet, von der er doch keinen Begriff hat ... Wenn sie hernach selbst auch nur für die Hälfte einer Viertelstunde auf die Folter gespannt würden, dann würden sie schnell genug ihre ganze Weisheit und großmäulige Philosophie fahren lassen Denn sie philosophieren recht kindisch über Dinge, von denen sie nichts verstehen.

In der »Cautio criminalis« argumentiert er mit großem Scharfsinn, geschult durch scholastische Philosophie und Theologie, motiviert durch jesuanische Nächstenliebe und Empathie. Dieses Buch ist ein Dokument der Freiheitsgeschichte, denn es ist ein mutiges Zeichen des Widerstands in Zeiten von Wahn und Angst, Krieg und konfessionellen Auseinandersetzungen. Selbst in unserer anscheinend aufgeklärten Zeit kennen wir diese Phänomene noch allzu gut; um so mehr wird deutlich, daß Spee zu den Befreiern der Menschheit gehört. Es entspräche aber nicht seinem Leben, umgäbe man ihn mit dem Mantel des Extraordinären; seine Werke erschienen anonym; selbst wenn heute das erwähnte Weihnachtslied im »Gotteslob« mit seinem Namen versehen ist, erinnert die dort vermerkte Jahreszahl noch stumm an diese Tatsache: 1637! Das ist immerhin zwei Jahre nach seinem Tod.

Trotz des Ungewöhnlichen und Großartigen, das sich in seinem Leben zeigt, schreibt Karl Rahner, »fragt uns auch dieses Leben mehr durch seine bittere Normalität als durch seine Großartigkeit, ob wir (wie er vor den Scheiterhaufen der Hexen) in einer Zeit des Holocaust an Gott glauben und noch für den Menschen etwas zu hoffen zu wagen, ob wir auch in den Zwängen unserer Gesellschaft und über alle Proteste gegen ihre Unmenschlichkeit hinaus unser Leben als Nachfolge des Gekreuzigten verstehen und jetzt schon die letzte Freiheit in Gott ergreifen können«.

Die Hexenverbrennungen waren nach Auffassung von Heinrich Böll »Zerstörung von Poesie«; vielleicht ist das neben der theologischen und seelsorgerischen Herausforderung der Grund für dieses so unterschiedliche literarische Schaffen: Der »lebensgefährliche« Einspruch gegen die menschenverachtenden Hexenjagden und die mörderischen Prozeßmethoden war komplementär zu seinem dichterischen Lob Gottes. Der Lyriker war in seiner Kreativität rational herausgefordert durch die menschliche Perversion der Schöpfung, durch die geschundene Kreatur. Als »Kampf und Kontemplation« kann man die doppelte Seite des Schaffens von Friedrich Spee vielleicht auf den Begriff bringen.

Lesehinweis: F. von Spee, Cautio Criminalis oder Rechtliches Bedenken wegen der Hexenprozesse, München 1982 (dtv 2171)

Godehard Ruppert

8. August — Kirchlicher Gedenktag von Domingo de Guzman (Dominikus) (1170-1221)

Noch keine 30 Jahre alt, wird der kastilische Priester Domingo de Guzman in das Domkapitel zu Osma aufgenommen. Auf einer Reise begegnet er den evangelischen Armutsbewegungen der Waldenser und Katharer. Bewußt distanzieren diese sich von Rom. Weltverachtung und Streben nach Vollkommenheit, die durch Handauflegung gespendete Geisttaufe und ein rigoristisches asketisches Ideal, die Laien- und Wanderpredigt wie auch eine radikal arme Lebenspraxis kennzeichnen diese kirchenoffiziell als »häretisch« eingestuften Gruppen. Die schon klar geglaubte Zukunft des jungen Kanonikers gerät aus den Fugen; er begibt sich auf »Abwege«. Dominikus, der Sympathisant der Outsider, will »leben wie die Ketzer, aber ... lehren wie die Kirche« (H. Grundmann).

Unter dem Dach der vergleichsweise offenen Augustinusregel sucht bald die junge Dominikanergemeinschaft Predigt, Studium und Kontemplation miteinander zu verbinden. »Die Gründung des Dominikus war gedacht als Protest gegen äußerliche Hierarchie, gegen ... äußerlichen Glauben, gegen den seßhaften, prunkvollen und machtgierigen Feudalismus der Kirche; er wurde konzipiert als arm und seelsorgerisch, als lebendig und avantgardistisch«(K. Farner). 1216 von Papst Honorius III. als kirchliche Ordensgemeinschaft offiziell bestätigt, zerstreuen sich die Brüder schon bald in ganz Europa. Das »Geheimnis des Erfolgs der Bewegung lag eindeutig in der neuen Praxis. Sie hieß Armut und Freiheit des Wortes« (G. Mainberger). Gezielt sendet Dominikus seine Leute nach Bologna, Madrid und Paris – die damaligen Zentren des intellektuellen Lebens. Inmitten der Universitätsstädte sieht er die Zukunft seines – bis heute basisdemokratisch organisierten – Ordens. Am 6. August 1221 stirbt Domingo de Guzman in Bologna. Entsprechend seiner Maxime des dialogischen Ringens um die Wahrheit, formulierten die Predigerbrüder 1986 fünf »fronteras« (Grenzsituationen), durch die sich die Verkündigungstätigkeit der dominikanischen Familie heute herausgefordert sieht:

(1) Die dringendsten und dramatischsten Probleme, mit denen der Mensch heute konfrontiert ist, ... sind soziale, politische und ökonomische Systeme, Strukturen und Praktiken, die einen großen Teil der Menschheit an den Rand zwischen Leben und Tod drängen. ... Ohne Einsatz für Gerechtigkeit und Frieden ist es nicht möglich, praktisch die Erfahrung des Reiches Gottes zu vermitteln und authentisch das Evangelium zu verkünden. (2) Die heutigen Gesellschaftsstrukturen drängen mehr und mehr Menschen an den Rand, so daß sie sich an der Grenze zwischen einer menschlichen und einer un- oder untermenschlichen Existenz befinden. ... Ohne Praxis der Gemeinschaft, der Solidarität, der Versöhnung ist es unmöglich, die Erfahrung des Reiches Gottes praktisch zu vermitteln und das Evangelium authentisch zu verkünden; deshalb sind diese Marginalisierten die privilegierten Adressaten der Verkündigung des Ordens. (3) Der Dialog mit den großen Religionen ... ist selbstkritisch in dem Bemühen, die kulturellen Verpflichtungen und Hindernisse zu erkennen, welche das Antlitz Jesu Christi im Laufe der Geschichte des Christentums entstellt haben. Der Dialog erfordert die Grundhaltung des Hörens und ein Eingehen auf andere Kulturen, frei von jedem Kolonialismus, Imperialismus und Fanatismus. (4) Die großen Fragen des zeitgenössischen Denkens sind noch ohne Antwort. In all diesen Fragen aber begegnet uns die Frage nach dem Menschen und seiner Zukunft, die kritisch gestellte Frage nach der Wahrheit und nach der geschichtlichen Funktion des Religiösen und des Christlichen. ... Der Dialog mit diesen Ideologien kann für die verschiedenen Erscheinungsformen des Religiösen und des Christlichen als kritisches Korrektiv wirken. (5) Das Neben- oder sogar Gegeneinander der christlichen Konfessionen ist ein Skandal für Gläubige wie für Nicht-Gläubige. ... Es gehört zur theologischen Tradition unseres Ordens, sich dieser Herausforderung zu stellen. ... In gewissen Gegenden der Welt bildet der wachsende Ansturm der Sekten eine Herausforderung für die Verkündigung des Evangeliums. Der Einfluß dieser Sekten deckt die Mängel in der Evangelisation auf und ist gleichzeitig eine Einladung, die Anstrengung bei der Verkündigung des Evangeliums zu vergrößern.

Lesehinweis: Th. Eggensperger-U. Engel, Frauen und Männer im Dominikanerorden. Geschichte – Spiritualität – aktuelle Projekte, Mainz 1992, (Topos Taschenbuch 223)

Ulrich Engel

Todestag von Edith Stein (1891-1942) 9. August

Von Priestern und Ordensleuten sagt man, daß sie besonders berufen sein müßten ... gibt es hierin einen Unterschied für Mann und Frau? Zum Ordensstand sind zu allen Zeiten Frauen wie Männer berufen worden, und wenn wir die mannigfach verzweigten Formen des heutigen Ordenslebens betrachten, die vielfältige äußere Liebestätigkeit, die in unserer Zeit auch von den weiblichen Orden und Kongregationen ausgeübt wird, so sehen wir einen wesentlichen Unterschied eigentlich nur noch darin, daß die eigentlich priesterliche Tätigkeit den Männern vorbehalten ist. Damit stehen wir vor der schwierigen und vielumstrittenen Frage des Priestertums der Frau. ... Die neueste Zeit zeigt einen Wandel durch das starke Verlangen nach weiblichen Kräften für kirchlich-karitative Arbeit und Seelsorgehilfe. Von weiblicher Seite regen sich Bestrebungen, dieser Betätigung wieder den Charakter eines geweihten kirchlichen Amtes zu geben, und es mag wohl sein, daß diesem Verlangen eines Tages Gehör gegeben wird. Ob das dann der erste Schritt auf einem Wege wäre, der schließlich zum Priestertum der Frau führte, ist die Frage. Dogmatisch scheint mir nichts im Wege zu stehen, was es der Kirche verbieten könnte, eine solche bislang unerhörte Neuerung durchzuführen. Ob es praktisch sich empfehlen würde, das läßt mancherlei Gründe für und wider zu.

1931 stimmt Edith Stein also für eine dogmatische Offenheit in der heute immer stärker in die Diskussion geratene Frage nach dem Priesteramt der Frau. Grundsätzlich ist für sie das kirchliche Verhalten hier wandelbar, wie sie an der negativen Entwicklung der Stellung der Frau von einer dem Mann gleichgestellten karitativen und apostolischen Tätigkeit in der Urkirche zur kirchenrechtlichen Benachteiligung unter alttestamentlichem und römisch-rechtlichem Einfluß aufzeigt. »Es ist viel mehr vom echt katholischen, das heißt freien und weiten Standpunkt möglich, als man durchschnittlich meint.« So sehr sie die fehlende Gleichstellung von Mann und Frau im Kirchenrecht beklagt, so wenig bleibt sie am Negativen hängen:

Die Kirche braucht uns, d.h., der Herr braucht uns. Nicht, als ob er ohne uns nicht fertigwerden könnte. Aber er hat uns die Gnade geschenkt, uns zu Gliedern seines mystischen Leibes zu machen, und will uns als seine lebendigen Glieder gebrauchen. Hat der Herr jemals einen Unterschied zwischen Männern und Frauen gemacht? ... Seine Gnadenmittel stehen allen Christen gleichmäßig zur Verfügung, und seine außerordentlichen Gnadenbezeugungen, die mystischen, hat er gerade Frauen in besonders verschwenderischer Fülle gespendet. Und es scheint, daß er heute Frauen in besonders großer Zahl für spezifische Aufgaben in seiner Kirche beruft.

Hier schlägt sich die Erfahrung ihrer eigenen spezifischen Berufung nieder: Am 12. Oktober 1891 wird sie als Jüdin in Breslau geboren und strenggläubig erzogen. Ihre Suche nach Wahrheit, der ihr ganzes Leben galt, führt sie nach einem glänzenden Abitur zum Studium der Philosophie (mit Promotion und Assistententätigkeit beim Phänomenologen Edmund Husserl in Freiburg) und schließlich vom Atheismus, zu dem sie sich von ihrem 13. bis 21. Lebensjahr bekennt, zum christlichen Glauben. »Das ist die Wahrheit!« bekennt sie nach der Lektüre des Lebens der hl. Teresa von Avila im Sommer 1921. Durch ihre Taufe am Neujahrstag 1922 findet sie nun Heimat in der katholischen Kirche. Die folgenden Jahre sind geprägt von unterrichtlicher Tätigkeit in Speyer, wissenschaftlichen Veröffentlichungen und Vortragsreisen, gerade auch zur »Frauenfrage«, bis sie im Herbst 1933 im Kölner Karmel um Aufnahme bittet: »Nicht die menschliche Tätigkeit kann uns helfen, sondern das Leiden Christi. Daran Anteil zu haben, ist mein Verlangen« – und dies in Stellvertretung für andere, das ist nun Ziel und Inhalt des Lebens von Sr. Teresia Benedicta a Cruce. »Komm, wir gehen für unser Volk!« sagt sie, als sie zusammen mit ihrer ihr in den Karmel gefolgten Schwester Rosa am 2. August 1942 verhaftet wird. Wenige Tage später wird sie im KZ Auschwitz ermordet.

Den unauslöschlichen Eindruck, den sie hinterlassen hat, bezeugt ein jüdischer Beamter im Durchgangslager Westerbork: »Die eine Nonne, die mir sofort aufgefallen war und die ich ... nie habe vergessen können, die Frau mit ihrem Lächeln, das keine Maske war, sondern wie ein warmes Leuchten aufging, ist diejenige, die durch den Vatikan heiliggesprochen wird ... als ich dieser Frau im Lager Westerbork begegnete ... wußte ich sofort: Das ist ein wahrhaft großer Mensch«.

Lesehinweis: E. Stein, Keine Frau ist ja nur eine Frau. Texte zur Frauenfrage (hrsg. u. eingel. v. H.-B. Gerl), Freiburg 1989

Rosemarie Nürnberg

10. August — Gestern war der Todestag von Franz Jägerstätter (1907-1943)

Franz Jägerstätter aus dem österreichischen St. Radegund ist eines der unzähligen Opfer des Nationalsozialismus. Seine radikale Ablehnung des Kriegsdienstes, ja sogar des Sanitätsdienstes, sein »Nein« gegenüber einem Krieg, der sich seiner Ansicht nach gegen seinen Glauben, die Kirche und die gesamte Menschheit richtete, führten zum Todesurteil (vollstreckt am 9. August 1943). Jägerstätter war kein Gelehrter, kein Theologe, kein kirchlicher Würdenträger, gehörte keiner politischen Organisation an, sondern war einfacher Bauer, Ehemann, Vater von drei Kindern. Die treibende Kraft war für ihn die Stimme seines Gewissens. Festigkeit erhielt diese Stimme durch seine tiefe Verwurzelung im Glauben. Spuren einer stark ausgeprägten Religiosität finden sich in Jägerstätters Biographie erst recht spät. Politisch erstmals auffällig wurde er, als er 1938 gegen den Anschluß an Nazi-Deutschland stimmte. Seine Einstellung, jegliche Unterstützung sowohl für das Regime als auch durch das Regime abzulehnen, machte ihn in seinem Dorf zum Sonderling. Er galt als »religiöser Fanatiker«. Selbst Pfarrer und Bischof, die er um Rat aufsuchte, drängten ihn, die Familie höher einzuschätzen als seine Entscheidung gegen den Krieg. *Sein* Verantwortungsraum sei die private Sphäre der Familie, so gab man ihm zu bedenken, die Verantwortung für das politische und gesellschaftliche Geschehen sei dem gegenüber minderen Ranges. Doch Franz Jägerstätter ging seinen Weg weiter. Um nicht auch seine Familie Repressalien auszusetzen, versuchte er erst gar nicht unterzutauchen. Die Konsequenz seines Handelns, für seine Überzeugung in den Tod zu gehen, Frau und Kinder zurückzulassen, kann auch uns noch verwirren. Jägerstätters Denken war geprägt durch die tiefe und zuversichtliche Hoffnung auf ein Wiedervereintsein in einer künftigen, besseren Welt. Sein Glaube zwang ihn geradezu, den Kampf, seinen Kampf gegen das Regime aufzunehmen:

Würde Gott die Verfolger wegnehmen, gäbe es keine Märtyrer mehr, würde Gott den Kampf von uns nehmen, bekämen wir keine Siegeskronen mehr. Hat sich denn Gott nicht ohnedies schon einmal unser erbarmt, und hat (nicht) die göttliche Macht einen gewaltigen Strich durch die Rechnung gemacht? Christus hat für unsere Sündenschuld gebüßt und Sühne geleistet, und alle, die wir seine Lehre annehmen und danach leben, können wir ewig glückselig werden, was wollen wir denn noch mehr? Soll sich denn Christus nochmals für uns kreuzigen lassen? Oder war das Wunder seiner Auferstehung oder seine sonstigen Wunder, die Er wirkte, noch zu klein, so daß wir noch auf ein Wunder warten, um vielleicht dadurch eher an seine Lehren glauben zu können? Hat uns denn Christus den Weg in den Himmel durch Wort und Beispiel noch zuwenig klar vorgezeigt?

Jägerstätters Weg war es, sich dem Regime in letzter Konsequenz entgegenzustellen, sein Opfer zu bringen – welches er selbst sehr gering einschätzte. Er war dankbar für die Gnade, die ihm die Kraft zu seinem Handeln gab; doch er verurteilte die nicht, die an diesem Krieg teilnahmen bzw. sich nicht gegen ihn zur Wehr setzten. Seine Art von Frömmigkeit, sein Rosenkranzbeten, seine Herz-Jesu-Verehrung, seine Sehnsucht nach den Sakramenten und seine Form der Bibellektüre mag den »aufgeklärten« Christen vielleicht eher befremden. Ihm jedoch gab dies alles die Kraft, seinen Weg zu gehen. Sein konsequentes Handeln aus der Glaubensüberzeugung heraus, ungeachtet jeglicher Bedrohung, machen ihn nicht nur für Kriegsdienstverweigerer erinnerungswürdig.

Lesehinweis: G.C. Zahn, Er folgte seinem Gewissen. Das einsame Zeugnis des Franz Jägerstätter, Graz [3]1988

Ralph Güth

Todestag von Nikolaus von Kues (1401-1464)   11. August

Die Eroberung Konstantinopels durch den türkischen Sultan Mohammed II. am 25. Mai 1453, bei der etwa vierzigtausend Einwohner ermordet und fünfzigtausend versklavt wurden, ließ das christliche Abendland erzittern. Den 1401 im Moseldörfchen Kues geborenen und nach Studien in Heidelberg, Padua und Köln in steiler Karriere zum bedeutendsten Kirchenmann und Gelehrten seiner Zeit aufgestiegenen Nicolaus Cusanus ereilte die Schreckensnachricht in seiner Bischofsstadt Brixen. Dort mußte er sich als um kirchliche Einheit und Reform bemühter Legat des Papstes und Bischof von Brixen gerade selbst heftiger Anfeindungen erwehren. Konstantinopel war ihm auf einer Legationsreise in früheren Jahren (1437/38) lieb und teuer geworden, als er im Auftrag des Papstes die Vertreter der orthodox-anatolischen Kirche zum Unionskonzil nach Italien abholte. Überwältigt vom Schmerz über den Fall dieser Stadt verfaßte er das kleine Werk »De pace fidei« (Der Friede im Glauben). Es beginnt mit einer autobiographischen Notiz:

Auf die Kunde von den schrecklichen Grausamkeiten, die der Sultan der Türken bei der Eroberung Konstantinopels kürzlich geschehen ließ, entbrannte ein Mann, der jene Stätten selbst kennen gelernt hatte, zu solchem Eifer vor Gott, daß er den Erschaffer des Alls unter inständigen Seufzern anflehte, er möge doch in seiner Güte der Verfolgung Einhalt gebieten, die da wegen der unterschiedlichen Riten der Religionen über alle Maßen wüte. Da geschah es, daß diesem Ergriffenen nach einigen Tagen – vielleicht weil er unaufhörlich darüber nachdachte – die Einsicht zuteil wurde, durch die Übereinkunft einiger weiser Menschen, die mit den Unterschieden der Religionen auf der Erde vertraut sind, könne leicht eine Übereinstimmung und ein ewiger Religionsfriede auf angemessenen und ehrlichen Wegen erzielt werden.

Cusanus gibt in dieser Schrift eine faszinierende Vision wieder: Siebzehn Vertreter verschiedener Völker und Weltreligionen überwinden in einem anspruchsvollen Gespräch, das die Wahrheitsfrage nicht ausklammert, die Zertrennung, aus der das Leid der Welt erwächst. Hier leuchtet das dem ganzen Leben und Werk des Nikolaus von Kues Einheit stiftende dialogische, mittlerische, pragmatische Anliegen auf, die Schöpfung in die Einheit Gottes zurückzuführen, in der alle Vielheit eingefaltet und vollendet wird. Die prägnante Formulierung von der »einen Religion in der Verschiedenheit der Riten« (»una religio in varietate rituum«) meint nicht die relativistische Toleranzidee einer oberflächlichen Koexistenz. Nikolaus bietet alle Anstrengungen des Verstandes auf, um zur demütigen Weisheit des Nichtwissens und damit zu einer Einsicht anzuleiten, in der die Gegensätze nicht aufgelöst, sondern dorthin überstiegen werden, wo sie ineinsfallen. Eine solche »Schau« vermag der Mensch nicht aus eigener Kraft zu erlangen. Sie kann nur als Geschenk, als Offenbarung empfangen werden. Darum gipfelt alle Religion in Jesus Christus, in seiner Offenbarung und in seinem Glauben. Aber die Verschiedenheit der religiösen Riten und Formen braucht nicht Not und Feindschaft hervorzurufen, sondern soll als Fülle und Vielfalt alle Religionen und Völker zum Wetteifer anregen, in der Verehrung Gottes und im Aufbau einer neuen friedlichen und gerechten Welt im Einklang zusammenzuwirken.

Ist dieses Ziel bloße Utopie? Cusanus vermochte die Einheit in der Vielfalt nicht herzustellen, weder zwischen den Weltreligionen seiner Zeit, noch in seinem Bistum Brixen, noch in der römischen Kirche. Er hat nicht einmal die weitere große Spaltung der Christenheit im nachfolgenden Jahrhundert verhindern können. Er starb – sinnbildhaft – unterwegs, auf der Reise, am 11. August 1464 in Todi in Umbrien. Sein Leib liegt in seiner Titelkirche San Pietro in vincoli zu Rom begraben. Sein Herz ruht in seiner Heimat vor dem Altar der Kapelle des Sankt-Nikolaus-Hospitals in Kues, das er für 33 alte Menschen gegründet hatte. Die dortige, umfassende Bibliothek mit den Zeugnissen seines gelehrten Fleißes auf den verschiedensten Gebieten der Wissenschaft stellt bis heute eine Schatzkammer des Geistes dar. Gilt dies nicht noch viel mehr für seine weiterwirkenden Ideen und seinen Glauben an die kommende Einheit, die gerade zu unserer Zeit unerwartete Aktualität gewonnen haben?

Lesehinweis: N. von Kues, Aller Dinge Einheit ist Gott (ausgew. u. eingel. v. G.-H. Mohr), Zürich 1984 (Reihe Klassiker der Meditation)

Wolfgang Lentzen-Deis

12. August Geburtstag von Hans Urs von Balthasar (1905-1988)

Hans Urs von Balthasar gehört zu den bahnbrechenden Theologen des Jahrhunderts. Er selber verstand sich eigentlich nicht als Theologe, sondern eher als theologischer Schriftsteller. Mit herkömmlichen Klischees – Rechter, Konservativer ... – ist ihm und seinem Werk nicht beizukommen. Schon die immense Vielfalt seines schriftstellerischen Schaffens verbietet dies und sprengt jede voreilige Festlegung.

Geboren wurde er am 12. August 1905 in Luzern. Er studierte in Zürich, Wien und Berlin. Die Fächer: Germanistik und Philosophie. 1929 trat er in die Gesellschaft Jesu ein: die Folge der Begegnung mit Ignatius von Loyola.

Sein zentrales Anliegen – früh schon in den Jahren des Theologiestudiums erkannt – hat er in seiner »Rechenschaft 1965« so formuliert:

Es galt, die künstlichen Mauern der Angst, die die Kirche zur Welt hin um sich aufgerichtet, zu schleifen, sie zu sich selbst zu befreien, indem ihre Sendung in die volle und ungeteilte Welt überantwortet wurde; denn der Sinn der Kunft Jesu Christi ist es doch, die Welt zu erlösen, ihr gesamthaft den Weg zum Vater zu öffnen: Kirche ist nur eine Mitte, ein Strahlen, das vom Gottmenschen in alle Räume hinausdringt, durch Verkündigung, Beispiel und Nachfolge.

Hans Urs von Balthasar wollte seiner Kirche, wie er einmal schrieb, »sein Bestes« geben: Er erschloß die Schätze der frühen Zeit der Kirchenväter, der Mystik, als Übersetzer vor allem, wandte sich der Interpretation wichtiger Schriftsteller zu und bezog auch von Zeit zu Zeit Position im Kampf der Geister dieses Jahrhundert. Er konnte ruppig sein und manchmal schroff und sperrig erscheinen. Aber das war der Preis, um den Kern zum Glühen zu bringen. Nichts an seinem Werk ist zeitlos. Und dennoch wird vieles, was er sagte und schrieb, zeitlos aktuell bleiben. Es scheint, wenn nicht alles täuscht, daß er auch die Nägel der Zukunft auf den Kopf getroffen hat.

In einer Zeit, in der sich große Systeme, Staaten, Institutionen und auch die Kirche wieder zur Welt hin verschanzen, Mauern der Angst um sich errichten, wird sein Werk mit jedem Jahr aktueller, zeitgemäßer. Er ist in vielem moderner als manche Modernen. Abgründe nennt er Abgründe, Fehler sind bei ihm Fehler, und Verrat ist Verrat. Seine Sprache ist eindeutig und klar. Sie verstellt nicht, sie entlarvt und entschleiert.

Mit seinem Leben und Werk ist er ein wichtiger und verläßlicher Wegweiser ins dritte christliche Jahrtausend. An ihm ist sichtbar, welche Weite, Höhe und Tiefe der Glaube an Jesus Christus zu entfalten vermag, welche Sprengkraft er hat.

Hans Urs von Balthasar starb am 26. Juni 1988 in Basel.

Lesehinweis: U. von Balthasar, Klarstellungen. Zur Prüfung der Geister, Freiburg 1971 (Herder-Bücherei 393)

Michael Albus

Todestag von Wladimir Solowjew (1853-1900)   *13. August*

»Ich spüre, daß die Gestalt des bleichen Todes nicht mehr fern ist, der mich leise mahnt, dasjenige, was das Allerwichtigste ist, nicht auf einen unbestimmten und ungesicherten Zeitpunkt zu verschieben«. Dieser Satz macht mich betroffen, gerade angesichts des bis dahin vorliegenden ungeheuren geistigen Schaffens seines Verfassers; dieser findet am Osterfest des Jahres 1900 sein Ende. Der Autor der erwähnten Todesahnung ist gerade 47 Jahre alt und heißt Wladimir Solowjew. Der Tod kam tatsächlich nur wenige Tage danach.

Als Philosoph, Theologe, Publizist und Dichter zu seinen Lebzeiten weltberühmt, wird er in Moskau am 16. Januar 1853 geboren. Er pflegt Freundschaft mit Dostojewski und Tolstoj ebenso wie mit maßgeblichen Kirchenfürsten der katholischen und orthodoxen Kirche und geht selbstverständlich in den Kultursalons der europäischen Hauptstädte und des Nahen Ostens ein und aus. So wie ihn sein Weg – geographisch und kulturell – durch Europa, Vorderasien und Rußland führt, durchwandert er auch die Konfessionen und konvertiert schließlich zum römisch-katholischen Glauben. Aber er weist Vorwürfe einzelner Kritiker entschieden zurück, er sei mit diesem Schritt der Papaphorie verfallen. Unmißverständlich schreibt er in einem Brief:

Ich hielt und halte es für notwendig, auf die positive Bedeutung des von Christus selbst gegründeten Felsens der Kirche hinzuweisen, aber ich habe ihn niemals für die Kirche selbst – ich habe das Fundament nicht für das ganze Gebäude genommen. Ich bin von der lateinischen Beschränktheit ebensoweit entfernt wie von der byzantinischen oder von der augsburgischen oder generischen.

In großer Klarheit leuchtet hier der Kern seines Denkens und Schaffens und seiner persönlichen Überzeugung auf: seine prophetische Vision der »Religion des Heiligen Geistes«. Zu ihr bekennt sich Solowjew und beschreibt ihr Wesen inhaltsreicher als alle Einzelreligionen; sie ist nicht Summe oder Extrakt aus diesen. Sie stiftet eine Weite, die für ihn bis zum öffentlichen Begnadigungsgesuch für die Mörder des Zaren Alexander II. (1881) reichen. Aber dieses Gesuch findet kein Gehör und hat schließlich den Verlust seiner Professur zur Folge. Ähnlich schicksalshaft ist die Würdigung seines gesamten Werkes. Zu Lebzeiten mit Schelling, F. v. Baader, Newman und Kierkegaard gleichgestellt, wird Solowjew in seinem Vaterland als der größte philosophische Geist gefeiert, den Rußland je hervorgebracht hat. Nach seinem Tod werden seine Werke verboten und ebenso das Reden über ihn. Erst durch die Perestrojka in unseren Tagen setzt eine umfassende Renaissance ein. Der Herausgeber der Deutschen Werkausgabe, Ludolf Müller, trifft mit seiner Einschätzung der Aktualität Solowjews den Nagel auf den Kopf: »Wir meinen, daß seine Persönlichkeit und sein philosophisches, publizistisches Werk, sein entschiedenes Eintreten für soziale und politische Gerechtigkeit, sein Leiden an den institutionellen Mängeln und an der konfessionellen Zerrissenheit der Christenheit, seine apokalyptische Unruhe über die zukünftigen Geschicke der Menschheit und sein fester Glaube, daß am letzten Ende aller Dinge, jenseits aller Katastrophen der Geschichte, doch der Tod in den Sieg verschlungen und Gott alles in allem sein wird – wir meinen, daß dies alles auch für uns tiefe und bleibende Bedeutung hat«.

Lesehinweis: W. Solowjew, Schriften zur Philosophie, Theologie und Politik (hrsg. v. L. Müller), München 1991

Thomas Schreijäck

14. August Todestag von Maximilian Kolbe (1894-1941)

Apostel des Christentums, der die Kultur Europas und Asiens miteinander verbunden hat; Erneuerer des Geistes des hl. Franziskus im 20. Jahrhundert, der die Armut, das einfache Leben, die Hingebung für große Ideen mit neuesten Errungenschaften der Technik und mit dem Pragmatismus vereint; Stifter der größten männlichen Ordensgemeinschaft im 20. Jahrhundert (das Franziskaner-Kloster von Niepokalanow zählte 1939 über 700 Personen); Begründer und Verwalter eines Verlags der katholischen Presse; Verehrer der Unbefleckten Mutter Gottes, in der er den vollkommensten Menschen und einen Vermittler zwischen Gott und Mensch gesehen hat – Begründer der Marien-Bewegung »Ritterschaft der Unbefleckten Mutter Gottes«; Verfechter der menschlichen Würde und des menschlichen Lebens. Das sind alles Bezeichnungen, die das Werk und den Geist des heiligen Maximilian charakterisieren. Die letzten Monate seines sehr aktiven Lebens hat er im schrecklichsten Gefängnis der Gestapo in Warschau und im Vernichtungslager Oswiecim (Auschwitz) verbracht, wo die Menschen massenweise ermordet wurden. Bevor sie aber um das biologische Leben gebracht wurden, wollte man in ihnen den Glauben, die Hoffnung und die Liebe töten, wollte man sie ihrer persönlichen Würde und ihrer menschlichen Natur berauben. Um dieses Ziel zu verwirklichen, wurde eine präzise Struktur der Gewalt und des Bösen konstruiert; Kolbe ist frei geblieben, hat seinen Glauben an den Menschen bewahrt und auf Böses mit Gutem geantwortet: Er tröstete die Traurigen, ermutigte die Verzweifelten, gab seine Portion Suppe und Brot an die Hungernden, stärkte den Glauben an Gott, weckte Hoffnung auf eine bessere Zukunft, versuchte davon zu überzeugen, daß die Wahrheit und die Gerechtigkeit siegen werden, zeigte den Sinn des Leidens und der Opfer, erteilte den zum Tode Verurteilten die Vergebung der Sünden, wies auf die Auferstehung nach dem Tode hin. Im Alter von 47 Jahren hat er sein Leben für einen Mitgefangenen hingegeben: Er ging anstelle des Familienvaters Fraciszek Gajowniczek freiwillig in den tödlichen Hungerbunker:

Für mich selbst so wenig wie möglich, für Gott und meine Nächsten so viel wie möglich.
Die Liebe zu deinem Nächsten aus der Liebe an Gott: gib Gott deinen Nächsten und deinem Nächsten Gott = die wahre Liebe.

Vergiß nicht, daß die Heiligkeit nicht auf außerordentlichen Taten beruht, sondern auf einer guten Erfüllung deiner Pflichten gegenüber Gott, dir selbst und den anderen. Die äußere Tätigkeit ist gut, aber selbstverständlich ist sie zweitrangig und mehr als zweitrangig gegenüber dem inneren Leben, dem Leben der Andacht, des Gebets, dem Leben der persönlichen Liebe an Gott.

Das Leben von Maximilian Kolbe hat heute eine symbolische Bedeutung. Es zeigt, daß der Mensch frei ist und Gutes unter jeden Bedingungen tun kann, daß zwischenmenschliche Beziehungen, die auf Vergebung und gegenseitige Liebe bauen, stärker sind als diejenigen, die sich auf Gewalt stützen.
Auschwitz dauert bis heute an. Es ist überall dort, wo die Menschen gepeinigt, erniedrigt und vernichtet werden. Aber auch das, was sich auf dem Appellplatz in Auschwitz und später in dem Todesbunker im Jahre 1941 ereignet hat – als Maximilian Kolbe für das menschliche Leben und das Lebensrecht eingetreten ist –, dauert bis heute an. Überall dort, wo der Mensch entgegen dem Haß liebt, wo er etwas von sich selbst den anderen gibt, wo er für das menschliche Leben eintritt, wo die Menschen einander vergeben und zur Liebe zurückfinden, bleibt etwas vom Leben des heiligen Maximilian. Alleine dieser Weg im Kampf mit dem Bösen ist richtig, weil er die innere Wandlung des Menschen bewirkt und ihn menschlicher macht.
Gute und freie Taten sind notwendig, weil nur sie eine Struktur der Unterdrückung und des Bösen entschärfen können, eine Struktur, die immer wieder geschaffen wird.

Lesehinweis: M. Kolbe, Jedem ist der Weg gewiesen. Texte eines Märtyrers, Ostfildern ³1981

Leon Dyczewski

Geburtstag von Matthias Claudius (1740-1815) *15. August*

Den meisten wird Matthias Claudius nur als der Dichter des »Abendliedes« bekannt sein; und dies hält man – weil man gewöhnlich nur die ersten paar Zeilen kennt (»Der Mond ist aufgegangen, die goldnen Sternlein prangen«) für ein Stück sentimentaler Naturlyrik. Doch das Abendlied ist etwas ganz anderes, ist im Grunde ein Gebet (»Gott, laß uns dein Heil schauen, auf nichts Vergänglichs trauen, nicht Eitelkeit uns freun!«); und auch Claudius selbst ist viel mehr und anderes als nur ein Reimer »schöner« Gedichte, ist Journalist, Essayist, Kritiker, Weisheitslehrer und vor allem schlicht: der »Wandsbecker Bote«. In Wandsbeck, heute Stadtteil von Hamburg, damals ein kleines Dorf von hundert Häusern, wo Claudius mit wenigen Unterbrechungen sein ganzes Leben zubringt, erlebt er in der kurzen Zeit zwischen 1771 und 1775 auch seine wohl höchste »berufliche« Erfüllung. Er bringt den »Wandsbecker Boten« heraus und läßt das kleine, volkstümliche Blatt schnell zu einer festen Größe auch im gebildeten Deutschland werden. Da freilich bahnt sich die Aufklärung ihren Weg, so daß der fromme – aber nie frömmelnde – Claudius mit seinen vielfach volkserzieherisch gemeinten – aber nie plumpen – Gedichten und Prosastückchen in dieser geistigen Landschaft ein wenig verloren wirkt. So gehen die Urteile über ihn unter der zeitgenössischen Prominenz sehr auseinander: Wilhelm von Humboldt scheint ihn für eine »völlige Null« gehalten zu haben, Herder hingegen für das größte ihm bekannte Genie. Sailer sieht in dem Protestanten Claudius einen Geistesverwandten, dessen Werk er »vor vielen hunderten lieb« hat. Denn dieses, so schreibt er 1787 in einem anspielungsreichen Brief an Claudius, »läßt keinen Bardengesang gelten, der sich nicht mit Ungestüm himmelan reißt: da andere an Amorn und Wein sich zu Tode necken. Es findet in der Verwesung das erste Hahnengeschrei zur Auferstehung: da andere in den Trebern der Materie versinken, es auf das Gutachten ihrer irdischen Vernunft wollen ankommen lassen« – und vor allem: »Es schämt sich ... des Herrn Jesus Christus nicht«. Man sollte noch hinzufügen: Es versteht auf das aufmerksam zu machen, was heute gern die »Tiefendimension der Wirklichkeit« genannt wird. Claudius möchte, und darin sieht er wohl seine wichtigste Mission, daß die Menschen sich nicht mit der Rinde des Lebens zufriedengeben:

Und auch zwischen dem Herein und Hinaus, selbst wenn es am besten geht, was ist denn der Mensch, und was hat er? – Er hat Himmel und Erde, Meer und Land, Berg und Tal, Sonne und Mond etc., und die sind groß und herrlich; aber recht beim Lichte besehen, ist alles, was man sieht, doch nur äußere Rinde und Kruste, schöne Kisten und Kasten mit Kleinodien, zwischen denen der Mensch herumgeht wie ein Knecht, vor dem der Herr sie verschlossen hat. Er fühlt wohl, daß es anders sein könnte; denn was sind seine kühnen Vermutungen und seine Träume über den inwendigen Zusammenhang und die verborgenen Triebfedern der Natur anders als Zeichen und Beweise seines Anrechts an ihre Erkenntnis? – Aber sein Anrecht ist sequestriert, und er geht neben dem Born des Lichts hungrig und durstig nach Erkenntnis und muß es sich kalt und warm um die Nase wehen lassen und mit allen Elementen kämpfen, bis sie ihn wieder verschlungen haben.

Lesehinweis: M. Claudius, Aus dem Wandsbecker Boten, Stuttgart 1981 (Reclam UB 7550)

Rudolf Englert

16. August   Geburtstag von Giovanni Bosco (1815-1888)

So bewegt wie seine Zeit, so bewegt war auch das Leben Giovanni Boscos. Als er am Ende seines Lebens nach der Methode seines pädagogischen Erfolges gefragt wurde, antwortete er: »Man will, daß ich meine Methode erkläre: aber wenn auch ich sie nicht kenne! Ich bin immer so vorangegangen, wie der Herr es mir eingab und die Umstände es erforderten«.

Giovanni Bosco wurde am 16. August 1815 in einer armen piemontesischen Bauernfamilie geboren und mußte bereits in jungen Jahren hart arbeiten, um sich Schule und Studium finanzieren zu können. 1841 kommt er als junger Priester in die norditalienische Metropole Turin. Hier will er sich in Moral- und Pastoraltheologie weiterbilden, aber seine kontaktfreudige und aufgeschlossene Art läßt ihn bald auch die sozialen Brennpunkte der aufstrebenden Industriestadt Turin entdecken. Besonders die vielfältige Not der armen Jugend bewegt sein Herz. So beginnt er heimatlose, arbeitslose, verwaiste und straffällig gewordene Jugendliche um sich zu sammeln. Unter Einsatz all seiner Kräfte besorgt er für sie Unterkunft, Nahrung, Kleidung, schulische und berufliche Ausbildung und Gelegenheit zu jugendgemäßer Freizeitgestaltung.

In einer Zeit, in der die Kirche insgesamt eher defensiv und ängstlich auf die gewaltigen sozialen und politischen Veränderungen reagiert, geht Don Bosco mutig neue Wege. Sein Hauptanliegen ist, die Liebe Gottes zu den Armen, besonders zur ärmeren und gefährdeten Jugend, durch Wort und Tat sichtbar werden zu lassen. Daher sucht er die hauptsächlich auf Strafen basierende Erziehungsmethode seiner Zeit durch einen liebevollen und gewaltlosen Umgangsstil mit seinen Jugendlichen zu überwinden. In einen Rundschreiben von 1883 betont er:

Im allgemeinen wird das System, nach dem wir arbeiten, Präventivsystem genannt. Und dieses besteht darin, daß man die Herzen unserer Jugendlichen so bildet, daß sie sich ohne irgendeine äußere Gewalt unserem Willen fügen. Mit diesem System will ich euch sagen, daß Zwangsmaßnahmen niemals angewendet werden dürfen, sondern immer nur die Mittel der Überzeugung und der Liebe. ... Wie oft, meine lieben Söhne, konnte ich mich in meiner langen Karriere von dieser großen Wahrheit überzeugen! Es ist gewiß viel leichter, aufzubrausen als sich in Geduld zu üben, einem Kind zu drohen als es zu überzeugen...

Bemühen wir uns zuallererst darum, daß man uns liebt, bevor man uns fürchtet.

In der Folge gründet Don Bosco dann Schulen und Lehrwerkstätten für arme und gefährdete Jugendliche. Er arbeitet von Anfang an mit engagierten Klerikern und Laien zusammen, woraus 1859 die Kongregation der Salesianer Don Boscos, 1872 die Kongregation der Töchter Mariä Hilfe der Christen und 1875 die Vereinigung der salesianischen Laienmitarbeiter hervorgehen. Er organisiert ein umfassendes Presseapostolat für die Jugend und das einfache Volk, und er engagiert sich auch politisch zum Wohl seiner Kirche. Als er am 31. Januar 1888 in Turin stirbt, hinterläßt er ein gewaltiges Werk und mehrere Gemeinschaften von Ordensleuten und Laien, die in seinem Geist unter der Jugend weiterarbeiten. Ihnen empfiehlt er in seinem geistlichen Testament die Sorge um die Erziehung der Jugend, »in besonderer Weise aber die Sorge um die armen und verlassenen Jugendlichen, die mir immer besonders am Herzen lagen«.

Lesehinweis: J. Bosco, Erinnerungen. Autobiographische Aufzeichnungen über die ersten 40 Jahre eines Lebens im Dienst an der Jugend, München 1988

Karl Bopp

Vorgestern war der Geburtstag von Christoph von Schmid (1768-1854)

17. August

Das Bildchen »Christoph von Schmid in seinem Studierzimmer« mag eine Vorstellung von der innigen Verehrung geben, die das 19. Jahrhundert diesem damals weithin geschätzten Jugendschriftsteller entgegenbrachte. Die »Biblische Geschichte für Kinder« (1801), dann die lehrhaft erbaulichen Geschichten »Genoveva« (1810), »Die Ostereyer« (1816), »Wie Heinrich von Eichenfels zur Erkenntnis Gottes kam« (1817), »Rosa von Tannenburg« (1823) erschienen zu Lebzeiten Schmids in vielen Auflagen und wurden in über 20 Sprachen übersetzt. Schmids Geschichten spielen in einer ideal christlich ritterlichen Welt, in der sich das Tun der Menschen auf wunderbare Weise in den göttlichen Heilsplan einfügt. »Wohltätige Gesinnungen« machen sich auf Erden schon bezahlt.

Diese Mischung aus romantisch rückwärts gewandter Utopie und aufklärerischem Impuls, der Literatur als moralisches Mittel zur Besserung des Menschen betrachtet, entsprach dem Zeitgeschmack. Schmids väterlicher Freund, der »katholische Aufklärer« und spätere Bischof von Regensburg, J.M. Sailer (1751- 1832), schrieb ihm nach der Lektüre des »Weihnachtsabends« (1825): »Ach! Du hast uns in Regensburg so viele Tränen ausgepreßt, daß eine neue Überschwemmung zu fürchten war – und eine größere als die in St. Petersburg. Die Polizei mußte das Lesen des Büchleins verbieten, um das Wasser zu sistieren«. Dieser empfindsame und zugleich ironische Umgang mit Schmids Geschichten ist Teil des Pakts, den der Leser mit dem Autor eingeht. Er glaubt ihm die »kindlichklaren« Idyllen, weil »Gottes Ehre, unverhoffte Verklärung seiner geheimnisvollen weisesten Führungen, Belohnung des Verdienstes und vollkommener Sieg der guten gerechten Sache« (Sailer) selbst seine Hoffnung sind. Erst das Zerbrechen dieses Glaubens in unsrem Jahrhundert entzieht ihnen die breite Wirkung. Wiederzuentdecken sind jedoch Schmids kleine Formen, die an J.P.Hebels Kalendergeschichten heranreichen.

In den »Erinnerungen« (1853) des Achtzigjährigen fällt auf die Dinkelsbühler Kindheit ein freundliches Licht. Nur die Briefe des Dillinger Studenten und des jungen Kaplans von Seeg/Allgäu lassen ahnen, welcher Not mit sich und den Menschen – an einer Stelle spricht Schmid von »Menschenhaß« – der Glaube an den Sieg des Guten im Weltlauf abgerungen wurde. Als Schulinspektor in Thannhausen/Schwaben, später als Pfarrer in Oberstadion/Kreis Ehingen lehnt er Berufungen auf Professorenstellen nach Landshut, Dillingen, Tübingen stets ab. 1817 schlagen ihn

Regierung und Klerus zum Bischof von Rottenburg vor. Zehn Jahre später wird er Domherr von Augsburg. Ehrungen wie die Verleihung des persönlichen Adels und die Ehrendoktorwürde der Universität Prag folgen. 1854 stirbt Schmid in Augsburg an der Cholera.

Lesehinweis: C. von Schmid, Die schönsten Geschichten, Mainz 1977

Lothar Kuld

18. August — Übermorgen ist der Geburtstag von Rudolf Bultmann (1884-1976)

Bei einer internationalen Neutestamentlertagung in Marburg hielt Rudolf Bultmann am 7. September 1954 die Eröffnungsandacht über Psalm 111,10: »Die Furcht des Herrn ist der Weisheit Anfang«. Inwiefern kann die Furcht des Herrn auch als Voraussetzung der wissenschaftlichen Arbeit am Neuen Testament verstanden werden? Bultmann antwortet in zwei Reflexionsgängen:

Wir können zuerst antworten, daß die Furcht des Herrn das Motiv ist, das uns zur Arbeit am Neues Testament getrieben hat. Denn ich denke, daß wir alle das Neues Testament als unser Arbeitsgebiet nicht aus reinem Zufall erwählt haben, sondern weil das Neues Testament die Grundlage der christlichen Verkündigung ist. In ihren Dienst stellen wir uns, wenn wir durch unsere wissenschaftliche Arbeit helfen, das Neues Testament richtig zu verstehen und für die christliche Gemeinde auszulegen.

Bei Bultmann war es so: Der im Oldenburgischen Elternhaus, wo gegensätzliche Traditionen evangelischer Frömmigkeit zusammentrafen, erlebte und erlernte Glaube führte zu dem Entschluß, Pfarrer zu werden, und so zur wissenschaftlichen Theologie. Bei ihr blieb Bultmann, nicht nur als überragender Exeget des Neues Testaments, sondern zugleich als Theoretiker des christlichen Glaubens. »Im Kampf um die Möglichkeit des Glaubens« – so der Titel der Gedenkrede, die der jüdische Philosoph Hans Jonas auf seinen Lehrer und Freund Bultmann hielt – entwickelte er das Programm der Entmythologisierung der neutestamentlichen Verkündigung. Darin werden die dem heutigen Menschen unvollziehbaren mythologischen Aussagen des Neues Testaments, wie sie etwa konzentriert im Glaubensbekenntnis vorliegen, als zeitgebundener Ausdruck einer bestimmten Auffassung menschlichen Daseins, eben der glaubenden Existenz, verstanden und »existential interpretiert«. Dieses Verfahren, das von vielen Christen und Theologen, evangelischen wie katholischen, genau so aufgenommen wurde, wie es gedacht war: als Dienst »für die christliche Gemeinde«, brachte Bultmann bei anderen in den Ruf eines Irrlehrers, der den Glauben zerstört. Eine abwegige Meinung! – wie auch der zweite Reflexionsgang der Andacht zeigt: Die Furcht Gottes steht nicht nur »am Anfang unserer Arbeit als das Motiv, das sie begründet«, sondern ist

auch eine Haltung, die unsere ganze Arbeit als Voraussetzung beherrscht. Natürlich nicht in bezug auf die Ergebnisse der Forschung: *Wissenschaftliche Arbeit muß in diesem Sinne immer voraussetzungslos, unbefangen und frei sein.* Wohl aber so, *daß der, der sie treibt, ein lebendiges inneres Verhältnis zu dem Gegenstand hat, zu der Sache, die er erforscht. Redet nun das Neue Testament von dem, was Gott durch Jesus Christus an den Menschen getan hat und tut,* so setzt die wissenschaftliche Arbeit am Neues Testament voraus, *daß wir nach Gott fragen und nach uns selbst fragen; daß wir ... offen sind für das, was Gott zu uns spricht. So können wir auch einfach sagen: das innere Verhältnis zur Sache, das die Voraussetzung unserer wissenschaftlichen Arbeit am Neues Testament ist, ist die Furcht Gottes.*

Eine unzeitgemäße Erinnerung? – vielleicht. Vielleicht aber auch an der Zeit für eine Bibelexegese, bei der viele – auch richtige! – Antworten nicht aus solchem Fragen kommen.

Lesehinweis: R. Bultmann, Jesus Christus und die Mythologie, Gütersloh [6]1984 (GTB 47)

Martin Evang

Todestag von Blaise Pascal (1623-1662) *19. August*

»Das Herz hat seine Gründe, die der Verstand nicht kennt.« Blaise Pascal, der diesen Satz prägte, braucht nicht deshalb auf das Herz hinzuweisen, weil es mit seiner eigenen Vernunft nicht weit her war. Er gehört nicht zu denjenigen, die sich auf Gemüt oder Gefühl oder gar auf Glauben berufen, weil Klarheit des Denkens nicht ihre Stärke ist. Seine Vernunft hat ihm ungewöhnliche Einsichten geschenkt. Um so glaubwürdiger ist sein Hinweis auf die »Vernunft des Herzens«.

Seine geniale Begabung für die Mathematik zeigte er schon als Kind. Mit 12 Jahren entdeckte er ohne Anleitung eines Lehrers oder Buches selbständig die ersten 32 Lehrsätze des Euklid. Mit 16 Jahren schrieb er eine bahnbrechende Abhandlung über die Kegelschnitte, und mit 19 Jahren konstruierte er eine praktikable Rechenmaschine für die Steuerpraxis seines Vaters. Zur späteren Entfaltung der Wahrscheinlichkeits- und Infinitesimalrechnung gab er wichtige Impulse.

Doch sein Hauptinteresse galt der Philosophie und Theologie. Er stritt voll Leidenschaft für die Lehre des Bischofs Jansenius, der die göttliche Gnade über die menschliche Leistung setzte. Hauptgegner in diesem Kampf waren ihm die Jesuiten, die er geistvoll und scharf kritisierte. Die Auseinandersetzung fand in Paris größte Beachtung. Doch als der »Jansenismus« von Rom verurteilt wurde, war Pascal zwar zutiefst enttäuscht, ließ es aber zu einem Bruch mit der Kirche nicht kommen, weil er sie trotz aller Unzulänglichkeit als seine geistliche Heimat ansah.

Sein Hauptwerk, die »Pensées«, hat er nicht vollenden können. Es liegt uns in vielen hundert Fragmenten vor. Hier versucht er eine Verteidigung des Christentums gegen die gebildeten Skeptiker seiner Zeit. Er kennt deren Denken und Einwände, auch ihr Desinteresse an Fragen des Glaubens. Aber er weiß auch, worin die Schwächen ihrer vermeintlichen Bildung bestehen. Seine formvollendeten Reflexionen, die zum Besten gehören, was in der französischen Sprache geschrieben wurde, setzen an ihren Vorstellungen an, üben heftige Kritik an Theorie und Praxis ihrer Lebensart, führen dann aber konsequent in die Mitte des christlichen Glaubens, wie er ihn verstand. Man weiß nicht, was man an den »Pensées« am meisten bewundern soll: die Klarheit der Sprache, die Zucht des Denkens, die Leidenschaft des Herzens, die Menschenkenntnis oder die Frömmigkeit. Berühmt geworden sind vor allem die anthropologischen Aphorismen, die Elend und Größe des Menschen beschreiben:

Widersprüche. Von Natur ist der Mensch gläubig, ungläubig, furchtsam, tollkühn. –
Seinslage des Menschen: Unbeständigkeit, Langeweile, Unruhe. –
Sie besitzen, vergnügen sich, tanzen, reisen, beschäftigen sich damit, hinter einem Ball oder Hasen herzujagen. –
Als ich dies des näheren bedacht und den Grund all unserer Leiden erkannt hatte, wollte ich die Gründe hierfür finden. Ich fand, daß es einen überaus wirkungsvollen gibt; er liegt in dem natürlichen Unglück unserer schwachen, sterblichen und so elenden Seinslage, daß uns nichts zu trösten vermag, sobald wir nur genauer darüber nachdenken. –
Gefährlich ist es, wenn man den Menschen zu sehr darauf hinweist, daß er den Tieren gleicht, ohne ihm zugleich seine Größe vor Augen zu führen. Noch gefährlicher ist, wenn man ihm seine Größe ohne seine Nichtigkeit vor Augen führt. Am gefährlichsten ist es, ihn in Unkenntnis über beides zu lassen.

Elend und Größe des Menschen zeigen auch Pascals Reflexionen über die Vernunft und das Herz des Menschen. Sie bringen ihn zu einer Überzeugung, die auch viele Christen heute teilen. Es ist eine Einstellung, in der philosophische Skepsis und religiöser Glaube an Gott gleichermaßen einen Platz haben. »Nichts ist der Vernunft so angemessen wie dieses Nichtanerkennen der Vernunft.« »Es ist das Herz, das Gott spürt, und nicht die Vernunft. Das ist der Glaube: Gott spürbar im Herzen und nicht in der Vernunft.«

Lesehinweis: B. Pascal, Größe und Elend des Menschen. Aus den Pensées (hrsg. v. W. Weischedel), Frankfurt/Main 1979 (Insel-TB 441)

Werner Trutwin

20. August — Todestag von Bernhard von Clairvaux (ca. 1090-1153)

»Ich bin die Chimäre meines Jahrhunderts« – »Adler, der in die Sonne blickt« (Hildegard von Bingen) – »Geistlicher Schuft« (Friedrich Schiller): Bernhard von Clairvaux, der Mystiker, Politiker, Kreuzzugsprediger. Der Zisterzienser-Mönch ist ein höchst umstrittener geistlich-politischer Kämpfer. Dazu ein fiktives, verschiedene Sichtweisen kontrastierendes Interview:

R(eporter): Abt Bernhard, Sie haben nicht nur über das »Hohelied« x-mal gepredigt und Treffliches über das geistliche Leben und die Sittenlehre gesagt. In Frankreich und Deutschland haben Sie sich auch vor vielen Menschen redegewandt für den 2. Kreuzzug stark gemacht. Ihr Kreuzzug endete katastrophal. Wer zahlt die Zeche? Wie fühlt sich ein Mann, der andere in den Tod predigte?

B(ernhard): Ich weiß, die Begeisterung von damals ist nun in Erbitterung umgeschlagen. Ich entziehe mich nicht der Verantwortung. Ich sage nochmals meine Gründe: Der erste Anstoß zu diesem Kreuzzug kam nicht von mir. Ich wurde gedrängt. Der König der Franken – Ludwig VII. – und Papst Eugen III. …

R: und die tiefe Bußgesinnung der Leute. – Alte Verteidigungslinien! Aber Sie waren doch die Triebfeder des Unternehmens. Sie, der Trommler Gottes, predigten Dörfer und Städte leer.

B: Ja. Erinnern Sie sich doch bitte! 1144 eroberten Heiden unser Edessa. Das Land, in dem Jesus Christus lebte und uns erlöste, war bedroht. Abwehr der Moslems durch die Einigung aller Kräfte des christlichen Abendlandes! Wir mußten einen Krieg für den ewigen König gegen die Feinde seines Kreuzes führen.

R: Aber, Herr Abt! Europa als »civitas dei«? Sie als erster Apostel der europäischen Einheit? Wollen Sie sagen, daß das ein erlaubter, gerechter Krieg war?

B: Mein Mitbruder in Clairvaux – Papst Eugen – beauftragte mich, in Gallien für den Kreuzzug zu werben. Er befahl, und ich – ein Mann der Kirche – gehorchte, weil ich fest davon überzeugt war: Der Kreuzzug ist Wille Gottes. Ich folgte dem Spruch meines Gewissens.

R: Das ist also für Sie eine ausreichende Erklärung für die bewaffnete Pilgerfahrt?

B: Ja, mein Gewissen war entscheidend. Ihm mußte ich folgen. – Ich will lieber, daß jetzt der ganze Unwillen der Menschen sich gegen mich richtet als gegen Gott. Es ist eine Gnade, wenn Gott sich meiner als seines Schildes bedient. Mag man mir die Ehre nehmen, wenn nur Gottes Ehre nicht leidet. Für mich ist es ruhmvoll, Christus ähnlich zu werden.

R: Sie sprechen für mich eine unverständliche Klostersprache. – Waren Sie gegen oder für Judenverfolgungen?

B: Dagegen! Sie berichteten doch über mein Rundschreiben an die Bischöfe. Ich schrieb damals unter anderem:

Die Juden sollen nicht verfolgt oder getötet, ja nicht einmal vertrieben werden … Sie sind für uns lebendige Schriftzeichen, die uns das Leiden des Herrn gegenwärtig halten. Deshalb sind sie in alle Weltteile zerstreut worden, daß sie die große Freveltat büßen und zugleich Zeugen unserer Erlösung seien. Ich will nicht davon reden, daß dort, wo es keine Juden gibt, christliche Wucherer schlimmer handeln als die Juden, wenn solche Leute überhaupt noch den Namen eines Christen verdienen und nicht vielmehr Christen-Juden genannt werden müssen. Werden die Juden alle aufgerieben, wie soll dann am Ende der Zeiten Ihre Rettung und Bekehrung erfolgen!

R: Sie haben ja ganz schön mit der »Endzeit« gearbeitet. Haben Sie wirklich geglaubt, die Heiden werden bekehrt und der deutsche König Konrad III. sei der Endzeit-Kaiser?

B: Ja.

R: Nicht zu fassen. – Danke für das Interview!

Geschichte ist von vielen Standorten aus zu deuten: Wie beurteilten die Kreuzzugsbewegung ein Seldschuke, ein christlicher Ritter, eine deutsche Witwe? Wie sehen sie heute ein römischer Theologe, ein Politiker, ein an arabischer Kultur Interessierter? Widersprüche sind zu erkennen, Sichtweisen in Beziehung zu setzen, Spannungen auszuhalten.

Lesehinweis: J. Leclercq, Bernhard von Clairvaux. Entschiedenheit in Demut, Freiburg-Würzburg 1991

Bernhard Jendorff

Geburtstag von Bernhard Galura (1764-1856)   21. August

Zuerst hatte der Wirtssohn aus Herbolzheim, Bernhard Katzenschwanz, wie er mit seinem elterlichen Namen hieß, sein Herz dem Orden des heiligen Franziskus verschrieben. Aber ein kaiserlicher Erlaß des Habsburgers Joseph II. von 1783 löste alle Ordensstudien auf, und so landete er zum Studium der Theologie an der Freiburger Universität. Dort lernte er den geistigen Spagat zwischen den Ideen der Aufklärung, die allein dem Verstand vertrauen hieß, und dem christlichen Glauben, dessen Inhalte aus der Überlieferung kamen. Als junger Doktor der Theologie übersetzte er seinen Familiennamen ins Griechische: Galura.

Mit 27 Jahren bewarb er sich um das Pfarramt am Freiburger Münster und erlebte zwischen 1791 und 1805 die mehrmalige Besetzung der Stadt als Auswirkung der französischen Revolution, damals schrieb er:

Niemals war das Elend der Menschen schrecklicher als dermalen; nie war die christliche Religion mehr in Gefahr; nie waren die Lebensmittel so hoch im Preis, nie ein Krieg vordem so blutig, nie die Gefahr alles zu verlieren so groß, nie die Armenspeisungen so begehrt. Des öfteren kamen 500 und gar 600 Personen. Das ist das Weltgericht, aber die Menschen erfassen es nicht. – Der entsetzlichste Unglaube wird alle Tage sichtbarer; die Finsternisse des alten Heidentums sind wieder zurückgekehrt; ein jeder denkt sich einen Gott, wie es ihm gefällt; das Vertrauen auf Gebet und Vorsehung ist erloschen…

Der begabte Seelsorger und leidenschaftliche Pädagoge gab seiner Gemeinde seelischen Halt durch solide katechetische Unterweisung. Seine umfassende Reform der Katechesepraxis in der Münsterpfarrei ließ die Zahl der teilnehmenden Kinder »auf über tausend Köpfe« anwachsen. Das zentrale Motiv seines pastoralen Dienstes war es, jung und alt das Evangelium als Botschaft von Gottes Reich zu erschließen.

Auch die Armenpflege, die Galura in seiner Pfarrei aufbaute, sollte den Zugang zum Glück des Reiches Gottes ermöglichen:

Deshalb gab er im Gottesdienst bekannt, »daß an allen Sonn- und Feiertagen jenen armen Kindern Unterricht im Lesen, Schreiben, Rechnen usw. gegeben wird, die in ihrer frühen Jugend aus welchem Grund auch immer versäumten oder vernachlässigten Lesen zu lernen und folglich beten zu können«. Er regte auch andere Pfarrer an: »Wäre es nicht sehr gut, wenn in einer jeden Pfarre eine eigene allgemeine Volksbibliothek gestiftet würde?«

Bernhard Galura war nicht nur in kirchlichen Diensten erfolgreich, sondern auch in staatlichen: als Regierungsrat der Habsburger für Vorderösterreich, als geistlicher Regierungsrat für das Großherzogtum Baden, als Gubernialrat in Tirol. Mit 56 Jahren wurde er Weihbischof von Feldkirch, mit 65 Jahren Fürstbischof von Brixen. Seine Reich-Gottes-Lehre paßte nach seiner Auffassung sowohl für den Staat wie für die Kirche: »Eure Majestät beugten ihr erhabenes Haupt vor dem Herrn des Himmels und der Erde uns allen zur großen Erbauung«, sagte er zu Kaiser Ferdinand I., »und wir … beugen nach Gottes Willen vor Eurer Majestät unsere Häupter«. Und er folgerte: Weil Gott an der Spitze der Regierung dieser Welt steht, darf sich in seinem Reiche der »wahren Bruderliebe, Freiheit und Gleichheit auch der Dienstbote … neben den Fürsten stellen; andererseits macht die Idee vom Reich Gottes die wilden Forderungen unserer Zeit unschädlich, demütigt, heiligt und bestätigt einen jeden in seinem Stande«. So reiste er als Bischof durch seine Diözese, nicht nur zu Visitation, Kirchweihe und Firmung, sondern auch, um durch Taufe, Trauung und Sonntagsgottesdienste mit den einfachen Leuten in Kontakt zu kommen. Tragisch war, daß die Leute seine Predigten wegen seines anderen Dialekts kaum verstanden.

Persönlich war Bernhard Galura sittenstreng, aber gütig, von religiöser Einfalt, aber klug und zielstrebig. In seiner Person überbrückte er die Spannung zwischen Aufklärung und Theologie, zwischen Staat und Kirche: »Darin besteht die wahre Aufklärung, daß wir alles im wahren Lichte ansehen; dies tun wir, wenn wir alles im Licht der Idee vom Reich Gottes betrachten«.

Lesehinweis: G. Biemer, Bernhard Galura, in: H. Fries/G. Schwaiger (Hg.), Katholische Theologen Deutschlands im 19. Jahrhundert, Bd. I, München 1975

Günter Biemer

22. August *Todestag von Joseph Wittig (1879-1949)*

Liest man seine Schriften aus dem Abstand von 60 Jahren nur flüchtig, ist das Klischee schnell zur Hand: Volkstümlicher schlesischer Heimatschriftsteller mit romantisch-naiver Religiosität. Schaut man genauer hin, erkennt man etwas anderes: Einen für seine Zeit revolutionären Theologen, der sich bitter beklagt, daß aus der Schatzkammer der Gnade Gottes die Folterkammer gegenwärtiger Beichtpraxis wurde. Revolutionär für die damalige Zeit ist seine Theologie insgesamt, als »gut lutherisch« wird sie von der Amtskirche beanstandet. In der Tat, die Gnade Gottes, die gerade auch dem Sünder gilt, ist für Wittig wichtiger als eine erstarrte Dogmatik, die vor lauter Richtigkeiten dem wahren Leben nicht mehr gerecht wird. Da Gott in allem mitwirkt, ist der Mensch auch für seine mißlungenen Taten nur begrenzt verantwortlich. »Es führen viele Wege zu Gott, einer auch durch die Sünde, und das ist vielleicht gar der kürzeste ...« Solche Sätze enden für den Priester und Professor der Kirchengeschichte in Breslau mit der Exkommunikation 1926, die unter nicht restlos geklärten Umständen erst 1949 ohne Angabe von Gründen aufgehoben wird.

Die »kleinen Leute« sind die Adressaten seiner in einem guten Sinn volkstümlichen Schriften. Bevor er jemanden be- oder gar verurteilt, versucht er die Not des Menschen zu erkennen, die ihn treibt. So kann er selbst dem Abergläubischen und scheinbar Ungläubigen gegenüber verständnisvoll sein. Die Armen und von Not Bedrängten sind die eigentlichen Adressaten des Evangeliums, das vergißt Wittig nie. Seine scheinbare Naivität erweist sich bei näherem Hinsehen als seelsorglich begründet und höchst aktuell. Es ist eine Naivität, die davon ausgeht, daß sich das Leben Jesu im Leben des Glaubenden wiederholt, in »Palästina, Schlesien und anderswo«. Es ist spannend zu entdecken, daß dieses »anderswo« der Ort und das Schicksal jedes Menschen sein kann. Wittig hat in Dutzenden von Erzählungen vor dem Hintergrund seiner Heimat und ihrer hart um den Lebensunterhalt ringenden Bewohner die Geschichten der Bibel verknüpft mit der Gegenwart und den in viele Geschichten verstrickten Menschen. Er hat es geschafft, die Relevanz und Bedeutung der alten Worte lebendig werden zu lassen, ohne doch die gegenwärtige Wirklichkeit nur mit einer frommen und erbaulichen Tünche zu überziehen. Wittig lädt den Leser ein, eigene Entdeckungen mit dem Himmelreich zu machen, hier und jetzt, im Leiden und Lieben, im Glauben und Zweifeln. Überall, wo Glaube, Theologie und Kirche wieder in »richtigen« Sätzen erstarren, kann die Stimme des »schlesischen Kierkegaards« (K. Ihlenfeld) helfen, den Glauben dort anzusiedeln, wo er hingehört: Im schmuddeligen Alltag, bei den Mühseligen und Beladenen.

Also steht ungeschrieben in dem Evangelium, das mir auf dem Weg von Tiberias nach Bethsaida einkam. Ich sah die Berge und Täler von Galiläa und sah zu gleicher Zeit die Berge meiner Heimat. Und sah Jesus mit seinen Jüngern einherwandern und sah Jesus, wie er zu mir kam, als ich drüben ... die Kühe ... hütete. Und es war zwischen dem Jahre zweiunddreißig nach Christi Geburt und dem Jahre achtzehnhunderteinundneunzig, in dem ich die Kühe hütete, keine Spur einer zeitlichen Entfernung. Und es war zwischen den Bergen von Galiläa und den Bergen der Grafschaft Glatz keine Spur einer räumlichen Entfernung. Zeit und Raum waren eingegangen in Glaube und Liebe. Und es schlug Herz an Herz, und die Stimme war nahe dem Ohr und das Ohr war nahe der Stimme. Als Christus auf die Erde kam, ist mit der Zeit etwas passiert; sie ist in Gegenwart verwandelt ... Auch mit dem Raume ist etwas passiert; er ist in lauter Anwesenheit verwandelt.

Lesehinweis: J. Wittig, Leben Jesu in Palästina, Schlesien und anderswo, Moers 1991

Helmut Tschöpe

Gestern war der Todestag von Rudolf Alexander Schröder (1878-1962)

23. August

Von der Familie her war ihm ein positives Verhältnis zur Kirche sozusagen in die Wiege gelegt. Die Lutherbibel und die evangelischen Kirchenlieder waren ihm zeitlebens sehr vertraut. Der große, breitschultrige Bremer mit dem energischen Kopf und der nie ausgehenden Zigarre war eine vielseitige Persönlichkeit. Nach dem Besuch des alten Gymnasiums in Bremen studierte Rudolf Alexander Schröder Architektur und Musik in München. Zunächst wurde er als Innenarchitekt bekannt: Auf der großen Kunstgewerbe-Ausstellung in Bremen (1906) sah man ein modern biedermeiersches Damenzimmer in rosa, das er gestaltet hatte. Er war an der Ausstattung des Luxusdampfers »Bremen« beteiligt. Es entstehen dann Gedichte von ihm. Er überträgt Vergil und übersetzt Horaz, Homers Odyssee und Ilias sowie Sonette und Stücke von Shakespeare.

Sehr früh sieht Schröder die Katastrophe des Dritten Reiches herannahen und erteilt dem Nationalsozialismus mit seinem Zyklus »Die Ballade vom Wandersmann« in verhüllter Form eine deutliche Absage. Seit den dreißiger Jahren werden für ihn der christliche Glaube und seine Überlieferungen zunehmend wichtig. Im Jahre 1940 schreibt er in der Zeitschrift »Eckart«:

Ich habe als Sohn eines frommen Vaterhauses etwa von meinem siebzehnten Jahr bis gegen mein vierzigstes gemeint, alle Brücken zwischen mir und einem bekennenden Christentum abgebrochen zu haben. ... Da war aber doch etwas, das meinen Blick und mein Verlangen immer wieder ... anzog. Das waren die Berichte der vier Evangelien von der Auferstehung Jesu Christi. Las ich sie, so wurde mir still ums Herz und – mitten in meiner Weltverlorenheit und Weltseligkeit – mußte ich mir sagen, daß es mir völlig unmöglich sei, wenigstens im Augenblick des Lesens und Hörens, diesen Erzählungen etwa keinen Glauben zu schenken. – Wahr dünkten mich diese Geschichten, wahr, freilich, in einem Sinn, der weniger den Verstand als das Herz traf ...

Auf der Höhe des Kirchenkampfes kommt es zur Verbindung mit Kurth Ihlenfeld, dem Schriftleiter des »Eckart«. Damit tritt er in einen Kreis ein, mit dem sich denkwürdige Namen wie Werner Bergengruen, Jochen Klepper, Reinhold Schneider und Otto von Taube verbinden. Er ist mit vielen Dichtern und geistigen Persönlichkeiten seiner Zeit freundschaftlich verbunden (Rudolf Borchardt, Hugo von Hofmannsthal u.a.). Während des 2. Weltkrieges wird er in der Evangelisch-Lutherischen Kirche in Bayern Lektor, später auch Mitglied des Landessynode. Nach 1945 wird er zu einer überall gehörten und verehrten Persönlichkeit, ja Autorität. Viele öffentliche Ehrungen werden ihm zuteil. Am 22.8.1962 stirbt er in Bad Wiessee.

Durch Predigten, geistliche Lieder, Gedichte und Vorträge erweist er sich als ein Anwalt evangelischer Verkündigung. Seine Lieder finden Eingang in kirchliche Gesangbücher. Aus dem Jahre 1942 stammt das folgende Abendlied:

> *Abend ward, bald kommt die Nacht,*
> *schlafen geht die Welt;*
> *denn sie weiß, es ist die Wacht*
> *über ihr bestellt.*
>
> *Einer wacht und trägt allein*
> *ihre Müh und Plag,*
> *der läßt keinen einsam sein,*
> *weder Nacht noch Tag.*
>
> *Jesu Christ, mein Hort und Halt,*
> *dein gedenk ich nun,*
> *tu mit Bitten dir Gewalt:*
> *Bleib bei meinem Ruhn.*
>
> *Wenn dein Aug ob meinem wacht,*
> *wenn dein Trost mir frommt,*
> *weiß ich, daß auf gute Nacht*
> *guter Morgen kommt.*

Schröder ist einer der wenigen deutschen Dichter, die nicht in distanzierter Freundlichkeit zum Protestantismus lebten, sondern sich aktiv darum bemühen, daß die religiöse Welt wieder Teil des geistigen Lebens und der Gesamtexistenz des Menschen werde. In diesem Bemühen, Christsein und Menschsein miteinander gestaltend zu verbinden, ist er uns auch heute ein Modell dafür, daß christlicher Glaube durchaus zu konkreten Gestaltungen in der Gegenwart fähig ist.

Lesehinweis: R.A. Schröder, Fülle des Daseins. Bürger – Weltmann – Christ – Mittler – Dichter (ausgew. v. S. Unseld), Frankfurt/Main 1984 (st 1029)

Gottfried Adam

24. August *Todestag von Simone Weil (1909-1943)*

»Je öfter ich mich über dieses Leben und dies Werk beuge«, stellt Gabriel Marcel fest, »desto mehr bin ich überzeugt, daß es uns stets unmöglich bleiben wird, sie in irgendeine Formel zu fassen. (Simone Weil ist) eine Zeugin des Absoluten.«
Die leiden-schaftliche Frau, die sich mit einer auf das Absolute ausgerichteten Kompromißlosigkeit weder in ihrem Denken noch in ihrem Handeln beeinflussen läßt, schreibt ein gutes Jahr vor ihrem Tod an Pater Perri:

Ich habe immer geglaubt, daß der Augenblick des Todes das Richtmaß und Ziel des Lebens ist. Ich dachte, daß für diejenigen, welche leben, wie es sich gehört, dies der Augenblick ist, in welchem für einen unendlichen kleinen Bruchteil der Zeit die reine, nackte, gewisse und ewige Wahrheit in die Seele eintritt. Ich darf sagen, daß ich niemals ein anderes Gut für mich begehrt habe. Ich dachte, daß das Leben, das zu diesem Gut hinführt, nicht nur von der allgemeinen Moral bestimmt wird, sondern daß es für einen jeden in einer Aufeinanderfolge von Akten und Ereignissen besteht, die ihm im strengsten Sinne persönlich eigentümlich und derart verbindlich ist, daß, wer seitab weicht, das Ziel verfehlt. Solcherart war für mich der Begriff der Berufung.

Simone Weil, die – obwohl sie sich nie taufen ließ – »immer als einzig mögliche Einstellung die christliche Einstellung angenommen« hat, ist während ihres gesamten Lebens von Hunger nach Wahrheit erfüllt. So geht sie ihren Weg, ebenso unbeirrbar wie nonkonformistisch, für ihre Mitmenschen bisweilen unerträglich und unverständlich. Sie ist bemüht, den Anforderungen ihres Lebens Folge zu leisten, dem in ihrer Berufung liegenden Anspruch den »Gehorsam« nicht zu verweigern. In aller Radikalität zeigt sich dies symbolhaft in ihrem »Hungertod« (1943): Die 34jährige, an Lungentuberkulose Erkrankte weigert sich, Nahrung zu sich zu nehmen. Als Grund gibt sie an, daß sie nicht essen könne, wenn sie an die hungernden Franzosen dächte.
Zeugnisse ihrer Solidarität mit all jenen Menschen, deren Leben von Unglück geprägt oder gar zerstört ist, finden sich vielfach im Leben dieser Frau: nicht nur theoretisch, sondern praktisch, aus persönlicher Erfahrung heraus. Als die Philosophin Weil freiwillig ein Jahr unter Fabrikarbeiterinnen verbringt (1935/36) und ununterscheidbar mit ihnen, der »anonymen Masse«, »verschmilzt«, bewältigt sie scheinbar Unmögliches. Die bereits kranke Frau läßt das Unglück der »Sklaverei« in Körper und Seele eindringen; so sehr, daß sie sich seither selbst als »Sklavin« betrachtet. Ihr gewerkschaftliches Engagement, ihr Einsatz für die Verbesserung der industriellen Arbeitsbedingungen sowie der katastrophalen Situation der Arbeitslosen mit dem »Erfolg« ihrer Strafversetzung als Lehrerin – all diese Aktivitäten sind konsequenter Ausdruck ihres Hungers nach Gerechtigkeit und Wahrheit, nach dem Guten und Heiligen.
Dabei läßt sich Simone Weil auf ihrem persönlichen Weg nicht beirren: wo immer sie einen »Mangel an Redlichkeit« erkennt oder sich der Gefahr ausgesetzt sieht, unredlich handeln zu müssen, verweigert sie sich – sei es der Gewerkschaftsbewegung, den kommunistischen Parteien oder der katholischen Kirche. Ja, es scheint ihr gewiß, daß man selbst Gott nie genug widerstehen kann, wenn es um der Wahrheit willen geschieht. In der Universalität ihres Denkens und Fühlens lehnt sie jede Herrschaft und Befehlsgewalt, Totalitarismus und Unterdrückung, Ausgrenzung und Verurteilung Andersdenkender und Andersgläubiger, vornehmlich, wenn sie im Namen Gottes geschehen, ab. Simone Weil erblickt die Wahrheit ebenso in den Mythen der Ägypter wie in der vorchristlichen Antike oder in buddhistischen Strömungen; sie ist aber auch davon überzeugt, daß der innerste Kern des Christentums bereits in den alten Religionen lebendig war. Christus, die Wahrheit, ist es schließlich, der sie ergreift. Wenngleich sie von sich sagt, daß sie ihr ganzes Leben lang, »niemals, in keinem Augenblick, Gott gesucht« habe, so weiß sie doch, daß Gott – Christus – sie suchte.

Lesehinweis: S. Weil, Zeugnis für das Gute. Traktate, Briefe, Aufzeichnungen, München 1990 (dtv 11289)

Agnes Wuckelt

Todestag von Friedrich Nietzsche (1844-1900)   *25. August*

Wenn von Heidegger der Schock der neueren Philosophie ausging, auf den die durch Wittgenstein bewirkte Unterkühlung folgte, muß Nietzsche als ihre bis heute nachwirkende Droge bezeichnet werden, ohne daß sich diese Wirkung ganz erklären ließe. Doch hängt sie zweifellos mit dem Selbstwiderspruch dessen zusammen, der als der »kleine Pastor« begann und als der »Antichrist« endete, der Wagner nach anfänglicher Freundschaft mit wachsender Heftigkeit bekämpfte und trotzdem in seinem »Zarathustra« eine Wagner-Oper in Worten schrieb, der »mit dem Hammer« philosophierte und zusammenbrach, als er einem brutal mißhandelten Pferd weinend um den Hals fiel: Ein Existenzdenker, der sein Leben dachte und an seinem Denken scheiterte; ein Gedankendichter, der dichtend seine höchsten Einsichten erzielte; ein Genie der Kritik, der, was er bekämpfte, letztlich zu retten suchte; ein hellsichtiger Zeitzeuge, der sich vor seinen Zukunftsvisionen ängstigte und dort, wo er Hoffnung zu stiften suchte, den kommenden Sturm heraufbeschwor.

Dem entspricht der Lebensweg Nietzsches, der, vielseitig begabt, einer glänzenden akademischen Karriere entgegensah, nach kurzer Lehrtätigkeit in Basel jedoch ein unstetes Wanderleben als philosophischer Schriftsteller führte, in rascher Folge seine zunächst unbeachteten, posthum dann aber zu ungeheurer Wirkung gelangenden Werke schuf und schließlich, zum Pflegefall geworden, nach zwölfjähriger Umnachtung starb.

Sein Lebenswerk besticht durch den Reichtum der Perspektiven, die Spannbreite der Ideen und die Brillanz der Ausdruckskraft. Geradezu sprunghaft erreicht er sein Niveau schon in den »Unzeitgemäßen Betrachtungen«, auf die große kulturkritische Würfe in »Menschliches, Allzumenschliches«, der »Morgenröte« und seinem Meisterwerk, der »Fröhlichen Wissenschaft«, folgen. Abrupt wendet er sich von da der Gedankendichtung seines »Zarathustra« zu, um dann wieder in einer letzten Steigerung die Kultur-, Moral- und Christentumskritik in »Jenseits von Gut und Böse«, »Zur Genealogie der Moral«, der »Götzendämmerung« und dem »Antichrist« aufzunehmen. Doch beschließt er seine literarische Produktion nicht mit dem in jahrelanger Vorarbeit angestrebten systematischen Hauptwerk, sondern mit einem Lebensrückblick, den der entschiedenste Kritiker des Christentums mit dem Passionswort »Ecce homo« überschreibt:

Wenn er auch nicht über Buchstaben verfügte, »um auch Blinde sehend zu machen«, so doch über Worte, die immer noch nachhallen. So das von ihm bald wieder fallengelassene Wort vom »Übermenschen«, verknüpft mit dem Aufruf »Bleibt der Erde treu«, das Wort von der »Fernstenliebe«, von der »Sternenfreundschaft«, von der »intellektuellen Redlichkeit«, vom »Geist der Schwere«, vom »Tod Gottes«, von der »großen Öde«, von der »Umwertung aller Werte« und vom »freien Geist«.

Es sind Leucht- und Feuerzeichen seiner »Argonautenfahrt« jenseits von Gott, im uferlosen Meer des Nihilismus, den er aus seiner unvollständigen Form in die »vollständige« überführen wollte. Daß er auf dieser Fahrt scheiterte, ist nach Ansicht seines Freundes Overbeck ebensowenig ein Beweis gegen ihn wie ein Schiffbruch gegen Sinn und Recht der Seefahrt.

Lesehinweis: E. Biser, Nietzsche für Christen. Eine Herausforderung, Freiburg 1983 (Herder-Bücherei 1056)

Eugen Biser

26. August — Geburtstag von Julius Döpfner (1913-1976)

Die Stürmer und die Verteidiger in der Kirche treffen sich gelegentlich ... in einer Resignation, der die Kirche ... als ein Schiff älterer Bauart erscheint, das die Sturmböen der neuen Entwicklung demnächst vielleicht zum Wrack zerschlagen werden. Ich meine aber – und wir sollten mit Zuversicht dieses Bild wagen –, die Kirche liegt nicht auf der Sandbank der Zerstörung, sondern ... auf der Werft der Erneuerung. Zugegeben, eine solche Werft ist als Bauplatz keine idyllische Waldwiese; dort kann es laut, windig, ungemütlich und gelegentlich riskant zugehen. Aber dort werden eben Schiffe nicht verschrottet und auch nicht einfach zerdeppert, sondern ausgerüstet zu einer neuen Fahrt ... (November 1973, Würzburger Synode).

So gehören geistliche Erfahrung und Weltzuwendung zusammen. Je radikaler der Christ in der Tiefe des Glaubens verwurzelt ist, um so eher darf er sich trauen, sich vorbehaltlos und offen den Fragen und Nöten der Zeit zu stellen ... Darum kann erst durch innere Umkehr alle leidvolle menschliche Entfremdung aufgebrochen und aufgehoben werden, und allein von dieser Mitte her kann der Mensch ohne Ressentiment die Endlichkeit und Begrenztheit, das Fragmentarische und das Brüchige seines Lebens und seiner Planungen ertragen (Schlußansprache in der Synode, November 1975).

Hier weht der Geist des Zweiten Vatikanischen Konzils; der Geist eines Christentums, das Gehorsam im Glauben als Mut zu Wahrheit und Wirklichkeit zu leben versucht; das Neues riskiert, um das Unverlierbare zu bewahren. Hier weht ein Geist, der blinden Fortschrittsoptimismus als Wahn erkannt, menschliche Brüchigkeit zu ertragen gelernt hat und gerade deshalb Hoffnung, Zuversicht an die Mitmenschen aus seiner Glaubenskraft weitergibt. Leben wir dieses ...
Julius Döpfner war vielfach bereit zum Aufbruch; bereit, an neuen Orten Wohnung zu nehmen: als Bischof in Würzburg, Berlin, München. An neuen Orten Wohnung nehmen: das lebte er als Präsident der Würzburger Synode. Wir brachen auf zu neuen Ufern. Als es um die Möglichkeit der Predigt von Laien in der hl. Messe ging, Rom abwinkte, beriet er sich – übrigens gemeinsam! – mit der Bischofskonferenz und den beiden »Laien-Vizepräsidenten« (Dr. Servatius und mir), entsprach unserm Rat, widerstand und gewann die Solidarität der Synodalen und die Genehmigung aus Rom. Er begründete auch ausdrücklich, warum er unter Umständen einem Rat nicht folgte. Das ist kein Traum – das ist christliche Zukunft für Bischöfe, Pfarrer, und wahrhaftig auch für Laien. Döpfner, eine herrliche Mischung aus (verborgener) Schüchternheit, Bereitschaft, Rat zu hören und dann entschlossen zu entscheiden, hinterläßt ein Vermächtnis aus Glauben und Weltoffenheit.
Und: Er hatte souveränen Humor: Journalisten fragten: »Da sitzt neben Ihnen erstmals eine Frau, die Vizepräsidentin (das war ich), und die verwendet Parfum. Herr Kardinal!« Er, sich souverän zurücklehnend: »Ach ja, in der Bischofskonferenz raucht auch mancher ein Kraut, das mir nicht so paßt«.

Lesehinweis: J. Döpfner, In dieser Stunde der Kirche. Worte zum II. Vatikanischen Konzil, München 1967

Hanna-Renate Laurien

Geburtstag von Johann Georg Hamann (1730-1788)   27. August

Vernunft, so haben wir gelernt, ist die der Gattung Mensch wesentliche Eigenschaft. Sie ist den Menschen allgemein, und sie verbürgt die Möglichkeit einer allgemeinen Verständigung. Von einer »individuellen Vernunft« zu sprechen, scheint daher widersinnig zu sein. Johann Georg Hamann, der neben Kant in Königsberg lebte und dessen »Kritik der reinen Vernunft« in einer »Metakritik« scharf kritisierte, verkörpert diesen scheinbaren Widersinn. Er wußte freilich, warum er die Individualität seiner Vernunft so entschieden und so leidenschaftlich hervorkehrte: Es ging ihm um einen deutlichen Einspruch gegen eine Vernunft, die in ihrem Pochen auf Allgemeinheit zur anonymen Größe wird, in diktatorischer Weise Macht an sich reißt und sich der konkreten Verantwortung entzieht. Diese Vernunft steht in der Gefahr, sich mit Gott zu verwechseln und so zum Götzen zu werden, während Hamanns »individuelle Vernunft« darauf aus ist, Gott zur Sprache kommen zu lassen. Das Individuelle liegt mithin nicht in der Eigensinnigkeit eines sich selbst behauptenden und in sich selbst verschlossenen Denkens. Hamann setzte sich vielmehr den Worten anderer aus, den Worten der Zeitgenossen, denen er als kritischer Gesprächspartner verbunden war, und vor allem und in allem dem Wort der Heiligen Schrift, dem er seine Individualität zum Opfer gebracht, von dem her er sie freilich auch neu empfangen hat. Hamanns Autorschaft lebt vom Wortwechsel. Am 25. März 1784 schreibt Johann Caspar Lavater an Hamann:

Es ist eine harte Zeit für die Kinder der Wahrheit – so ohne Gott für Gott zu stehen – und sich unaufhörlich rufen zu lassen: Wo ist Euer Gott?

Hamann antwortet am 2. Mai desselben Jahres:

Freilich ist es eine harte Zeit; aber unsere Pflicht, sich darein zu schicken und Sein Tiefschweigen nachzuahmen, weil unser Vielreden Ihn nicht zum Wort kommen läßt. Der Herr wird für uns streiten; aber wir müssen still sein – und uns nicht einbilden, Gras wachsen zu hören.

Von Gott im Zeitalter der Aufklärung zu reden, scheint um so schwieriger zu sein, je konsequenter der Gottesgedanke den Bedingungen wissenschaftlicher Rationalität unterworfen wird. Sich in diese Zeit zu schicken, heißt für Hamann jedoch nicht, das Diktat des sie beherrschenden Geistes zu akzeptieren. Er will vielmehr diesen Geist zur Rede stellen – durch Schweigen. Wo die Theologie zum Schweigen verurteilt zu sein scheint, wird sie auf ein tieferes Schweigen verwiesen, in dem sich Gottes Anwesenheit verbirgt und dem der Mensch in der Stille hoffnungsvollen Ausharrens entsprechen soll (vgl. Ps 42f.). Aus dieser Stille heraus und in sie hinein will Gott zu Wort kommen. Die Antwort auf die Frage »Wo ist Euer Gott?« kann also nur er selbst geben. Und er hat sie bereits gegeben, zum Beispiel in dem von Hamann zitierten Bibelwort: Der Herr wird für euch streiten, und ihr werdet stille sein (Ex 14,14). Indem sich Hamann auf die ihm von Lavater vorgelegte Problemstellung einläßt, stellt er zugleich die vorausgesetzte Diagnostik in Frage. Gottlos ist nicht die geschichtliche Situation als solche, und schon gar nicht sollen und können wir »ohne Gott für Gott« eintreten. Wer so für Gott zu streiten meint, hält sich doch in der Methodik und im Selbstverständnis seiner Vernunft gegen Gott verschlossen. Er schreibt dem Urteilsspruch der menschlichen Vernunft zu, was Gott der Anrede seines Wortes vorbehalten hat. »Unser Vielreden«, was auch in Sachen der Theologie das letzte Wort beansprucht, setzt sich ins Mißverhältnis zum gegebenen Wort. Die allgemeinen Begriffe, die das Sein Gottes zu bestimmen suchen, werden von Hamann als Götzen entlarvt, die Gottes Gegenwart nicht vermitteln, sondern verstellen. »Das höchste Wesen ist im eigentlichsten Verstand ein *Individuum*, das nach keinem anderen Maßstab als den er selbst gibt und nicht nach willkürlichen Voraussetzungen unseres Vorwitzes und naseweisen Unwissenheit gedacht oder eingebildet werden kann« (An J.G. Steudel am 4.5.1788). In der Hingabe an dieses Individuum hat Hamanns Vernunft und Existenz ihre wahrhaft individuelle Prägung gewonnen.

Lesehinweis: O. Bayer, Zeitgenosse im Widerspruch. J. G. Hamann als radikaler Aufklärer, München 1988 (sp 918)

Johannes von Lüpke

28. August — Todestag von Augustinus von Hippo (354-430)

Lausejunge, der Birnen stiehlt – verwegener Halbstarker, der Frauen verführt – Sektierer – Skeptiker – Rhetorikprofessor – Hofredner – Philosoph – Mönch – Priester – Bischof – Kirchenlehrer – Heiliger – so lauten die charakteristischen Stationen im »curriculum vitae« eines Mannes, der gleichermaßen fasziniert wie ärgert, der in jedem Falle so berührt, daß man – fasziniert oder verärgert – immer wieder auf ihn zurückkommt: Augustinus von Hippo. Am 13. November 354 in Tagaste/Nordafrika geboren, braucht es 32 Jahre, bis seine Um-, Ab- und Irrwege auf der Suche nach Wahrheit ihn auf den christlichen Weg führen. Zunächst stößt er im Alter von 18 Jahren beim Studium der Rhetorik auf die Schriften Ciceros. Sein ehrgeiziges Streben nach Ruhm und Anerkennung wird dadurch erschüttert und richtet sich nun auf die höchste Weisheit. Die neu entbrannte Sehnsucht nach Erkenntnis der Wahrheit läßt sich aber noch nicht im kirchlichen Christentum stillen (fehlten faszinierende Vorbilder?), sondern treibt ihn einer Sekte – den Manichäern – in die Arme. Als er sich endlich nach 9 Jahren davon lösen kann, weil er die leeren Versprechungen, alle Probleme und Fragen des Glaubens rein rational in einem dualistischen Materialismus auflösen zu können, durchschaut hat, hegt er grundsätzliche Zweifel an der Wahrheitserkenntnis überhaupt – Augustinus wird Skeptiker. Durch seinen beruflichen Wechsel von Rom nach Mailand im Jahre 384, wo er als Professor für Rhetorik zugleich die Position des kaiserlichen Hofredners bekleidet, lernt er dort den großen, rhetorisch wie philosophisch gebildeten Bischof Ambrosius kennen und stößt auf die Bücher der Platoniker. Die neuplatonische Philosophie verhilft ihm zu einem ihm bisher versagt gebliebenen rein geistigen Gottesbild, das mit dem Ziel all seines Suchens, der höchsten Wahrheit, übereinstimmt.

Die Lektüre der Briefe des Apostels Paulus treibt ihn weiter auf die Entscheidung zum Christsein zu, zu der er sich in der berühmten Bekehrungsszene in Mailand »Nimm und lies« endgültig durchringen kann. Ostern 387 läßt er sich taufen. Hier wie an allen Stationen seines Lebens sehen wir ihn im Freundeskreis, den er meist zur Lebensgemeinschaft erweitert. Nach der Taufe widmet er sich im elterlichen Haus zusammen mit seinen Freunden ganz dem philosophischen Muße-Ideal im Studium der Philosophie und der Bibel. Als die Priesterweihe 391 ihn aus diesem Leben der »contemplatio« in das Leben der »actio« reißt, zieht er, nicht ohne Gemeinschaft seiner Freunde, in das sogenannte »Gartenkloster« am Rande der afrikanischen Hafenstadt Hippo Regius. 396 zu deren Bischof gewählt, erwartet er von seinen Priestern das gemeinschaftliche Leben im Bischofshaus. Die Communio stellt den günstigsten Raum zur konkreten Realisierung von Gottes- und Nächstenliebe dar, erste Regel für die monastische Communio im Abendland. Tiefe Neigung wie Begabung zur Freundschaft lassen ihn immer wieder über ihren menschlichen wie religiösen Wert nachdenken:

Nicht gering ist der Trost, den uns gute Menschen in diesem Leben bereiten. Bedrängt uns Armut, schlägt Trauer uns nieder, quält uns leiblicher Schmerz, drückt irgendein anderes Leid – sind gute Menschen da, die nicht nur mit Fröhlichen sich freuen, sondern die auch mit Betrübten betrübt sind und ein tröstendes Wort zu sprechen wissen, so wird das Rauheste sanft, das Schwerste leicht, das Widrigste überwunden. In ihnen und durch sie wird aber er tätig, der durch seinen Geist andere gut macht. So ist im gesamtmenschlichen Leben nichts, was für uns freundlich ist, ohne die Freundschaft eines Menschen. Wer Freunde hat, der bete, daß sie ihm bleiben; wer keine hat, der bete, daß er solche erhalte.

Das ist die zutiefst menschliche Seite eines theologischen Genies, »der einzige Kirchenvater, der auf diesen prätenziösen Titel moderner Persönlichkeitswertung ungescheut Anspruch erheben kann« (Hans von Campenhausen). Nach zahlreichen philosophischen Schriften in den ersten Jahren nach der Bekehrung verfaßt er umfangreiche theologische Werke, die allerdings, abgesehen von dem einzigen systematischen Werk »Über die Dreifaltigkeit«, alle aus aktuellem Anlaß, aus der Forderung des Tages und aus dem Gespür für die Zeichen der Zeit entstanden sind. Darin spiegelt sich die hohe Sensibilität des in seiner Gemeinde unermüdlich pastoral tätigen Seelsorgers und des für die Probleme der nordafrikanischen Kirche sich rastlos einsetzenden theologischen Bischofs. »Für euch bin ich Bischof, mit euch bin ich Christ«, so versteht Augustinus seinen Dienst, in dem er ganz und gar das verwirklicht, was er andere lehrt.

Lesehinweis: Augustin, Bekenntnisse (eingel. u. übertr. v. W. Thimme), Stuttgart 1977 (RUB 2791)

Rosemarie Nürnberg

Todestag von Ulrich von Hutten (1488-1523)   *29. August*

Am 21. April 1488, vor mehr als 500 Jahren, wurde Ulrich von Hutten, Reichsritter, Humanist, Reformator und Schriftsteller, auf Burg Steckelberg bei Fulda geboren. Nur 35 Jahre später starb er an den Folgen der Syphilis vereinsamt auf der Insel Ufenau im Zürcher See. Sein Leben war geprägt von der Ruhelosigkeit und den Grenzüberschreitungen eines ewig Suchenden.

Die Rezeptionsgeschichte dieser schillernden Figur erschwert einen unvoreingenommenen Zugang zu seiner Persönlichkeit: In der deutschen Romantik wurde er als enthusiastischer Kämpfer für die deutsche Freiheit entdeckt – damals entstand die berühmte Hutten-Biographie von D.F. Strauss –, später wurde er von Katholiken als unmoralischer Gotteslästerer verachtet und von Protestanten als Reformator gefeiert. Selbst der Nationalsozialismus hat ihn nicht verschont: »Es ist die Zeit gekommen, die Schriften Huttens, seine wilden Beschwörungen, das Reich mehr zu lieben als die Kirche ... einzureihen in die Bücher, die uns Kraft geben.«

Ulrich war von seinem Vater für den geistlichen Stand vorgesehen; nach einem zweijährigen Studium in Erfurt kehrte er jedoch nicht mehr in sein Kloster nach Fulda zurück. Ein Freund Huttens soll dem Abt gesagt haben: »Du willst doch nicht etwa dieses Genie zugrunde richten?« Gerade seine vielfältigen und ausgeprägten Begabungen, kombiniert mit einem klaren, kompromißlosen Charakter machten ihm das Leben nicht leichter.

Zwölf Jahre verbringt er rastlos. Im August 1519 verläßt er den Hof des Mainzer Erzbischofs Albrecht, um stärker politisch wirken zu können; dies empfindet er als seine wahre Bestimmung. Dabei hatte er in diesen Jahren viel erreicht; er durchreiste ganz Deutschland und unternahm zwei längere Italienaufenthalte (1512/1515), trotz nicht abgeschlossenen Studiums wurde er 1517 zum »Poeta laureatus« gekrönt; er hatte 1514 in Mainz »die wichtigste Begegnung« seines Lebens mit Erasmus von Rotterdam; seine Missionen führten ihn nach Paris, wo er die führenden französischen Humanisten traf; sowohl am Reichstag zu Augsburg wie an der Kaiserwahl in Frankfurt nahm er teil.

Nach seinen Italienreisen hatte er sich als humanistischer Dichter etabliert; was er von dort mitbrachte, war ein tiefgründender Romhaß und ein starkes Nationalgefühl. Mit spitzer Feder und scharfer Zunge kritisierte er das verweltlichte Renaissancepapsttum und den von Rom abhängigen Klerus und vertrat: deutsche Freiheit ist Freiheit von Rom.

Hutten als Reformator? Erst als Luther es wagt, die päpstliche Autorität in Zweifel zu ziehen, wird er auch für Hutten interessant und erhält seine volle Unterstützung, auch nach Verhängung der Reichsacht über Luther. Bundesgenossen waren sie jedoch nicht, und spätestens als Hutten den »Pfaffenkrieg« erklärt, den er vom Untergrund aus mit Waffengewalt führen will, distanziert sich Luther von ihm.

Aufgrund seiner Schriften droht ihm ein kirchliches Strafverfahren, so daß er sich in den Schutz des Franz von Sickingen begibt. Er verfaßt nun zahlreiche Flugschriften in deutscher Sprache. Nach dem Tode von Franz sucht er Zuflucht bei Erasmus in Basel, der ihn nicht empfangen will; letztlich landet er mit Hilfe Zwinglis in Zürich, wo er wenig später stirbt.

Hutten: ein Leben voller Widersprüche, trotz hoher Begabung keine »Karriere«; Furchtlosigkeit, aber auch Kompromißlosigkeit; eine »meinungsbildende Stimme«, die keine Koalitionen schließen konnte; viele Gönner, wenig Freunde; ein Mensch, der in jeder Hinsicht an seine Grenzen gegangen ist und dies auch anderen abverlangte; eine explosive Energie, die bedrohlich wirkte und – trotz Sympathie für seine Anliegen – Angst und Distanzierung hervorrief. Diese Zwiespältigkeit ist nicht zu glätten, aber: Solche »extremen« Menschen wie Hutten vermögen es, den »normalen« einen Spiegel vorzuhalten, worin sich Zögerlichkeit, Unentschlossenheit, Feigheit und Wankelmut nur um so deutlicher abzeichnen. Huttens Wahlspruch leutete:

Iacta est alea – Ich hab's gewagt.

Lesehinweis: H. Holborn, Ulrich von Hutten, Göttingen ²1968

Monika Jakobs

30. August — Geburtstag von Konrad Graf von Preysing (1880-1950)

Hitler nannte ihn in einer seiner Tischreden ein »absolutes Rabenaas«. Goebbels hatte ihn sich in einer Tagebucheintragung als »Hetzer gegen die deutsche Kriegsführung« für den »Tag der Endabrechnung« vorgemerkt. Den Nationalsozialisten, das zeigen diese Stellungnahmen, war offenbar nicht verborgen geblieben, daß ihnen in Konrad Graf von Preysing, dem Bischof von Berlin, ein besonders entschiedener und kompromißloser Gegner gegenüberstand. Dabei war von Preysing, anders als etwa sein Vetter Clemens August Graf von Galen, alles andere als ein großer »Volksbischof« – öffentlichkeitswirksame Auftritte ließen sich mit seinem zurückhaltenden Wesen, seiner geistigen Beweglichkeit und seiner distanzierten, analytischen Form der Annäherung an seine Umwelt nicht vereinbaren. Diese Charaktereigenschaften waren es wohl auch, die den am 30. August 1880 auf Schloß Kronwinkl bei Landshut geborenen von Preysing für seine nach erfolgreich abgeschlossenem Jurastudium aufgenommene Tätigkeit als bayerischer Gesandtschaftssekretär in Rom prädestiniert erscheinen ließen. Schon vor Ablauf seines ersten Dienstjahres wurde er sich jedoch seiner Berufung zum geistlichen Amt bewußt und zog der diplomatischen Karriere ein Theologiestudium vor. Wichtige Stationen seiner geistlichen Laufbahn waren seine Tätigkeit als Domprediger und Metropolitankapitular in München und als Bischof in Eichstätt. Zu seiner eigentlichen Lebensaufgabe wurde jedoch sein Kampf gegen den Nationalsozialismus als Bischof von Berlin. Es waren wohl nicht nur seine vielfachen theologischen und seelsorgerischen Begabungen, sondern auch seine Erfahrungen als diplomatischer Unterhändler, die das Berliner Domkapitel 1935 bewogen, von Preysing zum Bischof des Bistums Berlin zu wählen, das von den Pressionen der Nationalsozialisten besonders betroffen war. Hier aber zeigte sich von Preysing ganz und gar nicht zu diplomatischen Konzessionen bereit: In der Bischofskonferenz forderte er den Abbruch der sinnlosen Scheinverhandlungen mit dem Regime und eine eindeutige Abgrenzung der Kirche von der nationalsozialistischen Ideologie. Deren Unvereinbarkeit mit dem christlichen Glauben hob von Preysing auch in seinem berühmten Hirtenbrief vom Dezember 1942 nachdrücklich hervor: Dem »völkischen« Rassismus der Nationalsozialisten begegnet er hier mit dem Verweis auf die universale Gültigkeit der Menschenrechte – eine Mahnung, die heute, angesichts der gegenwärtig wieder verstärkt zu beobachtenden Ausländerfeindlichkeit, nach wie vor Bestand hat:

Wer immer Menschenantlitz trägt, hat Rechte, die ihm keine irdische Gewalt nehmen darf. Es ist ein Ruhmesblatt in der Geschichte der Menschheit, daß das Recht der Fremden sich immer mehr entwickelt hat, daß das Völkerrecht diese Rechte näher umgrenzt und festlegt. All die Urrechte, die der Mensch hat, das Recht auf Leben, auf Unversehrtheit, auf Freiheit, auf Eigentum, auf eine Ehe, deren Bestand nicht von staatlicher Willkür abhängt, können und dürfen auch dem nicht abgesprochen werden, der nicht unseres Blutes ist und nicht unsere Sprache spricht ... Gerade im Krieg, wo Macht gegen Macht steht, und Macht scheinbar alles vermag, stehen wir in Gefahr, das Recht gering einzuschätzen. Und doch kann nur durch die Anerkennung und Achtung des Rechtes für alle eine bessere Zukunft, ein gerechter Friede begründet werden.

Von Preysings Solidarität mit den Verfolgten des Regimes hat sich nicht nur in Worten niedergeschlagen: Durch die Gründung und – nach der Verhaftung von Dompropst Bernhard Lichtenberg – Übernahme der Leitung des Hilfswerks beim bischöflichen Ordinariat hat er vielen Juden und christlichen »Nichtariern« das Leben gerettet. Seine wichtige Rolle im Konflikt der katholischen Kirche mit dem Dritten Reich konnte erst Jahre nach seinem Tod (1950) aus den Akten erschlossen werden, so daß seine Ernennung zum Kardinal im Dezember 1945 viele überraschte. Man vermutete in jemandem, der so wie er auf rhetorisches Pathos verzichtete und in der Öffentlichkeit einen nachdenklichen, zurückgezogenen Eindruck machte, nicht den unerbittlichen Gegner eines totalitären Systems – und doch war es wohl gerade diese distanzierte Nachdenklichkeit, die ihn die Unvereinbarkeit dieses Systems mit dem christlichen Glauben erkennen ließ.

Lesehinweis: W. Adolph, Kardinal Preysing und zwei Diktaturen, Berlin 1971

Guido Bee

Todestag von Mathis Neithardt (1460/70-1528)   *31. August*

Der Maler stammt aus Aschaffenburg und gehört zur Generation von Dürer und Cranach. Bekannt ist er uns heute unter einem Phantasienamen aus dem 17. Jahrhundert: »Matthias Grünewald«. Grünewald ist Zeitgenosse der »elenden Zustände«, aus denen Bauernkriege und Reformation als revolutionäre Antworten erwuchsen. Zeitweise war er erzbischöflicher Hofmaler, aber seine religiöse und künstlerische Phantasie kreist am häufigsten um den gepeinigten Christus der Passion.

Die »Verspottung Christi« (München, Alte Pinakothek) von 1503 enthält nicht nur die Aufforderung zum würdevoll-gelassenen Ertragen der rohen Gewalt. Die Brutalität der Folterknechte kritisiert ebenso die Machthaber und ihre beflissenen Befehlsempfänger. Im erniedrigten Christus können die Armen einen der ihren sehen – und Gottes Parteinahme für die Opfer. Zugleich kann der Betrachter in den verschiedenen Reaktionen der sieben Täter die eigene Haltung überprüfen.

Später schuf Grünewald weitere Passionsdarstellungen von unerhörter Gegenwärtigkeit – gipfelnd in der Kreuzigung des Isenheimer Altars. Immer handelt es sich um die Heiligsprechung der Erniedrigten und Gequälten.

Die Tradition schreibt Matthias Grünewald folgendes Gebet zu:

Jesus, liebster Herre mein – ich bitte Dich, daß Du mich annimmst zum Docht auf der Lampen, zu der Du das Öl gibst. Geht mir nit darum, ob mein Leib verdorrt wie Gras und mein Nam verweht wie Rauch. Aber um Dein Bild in mir geht es, das die Welt schauen soll. Zünd Dein Licht an und laß mich sein wie ein heilig Feuer am Rande der finstern Öde, damit die im Dunkeln wissen, wo Du zu finden bist.

Lesehinweis: G. Lange, Kunst zur Bibel, München 1988, 205-211

Günter Lange

1. September

Gestern war der Geburtstag von Maria Montessori (1870-1952)

Sie sei »die interessanteste Frau Europas«, schrieb die »New York Tribune«, und der »Brooklyn Daily Eagle« meldete, sie habe »das Erziehungssystem der Welt revolutioniert«, jene Frau, »die die Idioten und Verrückten Lesen und Schreiben gelehrt hat, deren Erfolg so wunderbar war, daß sich die Montessori-Methode in einer Nation nach der anderen verbreitet hat, im Osten bis nach China und Korea, im Westen bis nach Honolulu und im Süden bis in die Republik Argentinien«. Solcherart waren die Zeitungen voll, als Maria Montessori 1913 ihren ersten USA-Besuch machte. Noch bevor sie ihr Schiff verließ, sandte ihr die Regierung aus Washington eine offizielle Grußbotschaft, und die zu dieser Zeit bereits gesetzte Dottoressa – als erste Frau Italiens war sie Ärztin geworden – nahm diese und die zahllosen weiteren Ovationen, die ihr in vielen Ländern der Welt zeitlebens entgegengebracht wurden, mit königlicher Selbstverständlichkeit entgegen. Wie immer in ein langärmeliges schwarzes Seidenkleid gehüllt, durch etwas Spitze und eine Blume oder Brosche aufgehellt sowie durch einen imposanten Hut mit schwungvollen Federn geschmückt, zog sie ein halbes Jahrhundert, für ihre pädagogische Intuition und die Rechte der Kinder werbend, durch die Welt. Einerlei, ob Dreijährige oder Jugendliche, sie sollten zu selbständigem Handeln und einem freien Menschsein erzogen werden:

Wir halten uns oft für unabhängig, nur weil kein anderer uns befiehlt und wir selbst anderen befehlen; aber der Herr, der selbst einen Diener zu Hilfe rufen muß, ist in der Tat unselbständig aus eigener Minderwertigkeit. Dem Lahmen, der aufgrund einer pathologischen Tatsache sich nicht die Stiefel ausziehen kann, und dem Fürsten, der sie aufgrund einer sozialen Tatsache sich nicht ausziehen darf, ist in Wirklichkeit derselbe Zustand aufgenötigt. ... Wir dürfen nicht ausgehen von irgendwelchen dogmatischen Anschauungen über die Psychologie des Kindes, sondern müssen eine Methode einhalten, die die Freiheit des Kindes gewährleistet ... Zum Beispiel macht es sich lieber ein Häuschen, als daß es sich ein solches geben läßt ... Mit der Neugestaltung der Vorbildung des Lehrers muß die Neugestaltung der Schule Hand in Hand gehen, denn wenn wir den Lehrer zum Beobachter herausbilden und zum Experimentieren anleiten, so muß er in der Schule etwas zu beobachten und zum Experimentieren haben ...

So machte Maria Montessori bereits die drei- bis sechsjährigen Kinder in der »casa dei bambini« für die anfallenden Hausarbeiten verantwortlich, für die Bereitung von Mahlzeiten und die Versorgung der Haustiere. Mit 12 oder 13 Jahren sollten Jungen wie Mädchen in Säuglingspflege ausgebildet werden, und sie meinte, eine solche Schulung werde helfen, »den idealen Typus des Vaters hervorzubringen, der dem Baby die Flasche geben kann und sich nicht schämt, den Kinderwagen zu schieben«. Das war zu Beginn des Jahrhunderts, und zumal in Italien, ein revolutionärer Ansatz.

Doch trotz der weltweiten Beachtung, welche die Pädagogik Maria Montessoris von Anfang an fand, hat ihr Programm systembestimmte Grenzen nicht überschritten. Es gab Enttäuschungen und Spaltungen, wie sie für »Bewegungen« mit einer dominanten Führerfigur typisch sind, vor allem wegen der Bedingung, die Ausbildung von »Montessorianern« ausschließlich der Dottoressa vorzubehalten, einerlei, ob sich in Spanien, den USA oder gar Indien der Wunsch nach Weiterbildung in ihrer Pädagogik regte. So war Maria Montessori trotz ihrer faszinierenden Persönlichkeit, mit der sie für ihr Werk zu begeistern vermochte, in der eigenen Person zugleich ihr größter Gegner, denn sie schaffte es zeitlebens nicht, Lehrerinnen und Lehrern zuzugestehen, was sie den Kindern erstritt: freie und kreative Selbständigkeit. Sie meinte, die Methode, die sie streng systematisiert hatte, müsse überall und jederzeit unter ihrer eigenen Aufsicht stehen, so daß sie gerade die kreativsten Mitarbeiter immer wieder verlor. Wohl deswegen auch ist die Montessori-Pädagogik über die Entwürfe ihrer Begründerin theoretisch wie praktisch kaum hinausgekommen.

Lesehinweis: R. Kramer, Maria Montessori. Leben und Werk einer großen Frau, Frankfurt/Main 1983 (Fischer-TB 5615)

Hubertus Halbfas

Todestag von Nikolaj Frederik Severin Grundtvig (1783-1872)

2. September

Was kann Grundtvig heute noch bedenkenswert, ja vielleicht bewundernswert machen? Dänen würden antworten, keiner der ihren habe ihr Geistesleben nachhaltiger befruchtet als er. Zurecht erblickt ihre Volkskirche in ihm den großen Erwecker. Nicht zuletzt kommt Grundtvig als Begründer moderner Volksbildung in Betracht. Er hat Erstaunliches als Historiker, Philologe, Dichter, Prediger, Volksbildner und Bischof geleistet. Aber kann ein noch so stattliches Lebenswerk ein Gedenken jenseits dänischer Grenzen rechtfertigen?

Wie immer die Antwort ausfallen mag, Grundtvig setzt sich selbst ein Denkmal mit seinem rastlosen Ringen um eine grundlegende Lebens- und Bildungsreform, die bei ihm zutiefst religiös verwurzelt ist. Eine Lebensbeschreibung bemerkt dazu treffend: »Grundtvigs persönliche Entwicklung ist eine faszinierende Saga darüber, wie eine außergewöhnliche und starke Persönlichkeit auf die Geschehnisse und Ideen des 19. Jahrhunderts reagiert und unablässig damit kämpft, das Rätsel des Menschen und seiner Geschichte zu verstehen«.

Folgen wir seinem Lebenslauf, beobachten wir verschiedene Prägungen: Väterlicherseits wirkt ein strenger Pietismus. Das Kindermädchen hingegen erschließt dem Knaben die volkstümliche Welt der nordischen Mythen und Sagen. Ein Lehrer erweckt das historische Interesse. Das Gymnasium in Arhus vermittelt den Zugang zu den Sprachen. Während des Theologiestudiums in Kopenhagen gerät er vorübergehend unter den Einfluß des Rationalismus, doch romantische Gedanken, die ihm von Goethe, Schiller und Schelling zufließen, helfen ihm alsbald diese Verengung zu überwinden. Allerdings wird nach dem bravourös bestandenen Examen nicht recht deutlich, ob der junge Grundtvig lieber ins Pfarramt, in die Philologie, die Mythenforschung, zur Geschichtswissenschaft oder zum Literaten neigt. Er pendelt längere Zeit vom einen zum andern, des öfteren sich übernehmend. Es ist ein längeres Ringen verschiedener Tendenzen, bis aus dem Lebenskampf die reife abgeklärte Persönlichkeit hervorgeht. Grundtvig hat noch viele Kämpfe zu bestehen. Mehrmals legt er sein geistliches Amt nieder. Obwohl wissenschaftlich ausgewiesen, bleibt ihm eine universitäre Karriere versagt. Elf Jahre lang unterliegen seine Veröffentlichungen einer Zensur. Dann erhält er nur beschränkt Predigterlaubnis. Trotz oder gerade wegen dieser Hindernisse wird Grundtvig in der zweiten Lebenshälfte (seit etwa 1832) zum moralischen, geistigen und religiösen Erneuerer Dänemarks und darüber hinaus.

Anders als Orthodoxie und Rationalismus traut er der Lehre wenig bildende Kraft zu. Entscheidend ist ihm die Erfahrung. Ohne das Vernehmen des lebendigen Gotteswort bleibt ihm Religion steril. Auf das bei Taufe und Abendmahl ergehende *lebendige* Wort Christi kommt ihm alles an. Der Vers aus dem Johannesevangelium 3,16 wird ihm zum Inbegriff der gesamten biblischen Botschaft: »So sehr hat Gott die Welt geliebt, daß er seinen eingeborenen Sohn opferte, auf daß alle, die an ihn glauben, nicht verloren werden, sondern das ewige Leben haben«. Wie das Betroffenwerden vom Wort Christi persönlichen Glauben begründet, so dient die Erweckung des geschichtlichen Sinnes dem Wiedererkennen in den Ur-Vätern des Volkes. Deshalb reift die Persönlichkeit um so mehr, je mehr sie zum Spiegelbild des Volkscharakters wird. Personale Bildung und religiöse Erweckung durchdringen sich bei Grundtvig gegenseitig.

Obwohl es aussichtslos erscheint, aus fast 1500 Gedichten und nahezu ebenso vielen Liedern und 4000 Predigten, von den sonstigen Schriften ganz zu schweigen, etwas Charakteristisches auszuwählen, soll Grundtvig zum Schluß noch selbst zu Wort kommen mit einem Lied, das sich bis heute in deutschen Gesangbüchern erhalten hat:

Ewig fest steht der Kirche Haus, Türme der Erde zerfallen. Über das Trümmerfeld nach Haus rufen die Glocken uns allen, laden zum Kreuze jung und alt, rufen Mühselige mit Gewalt heimwärts zur ewigen Stille ...
Laß unsern Herzen nirgends Ruh, wo auch die Glocken erklingen daß wir mit deinem Volk herzu kommen zum Beten und Singen. Wenn dich die Welt nicht kennt noch sieht an deinem Volk dein Werk geschieht. Gnade und Friede grüßt alle.

Lesehinweis: K. Thaning, Der Däne N.F.S. Grundtvig (übers. v. E. Harbsmeier), Kopenhagen 1972

Klaus Kürzdörfer

3. September — Kirchlicher Gedenktag von Gregor den Großen (540-604)

Die Regula pastoralis, die Gregor I. kurz nach seiner Papstwahl fertigstellte, galt im Mittelalter als der klassische Bischofsspiegel. Was die Benediktusregel für den Mönchsstand und das persönliche Streben nach Heiligkeit für diese Epoche bedeutete, das galt Gregors Regel für Seelsorger und Erzieher, zumal für Bischöfe, aber auch für christliche Herrscher. Wie kein anderer Kirchenlehrer versteht Gregor Pastoral als Lebenshilfe, die nicht Prinzipien zu lehren, sondern die Menschen anzusprechen und umsichtig zu begleiten hat. Vom Arzt und vom Musiker kann der Hirt, ob Bischof oder Politiker, viel lernen. In freier, konzentrierter Wiedergabe hierzu ein Ausschnitt über den Gebrauch der Hirtengewalt, an vier Fallstudien durchgespielt:

Fall 1: Bei einem geschwächten Patienten muß der Arzt einen harten Eingriff vornehmen. Stärkt er nicht durch Aufbaumittel dessen Gesamtkonstitution, wird er die »an sich« notwendige Behandlung nicht überleben: Operation gut verlaufen – Patient tot. Wieviel mehr muß der Seelenarzt darauf acht haben, nur solche Anordnungen und Maßnahmen zu treffen, für die er zuvor die Bedingungen ihrer Erfüllbarkeit geprüft hat oder unverzüglich schaffen wird.

Fall 2: Einem Todkranken verschreibt der Arzt ein Medikament, das ihm das Leben retten kann, und nimmt bewußt die schädlichen Nebenwirkungen in Kauf. Wieviel mehr muß der Seelenarzt in Kauf nehmen, daß der notwendige Fortschritt in einer Tugend die Förderung einer Untugend bei bestimmten Charakteren zur Folge haben wird. Beispiel: Auch wenn die Mahnung zum Fasten einen Gefräßigen wahrscheinlich zum Stolz verleiten wird, muß man dies hinnehmen, um zunächst sein Hauptlaster zu bekämpfen und zu seiner Zeit das neue Laster zu beseitigen. Um des Gesamtfortschritts willen sind also partielle Rückschritte einzukalkulieren.

Fall 3: Ein Musiker darf die Saiten seiner Zither nicht bis zum Zerreißen überspannen. Erst recht darf ein Prediger nicht die Saiten des Herzens und des Gemütes bei seinen Hörern zum Reißen bringen. Der Fassungskraft der Gläubigen, die meist sehr begrenzt ist, hat er Rechnung zu tragen. Für jedes Wort, zu dem er sich aus Begeisterung für die himmlischen Dinge hinreißen läßt, ohne die Möglichkeiten seiner Hörer zu berücksichtigen, hat er ein strenges Gericht zu erwarten. Er wird von Gott behandelt wie jemand, der einen Brunnen gräbt, ohne ihn abzudecken, so daß ein Esel oder Rind hineinfällt. Er hat dem Eigentümer des Tieres den Wert zu ersetzen (Ex 21, 33f). Die Wachsamkeit für die von Gott gegebene Gelegenheit verlangt dem Bischof oft ein äußerstes Maß an Geduld ab.

Fall 4: Ein Prediger hat vorzügliche Ideen, aber es fehlen ihm Beispiele aus dem Leben, aus der eigenen Erfahrung. In diesem Fall ist es noch nicht an der Zeit, das Wort zu ergreifen. So verkündigt er gleichsam die Bergpredigt und die Gleichnisse Jesu ohne Wunder, Passion und Auferstehung. An anderer Stelle mahnt Gregor: *Eine Kirche, die die göttliche Wahrheit ohne das Beispiel der Liebe verkündigt, verführt zum Atheismus.*

Der beste Kommentar zur Regula Pastoralis ist die Biographie des Autors: ein Pendeln und Ringen zwischen kontemplativem und aktivem Leben. In den Turbulenzen der Völkerwanderung, die in Italien eine Weltuntergangsstimmung auslöste, war er mit dreißig Jahren der höchste Zivilbeamte der Stadt Rom. Doch die Sehnsucht nach Stille und Einsamkeit ließ ihn das Klosterleben wählen, bis der Papst seine Ruhe unterbrach, ihn zum Diakon weihte und bald zum Nuntius am Hof des oströmischen Kaisers ernannte. Den zweiten Rückzug ins Kloster mußte Gregor abbrechen, als ihn Klerus, Volk und Kaiser im Pestjahr 590 zum Papst bestimmten. Die Verhältnisse erzwangen seine Mitarbeit in der großen Politik, in der Neuordnung der kirchlichen Landgüter, in der Reform der korrupten kirchlichen Dienste, in der »Missionspolitik«, deren Höhepunkt die Bekehrung der Angelsachsen war. Tatkraft, Weisheit und unbestechliche Klarheit zeichnen den erfolgreichen, vom Volk verehrten Hirten aus. Stete Kränklichkeit und Intrigen gegen ihn verlangten diesem Mönchspapst, der christliche und staatsmännische Loyalitäten stets zu verbinden wußte, das Äußerste ab: Der Gekreuzigte ist sein persönliches Christusbild.

Lesehinweis: Gregor der Große, Regula pastoralis (III. Teil, hrsg. v. G. Kubis), Graz 1986

Hanspeter Heinz

Todestag von Anton Bruckner (1824-1896)   4. September

Um vier Uhr früh die Glocken läuten, dann Wiesen mähen, dem Pfarrer beim Ankleiden helfen, beim Frühgottesdienst Orgelspielen und den Ministrantendienst besorgen, am Vormittag beim Schulunterricht aushelfen – wobei er, falls er dem Lehrer mißfiel, vor den Kindern in eine Ecke gesetzt wurde, wo er zur Strafe Gänsekiele schneiden mußte; das Mittagsmahl am Tisch der Dienstboten einnehmen; am Nachmittag weiterhin sich um die Belange von Wirtschaft und Haushalt kümmern; am Abend ab und zu als Musikant in der stickigen Luft einer Gastwirtschaft eine Tanzgesellschaft unterhalten; und in den wenigen freien Stunden Noten schreiben, Bachsche Fugen am Klavier oder an der Orgel üben. So muß man sich den Alltag des Unterlehrers Bruckner in Windhaag, einem kleinen Dorf an der äußersten Grenze Oberösterrreichs zu Böhmen, denken.

»Wo die Wissenschaft halt machen muß, wo ihr unübersteigbare Grenzen gesetzt sind, dort beginnt das Reich der Kunst, welche das auszudrücken vermag, was allem Wissen verschlossen bleibt. Ich als Rector magnificus der Wiener Universität beuge mich vor dem ehemaligen Unterlehrer von Windhaag« – so endete die Rede des Wiener Rektors vor 3000 Ehrengästen anläßlich einer Feier zu Bruckners Ehren-Promotion 1891.

Zwischen diesen beiden Polen ist das Nachdenken über Bruckner angesiedelt: einerseits seine Herkunft aus einfachen Verhältnissen, sein Lebenskampf und oft -krampf (aus einem Brief 1875: »Ich habe nur das Conservatorium, wovon man unmöglich leben kann. Mußte schon im September und später wieder Geld aufnehmen, wenn es mir nicht beliebte, zu verhungern... In meinem ganzen Leben hätte man mich nicht nach Wien gebracht, wenn ich das geahnt hätte«) und andererseits seine Musik, die alle bisherigen Ausdrucksmöglichkeiten und -formen sprengte.

Auf der einen Seite der bisweilen hilflose und unsichere, vielleicht auch schrullige Mensch, der sich auf dem glatten Wiener Gesellschafts-Parkett nicht wohlfühlte, auf der anderen Seite der Musiker, der sicher und selbstbewußt bisher ungeahnte musikalische Wege eröffnete, wofür er auch heftigsten Spott und kälteste Ablehnung erntete. »Die wollen, daß ich anders schreibe. Ich könnt's ja auch, aber ich darf nicht. Unter Tausenden hat mich Gott begnadigt und dieses Talent mir, gerade mir gegeben.«

Auch für Bruckners Religiosität gilt eine derartige Zwei-Seitigkeit: Er war zutiefst geprägt von der katholischen ländlichen Frömmigkeit seines Landes; die Erfüllung der »religiösen Pflichten« war für ihn innerste Notwendigkeit, so sehr, daß manche geradezu von einem Zählzwang Bruckners bei seinen Gebeten sprechen. Auf der anderen Seite baut er mit seinen Symphonien die größten »Freilicht-Dome« und wird immer wieder als »der« Mystiker unter den Musikern der neueren Zeit bezeichnet.

Was wir von Bruckner an verbalen Äußerungen haben – hauptsächlich sind es Briefe –, ist eher enttäuschend: meistens drehen sie sich um Geld, Erfolg, Kritiker, Aufführungswünsche und – befürchtungen und ähnliches.

Was wir von Bruckner hingegen an musikalischen Äußerungen haben, führt uns – mit dem Psalm gesprochen – »hinaus ins Weite«:

Tatsächlich waltet in dieser Musik ein Zug zur Unio Mystica - dies nicht nur im Sinne eines Eins-Werdens mit dem Urgrund, sondern in dem einer Einigung der Dinge selbst... Bei aller Darstellung der Zerrissenheit und des Leidens an und in dieser Welt ist die tiefste Intention des österreichischen Meisters die eben der Ver-söhnung, des Sohn- also Mensch-Werdens aus Gott-Vater und Geist. Jene Verbindung und Einigung der Gegensätze aber wird zuweilen fröhlich herbeigeführt – wie es der weltoffenen und sinnenfrohen Frömmigkeit von Bruckners Heimat entsprechen mag. Eine der schönsten Stellen in Bruckners Sinfonik überhaupt ist jene Musik im Finale der Dritten, wo eine Polka fast blasphemisch und bäuerlich verschmitzt von einem Choral begleitet wird. Weltliches und Geistliches, Lebensfreude und Frömmigkeit, Zuwendung zur Wirklichkeit und Innerlichkeit, Gesellschaftliches und Individuelles, Natur und Mensch, Sinnlich-Seelisches und Geistiges gehören zusammen, weil nur so der Reichtum des einen, die Einheit der Mannigfaltigkeit den Menschen zugute zu kommen vermag» (Dieter Schnebel).

Lesehinweis: M. Wagner, Bruckner, Mainz 1983 (Goldmann-Tb 33027)

Anton Schrettle

5. September — Kirchlicher Gedenktag von Hrotsvit von Gandersheim

Ihre äußeren Lebensdaten – Beginn, Herkunft, Ende – bleiben im dunklen. Ihr Name – Roswitha, oder der damaligen Schreibgewohnheit gemäß, Hrotsvit von Gandersheim – gibt in seinem Zusatz statt äußerer Daten den Bezugsrahmen ihres Lebens und Wirkens an: das Stift Gandersheim zur Zeit der Äbtissin Gerberg II., einer Nichte Kaiser Ottos I. des Großen, Lehrerin, Förderin und Freundin Hrotsvits. Die Selbstdeutung ihres Namens als »Clamor Validus Gandeshemensis« – »kraftvolle Stimme von Gandersheim« zeugt unverhohlen und individuell in der Vorrede zu ihrem Dramenbuch inmitten gängiger frühmittelalterlicher Formung zur demütigen Einordnung des eigenen Werkes von ihrem Selbstbewußtsein als Dichterin. Ihr Programm: Dichtung zum Lobe, zur Verherrlichung Gottes. Quelle ihres Schaffens und ihres Selbstbewußtseins ist die tiefe Überzeugung ihres Lebens: Gottes Wirken ist allgegenwärtig und wunderbar.

Ihr Werk, von ihr selbst herausgegeben und chronologisch geordnet, ist dreiteilig und umfaßt acht Legendengedichte, sechs Dramen und zwei historische Dichtungen über die Taten Ottos des Großen und die Anfänge des Stifts Gandersheim, alle abgefaßt in lateinischer Sprache. Die Wahl ihrer Stoffe und ihre sprachliche Ausgestaltung muten heutige Leser und Leserinnen sehr fremd an. Inhaltlich folgte sie der bis Hieronymus zurückreichenden Tradition der Hagiographie und gestaltete die vorgefundenen Stoffe im Sinne der sie leitenden Überzeugungen aus. Insofern sind Legenden und Dramen bei ihr auch nur formal geschieden. Auch ihre historischen Dichtungen tragen legendäre Züge, letztlich sind auch Historie und Legende nicht geschieden, weil sich für Hrotsvit alles Geschehen im Rahmen einer von den Wundern Gottes erfüllten Welt abspielte. Die volle Entfaltung ihres dichterischen Talents erreichte sie in ihren Dramen. In der Verbindung der Form der dialogischen Rede mit den Stoffen traditioneller Hagiographie findet sie zu ihrem ganz eigenen Ausdruck, wodurch die Dramen auch als ihre stärkste Leistung gelten. Die dialogische Rede eignet sich besonders gut zur Gestaltung der konflikthaften Begegnung von Gut und Böse. Der Mensch ist in seinem irdischen Leben nach Hrotsvits Überzeugung von Anfeindung und Sünde bedroht und hat damit zu ringen, doch am Ende ist die Gnade Gottes die stärkere Kraft. Und die eigentliche Sünde des Menschen besteht nicht im Abirren vom guten Weg – für Hrotsvit der Fall vom geistlichen Leben der Keuschheit in ein weltliches Leben der Unzucht – sondern im Verharren im Irrtum und im Zweifel an der göttlichen Gnade.

Im »Abraham«, dem »Höhepunkt von Hrotsvits dichterischem Schaffen« (Bert Nagel), findet sie die deutlichsten Worte für das, was sie bewegt:

Maria: *Meiner Sünden Ungeheuerlichkeit hat mich in tiefe Verzweiflung gestürzt.*
Abraham: *Deine Sünden sind – ich gestehe es – schwer. Doch die göttliche Gnade übertrifft alles Kreatürliche. Darum reiße die Schranken in deinem Inneren nieder und versäume nicht die kurze Zeit, die dir zur Buße gegeben ist, damit sich der Reichtum der göttlichen Gnade dort ergießt, wo das Maß der grauenvollen Frevel überfließt.*
Maria: *Könnte ich Hoffnung auf Vergebung hegen, dann ließe ich es an Bußeifer nicht im geringsten fehlen.*
Abraham: *Erbarme dich meiner um der Mühen willen, die ich für dich ertragen, und laß fahren die verderbliche Verzweiflung, die auf dir liegt und schwerer als alle Sünden wiegt. Wer daran verzweifelt, daß Gott den Sündern zu verzeihen gewillt ist, der begeht eine unheilbare Sünde, denn so wie der Funken aus einem Feuerstein das Meer nicht in Flammen setzen kann, so vermag auch die bittere Schärfe unserer Sünden die Süße der göttlichen Milde nicht zu verwandeln.*

1000 Jahre Abstand – der Zugang zu Hrotsvits Dichtung ist mühevoll. Wer sich auf sie einläßt, wird sich darauf einstellen müssen, daß sich ihre Lebenswelt, ihre Weltauffassung und die sie beschäftigenden Themen aber nicht nur wegen des zeitlichen Abstands schwer vermitteln lassen. Vielleicht ist dennoch an dem einen oder anderen Punkt Begegnung möglich.

Lesehinweis: Hrotsvit von Gandersheim, Dulcitus. Abraham. (Reclam UB 7524)

Eva-Martina Kindl

Geburtstag von Moses Mendelssohn (1729-1786)

6. September

Eine der faszinierendsten Gestalten der deutsch-jüdischen Kultur ist der Schriftsteller und Philosoph Moses Mendelssohn. Durch die Judenverfolgung der Nationalsozialisten sowie die Zerstörung der zahlreichen Denkmäler Mendelssohns im Berliner Raum wurde sein bahnbrechendes Reformwerk im Deutschland des 18. Jahrhunderts weitgehend vergessen. Der Jude Mendelssohn lehrte durch seine ausgezeichneten Publikationen in deutscher Sprache die preußische Gesellschaft, daß nicht nur Französisch, sondern auch Deutsch literatur- und hoffähig war. Durch seine Übersetzungen der Bibel und der Psalmen ermutigte Mendelssohn seine unterdrückten und verfemten jüdischen Brüder und Schwestern, ihren Glauben auch in deutscher Sprache zu bekennen. Als erster jüdischer Philosoph der Neuzeit interpretierte er die jüdische Religion mit den Begriffen der Philosophie seiner Zeit.

Mendelssohn machte den Europäern und vor allem den Deutschen bewußt, daß Juden Menschen sind wie andere auch. Während den aus Frankreich geflüchteten Hugenotten vom preußischen Staat volle Hilfe zuteil wurde, geschah dies bei den Juden nicht. Ihr Makel war: Sie waren keine Christen. In seinem Buch »Jerusalem« schrieb Mendelssohn, der ein unbeirrbarer Verfechter der Toleranz zwischen verschiedenen Menschengruppen war:

Mit meinem besten Freunde, mit dem ich noch so einhellig zu denken glaubte, konnte ich mich sehr oft über Wahrheiten der Philosophie und Religion nicht vereinigen. Nach langem Streit und Wortwechsel ergab sich zuweilen, daß wir mit denselben Worten jeder andere Begriffe verbunden hatte. Nicht selten dachten wir einerlei und drückten uns nur verschiedentlich aus. Aber ebensooft glaubten wir übereinzustimmen und waren in Gedanken noch weit voneinander entfernt. O, wer diese Erfahrung in seinem Leben gehabt hat, und noch intolerant sein, noch seinen Nächsten hassen kann, weil dieser in Religionssachen nicht denkt oder sich nicht so ausdrückt wie er, den möchte ich nie zum Freunde haben, denn er hat alle Menschheit ausgezogen.

Während die Aufklärer sich von der Religion abwandten, weil diese in ihren veralteten Formen auf die Fragen der Zeit keine Antworten wußte, sprach ein jüdischer Philosoph im Gewande des Sokrates vom unstillbaren Verlangen des Menschen nach Unsterblichkeit. Sein Buch »Phädon« (1767) machte Mendelssohn über Nacht international berühmt. Es erschien in mehreren Auflagen und in verschiedenen Sprachen. Als Mendelssohn 1771 in die Berliner Akademie gewählt wurde, ließ dies Friedrich II. (der Große) nicht zu. Warum – weil Mendelssohn Jude war. Trotz zahlreicher Freunde und Gesprächspartner wie Lessing, Herder, Goethe, Kant, Wieland, Nicolai, Elise Reimarus, Sophie Becker und vor allem seine Frau Fromet Gugenheim blieb Mendelssohn bis zuletzt »Schutzjude«, das heißt, er konnte jederzeit des Landes verwiesen werden, der »Schutz« bezog sich nur auf ihn, nicht auf seine Familie.

Aus dem In- und Ausland kamen Hilferufe unterdrückter Juden an den Menschenfreund Mendelssohn. Die jüdische Gemeinde in Berlin wählte ihn zu ihrem Schatzmeister und Repräsentanten. Auffallend sind auch die »Brautbriefe«, die Mendelssohn an seine Verlobte, Fromet Gugenheim, schrieb. Er war sehr auf ihre geistige Ausbildung bedacht, und im vollen Gegensatz zu den Gepflogenheiten der Zeit bereiteten sich Mendelssohn und seine Braut in freundschaftlichem, partnerschaftlichem Austausch auf ihre Ehe vor. Bedeutende Frauen und Männer sind aus Mendelssohns Familie hervorgegangen, der bekannteste ist der Komponist Felix Mendelssohn-Bartholdy.

Als Mendelssohn nach vielen Aufregungen wegen einer Hetzkampagne gegen seinen Freund Lessing am 1. Januar 1786 unerwartet starb, stand in der Vossischen Zeitung: »Es ist eine tiefe Wunde, welche die jüdische Nation durch den Tod Moses des Weisen empfangen hat. Er war ihr Lehrer und Führer, ihr Ratgeber, ihr Vertreter, ihr Alles«. Auch eine Gestalt wie Mendelssohn konnte nicht verhindern, daß Deutschland im 20. Jahrhundert in die schlimmste antisemitische Barbarei verfiel. Vielleicht könnten wir, nach bitteren Erfahrungen, Mendelssohn heute neu entdecken als eine Gestalt der Wegweisung, die Wissenschaft mit höchsten ethischen und spirituellen Werten verband.

Lesehinweis: M. Mendelssohn, Morgenstunden oder Vorlesungen über das Dasein Gottes. Der Briefwechsel Mendelssohn – Kant, Stuttgart 1979 (RUB 9941)

Waltraud Herbstrith

7. September — Morgen ist der Todestag von Elisabeth von Thadden (1890-1944)

Elisabeth von Thadden war eine – im tiefen Sinn des Wortes – starke Frau. Nach dem frühen Tod der Mutter, mußte sie, kaum zwanzigjährig, die Leitung des Gutes Trieglaff (Pommern) und die Erziehung der jüngeren Geschwister übernehmen. Sie stellte sich dieser Aufgabe mit großer Energie und Organisationstalent. 1914 lernte sie Friedrich Siegmund-Schultze kennen, den damals schon bekannten Pfarrer der Potsdamer Friedenskirche, der seine aussichtsreiche Position verließ, um in einem Berliner Arbeiterviertel mit den Armen zu leben und unter ihnen zu wirken. Dieser junge Pfarrer gab Elisabeth von Thadden den Anstoß, bei der sogenannten »Kinderlandverschickung« mitzuarbeiten, die sie bald zu einer groß angelegten Organisation ausbaute. Die Bekanntschaft mit Siegmund-Schultze entwickelte sich zu lebenslanger Freundschaft, vielleicht der wichtigsten für Elisabeth von Thadden:

*Sehr geehrter, lieber Herr Lizentiat,
was sie uns am 1. Okt. hier erzählten, bewege ich in meinem Herzen. Und diese Gedanken möchte ich zur Tat werden lassen mit beiliegender kleiner Hilfe für Ihre Arbeit! – Wenn ich später bei meinem Vater keine Pflichten mehr haben sollte, dann möchte ich in Ihrem Sinn sozial arbeiten! Hier kann man es ja auch ein wenig tun und versuchen, es im rechten Sinn zu machen! Mit der Kinderlandverschickung wurde ich immer mutloser, besonders immer unsicherer, ob es recht sei, diese erweiterte Organisation zu planen! Aber nun sehe ich doch, daß Gott helfen will, denn Herr ... will zur Sitzung kommen ... Ich werde versuchen mich recht in die Arbeit hineinzugraben! Wenn Sie uns nur noch hülfen, das Sorgenkind in einer ordentlichen Organisation zurechtzuformen, dann muß es alleine leben und wir wollen Sie dann auch nicht mehr quälen! Nur danken für alles was Sie uns taten und uns hier waren am Erntedankfest.*

Ihre ergebene Elisabeth von Thadden

Siegmund-Schultze vermittelte wichtige Kontakte zu führenden Persönlichkeiten wie Paul Tillich, Friedrich Naumann oder Alice Salomon, die Elisabeth von Thadden vor allem mit der »sozialen Frage« der damaligen Zeit bekannt machte. In der Sozialschule von Alice Salomon machte sie später eine Ausbildung und fand damit zu ihrer eigentlichen Lebensaufgabe. Nach einigen praktischen Jahren im Kinderdorf Heuberg und in der Schloßschule Salem gründete sie ein eigenes Internat auf Schloß Wieblingen. Niemand nahm dieses Vorhaben ernst, sie wurde von den Männern milde belächelt. Aber sie setzte sich mit der ihr eigenen Tatkraft durch und begann Ostern 1927 mit 13 Schülerinnen und dem Gesangbuch der Großherzogin von Baden den Schulbetrieb. Der Erfolg sollte ihr recht geben: innerhalb kürzester Zeit konnte das Internat sich selbst tragen. Elisabeth von Thadden war eine autoritäre Leiterin, aber sie respektierte ihre Schülerinnen und förderte ihre Individualität. Sie nahm die heute selbstverständliche Schülermitverwaltung damals voraus und erzog so die jungen Frauen schon früh zur Verantwortlichkeit. Sie nahm ihre Schülerinnen ernst und behandelte sie nie als Untergebene. Dennoch blieb, so schreibt ihre frühere Schülerin Irmgard von der Lühe, »das Verhältnis weithin nüchtern. Wir dankten ihr ihre Erziehung erst nachträglich, meistens zu spät. Damals warf sie unbekümmert ihren Samen an Mahnung und Bildungsgut aus – ob wir ihn wollten oder nicht. So erntete sie – auch infolge ihres jähen Abbruchs – viel zu wenig sichtbaren persönlichen Dank. Ob sie ihn vermißte, wissen wir nicht«.

Ihre Unbekümmertheit und Aufrichtigkeit in der Meinungsäußerung wurden Elisabeth von Thadden schließlich zum Verhängnis. Eine Schülerin denunzierte sie, und die Schulleitung wurde ihr bald von NS-Beamten entzogen. Diesem harten Schlag folgten weitere, bis sie schließlich nicht einmal mehr richtige Arbeit bekam, sondern beim Roten Kreuz Teller waschen mußte. Die sogenannte »Teegesellschaft« besiegelte ihr Schicksal. Ein Spitzel verriet alle Gäste dieser Geburtstagsfeier wegen wehrkraftzersetzender Äußerungen.

Nach vielen Verhören und langer schwerer Haft wurde Elisabeth von Thadden vom »Volksgerichtshof« unter Leitung von Roland Freisler in einem Schauprozeß zum Tode verurteilt, mit ihr die meisten Teilnehmer der Geburtstagsfeier. Am 8. September 1944 wurde sie hingerichtet.

Lesehinweis: I. von der Lühe, Eine Frau im Widerstand. Elisabeth von Thadden, Hildesheim 1989

Christine Böse

Geburtstag von Eduard Mörike (1804-1875)   *8. September*

Mörike teilt mit Matthias Claudius das Schicksal, in seinem literarischen Schaffen von seinen Zeitgenossen und der Nachwelt äußerst kontrovers beurteilt zu werden. So bemängelt Friedrich Nietzsche an Mörikes Dichtung »ein süßlich weichliches Schwimm-Schwimm und Kling-Kling«, während der ansonsten recht kritische David Friedrich Strauss über Mörike urteilt: »Ihm verdanken wir es, daß man keinem von uns jemals wird Rhetorik für Dichtung verkaufen können; daß wir allem Tendenzmäßigen in der Poesie den Rücken kehren; daß wir Gestalten verlangen, nicht über Begriffsgerippe künstlich hergezogen, sondern so wie sie leiben und leben mit einem Blick vom Dichter erschaut und ins Dasein gerufen«.

Die kontroversen Urteile über Mörike haben Anhalt an dessen Lebenslauf. Mörike war ein Mensch im »Dazwischen«. Das Unstete seiner Biographie, der häufige Wechsel der Wohnorte, die ständigen körperlichen Gebrechen, seine Unfähigkeit, auf Dauer Beziehungen zu anderen Menschen einzugehen – dies alles ist nicht nur auf widrige äußere Umstände zurückzuführen. Mörike war ganz offensichtlich ein Mann, der mit dem Leben nicht zurecht kam. Doch sagt dies weitaus mehr über die Umstände aus, mit denen Mörike zurechtkommen mußte, als über seine »Lebenstüchtigkeit«. Seine Lebenstüchtigkeit bestand vielmehr gerade darin, der Brüchigkeit menschlichen Lebens zum poetischen Ausdruck zu verhelfen. Die so oft gescholtene wie viel gepriesene »Harmlosigkeit« Mörikes ist alles andere als harmlos. Dies zeigt auch das nachfolgende Gedicht:

Ein Stündlein wohl vor Tag

Derweil ich schlafend lag,
Ein Stündlein wohl vor Tag,
Sang vor dem Fenster auf dem Baum
Ein Schwälblein mir, ich hört es kaum -
Ein Stündlein wohl vor Tag:

«Hör an, was ich dir sag!
Dein Schätzlein ich verklag:
Derweil ich dieses singen tu,
Herzt er ein Lieb in guter Ruh,
Ein Stündlein wohl vor Tag.»

O weh! nicht weiter sag!
O still! nichts hören mag.
Flieg ab, flieg ab von meinem Baum!
Ach, Lieb und Treu ist wie ein Traum
Ein Stündlein wohl vor Tag.

Man bezeichnet Mörike gern als den Lyriker der Idylle. Doch die Idylle, die Mörike zeichnet, hat es in sich. Sie weiß um die Nachtseiten des Lebens. Der singende Vogel auf dem Baum, oft zum kitschigen Klischee verkommen, in Mörikes Poesie wird dieser Vogel zum Boten des Verrats an der Liebe. Das, was als Idylle begann, entpuppt sich als realistischer Blick auf die Welt, als Klarsicht vor der Tageshelle, die gleichwohl nicht ohne Hoffnung ist: »Ein Stündlein wohl vor Tag«. Wie wird der Tag mit der Einsicht der Nacht umgehen? Mörike läßt es offen – mit guten Gründen...

Lesehinweis: E. Mörike, Gedichte, Stuttgart 1991 (RUB 7661)

Albrecht Grötzinger

9. September

Geburtstag von Lew Nikolajewitsch Tolstoj (1828-1910)

Der Luther zugeschriebene, berühmt gewordene Satz: »Hier stehe ich, ich kann nicht anders«, gilt ohne Abstriche auch für Lew Nikolajewitsch Tolstoj. Dieser löste zwar keine Kirchenspaltung aus, wurde aber ob seiner sozialrevolutionären Kritik im Jahre 1901 aus der orthodoxen Kirche ausgeschlossen. Als Dichter gehörte er zu den bedeutendsten Persönlichkeiten der Geistesgeschichte des 19. Jahrhunderts. Eine seiner zentralen Überzeugungen bestand darin, daß es zwei Möglichkeiten gibt, die Lehre Christi zu verstehen. In der Erzählung »Die Kreutzersonate« sagt Tolstoj:

Christus hat keinerlei Bestimmungen für das Leben gegeben, hat keinerlei Institutionen begründet... Allein die Menschen, die das Besondere der Lehre Christi nicht begriffen haben, gewöhnten sich daran, sich an die äußeren Gebote zu halten und hatten stets den Wunsch, sich ebenso wie jener Pharisäer als Gerechter zu fühlen; sie haben wider den Geist der Lehre Christi aus den Buchstaben eine äußerliche Prinzipienlehre, die sogenannte kirchliche christliche Lehre gemacht und diese Lehre an die Stelle des wahren, von Christus gelehrten Ideals gesetzt. Die kirchliche Lehre, die sich selbst eine christliche nennt, hat für alle Äußerungen des Lebens anstatt der Lehre des christlichen Ideals äußere Bestimmungen und Grundsätze gesetzt, die dem Geist der Lehre widersprechen... Der Prüfstein für die Erfüllung der Lehre Christi ist das Bewußtsein, in welchem Grade man der idealen Vollkommenheit noch nicht entspricht.

Die Radikalität Tolstojs war schließlich auch der Grund für das Zerwürfnis mit seinem Freund Wladimir Solowjew. Dieser machte in seiner letzten Schrift Tolstoj in der Gestalt eines Fürsten zu seinem Hauptgegner. Hauptstreitpunkt war die Überzeugung Tolstojs, daß es unmöglich sei, sich dem Bösen mit Gewalt zu widersetzen. Für ihn war die Lehre Christi die Bergpredigt. Und er selbst hat diese Lehre derart radikalisiert, daß er zu den Betreibern und geistigen Vätern der russischen Revolutionen von 1905 und 1917 gezählt wird.

Dennoch ging ein tiefer Riß durch seine Biographie. Seine Frau warf ihm vor, daß zwischen Theorie und Praxis bei ihm ein abgrundtiefer Graben bestehe. Was er predigt, lebt er nicht, war ihre Ansicht, dadurch kam es zu starken Spannungen im Familienleben. Diese veranlaßten Tolstoj noch im hohen Alter zur nächtlichen Flucht aus dem Hause. Auf dieser Flucht starb er. 1903 schrieb er in einem Brief, gleichsam als geistiges Vermächtnis und kritische Revision seines eigenen Lebens: »Ich bin nur ein Mensch, der, nachdem er ein sehr schlechtes Leben gelebt hat, zu der Einsicht gekommen ist, daß das wahre Leben darin besteht, den Willen des Einen zu erfüllen, der mich in diese Welt gesetzt hat, ein Mensch, der in den Evangelien das wahre Prinzip des Lebens gefunden hat und daraufhin sein Leben der Selbsttäuschung aufgab und nur noch nach diesem Prinzip gelebt hat und lebt.«

Diese Diskrepanz zwischen seiner Lehre und seiner eigenen Lebenspraxis brachte Tolstoj an die Grenze seiner Existenz. Sein Lebenstraum waren Entsagung und Askese. Diese Spannung ist aus einem späten Gesprächs Tolstojs mit einem Studenten überliefert, bei dem er sagte, daß er diesen Lebenstraum bis jetzt nicht im Stande gewesen sei zu verwirklichen. Es gebe verschiedene Gründe dafür, der wichtigste darunter sei, daß man einen solchen Schritt nicht unternehmen dürfe, um andere Leute zu beeindrucken. Ein solcher Schritt stehe nicht in unserer eigenen Macht. Begraben liegt Tolstoj an der Stelle im Wald, an der sein ältester Bruder einst als Kind den grünen Zweig vergrub, auf dem das Geheimnis des Glücks für alle aufgeschrieben war.

Lesehinweis: L. N. Tolstoj, Die Kreutzersonate, Frankfurt 1989 (it 2303)

Thomas Schreijäck

Geburtstag von Franz Werfel (1890-1945)   10. September

Vielen christlichen Lesern ist Franz Werfel nur noch durch die beiden – auch verfilmten – Romane »Der veruntreute Himmel« und »Das Lied der Bernardette« bekannt. Für die Armenier, die den von den Türken an ihrem Volk verübten Genozid von 1915/16 überlebten, wurde er gleichsam zum Nationaldichter mit dem Epos »Die 40 Tage des Musa Dagh«. Schließlich ist er für die Filmgeschichte unsterblich mit seinem Buch zum wunderbaren Film »Jacobowksi und der Oberst«. – Werfel wurde in Prag geboren, wuchs auf in der Zeit der tschechischen Unabhängigkeitsbestrebungen, der religiösen und weltanschaulichen Spannungen zwischen Judentum und Christentum, der sozialen Antagonismen zwischen aufstrebendem jüdischem Bürgertum und tschechisch-deutscher Umwelt. Es muß eine tiefgreifende kulturelle Intensität geherrscht haben in diesem Milieu (mit Namen wie Kafka, Brod, Kisch, Rilke), die im deutschsprachigen Europa nur noch von Wien übertroffen wurde, wo Werfel von 1917 bis 1938 lebte.

Franz Werfel wird Schriftsteller und Dichter im Expressionismus, einer Periode der Unmittelbarkeit der Transzendenz, des hoffnungsvollen Schreiens nach einer neuen Welt. Er bleibt sein Leben lang Dichter einer religiösen Unmittelbarkeit. Seine Figuren sind nicht gebrochen durch Mann'sche Ironie; sie sind unmittelbar da, stehen vor Gott oder suchen ihn, wie vielleicht sonst nur noch bei Leo N. Tolstoi. Vielleicht deswegen ist Franz Werfel kein moderner Dichter, wohl weil er so verständlich, so fromm ist. Unsere Zeit ist skeptisch, wenn Gott den Menschen allzu nahe kommt oder sie ihm. Werfel »singt« gleichsam seine Poesie; sie ist nicht konstruiert, nicht rational, nicht vordergründig sozialkritisch; sie hat Milieu, Heimatduft. Ihre Natürlichkeit geht uns so oft ab; ob sie ein für allemal verloren ist?

Franz Werfel erlebt die Umbrüche des Ersten und Zweiten Weltkrieges, vor allem am eigenen Leib die Schrecken der Naziherrschaft und ihres Fremdenhasses. Frankreich und die USA werden die Stationen seines Exils. Zwar gehört er zu den wenigen erfolgreichen deutschsprachigen Schriftstellern im Ausland; aber seine Seele ist gebrochen durch das, was Menschen anderen antun, nur weil sie Fremde sind: die Deutschen den Juden, die Türken den Armeniern, jeder jedem. – Hier mag für uns ein Schlüssel liegen, wieder Zugang zu finden zu Werfels Werk, zu begreifen, daß uns Gott nur in den Menschen begegnet, nirgendwo sonst.

Sein letzter Roman »Stern der Ungeborenen« stellt uns ein utopisches Paradies vor, in dem es Leid und Tod nicht geben kann, das aber zugleich eine Welt der Schwermut und der Langeweile ist. Vor allem Werfels Erzählungen und Romane zeigen uns, daß die Welt nicht anders werden wird, als sie ist, daß wir aber in ihr leben, um Haß und Tod zu überwinden, ganz biblisch. Auferstehung ist ein Motiv, dem man immer wieder begegnet:

Fremde sind wir auf der Erde alle

Tötet euch mit Dämpfen und mit Messern,
Schleudert Schrecken, hohe Heimatworte,
Werft dahin um Erde euer Leben!
Die Geliebte ist euch nicht gegeben.
Alle Lande werden zu Gewässern,
Unterm Fuß zerrinnen euch die Orte.

Mögen Städte aufwärts sich gestalten,
Ninive, eine Gottestrotz von Steinen!
Ach, es ist ein Fluch in unserm Wallen:
Flüchtig muß vor uns das Feste fallen,
Was wir halten, ist nicht mehr zu halten,
Und am Ende bleibt uns nichts als Weinen.

Berge sind und Flächen sind geduldig,
Staunen, wenn wir dringen vor und weichen.
Fluß wird alles, wo wir eingezogen.
Wer zum Sein noch Mein sagt, ist betroffen.
Schuldvoll sind wir, und uns selber schuldig,
Unser Teil ist: Schuld, sie zu begleichen.

Mütter leben, daß sie uns entschwinden.
Und das Haus ist, daß es uns zerfalle.
Selige Blicke, daß sie uns entfliehen.
Selbst der Schlag des Herzens ist geliehen,
Fremde sind wir auf der Erde alle,
Und es stirbt, womit wir uns verbinden.

Lesehinweis: F. Werfel, Die vierzig Tage des Musa Dagh, Frankfurt/Main [10]1988 (Fischer TB 2062)

Ewald Berning

11. September — Geburtstag von Johann Bernhard Basedow (1724-1790)

»Erst spielten sie das Kommandierspiel, die andern alle mit, es waren wohl achte bis neune: siehst Du, Karl, das ist so: erst stellen sie sich alle in die Reihe wie die Soldaten, und Herr Wolke ist Offizier, der kommandiert auf lateinisch, und sie müssen denn alles tun, was er sagt« – ein Schlaglicht von einem spektakulären öffentlichen Examen, das vom 13.-15. Mai 1776 am Philanthropin in Dessau stattfand. Verantwortlicher Initiator dieser in der damaligen pädagogischen Welt großes Aufsehen erregenden Schau war der pädagogisch umtriebige und rührige »Erz-Philanthrop« Johann Bernhard Basedow. Gefördert vom Fürsten Leopold von Anhalt-Dessau hatte er im Dezember 1774 in Dessau sein berühmtes »Philanthropinum« eröffnet, eine Modellschule der »Menschenfreundschaft«, mit der er seine aufregenden pädagogischen Ideen zu verwirklichen suchte. Als die Neugründung nicht wie erhofft florierte, inszenierte Basedow mit immensem Reklameaufwand und übersteigertem Selbst- und Sendungsbewußtsein dieses Examen:

Theuerste Cosmopoliten, Euer Wollen mag herzlich gut und die Zusage aufrichtig sein, so können wir doch nur durch die That in Ordnung kommen. Wir versichern bei Strafe des Hohnglächters, es werde an dem gesagten 13. Mai in dem Dessauischen Philanthopin den verständigen Vormünden der Menschheit im Schulwesen soviel Wichtiges zu sehen, zu hören, zu untersuchen und zu beratschlagen gegeben werden, dß es der Mühe wert wäre, einige von ihnen auf Befehl des deutchen Reichstages, aus Kopenhagen, Petersburg und en entferntesten Gegenden z uns zu senden, weiles vermöge der moralischen Rechenkunst Plicht ist, in Ansehung guter Werkem, die von großer Wirkung sein können, nach Wahrscheinlichkeit ohne Gewißheit zu handeln. Gott, du Vater der Nachwelt, schaffe uns, wir flehen dir, Gehör bei en weisen Weltbürgern!

Das Echo war beachtlich: An die 100 Teilnehmer besuchten das Examen, darunter so bekannte Namen wie von Rochow, Campe, Schummel, Nicolai, Struensee. Ihr Urteil über die erlebte philanthropische Lehrart fiel überwiegend positiv aus und zeitigte, was gestiftete Geldmittel, neue Schüler und Mitarbeiter betraf, auch zunächst den gewünschten Erfolg. Trotzdem gedieh die jetzt allenthalben bekannte und berühmte philanthropische Musteranstalt nicht; zu groß war Basedows notorische Unverträglichkeit und seine Unfähigkeit zu detaillierter Arbeit im Konkreten. Bereits 1778 verlor er die Leitung des Philanthropins, drei Jahre nach seinem Tod wurde es geschlossen. Dessen ungeachtet bleibt es Basedows Verdienst, mit dem Philanthropin für knapp zwanzig Jahre so etwas wie einen »Kristallisationspunkt der damaligen pädagogischen Bewegung in Deutschland« (Albert Reble) geschaffen zu haben. Basedow vermochte der Pädagogik seiner Zeit bahnbrechende Anstöße zu vermitteln. Seinen Ruhm begründete er dabei insbesondere mit seiner großen programmatischen Schrift »Vorstellung an Menschenfreunde und vermögende Männer über Schulen und Studien und ihren Einfluß in die öffentliche Wohlfahrt« (1768). Hier entwickelte er beredt und werbend einen umfassenden Plan zur Reform des Schulwesens, plädierte für eine unter Staatsaufsicht stehende Schule und warb in methodischer und didaktischer Hinsicht für eine »wirklich gute Schulbibliothek«, deren Schulbücher er sich bei genügender finanzieller Förderung selbst zu schreiben anbot. Die Resonanz war überwältigend; von allen Seiten erreichten Basedow Spenden, so daß er sich mit dem ihm eigenen Eifer an die Ausarbeitung des geplanten pädagogischen Universalwerks machen konnte. 1774 erschien es dann endlich als 4bändiges »Elementarwerk, ein geordneter Vorrat aller nötigen Kenntnisse zum Unterricht der Jugend«. Es war das Gründungsjahr des Dessauer Philanthropins und ein Höhepunkt im bewegten und bewegenden Leben eines außergewöhnlichen Mannes, dessen reicher Ideenschatz die Pädagogik der Aufklärungszeit nachhaltigst inspirierte und provozierte. Er verkörperte sich in einer durch und durch schillernden, alle Welt aufreizenden Persönlichkeit, die Goethe charakterisierte: »Basedows heftige rauhe Stimme, seine schnellen und scharfen Äußerungen, ein gewisses höhnisches Lachen, ein schnelles Herumwerfen des Gesprächs«, bewundert ob seiner großen Geistesgaben, aber »nicht der Mann, weder die Gemüter zu erbauen, noch zu lenken. Ihm war einzig darum zu tun, jenes große Feld, das er sich bezeichnet hatte, besser anzubauen, damit die Menschheit künftig bequemer und naturgemäßer darin ihre Wohnung nehmen sollte; und auf diesen Zweck eilte er nur allzugerade los«!

Lesehinweis. J. B. Basedow, Ausgewählte pädagogische Schriften (besorgt v. A. Reble), Paderborn 1965

Rainer Lachmann

Morgen ist der Geburtstag von Marie von Ebner-Eschenbach (1830-1916)

12. September

Offenheit für alle Anzeichen einer sich wandelnden Zeit bei gleichbleibender Verpflichtung gegenüber der Tradition – auf diesen beiden Koordinaten bewegte sich das Leben der Marie von Ebner-Eschenbach. Die Dichterin lebte von 1830-1916, zur gleichen Zeit wie der letzte Repräsentant der österreichisch-ungarischen Monarchie, Franz Josef I. Den damaligen Gepflogenheiten ihres Standes entsprechend verbrachte die aus böhmischem Adel stammende geborene Gräfin Dubsky von Kindheit an die Sommer auf dem mährischen Familiengut und die Wintermonate in Wien. Geprägt hat sie nicht nur die besondere Atmosphäre der ausgehenden k.u.k.-Monarchie; schon früh lernte Marie von Ebner-Eschenbach das Dasein mit seinen sozialen Spannungen aus dem Blickwinkel sowohl von Adelsschicht als auch von bäuerlicher bzw. dienender Bevölkerung sehen – am Gegensatz dieser beiden Welten entzündete sich ihr soziales Ethos.

In ihren Erzählungen, die sich unmittelbar auf die Wirklichkeit ihrer Zeit und Umwelt beziehen, spielt das soziale Element eine Rolle, ohne jedoch beherrschend zu sein. Im Zentrum stehen Menschen, die keinen Anspruch auf Bedeutung haben, die jenseits ihres Standes oder ihrer nationalen Herkunft auf ihre rein menschlichen Qualitäten geprüft werden. Voraussetzung für ein individuelles wie ein gesellschaftliches Gelingen ist dabei stets die Wahrhaftigkeit. Selbstbehauptung der freien Persönlichkeit in der Treue zu sich selbst und Liebe in allen ihren Erscheinungsformen gehörten zum Menschenbild der Dichterin. Glaube und Religion werden in ihren Erzählungen meist nur insofern angesprochen, als sie Bestandteil der damaligen Gesellschaft waren. Persönlich durchlebte Marie von Ebner-Eschenbach etliche religiöse Krisen. Ihre Abneigung gegen den politischen Katholizismus und ein von Lessing beeinflußter liberalistisch-humanitärer Fortschrittsglaube haben sie im zunehmenden Maße dem kirchlichen Glauben entfremdet. Einen Spiegel dieser Haltung bietet folgende ihrer Parabeln:

Der Glauben und die Liebe waren einst ein Paar und führten die glücklichste Ehe. Eines Tages sprach der Glauben: »Ich muß wandern, ich muß mich über die Erde verbreiten«, und die Liebe bat: »Nimm mich mit.« Er aber erwiderte: »Das kann nicht sein. Ohne dich bin ich stärker; allein ist der Held.« Er ging und verirrte sich unterwegs in Nacht und Finsternis, und als er heimkam, erkannte die Liebe ihn kaum wieder, so sehr hatte er sich verändert – auch gegen sie. Sie hatte ihre Macht über ihn verloren. Seitdem wendet er sich gar oft von ihr ab. Finden sie sich flüchtig zusammen, geschieht es nur, um sich bald wieder zu trennen. Ihr Bund war Segen, ihre Uneinigkeit ist Fluch, und die Menschenkinder fühlen ihn schwer.

Diese verkleidete, wenngleich sehr deutliche Kritik an ihrer Kirche ließ die Dichterin dennoch nicht ihren Glauben an die Gegenwart des Göttlichen im Menschen verlieren. Und dieser Glaube war es, der sie nach immer neuen Realisationsmöglichkeiten in Ethik und Erziehung suchen ließ. Im Zentrum der Erzählungen der Marie von Ebner-Eschenbach steht der Mensch als Mensch – dies spricht für die bleibende Aktualität der Dichterin.

Lesehinweis: M. von Ebner-Eschenbach, Aphorismen, Frankfurt/Main 1986 (Insel-TB 543)

Christine Hober

13. September — Kirchlicher Gedenktag von Johannes Chrysostomos (ca. 349-407)

Das 4. Jahrhundert ist die große Zeit der Asketen. Die christliche Avantgarde zieht sich in die Einsamkeit zurück, lebt ehelos, verzichtet auf das Familienvermögen und versucht, mit möglichst wenig Nahrung und Schlaf auszukommen und sich ganz dem Gebet, der Schriftlesung und der geistlichen Schriftstellerei zu widmen. Dem asketischen Zeitgeist folgt auch Johannes, hochbegabter Sohn einer wohlhabenden Offiziersfamilie aus Antiochien, bis er gesundheitlich zusammenbricht und in seine Heimatstadt zurückkehren muß. Als Kleriker gewinnt er bald großen Einfluß, nicht nur, weil er seine einfache Lebensform beibehält und seine Einkünfte als Presbyter den Armen der Stadt zukommen läßt, sondern auch, weil er sich schnell den Ruf des brillantesten und kraftvollsten Predigers der Stadt erwirbt, der große Mengen von Gläubigen anzieht und – in heiklen politischen Situationen – auch zu steuern weiß.

Dies bringt ihm den Ruf auf den Bischofssitz der Reichshauptstadt Konstantinopel ein. Hier erwartet man jedoch nicht nur einen brillanten Rhetor, sondern auch einen Bischof, der seine Rolle im Machtzentrum des Imperiums ebenso kraftvoll wie geschmeidig ausfüllen kann. Der Prediger Johannes wird bald begeistert gefeiert. Das Feuerwerk seiner Rhetorik fasziniert die Bevölkerung wie den Hof derart, daß selbst die schärfste Kritik an den sozialen Mißständen in Konstantinopel von der christlichen Hauptstadtschickeria mit Beifall aufgenommen wird. Der Bischof fühlt sich mißverstanden und beginnt, deutlicher zu werden:

Wie viele, glaubt ihr, werden in unserer Stadt gerettet werden? Ihr werdet es mir vielleicht übel nehmen, was ich sagen will; ich muß es aber dennoch sagen: Unter so vielen Tausenden wird man keine hundert finden, die ihr Heil finden werden; und selbst an diesen zweifle ich noch!

Als er jetzt auch noch mit deutlichen Anspielungen einzelne Vertreter des kaiserlichen Hofs, die durch besonders luxuriöse Kleidung auffallen, im Gottesdienst kritisiert, schafft er sich mehr und mehr Gegner. Die Betroffenen merken, daß der Bischof das, was sie für die übliche unverbindliche Moralparänese gehalten haben, ernst meint, und stellen erstaunt fest, daß er auch danach lebt. Hatte sein Vorgänger ein großes Haus geführt, aufwendige Gesellschaften gegeben und wichtige Beziehungen zum Hof nachdrücklich gepflegt, so ist Johannes auch als Bischof strenger Asket geblieben, der lieber allein ißt und auf große Empfänge, Gastmähler und aufwendige Geschenke verzichtet. Johannes mißachtet viele der Gepflogenheiten, die seiner Umwelt für einen Hofbischof unerläßlich erscheinen, und stößt damit einflußreiche Leute vor den Kopf. Bereits kurz nach seinem Amtsantritt hatte er mit harter Hand die Mißstände unter den Klerikern bekämpft und einige wegen groben Fehlverhaltens aus ihren Ämtern entfernt. Als er sich auch noch mit Kaiserin Eudoxia anlegt, kommt es zu einer Koalition seiner Feinde aus den Reihen der Kirche und des Hofes, und er wird im Jahre 404 von seinem Bischofsstuhl vertrieben.

Johannes scheitert als Bischof der Kapitale, weil er sich nicht als brillanter, ambitionierter Hofprediger versteht, sondern seine rhetorischen Fähigkeiten ganz in den Dienst der Durchsetzung seiner alten Ideale, eines grundsätzlich asketisch verstandenen Christentums, stellt, das sich mit dem Lebensstil von Hof und Metropole nicht vereinbaren läßt.

Lesehinweis: Johannes Chrysostomus, Taufkatechesen Bd. 1 und 2 (Fontes Christiani 6,1-2), Freiburg 1992

Georg Schöllgen

Geburtstag von Jerzy Popieluszko (1947-1984) *14. September*

Nach dem Zweiten Weltkrieg wurde der sowjetische Kommunismus in Polen mit Gewalt eingeführt, in einem Land, das seit zehn Jahrhunderten katholisch war. Trotz der offiziellen Atheisierung blieb das Volk christlich: unter der heutigen 38 Millionen Menschen zählenden Bevölkerung sind 95% katholisch getauft und nur 6% erklären sich als Atheisten. Deswegen war Polen dem Kommunismus gegenüber besonders unnachgiebig und lehnte ihn grundsätzlich ab. Der Widerstand gegen den atheistisch-marxistischen Kommunismus steigerte sich noch nach der Wahl des »polnischen Papstes« Johannes Paul II. Sein erster Besuch in Polen im Jahre 1979 war zweifellos eine wichtige Anregung zur Bildung der gesamtnationalen antikommunistischen Bewegung »Solidarnosc« mit ihren 9 Millionen Mitgliedern. Ihr Ziel: die Überwindung des totalitären Systems; ihre Methoden: nicht Gewalt, sondern passiver Widerstand und moralische Erneuerung; ihr Endergebnis: eine »weiße Revolution« und ein spektakulärer Fall des Regimes, 1989 in Polen, bald darauf auch in den anderen Ländern des sowjetischen Imperiums.

Eine der Spitzengestalten in den gesamtnationalen Freiheitsbestrebungen in Polen war der junge Prieter Jerzy Popieluszko. Im August 1980 wurde er Seelsorger der polnischen Arbeiter. Seine pastorale Lebensdevise lautete: »Das Böse durch das Gute besiegen«. Vier Jahre hindurch, bis zu seinem Märtyrertod, hielt er die berühmten religiös-patriotischen Predigten während der »heiligen Messen für die Heimat« in der St. Stanislaus Kostka-Kirche zu Warschau. In ihnen lehrte er, wie man das Böse durch das Gute besiegen sollte:

Das Böse kann nur derjenige besiegen, der das Gute in Fülle hat. Das Gute vermehren und das Böse besiegen heißt, sich um die menschliche Würde eines Gotteskindes bemühen. Die Würde bewahren, um das Gute zu vermehren und das Böse zu besiegen, heißt, innerlich frei zu bleiben – sogar unter den Umständen äußerer Unfreiheit, heißt auch, sich im Leben nach der Gerechtigkeit zu richten, die ihren Ursprung in der Wahrheit und in der Liebe hat. Gott selbst ist die Quelle der Gerechtigkeit. Um das Böse durch das Gute zu besiegen und die menschliche Würde zu bewahren, darf nicht mit Hilfe der Gewalt gekämpft werden. Jede Offenbarung der Gewalt beweist eine moralische Unterlegenheit und Schwachheit. Eine Idee, die Waffen und Gewalt benötigt, ist deformiert. »Solidarnosc« hat deswegen so schnell die Welt erobert, weil sie nicht mit Hilfe der Gewalt kämpfte, sondern auf den Knien, mit einem Rosenkranz in der Hand. Vor den Feldaltären forderte sie die Würde der menschlichen Arbeit, die Würde und die Achtung des Menschen. Danach verlangte sie mehr als nach dem täglichen Brot.

Einige Stunden vor seinem Märtyrertod sagte Jerzy Popieluszko zum Schluß seiner Predigt: »Beten wir, daß wir von Angst und Einschüchterung, vor allen Dingen aber von Rachsucht und Gewalt frei bleiben«. Diese Worte realisierte er in seinem Leben und überließ sie uns als sein geistiges Testament, seine kürzeste Botschaft. Obwohl er sich bewußt war, daß ihm Lebensgefahr seitens der kommunistischen Geheimpolizei drohte, harrte er tapfer auf seinem seelsorglichen Posten aus und ging opferbereit auf sein Golgatha hin, wie Christus und andere große Propheten.

Am 19. Oktober 1984 wurde Jerzy Popieluszko von drei Funktionären der kommunistischen Staatssicherheit ermordet. Die Teilnahme von ca. 600.000 Landsleuten an seinem Begräbnis war eine eindrucksvolle Ehrenbezeigung für den polnischen Priester-Märtyrer. Seither besuchen sein Grab Tausende von Pilgern aus ganz Polen und aus aller Welt.

Hoffentlich wird Jerzy Popieluszko seliggesprochen – als Märtyrer für die christlichen Ideale der Wahrheit, der Freiheit und der Verteidigung der Würde des Menschen, als unerschütterlicher Verteidiger der Gottes- und Menschenrechte. Der Priester Jerzy Popieluszko wurde Polen und der Welt gegeben als Beispiel und Zeichen des Sieges des Guten über das Böse, der Liebe über den Haß, der geistigen Freiheit über die versklavende Gewalt, der Wahrheit über die Lüge, schließlich Gottes über den Satan.

Lesehinweis: J. Popieluszko, An das Volk. Predigten und Überlegungen 1982-1984 (hrsg. v. F. Blachnicki), Düsseldorf 1985

Antoni Lewek

15. September — Morgen ist der Todestag von Jean Piaget (1896-1980)

Auf den ersten Blick mag es verwundern, daß in diesem Kalender, unter vorwiegend christlich inspirierten Gestalten auch der Psychologe Jean Piaget auftaucht. Immerhin wurde sein Ansatz von einem bekannten Theologen als atheistisch kritisiert. Zwar hat Jean Piaget, 1896 in Neuchâtel als jüngstes von drei Geschwistern geboren, ein äußerst intelligenter Junge, der sich schon früh für Biologie begeisterte, in seiner Jugend intensiv nach Gott gefragt. Die Lektüre von Bergson prägte ihn stark; wie eine »tiefe Offenbarung« sei der Gedanke über ihn gekommen, daß Gott das Leben sei. Als junger Student der Biologie hielt er engagierte Vorträge zu religiösen Themen, unter anderem zum Verhältnis von »Christentum – Sozialismus – Wissenschaft«. Manchen erschien er als herausragendes Beispiel eines jungen Christen, der enthusiastisch nach den Idealen des Evangeliums lebte.

Aber aus Jean Piaget wurde kein Christ für den Sozialismus im Zuschnitt seines Schweizer Landmannes Leonard Ragaz. Im Gegenteil: Sein Interesse an religiösen Fragen schwand. Zunehmend begann er, nunmehr von der Erforschung der kindlichen Denkentwicklung in Beschlag genommen, verheiratet, Vater und ab 1929 Professor für Wissenschaftsgeschichte, später für Psychologie in Genf, spekulative Philosophie und Theologie zu kritisieren. Gott, für den Bergson-Leser mit dem Leben eben noch identisch, verkümmerte zu einem Indiz für frühe Entwicklungsstufen, die zu überwinden seien.

Piaget – also doch ein Atheist? Aber warum wurde ihm hier gleichwohl ein Platz eingeräumt? Im bekannten Kindheitsevangelium erzählt Markus davon, wie Mütter ihre Kinder zu Jesus bringen wollten, auf daß er sie segne, und wie die Jünger sie mürrisch abwiesen, bis Jesus sie tadelte und den Kindern die Hand auflegte (Mk 10, 13-16). Zugegeben: Piaget hat keine Kinder gesegnet. Aber: er hat sie, auf seine Weise, in die Mitte gestellt. Jahrzehntelang hat er untersucht, wie Kinder die Welt sehen, wie sich ihr Denken entwickelt, welches Verständnis von moralischen Regeln sie haben, wie sie sich ihre Träume erklären, über welchen Zeitbegriff sie verfügen, wie sie den Zahlbegriff und ihre Raumkonzepte aufbauen. Und warum? Bloß um der Forschung willen? Nein! Vielmehr: Um das Kind besser zu verstehen, um angemessener mit ihm umgehen zu können, um es vor erzieherischen Ansprüchen zu bewahren, die es, entwicklungsbedingt, noch nicht einlösen kann, kurz: um zu gewährleisten, daß ihm die Kindheit erhalten bleibt.

Dies sah die (religiöse) Erziehung nicht immer so: So bedeutende Denker wie Pascal oder Descartes hielten Kindheit für einen erbärmlichen Zustand, den es so schnell als möglich zu überwinden galt. Noch 1964 wurde der Religionspädagogik vorgeworfen, sie verleugne das Kind. Anders Piaget: Schon 1931 schrieb er, von den Fachphilosophen seiner Zeit zumeist als »pfeifenrauchender Kinderbeobachter« belächelt, daß auch Kinder Philosophen sind, Subjekte, die auf ihre Weise ein Weltbild aufbauen, und zwar vom Tage ihrer Geburt an. Als schulische Pädagogik konnte er nur eine billigen, die das schöpferische Tun der Kinder in die Mitte stellt. Viele Lehrer haben diese Maximen übernommen und damit zu einer wesentlichen Verbesserung der Schule beigetragen, in der die Kinder mindestens 15 000 Stunden ihres Lebens verbringen.

1980 starb Piaget. An seinem optimistischen Bild des Menschen, speziell des Kindes hat er nie gezweifelt. Er, der als wohl bedeutendster Entwicklungspsychologe dieses Jahrhunderts in die Geschichte eingehen wird, schrieb kurz vor seinem Tode Sätze wie die folgenden:

Kind zu bleiben bis zum Ende. Die Kindheit ist das eigentliche Stadium der Kreativität.
Alles, was man dem Kind beibringt, kann es nicht mehr selber erfinden oder entdecken.
Das Kind stellt die Verzeihung über die Rache, nicht aus Schwäche, sondern weil es mit der Rache nie fertig werden würde.

Lesehinweis: J. Piaget, Theorien und Methoden der modernen Erziehung, Frankfurt/Main 1972

Anton A. Bucher

16. September

Vorgestern war der Todestag von Thascius Cäcilius Cyprianus (ca. 200-258)

Bischof Cyprian von Karthago gehört ohne Zweifel zu jenen Menschen, die im wahrsten Sinne des Wortes ihr Leben verloren haben, um das Leben zu gewinnen. Im Laufe der Valerianischen Christenverfolgung erlitt er am 14. September 258 den Märtyrertod. Als er erkannt hatte, daß seine Verhaftung und die Verbringung in eine andere Stadt unmittelbar bevorstanden, hielt er sich zunächst so lange versteckt, bis er sicher sein konnte, daß der Prozeß gegen ihn und die unausweichlich darauf folgende Hinrichtung in seiner Bischofstadt und vor den Augen seiner Gemeinde stattfinden würden. Aus seinem Versteck heraus richtete er kurz zuvor noch einen Brief an seine Gläubigen, in dem er sie auffordert, Ruhe zu bewahren, jede Provokation der römischen Behörden zu vermeiden und sich keinesfalls freiwillig zum Martyrium zu drängen; im Hinblick auf seine eigene Person aber schrieb er: »Denn für einen Bischof ziemt es sich, in der Stadt, in der er der Kirche des Herrn vorsteht, auch den Herrn zu bekennen und das gesamte Volk durch das Bekenntnis des anwesenden Vorstehers zu verherrlichen. Was nämlich ein Bischof als Bekenner im Augenblick seines Bekenntnisses auf die Eingebung Gottes spricht, das spricht er im Namen aller«.

Über die Aufgaben und Pflichten eines Bischofs freilich hat Thascius Caecilius Cyprianus nicht erst in der letzten Phase seines Lebens nachgedacht. Etwa ein Jahrzehnt lang (248/9-258) saß er auf dem Bischofsstuhl seiner Heimatstadt Karthago, dem ranghöchsten und wichtigsten in ganz Nordafrika. In seinen Schriften und Briefen entwickelte er seine Auffassung vom Bischofsamt und dessen Funktion für die Einheit der Kirche und nahm damit Stellung zu Themen von bleibender Brisanz.

In die zweite Hälfte seiner Amtszeit fiel der sogenannte Ketzertaufstreit, der sich an der Frage entzündete, ob die von Häretikern gespendete Taufe gültig sei. Während der römische Bischof Stephan dies bejahte, vertrat Cyprian die gegenteilige Ansicht mit der Begründung, daß die Sakramente nur innerhalb der Kirche wirksam seien. In diesem Zusammenhang fiel sein berühmtes und oft mußbrauchtes Wort »Heil außerhalb der Kirche gibt es nicht«. Als nun der römische Bischof unter Berufung auf das Petrusamt seine theologische Auffassung, die sich im Laufe der Geschichte schließlich durchgesetzt hat, auch den Bischöfen, die anderer Meinung waren, aufzwingen wollte, hat Cyprian den offenen Konflikt um die Reichweite und die Grenzen der Vollmacht des römischen Bischofs gegenüber seinen Kollegen im Bischofsamt nicht gescheut. Im Zuge der Kontroversen, denen eine gewisse Aktualität kaum abzusprechen ist, gab er dem Bischof von Rom unter anderem zu bedenken:

Bei Vorschriften darf man sich nicht auf das Herkommen berufen, sondern die Vernunft muß siegen. Denn auch Petrus, *den der Herr als ersten auserkor und auf den er seine Kirche baute, hat keinen übermütigen Anspruch erhoben oder stolze Anmaßung gezeigt, als nachmals* Paulus *mit ihm über die Frage der Beschneidung rechtete. Er hat nicht gesagt,* er habe den Vorrang (Primat), und die Neulinge und Späteren müßten ihm gehorchen; *auch schätzte er den Paulus keinesweg als früheren Verfolger der Kirche gering, sondern er beherzigte seinen vernünftigen Rat und stimmte mit Freuden der richtigen Auffassung bei, die Paulus vertrat. So gab er uns ohne Zweifel ein Beispiel der Eintracht und Geduld, damit wir nicht hartnäckig an unserer Meinung festhalten, sondern vielmehr alles uns zu eigen machen, was uns nur jemals unsere Brüder und Amtsgenossen zu Nutz und Frommen vorbringen, vorausgesetzt, daß es vernünftig und richtig ist.*

»Der Eifer der Anmaßung und Hartnäckigkeit bewirkt jedoch, daß man eher die eigenen verkehrten und falschen Ansichten verteidigt, als den richtigen und wahren eines anderen zustimmt. Im Hinblick hierauf schreibt schon der selige Apostel Paulus an Timotheus und mahnt, ein Bischof solle nicht zänkisch und streitsüchtig, sondern sanftmütig und belehrbar sein (vgl. 1 Tim 3,2f; 2 Tim 2,24). Belehrbar aber ist jener, der mild und sanft genug ist, um geduldig zu lernen. Denn Bischöfe müssen nicht nur lehren, sondern auch lernen, weil einer auch besser lehrt, wenn er täglich Besseres lernt und dadurch wächst und fortschreitet.«

Lesehinweis: Des heiligen Kirchenvaters Caecilius Cyprianus sämtliche Schriften (aus dem Lat. übers. v. J. Baer), 2 Bde, Kempten-München 1918-1928

Hans-Martin Weikmann

17. September — Hildegard von Bingen (1098-1179)

Man sollte sich in der Welt des mittelalterlichen Symbolismus auskennen, wenn man Hildegard von Bingen gerecht werden will: der Nonne, Klostergründerin, Briefschreiberin, der Heilpraktikerin, Seherin, prophetischen Frau, der nicht heiliggesprochenen Heiligen (die dennoch im römischen Heiligenkalender steht), der theologischen Schriftstellerin, in einer Zeit, da Frauen in der Kirche zu schweigen hatten. Wer war diese Frau? Ihr Stil entspricht sehr wenig dem unseren, ihre bilderreiche Sprache kommt uns exotisch vor, so daß es schwer ist, zwischen ihrem persönlichen Stil und dem, was sie auf Auditionen und Visionen zurückführt, zu unterscheiden. Aufschlußreich könnte sein, was sie in ihrem ersten Schreiben (1147) an Bernhard von Clairvaux sagt. Der Brief zeigt den Grundkonflikt jeder prophetischen Existenz zwischen Sendungsbewußtsein und der Furcht vor dem Prophetenschicksal. Es spricht aus ihm aber auch die Angst vor dem »Verriß«, wenn eine Frau sich in theologische Fragen einmischt. Was konnte sie Klügeres tun, als sich an einen anerkannten Mann in einer für diesen akzeptablen Weise zu wenden, nämlich äußerst demütig? In mehreren ihrer Briefe wird deutlich, daß sie die Gabe der Schau nicht für ungewöhnlich hält, aber sie ist dennoch Gabe Gottes. Hildegard wird daher mit ihren Einleitungsformeln vom »lebendigen Licht« und der »Weisheit Gottes« ihrem Sendungsbewußtsein gerecht, über wichtige Erkenntnisse und Einsichten zu verfügen, sie verschafft sich aber zugleich Absicherung, indem sie sich nur als Werkzeug der lux vivens und der sapientia dei bezeichnet. Offensichtlich ist es Hildegard gelungen, sich Ansehen zu verschaffen. Papst Eugen III. hat bei einer Synode die Hauptschrift Hildegards: Scivias (Wisse die Wege) im Trierer Dom ganz vorlesen lassen:

Das lebendige Licht spricht: »O Schar, die du ruderst in der schiffbrüchigen Welt. Warum gehst du unter in den Gebrechen großer Gefahren stinkender Bosheit, die aus anmaßender Dummheit der Finsternis herrührt?« Niemand werfe jetzt das Schwert weg von seiner Hüfte; denn durch den Ansturm des schwarzen Tyrannen herrschen gegenwärtig in der Welt eine Zeit der Ungerechtigkeit und die Verachtung des allerhöchsten glorreichen Sieges. Also steht auf, bewaffnet Euch gegen die wilden Geschosse, die in die Brunst des Fleisches und den Unflat des Teufels eingelassen sind! Folgt den Spuren dessen, der sein verlorenes Schaf zur Höhe zurückführte durch den Kuß seiner Menschheit, es heimtragend auf dem Arm seiner Macht durch den allersüßesten Duft seiner Barmherzigkeit! Nehmt also den über sein törichtes Verhalten trauernden Flüchtling mit der Innigkeit milden Erbarmens wieder auf! Schließt ihn mit aller Inbrunst in Eure Arme, verzeiht ihm seine Schuld und führt ihn in den Stall Eurer brüderlichen Gemeinschaft zurück! Gott entzünde sein Licht in Euch, damit Ihr nicht ausgelöscht werdet im Lichte der Wahrheit!

Doch Hildegards Interesse galt nicht nur hoher Theologie und mystischer Schau. Sie kümmerte sich auch um den einzelnen. Das zeigt ein Brief an den Konvent in Hirsau. Im einst blühenden Kloster mögen Verhältnisse geherrscht haben, die manchen Mönch bewogen, das Kloster zu verlassen. Es gibt aus der gleichen Zeit ein von einem Hirsauer Abt erwirktes Schreiben von Papst Innozenz II. an Zisterzienseräbte, sie sollten entlaufene Hirsauer Mönche nicht aufnehmen, sondern zurückschicken. In diesem Zusammenhang ist Hildegards Ermahnung zu sehen: Barmherzigkeit zu üben und nicht harte Bedingungen zu stellen. Hildegards Zuwendung zum einzelnen wird auch in der Geschichte deutlich, die sich kurz vor ihrem Tod abspielte. Die Äbtissin ließ einen jungen Edelmann, der aus der Kirche ausgeschlossen war und totkrank zu Hildegard kam, auf dem Klosterfriedhof begraben. Das zog – von der Mainzer erzbischöflichen Kanzlei verhängt – das Interdikt nach sich, es sei denn, der Tote werde ausgegraben und auf den Schindanger geworfen. Hildegard, alt und krank, machte bei Nacht das Grab dem Erdboden gleich, damit keiner den Toten ausgraben konnte. Der Brief, den sie daraufhin nach Mainz schrieb, zeugt von ihrer ungebrochenen Kraft: »Der Aufforderung unserer Vorgesetzten konnten wir nicht nachkommen. Denn es erschien uns wie ein Frevel, der Leiche eines Mannes Schmach anzutun... Um aber nicht den Vorwurf des Ungehorsams zu verdienen, haben wir entsprechend dem Inhalt des Interdikts den feierlichen Chorgesang und den Empfang der heiligen Kommunion eingestellt... aber die Stärke Gottes steht kriegerisch gewappnet gegen die Ungerechtigkeit. Er wird siegen«. Erst kurz vor ihrem Tod wurde das Interdikt aufgehoben und die Glocken des Klosters konnten wieder läuten.

Lesehinweis: Ch. Feldmann, Hildegard von Bingen. Nonne und Genie, Freiburg 1991
Gabriele Miller

Todestag von Dag Hammarskjöld (1905-1961)   *18. September*

Als UNO-Generalsekretär Dag Hammarskjöld 1961 in den vom Bürgerkrieg heimgesuchten Kongo flog, verfaßte er ein düsteres ahnungsvolles Gedicht: »Öffnen seh ich geblendet/das Tor zur Arena/und geh hinaus, um Nacht/den Tod zu treffen«. Er traf ihn am 18. September 1961 über Rhodesien; in welcher Gestalt jedoch, weiß niemand.

In seiner New Yorker Wohnung fand man einen Brief an einen Beamten des schwedischen Außenministeriums, der es dem Gutdünken dieses Freundes – Leif Belfrage – überließ, seine Tagebuch-Aufzeichnungen zu veröffentlichen. »Wenn Du findest, daß sie verdienen, gedruckt zu werden, so gib sie heraus – als eine Art Weißbuch meiner Verhandlungen mit mir selbst – und mit Gott.« Jetzt kam ein Mensch zum Vorschein, den die Öffentlichkeit so nicht kannte. Aus dem Tagebuch erfährt man, daß Hammarskjöld von Kindheit an einsam war, auch als Erwachsener litt er ständig darunter.

Der UNO-Generalsekretär war berühmt für seine »durchdachten Unklarheiten«. Auch in seinem Tagebuch blieb viel Andeutung, Abkürzung und Chiffre. Es sollte nur die »Sache« sprechen. Hammarskjöld war durchdrungen von der Idee des Opfers. »Jetzt bin ich der Gewählte, festgespannt auf den Block, Opfer zu werden.« Er sah die höchste menschliche Reife in der Entpersönlichung in der Nachfolge Christi. Thomas von Kempens »Nachfolge Christi«, eine Anleitung zum mystischen Leben, gehörte zu seiner ständigen Lektüre; man fand sie auch in seinem Zimmer in Leopoldville, von wo er am 17. September 1961 zu seiner letzten diplomatischen Mission aufbrach. In den Schriften der mittelalterlichen Mystiker fand er den Weg der Selbsthingabe, ja der Selbstverwirklichung. Liebe bedeutete für sie die überfließende Kraft, von der sie erfüllt waren, wenn sie sich in wahrhaftem Selbstvergessen hingaben. Diese Liebe empfand Hammarskjöld in der Erfüllung seiner Pflicht und in der Hingabe an das, was das Leben ihm an Leiden aufbürdete. Darüber hinaus fand er in der Ethik Albert Schweitzers den Schlüssel für den modernen Menschen zur Welt des Evangeliums.

Einige Aphorismen aus seinem Tagebuch mögen etwas Licht ins Dunkel dieses ungewöhnlichen Politikers werfen:

Du kannst nicht spielen mit dem Tier in dir, ohne ganz Tier zu werden, nicht mit der Lüge, ohne das Recht zur Wahrheit einzubüßen, nicht mit der Grausamkeit, ohne die Zartheit des Geistes zu verlieren. Wer seinen Garten rein halten will, darf keinen Fleck dem Unkraut überlassen.

Gott stirbt nicht an dem Tag, an dem wir nicht länger an eine persönliche Gottheit glauben, aber wir sterben an dem Tag, an dem das Leben für uns nicht länger von dem stets wiedergeschenkten Glanz des Wunders durchstrahlt wird, von Lichtquellen jenseits aller Vernunft.

Am 18. September 1961 fand man Dag Hammarskjöld neben dem Wrack der »Albertina«; er habe wie ein Schlafender neben dem Wrack gelegen. Die Umstände seines Todes wurden nie aufgeklärt. Zwei Tage vor seinem Tod regelte er seinen Nachlaß. »Möge ich Opfer sein für das im Opfer, was nicht dem Opfer entfloh.« Er war bereit, im einfachen Opfer alles zu fassen.

Lesehinweis: D. Hammarskjöld, Zeichen am Weg, München-Zürich 1965

Ludwig Watzal

19. September — Todestag von Friedrich Heer (1916-1983)

Es soll der Mensch, schreiend und weinend, solange er lebt, Fragen stellen – dieses Vermächtnis ragt hervor aus den vielen tausend Seiten, die Friedrich Heer, der österreichische Publizist und Historiker, zeit seines Lebens geschrieben hat. In diesen voluminösen Büchern des einzigartigen Chronisten der Kultur- und Geistesgeschichte, der Philosophien, Religionen, Ideen und Utopien tritt uns ein weltoffener Humanismus entgegen, der Heer als einer »dritten Kraft« viel zugetraut hat. An nichts war Friedrich Heer so interessiert wie an Gesprächen, und weil er selber geistig und spirituell so ergriffen war, wirken auch seine Bücher – voll von barocken Wortkaskaden – wie große Gespräche. Mit narrativer Kraft konnte dieser mutige Außenseiter seiner Zunft, dem ein »ordentlicher Lehrstuhl« verwehrt blieb, unendliche Geschichte(n) erzählen: Die Mystiker und Revolutionäre, die Denker und Dichter des Lebens wurden in seinen Büchern zu Zeitgenossen, sie sprachen zueinander und durcheinander, aufregend, neu und aktuell. Geschichte als Gegenwart.

Friedrich Heer, ein Zeuge gegen die erträgliche Leichtigkeit des Seins, lebens- und schmerzwach, konnte sich aufreiben im Kampf gegen die »geschlossenen Welten«, zu denen er oft auch seine Kirche zählen mußte. Leben war für ihn immer »Leben in Konflikten«, in prinzipieller Offenheit, bis hin zu jener Kultur des »Gesprächs der Feinde«, die er initiieren und gestalten wollte. In seiner unbedingten Katholizität wurde Heer nicht müde, die Lebensimpulse des Glaubens zu beschwören:

Eine Chance für das Christentum, wirklich geschichtsmächtig, schöpferisch wirksam zu werden, besteht darin, sich in der Lebensfreude, Lebensfrömmigkeit, Erosmacht, Gegenwartsseligkeit, Leidenskraft und Zukunftshoffnung des alten Israel einzuwurzeln.

Das klingt wie ein Programm, und das war es auch: eine Suche nach der größeren, weiteren, »dreisonnigen« Gottheit, obwohl Heer auch ihre dunkle, furchtbare Seite immer betont hat. Sein erzählerisches Genie hat das Exemplarische dieses Lebens- und Gottesbewußtseins mitreißend formuliert. Friedrich Heer war ein großer, konservativer, österreichischer »Linkskatholik«, und wer das als Paradox empfindet, könnte mit seinen Büchern eine Überraschung, eine Befreiung aus seiner Verblüffungsfestigkeit erfahren:

Mystik ist die Erfahrung, nicht nur momentan eingetaucht zu werden im Göttlichen, sondern in den tiefsten Schichten der eigenen Existenz mit allen Wirklichkeiten, die es gibt, zu kommunizieren. Darum gibt es ja auch eine sogenannte »atheistische Mystik«. Mystik ist nie an Gottes Namen, an kirchliche Telefonbücher gebunden, auch an keine Theologen, gerade auch in der christlichen Mystik nicht. ... Archaisches Urvertrauen ist ein Wort, um anzudeuten, was zu mystischer Erfahrung des Heute gehört. Es handelt sich dabei um ein immer wieder aufleuchtendes und doch auch für Jahre und Jahrzehnte in einem Menschen untergehendes Erlebnis, daß der Mensch aus diesem Schoß der Schöpfung nicht herausfallen kann.

Lesehinweis: F. Heer, Abschied von Höllen und Himmeln, Berlin 1990

Johannes Thiele

Übermorgen ist der Todestag von Johann Peter Hebel (1760-1826)

20. September

Dieser erste Prälat der unierten badischen Landeskirche und späte Ehrendoktor der Universität Heidelberg; dieser vor allem in den Schulen viel gelesene – und dort leider oft allzu biedermeierlich funktionalisierte – Verfasser der Kalendergeschichten; dieser nach eigenem Selbstverständnis in seinem Leben nur einmal von den Musen wirklich geküßte, aber bereits von Goethe gerühmte Meister mundartlicher Gedichte; dieser doppelt Sozialisierte – nämlich in der Kulturstadt Basel und im der Natur so einzigartig verbundenen Schwarzwalddorf Hausen im Wiesental –; dieser früh verwaiste, hochbegabte Schüler, der später als Gymnasialprofessor und sogar Direktor an sein Karlsruher »Gymnasium illustre« zurückkehren sollte: Er war und blieb von allem beruflichen Anfang an und bis an sein Lebensende ein »Schulmann«, dessen Gemüt Diesterweg rühmte und dessen didaktisches Geschick in vielen überlieferten Schülererinnerungen bezeugt wird. Dabei waren die ersten Amtsjahre als Praeceptor am Pädagogium in Lörrach zunächst sicherlich nur Wartejahre, wie sie für damalige Pfarramtskandidaten üblich waren. Doch mit welch heiterem Ernst er sich ganz von den Schülerinteressen leiten läßt und einem (noch über ein Jahrhundert lang bestimmenden) Amtsverständnis entgegentritt, wonach das Katheder der Kanzel eindeutig untergeordnet ist, beweist sein allererster überlieferter Brief vom 26. November 1784 an den Diakonatsvikar K.Fr. Sonntag – der übrigens nicht ohne dienstliches Nachspiel blieb:

Mein Bester,
Wie wohl ich sehe, daß mir die Geschäfte an der Kirche immer mehr zur Schuldigkeit gemacht werden, und also Ursach genug hätte die Predigt auf übermorgen nicht anzunehmen, so bin ich doch entschlossen, damit du nicht dabei leiden darfst Vormittag zu predigen. Doch nehm ich Gelegenheit Dir einmal meine Gedanken über die Sache zu entdecken. Mich deucht, daß Tage wie der Samstag ist, Tage der Erholung für den sein sollen, der eine Woche lang in die Schulstube eingesperrt war, Tage die von ihm und nicht von andern sollen benuzt werden. Wenn dieß bei mir allein eine Ausnahme haben, wenn ich doch sizen und immer sizen soll, warum sollt ich denn nicht lieber über meinen Berufsgeschäften sizen bleiben und fortinformiren, als mich an ein neues Geschäft binden lassen, das mich in meiner gegenwärtigen Lage nichts angeht. Ich könnte mich zwar Deinem Billet nach an den Montägen schadlos halten. Allein ich finde nicht für gut, um einer Nebensache willen meine Pflicht beiseite zu setzen, und die mir anvertrauten und am Herzen ligenden Schulen entgelten zu lassen, wofür sie nichts können. Schwerlich würden auch die Eltern darauf Rücksicht nehmen, daß ich am Sonntag gepredigt habe, wenn ich am Samstag zu Haus bleiben und am Montag Ferien machen wollte, um nach Basel gehen zu können. Vilmehr bin ich entschlossen die Weihnachtsferien zur Erholung für mich und zu meinen Privatgeschäften zu benutzen.

Und so, wie er seinen Amtspflichten gewissenhaft nachging und ihnen dennoch seine unverwechselbare individuelle Note gab, die das Konventionelle jeder pädagogischen Situation als Sprungbrett für originelle Überstiege in eine heitergelassene Lebensauffassung nutzte, so ging er auch sein einziges literarisches Werk für Schüler an, die »Biblischen Geschichten«. Leichtfüßig und dennoch tiefsinnig transformiert er den überlieferten Kanon heiliger Schriften in eine Bibeldichtung, die für mehr als dreißig Jahre im schulischen Religionsunterricht Badens ihren religionsdidaktischen Dienst tat – in ökumenischer Weite und spätaufklärerischer Weise. Die Auftragsarbeit gerät unter seiner Feder zu einem exzeptionellen Beispiel biblischer Didaktik: keine »Betstundenvorträge über geschichtliche Texte«, sondern sinnliches Erzählen mit kurz und körnig beigemischten Sentenzen. Hebel realisiert mit seinen Biblischen Geschichten ein Fernziel aller Religionsdidaktik: die Ausgestaltung einer zweiten Naivität christlichen Glaubens. Hebel zeichnet dabei genau das aus, was bereits Augustinus für jegliche christliche Erziehung für unabdingbar erklärte, nämlich die Heiterkeit, die »hilaritas«. Erziehung im Geiste solcher Hilaritas nimmt die Wirklichkeit des pädagogischen Feldes gelassen wahr und hält es aus mit all seinen Brüchen und überraschenden Übergängen, weil sie es einzutauchen vermag in den christlichen Glauben an die Vorletztlichkeit aller menschlichen Dinge.

Lesehinweis: Biblische Geschichten. Das Alte und das Neue Testament, nacherzählt von J. P. Hebel, Zürich 1989 (detebe 21832)

Reinhard Wunderlich

21. September — Geburtstag von Girolamo Savonarola (1452-1498)

Am 23. Mai 1498, am Vorabend von Christi Himmelfahrt, versammelte sich das Volk von Florenz auf dem Signorenplatz. Dort hatte man einen großen Galgen errichtet, an dessen Querbalken drei Dominikaner erhängt wurden: in der Mitte Girolamo Savonarola. Bartolomeo della Porta bezeichnet Savonarola auf seinem berühmten Gemälde (1500) als einen »von Gott gesandten Propheten« und auf einem anderen Bild stellt er ihn sogar als »Petrus Martyr mit der Gloriole des Heiligen« dar.

Schon früh erkennt Savonarola, wie sehr die Menschen seiner Zeit sich ihrem Streben nach Luxus und Vergnügen hingeben und wie hemmungslos sie Rache als Selbstjustiz, Raub als Eigentumserwerb und Gewalt und Gift als Mittel der Machterlangung einsetzen. Sie aus der Abhängigkeit ihrer Begierden zu befreien, wird zu seinem Lebensziel.

Schonungslos und deutlich spricht er einige Jahre später als Dominikaner die Mißstände am Hofe der Medici, bei den Klerikern und den Bürgern an. Dadurch wird er als Prediger immer erfolgreicher. Da er großes Unheil über Florenz und der Kirche in Italien voraussieht und einen neuen Cyrus, der Italien erobern wird, prophezeit, erreicht seine Autorität den Höhepunkt, als Karl VIII. mit einem Söldnerheer in Oberitalien einfällt. Hilfesuchend wendet sich die von Plünderung bedrohte Stadt Florenz an Savonarola, der in zähen Verhandlungen Florenz retten und schon bald den Abzug der Besatzungstruppen erreichen kann. Um zu verhindern, daß es in dem nach der Flucht der Medici entstandenen Machtvakuum zu einem Bürgerkrieg kommt, erarbeitet Savonarola eine demokratische Gemeindeordnung und fordert in der Predigt am 21. Dezember 1494 die Reform der staatlichen Verfassung:

Deshalb Florenz, solltest du das Alte abschaffen, das bisher soviel Unheil gebracht hat. So sage ich dir: Es ist der Wille Gottes, daß es nicht mehr so weitergeht wie bisher, sondern das Volk soll herrschen. So will es Gott, sage ich dir. Wenn dies nicht wahr ist, will ich mich am jüngsten Tag vor Gottes Richterstuhl in Gegenwart aller, die hier anwesend sind, verantworten; und ich kündige dir gleichzeitig, daß Gott jeden straft, der gegen die Volksherrschaft ist ... Bald wird der Streit ausbrechen, wenn ihr euch nicht zum Gemeinwohl zusammenschließt. Jeder soll vorschlagen, was er für gut hält; vertritt jemand einen anderen Standpunkt, so halte dich an die Wahrheit, auch wenn du dem, der sie vorschlägt, nicht gewogen bist. Erkennst du, daß es die Wahrheit ist, dann nimm sie an wie von Gottes Hand ... Gibt es über einen Punkt ungleiche Ansichten, dann soll abgestimmt werden, und die Mehrheit soll entscheiden ...

Savonarolas Hauptanliegen ist und bleibt aber die Erneuerung der Kirche. Überdeutlich ist seine Kritik an Papst Alexander IV., den er der Simonie verdächtigt und den er auf einem einzuberufenden Konzil absetzen will. 1495 erläßt der Papst ein Predigtverbot, das aber bereits ein Jahr später auf Betreiben der Stadt aufgehoben wird. Danach versucht der Papst durch den Zusammenschluß der Dominikaner in Latium und der Toskana das klösterliche Reformwerk Savonarolas zu zerstören. Dieser widersetzt sich, und der Papst antwortet mit der Exkommunikation und spaltet so die Ordensgemeinschaft. 1497 bringen Neuwahlen die Gegner Savonarolas in Florenz an die Macht, so daß er auch den politischen Schutz verliert. Als der Papst der Stadt das Interdikt androht, kommt es zu Tumulten und zum Aufstand gegen das Kloster. Um die Brüder und das Kloster zu retten, begibt sich Savonarola freiwillig in die Macht der Stadt, die ihm den Prozeß macht und ihn hinrichtet.

Lesehinweis: Savonarola, Ketzer oder Heiliger? (eingel., ausgew. u. übers. v. G. Gieraths), Freiburg 1961

Hans-Josef Wilting

Morgen ist der Todestag von Alexander Sutherland Neill (1883-1973)

22. September

Vor über 200 Jahren »entdeckte« J.J. Rousseau die »Erziehung vom Kinde aus«. Vor kurzem machte das Lied von Herbert Grönemeyer »Kinder an die Macht« auf sich aufmerksam. Immer wieder zeigen sich Autoren fasziniert von der Idee, Kinder hätten ein besonderes Gespür für das Gute, für Gerechtigkeit und Freiheit, wenn ihnen nur zugestanden würde, das in ihnen vorhandene Gute zu entwickeln. Könnte es nicht mehr individuelles Glück, eine bessere Menschheit und eine bessere Gesellschaft geben, wenn bereits von »Kindesbeinen« an mehr Autonomie und Freiheit zugestanden würden?

A.S. Neill gründet 1921 ca. 150 km von London entfernt in einem englischen Dorf die »Summerhill-Schule«. Er macht es sich zum Programm, Herrschaft und verdeckte Macht in den Beziehungen zwischen Kindern sowie zwischen Kindern und Erwachsenen zu brechen. Er glaubt an das Gute in den Kindern, an ihre Fähigkeit, das Leben lieben zu können. Lernen soll dazu beitragen, daß Kinder und Jugendliche ihr »Glück«, d.h. für Neill, »Interesse am Leben« finden. Am landläufigen Erziehungssystem entzündet sich Neills Kritik:

Das geformte, abgerichtete, disziplinierte, gehemmte Kind findet man überall auf der Welt. Man braucht bloß über die Straße zu sehen. Es sitzt in einer ungemütlichen Bank in einer ungemütlichen Schule. Später wird es an noch ungemütlicheren Schreibtischen in einem Büro sitzen. Ein solches Kind ist fügsam, gehorcht der Autorität aufs Wort, fürchtet sich vor Kritik und wünscht fast fanatisch, normal, konventionell und korrekt zu sein.

In Deutschland ist er vor allem als Vater der sogenannten »antiautoritären Erziehung« bekannt geworden, allerdings wird ihm dieser Titel nur zum Teil gerecht. Neill hat mehr im Auge, als nur eine besondere Erziehungsmethode zu kreieren. Seine Vision:

Es gibt so wenig Kinder, die nach eigenen Gesetzen leben dürfen, daß jede Beschreibung nur ein Versuch sein kann. Beobachtet man solche Kinder, so weisen sie auf den Beginn einer neuen Kultur hin, deren Beschaffenheit eine radikalere Veränderung aufweist als jede neue Gesellschaft, die von den politischen Parteien versprochen wird.

Für ihn stellt sich die Frage: Wie muß eine Schule sein, die kindgerecht ist? Neill geht radikal vor: Er schafft die Bestrafung ab, denn sie führe zu Angst und lähme die schöpferische Energie des Kindes. Freiheit ist für ihn nicht gleichbedeutend mit Zügellosigkeit und Autonomie nicht gleichbedeutend mit Autarkie. Ein wichtiger Mechanismus, daß Summerhill nicht in einem »Freiheitschaos« versinkt, ist die Schulversammlung, eine Art Selbstregierung, in der alle Mitglieder eine Stimme wahrnehmen (also keine reine Kinderregierung). Sie verabschiedet Gesetze und kontrolliert deren Einhaltung. Inhalt der Schulversammlungen sind unter anderem Fragen des Verhaltens und der Werte und Normen, auf die sich alle verpflichten (sollen). Konflikte werden nicht zwischen einzelnen Schülern und dem Schulleiter besprochen, sondern kommen auf die Tagesordnung der Schulversammlung. Neill hält sich in diesen Versammlungen nicht zurück, sondern zeigt den Schülern in Konfliktfällen »seinen« Problemhorizont auf.

Neill selbst fühlt sich geehrt, als ein Besucher sagt: Summerhill ist ein religiöser Ort, denn hier lebt die Liebe! Doch zur konkreten Religion hält er Abstand. Er findet, Religion trage (zu) viel dazu bei, Unterwürfigkeit und Angst zu erzeugen. Bei seiner Kritik an der traditionellen Religion hat er vor allem das Bild eines »Richtergottes« vor Augen, dessen moralische Vorschriften das Unterbewußte besetzen und dessen verlängerter Arm für ihn die Erwachsenenwelt ist. Erziehung soll aber nicht dazu führen, daß sich die Kinder durch Schuldgefühle an Erwachsene (oder einen Gott) binden. Sie sollen eine freie Balance zwischen Selbstbestimmung und Verantwortung finden können. Neills Devise ist: »Ich möchte den Himmel auf Erden sehen, nicht in den Wolken«. Das Urteil der pädagogischen Welt über Neills Konzept ist gespalten: Entpuppt sich Neills Freiheitspostulat nicht doch als eine Farce? Oder ist Neill der realistische Visionär, dessen Glauben an die Kraft des Menschen, etwas Gutes hervorzubringen, unerschütterlich scheint und der Freiheit mit Bindung zu vermitteln weiß?

Lesehinweis: A.S. Neill, Theorie und Praxis der antiautoritären Erziehung. Das Beispiel Summerhill, Reinbek 1969 (rororo 6707/6708)

Hans-Georg Ziebertz

23. September   Todestag von Sigmund Freud (1856-1939)

Schon die Lebensdaten kennzeichnen Freud als einen Menschen der Widersprüche, der »Ambivalenzen«: Seine Anfänge stehen ganz im Zeichen von Darwins Evolutionstheorie und des Glaubens an die Vernunft, aber das Ende seines Lebens ist vom Rückfall der Menschen in Barbarei und Selbstzerstörung überschattet (1933 werden seine Bücher von den Nazis verbrannt, 1938 flieht er vor dem nationalsozialistischen Terror von Wien nach London; er stirbt in dem Monat, da der Zweite Weltkrieg ausbricht). Mit der Einsicht in die »Wiederkehr des Verdrängten« schwindet sein Optimismus und macht einer zunehmenden Resignation Platz.

Der Entschluß zum Medizinstudium weist Freud als Empiriker aus, aber in die Geschichte geht er als der Erforscher des Unbewußten ein, eines unter empirischem Aspekt bis heute umstrittenen Bereichs. Das mechanistische Denken, wie es in der zweiten Hälfte des 19. Jahrhunderts vorherrscht und selbst in der Ausdrucksweise Freuds durchschlägt (er spricht vom »seelischen Apparat«, von »Trieb-Energien«), wird durch die therapeutische Praxis gesprengt, die sich der hermeneutischen Methode bedient und auf das Entdecken von Lebenssinn und die Verwirklichung des zur Autonomie bestimmten Ich aus ist (»Wo Es war, soll Ich werden«). Freud schockiert seine Zeitgenossen mit einer herausfordernden Sexualtheorie und ist doch selbst ein »Moralist« (J. Scharfenberg), der die Triebe lebenslänglich als »böse« bezeichnet. Er, der Positivist, vollzieht den Durchbruch zu einer Neu-Bewertung des Mythos als des Niederschlags der »archaischen Erbschaft der Menschheit«. Er ist einer der großen Provokateure, die die Gesellschaft in Unruhe versetzen, einmal Aufklärer und zugleich der Künder vom »Unbehagen in der Kultur«. Er ahnt, daß die empirisch faßbare Realität das menschliche Sein nicht erschöpfend darstellt, wenn er im Kampf gegen die Außenwelt die Liebe über die Technik stellt, nimmt dies aber sofort gleichsam schamhaft zurück, indem er die Liebe rein funktional interpretiert, als »für die Erhaltung der Menschheit ebenso unerläßlich« wie die Technik. Selten sind bei ihm Bekenntnisse wie dieses:

Wer die Großartigkeit des Weltzusammenhanges und dessen Notwendigkeiten zu ahnen begonnen hat, der verliert leicht sein eigenes kleines Ich. In Bewunderung versunken, wahrhaft demütig geworden, vergißt man zu leicht, daß man selbst ein Stück jener wirkenden Kräfte ist und es versuchen darf, nach dem Ausmaß seiner persönlichen Kraft ein Stückchen jenes notwendigen Ablaufes der Welt abzuändern, der Welt, in der das Kleine doch nicht minder wunderbar und bedeutsam ist als das Große.

Freud sucht objektive Erkenntnis und ist doch, trotz seiner Selbstanalyse, unbewußt ganz auf seine eigenen Kindheitsprobleme fixiert. Das gilt auch für seine Stellung zur Religion. Seine orthodox-jüdische Erziehung durch den patriarchalischen Vater, der ihm zum 35. Geburtstag eine Bibel mit persönlicher Widmung schenkt, verleugnet er später völlig, bezeichnet sich als »ganz gottlosen Juden« und wird zu einem der schärfsten Kritiker der Religion. Gleichwohl vermag er sich lebenslänglich weder von seiner Vater-Bindung noch von der Beschäftigung mit der Bibel zu lösen – beides steht offensichtlich im Zusammenhang, denn bezeichnenderweise ist Gott für ihn »psychologisch nichts anderes als ein erhöhter Vater«. Über seinen Übergang zum Atheismus verliert er später kein Wort; man darf annehmen, daß er diesen Bruch aufgrund besonderer »Widerstände« in sich verdrängt hat. So bleibt er auf die Vergangenheit fixiert; für das zukunftweisende und befreiende Element des Glaubens gewinnt er kein Verständnis. Gerade in der Schärfe seiner Kritik gibt er aber dem Nachdenken des Glaubens über sich selbst neue Impulse.

Lesehinweis: S. Freud, Abriß der Psychoanalyse. Das Unbehagen in der Kultur, Frankfurt ^{43}1992 (Fischer-TB 6043)

Hans-Jürgen Fraas

Todestag von Paracelsus (1493/94-1541)   *24. September*

Theophrastus Bombastus Aureolus Philippus von Hohenheim, so der klangvolle Name eines Mannes, der Ende 1493 oder Anfang 1494 in Einsiedeln, dem Schweizer Wallfahrtsort der Schwarzen Madonna, zur Welt kam. Mit 35 Jahren lateinisierte er seinen Namen und nannte sich von nun an Paracelsus. Unter diesem Namen sollte er weltberühmt werden.

Viele Fragen zum Leben dieser unsteten, weitgereisten und legendenumwobenen Persönlichkeit bleiben offen. Man weiß nicht genau, wohin seine Wege ihn führten, nachdem er im Jahre 1528 die Stadt Basel, und damit seine gut besoldete Stelle als Stadtarzt und Universitätsdozent, verließ. Er hatte den Prozeß gegen einen Kanonikus verloren, der ihm die vereinbarten Behandlungsgebühren nach erfolgter Heilung nicht bezahlen wollte. Danach konnte oder wollte er nicht mehr in Basel und in seiner Schweizer Heimat bleiben.

Er begann umherzuziehen, wie schon einmal in den Jahren seiner Jugend. Möglicherweise wanderte er, von Italien kommend, nach Südfrankreich, über die Pyrenäenpässe nach Barcelona, dann weiter nach Granada, Sevilla und Lissabon. Aber er war auch in England, Schottland, Irland, in Dänemark, Schweden, in Litauen, Polen und Siebenbürgen. Er war auf der Suche nach dem Wissen der Natur.

Immer wieder legte er sich mit den etablierten und wohlbestallten Medizinern und Apothekern seiner Zeit an; desgleichen scheute er sich nicht, auch gegen das Wissen, das an den berühmten Fakultäten der Medizin gelehrt wurde, zu Felde zu ziehen. Dies machte böses Blut und brachte seine Berufskollegen genauso gegen ihn auf wie die Tatsache, daß er auf unkonventionelle und unorthodoxe Weise zu seinem Wissen gelangt war. Paracelsus sagt selbst, daß er

in allen den enden und orten fleißig und empsig nachgefragt, erforschung gehapt, gewisser und erfarner warhaften künsten der arznei, nicht alein bei den doctoren, sondern auch bei den scherern, badern, gelerten erzten, weibern, schwarzkünstlern so sich des pflegen, bei den alchimisten, bei den klöstern, bei edlen und unedlen, bei den gescheiden und einfeltigen.

Er besaß nicht die ordentliche Universitätsausbildung, aber er hatte medizinisch Erfolg. Er hätte wohl kaum ohne realen Hintergrund sich der Heilung von Fürsten rühmen und dabei deren Namen öffentlich nennen dürfen. Und er hatte Zulauf von den Studenten. Anders als die gelehrten Doctores dozierte er in deutscher Sprache. Doch zu einem Leben in einigermaßen annehmlichen Verhältnissen trug all dies nicht bei. Immer wieder wurde er von Städten um sein Honorar geprellt. Es war keine Ausnahme, wenn er in Innsbruck, wo er 1534 arm und elend ankam, abgewiesen wurde. Immer wieder wurden seine Werke verboten. Man warf ihm vor, er treibe sich in Spelunken herum und sei häufig betrunken. Sein wenig ansprechendes Äußeres (er war klein, hatte wahrscheinlich einen starken Rundrücken und möglicherweise einen Sprachfehler) trug wohl auch dazu bei, daß man ihn unflätig anfeindete. Thomas Erastus, einer seiner unversöhnlichsten Gegner und ein Sprecher der Schulmedizin, bezeichnete ihn als »Bestie« und als »grunzendes Schwein«.

Vieles an diesen Derbheiten mag sich aus dem zeitgeschichtlichen Hintergrund erklären. Angesichts der vielen Anfeindungen und Entbehrungen ist aber erstaunlich, wie konsequent sich Paracelsus der sozialen Dimension des Arztseins bewußt blieb und immer wieder hinwies auf die große Verantwortung des Arztes, der nur Gott Rechenschaft schuldig sei.

Lesehinweis: I. Kästner, Theophrastus Bombastus von Hohenheim, genannt Paracelsus, Leipzig 1985

Ferdinand Angel

25. September Gedenktag von Nikolaus von Flüe (1417-1487)

Bruder Klaus von der Flüe ist ein provokativer Heiliger, jemand, dem man auf Anhieb wohl kaum mit einer uneingeschränkten Sympathie zu begegnen vermag. Allzu anstößig ist uns Zeitgenossen seine Biographie, allzu verschlüsselt seine mystische Schau, allzu unverständlich das Verlassen seiner elfköpfigen Familie. »Es ist und bleibt etwas Seltsam-Geheimnisvolles um Nikolaus von Flüe« (W. Nigg).

Wer war dieser Nikolaus von Flüe? Geboren wurde er im Jahre 1417. Der tüchtige, aber stille Bauernsohn Klaus bekleidet verschiedene Ämter in der Gemeinde und nimmt zwischen 1440 und 1446 an mehreren Kriegszügen teil. Die dabei gemachten Erfahrungen aber schrecken Klaus mehr und mehr von einer politischen Karriere ab. Er verweigert seine Wahl zum Landammann und legt schließlich aus Protest gegen Korruption bei Gericht alle seine politischen Ämter nieder. Vermutlich 1447 heiratet er Dorothea Wyss, die ihm insgesamt zehn Kinder gebiert. 1467 verläßt er seine Familie, um Gott in der Einsamkeit zu dienen. Die verschiedenen Visionen, die von Bruder Klaus überliefert sind, zeigen die Dramatik dieser schweren Entscheidung für die Lebensform des Einsiedlers, die ihm gottgefügte Berufung ist. Bruder Klaus, dessen Wunderfasten nachgewiesen ist, wird zum geschätzten Ratgeber für kleine Leute wie für politische Größen. Er gilt als Wegbereiter des Friedenswerkes von Stans im Jahre 1481 sowie als Schlichter in vielerlei Streitfragen: »Mein Rat ist, daß ihr die Sache gütlich beileget, denn eine Guttat erzeugt die andere«.

Mystik und Politik, Kampf und Kontemplation, ora et labora – bei Bruder Klaus sind diese beiden Grundpfeiler christlicher Spiritualität ineinander verwoben. Seine Mystik zeigt uns, daß Rückzug aus der Welt und Zuwendung zur Welt einander nicht ausschließen, sondern bedingen. Im Ausgehen aus dem eigenen Ich und in der Übereignung an den Willen Gottes liegt der Schlüssel für wirkliche menschliche Größe und Heiligkeit des Lebens. Das uns überlieferte Gebet des Bruder Klaus von der Flüe bekennt diese Weisheit spätmittelalterlicher Mystik:

*Mein Herr und mein Gott
nimm alles von mir, was mich hindert zu Dir.
Mein Herr und mein Gott,
gib alles mir, was mich fördert zu Dir.
Mein Herr und mein Gott,
nimm mich mir und gib mich ganz zu eigen Dir.*

Nikolaus von Flüe ist gewiß einer der eindrucksvollsten Gestalten des ausgehenden Mittelalters, einer Zeit heftigster innerkirchlicher und gesellschaftlicher Wirren. Unter den zeitgenössischen Mystikern (Johannes Tauler, Heinrich Seuse, Thomas von Kempen) trägt Klaus von der Flüe das klare Profil des Friedensstifters. »In Bruder Klaus ... hatte der Friede menschliche Gestalt angenommen. Er gewann in ihm eine unübersehbare Wirklichkeit« (W. Nigg). Sein Weg, den er zu einer realen Versöhnung weist, ist nicht diplomatischer, sondern spiritueller Natur: »Friede ist allweg in Gott, denn Gott ist der Friede«.

Bruder Klaus von der Flüe wurde im Jahre 1947 von Papst Pius XII. heilig gesprochen. Er ist der Nationalheilige der Schweiz, die ihm eine langwährende Friedenszeit verdankt. Die Katholische Landjugendbewegung Deutschlands (KLJB) wählte ihn 1951 zu ihrem Patron. Neuerdings erfährt dieser so provokante Heilige im Zuge der Friedensbewegung und europäischen Einigung eine unverhoffte Renaissance. Man verehrt ihn als Baumeister des Friedens, als Prophet der Gewaltlosigkeit, als Botschafter der Versöhnung, als Mann des Gebetes und der Gottesverwurzelung. In Flüeli entstand in den letzten Jahren ein Friedensdorf. Tausende von Jugendlichen und Erwachsenen aus allen Ländern der Welt pilgern jährlich zu Bruder Klaus, atmen den Frieden ein, der auch heute noch in seiner Einsiedelei, der Ranft, inmitten der Obwaldener Bergwelt wohnt. Es ist jener Friede, den die Menschen und die geschundene Schöpfung so bitter nötig haben.

Lesehinweis: N. von Flüe. In Berichten von Zeitgenossen (ges. u. eingel. v. W. Nigg), Olten-Freiburg 1980

Martin Lechner

Geburtstag von Giovanni Battista Montini (1897-1978)

26. September

Giovanni Battista Montini wurde am 21. Juni 1963 nach Beendigung der ersten Sitzungsperiode des Zweiten Vatikanischen Konzils zum Nachfolger Papst Johannes XXIII. gewählt. Bereits einen Tag nach der Wahl verkündete Giovanni Montini in einer Rundfunkansprache sein Programm und beendete die Spekulationen über eine mögliche Nichtwiedereinberufung des Konzils.

Der bedeutende Teil Unseres Pontifikats wird ausgefüllt sein mit der Fortsetzung des Zweiten Vatikanischen Ökumenischen Konzils, auf das die Augen aller Menschen guten Willens gerichtet sind. Das wird Unser wichtigstes Werk sein.

Als Zweites nennt er *die Arbeit für die Revision des Kirchlichen Gesetzbuches und die Weiterführung der Bemühungen für die Festigung der Gerechtigkeit auf der bürgerlichen, der sozialen und der internationalen Ebene.*
Die rechte Ordnung der Nächstenliebe, der Prüfstein der Liebe zu Gott, fordert von allen Menschen eine gerechtere Lösung der sozialen Probleme. Sie erfordert auch Maßnahmen zur Unterstützung der Entwicklungsländer, die oft in menschenunwürdigen Verhältnissen leben müssen. Sie verlangt schließlich, daß überall Überlegungen angestellt und großzügige Bemühungen unternommen werden, um die Lebensverhältnisse zu bessern.
Wir wollen sodann mit der Hilfe Gottes und mit allen Kräften das Unsere zur Sicherung des Friedens, dieses großen Gutes, beitragen. Dieser Frieden erschöpft sich nicht in der reinen Abwesenheit kriegerischer und bewaffneter Auseinandersetzungen. Er muß vielmehr aus der von Gott, dem Schöpfer und Erlöser gesetzten Ordnung kommen. Er fordert den festen und beständigen Willen zur gegenseitigen Achtung und zur brüderlichen Liebe.

Es ist ein wenig tragisch, daß dieser Papst, Paul VI., fast ausschließlich mit dem in seiner Enzyklika »Humanae Vitae« ausgesprochenen Verbot der künstlichen Empfängnisverhütung in Verbindung gebracht wird und als »Pillen-Paul« in das Bewußtsein des Volkes eingegangen ist. In dieser Enzyklika zeigt sich besonders, daß der von der Vatikanischen Diplomatie geprägte Papst, der oft vorsichtig und zögerlich agierte, auf Ausgleich und Kontinuität bedacht war. Er wußte sich stark der Lehre Pius XII. verbunden, dessen Prosekretär und damit engster Vertrauter er viele Jahre war.

Sein Hauptanliegen war aber, wie die Rundfunkansprache zeigt, die pastorale und soziale Frage. Bereits als Erzbischof von Mailand hatte er sich bemüht, durch die Einführung neuer Formen der Seelsorge (Gründung von 75 Pfarreien in Neubaugebieten, Nutzung der Erkenntnisse der Psychologie und Methodik für die Katechese) zu verhindern, daß »Italien ein Land ohne Religion« wird.

Seine Aufgeschlossenheit für die soziale Frage zeigt sich besonders in der Enzyklika »Populorum Progressio«. Da nicht die wirtschaftliche Entwicklung, sondern die volle Entfaltung der menschlichen Person Ziel wirtschaftlichen und politischen Handelns sein muß, hebt er besonders die Sozialbindung des Eigentums hervor, die manchmal sogar eine »Enteignung von Grundbesitz« verlangt. Um soziale Gerechtigkeit zu erlangen, hält Paul VI. unter gewissen äußeren Umständen sogar einen gewaltsamen Umsturz nicht für grundsätzlich sittenwidrig. Mit der Einführung des Weltfriedenstages am 1. Januar (erstmals 1968) hat er auch einen wesentlichen Beitrag zur Friedenserziehung geleistet.

Lesehinweis: R. Raffalt, Wohin steuert der Vatikan?, München 1973

Hans-Josef Wilting

27. September — Todestag von Walter Benjamin (1892-1940)

»Das Denken Walter Benjamins«, schreibt der Fundamentaltheologe Helmut Peukert, »muß als der großangelegte Versuch verstanden werden, historischen Materialismus und Theologie miteinander zu verbinden«. Benjamin selbst illustriert diesen Versuch mit der folgenden Geschichte:

Bekanntlich soll es einen Automaten gegeben haben, der so konstruiert gewesen sei, daß er jeden Zug eines Schachspielers mit einem Gegenzuge erwidert habe, der ihm den Gewinn der Partie sicherte. Eine Puppe in türkischer Tracht, eine Wasserpfeife im Munde, saß vor dem Brett, das auf einem geräumigen Tisch aufruhte. Durch ein System von Spiegeln wurde die Illusion erweckt, dieser Tisch sei von allen Seiten durchsichtig. In Wahrheit saß ein buckliger Zwerg darin, der ein Meister im Schachspiel war und die Hand der Puppe an Schnüren lenkte. Zu dieser Apparatur kann man sich ein Gegenstück in der Philosophie vorstellen. Gewinnen soll immer die Puppe, die man »historischen Materialismus« nennt. Sie kann es ohne weiteres mit jedem aufnehmen, wenn sie die Theologie in ihren Dienst nimmt, die heute bekanntlich klein und häßlich ist und sich ohnehin nicht darf blicken lassen.

Diese Erzählung ist das Präludium von Benjamins Thesen »Über den Begriff der Geschichte«; dort erläutert er, worin er die Koalition zwischen Theologie und historischem Materialismus begründet sieht: in einer gemeinsamen Weise des Umgehens mit Geschichte. Benjamin nennt diese Umgangsweise »Eingedenken«. Solchem Eingedenken geht es um eine Revolution »nach hinten«, es soll die namenlosen Verlierer entlang der Siegerstraße der Geschichte zu neuem Leben erwecken. Im Unterschied zu jenem einseitig auf die Glücksverheißungen der Zukunft ausgerichteten Fortschrittsdenken, wie es für die Aufklärung und auch die Arbeiterbewegung kennzeichnend wurde, gilt die Hoffnung hier nicht zuerst der Zukunft und den Generationen vor uns, sondern der Vergangenheit, den Toten, die der Erlösung aus ihrer Unerkanntheit harren. Das leitende Motiv des revolutionären Kampfes ist nicht das »Ideal der befreiten Enkel«, sondern das »Bild der geknechteten Vorfahren«, denen späte Gerechtigkeit widerfahren soll. Benjamin spricht in diesem Zusammenhang sogar vom »jüngsten Tag«. Hier fühlt man den Zwerg an seinen Schnüren ziehen, hier schlägt ganz deutlich die Tradition des jüdischen Messianismus durch, mit der Benjamin schon durch seine langjährige Freundschaft zu dem wie er selbst aus Berlin gebürtigen Kabbala-Forscher Gershom Scholem zeitlebens in Verbindung blieb. Für die heutige Theologie wiederum ist Benjamins Aneignung des »messianischen« Verständnisses von Geschichte von größtem Interesse. So hat es etwa Johann Baptist Metz' Sicht des christlichen Glaubens als einer »gefährlichen Erinnerung« entscheidend beeinflußt. Für einen solchen Glauben, sagt Metz ganz im Sinne Benjamins, gebe es »nicht nur eine Revolution, die die Dinge von morgen ändert, für künftige Generationen, sondern auch eine Revolution, die über den Sinn der Toten und ihrer Hoffnungen neu entscheidet«. Vielleicht hatte Benjamin, der seine Thesen »Über den Begriff der Geschichte« unter den sich schließlich dramatisch zuspitzenden Umständen seiner Flucht vor den Nationalsozialisten verfaßte, eine Vorahnung, daß er selbst zu den Opfern zählen werde, die des Gedenkens bedürfen würden. Friedrich Podszus schreibt zum Ende Benjamins: »Da nach der Katastrophe Frankreichs nur noch der Weg über Spanien offen ist, schließt sich Benjamin einer Gruppe von Emigranten an, die den Übergang über die Pyrenäen versuchen. Im spanischen Grenzort machte der Alkalde einen Erpressungsversuch gegen die kleine Flüchtlingsschar. Benjamin nahm die Drohungen, sie nach Frankreich in die Hände der Gestapo auszuliefern, ernst. In der Nacht vom 26. September vergiftete er sich. Am Morgen lebte er noch; aber mit letzter Kraft verhinderte er, daß man ihm den Magen auspumpte. Sein Tod bewirkte, daß man die Reisenden passieren ließ, er hat sie gleichsam durch sein Opfer gerettet«.

Lesehinweis: W. Benjamin, Illuminationen. Ausgewählte Schriften, Frankfurt/Main 1977 (st 345)

Rudolf Englert

Todestag von Mario von Galli (1904-1987)

28. September

»Die Zeichen der Zeit zu deuten, fordern uns seit den Tagen Johannes' XXIII. Papst und Konzil auf. Das Unerwartete und Überraschende für mich war, daß je länger je mehr, die Beschäftigung mit Franz von Assisi mir die Zeichen der Zeit zu deuten half.« Dies ist die knappe Zusammenfassung, mit der Mario von Galli das Einleitungskapitel zu seinem Buch »Gelebte Zukunft: Franz von Assisi« (Luzern/Frankfurt 1970) abschließt. Diese zwei Sätze, welche die Erfahrungen eines Autors beim Schreiben »seines Buches« resümieren und gleichzeitig die Aufmerksamkeit des Lesers darauf lenken wollen, wie der Verfasser das Buch gelesen haben will, bringen jenen dazu zu fragen, was der Autor wohl mit dem »für ihn Unerwarteten und Überraschenden« gemeint haben könnte. Zuerst absichtslos und dann mit wachsendem Interesse fängt der Leser jetzt an, sich Fragen über den Autor zu stellen, und in zunehmendem Maße ahnt er dabei, daß er von dessen Person nicht mehr loskommen wird. Bei vielen Texten von Mario von Galli kann man diese Erfahrung machen: Die gelesenen Worte gewinnen ihre Plausibilität nur dann, wenn man bereit ist, hinter dem Autor den Redner zu sehen, der mit dem Charme seiner Stimme, der suggestiven Kraft seiner Bildersprache und seiner Gesten die Zuhörer zu neuen, sich blitzartig erschließenden Einsichten führen will. Die Predigt und die öffentliche Rede vor großem Publikum (so u.a. die Reden bei den deutschen Katholikentagen von Berlin (1952), Stuttgart (1964) und Essen (1968)) sind der geheime Bezugspunkt auch aller publizistischen Arbeiten von Mario von Galli.

Seine ersten Erfahrungen als Redner machte der 1904 in Wien als Sohn eines hohen Beamten der k.u.k.-Monarchie Geborene in den Jahren 1934 und 1935, als er nach Abschluß seiner philosophischen und theologischen Studien im Auftrag seiner Ordensobern im süddeutschen Raum als Prediger und Redner in der Auseinandersetzung mit den ideologischen Grundlagen der NSDAP tätig war. 1935 mit Redeverbot belegt, wurde er noch im gleichen Jahr aus dem Deutschen Reich ausgewiesen und kam dann in die Schweiz. Als er auch dort als Ausländer und Jesuit Redeverbot erhielt, hat er in Zürich die »Apologetischen Blätter« (die spätere »Orientierung«) mitbegründet. Nach Kriegsende nahm er seine Tätigkeit als Redner und Publizist in vielfältiger Form wieder auf. Der Höhepunkt seines Wirkens war wohl seine vielbeachtete Berichterstattung vom Zweiten Vatikanischen Konzil. Auch diese lebt von der ausdrücklichen Bezugnahme auf den Leser (für die zwanzig umfangreichen Berichte, die er während fünf Jahren in der »Orientierung« veröffentlichte, verwendete er in der Regel die Form des Briefes), und sie bringt immer die Person des Autors ins Spiel: seine Fragen, seine Zweifel, seine Hoffnungen und seine Gefühle.

Der erfolgreiche Redner Mario von Galli erkannte aber auch die in diesem Erfolg liegende Gefährdung. Als alter Mann hat er offen bekannt, wie ihm diese Gefahr beim Hören der Reden Hitlers deutlich wurde und wie er oft kein anderes Heilmittel dagegen fand, als den Faden kurzerhand abzureißen, und, wie er sich ausdrückte, die Rede mit etwas Langweiligem zu beenden. Dies mag zwar auf den Zuhörer als ein Versagen des Redners wirken, er habe das Redethema formal nicht gemeistert, aber indem der Redner am Ende der Rede seine eigene Person zurücknimmt, gibt er dem dargelegten Gegenstand noch einmal sein Eigengewicht. Mit einem solchen kargen Gestus beendet Mario von Galli sein mitreißend geschriebenes Franziskusbuch, indem er als Autor ganz hinter seinen Gegenstand zurücktritt: er zitiert Psalm 142, die mit lauter Stimme gesungenen letzten Worte des Franz von Assisi:

Laut schreie ich zum Herrn, laut flehe ich zum Herrn./ Meinen Kummer schütte ich vor ihm aus, meine Angst breite/ ich vor ihn hin./ Mein Leben verengt sich, Du kennst meinen Weg.// Auf dem Weg, den ich wandle, haben sie eine Schlinge versteckt./ Ich schaue nach rechts und spähe:/ Da ist keiner, der sich um mich kümmert;/ zu keinem kann ich fliehen, keiner wird für mich einstehn.// Ich schreie zu Dir, Herr; ich sage: Du bist meine Zuflucht,/ mein Teil im Land der Lebendigen./ Hör auf mein Schreien, es geht mir so schlecht./ Rette mich vor meinen Verfolgern, sie sind stärker als ich.// Aus diesem Kerkerloch führ mich heraus,/ damit ich Dich loben kann./ Alle Gerechten werden mich in ihre Mitte nehmen,/ weil Du mit mir gut warst.

Lesehinweis: M. von Galli, Prophetische Reden (hrsg. v. U. Stockmann), Zürich 1988   *Nikolaus Klein*

29. September — Todestag von Albino Luciani (1912-1978)

Als Albino Luciani, gerade zum Papst gewählt, den Balkon am Petersdom betritt, spiegelt sich sein Lächeln wieder in den Gesichtern und Herzen zahlloser Menschen. Er läßt niemanden unberührt: sein beinahe kindliches Lachen, die Natürlichkeit der Bewegungen, ein Gesicht, das menschliche Nähe ausstrahlt. Auf ihn, den bislang eher unbekannten Patriarchen von Venedig, konzentriert sich die Hoffnung vieler Gläubiger. Kardinal Höffner berichtet vom Tag der Wahl, dem 26. August 1978: »Wir Kardinäle haben einen Seelsorger-Papst gewählt. Er ist liebenswürdig und bescheiden, glaubensstark und zuversichtlich. Nach dem Ende des Konklaves sagte er zu uns Kardinälen: ›Gott möge es Euch verzeihen, was Ihr mit mir gemacht habt‹«.

Der spontane Eindruck scheint sich zu bestätigen: zum ersten Mal nennt ein Papst zwei Namen, Johannes Paul, um die Beständigkeit des Aufbruchs seiner beiden Vorgänger zu demonstrieren. Dennoch formuliert eine römische Zeitung: »Viel Johannes und wenig Paul«.

Ob er die Hoffnungen hätte erfüllen können, die auf ihm ruhten, ob sein seelsorgerisches Ethos und sein Mangel an kurialer Erfahrung die konziliare Spannung zwischen Kontinuität und Wandel neu hätte fruchtbar werden lassen...? – Alle Antwortversuche finden ein jähes Ende: Nach 33tägiger Amtszeit hält die Welt den Atem an, als sie die Nachricht von seinem Tod vernimmt: am 29.(28.) September 1978 stirbt Papst Johannes Paul I. Ein Traum platzt wie eine Seifenblase.

Am Tag, da Du gelehrt hast: Selig die Armen, selig die Verfolgten, war ich nicht dabei. Wäre ich in Deiner Nähe gewesen, hätte ich Dir ins Ohr geflüstert: »Um Himmels willen, Herr, sag was anderes, wenn Du willst, daß Dir irgendeiner folgt. Siehst Du nicht, daß alle auf Reichtümer und Bequemlichkeit aus sind? Cato hat seinen Soldaten die Feigen Afrikas versprochen, Cäsar seinen Legionen die Schätze Galliens; ob gut oder schlecht, so haben sie es gemacht, daß ihnen ihre Leute folgten. Du versprichst Armut, Verfolgungen. Wer, willst Du, soll Dir folgen?« Unbeirrt gehst Du weiter voran, und ich höre dich sagen: »Ich bin das Weizenkorn, das sterben muß und dann erst Frucht bringt; es muß sein, daß ich an einem Kreuz erhöht werde; von da aus werde ich die ganze Welt an mich ziehen«.

Johannes Paul I. gewinnt in 33 Tagen Amtszeit die Sympathien verschiedenster Menschen. Sein Tod nährt in manchem Beobachter Spekulationen, ob die Weite seines Herzens diese Kirche hätte regieren können. Es sind keineswegs nur verklärte Erinnerungen, die für diesen Papst einnehmen. Albino Luciani war Mensch, Seelsorger und Theologe, schon bevor er Papst wurde.

In seinem heimatlichen Alpendorf lernte er die Armut bereits als Kind kennen. Obwohl sein Vater, Gastarbeiter in Deutschland und Mitglied der sozialistischen Gewerkschaft, nicht als Freund des Priesteramtes galt, bat ihn der zehnjährige Sohn Albino um die Erlaubnis, Priester werden zu dürfen. Leidenschaftlich sorgte sich später der Professor der Theologie um lebendige Katechese: »Vor allem hängt es vom Katecheten ab, ob seine Aufgabe gelingt oder nicht. Philipp Neri und Don Bosco unterrichteten die Kinder in irgendeiner Sakristeiecke oder auf der Straße, ohne großartige ausgestattete Räume, und haben sie dennoch wie Zauberer hingerissen und verwandelt... Der Katechet kann nicht geben, was er nicht besitzt; ja er lehrt weniger das, was er hat, oder das, was er weiß, sondern das, was er ist«.

Noch ehe Albino Luciani am Tag seiner Wahl auf dem Balkon seine sanfte unbeschwerte Stimme erhebt, scheint die Welt zu ahnen, daß er lehren könnte, was er ist: Morgenröte (»alba«) und Licht (»luce«).

Lesehinweis: Worte der Freude von Johannes Paul I. Der Welt ein Lächeln geschenkt (übers. u. ausg. v. U. Schütz), Freiburg ^{5}1991

Joachim Windolph

Todestag von Sophronius Eusebius Hieronymus (ca. 347-419/20)

30. September

Heiligkeit ohne Bildung nützt nur ihrem Träger. Soviel sie einerseits durch das Verdienst eines tugendhaften Lebens an der Kirche Christi aufbauen kann, soviel zerstört sie andererseits dadurch, daß sie die Gegner nicht zu widerlegen vermag.

In dieser kurzen, apodiktischen Feststellung, die heute angesichts einer sich ausbreitenden Tendenz, im Zweifelsfall der Orthopraxie den Vorzug vor der Orthodoxie zu geben, reichlich provozierend klingt, sind die beiden Ideale angesprochen, denen Sophronius Eusebius Hieronymus zeitlebens nacheiferte. Er wollte Heiligkeit und Bildung in seinem Leben gleichermaßen verwirklichen, und Albrecht Dürers Stich »Hiernomymus im Gehäus« setzt dieses Lebensprogramm ins Bild um. So beschaulich und friedlich freilich, wie der dort dargestellte, ganz in seine Tätigkeit versunkene, gelehrte Greis mit dem Heiligenschein inmitten seiner Bücher wirkt, ist weder das Leben des Hieronymus verlaufen noch er selbst je gewesen. Im Gegenteil, vielen seiner Zeitgenossen dürfte er gerade wegen seiner ausgesprochenen Vorliebe für Auseinandersetzungen mit »Gegnern«, bei denen er oft von verletzender Schärfe war, ziemlich unsympathisch gewesen sein, und das kühle Urteil des Historikers wird ihm nur bescheinigen können, bei seinem Streben nach Bildung wesentlich erfolgreicher gewesen zu sein als bei seinem Bemühen um Heiligkeit.

Bildung hieß für Hieronymus: Kenntnis der antiken Literatur, sprachliche Eleganz, Treffsicherheit im Ausdruck, ein gepflegter Stil, kurzum alles, was sich für ihn mit dem Namen Ciceros, des verehrten Meisters der Rhetorik, verband. In einem Brief erzählt er einmal von einem Traum, in dem er sich vor dem Richterstuhl Christi wiedergefunden habe und von diesem mit den Worten, »ein Ciceronianer bist du und kein Christ« zurückgewiesen worden sei, worauf er voller Angst geschworen habe, dem Streben nach rein weltlicher Bildung hinfort entsagen zu wollen. Noch in dieser Christus in den Mund gelegten Zurechtweisung blitzt etwas von Stolz und Eitelkeit des Hieronymus durch, ein »Ciceronianer« zu sein. Seinen Schwur hat er immerhin in dem Sinne gehalten, daß er seine philologische Bildung in den Dienst der Theologie stellt: Sein Lebenswerk wurde die Revision der lateinischen Bibelübersetzungen auf der Grundlage des griechischen bzw. hebräischen Orininaltextes. Diese immense Leistung hat ihm einen hervorragenden Platz in der Kirchengeschichte gesichert und dazu beigetragen, daß er seit dem 8. Jahrhundert neben Ambrosius, Augustinus und Gregor I. zu den vier großen Kirchenlehrern der abendländischen Kirche gezählt wird. Seine Autorität hat noch in neuerer Zeit mitgeholfen, der historisch-kritischen Exegese auch in der katholischen Kirche Raum zu verschaffen.

Heiligkeit, das hieß für Hieronymus Askese und Mönchtum. Ein erster Versuch, als Einsiedler zu leben, scheiterte. Einen zweiten Anlauf unternahm er wohl eher notgedrungen, als nach dem Tode des Papstes Damasus, seines Freundes und Gönners, in Rom kein Platz mehr für ihn war. Arrogant und polemisch, empfindlich und reizbar, besessen geradezu von einer Lust am Streiten, hatte er sich offenbar zu viele Feinde geschaffen und mußte, wie von den meisten Stationen in den bewegten Jahren der ersten Hälfte seines Lebens, auch hier im Streit weggehen. Die zweite Hälfte verbrachte er in Betlehem als Leiter einer Klostersiedlung; aber auch dort war sein Leben bis zu seinem Tode am 30. September 419/20 mehr bestimmt von seiner wissenschaftlichen Arbeit und seinen literarischen Fehden, bei denen er selbst vor gehässigen Ausfällen gegen Augustinus nicht zurückschreckte, als von Liebe und Demut in der Nachfolge Christi.

So unbestritten die Wertschätzung des Hieronymus hinsichtlich seiner wissenschaftlichen Leistungen stets gewesen ist, so sehr trifft gerade für ihn das Wort zu: Wo viel Licht ist, da ist auch viel Schatten. Unbeschadet aber seiner persönlichen Schwächen bleibt sein von ihm selbst nicht voll verwirklichtes Ziel, die Verbindung von geistiger Bildung und heiligmäßigem Leben, eine bleibende Herausforderung.

Lesehinweis: Des heiligen Kirchenvaters Eusebius Hieronymus ausgewählte Schriften (aus d. Lat. übers. v. L. Schade), 3 Bde, Kempten-München 1914-1937

Hans Martin Weikman

1. Oktober

Kirchlicher Gedenktag von Therese von Lisieux (1873-1879)

Vermutlich ist es das Schicksal vieler Heiliger, bis zur Unkenntlichkeit geliebt und verehrt zu werden. In unserem Jahrhundert hat dieses Schicksal ganz besonders die »kleine« Therese getroffen; ihr retouchiertes Bild ist nicht nur etwas vergilbt, sondern auch durch den Ruß der vielen Kerzen getrübt, und die Rosen des »Rosenregens« wirken auch schon leicht vertrocknet. Zudem sind Theresens »kirchliche Karriere«, ihr früher Klostereintritt wie auch ihre rasche Kanonisierung nicht notwendig dazu angetan, Neugier und Entdeckerfreude zu wecken. Während das Bild und vor allem das Wort ihrer kämpferischen Namens-Schwester aus Avila in den letzten Jahren in deutlicher Konturierung, in einiger Klarheit und Schärfe zu sehen und zu vernehmen war, so scheint das bravmädchenhafte Gesicht der kleinen Therese die Neigung, sich näher mit ihr zu befassen, eher zu dämpfen. Und in der Tat, der Prototyp des »Marienkindes«, der angepaßt und freudig dienenden Mädchengestalt, die alle weiblichen Tugenden in sich vereinigt und den (Kirchen-)Männern die Mühsal erspart, diese selbst zu leben, ist problematisch geworden, ihr Scheiden tut wahrlich nicht weh.

Aber entspricht Therese von Lisieux, die »kleine« Therese, tatsächlich diesem Bild, das dem katholischen Anti-Zeitgeist der Jahrhundertwende so sehr entsprach und nicht zuletzt als Bollwerk gegen die – im Grunde schon siegreiche – Moderne überaus willkommen war?

Vielleicht ist es hilfreich, Therese selbst in einer kleinen Reflexion auf die Behandlung von Frauen in der Römischen Kirche – anläßlich ihrer Romreise, die sie als 14jährige unternahm – zu Wort kommen zu lassen:

Ich kann noch immer nicht verstehen, warum die Frauen in Italien so leicht exkommuniziert werden. Jeden Augenblick sagte man uns: »Hier dürfen Sie nicht hinein..., dort dürfen Sie nicht hinein, sonst sind Sie exkommuniziert!« Oh! die armen Frauen, wie sind sie doch verachtet!...Und doch lieben sie den lieben Gott in viel größerer Zahl als die Männer, und während der Passion unseres Herrn zeigten die Frauen mehr Mut als die Apostel, da sie den Beleidigungen der Soldaten trotzten und es wagten, das anbetungswürdige Antlitz Jesu abzuwischen... Im Himmel wird er deutlich zeigen, daß seine Gedanken nicht die der Menschen sind, denn dann werden die letzten die ersten sein... Mehr als einmal auf der Reise hatte ich die Geduld nicht, auf den Himmel zu warten.

Thereses Leben, ihre eigenständige Stimme, die als Unterstimme aus dem süßlichen Grundton ihrer Zeit wie auch ihrer selbstbiographischen Schriften wohltuend klar herauszuhören ist, sind für unsere Zeit neu zu entdecken. Der lohnende Gang führt über den bürgerlich geprägten französischen Katholizismus des ausgehenden 19. Jahrhunderts, auf dessen lebensfernen, wenn nicht lebensfeindlichen Hintergrund Therese erst zu verstehen, zu würdigen – und zu verehren ist.

Therese war Kind einer katholischen Welt voller Berührungsängste und Abgrenzungsversuche und doch hat sie, als wahrhaftes »Marienkind«, als Tochter der Mirjam des Magnifikat, aus Enge und Borniertheit hinausgefunden. Das Zentrum ihres Glaubens, Thereses dynamisches Liebesgebot, verbindet ihre Gegenwart mit dem Urgrund des Glaubens und weist – gegen alle engen und ängstlichen Widerstände gestern und heute – in eine Zukunft des Glaubens und der Liebe.

Lesehinweis: Therese von Lisieux, Selbstbiographie, Kempten [12]1991

Dorothee Sandherr-Klemp

Geburtstag von Joannes Baptista Sproll (1871-1949) 2. Oktober

Von den Leiden der Verbannung gezeichnet, wurde der gelähmte Bischof bei seiner Heimkehr von vier Geistlichen in den Dom getragen. Joannes Baptista Sproll, Bischof von Rottenburg, war der einzige der deutschen Bischöfe, der vom Nazi-Regime aus seiner Diözese verjagt worden ist. Dabei war Sproll von Haus aus keiner der attraktiven deutschen Kirchenfürsten. Aber seinem Wahlspruch getreu »Fortiter in fide« war er ein unerschrockener Kämpfer gegen den Nationalsozialismus, dabei kein Taktiker und Diplomat.

1919 war Sproll – seit 1916 Weihbischof, davor Generalvikar – Mitglied der Verfassunggebenden Landesversammlung, also politisch nicht unversiert. Wenn man in der Dokumentation blättert, die die Vertreibung des Bischofs von Rottenburg nachzeichnet, so fragt man sich, ob die »Taktik und Diplomatie« so mancher bedeutender deutscher Kirchenführer sehr überzeugend genannt werden kann! Sproll auf alle Fälle konnte sich nichts vorwerfen.

Wer war dieser Joannes Baptista? Ein echter Schwabe – das heißt: Untertreibung lag ihm näher als große Schau. Einen Nichtwürttemberger möchte seine schwäbische Art in Predigt und Umgang befremdet haben, bei seinen Rottenburgern eroberten die Predigten des Bischofs die Herzen, sobald er den Mund aufmachte. Wenn man seine Hirtenworte liest, bekommt man gutes Schwarzbrot zu kosten. Kein Wunder, daß seine Bischofstage Tausende auf die Beine brachten. Und kein Wunder, daß er ein Dorn in den Augen der Regierenden war. Als Sproll bei der Volksabstimmung anläßlich der »Angliederung« Österreichs an das Deutsche Reich von der Wahl fernblieb, gab das der Propaganda willkommenen Anlaß, dem Kampf gegen den verhaßten Bischof unter »nationalen« Gesichtspunkten zu führen und ihn kurzerhand mit polizeilichen Mitteln von der Stätte seiner Wirksamkeit zu entfernen.

Nun bin ich ja wieder zurückgekehrt. Daß ich im Gehen behindert bin, habt ihr gesehen. Ich mußte in den Dom getragen werden. Ich will dieses Kreuz zu den andern Kreuzen hintragen. Die amerikanischen und französischen Militärbehörden haben mir die Rückkehr in dankenswerter Weise ermöglicht. So hart mir die Trennung von meiner Diözese war, so kehre ich doch zurück ohne jede Erbitterung gegen die, die mir Gewalt angetan haben. Ich kenne als Christ den Grundsatz: »Das Unrecht geduldig leiden« und weiß wohl, daß Rache die Sache Gottes ist.

Die Dokumentation dieser Vertreibungsgeschichte, die Pressemeldungen, die Briefe von kirchlichen und staatlichen Stellen, Oberlandgerichten, an den Reichsminister der Justiz und wieder zurück, der Notenwechsel zwischen dem Nuntius und der Reichsregierung, dem Schriftleiter der »Flammenzeichen«, dem Vorsitzenden der Deutschen Bischofskonferenz, dem Freiburger Erzbischof, Privatbriefe, die Schreiben der Deutschen Botschaft beim Heiligen Stuhl, der Geheimen Staatspolizei und dem Württembergischen Innenminister an alle Landräte, dem Rottenburger Bürgermeister und dem Reichstatthalter in Stuttgart usw. bis zum Brief von Papst Pius XII. an Bischof Sproll – das alles liest sich wie ein Kriminalroman, nur aufregender und erschreckender. Das ist nicht nur ein Stück deutscher Geschichte, man gewinnt auch einen tiefen Einblick in die Abgründe menschlicher Verhaltensweisen – »taktisch und diplomatisch«. Bischof Sproll nimmt sich dazwischen sehr autentisch und sehr bescheiden aus. Schließlich mit fortschreitender Lähmung in Bad Krumbad im Exil, an der Grenze seiner Diözese, leitete er sie von dort aus (und ließ sich auch von den Beschwörungen um Politik und sein Wohlergehen besorgter bischöflicher Mitbrüder nicht davon abbringen). Nach Kriegsende kehrte Bischof Sproll in seine Bischofsstadt zurück. Genau 18 Jahre nach seiner Inthronisation fand am 14. Juni 1945 der große Dankgottesdienst im Dom zu Rottenburg statt. Vom Ermittlungsverfahren gegen jene, die seine Vertreibung initiiert hatten, bat er abzusehen. Als die Ermittlungen der Staatsanwaltschaft schließlich zum Prozeß führten, versuchte Bischof Sproll die Angelegenheit durch ein Gnadengesuch aus der Welt zu schaffen. »Vergeltet niemand Böses mit Bösem« (Röm 12,17) schrieb er in seinem Hirtenbrief vom 24. Juni 1945. Fast vier Jahre noch durfte der Bischof die letzte Kraft seiner einst so starken Gesundheit dem Wiederaufbau seiner Diözese widmen. Am 4. März 1949 starb Bischof Joannes Baptista Sproll im 79. Lebensjahr.

Lesehinweis: Die Vertreibung von Bischof J. B. Sproll von Rottenburg 1938-1945, hrsg. von P. Kopf/M. Miller, Mainz 1972

Gabriele Miller

3. Oktober — Gestern war der Todestag von Antoine Chevrier (1826-1879)

19. Jahrhundert, Beginn der großen Industrialisierung in ganz Europa. Lyon, Stadt der Priester und der Arbeiter. Seidenspinnereien, die den Reichtum der Stadt ausmachen, wenn es wirtschaftlich gut geht, und die ganze Stadtviertel in die blanke Armut zurückwerfen, wenn die Konjunktur stockt. So um 1826, dem Geburtsjahr eines unscheinbaren Mannes, der nie Schlagzeilen gemacht hat und doch einer der Vorläufer der Arbeiterpriester war.

Antoine Chevrier wuchs auf in einem katholischen Elternhaus »zwischen den Fronten«; die Eltern waren Zulieferer der Seidenspinnerei, ein kleiner Dienstleistungsbetrieb, jenseits der »Klassen« von Fabrikbesitzern und Arbeitermassen. Beide Gruppen waren in Lyon heimisch, und Antoine kannte gut die Stadtviertel jeder Gruppe. Er war groß für sein Alter und nicht zimperlich: die Schüler der katholischen Schule wurden täglich nach der Schule von den »weltlichen« erwartet, um sich zu schlagen; und Antoine mit den Seinen schlug sich tapfer!

Sein Weg führte dann zum Priestertum. Er begegnete dem Pfarrer von Ars; und in ihm reifte eine Spiritualität des »Lebens im Verborgenen«. In einer Zeit, die noch keinerlei Antwort auf die soziale Frage des 19. Jahrhunderts hatte, wurde das »bei den Armen sein« allmählich zu seinem Lebensprogramm. Dies geschah nicht ohne Rückschläge. Sein Bemühen, Kinder aus Armenvierteln zum Kommunionunterricht in Form einer kleinen Lebensgemeinschaft zusammenzufassen, mußte aufgegeben werden, da die darin engagierten Laien sich nicht über den geeigneten pädagogischen Weg einigen konnten.

Zum Herzensliegen von Antoine Chevrier wurde die Frage: Wie können Priester zu mehreren im Milieu der Arbeiter und Armen zusammenleben und Zeugnis geben von der Liebe Christi? Schon 1851, als junger Priester, hatte er in der Adventszeit notiert: »Gerade wo Jesus als der Niedrigste unter den Menschen erscheint, eins geworden in der Menge der Sünder, wo er vor Johannes dem Täufer sein Haupt beugt – da erhebt der Vater die Stimme und ruft: Dies ist mein geliebter Sohn«. Chevrier gelang es nach mehreren Jahren, die Priestergemeinschaft Prado ins Leben zu rufen, benannt nach einem Stadtteil von Lyon, in dem die Arbeiter nach Menschenwürde riefen und in dem ein Tanzsaal namens »Prado« (!) der Mittelpunkt war. Er ging auf Distanz zu einer Form der Verkündigung, die mühelos die großen Worte für die großen Geheimnisse des Glaubens findet; seine Verkündigung ringt nach Worten:

Gott kommt mit Riesenschritten aus seinem Alleinsein heraus; er steigt runter bis in den Keller der Menschennatur. Er, der Gott unseres Herzens, muß uns Bescheid geben; das ist Zeichen seiner Liebe.

Fünf Jahre vergingen, ehe seine Priestergemeinschaft Prado Anhänger fand, die auch blieben. Bis zu seinem Tod wurden es nicht mehr als hundert; aber was bedeuten Zahlen? Charles de Foucauld hatte nicht einen einzigen Gefährten im Moment seines Todes! Chevrier wollte nicht die große Zahl; er wollte Offenheit der Kirche und der Priester für eine Welt der Armen, die ihre Strukturen der Liebe Gottes auf Erden erst langsam finden muß.

Lesehinweis: V. Conzemius, Propheten und Vorläufer, Zürich 1972, 124 ff.

Michael Klein

Kirchlicher Gedenktag von Giovanni Bernardone (Franziskus) (1181/82-1226)

4. Oktober

Ein seltsamer Mann – dieser Giovanni Bernardone oder besser bekannt als Franz von Assisi! Seine christlichen Zeitgenossen nennen ihn einen »Einfaltspinsel«, »Pazzo«, als er 1206 nach einer Begegnung mit einem Aussätzigen seinen Aufbruch in die Welt des Evangeliums, in die Armut und Bedürfnislosigkeit Jesu und seiner Jünger wagte. Mit zunächst wenigen Brüdern lebt er in Hütten und Höhlen draußen vor der Stadt. Man sieht sie bei den Bauern arbeiten; sie nehmen kein Geld; sie sind mit einem Mittagessen zufrieden – und bekommen sie nichts für ihre Arbeit, gehen sie betteln. Und so einfach ihre Lebensweise, so einfach ihr Gebet. Das Vaterunser sollen sie beten und das Kreuzgebet pflegen. Als dies einem Bruder eines Tages nicht mehr genug erscheint und dieser um ein Gebetbuch mit Psalmen, ein Psalterium, bittet, wird Franziskus ungehalten:

Wenn du einmal ein Psalterium hast, willst du auch ein Brevier haben. Und wenn du ein Brevier hast, willst du bald auf einem Lehrstuhl sitzen; dann wirst du wie ein großer Prälat dem Bruder sagen: »Bring mir das Brevier!«
Und Franz rauft sich die Haare und ruft immer und immer wieder: »Ich bin dein Brevier, ich bin dein Brevier!«.

Also, Selbstbewußtsein hat er ja, der Mann aus Assisi! Für jene, die Franziskus nachfolgen wollen, ist beileibe nicht die Orientierung am Buchstaben eines Textes wichtig, auch nicht in erster Linie eine Regel – wie die des Heiligen Benedikt von Nursia etwa –, sondern er selbst ist Orientierungspunkt einer Bewegung, die zu seinen Lebzeiten bereits an die 6000 Brüder zählt. In Scharen kamen sie zu ihm, wollten so leben, wie er lebte, waren begierig auf seine Worte und sein Beispiel. Sie spürten: Keiner sonst war dem Rabbi von Nazareth so ähnlich wie er. Er redet nicht nur vom Evangelium, er lebt es. Und mit einer unbeirrbaren Sicherheit geht er diesen Weg, der seine Umgebung staunen macht. Nichts und niemand hindert ihn daran. Er wird zum Brevier Jesu Christi; das wird zum Bestseller, wird gelesen, weil es in der Lebendigkeit des Lebens vor Augen geführt wird. Trotzdem ist es gar nicht so leicht, zu diesem Franz von Assisi durchzustoßen. Heute wie damals tun sich Menschen schwer. Die Legende berichtet:

Als der Gottes Mann Franziskus zum ersten Male vor Innozenz III. stand, war Papst Innozenz eher abweisend und meinte gar: »Sicher findest du ein paar Schweine, Bruder, die dich in ihren Stall aufnehmen. Ihnen magst du predigen, und vielleicht nehmen sie deine Regel an. Einem Schwein gleichst du jedenfalls eher als einem menschlichen Wesen.«

Doch diesem Dahergelaufenen rennen alle hinterher. Vielleicht, weil das, was er will, ganz einfach ist: Lebendes Beispiel will er sein, Anschauungsmodell, Brevier Jesu Christi. Nicht eine alte Ordensregel, sondern jesuanische Kernworte bestimmen sein Leben. Franz wird zum Dolmetscher Jesu, aber nicht durch gelehrten Kommentar, sondern durch sichtbar werdende Verwirklichung. Ein Dozent war er nicht, ein Lehrmeister der Theologie auch nicht. Aber im Umgang mit seinen Brüdern war er ein Meister, ein Leitbild oder mit seinen eigenen Worten: »Brevier Jesu Christ«, daraus wir zu lesen vermögen. Wohl kann kein Mensch genauso wie Jesus sein. Und auch keiner wie Franz. Kopieren können wir ihn nicht. Aber wer Jesus begegnet ist, ja und schließlich auch, wer Franziskus begegnet ist, der wird nicht unverwandelt aus dieser Begegnung hervorgehen. Er wird selber eine Zusammenfassung des Lebens Jesu, ein Brevier Jesu Christi. Das Evangelium ist also nicht nur etwas für religiöse Virtuosen, sondern für jedermann/ jede Frau. »Ich bin dein Brevier.«

Lesehinweis: R. Manselli, Franziskus. Der solidarische Bruder, Zürich 1984

Josef Gerwing

5. Oktober   *Geburtstag von Wilhelm Weitling (1808-1871)*

Arme Sünder und Sünderinnen! Dieses Evangelium ist für euch; machet daraus ein Evangelium der Freiheit. Ihr alle, deren Glauben wankt und deren Wissen noch auf keiner festen Basis ruht, deren Hoffnungsanker auf dem Meer des Zweifels den Grund verliert, kommt und schöpft daraus neuen Mut und neue Hoffnung. Wenn auch die Deutungen und Auslegungen der Pfaffen und Vorrechtler jeden Funken Liebe für das kirchliche Evangelium in eurer Brust ausgelöscht haben, so weiset doch dieses nicht verächtlich zurück ... Wenn ihr in euren Zweifeln der Rechtfertigung, und in den Stürmen eurer Leidenschaften des Trostes und der Hoffnung bedürft, wenn ihr euch nach einem besseren Leben sehnt, und der Herr Pfarrer euch dazu keine befriedigenden Ratschläge gibt, wenn euch derselbe bei den Leiden, die euch zu Boden drücken, auf Demut und Entsagung verweist, und die Befriedigung eurer Bedürfnisse und Begierden auf den Himmel vertröstet, so haltet ihm dies Evangelium vor ... Kommt alle her, die ihr mühselig beladen, arm, verachtet, verspottet und unterdrückt seid; wenn ihr Freiheit und Gerechtigkeit für alle Menschen wollt, dann wird dies Evangelium euren Mut von neuem stählen und eure Hoffnung frische Blüten treiben.

Diese Zeilen verfaßt Wilhelm Weitling im Frühsommer 1843 in Lausanne als Einleitung zu seiner Schrift »Das Evangelium des armen Sünders«. Als das Werk schließlich 1845 erscheint, hat Weitling den Zenit seiner politischen Karriere bereits überschritten. Noch einmal versucht er in agitatorischem Stil seine Vorstellungen einer Reorganisation der Gesellschaft zu artikulieren – mit Berufung auf Aussagen des Evangeliums. Das Evangelium ist ihm – neben dem rationalistischen Naturrecht – entscheidende Quelle und Maßstab zur Neuordnung der Gesellschaft; die von Jesus selbst eingetragenen Prinzipien der Nächstenliebe, der Gleichheit aller und der Freiheit des einzelnen sind für Weitling der Wurzelgrund seines politischen Selbstverständnisses. Davon legt er bereits 1838 in seinem Erstlingswerk »Die Menschheit, wie sie ist und wie sie sein sollte« programmatisches Zeugnis ab. Mit seinem Anliegen, die »reinen Prinzipien des Christentums« im Kontext einer Änderung gesellschaftlicher Verhältnisse zu verwirklichen und die urchristlichen Gebote der Nächstenliebe und der Gerechtigkeit zum obersten Grundsatz menschlichen Zusammenlebens zu machen, mobilisiert er die Menschen, die in einer weitgehend noch ständisch strukturierten Gesellschaft keine Stimme haben: die Handwerker und Arbeiter.

Weitling hat als Schneidergeselle die Bedrängnisse seines Standes am eigenen Leib erfahren. Er spricht die Sprache der Arbeiter, ihre Sehnsucht nach sozialer Gleichstellung ist seine eigene. So setzt er sich an die Spitze der frühen deutschen Arbeiterbewegung und wird deren führender Vertreter, indem er die in Umlauf befindlichen Lehren des französischen Sozialismus aufgreift und zu einem eigenen »kommunistischen System« ausarbeitet: »Gütergemeinschaft als Erlösungsmittel der Menschheit« und »Abschaffung jedweden Eigentums als Ursache allen sozialen Übels« spielen dabei eine zentrale Rolle.

Zur Verwirklichung dieser Ziele bedarf es unter Umständen auch des Einsatzes von Gewalt, den Weitling vom Evangelium her legitimiert sieht. Die »Gleichheitshoffnungen und Vertröstungen« seines Lehrers Lamenais lehnt er ab, weil damit kein Staat zu machen ist. Weitling erweist sich darin als konsequenter Sozialist. Daß er von seinen Anfängen her zugleich »religiöser« Sozialist ist, mag die Faszination, die er auf die Arbeitermassen ausübte, verstärkt haben. Die Abkehr eben dieser Arbeitermassen von seinen Ideen und seiner Person hängt hingegen kaum nur mit seiner eigenen zeitweisen Abkehr von religiösen Fundamenten zusammen, sondern ist eher in seinem sozialen »System« und den damit verbundenen politischen Aporien zu suchen. Aufgrund mangelnder Einsichten in historische Entwicklungsgänge verliert sich Weitling in Spekulationen und Utopien. Seine Begründung des Sozialismus bleibt letztlich in moralischen Kategorien stecken. Mit dem Prinzip der Gleichheit allein als Rezept zur Neugestaltung der Gesellschaft ist die soziale Frage seiner Zeit nicht zu lösen. Weitling endet zwischen allen Stühlen: Die rigorose Entschiedenheit, mit der er das Evangelium verkündet und auf seine sozialkritische Komponente und gesellschaftspolitische Relevanz hinweist, gilt den christlichen Zeitgenossen als Skandal, den atheistischen Kommunisten in seinem Erbe als Torheit. Dabei hat er »nur« eine alte Frage neu angestoßen. Ihre Aktualität bleibt!

Lesehinweis: W. Weitling, Garantien der Harmonie und Freiheit (hrsg. v. A. Meyer), Stuttgart 1974 (RUB 9739)

Ralph Loevenich

Geburtstag von Karl Pfleger (1883-1975) — 6. Oktober

»Das immerwährende Dunkel« seines Kopfwehs machte ihm zu schaffen. Wiederholt spricht Karl Pfleger vom »allstündlich unterbrochenen Schlaf«. Das verband den Geistlichen und Schriftsteller mit manchem der Vordenker, mit denen er sich auseinandersetzte, mit Simone Weil, Georges Bernanos oder Reinhold Schneider. Die gesundheitlichen Probleme waren schuld daran, daß Pfleger, dem sonst vielleicht eine wissenschaftliche Karriere offengestanden hätte, fast 50 Jahre, bis zu seinem Tod, nur ein »kleiner Dorfpfarrer« in Behlenheim bei Straßburg blieb. Dennoch wurde er zu einem Bindeglied zwischen Frankreich und Deutschland, verband er das Geistesleben beider Länder in einer Epoche, in der Gräben sie trennten. In seinem Pfarrhaus gingen Dichter und Philosophen von beiden Seiten des Rheins ein und aus, hier wie dort hatte er Leser und Freunde. So mag er als einer der frühen Europäer gelten und steht damit für seine elsässische Heimat. Mitunter machte er »authentische Gottesfreunde« erst bekannt. Er erzählte den Deutschen von Simone Weil oder Leon Bloy, Ernest Hello oder Marie Noel. »Übersetzer« war er dabei nicht nur in sprachlicher Hinsicht. Die Werke Bloys, der Deutschland haßte, übertrug er ins Deutsche, viele andere Denker porträtierte er. Mancher seiner rund 20 Buchtitel ist dafür Programm: »Geister, die um Christus ringen« (1934) oder »Kundschafter der Existenztiefe« (1959). Zu den »ringenden Geistern« zählen Chesterton, Dostojewski, Gide oder Solowjew. Beschämt entschuldigt er sich geradezu, daß auch er als »gewöhnlicher Mensch von seinen Glaubensexperimenten« redet. Mitunter klagt er dabei – ähnlich Dostojewski – »daß wir einem Gott gegenüberstehen, der in sich selbst und in seiner Schöpfung jedes Begreifen, jedes Umgreifen unmöglich macht«. Doch souverän erscheinende Gewißheit überwiegt, gerade im Alter, als ihm das Denken Teilhard de Chardins Zuversicht gibt. So spricht der 84jährige leichter als mancher seiner Wegbegleiter vom »ungeheuren Glück, an Christus zu glauben«:

Ich gehe dem Ende entgegen, und ich will festen Boden unter den Füßen haben für die letzten Schritte. Ich will nicht im Ungewissen herumtappen. Ich will wie der sterbende Peter Wust sagen können: »Ich befinde mich in absoluter Sicherheit«. Auf der Straße des universalen Mysteriums will ich dem Ende entgegengehen, das kein Ende, sondern die Vollendung ist. Sie, die wir jetzt noch nicht sehen können, ergreifen wir aber auch jetzt schon ahnend, tastend, »bruchstückhaft und wie im Spiegel« des Mysteriums. Denn das Mysterium ist da, im ganzen Kosmos und in der menschlichen Existenz. Seit Urzeiten bricht es an manchen Punkten der Erde wie ein von überweltlichem Geheimnis umrauschter Quell heraus. Diesen Quell hat man Mythos genannt. Und dann ist dieser Quell auf einmal zu einem Bach geworden. Zu einem Fluß, der sich in die Menschheitsgeschichte ergießt und, wenn er an einem Punkt von der Oberfläche verschwindet, an einer anderen Stelle um so stärker hervortritt. Der Mythos ist mit und durch Christus zum Mysterium geworden, und das Mysterium ist nicht nur planetarisch, es ist kosmisch. Der ganze Kosmos ist der »göttliche Bereich«, entworfen, verwirklicht, beseelt, durchgeistet und zielbestimmt von dem, der sich das Alpha und das Omega nennt. ... Das Mysterium Christi ist kosmisch oder es ist gar nicht.

Wegen Teilhard de Chardins Einfluß sieht Pfleger seine früheren Werke kritischer: Es scheint ihm fast, als habe er damals »dem Christusmysterium zu enge Grenzen gesetzt«, da er dessen Wirkung vor allem in der Kirche und ihren Sakramenten, in der »christgläubigen oder wenigstens gottgläubigen Menschheit« gesehen habe. Der kosmische Christus fasziniert ihn wie ein Gottesbeweis. Schöpfungstheologie verdrängt die Kreuzestheologie. Die Naturwissenschaften, so schreibt Pfleger, lassen in ihm das »göttliche Mysterium der Welt aufdämmern«. Schon deswegen gilt für ihn: »Auf jeden Fall, die Erde ist eine Ekstase wert«.

Lesehinweis: K. Pfleger, Glaubensrechenschaft eines alten Mannes, Frankfurt/Main 1967

Christoph Strack

7. Oktober   *Geburtstag von Herman Nohl (1879-1960)*

In den dunklen Novembertagen 1918, auf dem Rücktransport aus Belgien, im Gespräch mit einfachen Soldaten, erschüttert von dem »sinnlos gewordenen Wahnsinn« des Krieges mit seinem Verrat des Humanum, abgestoßen von der »Unmenschlichkeit von Herr und Knecht« beim militärischen Kadavergehorsam, reift in dem 38jährigen Privatdozenten der Philosophie und Liebhaber ästhetischer Fragen Herman Nohl der Entschluß zu einer neuartigen pädagogischen Tätigkeit. Zusammen mit Wilhelm Flitner und anderen gründet er in Jena und anschließend in ganz Thüringen Volkshochschulen als Stätten der Bildung, in der »jeder selbst bestimmen« soll, ob und was er lernen will, um sich aus den »freien Darbietungen seine eigene freie Welt« zu erarbeiten. Der Gedanke ist aus dem leidenschaftlichen Verantwortungsgefühl für die geistige Sammlung des ganzen Volkes geboren mit der Hoffnung, zur Überwindung der politischen, sozialen, religiösen und weltanschaulichen Gegensätze beizutragen. Von 1920 bis 1937, dem Jahr der vorzeitigen Entlassung aus dem Amt durch die braunen Machthaber, sodann noch für kurze Zeit nach dem Krieg, wirkt Nohl als »der Pädagoge« unter den deutschen Universitätslehrern in Göttingen, als erster Universitätspädagoge in Preußen. Innerhalb der »Geisteswissenschaftlichen Pädagogik« wird er der Begründer der berühmten »Nohlschule«, eines einzigartigen Kreises, der von der Idee beseelt ist, die Pädagogik wegen ihres unvertretbaren Auftrags zu einer selbständigen wissenschaftlichen Disziplin auszubauen. Die besondere pädagogische Verantwortung gilt dem einzelnen Menschen. Am klarsten muß sie sich in der Arbeit an der gefährdeten und verwahrlosten Jugend bewähren, in der sozialpädagogischen Arbeit, »die immer von einer Not ausgeht und von den Schwierigkeiten des Kindes oder Jugendlichen, und zwar den Schwierigkeiten, die das Kind *hat* und die man verstehen lernen muß. Die, die es *macht*, sind nach Nohls Überzeugung immer nur Symptome« (Elisabeth Blochmann). Von ausschlaggebender Wirkung ist hierbei die Überzeugungskraft und Liebe des Erziehers:

Gewiß ist das Erziehungsleben ringsum bedingt von den geschichtlichen Faktoren, innerhalb deren es wirkt, ... aber sein Wesen ist davon unabhängig, und sein entscheidender Gehalt gehört ihm ganz allein ... Der Kern ist der radikale Wechsel des Blickpunkts von allen objektiven Zwecken weg auf das Subjekt, seine Kräfte und sein Wachstum. Pestalozzi schrieb unter sein Bild: »Was hülfe es dem Menschen, wenn er die ganze Welt gewönne und nähme doch Schaden an der Seele seines Kindes«. ... Selbst im Gefängnis darf sich der sozialpädagogisch Arbeitende nicht als Vollzugsbeamter einer äußeren Macht verstehen. Wo ich mich pädagogisch um den anderen bemühe, muß er wissen: man will dich nicht werben für eine Partei, für eine Kirche, auch nicht für den Staat, sondern – der Unterschied ist so gering, wie wenn man die Hand umdreht, und ist doch entscheidend – diese Hilfe gilt zunächst und vor allem dir, deinem einsamen Ich, deinem verschütteten, hilferufenden Menschentum. – Alle Wirkung des Erziehers setzt aber voraus, daß in ihm selbst lebendig ist, was er in seinen Zöglingen wecken soll, das Leben und seine Gestalt. Die Wirklichkeit seiner eigenen Existenz und Bildung ist wichtiger als alles Reden und alle Theorie, sie inspiriert und formt schweigsam ohne alle Worte durch ihr bloßes Dasein mit einer wunderbaren Gewalt.

Herman Nohl hat »ein Maß an Liebe bewährt, das manchen ›rechtgläubigen‹ Christen beschämen muß«, schrieb der Dichter Johannes Pfeiffer zu Nohls 70. Geburtstag. Er hat auch der Enkelgeneration der Nohlschule nach 1945 ein unverlierbares Erbe übergeben, den theologisch Orientierten unter ihnen als Ansporn, Kirche und Theologie zur Sache der Pädagogik hinzuführen.

Lesehinweis: H. Nohl, Ausgewählte pädagogische Abhandlungen (Schöninghs Sammlung Pädagogischer Schriften), Paderborn 1967

Karl Ernst Nipkow

Todestag von Célestin Freinet (1897-1966)   8. Oktober

Der Pädagoge hatte seine Methode aufs genaueste ausgearbeitet; er hatte – so sagte er – ganz wissenschaftlich die Treppe gebaut, die zu den verschiedenen Etagen des Wissens führt; mit vielen Versuchen hatte er die Höhe der Stufen ermittelt, um sie der normalen Leistungsfähigkeit kindlicher Beine anzupassen; da und dort hatte er einen Treppenabsatz zum Atemholen eingebaut und an einem bequemen Geländer konnten die Anfänger sich festhalten. Und wie er fluchte, dieser Pädagoge! Nicht etwa auf die Treppe, die ja offensichtlich mit Klugheit ersonnen und erbaut worden war, sondern auf die Kinder, die kein Gefühl für seine Fürsorge zu haben schienen.

Er fluchte aus folgendem Grund: solange er dabei stand, um die methodische Nutzung dieser Treppe zu beobachten, wie Stufe um Stufe emporgeschritten wurde, an den Absätzen ausgeruht und sich an dem Geländer festgehalten wurde, da lief alles ganz normal ab. Aber kaum war er für einen Augenblick nicht da: sofort herrschten Chaos und Katastrophe!

Die Kinderhorde besann sich auf ihre Instinkte und fand ihre Bedürfnisse wieder: eines bezwang die Treppe genial auf allen Vieren; ein anderes nahm mit Schwung zwei Stufen auf einmal und ließ die Absätze aus; es gab sogar welche, die versuchten, rückwärts die Treppe hinaufzusteigen und die es darin wirklich zu einer gewissen Meisterschaft brachten. Die meisten aber fanden – und das ist ein nicht zu fassendes Paradoxon – daß die Treppe ihnen zu wenig Abenteuer und Reize bot. Sie rasten um das Haus, kletterten die Regenrinne hoch, stiegen über die Balustraden und erreichten das Dach in einer Rekordzeit, besser und schneller als über die sogenannte methodische Treppe; einmal oben angelangt, rutschten sie das Treppengeländer runter ... um den abenteuerlichen Aufstieg noch einmal zu wagen. Hat ... sich (der Pädagoge) wohl einmal gefragt, ob nicht zufällig seine Wissenschaft von der Treppe eine falsche Wissenschaft sein könnte, und ob es nicht schnellere und zuträglichere Wege gäbe, auf denen auch gehüpft und gesprungen werden könnte; ob es nicht, nach dem Bild Victor Hugos, eine Pädagogik für Adler geben könnte, die keine Treppen steigen, um nach oben zu kommen?

Auch in unseren Schulen werden große Teile des »Stoffes« den Kindern immer noch mehr oder weniger unbefragt vorgesetzt. Die vorwiegend anzutreffende Sozialform des Unterrichts (manche sagen, es seien 4/5 allen Unterrichts) ist der Frontalunterricht, vornehmlich getragen von Handlungsmustern, die der Wissensvermittlung und der Dokumentation von Unterrichtsinhalten und -ergebnissen dienen sowie ihrer Übung und Kontrolle. Das dominanteste dieser Handlungsmuster scheint das gelenkte Unterrichtsgespräch zu sein.

Wir alle kennen die vorwurfsvollen pädagogischen Schlag-Worte von der Vertextung und Verkopfung des Unterrichts, vom Lernen von oben nach dem Trichterprinzip, Schlagworte, auf die wir – zumindest innerlich – mit einem amphatischen »Ja, das muß anders werden!« antworten, dem aber der pädagogische Alltagsmensch in uns auf der Stelle das »Aber wie denn bloß?« hinzusetzt.

Gesellschaftliche Veränderungen haben zu einer Verdrängung der Bedingungen und Zusammenhänge geführt, die das Aufwachsen von Kindern heute prägen. Die soziologische Diskussion über die Veränderung der Kindheit hat seit einer Reihe von Jahren eine pädagogisches Begleiterin. Sie wird getragen von KollegInnen aus der Schulpraxis, die gegen eine Verödung der Lernkultur angehen. Dabei wurden Klassiker der Reformpädagogik wie Freinet wiederentdeckt. Freinets Gedanken zur Schule seiner Zeit mahnen und ermutigen auch heute wieder LehrerInnen in ihrem Bemühen um eine kind- und jugendgerechte Schule.

Die Gestaltung der Klassenräume gerät in den Blick. Schüleraktive Unterrichtsmethoden, die Verringerung der Distanz der Inhalte zur Lebenswelt der SchülerInnen und ihre Einbeziehung in die Unterrichtsplanung werden angestrebt. Die Bedeutung von Erfolgserlebnissen für das kindliche Selbstwertgefühl wird gesehen und kooperatives Lernen wird immer selbstverständlicher.

Begonnen wird damit zumeist unter ganz und gar nicht optimalen Bedingungen an der eigenen Schule, in der eigenen Lerngruppe – allein oder mit einer Kollegin gemeinsam.

Freinets Gedanken leben fort im Bemühen um eine innere Schulreform. Das internationale Freinet-Treffen 1992 in Poitiers/Frankreich legte eindrucksvoll Zeugnis davon ab.

Lesehinweis: H. Boehncke/Ch. Hennig, Célestin Freinet. Pädagogische Texte, Reinbek 1980 (rororo 7367)

Michael Linke

9. Oktober — *Todestag von Gabriel Marcel (1889-1973)*

In seiner Laudatio anläßlich der Verleihung des Friedenspreises des deutschen Buchhandels 1964 an Gabriel Marcel würdigte Carlo Schmid den Philosophen: »Sollte nicht auch von den Völkern gelten, daß sie nur im unaufhörlichen dramatischen Dialog mit sich selber und miteinander zu sich selber kommen? ... Kann dieses Aufeinanderzugehen, dieses Zusich- und Zueinander-Kommen anders geschehen denn als Gang des Bruders zum Bruder, ein Gang aus der Kraft des Hoffens? – Gabriel Marcel hat uns dafür einen Weg gewiesen, seinen Weg, auf dem er zur Versöhnung mit sich und mit der Welt – mit sich in dieser Welt – kam. Darum sehen wir in ihm einen, der die Welt den Frieden lehren kann«. Marcel, 1889 in Paris als Sohn einer jüdischen Mutter und eines katholischen, aber freigeistig denkenden Vaters geboren, wurde in dieser Preisrede nicht nur als bedeutender Philosoph, Dramatiker, Kunst- und Literaturkritiker, sondern auch als großer Europäer porträtiert. Marcel erscheint darin als ein Vordenker friedlicher Völkerverständigung und der Überwindung engstirniger Nationalismen.

Ein starkes Harmoniebedürfnis zeichnete schon den sensiblen jungen Marcel aus. Er suchte in der Musik Trost vor seinen peinigenden Schulängsten und Befreiung auf eine Transzendenzerfahrung hin im personalen und religiösen Bereich. Zu einem Schlüsselerlebnis, das für seinen philosophischen Denkweg »eine grundlegende Rolle gespielt hat«, wird die Tätigkeit beim französischen Roten Kreuz während des Ersten Weltkriegs. Marcel ist konfrontiert mit dem tragischen und leidvollen Schicksal von Menschen. Durch diese Erfahrung mit dem konkreten Unglück gewinnt er Distanz von der Abstraktion, von der Anmaßung des Rationalen und allen philosophischen Systemen, die den Glauben in das Wissen aufheben wollen. In seinem »philosophischen Testament« notiert er: »Abstraktionen wurden mir immer verdächtiger ... Mein Denken wurde mehr und mehr konkret«. Und in seinem »metaphysischen Tagebuch« spricht er im Juni 1942 von »Breschen«, die in die »intelligible Rüstung« zu schlagen seien, »in der wir von Tag zu Tag mehr ersticken«. Marcel will kein neues System schaffen, er versteht sich als ein wandernder Philosoph. Rationale Systeme haben die Welt nur zerbrochen in lauter Bruchstücke und Objekte, sie haben zu Erstarrungen geführt, zu einer Welt ohne Beziehungen zum Du oder zum Sein, zu einem Verlust des Ichs an das Objekt, zu einem »Hunger nach Sein«. Die Heldin in einem seiner Schauspiele läßt er anklagen: »Hast du nicht manchmal den Eindruck, daß wir in einer zerbrochenen Welt leben – wenn man das Leben nennen kann?«

Um diese zerbrochene Welt, um zerstörte Hoffnungen geht es in seinen Schauspielen immer wieder. In seinem Stück »Die Trauerkapelle« findet Mireille, die einen todkranken Mann geheiratet hat, in der Sorge um ihn eine neue Lebensaufgabe: »Jetzt, da ein anderer mich braucht, lebe ich. Ich habe unlängst in einem Buch gelesen ... ›Man gelangt erst dann zum wirklichen Leben, wenn man sich über sich selbst erhebt.‹ Nicht wahr, dieser Satz ist schön und wahr, fühlst du es nicht?«

Die Sorge um ein persönliches Schicksal ist das Wiedergewinnen einer schon verloren geglaubten Hoffnung. Im April 1939 notiert Marcel in seinem Tagebuch:

Hier und da ist man von der Verzweiflung nur noch durch eine hauchdünne Wand getrennt, da man sein eigenes Leben als unnütz, als unwirklich oder als abwesend empfindet. Die Verzweiflung kann übrigens, wenn sie zurückstrahlt, als ein Mittel zur Rückgewinnung seiner selbst erscheinen. Diese Abwesenheit erkennen, heißt in gewisser Hinsicht sie in Gegenwärtigkeit verwandeln. Schlüpfe ich wirklich in mein Leben zurück, so empfinde ich es erneut als Fülle.

Für Marcel hat Metaphysik zu tun mit dem inkarnierten Sein, mit Lebensgewinn aus der Hingabe an das Du, mit dem Übersteigen der bloß objekthaften, dinghaften Sehweise der Welt zur personalen Begegnung, die immer ein »Unterwegssein« ist. Darin, im Mysterium der göttlichen Personalität, und nicht in den scholastischen Gedankendomen, denen er sehr kritisch gegenübersteht, sieht Marcel das Wesen des Christentums, zu dem er als Dreißigjähriger konvertierte: »Ich war zuletzt vom Christentum überwältigt, und ich bin darin untergetaucht. Glückseliges Versinken!« Nur von diesem Mysterium her läßt sich der Trug der angeblichen Sicherheit der Begriffswelt, die nur zu Machtansprüchen des Habens und zu Feindschaft führt, bloßstellen und die wahre Begegnung mit dem Du im Sein gewinnen.

Lesehinweis: G. Marcel, Metaphysisches Tagebuch 1915-1943 (Werkauswahl II), Paderborn 1991

Bernhard Braun

Todestag von Marie Luise Kaschnitz (1901-1974)   10. Oktober

Steht noch dahin

Ob wir davonkommen, ohne gefoltert zu werden, ob wir eines natürlichen Todes sterben, ob wir nicht wieder hungern, die Abfalleimer nach Kartoffelschalen durchsuchen, ob wir getrieben werden in Rudeln, den Nächsten belauern, vom Nächsten belauert werden, und bei dem Wort Freiheit weinen müssen. Ob wir uns fortstehlen rechtzeitig auf ein weißes Bett oder zugrunde gehen am hundertfachen Atomblitz, ob wir es fertigbringen mit einer Hoffnung zu sterben, steht noch dahin, steht alles noch dahin.

»Steht noch dahin« eröffnet einen Band mit 74 knappsten Prosastücken. Was Menschen Menschen antun, trifft in diesen Minutenaufzeichnungen wie Blitze den Leser: bedroht, erschüttert, rüttelt wach, appelliert, schärft seine Wahrnehmung, eröffnet ihm aber auch Lichtblicke und sät Hoffnungskeime. »Jede Seite ist wie eine erste Skizze zu einem Selbstportrait der Epoche, verfaßt von einem ... zuweilen verstörten, nie ganz verzweifelnden Beobachter« (Kesten). Sich selbst Mut und Hoffnung zusprechend, schreibt die Dichterin im vorletzten Text des Prosabandes: »Wir können noch sehen, wir können noch hören, wir können noch leiden, noch lieben.« Und schließlich setzt sie dem ersten Text einen letzten gegenüber mit dem Schluß: »Amselsturm hinter den Regenschleiern und wer sagt, daß in dem undurchsichtigen Sack Zukunft nicht auch ein Entzücken steckt.« Neben erschreckenden Zügen, die die Natur für die Dichterin auch annehmen kann, repräsentiert sie hier eine Gegenwirklichkeit zu Zeiten des Schreckens, die tröstet und Zeichen der Hoffnung zu sein vermag.

»Steht noch dahin« hat heute, mehr als 20 Jahre nach seiner Veröffentlichung, seine Aktualität nicht verloren. Mir ist dieser Text zu einem Register für Gegentugenden geworden: für Sanftmut, Teilen, Gerechtigkeit, Freiheit, Vertrauen, Zivilcourage, Hoffnung, die es nicht nur im Auge zu behalten, sondern auch mit mutiger Zähigkeit zu üben gilt, dort wo Menschen miteinander leben.

Marie Luise Kaschnitz schreibt gegen das Vergessen, gegen das Abstumpfen der Sinne. Der Wunsch, aus »lauter Glücksverlangen« das Schreckliche durch Aussprechen zu bannen, ist die Ursache für das Aufschreiben solcher wahren Alpträume; sie selbst bekennt dies in ihrem letzten Prosawerk »Orte« (Ich einst im Buchsbaum).

Einerseits weiß Sie um die Vergeßlichkeit der Menschen: »Was wir gewonnen haben im Sterben? – Nichts. Wir sehen Euch alles das Alte von neuem beginnen«, antworten die Toten des Krieges in einem ihrer Gedichte aus der Zeit kurz nach dem Zweiten Weltkrieg. Andererseits resigniert sie nicht, sondern hält die Sehnsucht nach gelungenem Leben wach und stärkt lebenserhaltende Hoffnung in ihrem ganzen Werk: »Meine Neugier, die ausgewanderte, ist zurückgekehrt. Mit blanken Augen spaziert sie wieder auf der Seite des Lebens.«

In ihren essayistisch angelegten Büchern kommentiert die Dichterin die Welt mit Scharfsinn. Ihre Geschichten sind voller Welt und Weltkenntnis. Sie beschreibt zentrale Erfahrungen des Menschen, »schreibt von der Liebe, vom Alter und vom Tod. Sie schildert die Natur und die Zerstörung von Natur, schreibt von Gewalt und von der Hoffnung auf Versöhnung. Schreibend erinnert sie sich an ihre eigene Lebensgeschichte, und schreibend entwirft sie Lebensgeschichten« (Suhr). Marie Luise Kaschnitz gibt mir als Leserin die Möglichkeit, wahrnehmungsfähiger zu werden für meine eigene Wirklichkeit. Und das tut sie mit einer Sprache, »die den Verheißungen und der Sehnsucht einen Ausdruck« gibt, »sie bittet und klagt ... und sie bekennt Gott. Zweifel und Skepsis haben Eingang gefunden in dieser Sprache, nicht aber Trägheit und Stumpfheit, nicht die Resignation« (Suhr). Eine Sprache, die mir zeigt, wie ich heute mit Gott leben kann.

Auf der Suche meines Weges begleiten mich vier Marien: im Glauben Maria, die Mutter Jesu, im Lieben Maria, meine Mutter, im Lernen und Lehren Maria Montessori, im Hoffen Marie Luise Kaschnitz.

»Steht noch dahin«, ob ich es fertigbringe, mit dieser Hoffnung zu leben, »steht noch dahin...«.

Lesehinweis: M.L. Kaschnitz, Steht noch dahin, Frankfurt 1972.

Edeltraud Schätzle

11. Oktober — Geburtstag von Gertrud von le Fort (1876-1971)

»Alles verharrt nur durch Liebe im Sein«, so lesen wir in einem frühen Gedicht der le Fort, und in der zweiten Hälfte ihres Lebens, in der sie ihre Berufung zur Dichterin mit voller Lebenskraft erfüllte, sagt sie: »Dichtung ist eine Form der Liebe«. Für le Fort besitzt jede wahre Liebe eine Beziehung zur Urliebe, die Liebe ist stets menschlich und göttlich zugleich. Von Gott her durchströmt die Liebe unsere Welt und ergreift den Menschen, der durch die Liebe fähig wird, Leben und Welt zu gestalten. Ja, die Liebe ist die rettende Kraft als das einzig Schöpferische im menschlichen Leben.

Es geht le Fort in allen Werken um den Menschen, um seine personale Wesensart, um Herz und Gewissen. In den Erzählungen finden wir die großen liebenden Gestalten: Veronike (»Das Schweißtuch der Veronika«, 1928), Blanche de la Force (»Die Letzte am Schafott«, 1931), Trophäa (»Der Papst aus dem Ghetto«, 1930), Anne de Vitré (»Das Gericht des Meeres«, 1943), Anna Elisabeth (»Die Verfemte«, 1953), Arabella (»Plus ultra«, 1950), das blinde Judenmädchen Michal (»Die Tochter Jephthas«, 1964) und »Die Jungfrau von Barby«, eine Mystikerin. Ihnen stehen gegenüber die Gestalten der Lieblosigkeit, der Gehässigkeit, der Herzenshärte: Enzio (»Der Kranz der Engel«, 1946), Pilatus (»Die Frau des Pilatus«, 1954), Budoc (»Das Gericht des Meeres«, 1943) und der Tyrann Ansedio (»Die Consolata«, 1947). In der Auseinandersetzung der Liebe mit dem Bösen und mit den Gefahren der Zeit behandelt die Dichterin Gegenwartsprobleme, Fragen unseres Jahrhunderts, beispielsweise die Judenfrage (»Das fremde Kind«, 1961; »Die Tochter Jephthas«, 1964). Die Handlungen der Erzählungen werden in eine längst vergangene Zeit verlegt, um das Problem objektiver zu gestalten. Dabei fällt auf, daß le Fort in manchen Aussagen und Antworten eine prophetische Stimme ist, deren Worte über die Gegenwart hinaus in das noch unbekannte Künftige reichen, beispielsweise zum Verhältnis von Glauben und Wissenschaft (»Am Tor des Himmels«, 1954):

»Gut«, sagte einer der Prälaten zu mir, »ich pflichte Ihnen bei, der Schöpferglaube kann durch das neue Weltbild noch an Majestät und Herrlichkeit gewinnen. Wie aber steht es denn um die Erlösung? Ist es denkbar, daß Gott seinen eingeborenen Sohn auf dieses arme, kleine Erdensternlein sandte, das Euer Meister (Galilei, d.Vf.) lehrt?«

Ich erwiderte: »In der Erlösung offenbart sich Gott im Menschen. Der Erlösungsglaube kann von den Himmelskörpern her niemals erschüttert werden, er könnte nur erschüttert werden, wenn der Mensch versagt.«

Gertrud von le Fort starb am Allerheiligenfest 1971 im Alter von 95 Jahren. Sie hat als Offizierstochter in mehreren Garnisonsstädten gelebt: Koblenz, Berlin ... Ihre Vorfahren lebten hier und da in Europa, und sie selbst wurde Europäerin durch die Familiengeschichte, durch das Studium der Geschichte und ihr Wachsein für die Geschehnisse in Kirche und Welt. Die Schauplätze ihrer Erzählungen beweisen ihre Heimat Europa: Rom, Florenz, Padua, Santa Rosita, Paris, Aigues-Mortes, Heidelberg, Magdeburg, am Müritzsee in Mecklenburg, auch Rußland wird indirekt einbezogen (»Die Opferflamme«, 1938).

Die vier Romane der Dichterin können als eine abendländische Geistesgeschichte verstanden werden; bedeutsam sind in ihnen die Charaktere, die handlungtragenden Gestalten, die bekenntnisstarken Menschen. Der christliche Glaube und seine lebenprägende Kraft wird in vielen Gestalten lebendig, und die Liebe zur Kirche, zur mystischen Wirklichkeit des »Corpus Christi« spricht aus dem großartigen lyrischen Werk »Hymnen an die Kirche« (1924), durch das die Dichterin weltbekannt wurde und blieb. Der schöpferische Akt im Werk der le Fort besteht darin, daß sie »durch alle Stockwerke des Seins bis auf den Grund der Dinge« hinabsinkt und dort Gott findet, im Irdischen das Ewige schaut. »Der Mensch allein genügt nicht.« Die göttliche Ordnung wird in allen Bereichen des Lebens gesucht und gefunden: die Liebeseinheit zwischen Gott und Mensch. Durch die Liebe wird der Mensch zum Ort der Offenbarung Gottes, er wird fähig zur liebenden Hingabe, auch zum Opfer. Le Fort weiß um die Welt des Chaotischen, der dämonischen Empörung des Menschen gegen Gott. Um so wichtiger und wertvoller ist ihr Bekenntnis: »Ich glaube an die Liebe Gottes, ich glaube an den Menschen, ich glaube selbst im Atomzeitalter an den Sieg des Erbarmens«.

Lesehinweis: G. von le Fort, Die Tochter Jephthas und andere Erzählungen, Frankfurt/Main 1976 (st 351)

Hedwig Bach

Todestag von Willi Graf (1918-1943)   *12. Oktober*

»Mag kommen was will, wir bleiben auf unserer Idee stehen«, notierte mein Bruder Willi Graf am 11. April 1933. Dieser Entschiedenheit blieb er treu. Er weigerte sich, in die Hitlerjugend einzutreten. Zunächst Mitglied des katholischen Schülerbundes »Neudeutschland«, schloß er sich 1934 nach der vom NS-Staat verordneten Auflösung aller bündischen Gruppierungen dem »Grauen Orden« an, einer illegalen, sich gegen den Konformitätsdruck richtenden Gemeinschaft südwestdeutscher Bündischer. Hier empfing er maßgebende literarische und theologische Impulse. Christsein war für meinen Bruder Herausforderung, aber auch Hilfe und Verheißung; lebendiger Glaube also – nicht durch eingefahrene Wege gewiesen, sondern angenommen durch persönliche Erfahrung in freier Verantwortung und durchaus nicht immer im Einvernehmen mit der Amtskirche. Für ihn stand fest, daß Nationalsozialismus und Christentum unmöglich miteinander in Einklang zu bringen wären und es Kooperation und Kompromisse mit diesem gottwidrigen System niemals geben dürfe. Orientierungspunkt war die Erkenntnis, daß Christsein und Menschsein eine Einheit bilden, und daß der Christ von daher auch als politisch denkender und handelnder Mensch gefordert sei. Resistenz gegen den NS-Staat wurde zur zwangsläufigen Folgerung seiner Maxime: »Jeder Einzelne trägt die ganze Verantwortung. Für uns aber ist die Pflicht, dem Zweifel zu begegnen und eine eindeutige Richtung einzuschlagen«. Dazu gehörte auch eine kritisch wache Auseinandersetzung mit unserer von der katholischen Tradition geprägten Erziehung:

Die Art und Erziehung, wie wir in der Religion aufwuchsen, sind denkbar schlecht und voller Unmöglichkeiten. Innerlich war dieses ganze Gebäude hohl und voller Risse. Nur weil noch ein gewisser Glanz und ein gutes Teil Sicherheit darauf lagen, konnte man sich eine Zeitlang darin wohl fühlen. Urteilskraft und lebendige Überzeugung aber haben wir nicht mitbekommen, um eventuell in der Lage zu sein, diese Weltanschauung zu verteidigen. Ich behaupte, daß dies gar nicht das eigentliche Christentum war, was wir all die Jahre zu sehen bekamen und das uns zur Nachahmung empfohlen wurde. In Wirklichkeit ist Christentum ein viel schwereres und ungewisseres Leben, das voller Anstrengung ist und immer wieder neue Überwindung kostet, um es zu vollziehen. (6. Juni 1942)

Bald zu Beginn des Krieges wurde Willi zur Wehrmacht eingezogen und als Sanitäter an verschiedenen Kriegsschauplätzen eingesetzt. Auf die bestürzende Erfahrung des grauenhaften Vernichtungskrieges an der Ostfront hat sein Gewissen reagiert. Nicht: Es muß etwas geschehen, sondern: Ich muß etwas tun. Als er im Sommer 1942 dem Kreis um Hans Scholl begegnete und von den Flugblättern der Weißen Rose erfuhr, stand sein Entschluß, die Tyrannei mit den Waffen des Geistes zu bekämpfen, so fest, daß er sich dieser Gruppe rückhaltlos anschloß. Er vervielfältigte und verteilte Flugblätter, in denen die menschenverachtende Gewaltpolitik des NS-Staates angeprangert und der Aufstand des Gewissens zur sittlichen Pflicht aller Deutschen erklärt wurde. Auch pinselte Willi – gemeinsam mit Hans Scholl und Alexander Schmorell – Freiheitsparolen an Häuserwände in der Münchener Innenstadt. Er hat also öffentlich bekundet, was er dachte. Dafür wurde er am 19. April 1943 unter 14 Mitangeklagten zum Tode verurteilt.

Nachdem die Gestapo monatelang – vergeblich – versucht hatte, Namen von Mitwissern aus ihm herauszupressen, wurde mein Bruder am 12. Oktober 1943 hingerichtet. Er hinterließ mir sein Vermächtnis: »Du weißt, daß ich nicht leichtsinnig gehandelt habe, sondern daß ich aus tiefster Sorge und dem Bewußtsein der ernsten Lage gehandelt habe. Du mögest dafür sorgen, daß dieses Andenken in der Familie, den Verwandten und Freunden lebendig und bewußt bleibt. ... Sie sollen weitertragen, was wir begonnen haben«.

Lesehinweis: W. Graf, Briefe und Aufzeichnungen (hrsg. v. A. Knoop-Graf u. I. Jens), Frankfurt/Main 1988

Anneliese Knoop-Graf

13. Oktober — Gestern war der Geburtstag von Erich Przywara (1889-1972)

Am Abend nach der Beerdigung von P. Erich Przywara SJ traf sich in München ein kleiner Kreis von Freunden. Ich war gebeten worden, den Verstorbenen noch einmal mit seinen eigenen Worten in Erinnerung zu rufen. Da schien mir aus den 50 Büchern und 800 Aufsätzen des oberschlesischen Jesuiten kein Text so geeignet wie der (hier gekürzte) Abschnitt aus seinem kleinen Buch »Was ist Gott? Summula« von 1947. Er läßt noch etwas ahnen von der äußersten Anspannung, in der Przywara während der letzten Kriegsjahre seine theologischen Abend-Vorträge in München, Wien und Berlin gehalten hatte. In ihnen kommt seine Theologie als gesprochenes Wort zu ihrem Höhepunkt:

Aber mit der Lebendigkeit Gottes bricht etwas ein, was uns auf Tod und Leben fordert. Es ist Gott in Kampf und Liebe gegenüber der Kreatur. Es ist die Gottes-Erfahrung, in der die tiefsten und größten Entscheidungen unseres Lebens überhaupt fallen. Es ist die Erfahrung Gottes, wie sie eigentlichst durch Alten und Neuen Bund geht. Es ist Gott im tiefsten Sinne als »zehrendes Feuer«: der Gott des Zornes und der Barmherzigkeit; der eifersüchtige Gott, der niemand neben sich duldet; Gott, der das ganze Herz will, das ganze Leben will; dessen zehrendes Feuer darum kämpft, diesen ganzen Menschen in Besitz zu nehmen; der darum Sein Feuer wirft über alles, was dieser Mensch als Ersatz Gottes gegen Gott zu stellen sucht; der dann doch mitten in Seinem Zorn unendlich zärtliche Liebe ist: der darum losbricht in Seinem Zorn, weil es Werben Seiner Liebe ist.

Aber Gott mag uns auch erscheinen als der stumme Gott, der schweigende Gott, der völlig verstummte, ja ausgestorbene Gott ...

Es geht auf Leben und Tod. Es ist ein Weg äußerster Finsternis, äußerster Verlassenheit. Es ist ein Weg, der dem Wesen Gottes zu widersprechen scheint, und ein Weg, in dem der Mensch Gott selber zu leugnen scheint. Und doch ist es eben so die unaufhaltsame Auferstehung Gottes ...

Przywara war ein einfühlsamer religiöser Schriftsteller in seinen frühen religiösen Schriften, ein unermüdlicher Journalist auf höchstem Niveau, ein scharfsinniger Philosoph und ein Wegbereiter des ökumenischen Dialogs, ein Exerzitienmeister und Seelenführer, ein Meister der Schriftauslegung, im oft verschwiegenen Grund ein großer Beter – und ein unbekannter Dichter von hohen Graden.

Die Zerrissenheit der Zeit zerfetzte auch sein Werk in viele Fragmente, am Ende des Krieges mit seinen unermeßlichen Leiden blieb er zurück als ein Zerbrochener und Gezeichneter, aber nie als Verbitterter oder als Zyniker. Man möchte in ihm einen der Wegbereiter des Zweiten Vatikanischen Konzils sehen und könnte das schon damit begründen, daß Karl Rahner und Hans Urs von Balthasar in ihm ihren bleibenden Meister sahen und daß Karl Barth ihn als seinen unentbehrlichen Gesprächspartner betrachtete. Man tut aber sicherlich auch den Konzilstexten nicht Unrecht, wenn man behauptet, daß in ihnen selten so dramatisch, so biblisch, so zeitgerecht von Gott gesprochen wird wie im Werk Erich Przywaras. Die Themen des Konzils waren noch die Kirche und ihre Liturgie, die kirchlichen Strukturen und der optimistisch verstandene Weltauftrag der Kirche. Inzwischen stellt sich immer schärfer die Frage nach Gott. Darin ist Przywara dem Konzil voraus und geht über es hinaus.

In seinen Hauptwerken bleibt er ein zuverlässiger Wegbegleiter in das Geheimnis des je größeren Gottes; so besonders in seinem zweibändigen Kommentar zum Exerzitienbüchlein des hl. Ignatius unter dem Titel »Deus semper Maior«. In dem großen Werk »Alter und Neuer Bund«, einer »Theologie der Stunde« des Zweiten Weltkriegs, geht es um die Entscheidungsschlacht der Liebe Gottes gegen sein stets versagendes und stets um so mehr geliebtes Volk. Die anthropologischen Werke »Humanitas« und »Mensch« führen unerbittlich alle menschlichen Versuche in das Läuterungsfeuer Gottes. Wer sich auf dieses Werk einläßt, wird vielleicht Karl Rahner Recht geben, der in seiner Laudatio sagte: »Der ganze Przywara, besonders der späte, ist erst noch am Kommen«.

Lesehinweis: E. Przywara, Augustinisch, Einsiedeln 1970

Bernhard Gertz

Todestag von Joseph Göttler (1874-1935)   14. Oktober

Joseph Göttler war zu seiner Zeit wohl der bedeutendste katholische Vertreter einer wissenschaftlichen Religionspädagogik. 1874 in Dachau als Sohn einer Tagelöhnerfamilie geboren, war er von 1911 bis zu seinem Tod Professor für Pädagogik und Katechetik auf dem neugeschaffenen Lehrstuhl der Münchener theologischen Fakultät. Er starb 1935 in München an den Folgen eines tragischen Verkehrsunfalls. Im persönlichen Umgang galt Göttler als eher spröde und zurückhaltend, so daß persönliche Motive seines religionspädagogischen Engagements allenfalls indirekt aus seinem umfassenden schriftstellerischen Werk erhoben werden können. Ein durchgängiges Motiv seiner Reformvorschläge für den Religionsunterricht ist die Kritik an einem einseitig stofforientierten Unterricht, dem es beim religiösen Lernen in erster Linie um das Wissen geht. Religionsunterricht darf nicht nur »Lehre«, er muß »erziehlicher Unterricht« sein. Er darf nicht nur der »Wissens«vermittlung, er soll der »Gewissens«bildung dienen. Er soll nicht nur das »Wissensgedächtnis«, sondern auch das »Willensgedächtnis« schulen, soll Motive des religiössittlichen Handelns erschließen. Konzentration – multum, non multa – das ist eine zentrale Forderung an eine »Zukunftskatechetik«, die er 1931 in einem Umriß skizziert:

Die katholische »Totalität« wird heute gerne betont und zwar im Sinne von Universalität, von gegenständlicher Allseitigkeit. Nein, darauf wird in Zukunft der Akzent nicht liegen. Man wird abbauen zugunsten des Tieferbauens ... Non multa, geschweige tota, sed multum. Man wird sich konzentrieren auf das Wesentliche, für dieses aber sich Zeit nehmen, um es gründlich, mit all den Mitteln der »Erlebnisbereitung« und »Tatgestaltung« in die Tiefe der Seelen zu versenken, so daß es als Wert erlebt wird im Seelengrund, daß es Beweggrund, Motiv der Willenshaltung und des äußeren Verhaltens wird ... Also Konzentration ... im Sinne von Behandlung aller peripheren Punkte in Hinordnung, im steten Hinblick auf das Zentrum. Die Entwicklung der Forschung führt ja immer zur Spezialisierung, zu Spezialitäten. Auch in der Theologie ist das so. Aber das Leben muß einheitlich bleiben, auch das religiöse Leben ... Ein vielerlei von Praktiken ergibt sich, ein Vielbeschäftigtsein, daß darüber der Blick auf das Wesentliche verloren gehen kann. Die Mittel werden zum Selbstzweck und die Hilfsmittel, Mittel zur Hebung der Mittel, abermals. »Das geistliche Leben muß vereinfacht werden« lautet eine schon vor vielen Jahren ausgegebene Parole. Sie muß bald eingelöst werden ... Von Christozentrik und Theozentrik ist ebenfalls schon länger die Rede. Sie muß kommen. Gott selbst muß wieder mehr Gegenstand der Religiosität werden ...

Lesehinweis: J. Göttler, Zukunftskatechetik, in: Katechetische Blätter 57 (1931) 8-16. 60-67

Werner Simon

15. Oktober

Kirchlicher Gedenktag von Teresa de Ahumada (von Avila) (1515-1582)

Teresa de Ahumada wurde am 28. März 1515 in Avila mitten im damals bedeutenden Kastilien geboren. Obwohl sie väterlicherseits aus einer jüdischen Familie stammte, gehörte sie aufgrund eines gekauften Adelsbriefes dennoch dem Adel an und war deshalb vor Diskriminierung, der die Conversos damals allgemein ausgesetzt waren, verschont. Wegen ihrer sympathischen Art fiel es ihr leicht, Freundschaften zu knüpfen und im Mittelpunkt des gesellschaftlichen Lebens zu stehen, vor ihrem Eintritt ins Kloster der Karmelitinnen, aber auch danach noch, bis zu ihrem Tod. Diese Gabe war ihr eine große Hilfe bei ihren zahlreichen Klostergründungen, einem für eine Frau damals völlig ungewöhnlichen Unternehmen; sie kommt auch in den 400 von schätzungsweise 16000 Briefen immer wieder zum Ausdruck, in denen sie sich in aller Offenheit zur Wehr setzt, so in einem Brief an ihren Ordensgeneral Giovanni Rossi:

Um der Liebe unseres Herrn willen: Erweisen Sie mir diese Gunst und schenken Sie mir ein bißchen Vertrauen, denn ich schreibe nur die Wahrheit und hätte keinen Grund, anders zu schreiben. Außer daß eine Lüge eine Beleidigung Gottes wäre, hielte ich eine solche Haltung einem Vater gegenüber, den ich so sehr liebe, doch für einen großen Verrat und eine Gemeinheit, selbst wenn so etwas nicht gegen Gottes Gebot verstieße. Wenn wir einmal vor seinem Gericht stehen, dann werden Sie sehen, was Sie Ihrer wahren Tochter Teresa von Jesus verdanken ... Schauen Sie, in vielen Dingen trifft wohl zu, daß Sie dort die Lage vielleicht nicht so gut verstehen wie ich, die ich hier bin, und daß wir Frauen, auch wenn wir im allgemeinen keine guten Beraterinnen sind, doch auch manchmal das Richtige treffen. Ich verstehe nicht, welcher Schaden daraus entstehen könnte, während es aber, wie ich meine, viele Vorteile geben könnte, und vor allem verstehe ich nicht, was es für einen Nachteil bringen sollte, wenn Sie die wieder aufnehmen, die sich Ihnen gern zu Füßen werfen würden, wenn Sie da wären, denn Gott hört ja auch nicht auf zu verzeihen.

Mit einem solchen Selbstbewußtsein hat sich Teresa damals nicht nur Freunde gemacht, aber sie war überzeugt, daß sie mit Gott in Freundschaft lebt, den sie sich konkretmenschliche im Menschen Jesus von Nazaret vorstellte. »Mit ihm kann ich reden wie mit einem Freund, obwohl er doch der Herr ist«; das ist ihre Überzeugung und die Grundlage für ihr Leben. In ihren zahlreichen Schriften und bei ihrem ganzen Tun hat sie deshalb kein anderes Ziel, als den Menschen diesen Gott vorzustellen und sie einzuladen, sich auf ihn einzulassen. Christsein erschöpft sich bei ihr nicht in der Erfüllung von frommen Verpflichtungen, sondern ist Leben in der Beziehung mit dem lebendigen Gott: eine Verlängerung und zugleich Ermöglichung ihrer Freundschaft mit den Menschen. So wird sie davor bewahrt, daß ihr Einsatz für Gott und die Kirche ihrer Zeit zu einer frommen Ideologie wird, die um sich selbst kreist. Das Leben ihrer Schwestern in der Klausur darf deshalb auch nicht der Pflege persönlicher geistlicher Interessen gewidmet sein, sondern muß die ganze Welt umfassen, und tatsächlich finden wir in Teresas Schriften die großen Anliegen der damaligen Zeit: Glaubensspaltung in Europa, Evangelisierung der neu entdeckten Länder Amerikas, Entsetzen über die von ihren Landsleuten den Indios angetanen Greuel. Teresas Lebenserfahrung ist ein Beweis dafür, daß der Mensch den Sinn des Lebens in der Öffnung auf ein Du, im Leben in Beziehung und Freundschaft finden kann; sie fand ihn in der Freundschaft mit dem menschgewordenen Gott, die auch vor dem Sterben nicht kapitulierte. Denn als sie am Abend des 4. Oktober 1582 den Tod nahen fühlte, sagte sie: »Gekommen ist die Stunde, die ich so sehr ersehnte. Zeit ist es, mein Herr, daß wir endlich zusammenkommen«.

Lesehinweis: Teresa von Avila, Freundschaft mit Gott, München 1987

Ulrich Dobhan

Todestag von Alban Stolz (1808-1883)   16. Oktober

Als Alban Stolz 1883 starb, galt er als einer der meistgelesenen katholischen Volksschriftsteller. Vor allem seine »Kalender für Zeit und Ewigkeit« hatten ihn berühmt gemacht. Von 1843 an bis zu seinem Tod hatte er 18 Jahrgänge verfaßt. Kalender waren nahezu der einzige Lesestoff der kleinen Leute. Alban Stolz nutzte dieses Medium meisterhaft. In deftiger Sprache und mit kräftigen Bildern las er dem Volk die Leviten, mahnte zu religiösem Leben, gab Ratschläge und Zuspruch und polemisierte gegen liberale Strömungen. Einzelne seiner Kalender erreichten 30 und mehr Auflagen. Von manchen Jahrgängen wurden bis zum Ende des 19. Jahrhunderts eine halbe Million Exemplare verkauft.

1808 als 15. Kind einer badischen Apothekersfamilie in Bühl geboren, schlug Alban Stolz die geistliche Laufbahn ein und wurde 1847 Professor für Pastoraltheologie und Pädagogik in Freiburg. Seine akademischen Schriften sind kaum von Bedeutung. Seinen Ruf als Volksschriftsteller verdankt er den Kalendern und seiner Heiligenlegende. Daneben verfaßte er vielgelesene Reisebeschreibungen, geistliche Tagebücher und religiös-erbauliche Traktate für Kranke, Dienstmädchen, Soldaten, schulentlassene Jugendliche und andere Zielgruppen. Er war ein Meister der Flug- und Gelegenheitsschriften, in denen er zu zahlreichen Fragen der Zeit Stellung nahm.

Der Gedanke an den Tod hat ihn zeitlebens beschäftigt. Daß das Leben unter der Perspektive des unausweichlich einmal kommenden Todes sich ändern muß, zieht sich wie ein roter Faden durch seine religiösen, politischen und pädagogischen Mahnungen:

Verspiel doch nicht so elend die kostbare Lebenszeit. Was hast du denn von all deinem Essen und Trinken und Tanzen und Liebschaften? Der Leib, dem du zuliebe das getrieben hast, vermodert und wird ein Aas. Was hast du von dem Geld und Gut und schuldenfreien Haus? Nichts bleibt dir davon als ein altes, geflicktes Hemd – nicht einmal das; denn es vermodert mit deinem Leichnam; die betrügerische und betrogene Seele bleibt nackend allein. Was hast du von dem schönen Kleidergehäng und deiner zimpferlichen Haut; oder was hast du davon, wenn du in Ehr und Würde stehst, und die Leute von weitem schon den Hut vor dir abziehen? Der Tod treibt sein Gespött mit deinem Leib, und im Grab besieht dich keiner mehr, und dein Nachfolger im Amt greift dich an der Ehre an und sagt, du seiest nichts gewesen, und habest nichts verstanden oder habest Ungerechtigkeiten auf der Seele. Wahrhaftig, sag einmal, ist der und nicht alle Menschen rasende Narren, welche auf dem nahen Scheideweg zwischen Himmel und Hölle mit aller Gier solchem verzuckerten Wurmsamen und unsinnigen Schellengeklingel nachlaufen, Erdenlust schlecken, nach Erdengut und Menschenehre hungern und rennen, wie wenn das immer so fortginge? Wach auf, du Menschenseele, wach auf aus deinem Schlaf und Träumen; im Namen Gottes rufe ich dir, wach auf ...

Alban Stolz war ein Original. Klein und von schmächtiger Gestalt, »Vatermörder«, altmodischer Gehrock, Regenschirm und Zylinderhut, den er selbst bei seinen Bergwanderungen aufbehielt, so sahen ihn die Freiburger durch die Straßen gehen. Er lebte spartanisch einfach in zwei schlichten Zimmern. Im Umgang mit Menschen wirkte er distanziert, oft schroff und von verletzender Direktheit; gleichzeitig schrieb er einfühlsame und seelsorglich – sensible Briefe an Menschen, die von ihm Rat erbaten. Konservativ bis in die Knochen und von rigoristischer Moral, schlug sein Herz doch leidenschaftlich für die kleinen Leute, deren soziales Elend er öffentlich anprangerte. Ein facettenreicher, widersprüchlicher Mann also, humorvoll und bissig, gefühlsbetont und von nüchterner Strenge, eher kontaktscheu in der persönlichen Begegnung und voll mitteilsamer Offenheit in seinen Schriften. Die meisten Gefechte, die er publizistisch ausgetragen hat, waren zeitbedingt. Was damals aktuell war, ist längst Geschichte. Seine Pädagogik und seine Theologie sind überholt. Alban Stolz ist weitgehend vergessen. Sein religiöser Ernst, seine Leidenschaft für den Menschen scheinen immer noch auf in den literarischen Zeugnissen, die er hinterlassen hat und die in 21 Bänden gesammelt sind.

Lesehinweis: K. Roos, Alban Stolz. Einer der Großen des 19. Jahrhunderts. Seine Kalender und deren wichtigste Anliegen, Freiburg 1983

Klaus Roos

17. Oktober Todestag von Ferdinand Ebner (1882-1931)

Vorausgesetzt, daß die menschliche Existenz in ihrem Kern überhaupt eine geistige, d.h. eine in ihrer natürlichen Behauptung im Ablauf des Weltgeschehens sich nicht erschöpfende Bedeutung hat; vorausgesetzt, daß man anders als im Sinne einer poetisch oder auch metaphysisch gemeinten oder gar nur aus »sozialen« Gründen gebotenen Fiktion von etwas Geistigem im Menschen sprechen darf: so ist dieses wesentlich dadurch bestimmt, daß es vom Grund aus angelegt ist auf ein Verhältnis zu etwas Geistigem außer ihm, durch das es und in dem es existiert. Ein Ausdruck, und zwar eben der »objektiv« faßbare und darum einer objektiven Erkenntnis zugängliche Ausdruck des Angelegtseins auf eine derartige Beziehung ist in der Tatsache zu finden, daß der Mensch ein sprechendes Wesen ist, daß er das »Wort hat«. Das Wort jedoch hat er nicht aus natürlichen, aber auch nicht aus sozialen Gründen. Sozietät im menschlichen Sinne ist nicht die Voraussetzung der Sprache, sondern hat selbst vielmehr diese, das in den Menschen gelegte Wort, zur Voraussetzung ihres Bestandes. Wenn wir nun, um ein Wort dafür zu haben, dieses Geistige im Menschen Ich nennen, außer ihm aber, zu dem im Verhältnis das »Ich« existiert, Du, so haben wir zu bedenken, daß dieses Ich und dieses Du uns eben durch das Wort und in ihm in seiner »Innerlichkeit« gegeben sind; nicht jedoch als »leere« Wörter, denen kein Bezughaben auf eine Realität innewohnte – als was sie freilich in ihrem abstrakten, substantivierten und substantialisierten Gebrauche bereits erscheinen – vielmehr als Wort, das in der Konkretheit und Aktualität seines Ausgesprochenwerdens in der durch das Sprechen geschaffenen Situation seinen »Inhalt« und Realitätsgehalt »redupliziert«. Das ist in Kürze der Grundgedanke.

Ferdinand Ebner ist neben Martin Buber, Franz Rosenzweig, Eugen Rosenstock-Huessy und Hermann Cohen einer der Hauptvertreter des dialogischen Denkens, das den Menschen aus seinem Mit-Sein heraus versteht. Dieser Ansatz findet unter anderem Ausdruck in Bubers Formulierung: »Es gibt kein Ich an sich, sondern nur das Ich des Grundworts Ich-Du und das Ich des Grundworts Ich-Es«. Für die Menschwerdung ist die Ich-Du-Beziehung, die Begegnung, von besonderer Bedeutung. Der Mensch wird Mensch in der Begegnung.
Will man dem Urteil Rosenzweigs folgen, so kommt Ferdinand Ebner in seinem Denken dem Martin Bubers am nächsten, jedenfalls teile er mit ihm die Verengung des Dialogischen auf das Ich-Du. »Sie«, so schreibt Franz Rosenzweig in einem Brief an Martin Buber, »wie Ebner, werfen im Rausch der Entdeckerfreude alles andre (ganz wörtlich:) zu den Toten. Es ist aber nicht tot, obwohl der Tod ihm zugehört«. Die kritische Frage nach dem Stellenwert des behandelnden Umgangs mit der Welt, des Ich-Es, für die Menschwerdung ist berechtigt. Für beide Denker vollzieht sich Menschwerdung im Ich-Du, ist der zweckrationale Umgang mit Welt sekundär. Wo ist jedoch der »Ort« des ewigen Du? Buber spricht vom »eingeborenen Du«, von einer Vorgängigkeit des ewigen Du als Ermöglichungsgrund von Begegnung, andererseits läßt die Begegnung das ewige Du nicht »unberührt«, sein Ort ist im Zwischen, seine Realisierung abhängig vom Umgang mit Welt.
Im Denken Ebners ist der Ort des ewigen Du nicht *im* Zwischen, Gott *ist* das Wort. »In der Sicht Bubers... vermittelt die Welt, soweit sie im Dusagen transparent wird, das göttliche Du. Hingegen vermittelt jener Position Ebners zufolge umgekehrt Gott die Welt.« Gott hat den Menschen aus seiner »Icheinsamkeit« befreit, das *Wort* kann uns, in *Liebe* gesprochen, gegenüber dem Du aufschließen. Mit Rosenstock und Rosenzweig ist Ebner das Sprachdenken gemein; im Blick auf das Sein wie auch auf das Denken ist ein Zurück hinter die Sprache unmöglich.
F. Ebner wurde am 31. Januar 1882 in Wiener Neustadt geboren. Er hat, bis er 1923 aus gesundheitlichen Gründen den Schuldienst aufgeben mußte, als Volksschullehrer gearbeitet. In Gablitz vollzog sich während des Krieges (1917) seine Wendung zum Christentum (des Johannesevangeliums). Dort schrieb er auch 1919 seine »Pneumatologischen Fragmente«. Seit seiner Jugend litt Ebner an schweren Depressionen. Am 17. Oktober 1931 starb er in Gablitz bei Wien.

Lesehinweis: F. Ebner, Das Wort und die geistigen Realitäten. Pneumatologische Fragmente, Frankfurt / M. 1980

Wolfgang Krone

Geburtstag von Pascual Jordan (1902-1980) 18. Oktober

Pascual Jordan, einer der bedeutendsten deutschen Naturwissenschaftler und zugleich überzeugter evangelischer Christ, beschäftigt sich zeit seines Lebens mit der »Klärung der logisch-sachlichen Beziehungen zwischen naturwissenschaftlicher Erkenntnis und religiöser Gedankenwelt«. Die Dringlichkeit dieser Aufgabe liegt für Jordan darin, daß kaum ein einziger Satz, der um die Jahrhundertwende über das von wechselseitiger Entfremdung und Anfeindung geprägte Verhältnis von Naturwissenschaft und Glaube formuliert wurde, heute noch vertretbar ist: »Alle hierher gehörenden Fragen müssen neu geprüft und neu durchdacht werden. Der Prozeß, den die Naturwissenschaften der Religion gemacht haben, ist revisionsbedürftig geworden«.

Zusammen mit seinem Lehrer Max Born und seinem fast gleichaltrigen Kollegen Werner Heisenberg zählt Pascual Jordan zu jener Generation deutscher Physiker, die Ende der 20er Jahre entscheidenden Anteil an der Entwicklung der Quantenmechanik haben. Ihre durch die bahnbrechenden Entdeckungen und Einsichten Max Plancks und Albert Einsteins zu Beginn des Jahrhunderts möglich gewordenen Forschungsergebnisse tragen zu einem radikalen »Umbruch im Weltbild der Physik« (Ernst Zimmer) bei. Im Gegensatz zu den alten materialistischen Vorstellungen einer lückenlosen, uhrwerkmäßigen Zwangsläufigkeit allen Naturgeschehens und einer räumlich-zeitlichen Unendlichkeit des ewig unveränderlichen, ungeschaffenen Weltalls besagt die Quantenphysik, »daß es im Naturgeschehen echte Indeterminiertheit gibt – Spielräume eines naturgesetzlich nicht vorausbestimmten Geschehens, das auf keine Weise vorausberechnet werden kann«. Über die weltanschauliche Bedeutung der endgültigen Widerlegung deterministischer Naturauffassung im mikrophysikalischen Bereich schreibt Jordan:

Die Behauptung deterministischer Naturauffassung, Gott sei arbeitslos gegenüber dem gesetzmäßig verlaufenden Naturgetriebe, hat jetzt jeglichen Boden unter den Füßen verloren. Wohl verstanden: es handelt sich nicht darum, daß uns jetzt Gottes Wirken im Naturgeschehen naturwissenschaftlich sichtbar oder beweisbar würde. Nichts ist uns sichtbar geworden außer der mathematischen Gesetzlichkeit der Wahrscheinlichkeiten von Quantensprüngen. Das ist eine Gesetzlichkeit von hoher mathematischer Schönheit und Harmonie – man kann in ihr, wie Kepler, einen Ausdruck göttlichen Schöpferwillens sehen, aber man muß es nicht – jedenfalls nicht im Sinne eines Müssens aus logischer, denkgesetzlicher Notwendigkeit. Ebenso kann man (ohne es logisch zu müssen) in der übermächtigen Fülle ständig neuer indeterminierter Entscheidungen göttliches Wirken, göttliche Fügung und Herrschaft sehen – creatio continua.

Im Rückblick auf seine Lebens- und Glaubensgeschichte bekennt Jordan, daß er die Umgestaltung der naturwissenschaftlichen Denkweisen im 20. Jahrhundert nicht mit Widerstreben oder Erschrecken erlebt habe: »Vielmehr habe ich diese durch den Sturz der Grunddogmen materialistischer Weltdeutung vollzogene Umgestaltung als etwas Beglückendes, Befreiendes erlebt, und zwar im Zusammenhang der schlichten Tatsache, daß ich getaufter Christ bin und dies auch heute noch ernst nehme«. Wenn es heute verstärkt darum geht, das Verhältnis von Naturwissenschaften und Theologie neu zu beleben und beide in einen echten Dialog zu bringen, wird man sich an die Bemühungen Pascual Jordans erinnern. Seine oft kühnen Gedanken, die ihm manchmal auch Spott einbrachten, haben entscheidend dazu beigetragen, daß sich das Verhältnis der Theologie zu den Naturwissenschaften in den letzten Jahrzehnten merklich entkrampft hat.

Lesehinweis: P. Jordan, Der Naturwissenschaftler vor der religiösen Frage. Abbruch einer Mauer, Oldenburg-Hamburg [6]1972

Klemens Hasenberg

19. Oktober Todestag von Heinrich Brauns (1868-1939)

Obwohl der 1868 in kleinbürgerlichen Verhältnissen geborene Heinrich Brauns als Volksschüler und Gymnasiast unauffällig seinen Weg ging, läßt sich ungewöhnlich früh ein starkes Interesse an sozialen Fragen feststellen. Als Sechzehnjähriger hielt er in Arbeitervereinen seiner Heimatstadt Köln soziale Vorträge, die er später »sozialpolitische Ergüsse« nannte. Das Interesse, das dahinter stand, kennzeichnet seinen gesamten Lebensweg. Als Student in Bonn, als Seminarist in Köln, als Kaplan in Krefeld und als Vikar in Borbeck suchte er engen Kontakt mit den Nöten und Problemen der Arbeiter. Bald war unverkennbar, daß er viel von der Sache »soziale Frage« und noch mehr von den Menschen verstand, die davon unmittelbar betroffen waren. Er beobachtete mit scharfem Blick die ersten umfassenden Streikbewegungen an der Ruhr (1889) und bemühte sich vor allem am Niederrhein und im Ruhrrevier um die Gründung von katholischen Arbeitervereinen und christlichen Gewerkschaften. Der im Alter von 22 Jahren zum Priester geweihte Heinrich Brauns mußte nach zehnjähriger Kaplans- und Vikarstätigkeit seinen Bischof um Beurlaubung bitten, weil er gesundheitlich am Ende zu sein schien. In diesem Zusammenbruch erkannte er in späteren Jahren ein deutliches Zeichen der göttlichen Vorsehung. Franz Hitze, der »Altmeister der deutschen Sozialpolitik«, vermittelte ihn an die Volksvereinszentrale in Mönchengladbach. Nach einem volkswirtschaftlichen »Zweitstudium« in Bonn und Freiburg, das er mit der Promotion zum Dr.rer.pol. abschloß, wurde er der überragende Lehrer an der Volksvereinszentrale. Die Kurse – vor allem für Arbeiter – nannte man später spöttisch, aber auch anerkennend »Ministerfabrik«. Viele der Absolventen übernahmen in kritischen Zeiten hohe politische Verantwortung.

Als Reichsarbeitsminister (1920-1928) prägte er wie kein anderer die Sozialpolitik der zwanziger Jahre. Vor allem auf dem Gebiet des Arbeitsrechts leistete er Enormes. Er darf der Architekt des Arbeitsrechts genannt werden. Wegen seiner ungewöhnlich langen Amtszeit nannte man ihn »Heinrich den Ewigen«. Auch nachdem er 1928 seinen Abschied von der Verantwortung für die amtliche deutsche Sozialpolitik genommen hatte, begleitete er besorgt und verantwortungsbewußt die weitere Entwicklung der Politik, besonders der Sozialpolitik. Davon zeugt seine Katholikentagsrede 1932 in Essen:

Ein neuer Geist muß in uns wach werden; der Notschrei der Millionen von Verarmten und Arbeitslosen ruft vernehmlich danach. Leider fallen viele angesichts dieser Not aus einem Extrem ins andere. Hatte das verflossene Zeitalter alles Glück von der absoluten Freiheit des einzelnen Menschen erwartet, so will man nunmehr irgendeine Diktatur an ihre Stelle setzen, sei es eine Diktatur einer Klasse oder Partei oder eines absoluten Staates. Auch bei einem solchen »System« käme der Mensch zu kurz; Macht würde an die Stelle des Rechtes gesetzt und Menschenwürde zertreten. Demgegenüber schafft die christliche Idee gerechten Ausgleich zwischen der Freiheit des einzelnen und den Interessen der Gesamtheit; sie verlangt die Achtung vor der Freiheit der Person, betont aber gleichzeitig den sozialen Charakter des Menschen und die Naturnotwendigkeit der Bindungen und Ordnungen natürlicher und übernatürlicher Art in Familie, Stand, Gesellschaft und Staat. Damit gibt das Christentum dem Rechte erst die verpflichtende Grundlage und entkleidet seine Handhabung aller Brutalität. Diese Ideenwelt sprach schon aus dem Rundschreiben des großen Papstes Leo XIII., als die Großstadtentwicklung ihren Höhenflug durchmachte. Sie spricht heute wieder zu uns in der Enzyklika »Quadragesimo anno« mitten in der Katastrophe der Gegenwart. Verfallen wir doch nur gar nicht dem Fehler, den Teufel mit Beelzebub austreiben zu wollen. Nicht der Weg der Diktatur ist unsere Rettung, sondern nur eine von christlichen Grundsätzen getragene Zusammenarbeit der Stände im Staat und der Völker in der Welt kann uns aus der Not der Gegenwart hinausführen.

Einige Monate nach dem Essener Katholikentag gingen in Deutschland »die Lichter aus«. Heinrich Brauns gehörte von Anfang an zu den Verfemten. Er wurde von den Nazis schikaniert. Sie ließen ihm keine Ruhe, bis er am 19. Oktober 1939 in Lindenberg/Allgäu starb.

Lesehinweis: H. Brauns, Katholische Sozialpolitik im 20. Jahrhundert. Ausgewählte Aufsätze und Reden (bearb. v. H. Mockenhaupt), Mainz 1976

Hubert Mockenhaupt

Geburtstag von John Dewey (1859-1952)   *20. Oktober*

John Dewey kann man als den Philosophen und Pädagogen der Demokratie bezeichnen. Denn er verband wie kein anderer das Suchen der Siedler des nordamerikanischen Kontinents nach religiöser Freiheit und politischer Selbstbestimmung mit den besten Traditionen der europäischen Aufklärung und den – vor allem von den deutschen Klassikern entwickelten – Konzepten menschlicher Autonomie und humaner Gesellung. Um das zu leisten, mußte der Begriff der »Demokratie« für ihn viel mehr bedeuten als den Gang der Bürger zur Wahlurne und die daraus folgenden Regierungsstrukturen. Dewey schreibt daher 1916 in seinem pädagogischen Hauptwerk »Democracy and Education«:

Eine Demokratie ist mehr als eine Regierungsform; sie ist primär eine Form des Zusammenlebens, der gemeinsamen kommunizierten Erfahrung. Die räumliche Ausdehnung der Zahl der Individuen, die durch ein gemeinsames Interesse verbunden sind, so daß ein jeder sein Tun auf das der anderen beziehen und das Tun der anderen beachten muß, um seinem eigenen Ziel und Richtung zu geben, bedeutet das Niederreißen jener Barrieren der Klasse, Rasse und Nationalität, welche die Menschen von der Wahrnehmung der vollen Tragweite ihres Tuns abhielten ... Die Ausweitung des Bereichs der gemeinsamen Interessen und die Freisetzung einer größeren Vielfalt persönlicher Fähigkeiten ... charakterisieren eine Demokratie ... so daß eine größere Individualisierung einerseits und eine breitere Interessengemeinschaft andererseits entstanden sind.

Die Verbundenheit der Menschen, welche für Dewey eine »Demokratie« auszeichnet, bedeutet also nicht Anpassung und Uniformität: die »Gleichheit« ihrer Bürger besteht gerade umgekehrt in deren »Chance, eine Person zu werden«, das heißt in der Wahrnehmung der »Einmaligkeit (uniqueness) jedes Individuums, seiner Unvergleichbarkeit mit anderen« – ein wahrhaft christliches Motiv. Demokratie nutze die, ja lebe aus der Verschiedenheit ihrer Mitglieder – eine zur Zeit der Ausländerfeindlichkeit grundlegende Aussage! Sie wird erst voll verständlich, wenn man hinzuzieht, daß für Dewey – wie für unsere Klassiker – die individuelle Einmaligkeit und Lebensbestimmung des Menschen erst voll herauskommt über die zwischenmenschliche Beziehung und daß »die letzte Bedeutung jeder menschlichen Beziehung in dem Beitrag liegt, den sie zur Verbesserung der Qualität des Erlebens leistet«. Dieser Begriff, »improvement of the quality of experience«, ist der Schlüssel zum Verständnis von Deweys Konzept von Demokratie, aber auch von Schule. Menschliches Leben hat für Dewey letztlich keinen Zweck jenseits seiner selbst, sondern ist Selbstzweck. Das gilt auch für jeden Lebensaugenblick des Kindes. Dieser darf nach Dewey daher nicht für andere Zwecke, etwa die Zukunft des Kindes, seine Karriere aufgeopfert werden. »Es gibt nichts, auf das Wachsen bezogen ist, als mehr Wachsen, es gibt nichts, worauf Erziehung bezogen ist, als mehr Erziehung«: »Leben hat seine eigene intrinsische Qualität und ... die Aufgabe der Erziehung bezieht sich auf diese Qualität.« Das aber heißt, eine Erziehung zur »Demokratie« im Sinne Deweys dressiert Kinder und Jugendliche nicht als Belehrungs-Objekte auf eine vorgegebene Erwachsenenwelt, sondern befähigt sie planvoll und langfristig, die Verantwortung für ihre Lern- und Bildungsprozesse selbst zu übernehmen, aber auch, die Mängel des Bestehenden kritisch zu erkennen und zu überwinden zugunsten von Verhältnissen, in denen jeder auf seine Weise zur »Verbesserung der Qualität des Erlebens« kommen kann. Von diesem Wertmaß seiner »Demokratie« her kritisiert Dewey daher zu seiner Zeit die Lebensbeschränkungen, welche bewirkt werden durch den Konkurrenz- und Machtkampf des amerikanischen Kapitalismus, des deutschen und italienischen Faschismus ebenso wie des Stalinismus. Deweys Schule sollte gleichsam als eine Miniatur-Demokratie die Vorwegnahme und Wegbereiterin sein für eine wirkliche zukünftige Demokratie.

Lesehinweis: F. Bohnsack, John Dewey, in: H. Scheuerl (Hg.), Klassiker der Pädagogik, Bd. II, München ²1991, 85-102

Fritz Bohnsack

21. Oktober — Morgen ist der Geburtstag von Joachim Heinrich Campe (1746-1818)

Er durchläuft einen für die aufklärerisch-philanthropische Pädagogengeneration typischen Bildungs- und Berufsweg: Geboren 1746 in Deensen bei Braunschweig, studiert er ab 1765 evangelische Theologie in Helmstedt und Halle und gerät hier unter den Einfluß von Wilhelm Abraham Teller, dessen stark rationalistisch ausgerichtete aufklärerische Theologie für Campes religiöse Einstellung zeitlebens bestimmend bleiben sollte. Nach dem Studium wirkt Campe einige Jahre als Hauslehrer und Erzieher im Hause von Humboldt, ehe er endlich, seiner Ausbildung entsprechend, eine Stelle zunächst als Feldprediger, dann als Prediger in Potsdam bekommt. Lange hält es ihn freilich nicht im Pfarramt; die Pädagogik ruft und lockt! Begeistert von dem spektakulären »öffentlichen Examen«, das Basedow 1776 an seinem berühmten Dessauer Philanthropin inszenierte, folgt er noch im gleichen Jahr einem Ruf als »Educationsrath« und Mitleiter nach Dessau. Damit sind Campes Lebensweichen endgültig in Richtung Pädagogik gestellt. Indes wird auch Campes Wirken in Dessau nur zu einem kurzen Gastspiel. Heimlich des Nachts verläßt er im September 1777 das Philanthropin auf Nimmerwiedersehen, und selbst der Fürst von Anhalt-Dessau, der dem Flüchtling persönlich nachreist, kann ihn nicht zur Rückkehr bewegen. Zu groß sind die inneren Zwistigkeiten und dauernden Auseinandersetzungen mit dem menschlich so schwierigen Basedow. Campe zieht es vor, sich in Hamburg der Erziehung ihm anvertrauter Kinder und der pädagogischen Schriftstellerei zu widmen. Und er hat Erfolg; es erscheinen seine grundlegenden pädagogischen Schriften, und es erscheint als ungekrönter Bestseller seines schriftstellerischen Schaffens »Robinson der Jüngere, zur angenehmen und nützlichen Unterhaltung für Kinder« (2 Theile, Hamburg 1779/80). Dazu angeregt wurde er von keinem Geringeren als Jean-Jacques Rousseau, der in seinem »Émile« Defoes »Robinson Crusoe« als »die glücklichste Abhandlung über die natürliche Erziehung« gepriesen hatte. Campe schreibt diese »Geschichte des alten Robinson« kindgerecht um:

Ich zerlegte daher die ganze Geschichte des Aufenthalts meines jüngeren Robinson auf seiner Insel in drei Zeiträume. In dem ersten sollte er ganz allein, und ohne alle Eu*ropäische Werkzeuge, sich bloß mit seinem Verstande und mit seinen Händen helfen, um auf der einen Seite zu zeigen, wie hülflos der einsame Mensch ist, und auf der anderen, wie viel Nachdenken und anhaltende Strebsamkeit zur Verbesserung unseres Zustandes vermögen. In dem andern gesellte ich ihm einen Gehülfen bei, um zu zeigen, wie sehr schon die bloße* Geselligkeit *den Zustand des Menschen verbessern kann. In dem dritten endlich ließ ich ein Europäisches Schiff an seiner Küste scheistern, und ihn dadurch mit Werkzeugen und den meisten Nothwendigkeiten des Lebens versorgen, damit der große Werth so vieler Dinge, die wir gering zu schätzen pflegen, weil wir ihrer nicht entbehrt haben, recht einleuchtend würden. Dies waren die vorzüglichsten Zwecke, die ich mir bei dieser Arbeit zum Ziele gesetzt hatte.*

»Robinson der Jüngere« wurde in alle europäischen Sprachen übersetzt und erlebte weit über 100 Auflagen. Campe selbst profiliert sich mit ihm und weiteren Jugendschriften in 37 Bänden zum »Pionier« und klassischen Autor der deutschen Kinder- und Jugendliteratur. In zahlreichen Abhandlungen zu relevanten Erziehungsfragen setzt Campe, der sich seit 1785 ausschließlich seiner Schriftstellerei widmen kann, die Maßgabe der Kindgemäßheit pädagogisch um; sie wird auch für sein voluminöses enzyklopädisches Hauptwerk, die 16teilige »Allgemeine Revision des gesamten Schul- und Erziehungswesens« (1785-1792), zum latent leitenden Anspruch. Dieses Werk bietet mit seinen Beiträgen von Campe, Salzmann, Trapp und anderen gleichsam den Ertrag philanthropischer Pädagogik und begründete Campes Ruhm als Sammler und Enzyklopädist unter den Philanthropen. Als Campe 1818 in Braunschweig einsam und fast schon vergessen stirbt, ist dieser Ruhm in einer neuen Generation bereits verblaßt. Nicht so sein Ruhm als Autor des »Robinson«! Von ihm kann Goethe noch 1830 sagen: »Campe hat den Kindern unglaubliche Dienste geleistet; er ist ihr Entzücken und sozusagen ihr Evangelium«.

Lesehinweis: J. H. Campe, Robinson der Jüngere, Stuttgart o. J. (RUB 7665)

Rainer Lachmann

Todestag von Paul Tillich (1886-1965) — 22. Oktober

Der entscheidende Wendepunkt im Leben Paul Tillichs war der Erste Weltkrieg. Als Feldprediger erlebte Tillich das grauenvolle und sinnlose Geschehen an der Front. In Depression und Zorn brach ihm die Welt, in der er aufgewachsen und Theologe geworden war – bürgerliche Gesellschaft, preußische Monarchie, traditionelles Luthertum –, völlig und endgültig zusammen. Die chaotische Situation nach dem Krieg verstand er mit seinen Freunden in der Gruppe des »Religiösen Sozialismus« als die große geschichtliche Chance für eine neue, menschlichere und christlichere Welt- und Gesellschaftsordnung. Zugleich wurde ihm deutlich, daß so eine einmalige geschichtliche Möglichkeit nur erkannt und ergriffen werden kann, wenn es Menschen und Gruppen gibt, die sich der Verantwortung für die Gegenwartssituation stellen und das Wagnis der Entscheidung für ein neues Denken und Handeln auf sich nehmen. Er entdeckte: die Wahrheit des Glaubens, der die Welt verändern kann, wird nur gefunden, wenn sie getan wird. Diese Entdeckung des Wagnis- und Entscheidungscharakters des Glaubens wurde zum Kristallisationspunkt seines gesamten Denkens. In einer Predigt zu Römer 12,2 (»Gleicht euch nicht dieser Welt an, sondern wandelt euch und erneuert euer Denken«) sagt er:

Wir können nur handeln, indem wir das Wagnis auf uns nehmen, das Falsche zu tun, denn handeln müssen wir. Die meisten Menschen versuchen, das Wagnis zu vermeiden, indem sie sich der Lage fügen, in die sie das Schicksal geworfen hat. Die aber, die unsere Welt verwandelt haben, haben einmal das Wagnis auf sich genommen, eine falsche Entscheidung zu treffen. Und je größer diese Menschen waren, um so mehr waren sie sich des Wagnisses bewußt. Der Zweifel an ihrer Sache verstummte nicht trotz ihres tiefen, leidenschaftlichen Glaubens an sie. Denn ihre Weigerung, sich Tradition und Familie zu fügen, bedeutete nicht Nachgiebigkeit gegen das eigene Selbst, sondern Verwandlung ihrer Person. Dadurch gewannen sie die Kraft, auch andere zu verwandeln. Aus eben diesem Grunde fanden sie nur schwer Bestätigung ihrer selbst und lebten in der Angst und dem Zweifel, den das Wagnis des Widerstandes mit sich bringt, aber auch in dem Gefühl seiner Größe.
Wer wagt und scheitert, dem kann Vergebung zuteil werden. Aber wer niemals ein Wagnis auf sich nimmt und niemals fehlgeht, der verfehlt sein Leben. Ihm wird nicht vergeben, denn er weiß nicht, daß er der Vergebung bedarf. Darum wagt es, euch nicht der Welt, wie sie ist, anzupassen, sondern habt den Mut, sie zu verwandeln im Geist und in der Kraft der Liebe, erst in euch selbst, dann in eurer Welt!

Tillich hat sich selbst oft als Zweifelnden und Scheiternden, aber auch immer wieder als Verwandelten erfahren. Zweifel und Verzweiflung waren für ihn Situationen, in denen der Mensch lernen kann, auf jeden Versuch zu verzichten, sich zu sichern; in denen er offen werden kann für die Glaubenserfahrung des unbedingten Bejahtseins durch Gott. Glauben heißt: das Ja Gottes annehmen, obwohl ich mich unannehmbar fühle. Diese Einheit von Ja und Nein nennt Tillich die »Rechtfertigung des Zweiflers«, weil der verzweifelte Mut der Suche nach Wahrheit und Sinn noch von dem Ja Gottes getragen ist. Jede konkrete Gestalt des Glaubens steht in dieser Einheit von Ja und Nein. Tillich wußte: Selbst das, was hier und jetzt das »einzig Wahre« ist, muß der Kritik und dem Protest ausgesetzt werden, um offen zu bleiben für ein neues Durchbrechen verwandelnder Glaubenserfahrung. Gestaltung und Protest, priesterliches und prophetisches Element des Glaubens stehen in Spannung zueinander und sind aufeinander angewiesen. Wo diese fruchtbare Spannung durchgehalten wird, sagt Tillich, »haben wir unser Christentum, als hätten wir es nicht«, weil sich in und durch alle konkreten Formen des Christseins immer wieder die Wirklichkeit Gottes als ganz anders und ganz neu erweist.

Lesehinweis: P. Tillich, Der Mut zum Sein, Berlin 1991

Eberhard Rolinck

23. Oktober — Gestern war der Todestag von Jeremias Gotthelf (1797-1854)

Jeremias Gotthelf, eigentlich Albert Bitzius, lebte in einer bewegten Zeit der Schweizer und mitteleuropäischen Geschichte. Wie konnte er, der tiefgreifende geistige, politische und soziale Umbrüche unmittelbar erlebte, schon zu Lebzeiten als Schriftsteller der Reaktion, des erstarrten Konservativismus (miß)verstanden werden? Kann er für Leser im ausgehenden 20. Jahrhundert mehr sein als ein bloßes literarisches Fossil, ein vergangener Zeitzeuge? Jeremias Gotthelf war reformierter Theologe, Lehrer und Pfarrer. Seine religiöse Existenz und sein Beruf bestimmten seine Literatur und das Ziel seines Schreibens. Er war nicht immer davon überzeugt, mit seinen Romanen und Erzählungen etwas bewirken, heilen und heiligen zu können; dennoch hörte er nicht auf, das Volk, sein Volk, und seine Nöte, seine Schädigungen, Schwächen und Sünden erzählend zu gestalten; als ob er dadurch seiner Predigt und Seelsorge die Menschen und ihre Nöte erst hätte zuführen können. Dem Basler Freund und Theologen Hagenbach schrieb er:

Solange man den dogmatischen Mantel dem Christentum nicht abstreifen darf, kommt der Sternenmantel der Herrlichkeit nicht vor des Volkes Angesicht.

Das klingt sehr modern, geradezu nach narrativer Theologie, erzählender Verkündigung. Das steht durchaus gegen aktuelle rückwärtsgewandte dogmatische Bestrebungen in den Kirchen, satzhaften Glaubensaussagen immer noch mehr zu trauen als dem Glauben aus Erfahrung. Was uns Gotthelf so fern rückt, ist seine soziale Welt, sein Milieu: Das Bauerntum und die Kleinbürger der Schweiz; das ländliche Biedermeier, dessen eindrückliche Schilderungen bald als schales Loblied verkannt wurden. »Bauerspiegel« hieß sein erstes Buch (1836). Seine tragenden Lebensräume Familie, Schule, Kirche, Gemeinde (Staat) sind nicht mehr die unseren. Wir entdecken heute, soziologisch gesprochen, die permanenten Überforderungen der einzelnen Subjekte in einer atomisierten Risikogesellschaft (Ulrich Beck). Sind damit kleinere Erfahrungs- und Sinnräume, in denen sich wirklich leben und glauben läßt, endgültig passé? Gotthelfs Welt kann man nicht zurückholen; sein Erzählen zeigt aber, was verloren ist an Vertrautheit und Geborgenheit, wohl auch an übergroßer Nähe und sozialem Druck. Gotthelf gehört literarisch dem deutschsprachigen Realismus an; als Dichter und Theologe ist er aber auch glaubender Idealist, der das Volk und seine Not nicht nur darstellt, sondern in ihm das Abbild des Volkes Gottes sieht:

Von Jugend auf habe ich unter dem Volk gelebt und es geliebt, darum entstund auch sein Bild treu und wahr in meinem Herzen; jetzt schien die Zeit es mir zur Pflicht zu machen, dieses Bild aus meinem Herzen zu nehmen und es vor eure Augen zu stellen, denn der Zeiten Ruf, weiser und besser zu werden, habt ihr vernommen, er dringt in alle Hütten.

Motivgeschichtlich ist es bedeutend, daß in den »Uli«-Romanen (Uli der Knecht; Uli der Pächter) ein Geringer, einer der Geringsten aus dem Volk zur Hauptfigur eines Entwicklungsromans wurde. Ist es ein unzulässiger assoziativer Kopfsprung in unsere Gegenwart, daran zu denken, wer heute die Geringsten und zugleich die Würdigsten in den Religionen und Kirchen sind, sein wollen oder sein werden? Die Satten, Traditions- und Autoritätsbeladenen der westlichen Industrie-Kirchen; oder die armen, geschundenen, ausgebeuteten Mühseligen und Beladenen in den sogenannten dritten Welten? Könnte Gotthelfs Volk nicht unvermutet eine neue Aktualität erhalten? Hat sie diese schon? Nicht die Erzählungen und ihre Fabeln als solche; wohl aber das glaubende Vertrauen auf das Heil Gottes, das aus ihnen spricht und das gerade den Kleinen zugesagt worden ist.

Lesehinweis: J. Gotthelf, Der Bauernspiegel, Zürich 1986 (Diogenes-Tb 21407)

Ewald Berning

Todestag von Ernst Barlach (1870-1938)   *24. Oktober*

Geboren am 2. Januar 1870 in Wedel, Holstein. Studien in Hamburg, Dresden und an der Académie Julian in Paris. Eine Reise nach Rußland 1906 bringt die Klärung der gesuchten künstlerischen Inhalte, das »physikalische Wunder der Kristallisation«. In vielen Skizzen studiert er die ukrainischen Bauern und Bettler.

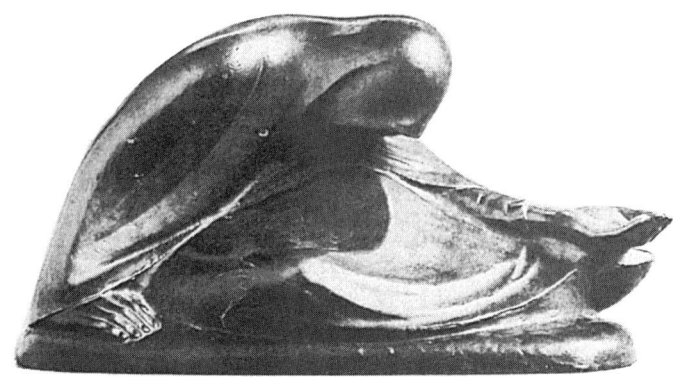

»Tatsächlich ist mir seelisch der russische, der asiatische Mensch, der nur mystisch zu verstehen ist, verwandter als der typisch gebildete Zeitgenosse. Das Phänomen Mensch ist auf quälende Art von jeher als unheimliches Rätselwesen vor mir aufgestiegen. Ich sah am Menschen das Verdammte, gleichsam Verhexte, aber auch das Ur-Wesenhafte, wie sollte ich das mit dem landläufigen Naturalismus darstellen! Ich fühlte etwas wie Maske in der Erscheinung und bin versucht, hinter die Maske zu sehen.«

Als Bildhauer und Dichter ringt er um die Gestalt des Menschen. Er ist starkem Druck durch den Nationalsozialismus ausgesetzt; 381 Werke werden als »entartet« beschlagnahmt. Am 24. Oktober 1938 stirbt er in Rostock.

Bertolt Brecht nennt Barlach »einen der größten Bildhauer, die wir Deutschen gehabt haben«. Im gesamten künstlerischen Schaffen versucht er im Sichtbaren das Wesentliche aufzuspüren und zu zeigen:

Die Wahrheiten vergehen, die Wahrheit selbst bleibt, die wortlose, die ... den vergänglichen Leibern, nämlich den Dogmen, ihr Blühen und ihr prunkendes Dauern (und) bis zum Überdruß ihres Alterns Kraft und Odem gibt. Die Wahrheiten sind sinnliche, menschliche Erfindungen, die Wahrheit ist die Unsichtbarkeit selbst, das Sein des Seins, das Unnennbare, für das der zweisilbige Klang nichts als Beweis ist, daß sich die menschliche Unzulänglichkeit eines zulänglichen Übermenschlichen bewußt ist, das sie benamst, um es nur als etwas Existentes zu bezeichnen: die Ausströmung des ewig unbekannten Gottes, dessen, was eben nicht menschenmäßig ist und darum nicht von Menschen erfaßbar, also ihnen unbekannt ist und bleibt. Aber das künstlerische Vertrauen ohne arge Vernünftigkeit glaubt sich selbst sein Schöpfertum und beweist es sich zufriedenstellend als Teilhabung im großen schöpferischen Geschehen.

Ich bin froh, wenn mir einige handgreifliche Dinge gelingen, aus denen eine Ahnung von der Möglichkeit des Hinübergelangens in Bereiche klingt, die einmal »über« uns sind, aber darum nicht hoffnungslos verschlossen, – eine Ahnung, die mit Ernst und Strenge nicht vereinbar, schon an sich selbst beglückend ein Übersichselbsthinaus erfahrbar macht. Es ist wohl so, daß der Künstler mehr weiß, als er sagen kann, weshalb er sich selbst überzeugt ans Bilden macht.

Lesehinweis: C. Krahmer, Ernst Barlach, Hamburg 1984 (rororo monographien 335)

Kurt Zisler

25. Oktober

Gestern war der Todestag von Christine Teusch (1888-1968)

Sie war eine Frau der ersten Frauenbewegung: emanzipiert, streitbar und zugleich sensibel für neue Entwicklungen. Die Triebfeder ihrer vielfältigen Pionierarbeit entsprang ihrem christlichen Engagement, einer ausgeprägten sozialen und pädagogischen Verantwortung und Erfahrungen aus zwei Weltkriegen und NS-Diktatur. Am 11. Oktober 1888 wurde Christine Teusch in Köln geboren. Die Prägung des katholischen Elternhauses hat sie ein Leben durchgetragen, sie bestimmte ihr Wirken. Als unverheiratete Frau war sie frei, ihre ganze Kraft für ihre Aufgaben einzusetzen.

Nach ihrer Lehrerinnenausbildung und erster Schultätigkeit wurde sie 1917/18 für fünfzigtausend in der Rüstungsindustrie beschäftigte Frauen verantwortlich. Die Erfahrungen mit der sozialen Lage der Arbeiterinnen führten sie zu den Christlichen Gewerkschaften. In den politisch unruhigen Anfängen der Weimarer Republik mahnte sie:

Nicht die Willkür revolutionierender Massen, sondern die moralische Tüchtigkeit der Bürger hat letzten Endes die heute im Werden begriffene deutsche Demokratie ins Leben gerufen. Vollenden wir sie, festigen wir sie zur Gesundung einer darniederliegenden Volkswirtschaft und einer bedrohten deutschen und christlichen Kultur.

Nach Einführung des Frauenstimmrechtes (1919) war sie – zusammen mit vier anderen Frauen des Zentrums – Mitglied der verfassunggebenden Nationalversammlung, von 1920-1933 Mitglied der Reichstagsfraktion. Ihre sozialpolitischen Initiativen bewirkten auch die Berufung in Sozialausschüsse des Völkerbundes: als einzige Frau. Auch im katholischen Verbändebereich war sie ehrenamtlich tätig: 40 Jahre als Vorsitzende des Katholischen Mädchenschutzbundes, viele Jahre auch als Mitglied der Vereinsleitung des Vereins katholischer deutscher Lehrerinnen. Hier fand sie Gleichgesinnte und Mitstreiterinnen für Mädchen- und Frauenbildung, für gleichberechtigte Berufschancen für Frauen, für das politische Engagement sachkompetenter Frauen. Sie selbst hatte erfahren, wie schwer es war, sich als Frau in Männerdomänen zu behaupten, und so ermutigte sie andere Frauen, sich zu qualifizieren und für Führungspositionen zu bewerben.

Christine Teusch war keine bequeme Frau, sie forderte sich selbst und andere und war dabei nicht zimperlich. Wie sonst hätte sie zurechtkommen können! Sie stand zu ihrer Überzeugung und paßte sich nicht opportunistisch an. So ist es naheliegend, daß sie Gegner hatte. Aber niemand machte ihr Sachkompetenz, Überzeugung und Engagement streitig. Nach der Beendigung ihrer politischen Tätigkeit durch die Nazis (1933) wurde sie bespitzelt, denunziert und in Zusammenhang mit dem Attentat auf Hitler (1944) verhaftet. Sie durchstand schwere Jahre; Leben, Gesundheit und wirtschaftliche Existenz waren gefährdet.

1945 stellte sie sich zum Aufbau des neuen Deutschland zur Verfügung. Sie wurde Stadträtin in Köln, 1946 Landtagsabgeordnete in Nordrhein-Westfalen und Mitbegründerin der CDU. 1947 berief Ministerpräsident Arnold sie als Kultusministerin in sein Kabinett. Mit großem Einsatz und gegen heftigen Widerstand der Opposition nahm sie den Neuaufbau des völlig zerstörten Schulwesens in die Hand. Es ist heute kaum zu ermessen, was ihr dies an Mut zu Reformen, an Durchhaltevermögen, außerordentlichen Leistungen und persönlichen Verzichten abverlangte. Das wichtigste Ereignis im Wirken der Kultusministerin Teusch ist das Schulgesetz von Nordrhein-Westfalen mit der Verankerung des Elternrechts auf die Wahl der Schulart. 1954 wurde sie mit der höchsten Stufe des Bundesverdienstkreuzes ausgezeichnet – die zweite Frau, die auf diese Weise geehrt wurde.

Am 24. Oktober 1968, kurz nach ihrem 80. Geburtstag, starb Christine Teusch, eine Vollblutpolitikerin der ersten Stunde. Das »C« im Namen ihrer Partei war für sie eine unverzichtbare Verpflichtung.

Lesehinweis: H. Landahl, In memoriam Dr. h.c. Chr. Teusch, Bonn 1969

Marilene Emmerich

Todestag von Nikos Kazantzakis (1883-1957) 26. Oktober

Vom sein Leben vertanzenden Alexis Sorbas bis zum naturverbundenen Bettelmönch Franz von Assisi, vom friedlich lächelnd in sich selbst ruhenden Buddha bis zu den flammenden Revolutionsschriften Lenins, von den zeitgenössischen Philosophen Bergson und Nietzsche bis zum heimatlich griechischen Urmythos von Odysseus: In vielstimmiger Dissonanz präsentieren sich die geistigen Eckdaten des Lebens von Nikos Kazantzakis, allesamt verbunden im Gleichklang eines gemeinsamen Idealbildes: des nach absoluter Freiheit strebenden Menschen jenseits von Furcht und Hoffnung. Mit sechzig Jahren beginnt für ihn, den »Christomaniak« (Theodore Ziolkowski), ein Jahrzehnt der intensiven literarischen Konzentration auf einen, für ihn vielleicht den einzigen derartigen Menschen: Jesus. »Die letzte Versuchung« entsteht, ein fiktiver Versuch, sich Jesus in seiner Zeit mit einem psychologischen Roman anzunähern. Vielleicht gelungener, bis heute noch brisanter aber: »Die griechische Passion«, eine Geschichte, in der die Geschehnisse um Jesus in das Kleinasien der Gegenwart übersetzt werden. Nicht der historische Jesus von einst, sondern eine moderne Jesusgestalt heute.

Alle sieben Jahre wird in der Karwoche in dem kleinen anatolischen Dorf Likovrisi von den Bewohnern die Passion Christi nachgespielt. Die Darsteller werden aber schon ein Jahr vorher bestimmt, um sich angemessen vorbereiten zu können. Die Wahl für die Rolle des Jesus fällt auf den armen Hirten Manolios, der türkische Aga spielt den Pilatus, aber indirekt wird das ganze Dorf am Spielgeschehen beteiligt. In dem Vorbereitungsjahr wachsen die »Schauspieler« und ihre Umwelt nämlich so sehr in die vorgegebenen Rollen hinein, daß sich Lebens- und Spielwirklichkeit immer enger aneinander angleichen. Denn so wie einst die Schriftgelehrten und Pharisäer, so reagieren nun auch der ortsansässige Pope und die Gemeindeältesten, als Manolios die von Jesus erlernten Verhaltensweisen auf seine Lebensrealität überträgt. Ein moderner Jesus: Er hätte es nicht einfacher als der biblisch bekundete. Die hierarchisch festgefügte Ordnung ist bedroht, sobald man die neutestamentlichen Berichte wörtlich zu nehmen und in die Wirklichkeit umzusetzen versucht. Doch so leicht gaben und geben sich die Mächtigen nicht geschlagen: alles spitzt sich auf eine aktualisierende Wiederholung der Ereignisse zu. Manolios/Jesus unbeirrbar vor Gericht gegenüber Aga/Pilatus:

Diese Welt ist unehrlich, Aga, ungerecht und gar nichts wert. Die Besten hungern und werden betrogen, die Schlechtesten essen und trinken und regieren, ohne Glauben, ohne Scham, ohne Liebe. Ich halte es nicht mehr aus. Ich will auf die Straße gehen, mich auf die Märkte stellen, auf die Dächer steigen und rufen: »Kommt, ihr Ausgehungerten alle, ihr Übervorteilten und Ehrlichen, wir wollen Feuer an die Erde legen und sie von allen Herren und Agas säubern!«

Schlußszene: Manolios wird mit Billigung des Agas in der Dorfkirche vom aufgehetzten Pöbel erstochen. Seinem Freund, dem Priester Fotis, bleiben die Worte:

Vergebens, vergebens hast du dein Leben gegeben, Manolios. ... Vergebens, Christus, vergebens! Nun sind fast zweitausend Jahre vergangen, und immer noch ... immer noch kreuzigen sie Dich. Wann wirst Du geboren werden, Christus, um nicht mehr gekreuzigt zu werden, um ewig unter uns zu leben?

Was brennspiegelartig im Roman »Die griechische Passion« aufleuchtet, wirft gleichermaßen Licht auf das ganze Leben von Kazantzakis: eine Botschaft und Biographie ausgespannt zwischen den Brennpunkten des vierfach gestammelten »vergebens« und der im Gebet bezeugten unausrottbaren Christushoffnung.

Lesehinweis: N. Kazantzakis, Griechische Passion, Berlin 1990 (Ullstein TB 22340)

Georg Langenhorst

27. Oktober — Morgen ist der Geburtstag von Friedrich Schneider (1881-1974)

Als Friedrich Schneider am 14. März 1974 in München, wo er seit 1949 als Professor für Pädagogik lehrte, hochbetagt starb, wurde dieses Ereignis von der pädagogischen Fachwelt kaum zur Kenntnis genommen. War das Schicksal des von den Nationalsozialisten in vielfältiger Weise Schikanierten des Erinnerns nicht wert? War es der säkularisierten Erziehungswissenschaft peinlich, einen Autor zu würdigen, der beispielsweise eine Berufsethik des Lehrers am Vorbild Christi zu entwickeln wagte? Aber hätte er nicht wenigstens als Wegbereiter der »Vergleichenden Erziehungswissenschaft«, die sich seither – wenn auch mit gewandeltem Selbstverständnis – zu einer anerkannten universitären Disziplin profiliert hat, bleibenden Dank verdient?

Man muß darin wohl einen Ausdruck der Abkehr von einer »metaphysisch-christlichen Schau der pädagogischen Ideen« sehen, einen Ausdruck des kritischer gewordenen Fragens nach der Bestimmung des pädagogischen Gegenstandes, eine Folge der Spezialisierung der Fachvertreter, von denen kaum einer noch den weitgespannten Interessenskreis des Werkes von Friedrich Schneider (von psychologischen Fragen über Selbsterziehung, Katholische Familienerziehung, Erzieherbildung bis zu Vergleichender Erziehungswissenschaft) forschungsmäßig zu bewältigen und theoretisch zu überschauen vermag.

In den Felsen eines hohen Berges, an dessen Fuß ein einsames Dorf lag, hatten Wind und Wetter im Laufe der Zeiten ein Gebilde gleich einem menschlichen Antlitz eingegraben, das weit hinaus über die Landschaft schaute und großartig wirkte durch seine Ausmaße und die Erhabenheit seines Ausdruckes. Unter den Dächern des kleinen Dorfes aber erzählte man sich, daß eines Tages unter ihnen ein wunderbar gütiger Mann erscheinen werde, der dem Felsengesicht Zug und Zug gleiche, um dort seine Tugend wirken zu lassen und unvergeßlich Gutes zu tun. Und da war ein kleiner Knabe, der wie alle Leute des Dorfes die wunderbare Geschichte gehört hatte und davon in seinem Herzen einen so lebendigen Eindruck trug, daß er nicht mehr aufhören konnte, darüber nachzudenken und seine Augen immer wieder hinauf zum großen steinernen Antlitz erhob. Er stand oft unter der Türe, steckte seinen kleinen Finger in den Mundwinkel und betrachtete den gewaltigen Riesen da oben, der so ganz verschieden war von all den Menschen, die um ihn herum lebten. Oft hielt er mitten in seinem Tun inne und ließ seine kleine Seele zu den Geheimnissen der schönen Versprechungen fliegen. Was werden wohl seine unvergleichlichen Wohltaten sein, welche Schätze werden wohl aus den Händen dieses wunderbaren Helden fließen? Und immer mehr und mehr liebte er das große steinerne Gesicht und begann ihm immer ähnlicher zu werden, ohne es zu wissen. Und das dauerte manches Jahr, bis er endlich das Mannesalter erreicht hatte, bis er eines Tages über den Dorfplatz schritt und seine Nachbarn und seine Freunde bei seinem Anblick in Bestürzung gerieten, denn sie sahen, daß der Mann, von dem die alte Überlieferung berichtete, nun mitten unter ihnen war.

Friedrich Schneider veranschaulicht mit dieser Geschichte den Akt der Selbsterziehung in der Vorbildnachfolge und Nachahmung Christi. Zugleich sieht er den radikalen Unterschied: »Aber das Verhältnis des frommen Christen zu Christus ragt weit über jedes irdische Jünger-Meister-, Nachfolger-Vorbild-Verhältnis hinaus, weil der Christ mit Christus in einer mystischen Verbindung steht und – wie die Rebe am Leben des Weinstockes – teilhat am Leben der Kirche, des fortlebenden Christus«.

Lesehinweis: F. Schneider, Ausgewählte pädagogische Abhandlungen (bes. v. Th. Rutt), Paderborn 1963

Ines Breinbauer

Todestag von Marga Klompé (1912-1986) 28. Oktober

Im Jahre 1985 schrieb die niederländische Exministerin und engagierte Katholikin Marga Klompé in einem offenen Brief an Johannes Paul II.:

Meine Erfahrungen sind, bezüglich meiner Vorliebe für persönliche Kritik von Person zu Person, nicht immer die besten gewesen. Ich entscheide mich für Offenherzigkeit. Doch bringt dies häufig Schwierigkeiten mit sich. Ich denke dabei vor allem an direkte Kontakte mit dem Papst. Es ist wohl zu fragen, ob in einem solchen Gespräch Offenherzigkeit gewünscht ist. So habe ich in einem Gespräch mit Paul VI. 1968 die Gelegenheit ergriffen, aus Anlaß der Kritik des Papstes an den Vorgängen in den Niederlanden, für die eigene Art und Kultur des niederländischen Volkes einzutreten. Er hat mich aussprechen lassen, er hat selbst das Gespräch eine halbe Stunde verlängert, danach hat er mich aber nie wieder zu einer Audienz empfangen. Ich mußte damals und wohl seitdem glauben, daß Freimütigkeit beim Heiligen Stuhl eine zu seltene Erscheinung ist, um damit dort willkommen zu sein. Und diesen Glaube bekomme ich von berufener Seite in Rom bestätigt.

Dieses Zitat läßt eine Frau erkennen, die nicht nur offen Probleme anspricht, sondern sich auch tatsächlich für deren Lösung einsetzt. So ist die 1986 im Alter von 74 Jahren verstorbene Marge Klompé in den 45 Jahren ihres Engagements in Gesellschaft, Kirche und Staat für viele zu einer Identifikationsfigur für den Einsatz für Unterdrückte und Benachteiligte geworden. Ihre natürliche Autorität und Ausstrahlung kamen ihr bei allem, wofür sie kämpfte, zu Hilfe.

In Arnheim aufgewachsen, engagierte sie sich schon früh für gesellschaftlich Benachteiligte und wurde 1943 Vize-Vorsitzende der seit 1942 im Untergrund arbeitenden »Unie Vrouwelijke Vrijwilligers«, einer landesweiten weiblichen Hilfsorganisation. Während der deutschen Besetzung war die promovierte Chemikerin und Lehrerin eine der wenigen weiblichen Führungspersonen des niederländischen Widerstandes. Und Widerstandskämpferin gegen Unrecht und Unterdrückung ist sie zeit ihres Lebens geblieben. Nach dem Krieg schloß sie sich der neuerrichteten katholischen Volkspartei an und wurde 1948 Abgeordnete ihrer Partei im niederländischen Parlament. 1956 wurde sie erste weibliche Ministerin für gesellschaftliche Fragen. Auch hier blieb sie unbequem, wenn es um die Rechte der Schwachen ging. Ihr Einfluß auf die soziale Gesetzgebung in den Niederlanden oder ihr Engagement gegen die Apartheitspolitik Südafrikas sind nur zwei Beispiele von vielen. Auch international genoß sie großes Ansehen. Als Vertreterin ihres Landes bei der UNO war sie nach dem Krieg an der Formulierung der Menschenrechte mitbeteiligt. Tragendes Fundament ihres Lebens war ihr einfacher, aber unerschütterlicher Glaube.

Anfang der siebziger Jahre verabschiedete sie sich dann von der offiziellen Politik und verlegte ihr Engagement ganz in den Bereich der Kirche. In den stürmischen Zeiten der niederländischen Kirche vor und nach dem Zweiten Vatikanischen Konzil kam ihr eine Schlüsselrolle zu. Als Ratgeberin der niederländischen Bischöfe genoß sie, wie Kardinal Alfrink sagte, Autorität wie kein anderer. Aber auch auf Weltkirchenniveau bewegte sie sich als Mitglied der päpstlichen Kommission Justitia et Pax wie selbstverständlich. Ihre kritische Offenheit machte dabei weder vor Bischöfen noch vor Päpsten halt. Marga Klompés Verhältnis zur Kirche blieb bis zu ihrem Tod loyal und kritisch. Das Neue war ihr als Bereicherung des Bestehenden stets willkommen. Gewohnt, den Dingen direkt ins Auge zu sehen, sagte sie auch noch kurz vor Ende ihres Lebens über den Tod: »Ich erwarte ihn mit Neugier und Verlangen«.

Lesehinweis: W.L. Boelens, Marga Klompé – unbequem, aber loyal, in: Orientierung 50 (1986), 249-251

Klaus Sonnberger

29. Oktober — Geburtstag von Friedrich Adolf Wilhelm Diesterweg (1790-1866)

Die Suspendierung Diesterwegs vom Amt des Direktors des Berliner Seminars für Stadtschulen durch die preußische Regierung im Jahre 1847 hatte eine lange Vorgeschichte. Schon 1820 war es ihm nur mit Unterstützung einflußreicher Förderer gelungen, seine erste Seminardirektorenstelle in Moers anzutreten. Manches sprach wohl damals schon aus der Sicht der preußischen Behörden gegen ihn, so etwa, daß er von seiner Vorbildung her kein Theologe, sondern Naturwissenschaftler war; seine in ersten Veröffentlichungen an den Tag gelegten aufgeklärt-liberalen und neuhumanistisch-fortschrittlichen Anschauungen, die er auch in religiöser Hinsicht keineswegs verleugnete und die immer wieder zu Auseinandersetzungen mit konservativ-frommen Kreisen führten; und schließlich die restaurativen Zeitverhältnisse nach dem Wiener Kongress. 1819, während seiner Elberfelder Zeit, notierte Diesterweg zu den Kontroversen mit der dort sehr zahlreich vertretenen reformierten Erweckungsfrömmigkeit in sein Tagebuch:

In Elberfeld keine Predigten über Pflichten, Notwendigkeit des Lebens zur Besserung, nichts davon; sondern ein Predigen des Hasses gegen die Tugend, Freiheit des Willens, Moral, Philosophie. Sie freuen sich über ihre Sünden und ihre Sündhaftigkeit und danken Gott dafür, denn gerade sie sei die Bedingung der Begnadigung. Wem der Gnadenstand geschenkt, der gehöre einmal Gott an und könne aus dieser Gnade durch keine Sünde wieder herausfallen. Dabei Haß und Verfolgung gegen Andersdenkende ... Mag es unklug genannt werden, daß ich meine Grundsätze laut werden lasse, ich mag nicht scheinen, was ich nicht bin. Es lebe die Philosophie und das Christentum! Denn beide liefern dasselbe Resultat, dasselbe Gesetz, das dem Menschen ins Herz geschrieben ist ... Die Haupttendenz des Christentums finde ich in der Erstrebung der höchsten Sittlichkeit, des moralischen Ideals.

Aus diesem vor allem ethisch gedeuteten christlichen Glauben heraus schaut er auf seine Zeit und Gesellschaft. Und hier scheut er sich auch nicht, auf soziale Mißstände aufmerksam zu machen, die er – sensibel wie wenig andere seiner Zeit – wahrnimmt. Als Pädagoge macht ihn natürlich besonders betroffen die Not der Proletarierkinder, die unter unzumutbaren Umständen aufwachsen und deren Arbeitskraft in den Fabriken ausgebeutet wird:

Vollends zerrissen hat mir das Herz der Anblick der Kinder, welche in diesen Fabriken um den Frühling ihres Lebens gebracht werden ... Ich sehe hier nur allgemeinen Jammer und schleichendes Elend neben einigen scheinbar Glücklichen, welche sich durch das Blut der Armen, durch die Arbeit der Kinder bereichern. Er fordert eine *selbstsuchtlose Liebe gegen die Armen,... daß freundlich liebevolle Gesinnung an dem Herzen der Kinder sich mächtig erweise. Die Liebe ist auch im Schwachen, ist am Schwachen mächtig.* Klar ist dabei für ihn, daß *die Fabrik-Arbeit in ihrer furchtbaren Naturwidrigkeit von den verderblichsten Folgen für äußere und innere Gesundheit, für Sittlichkeit und Frömmigkeit begleitet sein muß, woraus dann der Schluß hervorgeht, daß Fabrik-Anstalten, insofern sie Kinder zur Arbeit gebrauchen, zu den verderblichsten Anstalten des Staates zu zählen sind.*

Eine derart deutliche, auch religiös motivierte Gesellschaftskritik stieß natürlich auf seiten der Herrschenden, der Allianz von Thron und Altar in Preußen/Deutschland, auf wenig Gegenliebe. So verwundert es wohl nicht, daß man ihn schließlich »sozialistisch-kommunistischer und demagogischer Tendenzen« verdächtigte und aus seinem Amt drängte. Diesterweg ließ sich jedoch dadurch nicht stumm machen. Als Schriftsteller und Publizist, als Organisator der sogenannten »Pestalozzi-Stiftung« und schließlich auch als Abgeordneter im preußischen Landtag kämpfte er bis zu seinem Tod am 7. Juli 1866 für seine Ideale, auch wenn ihm zu seinen Lebzeiten von offizieller Seite keine Anerkennung zuteil wurde.

Lesehinweis: H.F. Rupp, Friedrich Adolf Wilhelm Diesterweg. Pädagogik und Politik, Göttingen-Zürich 1989

Horst F. Rupp

Todestag von Jean Henri Dunant (1828-1910)

30. Oktober

Jean Henri Dunant entstammt der Verbindung zweier angesehener Genfer Familien, der Colladons und der Dunants. Als Erbe eines reichen erarbeiteten Vermögens wird er scheitern; als Geschäftsmann war er unerfahren, leichtsinnig und leichtgläubig. Das schien in seinem bürgerlichen Umfeld wohl eines der größten Vergehen: als Kaufmann zu versagen, im Genf in der Mitte des vorigen Jahrhunderts, in dem Taten der Frömmigkeit und gute Werke, am Rande einer gesicherten Existenz, zum Lebensinhalt vieler Kaufmannsfamilien gehörten. Der Ruhm, der dem Seher und Weltverbesserer, dem Mitleidenden und Phantasten Henri Dunant zuteil wird, erreicht ihn erst kurz vor seinem Tod, nach Jahren der Verleugnung, im Kranksein an Verfolgungsideen – zu spät.

Schon als Kind, wenn er die Mutter auf den Wegen der Barmherzigkeit zu notleidenden Familien und Kranken begleitet, lernt er Unglück und Elend kennen, und er begreift, »daß die gesamte Menschheit in die Schranken treten muß, um diese furchtbare Not zu beseitigen«. Als 31jähriger Mann ist er Beobachter der Schlacht von Solferino. Eine französisch-sardinische Armee kämpft gegen ein österreichisches Kriegsaufgebot. Innerhalb von 15 Stunden sterben mehr als fünfzigtausend Menschen:

... es ist ein Kampf Mann gegen Mann, ein entsetzlicher, schrecklicher Kampf. Österreicher und alliierte Soldaten treten sich gegenseitig unter die Füße, machen einander mit Kolbenschlägen nieder, zerschmettern dem Gegner den Schädel, schlitzen einer dem anderen mit Säbel oder Bajonett den Bauch auf. Es gibt keinen Pardon. Es ist ein allgemeines Schlachten, ein Kampf wilder, wütender, blutdürstiger Tiere. Selbst die Verwundeten verteidigen sich bis zum letzten Augenblick. Wer keine Waffen hat, packt den Gegner und zerreißt ihm die Gurgel mit den Zähnen ...

Sein ausgeprägtes Empfinden für Not und Unrecht befähigt Dunant, die Welt aus ihrer Gleichgültigkeit aufzurütteln. 1863, vier Jahre nach dieser Schlacht, ein Jahr nach Veröffentlichung seiner Schrift »Eine Erinnerung an Solferino« findet in Genf auf Einladung eines Fünfer-Komitees unter Dunants Federführung ein Kongreß statt, an dem sich 17 Länder mit Delegierten beteiligten. Ein Jahr später wird auf Empfehlung dieses Kongresses die »Genfer Konvention betreffend die Linderung des Loses der im Felddienst verwundeten Militärpersonen« von 15 Staaten ratifiziert, an die sich heute 145 Staaten gebunden haben. Gleichzeitig gründet das Fünferkomitee 1863/64 das Internationale Komitee vom Roten Kreuz, dem sich heute 126 nationale Hilfsorganisationen mit mehr als 200 Millionen Mitgliedern und Helfern angeschlossen haben. Und doch, in einer Zeit ...

... da man immer wieder den Ausspruch eines großen Denkers wiederholen könnte: Die Menschen sind so weit gekommen, daß sie sich töten, ohne sich zu hassen; ...da man jeden Tag neue und schrecklichere Vernichtungsmittel erfindet, und zwar mit einer Ausdauer, die eines besseren Zweckes wert wäre, und da die Erfinder solcher mörderischen Maschinen in fast allen großen europäischen Staaten, die alle immer stärker aufrüsten, mit Beifall überschüttet werden, da man endlich – ohne andere Anzeichen zu erwähnen – gemäß der geistigen Lage in Europa Kriege voraussehen kann, ...

– in dieser Zeit muß die Frage erlaubt sein, wo die Henri Dunants »heute« sind, die als einzigen Schluß – entgegen jeder Realität von Vietnam, Afghanistan, Kuwait, Jugoslawien und so unendlich vielen mehr – die Beendigung aller Kriege fordern. Waren die Visionen Dunants 1859 denn soviel realistischer?

Wenn uns die Bilder unserer Medien nicht mehr reichen, abgenutzt sind und nicht mehr real erscheinen, wenn wir darauf warten, daß wir eine Erfahrung machen wie ein Beobachter und Mitfühlender von Solferino, dann wird es unweigerlich zu spät sein. Denn unsere Kriege haben andere Waffen als Solferino.

Lesehinweis: Eine Erinnerung an Solferino. Henri Dunant (hrsg. v. Schweizerischen Roten Kreuz), Bern 1979

Simon Peter Fischer

31. Oktober

Todestag von Christian Gotthilf Salzmann (1744-1811)

Theologe, Pädagoge, Philanthrop in bester aufklärerischer Absicht – das in einem verkörperte mit Leib und Seele Christian Gotthilf Salzmann, bis 1780 Pfarrer in Rohrborn und Erfurt, dann drei Jahre Mitarbeiter am berühmten Dessauer Philanthropin Basedows und schließlich bis zu seinem Lebensende Leiter und spiritus rector der von ihm gegründeten Erziehungsanstalt Schnepfenthal. Er war eine vielseitig begabte Persönlichkeit, die Zeit ihres Lebens leidenschaftlich davon umgetrieben war, durch Aufklärung, Erziehung und Vorbild zur Besserung und Vervollkommnung der Menschen beizutragen. Dem menschlichen Elend galt dabei seine entschiedene Kampfansage; in optimistischer Realvision versprach er seinen Lesern den »Himmel auf Erden« (1797), »die Erlösung des Menschen vom Elende durch Jesum« (2 Bde. 1789/90) und faszinierte sie mit seinem großen sechsteiligen Roman »Carl von Carlsberg oder über das menschliche Elend« (1783/1788). Weitere volkserzieherisch motivierte Romane folgten. Letztlich ging es Salzmann dabei um die Bildung der Menschen zu gottähnlicher Gesinnung. Im Blick auf dieses religiöse Ziel wurde ihm das Erziehungsgeschäft immer wichtiger; ihm widmete er sich mit wachsendem und werbendem Engagement:

An Hermann!
So nenne ich dich, lieber junger Mann, der du in deiner Brust ein Streben fühlst, durch Tätigkeit für Menschenwohl dich in der Welt auszuzeichnen.
Gib mir die Hand! Wenn du nicht vorzügliche Talente und entscheidende Neigung zu einem andern Geschäft in dir fühlst, – so widme dich der Erziehung!
Diese schafft dir Gelegenheit, für Menschenwohl recht tätig zu sein. Wer Moräste austrocknet, Heerstraßen anlegt, Tausenden Gelegenheit verschafft, sich ihre Bedürfnisse zu verschaffen, Gärten pflanzt, Krankenhäuser stiftet, wirkt auch für Menschenwohl, aber nicht so unmittelbar und durchgreifend als der Erzieher. Jener verbessert den Zustand der Menschen, dieser veredelt den Menschen selbst. Und ist der Mensch erst veredelt, so geht aus ihm die Verbesserung von selbst hervor, und der Zögling, dessen Veredelung dir gelungen ist, hat Anlage, auf dem Platze, wohin ihn die Vorsehung stellt, den Zustand von Tausenden seiner Brüder angenehmer und behaglicher zu machen.

Eine für sich selbst sprechende Kostprobe aus Salzmanns berühmtem »Ameisenbüchlein oder Anweisung zu einer vernünftigen Erziehung der Erzieher« (1806)! Mit diesem nach wie vor lesenswerten pädagogischen Klassiker krönte Salzmann seine pädagogische Schriftstellerei. Diese hatte er 1780 mit seiner ebenso bekannten wie erfolgreichen negativen Erziehungslehre »Krebsbüchlein oder Anweisung zu einer unvernünftigen Erziehung der Kinder« begonnen und 1796 fortgesetzt mit dem positiven Gegenstück »Konrad Kiefer oder Anweisung zu einer vernünftigen Erziehung der Kinder«. Ihre praktische Bewährung und Verwirklichung fanden Salzmanns erzieherische Ideen in Schnepfenthal. 1784 am Rande des Thüringer Waldes als Erziehungsanstalt gegründet, nach einem genauen Erziehungsplan konzipiert und geführt, entwickelte Salzmann dieses Schnepfenthal zu einem eigenständigen philanthropischen Erziehungs- und Schulmodell, das bis zum Ende des Zweiten Weltkriegs Bestand haben sollte. Maßgeblich bestimmt wurde er dabei von seiner Hochschätzung des Kindes und der Achtung seiner Rechte; praktisch ging es ihm vor allem um die kindgerechte Entwicklung und Übung der menschlichen Kräfte: »Religiöse« Gesinnungsbildung, moralische Besserung, Schulung des Verstandes und Pflege des Gemüts, Kennenlernen der Natur und der Heimat, turnerische Übungen und körperliche Arbeit standen auf dem pädagogischen Programm der Schnepfenthaler Erziehungsanstalt. Über ihrer Eingangstür hängt noch heute ein Emblem mit Spaten und den drei Anfangsbuchstaben D. D. H. – in symbolischer Konzentration die Grundsätze ausdrückend, die den Philanthropen Salzmann bei seiner Arbeit in Schnepfenthal leiteten: »Denken, Dulden und Handeln«.

Lesehinweis: Ch. G. Salzmann, Ameisenbüchlein oder Anweisung zu einer vernünftigen Erziehung der Erzieher (hrsg. v. Th. Dietrich), Bad Heilbrunn ^{2}1964 (Klinkhardts Pädagogische Quellentexte)

Rainer Lachmann

Todestag von Rupert Mayer (1876-1945) 1. November

1987 wird der 1945 verstorbene Jesuit Rupert Mayer von Johannes Paul II. selig gesprochen. Doch sein Leben und seine Person bleiben dem Zeitgenossen schwer zugänglich. Der Kriegsfreiwillige erhält für seinen Dienst als Feldgeistlicher eine hohe militärische Auszeichnung und wird schließlich 1916 schwer verwundet, ein Bein muß ihm amputiert werden. Die revolutionäre Nachkriegszeit erlebt dann einen »komischen Heiligen«, der mit Orden und Ehrenzeichen am Priesterrock, beinamputiert, unerschrocken an das Rednerpult tritt; er wird eine bekannte und zum Teil gefürchtete Persönlichkeit. Den Nationalsozialismus lehnt P. Mayer grundsätzlich ab: seinen Maßstab des Sittlichen: gut sei, was dem Vaterlande nützt, schlecht sei, was ihm schadet; seine Diffamierung alles Jüdischen, wonach auch das Alte Testament, dieses »Judenbuch«, aus der Schule zu verbannen sei. Einen dritten Grund der Ablehnung sieht er im Totalitarismus des Staates. Der konkrete Konflikt mit dem Dritten Reich beginnt für Pater Mayer mit der Auseinandersetzung um die sogenannte Gemeinschaftsschule, die im Gegensatz zu den Bestimmungen des Konkordates stand. Seine Predigten prangern die Verleumdungen der Nazis gegenüber Episkopat und Klerus an. Nach dem Erscheinen der Enzyklika »Mit brennender Sorge« (1937) wird P. Mayer endgültig »ein Mensch, dessen Leben sich auf diesen Satz verdichten läßt: die Wahrheit sagen« (Bleistein). Nach Ermahnung durch den Staatsanwalt, seine Predigten enthielten staatsfeindliche Äußerungen, kommt es 1937 zum Redeverbot für den »Hetzpater«, danach zur Verurteilung zu sechs Monaten Gefängnis durch ein Sondergericht wegen Verstoßes gegen den sogenannten Kanzelparagraphen bzw. gegen das Heimtückegesetz. Aus den Notizen von P. Mayer zur Anklageschrift geht hervor, worum es damals eigentlich ging:

Daraus folgt einleuchtend, daß ich dem Staat nur insoweit Gehorsam leisten kann, daß ich den Ansprüchen Gottes nichts vergebe. Denn die Verpflichtung gegen Gott geht vor, sie ist die weit größere und heiligere. Wo ich also was tun soll, was Gott zuwider ist, hört die Gehorsamspflicht Menschen gegenüber auf. St. Petrus: Man muß Gott mehr gehorchen als dem Menschen!... Wenn einer einen anderen in einem wundervollen, stillen Park überfällt und ihn würgt und der Arme schreit, und stört damit den Frieden, kann man dann wirklich sagen, Angegriffener habe durch sein Schreien den herrlichen Frieden gestört? In der Lage ist jetzt die katholische Kirche, sie wird langsam, ganz still allmählich abgedrosselt, dann wundern sich die Leute, daß sie sich wehrt und – so den »Frieden« stört.

Pater Mayer predigte bereits 1938 mit Billigung seiner Oberen wieder. Tage später wird er wieder verhaftet, um die Jahre 1939-1940 im KZ Sachsenhausen in Einzelhaft zu verbringen. Doch die Nationalsozialisten befürchten wegen seines angegriffenen Gesundheitszustands einen Märtyrertod im KZ und handeln deshalb mit den Kirchenbehörden einen isolierten Zwangsaufenthalt im Kloster Ettal aus. Es wird für P. Mayer die schlimmste Zeit seines Lebens: »Seitdem bin ich lebend ein Toter, ja dieser Tod ist für mich, der ich noch voll am Leben bin, viel schlimmer als der wirkliche Tod, auf den ich schon so oft gefaßt war«. Doch P. Mayer nimmt »die Zeit des Verstummens« (Bleistein) geistig an als Opfer für die »arme, zerrüttete Menschheit. Daß ich sonst nichts tun kann, ist für meine Aktivität sehr schwer«. Im Mai 1945 wird P. Mayer wieder der Stadtapostel Münchens. Mit Wort und Tat hilft er unzähligen Menschen, er stirbt am 1. November 1945.

Lesehinweis: R. Mayer, Leben im Widerspruch. Autobiographische Texte – Prozeß vor dem Sondergericht – Reden und Briefe (hrsg. v. R. Bleistein), Frankfurt/Main 1991

Reinhard Göllner

2. November — Geburtstag von Maurice Blondel (1861-1949)

1993 – Vor genau einhundert Jahren erschien »L'Action«, das frühe philosophische Hauptwerk Maurice Blondels – als wissenschaftliches Opus zugleich Frucht eines intensiven Glaubenslebens und einer persönlichen Auseinandersetzung mit den säkularen Weltanschauungen seiner Zeit. Es gibt in der Philosophie des letzten Jahrhunderts wohl kaum einen Denker, der so entschieden die Einheit von Glaube und kritischer Vernunft, von Spiritualität und Lebenspraxis zum Ausgangspunkt und Leitfaden seines Denkens genommen hätte wie Maurice Blondel. Dieser junge Mann aus der burgundischen Provinz, ausgebildet an der berühmten Ecole Normale Supérieure, hat in seinem Studium, in seiner Forschung und Lehre (überwiegend an der Universität von Aix-en-Provence) eine missionarische Glaubensexistenz inmitten einer säkularen Umwelt leben wollen (und dafür zeit seines Lebens aus einer tiefen eucharistischen Christusfrömmigkeit geschöpft, wie seine geistlichen Tagebücher bezeugen). Die Wahrheit des fleischgewordenen Wortes – so läßt sich Blondel interpretieren – kann sich nur bewähren, »indem die Spuren dieses Wortes immer wieder am Ort der äußersten Entfremdung von seiner tradierten Gestalt aufgesucht werden« (Hansjürgen Verweyen).

Durch den bloßen Gebrauch jenes Lichts, »das jeden Menschen erleuchtet, der in diese Welt kommt«, und durch die Verwendung seiner Kräfte findet sich jeder ... veranlaßt, sich über das Problem seines Heils zu äußern. Denn um selbst die einfachste reflexe Aussage über die Realität der Objekte zu machen, aus denen sich unser Denken aufbaut, um wissentlich auch nur den elementarsten der Akte zu setzen, die in den Determinismus unseres Wollens eingehen, muß man implizit durch den Punkt hindurch, wo die Wahl möglich und, mangels anderer Erleuchtung, notwendig und entscheidend wird, die Wahl zwischen dem Anruf ... des verborgenen Gottes und dem Antrieb ... des stets offenkundigen Egoismus.

Maurice Blondel, dessen religionsphilosophische und fundamentaltheologische Pionierarbeit für die Gegenwart von Kirche und Theologie unabschätzbar ist, bewegte sich um die Jahrhundertwende zwischen Fronten der Auseinandersetzung, die den unsrigen heute nicht unähnlich sind: ein ästhetizistisches fröhliches Verzweifeln an einer Bestimmung des Menschen bzw. eine radikale nihilistische Bestreitung derselben. Diesen falschen Lösungen gegenüber besteht unser Philosoph auf der Unumgänglichkeit des Problems des Lebens, obwohl oder gerade, weil wir nicht über seine Voraussetzungen und seine Vollendung verfügen. Der denkerische Ansatz bei der entschiedenen Lebenspraxis legt eine elementare Dynamik des Wollens frei, welche durch die unterschiedlichsten menschlichen Erfahrungsbereiche zu einer kritischen Selbsteingrenzung der Vernunft und zu einer notwendigen Ausrichtung auf das Paradox einer geschichtlichen Offenbarung führt. Jedes entschiedene Handeln, und sei es äußerlich noch so unscheinbar, ist vermöge der in ihm eingeschlossenen, äußersten Option von unendlicher Tragweite. Es berührt, selbst in »anonymer« Gestalt, Christus den Schöpfungsmittler, durch den alle Wirklichkeit Sein für uns gewinnt und ihren Grundsinn als Liebe mitteilt.

Blondel hat seine Kerngedanken auch in zahlreichen Korrespondenzen und Schriften zu aktuellen theologischen Herausforderungen fruchtbar gemacht. Er ist einer der ganz großen Pioniere des Zweiten Vatikanischen Konzils.

Lesehinweis: M. Blondel, Logik der Tat, Einsiedeln 1986

Gerhard Larcher

Todestag von Léon Bloy (1846-1917) — 3. November

In einer Zeit, die durch den »Fehl Gottes« (M. Heidegger) gekennzeichnet ist – die Spiegel-Umfrage aus dem Jahre 1992 hat dies für die Bundesrepublik mit Zahlen belegt – wirkt eine Gestalt wie der französische Schriftsteller und leidenschaftliche Vertreter des »renouveau catholique«, Léon Bloy, anachronistisch. Er versteht sich als einsamer Rufer in der Wüste des allgemeinen Abfalls von Gott: »Ich gehöre zu denen, welche in der Wüste rufen und welche die Wurzeln der Feuersbrunst verzehren, wenn die Raben vergessen, ihnen Nahrung zu bringen ...«. Mit seiner schrillen, sich der Polemik bis zum Exzeß bedienenden Stimme will er die lauen und mittelmäßigen Katholiken aufrütteln und zur Entscheidung für Gott zwingen. Er versteht sich als »Pilger des Absoluten«, das allein für ihn zählt, so daß er keine Kompromisse duldet. Diese gelebte Radikalität hat zu seinen Lebzeiten viele große Geister in seinen Bann gezogen und auf die Spur des Glaubens gebracht. Zu ihnen zählt u.a. Jacques Maritain, der Vater des französischen Neuthomismus. Dabei zeichnet das Leben Bloy's sich durch Erfolglosigkeit und bittere Armut aus; seine Bücher finden kaum Resonanz, nicht zuletzt wegen der kompromißlosen und radikalen Sprache, die selbst auf viele Wohlwollende verletzend wirkte. Bis 3.000 Exemplare seiner Bücher verkauft werden konnten, mußten 10 Jahre verstreichen! Nach einer armseligen Jugend in Périgeux – das Gymnasium bricht er mit der Quarta ab – versucht er, in verschiedenen Berufen Fuß zu fassen, aber vergeblich; ein Jahr war er sogar Eisenbahnbeamter. Mit 23 Jahren findet er nach einer Periode eines extremen Atheismus zum Glauben seiner Kindheit zurück, in dessen Dienst er fortan sein ganzes schriftstellerisches Werk stellt.

Das Absolute ist eine Reise ohne Rückkehr, und darum haben jene, die sie unternehmen, so wenige Begleiter. Überlegt doch! Immer dieselbe Sache wollen, immer in derselben Richtung gehen, Tag und Nacht marschieren, ohne sich nach rechts oder links zu wenden, sei's auch nur für ein einziges Mal und für einen einzigen Augenblick, das ganze Leben, alle Gedanken, alle Gefühle, alle Handlungen, ja sogar die kleinsten Regungen nur als einen beständigen Ausfluß eines uranfänglichen Dekretes des allmächtigen Wissens begreifen! Denkt euch einen Mann der Aktion, einen Forscher, der auf Reisen geht. Die Gewalt seines Wortes hat einige Enthusiasten aufgeweckt, die ihm folgen. Sie haben nicht vorhergesehen, daß es zu leiden gäbe ... Es geht in die Wüste hinein, in die Verlassenheit. Da ist Kälte, Finsternis, Hunger, Durst, die grenzenlose Müdigkeit, die fürchterliche Traurigkeit, die Agonie, der Blutschweiß. Und der Tollkühne sieht sich vergebens nach seinen Genossen um. Dann versteht er, es ist Gottes Wille, daß er allein sei mitten in seinen Qualen, und er taucht in die schwarze Unermeßlichkeit hinein, indem er sein Herz vor sich herträgt wie eine Fackel.

Dieser Text stammt aus seinem Erstlingswerk: »Der Verzweifelte« (1886), das, wie alle anderen Schriften Bloy's autobiographischen Charakter hat. Bloy versteht sich nicht als Intellektueller, noch weniger als philosophischer Kopf. Er bekennt von sich: »Ich weiß in Wahrheit wenig und habe niemals etwas verstanden als das, was Gott mir eingab, wenn ich vor ihm zu einem kleinen Kind wurde. Ich bin vor allem, vergiß es nicht, ein Anbeter, und jedesmal, wenn ich anders handeln wollte als durch die Liebe und die Bewegung der Liebe, kam ich unter das Vieh herunter.« Daher wird er auch nicht müde zu betonen: »Alles was geschieht, ist anbetungswürdig.« Er war in der Tat ein außergewöhnlicher Beter; täglich begann er sein Tagewerk mit der Feier der heiligen Messe. Im Zentrum seines Glaubens stand das »Schauspiel des leidenden Gottes«, das sich in seinem armseligen Leben widerspiegelte. Zwei seiner Kinder starben an Unterernährung! Hier erweist sich das mystische Denken Bloy's als durchaus gegenwartsnah, wenn man an die neueren theologischen Bemühungen um eine angemessene Rede von Gott nach Auschwitz denkt. So lohnt sich eine Neuentdeckung der Schriften von Léon Bloy in der gegenwärtigen Orientierungskrise.

Lesehinweis: L. Bloy, Der Verzweifelte, Heidelberg 1957

Ralph Sauer

4. November

Kirchlicher Gedenktag von Carlo Borromeo (1538-1584)

Jeder Versuch, sich der Person Carlo Borromeo zu nähern, ist schwierig: Die früheste Biographie, die sein enger Vertrauter und Mitarbeiter Carlo Bascapé geschrieben hat, stieß in Rom bei der Zensur auf Schwierigkeiten. Der Historiker Caesar Baronius riet dem Autor, die historischen Passagen wegzulassen! Man erwartete eher ein Lebensbild, das sich am mittelalterlichen Heiligenideal orientierte, etwa in der Art, wie Robert Bellarmin in seiner Rede im Kardinalskollegium 1610 Borromeo darstellte: als einen Mann des Gebets, der Betrachtung, der Liebe zu den Armen, des Beistands für die Pestkranken, des Verzichts auf Pfründe und der Askese. Auch wenn diese Aussagen stimmen, entsteht hier die Gefahr einer Überpersonalisierung und Enthistorisierung. Von anderen wird sein Einfluß auf den Abschluß des Konzils von Trient mitunter überschätzt; sein Name ist ohne Frage eng mit der katholischen Reform nach dem Tridentinum verbunden, allerdings erlangte er seine entscheidende Bedeutung erst nach dem Ende des Konzils.

Obwohl er schon seit Jahren Administrator des Erzbistums Mailand war, kannte er seine Diözese kaum, war er vor allem nicht vor Ort. Im Herbst 1563 ging er nach Mailand und suchte unter großem persönlichen Einsatz die Konzilsdekrete auf die konkreten Verhältnisse umzusetzen. Dabei regelte er einiges nahezu peinlich genau; so finden sich in der Verordnung für die Seminare von 1580 auch detaillierte Vorschriften über die Bibliothek und deren Präfekt:

Für die Bibliothek soll ein eigener Saal im Seminar reserviert sein, wo Bücher und Handschriften aufbewahrt werden. Dort sollen Gestelle angebracht sein, in denen die Bücher und Schriften nicht in Haufen, sondern wohlgeordnet aufzustellen sind. Auch ein Katalog muß da sein, in dem sachweise oder in alphabetischer Folge alle Bände eingetragen sind nebst Druckort und Format. Dieser Katalog ist an bestimmtem Orte dauernd aufzubewahren. Nachträge für irgendwelche Zugänge sind darin nachzutragen. Für die Bibliothek ist ein eifriger Bibliothekar anzustellen. Dieser hat für die saubere, unbeschädigte Erhaltung der Bücher zu sorgen; Staub, der sich allenfalls festsetzt, soll er wegwischen lassen. Besonders muß er achtgeben, daß die Bücher nicht durch Feuchtigkeit leiden oder von den Mäusen zerfressen werden.

Vom Rektor erhält er die Mittel, um Bücher, die durch Alter, Wurm oder Schimmel verunstaltet sind, durch den Buchbinder reinigen zu lassen. Zerrissenes und schlecht Geheftetes soll ausgebessert, Broschiertes mit Deckeln oder Leder gebunden werden.
Der Bibliothekar halte ein Verzeichnis der auf Veranlassung des Rektors an die Lehrer oder andere Personen hinausgeliehenen Bücher, worin er bei der Rückgabe die Namen ausstreicht. Zöglinge, denen er Bücher geliehen, müssen dieselben innerhalb sechs Monaten zurückbringen (wenn nicht Austritt oder sonst ein Grund die frühere Ablieferung nötig macht), damit sie dann nach Gutdünken an dieselben von neuem abgegeben werden oder, wenn nötig, andern unter obiger Bedingung ausgeliehen werden können.

Jeder Bibliophile freut sich angesichts solch akribischer Vorschriften, aber die Grenze zwischen der nötigen Sorge um die Details und einem Rigorismus ist schwer zu ziehen. Entsprechend zwiespältig sind die Beurteilungen seiner Persönlichkeit und seines Werkes. Für Hubert Jedin, den Erforscher der Geschichte des Konzils von Trient, ist Carlo Borromeo »zum Heiligen geworden durch die Erfüllung der ihm zugefallenen und von ihm erkannten Aufgabe, seine Diözese Mailand im Geist des Tridentinums zu reformieren und dadurch für die Reform der Universalkirche ein Modell zu schaffen«. Aus der historischen Situation ist es verständlich, daß er zum »Modell« des tridentinischen Bischofs wurde und nicht etwa sein Freund Gabriele Paleotti, der als Erzbischof von Bologna das Reformwerk weniger autoritativ und streng zu realisieren suchte, – und es blieb wohl nicht ohne Folgen für die Geschichte der Kirche.

Lesehinweis: H. Bach, Karl Borromäus. Leitbild für die Reform der Kirche nach dem Konzil von Trient, Köln 1984

Godehard Ruppert

Geburtstag von Arnold Janssen (1837-1909)   *5. November*

Niemand steht über seiner Zeit. Wohl kann einer in seinen Gedanken und Initiativen seiner Zeit voraus sein. Sobald die mehrdeutigen Zeichen einer Umbruchsphase für den wachen gläubigen Zeitgenossen Eindeutigkeit erlangen, werden sie ihm zum Willen Gottes. Darauf stellt er konsequent sein Handeln ab, unbeirrt vom Kopfschütteln anderer und von scheinbar unüberwindlich sich auftürmenden Schwierigkeiten.

So war das auch bei Arnold Janssen, dem Gründer einer Ordensgemeinschaft, die sich an erster Stelle dem Auftrag Jesu »Gehet zu allen Völkern und macht alle Menschen zu meinen Jüngern« verpflichtet weiß. Er wuchs auf im katholischen Milieu der niederrheinischen Kleinstadt Goch. Seine Jugend- und Studienzeit (Theologie und Physik fürs Lehrfach) fällt in eine Epoche gesellschaftlicher Erschütterungen: Revolution (1848), Kulturkampf.

Deutschland hatte sich noch nicht dem Rausch kolonialen Machtstrebens ergeben. Die Katholiken Deutschlands, andererseits, verharrten in bezug auf den Missionsauftrag der Kirche noch im Dornröschenschlaf. Da wurde der unscheinbare Kaplan und Hauslehrer, der von seiner Herkunft eher auf Bescheidenheit und Innerlichkeit angelegt war, für eine weltweite Aufgabe geweckt. Er hatte eine kleine, volkstümliche Missionszeitschrift gegründet und trieb mit großer Intensität Bewußtseinsbildung unter dem gläubigen Volk:

Die Einrichtung eines deutschen Hauses für auswärtige Missionen erweist sich immer mehr und mehr als eine unumgängliche Notwendigkeit. Deshalb erfüllt Deutschland seine Pflicht nicht, wenn es nicht mehr als bisher für die auswärtigen Missionen tut und so weit hinter anderen Völkern zurückbleibt. Gegenwärtig werden so viele Geistliche in die Ferne gleichsam getrieben. Deshalb ist nunmehr die Errichtung eines Missionsseminars ... eine unumgängliche Notwendigkeit ... Für das Heil der Seelen wirken ist das heiligste, ja ein göttliches Amt – ... Je heiliger ein Werk ist, desto mehr Schwierigkeiten scheint es zu begegnen ... Wohl heißt fromm sein, fromm beten, aber auch fromm arbeiten mit dem empfangenen Talente und fromm opfern, soweit die Verhältnisse es gestatten.

Arnold Janssen war kein cleverer Macher und kein brillanter Theologe. Seine Gewißheit zu entschiedenem Handeln holte er sich im Gebet, in sich hineinhorchend, Indizien für den konkreten Willen Gottes wägend. Er stieß aufs Grundwasser der christlichen Glaubensüberlieferung, auf Gott, der sich als Dreifaltiger geoffenbart hat in seinem Wort.

In einer Zeit, da die Kirche sich der Vielfalt der Religionen und Kulturen öffnet, auch in ihnen den Anruf Gottes spürt und in Dialog mit ihnen tritt, muß sie eurozentristisches Gewand und Gehaben ablegen. Sie wächst in eine neue Gestalt hinein unter Verunsicherungen und Schmerzen. Sie ist radikal zurückverwiesen auf ihren Ursprung, auf das *Wort*, das sie weiterzugeben hat, daß es Fleisch werde in den vielfältigen Kulturen der Erde, die der Schöpfer hat wachsen lassen.

Auf diese Sendung verpflichtete Arnold Janssen sogar namentlich seine Ordensgemeinschaft: Gesellschaft des Göttlichen Wortes (SVD), bekannt als »Steyler Missionare«.

Lesehinweis: Er säte Gottes Wort. Arnold Janssen. Bilder und Dokumente zu seinem Leben (hrsg. v. F.J. Eilers u. H. Helf), Nettetal 1987

Gerd Birk

6. November

Geburtstag von Johann Ignaz von Felbiger (1724-1788)

»Barockprälat« – heute gebraucht, nimmt dieser Begriff Kleriker aufs Korn, die als Salonlöwen, durch feiste Gestalt und autoritäres Gehabe auffallen. Der echte Barockprälat, dem diese Skizze gewidmet ist, J.I. von Felbiger, hat zeitgenössischen Porträts zufolge offenbar Merkmale aufgewiesen, die solchen Denkmustern entsprechen, nämlich Selbst- wie Standesbewußtsein. Solche Eigenschaften müssen bei Felbinger aber von aufgeklärt katholischem Sendungsbewußtsein umschlossen und durchstimmt worden sein. Anders wären Lebensweg und Lebenswerk Felbigers schwerlich vorstellbar.

Der junge Schlesier aus gutbürgerlichem Haus wird am Breslauer akademischen Jesuitengymnasium im Geist der Epoche vielseitig gebildet. Mit 22 Jahren Augustiner-Chorherr in Sagan, erweist er seine Fähigkeiten zunächst unter anderem als Verfasser der ersten Werbeschrift für Blitzableiter und Zeichner der ersten zuverlässigen Landkarte seines Heimatbistums.

Mit 34 Jahren zum Abt seines Klosters gewählt und damit Mediatfürst und Schulherr geworden, sieht sich Felbiger vom »Bildungsnotstand« in seinem Stiftsland herausgefordert. Lektüre, Briefwechsel und Reisen machen ihn mit zukunftsweisenden Unterrichtsmethoden, Medien und Frühformen von Lehrerbildung bekannt. Vorab durch J.J. Heckers Realschule in Berlin sowie J.F. Hähnes Methodik angeregt und von seinem kongenialen Prior Benedikt Strauch unterstützt, wird Felbiger zum Bahnbrecher neuzeitlichen Bildungswesens. Seine (insgesamt 78) »Schulschriften« lassen aufhorchen, besonders sein »Methodenbuch« (1745). Lehrerbildung, Schulorganisation, Lehrbücher und Memoriermethode in und aus Sagan werden maßstäblich. Friedrich II. beauftragt Felbiger, das katholische Schulwesen im eben preußisch gewordenen Schlesien aus- bzw. aufzubauen. Als Programmschrift dafür verfaßt Abt Felbiger ein »Generallandschulreglement« (1765). Mit staatlicher und kirchlicher Hilfe kann er es zügig verwirklichen.

Größerer Spielraum erwächst der Weitsicht und Tatkraft Felbigers durch Maria Theresia. Sie beruft ihn 1774 nach Wien und bestellt ihn zum »Direktor des deutschen Schulwesens«. In den Jahren bis 1781, die Felbiger dieses Amt innehat, das dem eines Kultusministers von heute vergleichbar ist, werden in den k. und k. Erblanden 3933 Schulen nach seinen Vorstellungen errichtet oder umgestaltet. So entstehen Trivialschulen für Dörfer, Hauptschulen für Städte und Normalschulen, d.h. Musteranstalten mit Lehrerbildungsmaßnahmen. Im Zug dieser Reform bilden sich tragende Momente des neuzeitlichen Schulwesens heraus: öffentliche Trägerschaft, ein professioneller Lehrerstand, Unterricht im Klassenverband und Dialog, nicht zuletzt aber Religionsunterricht als ordentliches Lehrfach. In Einführungen zu »seinen« Katechismen bestimmt Felbiger dieses Schulfach wie folgt:

Man würde, bei Verbesserung der Schulen, sich nicht schmäucheln können, was sehr Nützliches zu Stande gebracht zu haben, wenn man nicht zugleich auf die Verbesserung des Unterrichts der Jugend in der Religion bedacht gewesen wäre, ... das Brod vom Himmel, welches die heiligen Väter mit dem Leibe Christi zu vergleichen kein Bedenken tragen ... Ist es also nicht höchst nöthig, ... daß auch der Unterricht in der Religion ... Lernenden so wol als Lehrenden erleichtert, und so vorteilhafft, als möglich, gemacht werde?

In dieser Sehweise deuten sich sowohl mögliche diakonische Funktionen wie Indienstnahme von Religionsunterricht für Ideologien an. Dieser Verschattung entspricht der tragische Ausklang, den Felbigers Leben nimmt: Der aufgeklärte Reformprälat wird vom Aufklärer Joseph II. ungnädig entlassen und stirbt unbeachtet in Preßburg. Sein Grab wird vergessen, seine Habe verschleudert.

Lesehinweis: U. Krömer, Johann Ignaz von Felbiger, Freiburg 1966

Wolfgang Nastainczyk

Geburtstag von Friedrich Leopold Graf zu Stolberg (1750-1819)

7. November

Die Person des Friedrich Leopold Graf zu Stolberg, geboren 1750 in Holstein, kann heute als ein »Fels in der Brandung« zu Zeiten der Französischen Revolution betrachtet werden, in der alle überkommenen Werte in Frage gestellt waren. Gegen diesen Strom der Auflösung überkommener Werte stellte Stolberg, unterstützt vom »Kreis von Münster« um die Fürstin von Gallitzin und den Freiherrn von Fürstenberg, ein bewußtes Bekenntnis zum katholischen Glauben. Geprägt vom Enthusiasmus des »Sturm und Drang«, ist er anfangs von den Ideen der Französischen Revolution angetan, wendet sich später aber entschieden gegen diese und äußert sich beschämt, daß er jemals dafür »so enthusiasmiert« sein konnte. Aus der »Irreligiosität« der Franzosen entspringe eine Immoralität, die Europa wie ein Strom von Lasterhaftigkeit zu überfluten drohe. An die Fürstin von Gallitzin schreibt er 1798:

Als einen charakteristischen Zug unserer Zeit erzähle ich Ihnen Folgendes. Die Gräfin Tessé in Witmold verschrieb sich einen marmornen Kamin aus Paris. Er kam an, war modern und schön bearbeitet; man war zufrieden. Auf einmal entdeckte man an der inneren Seite eine halb erloschene Inschrift und siehe, daß dieser Marmor, einer Kirche entrissen, der Großmutter des Grafen Tessé zum Grabstein gedient hatte!
Leben Sie wohl. Meine Seele ist matt. Mich dürstet nach Erleuchtung! Möge Der, Der aus Liebe für uns am Kreuz dürstete, mich tränken. Beten Sie für mich.

Die Bedrohung durch die Aufklärung, durch die Wissenschaft und eine rationalistische Bibelkritik beantwortete Stolberg mit einer intensiven Auseinandersetzung mit der christlichen Religion, für die ihm der »Münster Kreis« ein Forum bot. Von diesem Kreis ging eine geistige Erneuerung des Katholizismus aus, die in der Auseinandersetzung mit den Zeitströmungen nach einem neuen Verständnis des christlichen Glaubens suchte. Durch die Verbindung mit der Fürstin von Gallitzin stark in seiner Religiosität geprägt, tritt Stolberg 1800 mit Frau und Kindern zum katholischen Glauben über, ohne jedoch mit seinen protestantischen Freunden wie Claudius, Jacobi und Winzenmann zu brechen. Seine Konversion erregte damals sehr großes Aufsehen.

Schnabel schreibt über Stolberg: »Seine tiefe religiöse Gesinnung ließ ihn die Schwächen der Zeit deutlich erkennen: er sah die dürre Geistigkeit und einen grenzenlosen geistigen Hochmut am Werke, und in der Überzeugung von der moralischen und politischen Zerrüttung bestärkten ihn noch die Greuel der Französischen Revolution; ein fester Zusammenhang der Guten schien ihm notwendiger denn je«.

Stolberg verfaßte eine erbaulich-apologetische Kirchengeschichte, die »Geschichte der Religion Jesu Christi«, in der er versuchte, im Katholizismus der Zeit das geschichtliche Bewußtsein neu zu wecken und die Weltereignisse im Licht des christlichen Glaubens darzustellen. Sein protestantischer Verleger Perthes hielt das Werk wegen seiner »Wärme und Innerlichkeit« für geeignet, die vielen dem Christentum völlig entfremdeten Katholiken »neu zu beleben« und die harten Urteile der Protestanten über die Äußerlichkeiten des Katholizismus zu mildern.

Ob man das Wirken Stolbergs nun als reaktionär oder als ein Beispiel geistiger Erneuerung in schwierigen Zeiten beurteilt: seine Form der Auseinandersetzung mit der damaligen Situation ist sicherlich bemerkenswert, denn, wie Reinhard schreibt, »auch unsere Tage haben vieles gemein mit der Zeit, in der Stolberg sich gegen einen unerhörten Umsturz im politischen, im gesellschaftlichen und nicht zuletzt im religiösen Leben kühn und unerschrocken in die Bresche warf«.

Lesehinweis: E. Reinhard, Die Münsterische »Familia sacra«. Der Kreis um die Fürstin von Gallitzin: Fürstenberg, Overberg, Stolberg und ihre Freunde, Münster 1953

Kathrin Frey

8. November — Todestag von Johannes Duns Scotus (1265/66-1308)

Um 1265 wurde Johannes Duns Scotus in Schottland geboren. Scotus, der Schotte, der nach seinem Heimatort »Duns« genannt wird, trägt, wollte man eine Charakterskizze dieses Mannes versuchen, das Erbe seiner oft nebelverhangenen Heimat in sich. Sein Land bietet jene geheimnisvolle Verschränkung von mystischem und sagenhaftem Liebreiz, die tiefschürfende Denker, aber auch jene kantigen und knorrigen Menschen hervorbringt, die in einer unbändigen Freiheitsliebe für ihre Eigenständigkeit streiten; mit dieser Herkunft mag zusammenhängen, daß Duns Scotus einerseits von einer schwärmerischen, romantischen und leidenschaftlichen Liebe beseelt ist und zum Beispiel eine Art »Hierarchia Caritatis«, eine Theologie der liebenden Zärtlichkeit entwirft, und andererseits von einer solch nüchternen, ungekünstelten und präzisen Logik bestimmt wird, daß bereits Zeitgenossen ihn den »scharfsinnigen Lehrer«, »Doctor Subtilis«, nannten. Dieser Schotte gehört dem Minderbrüderorden an, jener Protest- und Armutsbewegung, die durch Franz von Assisi die Kirche reformierte. Zunächst lehrt er Philosophie und Theologie in Cambridge und Oxford; 1302 schickt ihn die Ordensleitung an die Pariser Universität. Wie damals üblich, liest Scotus den Sentenzenkommentar des Petrus Lombardus. 1308 kommt er dann nach Köln, wo ihm allerdings als Magister an der Hochschule seines Ordens nurmehr eine kurze Lehrtätigkeit vergönnt ist. Er stirbt noch im gleichen Jahr.

Scotus vermittelt einen gläubigen Realismus, nicht unumstritten; scharf und sinnig zugleich, entschieden und stur streitet er mit König Philipp von Frankreich. In dessen Konflikt mit dem machtbewußten Papst Bonifax VIII. (Bulle »Unam sanctam«) ergreift er die Partei des Papstes. Auch scheut sich der kantige Schotte und junge Theologe nicht, sich gegen alle großen Gelehrten – wie Bernhard von Clairvaux, Albertus Magnus, Thomas von Aquin und Bonaventura – zu stellen in seinem Eintreten für Maria als »Immaculata«. Was ihn aber letztlich auszeichnet, ist seine theologische Philosophie oder sollte man besser: seine philosophische Theologie sagen? Vom Gott der Liebe hingerissen, bricht sich selbst in seinem philosophischen Werk »De primo principio« ein leidenschaftlich Liebender Bahn; Duns Scotus spricht hier nicht, wie man es erwarten sollte, von einem unpersönlichen, »unverursachten Sein«, sondern von einem »Du« und verleiht seinem philosophischen Meisterwerk so den Charakter eines Gebetes:

Du bist der erste Wirkende, du das letzte Ziel, du der Höchste an Vollkommenheit, der alles übersteigt. Du bist ganz ohne Ursache, darum unerzeugbar und unvernichtbar, du kannst unmöglich nicht sein, da notwendig aus dir alles kommt. Darum bist du ewig, ohne Ende, alles zugleich und ohne Aufeinanderfolge besitzend.

Mit einem mystischen Aufschwung beendet Scotus seine Abhandlung:

Gott, du bist einer der Natur, einer der Zahl nach. Mit Recht hast du gesagt, daß außer dir kein Gott ist. Denn mag es viele Götter dem Namen und der Meinung nach geben, so gibt es doch nur einen der Zahl nach, den wahren Gott, aus dem, in dem und durch den alles ist. Du bist gepriesen in alle Ewigkeit. Amen.

Lesehinweis: J. Duns Skotus, Abhandlung über das Erste Prinzip (hrsg. u. übers. v. W. Kluxen), Darmstadt 1974

Josef Gerwing

Todestag von Bernhard Overberg (1754-1826)   *9. November*

Bernhard Overberg wurde 1754 als »Hausiererkind« geboren, er verschliß acht ABC-Bücher und konnte doch mit neun Jahren noch nicht lesen. Trotz der ungünstigen sozialen Bedingungen schaffte er dann doch noch Gymnasium und Studium und empfing schließlich die Priesterweihe. Sein Leben widmete er – trotz besserer Verdienstmöglichkeiten als Hauslehrer – der in den Anfängen stehenden Unterrichtung der Dorfjugend, zuerst selbst als Lehrer, später als bahnbrechender »Lehrer der Lehrer« an der »Normalschule« Münster, wozu ihn sein Freund, Generalvikar von Fürstenberg, gedrängt hatte. Er setzte sich für die Pflege des Verstandes und des Gefühlslebens der Kinder ein und wandte sich gegen das pure Auswendiglernen von Katechismussätzen. So weist er etwa darauf hin, daß »seine« Dorfkinder bei »Geist« nur an Gespenster denken und »Person« nur als ein Schimpfwort kennen.

Wie ein Magnet zog er Kinder und Lehrerstudenten ebenso an sich wie einen geistig und menschlich hochstehenden, weit ausstrahlenden Freundeskreis, die berühmte Münsteraner »Familia sacra«, zu der auch die Fürstin Gallitzin gehörte; in ihrem Haus lebte Overberg 17 Jahre lang als ihr geistlicher Freund und Seelenführer. »Sie ist meinem Herzen die Werteste, Liebste und Verehrungswürdigste.« Als Vertreter des »empfindsamen Zeitalters« las der Freundeskreis gemeinsam mystische Autoren wie Teresa von Avila, Caterina von Siena, Johanna von Chantal, Tauler, Johannes vom Kreuz und Franz von Sales.

Overbergs hohe Meinung vom Beruf des Lehrers drückt sich in folgendem Text seiner »Anweisung« aus:

Erinnerung an diejenigen, welche Schullehrer werden wollen
1. Jünglinge, Jungfrauen! Hat Euch Gott, unser Vater, zu einem Lehramte vorzügliche Talente gegeben, ... so lasset Euch doch durch nichts davon abschrecken: a) nicht dadurch, daß dies Amt von vielen als gering und verächtlich angesehen wird; ... b) nicht durch die Furcht vor der strengen Rechenschaft, die ein Schullehrer zu geben hat; ... c) nicht durch die großen Beschwernisse, die mit diesem Amt verknüpft sind; je schwerer die Arbeit, desto größer der Lohn; je härter der Kampf, desto herrlicher der Sieg. Welche Seligkeit, Menschen zu beglücken!

2. Werdet keine Schullehrer ohne alle innere Neigung der Seele, Euch mit Kindern zu beschäftigen und ihnen wahrhaft nützlich zu werden! ...
3. Werdet keine Schullehrer um bloßer zeitlicher Vorteile willen! Dieses Amt ist viel zu wichtig und zu ehrwürdig, als daß Mietlinge, die bloß um ihren eigenen zeitlichen Gewinn dienen, dazu fähig und würdig sein könnten. ...
4. Keiner wage es, ein Schullehreramt zu übernehmen, ehe er fähig dazu ist! ...

Lesehinweis: B. Overberg, Anweisungen zum zweckmäßigen Schulunterricht, Paderborn 1957

Norbert Esser

10. November   Geburtstag von Martin Luther (1483-1546)

All zu traulich sollen wir uns Luther am Tisch mit Freunden und Schülern nicht vorstellen. Es wurde mehr als nur Bier getrunken und Konversation gemacht. Wahrscheinlich bräuchten auch wir mehr solche runden Tische, wo Fragen gestellt werden, die unser Leben in Frage stellen, die auch den rätselhaften Gott zum Thema machen. Lassen wir einmal die Luther-Bilder und -Denkmäler beiseite, hören wir zu, wie er gefragt wird und wie er antwortet.
Sein Freund, Veit Dietrich stellte die Frage: »Wie kann ein Prophet wie Jeremia den Tag seiner Geburt verfluchen?« (20,14) Wir verstehen. Ist das nicht lästerlich? Ist solche Resignation bei Propheten nicht unglaubwürdig? Ist solche Depression im Glauben statthaft? Hören wir, wie Luther antwortet:

Man muß unseren Herrn Gott zu Zeiten mit solchen Worten aufwecken, er hört sonst nicht. Hat nicht Christus selbst gerufen: Wie lange soll ich euch – seine Jünger – ertragen? (Mk 9,19) Und hat Mose nicht unserem Herrgott die Schlüssel vor die Füße geworfen: Habe ich dieses Volk gezeugt? (4. Mose 11,12) Und habe nicht auch ich geklagt: »Hätte ich doch diese Sache (der Reformation) nie angefangen!« Die Verurteilung durch die Ungeduld ist das Kennzeichen eines spekulativen Theologen. Da geht man mit seinen Gedanken zu Rate. Wer in die Praxis kommt, sieht die Sache anders. Ein wirklicher Priester zu sein, ist ein großes Ding. Es muß ein großer Geist sein, den Leuten an Leib und Seele dienen und dennoch schwerste Gefahren und höchsten Undank darob zu leiden.

Luthers Antwort ist in doppelter Weise kühn. Zunächst gibt er der Ungeduld des Glaubens auch gegen Gott recht. Man kann sich nicht mit allem demütig abfinden. Das Leben kann schwer erträglich sein, gerade da, wo man der Wahrheit folgt, der inneren Stimme, die im Lärm der Welt, leise aber bestimmt, Entschlüsse fordert. Im Gegensatz zu heldischen Luther-Darstellungen war jener Reformator ein angefochtener Mensch. Selbst das Werk der Reformation konnte ihm verleidet erscheinen.
Es ist erlaubt, vor Gott ungeduldig zu sein, anzunehmen, Gott müsse aufgeweckt werden. Wer das tut, der wird in die Praxis des Lebens geraten, der wird angewiesen sein auf die Kraft des Geistes, die Ja zu dem Dienst für andere an Leib und Seele sagt, obwohl sie das Nein, den Undank erntet. Das wird als Lebensverlust erscheinen. Wer leidet, will wenigstens darin anerkannt sein. Luther tritt dafür ein, nicht einen übermenschlichen Heiligungsweg anzutreten, der die Ungeduld verdrängt; er möchte vielmehr, daß der einzelne die Kraft findet, zu bejahen, daß er von Gott in der Lebenspraxis bejaht ist.
Luther verlor viel: Das Einverständnis mit seinem Vater, die Schule des Klosters, die Sympathien der Bauern, die äußere Einheit der Kirche, aber er gewann das Ja Gottes zur Freiheit eines Christenmenschen in der Liebe, die nicht auf Kosten anderer lebt. Er fand das Ja des Evangeliums, an dem jede Konfession gemessen werden wird. Verlust an Sicherheit, aber Gewinn durch Gewißheit, mitten in der Anfechtung.

Lesehinweis: Th. Brandt, Luther als Seelsorger in Briefen und Gesprächen, Wuppertal 1983 (Brockhaus TB 336)

Henning Schroer

Kirchlicher Gedenktag von Martin von Tours (316/317-397)

11. November

Alle kennen den heiligen Martin. Aber wer kennt ihn wirklich? Wer weiß mehr, als daß er seinen Soldatenmantel mit einem Bettler geteilt hat? Übrigens gehört diese Geschichte zu den historisch sichersten, denn Martin hat sie dem Verfasser seiner Vita noch selbst erzählt. Der hochgebildete Historienschreiber Sulpicius Severus hat den Bischof von Tours mehrmals besucht und ist darüber zu einem theologischen Amateurschriftsteller geworden. Auf seine Martinsschriften im Heiligenlebenstil: die Lebensgeschichte, drei Briefe und zwei Dialoge, sind wir angewiesen. Fasziniert von ihm, bezeugt uns Sulpicius die geistliche Persönlichkeit Martins in ihrer außergewöhnlichen Gottesnähe und in der fruchtbaren Uneigennützigkeit des Mönchslebens.

In der Liebe zu den Armen war er ein Franziskus vor Franziskus. So sind auch die Hälfte der Motive der ältesten Martinsbilder Szenen der Begegnung mit den Armen (Mantelteilung, Bischofskleidertausch mit einem Armen, Umarmung eines Aussätzigen; daß er allerdings bei der Mantelteilung auf dem Pferd saß, ist nicht bezeugt und nicht wahrscheinlich). Zur Liebe der Armen war er im Katechumenenunterricht angeleitet worden. Wegen seiner Liebestat erhielt er die Versicherung Christi: Martin hat mich mit diesem Mantel bekleidet.

Sein Christusbild war so ganz anders als das, das damals in der frühchristlichen Kunst entstand, in der Christus als Herrscher dargestellt wurde. Als Martin einmal eine Vision hatte, in der ihm Christus als Kaiser erschien, erblickte er darin eine Täuschung des Teufels. Damals sagte Martin:

Jesus, unser Herr, hat nicht gesagt, daß er im Purpur und im Glanze einer Krone wiederkommen werde. Ich kann nicht glauben, daß Christus anders gekommen wäre, als in jener Haltung und äußeren Gestalt, so wie er gelitten, als mit den Wundmalen des Kreuzes.

Sulpicius ahnte die Rolle, die Martin in der Kirche Galliens zufallen würde. Das Christentum war auf dem Land und bei den neuen Völkern als Erbschaft der Herrschenden eingeführt worden. Es bedurfte einer Grundlegung aus seiner eigenen Substanz. Das war die providentielle Aufgabe des heiligen Bischofs Martin. In vielem erscheint er deswegen als Nonkonformist, vor allem im Vergleich mit seinen Amtskollegen. Dies gilt für die Bekämpfung der staatlich teilweise noch geduldeten Institutionen der alten Götterreligion, ebenso wie umgekehrt für die Schonung von Leib und Leben der Häretiker. Er glaubte an Vergebung und Rettung für jeden Menschen, ja auch für den Teufel, wenn dieser bereuen würde. Ihn redete Martin einmal so an:

Wenn du Elender selbst davon abließest die Menschen anzufeinden und wenigstens jetzt, da der Tag des Gerichts ganz nahe ist, über dein Treiben Reue empfändest, dann würde ich fest auf den Herrn Jesus Christus bauen und die Begnadigung in Aussicht stellen.

Über eine solche »heilige Kühnheit im Vertrauen auf die Güte Gottes« konnte Sulpicius nur staunen.

Lesehinweis: Des Sulpicius Severus Schriften über den hl. Martinus (übers. v. P. Bihlmeyer), München 1914 (Bibliothek der Kirchenväter, Bd. 20)

Jakob Speigl

12. November Geburtstag von Franz Brandts (1834-1914)

Nicht als Theoretiker der katholisch-sozialen Bewegung des 19. Jahrhunderts, sondern als Praktiker ist der Mönchengladbacher Tuchfabrikant Franz Brandts bekannt geworden: Er setzte die Einführung mechanischer Webstühle noch vor der Gründung einer eigenen Fabrik im Betrieb des Vaters durch und wurde damit zum Pionier der Gladbacher Tuchindustrie; ebenso engagierte er sich in der Kommunalpolitik seiner niederrheinischen Heimatstadt. Vor allem aber zeichnet ihn sein vielseitiges und konsequentes soziales Engagement für die Fabrikarbeiter aus. Ihre Situation war durch bereits vorindustriell entstandene Massenarmut geprägt, und ihnen hatte die Industrialisierung zunächst in keiner Weise die erhoffte Verbesserung ihrer Lage gebracht, sondern diese sogar noch verschärft. So trat Brandts mit wenigen anderen Industriellen schon 1867 für eine zwei- bis vierstündige Arbeitszeitverkürzung ein: maximal 12 Stunden sollte der Arbeitstag noch haben. In seiner eigenen Weberei errichtete er auch eine Betriebskrankenkasse: die Arbeiter zahlten zwangsweise einige Pfennige ein, der Fabrikbesitzer gab noch einmal 50% der Gesamtbeträge als Zuschuß, um die Arbeiter vor Not im Krankheitsfall zu bewahren. Konkret bedeutete dies: kostenlose Behandlung im Krankheitsfall, freie Versorgung mit Arzneimitteln und Lohnfortzahlung für ein halbes Jahr. Weitere »Wohlfahrtseinrichtungen« der Firma waren eine Sparkasse, ein Spar- und Konsumverein, ein Gesang- und Instrumentalverein, eine Bibliothek, eine Kantine, ein Kindergarten und ein Hospiz (das sog. Josephshaus) mit Erholungsräumen, Garten und Park. 1882 verfaßte Brandts auch erstmals eine Fabrikordnung, die unter anderem eine Art Ältestenkollegium vorsah. Als vermittelndes Organ zwischen Arbeitgeber und Arbeitnehmern hatte es sich um die Angelegenheiten der Arbeiter zu kümmern und für »Sitte und Ordnung« zu sorgen. Brandts' Ziel war zu diesem Zeitpunkt die Lösung der Probleme durch eine Wiederherstellung der Sittlichkeit und durch sozial-caritative Maßnahmen. Dabei verstand er die ganze Belegschaft als Werksfamilie, deren Vater er als Fabrikbesitzer war, für deren Wohlergehen er daher zu sorgen und sich auch entsprechend vor Gott zu verantworten hatte. Diese patriarchalische Auffassung fand ihren Ausdruck darin, daß Brandts für seine Arbeiter eine Siedlung anlegte, ihnen die Möglichkeit gab, die Häuser zu erwerben, und eine neugotische Kapelle zum Mittelpunkt der Siedlung machte.

Gleichwohl hielt Brandts (im Gegensatz zu einigen seiner Zeitgenossen) von einer ausschließlichen Lösung der Arbeiterfrage durch den Arbeitgeber nichts:

Wir dürfen nicht die berechtigte Selbständigkeit der Arbeiter verkümmern lassen. Keine enge Bevormundung darf Platz greifen in den Dingen, die von den Arbeitern allein geführt werden können. Durch Zugabe der weitgehendsten Selbstverwaltung bei Krankenkassen, Unterstützungs- und Sparkassen, geselligen Verbindungen und was immer, wollen wir den Arbeitern zeigen, daß wir ihre Freiheit und Selbständigkeit achten, während wir uns in dem Recht, unsern Einfluß zur Wahrung der guten Sitten geltend zu machen, nicht beirren lassen.

Vor diesem Hintergrund ist es nicht erstaunlich, daß Franz Brandts Vorsitzender des 1880 in Aachen gegründeten Verbands «Arbeiterwohl» wurde. Ziel dieses Verbands war die »Verbesserung der Lages des Arbeiterstandes«; de facto ging es hier um Vorschläge für betriebliche Sozialeinrichtungen, Unterstützung der Arbeiterstandesbewegung und Einwirkung auf die Sozialpolitik der katholischen Zentrumspartei. Blieb insgesamt gesehen die Breitenwirkung dieses Verbandes sehr begrenzt, so änderte sich das mit dem 1890 auf hauptsächliche Initiative von Ludwig Windthorst hin gegründeten »Volksverein für das katholische Deutschland«, einem Massenverein, dessen Vorsitzender wiederum Franz Brandts wurde. Im Zusammenhang mit dieser Vereinsarbeit entwickelte sich Brandts zu einem Vorkämpfer für eine Wirtschaftsordnung, die auf Partnerschaft und Solidarität zwischen Arbeitgeber und -nehmer beruht. Neu ist bei Brandts, daß er nicht nur die moderne liberal-kapitalistische Wirtschaftsordnung prinzipiell bejaht, sondern nun auch staatliches Eingreifen bei der Durchführung notwendiger Reformen fordert. Eine wesentliche Leistung des katholischen Unternehmers Franz Brandts besteht damit in der Realisierung der Erkenntnis, daß die Machtmittel der Welt von den Christen in den Dienst des Guten gestellt werden können. Damit konnte die Getto-Stellung der Katholiken zumindest ansatzweise überwunden werden.

Lesehinweis: W. Löhr, Franz Brandts, in: J. Aretz/R. Morsey/A. Rauscher (Hg.), Zeitgeschichte in Lebensbildern, Bd. III, Mainz 1979, 91-105

Ursula Nothelle-Wildfeuer

Übermorgen ist der Todestag von Jan Amos Komensky – Johan Amos Comenius (1592-1670)

13. November

Amsterdam 1668. Unermüdlich arbeitet der letzte Bischof der »Böhmischen Brüder«, weltberühmt als Pädagoge, daran, die Emendation (Zurechtbringung) der Welt auf den Frieden hin entscheidend zu befördern. Er hat den Dreißigjährigen Krieg mit Pest und Verfolgung kennengelernt. Er ist ein Flüchtling gewesen. Die Heimat wurde ihm genommen. Seine Glaubensgemeinschaft wurde im Westfälischen Frieden nicht als Kirche anerkannt. Müßte er nicht verzweifeln? Er hat die Welt meisterhaft als »Labyrinth« beschrieben, in dem menschliche Eitelkeit regiert und der Tod verdrängt wird. Er kennt das Paradies des Herzens, die Möglichkeit, sich auf Gott als das Zentrum der Geborgenheit zu verlassen. Er ist ein Zeitgenosse Paul Gerhardts mit ähnlichem Gottvertrauen, als Begründer von Didaktik und Pädagogik und als Wissenschaftler viel gefragt und ausgenutzt, aber beseelt von dem Gedanken, man müsse auch die Erziehung tiefer fundieren, in der Weisheit, die das Leben so ergreift, wie die Dinge der Schöpfung sich ihm zeigen. Diese Weisheit, für alle zugänglich und wesentlich, diese Pansophie versucht er zu lehren. Es gelingen nur Teilstücke. Sein Hauptwerk wird erst 1935 wiederentdeckt, es harrt noch des gründlichen Studiums. Aber kurz hat er in einem Werk »Das Einzig Notwendige« ausgeführt, worauf es ihm ankam. Wir lesen aus seiner Lebensbilanz:

Ich danke meinem Gott, daß er mich mein ganzes Leben hindurch einen Mann der Sehnsucht hat sein lassen. Wenn er es auch zuließ, daß ich mich dadurch in manche Labyrinthe verirrte, so hat er aber doch geholfen, daß ich mich aus den meisten herausarbeitete; nun führt er selbst mich an seiner Hand zu der Aussicht auf die selige Ruhe. Die Sehnsucht nach dem Guten, in welcher Gestalt auch sie im Menschenherzen still hervorwächst, ist immer ein Bächlein, das aus dem Quell alles Guten, aus Gott hervorsprudelt. Es ist immer gut und führt zu einem guten Ende, wenn wir es nur zu brauchen verstehen. Aber unser ist die Schuld, wenn wir die Bäche der Sehnsucht ableiten und nicht die Quelle finden, oder wenn wir es nicht verstehen, die Bäche zum Flusse zusammenzuleiten und so zu dem Meere zu gelangen, wo Fülle und Sättigung an allem Guten ist.

Ein Mensch der Sehnsucht zu sein, das ließ ihn vieles verlieren, was andere als schon Erreichtes schätzten, das ließ ihn aber die Hoffnung gewinnen, es habe Sinn, allezeit für die Bildung, für die Aufklärung, jedoch nicht ohne Rückbindung an Gott, gegen jede Selbstsuchteigenheit, einzutreten: Das Bild des Labyrinths, wie sehr spricht es auch uns heute, 400 Jahre später, in undurchsichtig gewordener Gesellschaft an. F. Dürrenmatt meint, daß die ganze Welt ein Labyrinth ist und hat es in Dramen beschrieben. Theatrum mundi, Welttheater, das war auch Thema des Comenius. Er war geschäftig wie Martha in der bekannten biblischen Szene (Lk 10,38-42) und suchte nach dem einen Notwendigen, das Maria zuteil wurde, sicher aber nicht um rechthaberisch zu werden. Wir erkennen die Erinnerung an den Psalm »Bei dir ist die Quelle des Lebens und in deinem Lichte sehen wir das Licht« (36,10). Am Schluß des Buches schreibt er: »Nur Gott darfst du nicht verlieren. Wer Gott hat, kann alles entbehren. Mit Gott hat er das höchste Gut und das ewige Leben und besitzt es in Ewigkeit. Das ist aller meiner Wünsche Schluß«. Comenius trat für Gerechtigkeit, Frieden und Bewahrung der Schöpfung schon *vor* dem Tode ein, für *irdische* Verbesserung, für *hiesige* Befreiung aus dem Labyrinth als Vorahnung des ewigen Lebens. Seine Leidenschaft, die nichts von der Schöpfung verloren gab, sollte uns nicht verloren gehen, auch wenn wir dafür manches an Bequemlichkeit aufgeben müssen.

Lesehinweis: V.-J. Dieterich, Johann Amos Comenius, Reinbek 1991 (rororo monographien 466)

Henning Schroer

14. November   Geburtstag von Pedro Arrupe (1907-1991)

Pedro Arrupe verkörpert den konziliaren Aufbruch seines Ordens und der ganzen Kirche. Er ist geprägt durch die Spiritualität des Ignatius von Loyola, seinem »Vorgänger« als Generaloberen des Jesuitenordens. Wie er stammte auch Pedro Arrupe aus dem Baskenland und starb in Rom. Pedro Arrupes Weg führte ihn nach Medizinstudien und unterschiedlichen Tätigkeiten und Ausbildungsstationen innerhalb des Jesuitenordens 1938 als Missionar nach Japan. Damit wurde seine »Vision« wahr, die er schon zehn Jahre zuvor in seiner jährlichen Exerzitienwoche als »seine Berufung« erlebt hatte: »Es handelt sich da um ein inneres Erlebnis, das kein Wort beschreiben kann und das man erst durch seine Entfaltung in der Zeit versteht«. Ein prägendes Erlebnis wurde der erste Atombombenabwurf auf Hiroshima. Das Leben und Erleben mit den Menschen in dieser so ganz anders geprägten, ostasiatischen Kultur eröffneten ihm die Einsicht, wie notwendig es bei der Verkündigung des Evangeliums ist, »auf jeden Überlegenheitskomplex und auf ein Monopol der Ausdrucksformen zu verzichten«. »Die Inkarnation des Sohnes Gottes ist der erste Beweggrund und das vollkommenste Beispiel für die Inkulturation«. Zusammengefaßt hat er seine Gedanken in einem Brief »Über die Inkulturation« vom 14. Mai 1978:

Inkulturation ist die Gestaltwerdung des christlichen Lebens und der christlichen Botschaft in einem gegebenen kulturellen Milieu, in solcher Weise, daß diese Erfahrungen nicht nur in Elementen zum Ausdruck kommt, die der betreffenden Kultur eignen (das allein wäre nur eine oberflächliche Anpassung), sondern daß sie ein Prinzip wird, das die Kultur beseelt, leitet und zur Einheit bringt, indem sie diese umwandelt und erneuert, so daß eine »neue Schöpfung« daraus wird. Diese christliche Erfahrung ist in jedem Falle die Erfahrung des Volkes Gottes, das in einem bestimmten Kulturraum lebt, die traditionellen Werte der eigenen Kultur assimiliert hat, aber anderen Kulturen gegenüber offen ist. Mit anderen Worten, es ist die Erfahrung einer lokalen Kirche, die die Vergangenheit prüfend annimmt und die Zukunft mit den in der Gegenwart vorhandenen Mitteln aufbaut. ...Es ist klar, daß die Notwendigkeit für Inkulturation universal ist. Bis vor wenigen Jahren konnte man vielleicht der Meinung sein, daß nur Länder und Kontinente davon betroffen waren, die sich von jenen unterschieden, in denen das Evangelium, wie man annahm, Jahrhunderte lang inkulturiert worden war. Aber die rasch fortschreitenden Veränderungen in diesen letzteren Gebieten – Veränderung ist bereits ein Dauerzustand geworden – überzeugen uns, daß die Notwendigkeit für eine neue und andauernde Inkulturation des Glaubens heute überall besteht, wenn wir mit der Botschaft des Evangeliums den modernen Menschen ... erreichen wollen. Es wäre ein gefährlicher Irrtum, wollte man leugnen, daß diese Gebiete eine Re-Inkulturation des Glaubens brauchen. ... Wir (sollten) die ganze Welt als eine einzige Familie betrachten, deren Mitglieder mit denselben vielfältigen Problemen befaßt sind. Die christliche Erfahrung hat in einer gegebenen Kultur einen Einfluß, der umwandelnd und erneuernd wirkt und der, vielleicht nach einer Krise der Konfrontation, zu einer neuen Ganzheit in jener Kultur führt. Weiterhin ist die christliche Erfahrung für die Kultur eine Hilfe, um universale Werte zu assimilieren, die keine Kultur aus sich allein erschöpfend verwirklichen kann. Die christliche Erfahrung lädt uns ein, in eine neue und tiefe Gemeinschaft mit anderen Kulturen einzutreten, insofern alle Nationen gerufen sind, unter gegenseitiger Bereicherung und Ergänzung »das in vielen Farben leuchtende Kleid« der kulturellen Wirklichkeit des einen Pilgervolkes Gottes darzustellen...

Pedro Arrupes Impulse für ein dynamisches Apostolat und eine Verkündigung des Evangeliums, die offen ist für die »Zeichen der Zeit« und sich gerade darin ihren geistlichen Quellen verpflichtet weiß, umgreifen die unterschiedlichsten Themenkomplexe; sie reichen von der Auseinandersetzung mit dem Atheismus und der marxistischen Gesellschaftsanalyse bis hin zu Fragen der Jugend- und Schulpastoral, immer aber sind sie geprägt durch die Erfahrung der »Gefährtenschaft Jesu« und verweisen auf das Grundmotiv: »Jesus Christus ist alles«.

Lesehinweis: Im Dienst des Evangeliums. Ausgewählte Schriften von P. Pedro Arrupe SJ (hrsg. u. bearb. v. H. Zwiefelhofer SJ), München 1987

Markus Offner

Todestag von Albertus Magnus (ca. 1200-1280) 15. November

»Das ganze Weltall ist dem Menschen Rede von Gott«, schreibt Albert, der sein ganzes Leben lang auf der Suche nach Gott war und in Gott den tragenden Mittelpunkt seines Lebens fand. Von daher betrachtete er die Welt.

Albert wurde um 1200 in Lauingen an der Donau geboren. Er liebte seine Heimat und begann schon in früher Jugend die Pflanzen und Tiere zu beobachten. Seiner Liebe zur Natur blieb er sein ganzes Leben treu. Er begegnete den Geschöpfen Gottes mit Ehrfurcht und Liebe, denn in ihnen begegnete er Gott.

Vor seinem Eintritt in den Dominikanerorden studierte er in Padua die Freien Künste und Medizin. Schon als Student besaß er erstaunliche Kenntnisse in naturwissenschaftlichen Fragen, die er durch Beobachtung der Natur und durch das Studium erworben hatte. Als Professor der Theologie an der Pariser Universität setzte er sich mit der Philosophie und Naturwissenschaft des Aristoteles auseinander. In Köln gründete er die erste deutsche Hochschule, das »Studium generale« der Dominikaner, wo er Vorlesungen über die Philosophie des Aristoteles hielt, was für damalige Verhältnisse eine sehr kühne Tat war. Er hatte erkannt, wie wichtig das Studium der Philosophie und Naturwissenschaft für die Glaubenslehre war. »Wenn jemand die Naturwissenschaften gründlich beherrscht, sind ihm die Worte des Herrn kein Anlaß zum Zweifel«, schreibt er im Kommentar zum Matthäusevangelium. Die Betrachtung der geschaffenen Welt war ihm ein Weg zu Gott, dem Schöpfer aller Dinge:

Gott ist in der Welt durch Zeichen seiner Gegenwart. Da nämlich der Schöpfer kraft Vernunft und Verstand alles schuf, ist er in der Welt, weil er darin Zeichen seines Verstandeslichtes zurückgelassen hat. Die Anordnung der Welt bekundet nämlich Weisheit, die Erhaltung der Welt eine Gottheit, die sie erhält; die Vollkommenheit der Welt zeigt Güte, die Größe der Welt Macht.

Die schönsten Dinge auf dieser Welt, die alles von Menschenhand Geschaffene in den Schatten stellen, kosten gottlob überhaupt kein Geld. Der prächtigste Dom ist im Vergleich zu einem hohen Tannenwald nur ein wüster Steinhaufen. Kein Gemälde kann es mit einem unerreichbar schönen Sonnenuntergang aufnehmen.

Albert war sich bewußt, daß der Mensch nur ehrfürchtig und staunend die Schöpfung betrachten kann, wissend, daß alles, was er machen kann, nie die Schönheit und Größe erreicht, wie sie uns in der Natur begegnet. Er hat mit Hingabe die Größe und Schönheit der Schöpfung zu ergründen gesucht. Wie kein zweiter kannte er die Tiere und Pflanzen. Seine besondere Liebe galt dem Lebendigen. Für ihn war es wichtiger zu schauen und wahrzunehmen, als herrscherlich zu verfügen und zu zerstören, um ein Experiment zu machen.

Der Mensch darf nicht alles, was er kann. Der technische Fortschritt um jeden Preis gefährdet die Schöpfung Gottes und opfert die Zukunft der Gegenwart. Albert könnte für die Naturwissenschaftler und für alle, die in Forschungsinstituten arbeiten, sowie für die Politiker ein Vorbild sein, damit sie in Verantwortung vor Gott und den Menschen Entscheidungen treffen, die zur Bewahrung der Schöpfung und zum Heil der Menschheit beitragen.

Lesehinweis: M. Lohrum, Albert der Große. Forscher – Lehrer – Anwalt des Friedens, Mainz 1991 (Topos TB 216)

Meinolf Lohrum

16. November Todestag von Ignacio Ellacuría (1930-1989)

Mit diesem Namen müssen sieben weitere genannt werden: Joaquín López y López, Segundo Montes, Juan Ramón Moreno, José Ignacio Martín-Baró, Amando López – wie I. Ellacuría Jesuiten und Kollegen an der Zentralamerikanischen Universität (UCA) in San Salvador – sowie ihre Köchin Elba Julia Ramos und deren Tochter Celina Marisela Ramos. Am frühen Morgen des 16. November 1989 wurden sie von einem Kommando des salvadorianischen Heeres auf brutale Weise ermordet.

Warum wurden sie umgebracht? Jon Sobrino, ihr Mitbruder, der nur zufällig dem Mordanschlag entging, beantwortet diese Frage wie folgt: »Es gab keine gerechten Gründe, sie zu beseitigen, aber für ihre Gegner war es notwendig, sie aus dem Weg zu räumen. Dies entsprang nicht nur der Grausamkeit einer bestimmten Gruppe, sondern ist in den Strukturen eingepflanzt. Gegen jeden, der es wagt, die Götzen des Todes anzutasten, erfolgt mit Notwendigkeit ihre Reaktion ... Die Jesuiten der UCA tasteten die Götzen an, indem sie die Wahrheit über die Situation sagten, deren Ursachen analysierten und Lösungen zu ihrer Verbesserung vorschlugen«. Die Wahrheit, die sie offen sagten, bestand und besteht darin, daß die Mehrheit des Volkes in El Salvador wie überall in der sogenannten »Dritten Welt« in grausamer und ungerechter Massenarmut leben muß und harten Repressionen ausgesetzt ist; und zwar aufgrund der Verabsolutierung des Kapitals durch die herrschende Minderheit sowohl im eigenen Land als auch und vor allem in den Wohlstandsgesellschaften auf der nördlichen Hemisphäre.

Ignacio Ellacuría, 1930 im Baskenland geboren, seit 1949 in Lateinamerika tätig und Staatsbürger von El Salvador geworden, Schüler des deutschen Theologen Karl Rahner und spanischen Philosophen Xavier Zubiri, hat durch seine Reflexionen und sein Engagement erheblichen Anteil daran, daß an dieser Universität Wissenschaft in der Perspektive der Armen betrieben und die Bekehrung der Kirche zu den Armen theologisch und pastoral kompromißlos einzulösen versucht wurde. Schonungslos deckte er mit seinen immer der konkreten Wirklichkeit verpflichteten Reflexionen die vielfach wissenschaftlich bemäntelten Verabsolutierungen bestehender Realitäten auf; statt dessen förderte er eine Sichtweise, die die Mehrheit der Menschen in den Blick nimmt, und das heißt: von den Armen ihren Ausgang nimmt. Inwiefern damit ein folgenreicher Perspektivenwechsel verbunden ist, läßt folgender Auszug aus einem Vortrag deutlich werden, den Ignacio Ellacuría mit Blick auf den 500. Jahrestag der Eroberung Lateinamerikas gehalten hat:

Mit der »Entdeckung« der sogenannten »Neuen Welt« vor 500 Jahren wurde in Wirklichkeit entdeckt – offengelegt –, was Spanien, was die westliche Kultur und was die Kirche zu jenem Zeitpunkt wirklich waren. Sie entlarvten sich, stellten sich bloß, ohne es zu merken. Ihr Gegenüber haben sie nicht »entdeckt«, sondern verdeckt. In Wirklichkeit war es die »Dritte Welt«, die die »Erste Welt« von ihrer schlechtesten und zugleich wirklichsten Seite entdeckte ... Wenn wir es richtig sehen, sagten die Conquistadoren am Anfang der Eroberung, sie kämen, um die Indigenas zu Christen zu machen. Es ist aber offensichtlich, daß sie nicht deshalb kamen; diese Behauptung war eine große Lüge ... Die Wahrheit lautet anders: Spanien ging nach Amerika, um zu herrschen, um zu erobern und die Macht und die Quellen des Reichtums zu vergrößern. Und Spanien kam mit einer ideologischen oder ideologisierten Fracht, die in jener Zeit vor allen Dingen von der römischen Kirche repräsentiert wurde ...
Ihre Bewegungsrichtung erhielt diese Kraft durch ein auf Expansion ausgerichtetes Gesamtsystem, das die Vergrößerung seiner Macht ... und seines politischen Einflusses suchte und durch das herrschende politische Regime repräsentiert wurde. Und dies alles wurde durch eine »christliche« Ideologie gerechtfertigt ...
Wenn wir ehrlich sind, müssen wir auch heute sagen, daß sich die »Erste Welt« generell der »Dritten Welt« in der gleichen Form und mit den gleichen Absichten nähert. Auch heute kommt sie mit einem ideologischen Mäntelchen, das nichts anderes bezweckt, als auf schöne Art die wahren Absichten zu verdecken.

Lesehinweis: J. Sobrino, Sterben muß, wer an Götzen rührt. Das Zeugnis der ermordeten Jesuiten in San Salvador: Fakten und Überlegungen, Fribourg-Brig 1990

Norbert Mette

Todestag von Jakob Böhme (1575-1624) 17. November

Selten hat ein Mann aus der Stille und aus der Enge seiner kleinbürgerlichen Verhältnisse heraus so nachhaltig auf seine Zeit und auf seine Nachwelt eingewirkt wie Jakob Böhme. Dieser schlichte Görlitzer Schuhmacher war ein Mensch mit einer großen seherischen Begabung, ein Autodidakt und überaus fruchtbarer Schriftsteller, schon zu Lebzeiten »philosophus teutonicus« (deutscher Philosoph) genannt. Als einen solchen hat ihn kein geringerer als Hegel bestätigt. Böhme ist ohne Zweifel der bedeutendste nachreformatorische Theosoph und Mystiker; als solcher wurde er von engherzigen »Rechtgläubigen« angefeindet und geringgeschätzt. Doch die Großen des Geistes, unter ihnen Schelling, F. Schlegel, Tieck und Novalis, die russischen Denker Solowjew und Berdjajew haben ihn beschäftigt – ebenso wie die pietistisch »Stillen im Lande«, wie Marxisten, Tiefenpsychologen der Schule C.G. Jungs und Anthroposophen. Ja, die Spannweite und Inspirationskraft Böhmes könnte kaum größer sein. Am Anfang der Botschaft des Philosophus teutonicus steht ein großes Erlebnis, eine das Alltagsbewußtsein durchbrechende Erfahrung, ein spiritueller Durchbruch. Er, der mit den Grundfragen des Menschseins rang, mit der Frage nach der Herkunft des Bösen, mit dem Problem der Ungerechtigkeit in der Welt ..., erlebte die ganze Schöpfung als vom göttlichen Geist durchdrungen, als das ausgesprochene Wort Gottes. Dies Erleben hat Böhme in seinem einzigartigen Erstlingswerk »Aurora oder Morgenröte im Anfang« (1612) eindrücklich geschildert. Man erlebt ihn als einen noch tief Ergriffenen, wenn er dort schreibt:

Als sich aber in solcher Trübsal mein Geist ... ernstlich in Gott erhub als mit einem großen Sturme, und mein ganzes Herz und Gemüte samt allen andern Gedanken und Willen sich alles darein schloß, ohne nachzulassen, mit der Liebe und Barmherzigkeit Gottes zu ringen, und nicht nachzulassen, er segnete mich denn, das ist: er erleuchtete mich denn mit seinem heiligen Geiste ... – so brach der Geist durch. Allda nach etlichen harten Stürmen ist mein Geist durch der Höllen Pforten durchgebrochen bis in die innerste Geburt der Gottheit, und allda mit Liebe umfangen worden, wie ein Bräutigam seine liebe Braut umfängt. Was das aber für ein Triumphieren im Geiste gewesen, kann ich nicht schreiben oder reden. Es läßt sich auch mit nichts vergleichen als nur mit dem, wo mitten im Tode das Leben geboren wird, und vergleicht sich der Auferstehung von den Toten.

Es ist eine überaus bewegte Bild- und Gleichnissprache, der sich Böhme bedient, wenn er seine Schau auf den verschiedenen Ebenen des Seins enthüllt: eine Theosophie, eine Kosmosophie, eine die männlich-weibliche Ganzheit bezeugende Anthroposophie, schließlich eine Christosophie, verstanden als ein Weg der Christusnachfolge, die in der Hochzeit mit der göttlichen Sophia ihre Vollendung findet. Alles in allem: Überaus Erstaunliches aus der Feder eines bibeltreuen lutherischen Christen, der bei aller Bescheidenheit doch auch mit einem großen Selbstbewußtsein den Doktoren von der hohen Schule und den »Maulchristen« entgegentritt, deren Herz blind ist. Dabei ist seine Gottesschau überaus konkret: »Du wirst kein Buch finden, da du die göttliche Weisheit könntest mehr inne finden zu forschen, als wenn du auf eine blühende Wiese gehest. Da wirst du die wunderliche Kraft Gottes riechen und schmecken, wiewohl es nur ein Gleichnis ist ... Aber dem Suchenden ist's ein lieber Lehrmeister. Er findet viel allda«. – Heute noch können Böhmes Schriften zur Besinnung anleiten: seine bedeutungsschwere »Aurora«, die zur Innerung rufende »Christosophia«, die bekenntnishaften »Theosophischen Sendbriefe« oder das »Mysterium Magnum«, eine Art Kommentar zum Buch Genesis.

Leschinweis: J. Böhme, Aurora oder Die Morgenröte im Aufgang (hrsg. v. G. Wehr), Frankfurt/Main ²1986

Gerhard Wehr

18. November — *Gestern war der Geburtstag von Anton Günther (1783-1863)*

Anton Günther, Philosoph und Theologe, geboren 1783 in Lindenau (Böhmen), gestorben in Wien 1863, war einer der einflußreichsten Denker im Leben der österreichischen und deutschen Kirche des 19. Jahrhunderts. In seiner religiösen Entwicklung hat er verschiedene Phasen durchlaufen. Er schreibt in einem Brief: »In der hl. Schrift des alten und neuen Testamentes, in Postillen und Predigtbüchern fand mein Vater seine Unterhaltung und seinen Trost, während andere in der Schenke ihre Zeit vergeudeten. Das setzte ihn auch in den Stand, den Fuhrleuten die Köpfe zu waschen, wenn sie ... ihre Weisheit über das Christentum auskramten d.h. ihren Schmutz, den sie in Prag, München, Leipzig und Hamburg aufgeklaubt hatten. Auf diese Weise wurde die Liebe zum Heiland in mein Herz verpflanzt – durch Wort und Beispiel«. 1803 beginnt er mit dem Philosophiestudium in Prag. Dabei gerät sein kindlicher Glaube ins Wanken und so kommt er von seinem ursprünglichen Plan ab, Theologie zu studieren. Er bleibt bei der Philosophie, nimmt Jura hinzu und setzt sich denkerisch weiter mit seinen Glaubenszweifeln auseinander – doch ohne Erfolg. Gegen Ende des Studiums bahnt sich die Wende an, als er aufgrund des Studiums des Kirchenrechts (!) eine eigenartige Anziehung des Glaubens verspürt. Als er dann 1810 nach Wien übersiedelt, um dort als Privatlehrer seinen Lebensunterhalt zu verdienen, findet er in Klemens Maria Hofbauer, in dessen Kreis er bald eine wichtige Rolle spielt, einen geistlichen Lehrer und Begleiter. Unter seiner Anleitung findet er wieder zu einem lebendigen Glauben. Einige Jahre später beginnt er mit dem Theologiestudium und läßt sich schließlich, 37jährig, zum Priester weihen.

Seit seiner erneuten Hinwendung zum christlichen Glauben sah Günther seine Lebensaufgabe darin, sich den Anfragen der zeitgenössischen Philosophie an den Glauben zu stellen, und diese, ausgehend von der eigenen festen Glaubensposition, philosophisch zu beantworten. Dabei bekämpfte Günther eine ganze Reihe philosophischer und theologischer Strömungen. Worin er selbst die philosophische Lösung sah, kann hier nur in einem (leicht ironischen) Zitat angedeutet werden:

Es gehört ein ganz besonderes Wissen und Gewissen dazu, um den Vorwurf über die Zunge zu bringen: Der Christ dürfe nach unserer (= Günthers) Aussage das nicht glauben, was er nicht begreife, folglich nur soviel glauben, als er begreife. Wie oft werden wir noch das Geständnis machen müssen, daß alles Begreifen, Wissen und Erkennen als ein Nach-denken ein Gegegebenes, Positives in Natur und Geschichte zu seiner Voraus-setzung habe, dessen unmittelbares Wahrnehmen und Halten Glauben in weitesten Sinne des Wortes heißt.

Daß diese philosophische Begründung des Glaubens nicht leicht nachzuvollziehen war, liegt an der Art und Weise, wie Günther für sie gekämpft hat. Er hat nie einen Lehrstuhl innegehabt (alle diesbezüglichen Angebote hat er abgelehnt), sondern ausschließlich durch die Publikationen, Rezensionen, Briefe und vor allem durch persönliche Begegnungen gewirkt. Sein Stil, mündlich wie schriftlich, ist sprunghaft, voller Bilder und Zitate, polemisch. Aber gerade so und insgesamt durch die Ausstrahlung seiner überzeugenden Persönlichkeit hat er andere stark fasziniert. Ähnlich wie um seinen geistlichen Lehrer Hofbauer bildete sich auch um ihn ein Kreis engagierter katholischer Intellektueller aus den verschiedensten Fachbereichen. Einige von ihnen wurden, im Gegensatz zu ihrem Lehrer, Professoren und haben seine Sache weitergetragen.

Günther, der mit größtem Engagement für die Kirche kämpfte, mußte erleben, wie er von derselben Kirche zurückgewiesen wurde. In einer Unterredung mit dem Nuntius sagte er: »Wozu habe ich mich denn durch drei Dezennien mit den Vertretern des Pantheismus in allen Formen abgebalgt, wenn es nicht geschehen ist für den Glauben an den Herrn und an seine Kirche?« Die Antwort lautete: »Dann sind sie wahrlich zu bedauern. Wer wird sich mit diesen verkommenen Leuten abgeben! Ist nicht genug Glaube im Volk wie die Missionen beweisen?« Schließlich wurden nach einem mehrjährigen Prozeß in Rom seine Bücher verboten (1857). Ohne Verbitterung und besonnener als manche seiner Schüler wirkte er bis zu seinem Tod am 24. Februar 1863 weiter. Erst das Erste Vatikanische Konzil rechtfertigte sein Anliegen, Gott mit dem natürlichen Licht der menschlichen Vernunft zu erkennen.

Lesehinweis: J. Pritz, Anton Günther, in: H. Fries/G. Schwaiger (Hg.), Katholische Theologen Deutschlands im 19. Jahrhundert, Bd. I, München 1975, 348-375   *Klemens Baake*

Todestag von Franz Xaver Weigl (1878-1952)   19. November

Dieser unermüdliche und markante Schulmann aus Bayern verkörpert fast 50 Jahre Schulgeschichte von 1903 bis 1952, die er mit seinem Schrifttum inspirierte, begleitete und als Pädagoge, Politiker und Schulaufsichtsbeamter prägte. Wozu hat er sich nicht geäußert, wenn es darum ging, das Mißverhältnis auszugleichen, das zwischen der Schulbildung, den Lehrplänen und Methoden einerseits und den Anforderungen des Lebens andererseits zu beobachten war: Er nahm Stellung zu Fragen der Schulreform, -organisation und -hygiene, zur Konstruktion von Schulbänken, er führte empirische Untersuchungen unter anderem zur Heilpädagogik, zu Phantasievorstellungen bei Mädchen, zu Idealen bei Kindern und zu den Berufschancen von Jugendlichen durch, er schrieb Attacken gegen Schund, Nacktheit und Tabakgenuß, er war Autor und Herausgeber von Lesebüchern, von Heiligenlegenden, eines Reim-Katechismus, und aus alledem ragen heraus die vielen Arbeiten zur Theorie und Praxis der Arbeitsschule. Weigl war der geborene Schulmann, ein begnadeter Lehrer, ein Meister der Unterrichtskunst. Seine Liebe galt der Volksschule. Geboren in einem Landschulhaus als Kind einer Lehrerfamilie, lernt er mit Hilfe der ein paar Jahre älteren Schwester »selbsttätig« das Lesen. Das lernbegierige Kind drängelt sich mit Hilfe der Mutter schon als Vierjähriger in die einklassige Schule des Vaters und als elfjähriger Schüler hat er alles gelernt, was in der Landschule zu lernen war. Entlassen werden kann er noch nicht: Er wird als Kind »Schulhelfer« bei seinem Vater und bereitet sich so als Schüler-Lehrer auf seinen künftigen Beruf vor.
Seine grundlegende pädagogische Erfahrung als Kind nennt er später »Bildung durch Selbsttun«; diese Erkenntnis wird dann für ihn zum obersten didaktischen Gesetz für alles Lehren und Lernen. Als Volksschullehrer und Hilfsschullehrer in München, Mitglied des bayerischen Landtags, zeitweise auch Assistent bei dem großen Ordinarius für Pädagogik und Katechetik an der Münchener Universität, Josef Göttler, kommt er in die Nähe des Katecheten-Vereins und wird zum emsigen und populärsten Verfechter der Grundsätze der Arbeitsschule für den Religionsunterricht, weit über Bayern hinaus:

Wir klagen, daß manche auf den Höhen des Reichtums und des irdischen Glückes stehende Größen des modernen Lebens trotz des Bekenntnisses zum Christentum nicht das geringste Verständnis für soziale Arbeit, für die Not ihrer Untergebenen, für das geistige und körperliche Darben derer haben, die ihre Reichtümer mehren. Wären sie in der Schule hingeführt worden zu werktätigem Christentum, zum Tun, nicht bloß zum Reden in ein paar Religionsstunden, sie müßten in anderer Weise handeln an denen, deren Schicksal sie in ihren Händen tragen.
Wir klagen andererseits darüber, daß in Arbeiterkreisen hier und dort das Pflichtgefühl, der Opfergedanke der Arbeit, die Zufriedenheit mit dem irdischen Los verloren gegangen ist, tun aber nichts dafür, wenigstens den Nachwuchs zur christlichen Auffassung der täglichen Arbeit, zu gewissenhafter Pflichterfüllung aus religiösen Motiven Tag für Tag zu erziehen. Wenn der Religionslehrer mit den wenigen ihm dafür gegönnten Stunden es nicht fertig bringt, höhnt man, und doch wissen wir, daß nicht ein- und zweimaliges Sagen, sondern ständiges Tun zum Ziele führt.

Immer wieder kritisiert er den lebensfernen Intellektualismus und Verbalismus der »alten Schule« und setzt dagegen den Vorrang des Tuns vor dem Reden und den Vorrang der eigenen Tätigkeit vor dem passiven Aufnehmen: »Weniger reden – mehr tun!«. Sein Traum ist die Schule als eine Arbeits- und Lebensgemeinschaft der Schüler unter sich und der Schüler mit den Lehrern.

Lesehinweis: F.X. Weigl, Kind und Religion, Paderborn 1914

Georg Hilger

20. November — Todestag von Agnes Neuhaus (1854-1944)

»Gib, Herr, daß ich erkenne dich, gib, daß mein Herz erkenne mich!« Dieses Gebet des Kirchenvaters Augustinus war das Lieblingsgebet einer Frau, die mehr als 45 Jahre ihres Lebens einbrachte, um »im Dienste des Guten Hirten Menschen zu helfen, die in die Irre gegangen waren, oder in Gefahr standen, in die Irre zu gehen«. Entscheidendes Erlebnis zu diesem Lebensweg war für die 43jährige Agnes Neuhaus, geborene Morsbach, im Jahre 1897 der Besuch auf der Geschlechtskrankenstation im Städtischen Krankenhaus Dortmund gewesen. Danach fühlte die bis dahin in gut bürgerlicher Familie mit drei Kindern lebende Agnes Neuhaus, daß »Frauenhilfe« hier dringend nötig war. Aus dem an der Dortmunder Propsteikirche im Jahre 1900 gegründeten »Verein vom Guten Hirten« entwickelte sich schon 1903 der »Zentralverband der katholischen Fürsorgevereine« mit dem Ziel: »Schutz und Rettung sittlich gefährdeter Mädchen und Frauen, sowie der mißhandelten, gefährdeten und verwahrlosten Jugend«. Unermüdlich reiste Agnes Neuhaus von Stadt zu Stadt, gründete neue Zweigvereine und bildete Mitglieder aus. Im Jahre 1916 umfaßte der Verein bereits 112 Ortsgruppen und 40 Zufluchtshäuser.

Noch vor den heute selbstverständlichen kommunalen Jugend- und Sozialämtern und bereits in der Zeit des zweiten deutschen Kaiserreiches prägte Agnes Neuhaus zusammen mit ihren ersten Mitarbeiterinnen in dieser Pionierarbeit der katholischen Wohlfahrtspflege den Typus der sozial und caritativ wirksamen Frau in Deutschland. Das neue soziale Engagement in der Öffentlichkeit durch die Frauen des Fürsorgevereins stellte sowohl einen bedeutsamen Impuls der katholischen Frauenbewegung dar als auch einen wegweisenden Durchbruch fraulicher Emanzipation:

Die moderne Frauenbewegung verlangt für das weibliche Geschlecht mehr Wissen, mehr Verantwortungsgefühl, mehr Gelegenheit, die Kräfte zu regen, mehr Lebensinhalt. Vielfach wird ihr das streitig gemacht, aber ein Gebiet hat ihr weit die Tore geöffnet – das ist die Caritas, und auf ihrem wunderbaren Boden verwandeln sich alle diese Forderungen in ebensoviele Segensgaben für die Frau selbst und ihre Mitmenschen.

Nach dem Umbruch des Ersten Weltkrieges gehörte Agnes Neuhaus zu den ersten Frauen in der verfassunggebenden Nationalversammlung und war bis 1930 als Mitglied der Zentrumsfraktion im Deutschen Reichstag. Hier konnte sie die drei Komponenten ihrer Jugend- und Gefährdetenfürsorge in vielfältiger Form koordinieren: den engen Anschluß an die Kommunalbehörden, die Arbeit auf gesetzlicher Grundlage und das seelsorgliche Merkmal. Auf das zentrale Ereignis der Sozialgesetzgebung in der Weimarer Republik, die Verabschiedung des »Reichsjugendwohlfahrtgesetzes« im Jahre 1924, nahm sie entscheidenden Einfluß. Als Vorstandsmitglied verschiedener Sozialverbände, unter anderem des »Katholischen deutschen Frauenbundes« und des Deutschen Caritasverbandes, hat Agnes Neuhaus die Stellungnahmen dieser Organisationen maßgeblich mit formuliert.

In den zwölf Jahren des nationalsozialistischen Totalitarismus konnte die freie Wohlfahrtspflege nur im Untergrund weiterarbeiten. Die sozialpolitische Frucht ihrer Arbeit, die reichsgesetzliche Anerkennung der freien Wohlfahrtsverbände, kam erst nach dem Tod von Agnes Neuhaus zu ihrer vollen Reife in den Sozialgesetzen der Bundesrepublik Deutschland sowie in den vielfältigen Diensten des »Sozialdienstes katholischer Frauen«, der heutigen Organisationsform der von Agnes Neuhaus gegründeten Fürsorgevereine.

Lesehinweis: M. Pankoke-Schenk, Agnes Neuhaus, in: Zeitgeschichte in Lebensbildern, Bd. IV (hrsg. v. J. Aretz/R. Morsey/A. Rauscher), Mainz 1980, 133-142

Reimund Haas

Gestern war der Geburtstag von Selma Lagerlöf (1858-1940)

21. November

Als Selma Lagerlöf 24 Jahre alt war, legte sie die Prüfung für das Königliche Lehrerinnenseminar in Stockholm ab. Zehn Jahre lang war sie dann bis 1891 als Lehrerin tätig, bis sie sich ganz der Schriftstellerei widmete. Als sie im Alter von 82 Jahren starb, galt sie zurecht als die große Lehrerin ihres Volkes und zugleich auch als dessen bedeutendste Dichterin. Sie hatte dabei das große Glück, noch zu ihren Lebzeiten für ihr schriftstellerisches Werk hoch geehrt zu werden. So erhielt sie 1909 schon den Nobelpreis für Literatur, wurde Ehrendoktorin der Universität Greifswald und Upsala und schließlich als erste Frau unter die »Achtzehn Unsterblichen« in die Schwedische Akademie aufgenommen. Aber sie wurde nicht nur geehrt, sondern im Gegensatz zu manchem sonstigen gepriesenen Schriftsteller auch viel und gern gelesen. Selma Lagerlöf schlägt in ihren Romanen, Erzählungen und Legenden, die den Hauptteil ihres literarischen Schaffens bilden, keine lauten Töne an. Die stille Bescheidenheit, die ihr Wesen prägt, ist auch kennzeichnend für ihr Werk. Die Wurzeln ihres Schaffens sind dabei in ihrer Heimat- und Naturverbundenheit zu suchen. Heimatverbundenheit aber bedeutet bei ihr zugleich häufig bewußte Hinwendung zur Vergangenheit. Das zeigt sich schon deutlich bei ihrem ersten Roman »Gösta Berling«, mit dem sie es gar nicht so einfach hatte, sich durchzusetzen, und der heute doch als eines ihrer Hauptwerke gilt. Aber man spürt diese Liebe zur Tradition und Landschaft ihrer schwedischen Heimat auch in ihren Kindheitserinnerungen »Marbacka«, einem der wohl schönsten autobiographischen Werke der Weltliteratur, und in der »Wunderbaren Reise des kleinen Nils Holgersson mit den Wildgänsen«. Die Dichterin hatte den Auftrag übernommen, ein Lesebuch zur Heimatkunde zu schreiben, und aus dieser pädagogischen Aufgabe erwuchs ein besonderes Kunstwerk, eine Erzählung für Kinder, die gleichermaßen von den Erwachsenen geschätzt wird, als sie Landschaften, Menschen und Tiere Schwedens auf besonders liebevolle Weise erfaßt. Alle ihre Werke sind durchdrungen von ihrer moralischen Grundhaltung und einer auf protestantischem Lebensgefühl gegründeten Religiosität. Die Verwirklichung ihres christlichen Lebensideals sieht sie dabei aber nicht in Askese oder Frömmelei, sondern in einem ehrlichen und liebevollen Verhalten zu den Mitmenschen, wobei letzteres aber auch die Bereitschaft zu Verzicht und Entsagung einschließen muß. Und der Kampf des Menschen gegen das Tier- und Triebhafte in sich bildet ein wichtiges, immer wiederkehrendes Schlüsselthema ihrer Dichtungen:

Es gibt ein Buch, das »Oceola« heißt. Obgleich es möglich sein kann, daß ich mich nicht recht erinnere und daß es irgend einen anderen prächtigen exotischen Namen führt. Es ist ein Indianerbuch, wie man heutzutage sagt, aber es ist wohl ursprünglich nicht für Kinder geschrieben, sondern war bestimmt, von großen Leuten gelesen zu werden. Ich weiß nicht, wer es verfaßt hat, ich weiß auch nicht, wann es geschrieben wurde, aber es ist wohl recht alt, da es mehr als vierzig Jahre her ist, seit ich es zum ersten Male gesehen habe ... Ich beabsichtige gar nicht, mich durch dieses dicke Buch hindurchzuarbeiten ... ich lese Seite um Seite, solange man mich in Frieden läßt ... der ganze Reichtum des Lebens strömt mir zu. Da sind Liebe, Heldenmut, schöne, edle Menschen, niedrige Schurken, Gefahren und Freuden, Glück und Schmerz. Da sind kunstvoll verschlungene Geheimnisse, die mich in Spannung und Schrecken versetzen. Da ist alles mögliche, wovon ein kleines siebenjähriges Kind nie zuvor hat reden hören. Man versetze einen der erwachsenen Bewohner der Erde auf einen Stern im Weltraume. Ich glaube kaum, daß er diese neue Welt mit glühenderem Eifer untersuchen könnte, mit größerem Interesse, mit einem stärkeren Gefühl, wie wunderbar und glücklich er sei, weil er all dies Ungeahnte kennenlernen dürfe ... Für mich wurde die Bekanntschaft mit diesem Indianerbuche Oceola entscheidend für das ganze Leben. Es erweckte in mir die tiefe, starke Sehnsucht, auch einmal etwas ebenso Herrliches schaffen zu können. Dieses Buch bewirkte, daß ich von den frühesten Kindheitsjahren ab wußte, daß, was ich in kommenden Tagen am liebsten tun wollte, Romaneschreiben war.

Lesehinweis: S. Lagerlöf, Marbacka. Kindheitserinnerungen, München 1987 (dtv 10768)

Heinrich Pleticha

22. November — Geburtstag von André Gide (1869-1951)

»Hast du denn nicht begriffen, daß ich auserwählt bin?« rief der junge Gide einmal seiner Mutter zu. Ein Verzweiflungsschrei? War es doch gerade Madame Gide, die den Sohn mit ihrer streng protestantischen Sexualerziehung in solche Identitätskonflikte trieb, daß dieser seine Berufung mehr und mehr darin sah, eine Befreiungstat zu vollbringen. Mit reformatorischem Eifer sagte er der christlichen Moral den Kampf an – einer Moral, die ihn innerlich zu verstümmeln drohte. André Gide war unter Predigern des Protestantismus aufgewachsen, und die Erziehung seiner Mutter war ganz von moralischer Gesetzestreue durchdrungen. Sie vertrat eine Moral, für die alles Fleischliche schlechthin Sünde war. Bei Gide erwuchs daraus ein Schuldkomplex, der sich schon früh auf die kindliche Angewohnheit zu onanieren fixierte und dem »Ich« verbot, sich aufrichtig zu äußern. »Ich bewege mich in folgendem Dilemma: moralisch sein oder aufrichtig sein«, schrieb er 1892 in sein Tagebuch. Jedes geschlossene System, jede Religion, jede Moral macht den Menschen, der sich ihm unterwirft, in den Augen Gides zwangsläufig unaufrichtig und zum Heuchler. Eine Religion oder Moral anerkennen heißt, »zulassen, daß etwas außerhalb von mir das in mir Mögliche in Rangordnungen einteilt oder genauer: willkürlich das eine verkümmern und das andere wachsen läßt. Das wahre und ureigene Ich wird einem künstlichen und genormten Ich geopfert«.

Als er erstmals aus der Enge seiner Pariser Literaturwelt ausbricht und nach Afrika reist, gelingt es dem damals 24jährigen, sich von den Fesseln seiner Erziehung zu befreien. Er faßt den Entschluß, keine Angst mehr zu haben vor dem, was man »Sünde« nennt. »Das wollte ich von da an entdecken: das authentische Wesen, den alten Menschen, den das Evangelium nicht mehr wollte.« Entwurzelt, befreit von den Gesetzen und den zehn Geboten, so will es Gide, lebt der weise Mensch ohne Moral, gemäß seiner Weisheit. Freiheit bedeutet, sich seiner persönlichen Einmaligkeit bewußt zu werden. »Nur was sich nirgends anders findet als in dir, das halte fest«, so lautet das neue Gesetz, »und schaffe Dich in einmaliger Tat oder in langsamem Werden zum unvergleichlich, ja zum unersetzlich Einzigen«, schrieb er in »Les nourritures terrestres«. Und in dem autobiographischen Roman »Die Falschmünzer« findet sich seine individuelle Ethik im Dialog umschrieben:

»Und als ich mit meinen Überlegungen so weit war, kam ich zu der Frage, wie es mir gelingen könne, ein Gesetz für mich aufzustellen – denn ich wollte ja weder gesetzlos bleiben noch mein Gesetz von irgendwelcher anderen Seite empfangen.«
»Die Antwort scheint mir einfach zu sein: man muß sein Gesetz in sich selber finden. Das Ziel muß lauten: Verwirklichung des eigenen Wesens.«
»Ja, das habe ich mir auch gesagt. Aber damit war ich nicht viel weiter gekommen. Wenn ich wenigstens entdecken könnte, was das Beste an meinem eigenen Wesen ist: dann sollte ich schon bestrebt sein, es zur ›Verwirklichung‹ zu bringen! Aber ich vermag dieses Beste ja nicht einmal zu erkennen... Und so bin ich denn zu Ihnen gekommen, um Ihren Rat zu hören.«
»Ich habe Ihnen keinen zu geben. Diesen Rat: Sie können ihn nur in sich selber finden. Und nur indem Sie leben, können Sie lernen, wie Sie leben müssen.«
»Und wenn ich falsch lebe, bevor ich weiß, wie ich leben muß?«
»Dann wird selbst das falsche Leben Ihnen zur Unterweisung dienen.«

Gides Selbstbewußtsein und sein Liberalismus, der auch das Bekenntnis zur Homosexualität einschloß, führten vorübergehend zu seiner gesellschaftlichen Ächtung. Sein Versuch, die Sünde zu legitimieren und Himmel und Hölle in sich zu vereinen, trug ihm den Bann der katholischen Kirche ein: Im Mai 1952 wurde sein Werk auf den Index verbotener Bücher gesetzt. Die Suche nach seinem »Ich« war aber auch von persönlichen Rückschlägen, von Phasen der Unsicherheit und dem schmerzhaften Kampf um seinen Glauben geprägt. Die größte Tugend blieb für ihn jedoch der Mut, sich keiner äußeren Ordnung zu unterwerfen. Er blieb ruhelos bis an sein Ende. Aber sein Leben gibt Zeugnis von dem redlichen und mutigen Bewußtsein, daß dem Menschen Größe innewohnt.

Lesehinweis: A. Gide, Die Falschmünzer, München [6]1991 (dtv 1749)

Veronika Buter-Strack

Geburtstag von Paul Celan (1920-April 1970) 23. November

1920 in Czernowitz, in der ehemaligen Donaumonarchie geboren, war Celans Muttersprache Deutsch – die Sprache der Juden in der nun zu Rumänien gehörigen Bukowina. Durch die Shoah, den kalkulierten und bürokratisch ausgeführten Massenmord an Millionen von Menschen, wurde sie zur Muttermördersprache. Celan hat den gewaltsamen Tod seiner Eltern, wie alle Überlebenden der Vernichtung, niemals verwunden. Sein bekanntestes Gedicht, die »Todesfuge«, nennt den Tod einen »Meister aus Deutschland«. In seinem Pariser Exil, wo er als Übersetzer und Deutsch-Lektor arbeitete, schrieb er auch weiterhin Gedichte in deutscher Sprache:

Erreichbar, nah und unverloren blieb inmitten der Verluste dies eine: die Sprache.
Sie, die Sprache, blieb unverloren, ja, trotz allem. Aber sie mußte nun hindurchgehen durch furchtbares Verstummen, hindurchgehen durch die tausend Finsternisse todbringender Rede. Sie ging hindurch und gab keine Worte her für das, was geschah, aber sie ging durch dieses Geschehen. Ging hindurch und durfte wieder zutage treten, ›angereichert‹ von all dem.

Ab dem Band »Die Niemandsrose« beginnt Celans Auseinandersetzung mit biblischer und jüdisch-mystischer Tradition, die er seinem eigenen Dichten kreativ-widersprüchlich anverwandelt. Celan suchte die geistige Nähe zu jüdischen Dichtern und Denkern wie Ossip Mandelstam, Sergej Jessenin, Nelly Sachs, Gustav Landauer, Walter Benjamin und Margerete Susman. »Der Meridian«, Cclans Dankrede bei der Entgegennahme des Georg-Büchner-Preises 1960 in Darmstadt – von Celan in den Rang eines »Glaubensbekenntnisses« eingestuft –, legt seine poetologischen Grundüberzeugungen offen: Geschichtlichkeit und Infragestellung der Kunst, Dialogizität des Gedichts als einem Sprechen »in eines Anderen Sache ... – wer weiß, vielleicht in eines ganz Anderen Sache«.
Celans Bedeutung für die Theologie ist in vieler Hinsicht noch unerschlossen. Zu Ansätzen jedweder »Verwertung« stellt sich sein Werk, das allgemein als »dunkel« und »hermetisch« empfunden wird, jedoch quer. Quer zur Zeit zu stehen und das Moment der Diskontinuität, begründen Lebensrecht und Movens Celanscher Dichtung. Im Medium der Dichtung verwirklicht er die Aufgabe des Eingedenkens: das Leiden der Opfer dem Vergessen zu entreißen;

den Einspruch als Widerwort zur Vernichtung, der Shoah. Die Gedichte »Tenebrae« und »Psalm« treiben eine religiöse Sprechhaltung an den Rand der Blasphemie – die extremen Formulierungen stellen die traditionellen Antworten jüdischen und christlichen Glaubens auf die Probe –, um in solcher Spannung ihre Fragwürdigkeit zu demonstrieren. Die Leiden des Gekreuzigten spiegeln das Leiden des jüdischen Volkes und umgekehrt. Die Gedichte seiner letzten Lebensjahre, bevor er, der ein erneutes Ausbrechen des Antisemitismus registrierte, sich selbst 1970 in Paris den Tod gab, zeichnen sich, am Rand des Verstummens angesiedelt, durch ein bestürzendes Todes-Wissen aus, gehen aber, anders als die jüdische Holocaust-Theologie, nicht den Weg der Selbstbehauptung in der Bedrohung, sondern der Preisgabe.

Psalm

Niemand knetet uns wieder aus Erde und Lehm,
niemand bespricht unsern Staub.
Niemand.

Gelobt seist du, Niemand.
Dir zulieb wollen
wir blühn.
Dir
entgegen.

Ein Nichts
waren wir, sind wir, werden
wir bleiben, blühend:
die Nichts-, die
Niemandsrose.

Mit dem Griffel seelenhell,
dem Staubfaden himmelswüst,
der Krone rot
vom Purpurwort, das wir sangen
über, o über
dem Dorn.

Lesehinweis: P. Celan, Ausgewählte Gedichte. Zwei Reden (Nachwort von B. Allemann), Frankfurt/Main 1980 (st 604)

Lydia Koelle

24. November — Geburtstag von Baruch Spinoza (1632-1677)

Am 21. Februar 1677 starb in den Haag im Alter von nur 44 Jahren Baruch Spinoza an einer Tuberkulose, die er sich wahrscheinlich beim Schleifen optischer Gläser geholt hatte, einer Arbeit, mit der er sich seinen Lebensunterhalt verdiente, um von niemandem abhängig zu sein. Zeitgenossen schätzen seine sympathischen Umgangsformen, Freude an Kleidung und bescheidenem Lebensgenuß bei grundsätzlichem Verzicht auf Reichtum – er hat mehrere Erbschaften zurückgewiesen –, intellektuelle Klarheit, eine wunderbare Ruhe des Gemüts und unbestechliche Wahrheitsliebe. Er lebte die Philosophie in seiner Person. In seinem Nachlaß fand man neben einer großen Bibliothek nur ein paar unbedeutende Habseligkeiten. Zu seinem Nachlaß gehört aber auch ein Werk, das von vielen Dichtern, Philosophen und Wissenschaftlern hoch geschätzt wird. Lessing, Herder, Goethe, Hegel, Heine, Nietzsche, Einstein, um nur einige zu nennen, fühlen sich von seiner Philosophie inspiriert. Und wenn nicht alles täuscht, ist das Ende seiner Wirkung noch gar nicht abzusehen. Läßt man zeitbedingte Einseitigkeiten und einige unzulängliche Überlegungen unberücksichtigt, dann hat die Grundstruktur seines Denkens große Chancen, auch in Zukunft die Weltauffassung nachdenklicher Menschen zu bestimmen. Seine Philosophie markiert einen Umbruch, der schon von den Zeitgenossen empfunden wurde. Daher mußte er mit vielen Schwierigkeiten leben. 1656 spricht die Synagoge seiner Heimatstadt Amsterdam über den jungen Juden den großen Bann aus, 1660 muß er die Stadt verlassen. Seine Schriften werden verboten. Er selbst wird auch von Christen diffamiert wie kaum ein anderer Philosoph. Was machte seine Gedanken so anstößig?

– Er war einer der ersten, der die Bibel radikal kritisierte. Sie war für ihn voll von Widersprüchen, fehlerhaften Angaben und unglaubhaften Deutungen, auf keinen Fall ein Werk göttlicher Inspiration. Was sie über Gott sagt, war für ihn unannehmbar. Das Verbot, sich von Gott ein Bild zu machen, bezog er auch auf das Buch selbst, in dem dieses Bilderverbot erstmals formuliert ist.

– Er leugnete die Freiheit des menschlichen Willens, weil er in der ganzen Natur eine einheitliche Kausalität am Werk sah, die auch den Menschen umfaßt. Trotzdem formuliert er in seinem Hauptwerk »Ethik« viele beherzigenswerte Anweisungen für ein vernünftiges Handeln, wobei er so tut, als ob der Mensch frei wäre. Letztlich bleibt Freiheit für ihn eine Selbsttäuschung des Menschen, die daher rührt, daß er die ihn bestimmenden Ursachen nicht kennt.

– Er zerstört die weit verbreiteten Vorstellungen von einem Gott, der die Welt lenkt, sich in der Geschichte offenbart, die Menschen bestraft oder belohnt. Gott liebt niemanden in besonderer Weise. Aber gegen den Vorwurf des Atheismus hat er sich zeitlebens zu Recht gewehrt. Sein ganzes Werk ist ein einziger Gottesbeweis. Man hat ihn als seinsfromm und sogar gotttrunken bezeichnet. Gott findet er nicht jenseits der Welt. Er findet Gott in der Natur und die Natur in Gott (»Deus sive natura«). Alles bildet eine große Einheit. Die ganze Welt ist göttlich und das Göttliche welthaft. Er hat zu beweisen versucht,

daß nichts gegen die Natur geschieht, daß diese vielmehr eine ewige, feste und unveränderliche Ordnung innehält ... und daß wir aus den Wundern weder das Wesen noch die Existenz und folglich auch nicht die Vorsehung Gottes erkennen können, daß vielmehr all das weit besser aus der festen und unwandelbaren Ordnung der Natur begriffen werden kann ... Gottes Ratschluß, Geheiß, Spruch und Wort sind nichts anderes als das Wirken und die Ordnung der Natur selbst.

– Am Göttlichen haben auch die Menschen Anteil. Das Höchste, wozu sie fähig sind, ist eine geistige Liebe zu Gott (»amor dei intellectualis«).

Man hat die Lehre Spinozas abwertend als Materialismus und Naturalismus bezeichnet. Viel eher ist sie eine rationale Metaphysik, in deren Kern ein Stück Mystik lebt. Gern zitiert er den Satz, den Paulus auf dem Areopag gesprochen hat: »In ihm (Gott) leben wir, bewegen wir uns und sind wir ... Wir sind von seiner Art« (Apg 17,28).

Lesehinweis: B. Spinoza, Die Ethik (hrsg. v. O. Bausch), Hamburg 1989 (PhB 92)

Werner Trutwin

Geburtstag von Angelo Roncalli (1881-1963) 25. November

Über Angelo Giuseppe Roncalli, den späteren Papst Johannes XXIII., gibt es viele erstaunliche Anekdoten. Aber keine kann sich messen mit dem Text, den er selber am 29. Januar 1903 in sein geistliches Tagebuch schrieb. Roncalli war damals Seminarist in Rom, 21 Jahre alt, noch nicht einmal zum Subdiakon geweiht. Da notierte er:

Heute war ein großer Festtag; ich habe ihn in Gesellschaft des hl. Franz von Sales, meines geliebten Heiligen verbracht. Wie herrlich ist seine Gestalt als Mann, Priester und Bischof. Wenn ich so sein könnte wie er, würde es mir nichts ausmachen, auch wenn sie mich zum Papst wählen würden.

Am selben Tag nahm er sich vor, nur das Gewöhnliche zu tun – aber auf eine ungewöhnliche Weise: »Große, brennende Liebe zu Jesus Christus und seiner Kirche, unwandelbare Heiterkeit des Gemüts, unsägliche Sanftmut gegenüber dem Nächsten, das ist alles«.

Dieser Maxime blieb er 60 Jahre lang treu – bis zu seinem Tode am Pfingstmontag 1963, mitten im Zweiten Vatikanischen Konzil, das er einberufen hatte. Das Volk liebte ihn als den »Guten Papst mit den großen Ohren«; er konnte zuhören, die Zeichen der Zeit lesen und darin den Willen Gottes erkennen.

Bezeichnend dafür ist eine unscheinbare Episode während des Konzils. In einer Konzils-Debatte, die er am Fernseher verfolgte, erlebte er, wie einem armen zerschundenen Bischof aus dem Ostblock ziemlich barsch das Wort entzogen wurde, weil er sich nicht an die Tagesordnung hielt. Der Papst erkundigte sich und erfuhr, daß der Redner aus einem Zwangsarbeitslager gekommen war. Dort hatte man ihn umbringen wollen, indem man ihn auf eine Kipplore band und den Abhang hinunterstieß. In dieser Todesgefahr machte er das Gelübde, etwas für die Verehrung des hl. Josef zu tun. Er brach sich viele Knochen, aber er kam mit dem Leben davon. In Rom konnte er sein Gelübde einlösen und wäre doch erfolglos geblieben, wenn der Papst nicht eingegriffen hätte. Auf seine Anordnung wurde in den römischen Meßkanon der Satz eingefügt: »Wir ehren ihren Bräutigam, den hl. Josef«.

Die Theologen, die Liturgiker waren ziemlich entsetzt; so hatten sie sich die Liturgie-Reform nicht vorgestellt. Einzig der evangelische Theologe Karl Barth trat auf die Seite des Papstes und rühmte Josef als den Mann des Glaubens und des schweigenden Gehorsams. Erst allmählich begriffen die Liturgiker die Tragweite des päpstlichen Erlasses. Seit Jahrhunderten, besonders seit dem Konzil von Trient, hatte der römische Meßkanon als irrtumsfrei und unveränderlich gegolten. Der Eingriff des Papstes glich darum einem Dammbruch. Heute haben wir – von manchen nicht autorisierten Texten abgesehen – vier offizielle Hochgebete im Meßbuch, dazu den Kanon von der Versöhnung, drei Hochgebete für Kindermessen und weitere für besondere Anlässe; alle auch in der Muttersprache.

Das ist typisch für die Bewegung, die Johannes in die Kirche gebracht hat. Unter dem warmen Anhauch seiner Güte schmolz manches dahin, was zu Eis erstarrt war, verlor manches aber auch seine Berechenbarkeit und Tragfestigkeit. Johannes hat die Fenster geöffnet, frischen Wind hereingelassen, dabei nicht verhindern können, daß Staub aufgewirbelt und Papier durcheinander gefegt wurde. Er konnte nicht alle Konsequenzen seines Wirkens überschauen. Sein Geheimnis war, daß er es auch gar nicht wollte. Denen, die meinten, nur ein päpstliches Machtwort könne wieder Ordnung schaffen, hielt er entgegen: »Man glaubt gewöhnlich und hält es für richtig, daß selbst die alltägliche Redeweise des Papstes voll von Geheimnis und Tiefsinn sei. Dem Beispiel Jesu ist aber viel näher eine gewinnende Einfachheit, die Hand in Hand geht mit der Klugheit der Weisen und Heiligen, denen Gott beisteht«.

Lesehinweis: Johannes XXIII., Geistliches Tagebuch, Freiburg 1968 ff.

Bernhard Gertz

26. November   Todestag von Josef von Eichendorff (1788-1857)

Bekannt ist er auch heute noch, etwa 200 Jahre nach seiner Geburt. Von den einen verehrt und geliebt als Dichter zahlreicher Volkslieder, von den anderen leicht belächelt und als Naivling abgetan: Josef Freiherr von Eichendorff. Geboren in den wirren Zeiten des ausgehenden 18. Jahrhunderts, erlebt er in seiner Familie eine sehr abwechslungsreiche, feierfreudige, unkomplizierte und bildungsintensive Kindheit wie Jugendzeit. Aber auch der Tod zweier jüngerer Geschwister muß verarbeitet werden, ebenso der langsame, unaufhaltsame Verfall des elterlichen Besitzes. Eichendorff hätte sich enttäuscht und verletzt zurückziehen können, aber er stellt sich immer wieder neue Aufgaben, egal, an welchem der häufig wechselnden Wohnorte er sich auch befand. Auch sein Juraexamen und seine Beamtenlaufbahn machen ihn nicht träge. Eichendorff findet bis zum Ende seines Lebens immer wieder neue Welten und Perspektiven trotz seiner wachsenden Distanz zu den gesellschaftlichen und kulturellen Vorgängen während seines letzten Lebensjahrzehnts. Seine tiefe Religiosität läßt ihn ein Leben lang Kraft und Geborgenheit erfahren:

Die zwei Gesellen

Es zogen zwei rüst' ge Gesellen
Zum erstenmal von Haus,
So jubelnd recht in die hellen,
Klingenden, singenden Wellen
Des vollen Frühlings hinaus.

Die strebten nach hohen Dingen,
Die wollten, trotz Lust und Schmerz,
Was Rechts in der Welt vollbringen,
Und wem sie vorübergingen,
Dem lachten Sinnen und Herz. –

Der erste, der fand ein Liebchen,
Die Schwieger kauft' Hof und Haus;
Der wiegte gar bald ein Bübchen,
Und sah aus heimlichem Stübchen
Behaglich ins Feld hinaus.

Dem zweiten sangen und logen
Die tausend Stimmen im Grund,
Verlockend' Sirenen, und zogen

Ihn in der buhlenden Wogen
Farbig klingenden Schlund.

Und wie er auftaucht' vom Schlunde,
Da war er müde und alt,
Sein Schifflein das lag im Grunde,
So still war's rings in die Runde,
Und über die Wasser weht's kalt.

Es singen und klingen die Wellen
Des Frühlings wohl über mir;
Und seh ich so kecke Gesellen,
Die Tränen im Auge mir schwellen –
Ach Gott, führ uns liebreich zu dir!

Eichendorff stellt hier zwei polare Lebenswege gegenüber. Sie sind Verirrungen, die in seinen Augen dem menschlichen Leben drohen: das kleine, engbegrenzte Philistertum (»sie wissen nur von Kinderwiegen, von Sorgen, Last und Not um Brot«) und der entgrenzte, haltlose Selbstverlust. Zwar beginnen beide Gesellen ihren selbständigen Weg mit hohen Zielen und Ansprüchen an sich selbst. Der erste findet aber sofort seine Erfüllung: er setzt sich ins gemachte Nest, der Schwiegervater sichert seine Existenz, Nachwuchs ist bald da, seine kleine Welt – ohne viel eigenes Zutun – macht ihn schon zufrieden. Der zweite Geselle, dessen Schicksal den Dichter wohl mehr bewegt (er widmet ihm zwei Strophen), lebt mit allen seinen Sinnen die Fülle des Lebens aus, ohne zu merken, wie er sich dabei verliert. Am Ende seines Lebensweges erwarten ihn Kälte und Tod. Eichendorff läßt den Betrachter, der um die Wege »kecker« Gesellen und ihr mögliches Scheitern weiß, in Traurigkeit verfallen. Er wendet sich schließlich mit einem Stoßseufzer an den liebenden Gott, der Ende und Ziel aller Lebenswege ist: »Ach Gott, führ uns liebreich zu dir«.

Lesehinweis: J. von Eichendorff, Gedichte, Frankfurt/Main 1987 (it 1060)

Elisabeth Lochthowe

Todestag von Elisabeth Zillken (1888-1980)   27. November

Der Name Elisabeth Zillken ist untrennbar mit der Gesetzgebung der Sozialhilfe in Deutschland verbunden. Sie, die älteste von fünf Kindern, wuchs in der ArbeiterInnengemeinde Wallerfangen auf. Dort bestand seit 1791 eine Porzellanmanufaktur der Familie Villeroy, die eine Stiftung für soziale Angelegenheiten ins Leben gerufen hatte. Neben Kanalisation, Krankenhaus und Kloster hatte diese auch bei der Vergabe von Darlehen für Grundstückerwerbungen, bei der Begabtenförderung von Jugendlichen und Weiterbildung Erwachsener wesentlichen Einfluß. Dem Kuratorium dieser Stiftung gehörte E. Zillkens Vater an. So gewann sie früh tiefe soziale Eindrücke, die ihr ganzes Leben prägten. Am Mittagstisch ihrer Familie führten die an den sozialen Einrichtungen Mitarbeitenden Gespräche über die Frage eines gerechten sozialen Ausgleichs und über die anstehenden notwendigen Veränderungen seitens der sozialen Einrichtungen. »Ich hörte einfach zu. Die Leute haben wahrscheinlich gedacht, ich verstünde nichts davon. Ich weiß heute noch zum Teil, von welchen Leuten damals die Rede war und welchen Leuten geholfen werden mußte... Die soziale Hilfe war zwar patriarchal, aber doch menschlich sehr nah«, analysierte E. Zillken rückblickend in der Dankesrede anläßlich ihres 90. Geburtstags.

Ein Schwerpunkt ihrer Arbeit nach 1918 war die Mitarbeit an der Sozialgesetzgebung. Vor allem das Verhältnis von Fürsorge und Arbeitsverwaltung – besonders die Schaffung von Frauenarbeit, von Arbeitsplätzen auch für schwächere Kräfte damals in Zeiten wirtschaftlicher Spannung – nahm einen großen Stellenwert ein. Immer wieder mahnte sie bei der Erarbeitung von Gesetzestexten, die Realität nicht aus den Augen zu verlieren. So beschreibt sie in dem Artikel »Frau und Rechtspflege« weitblickend und sehr realistisch die Probleme durch die fehlende Mitwirkung der Frau an der Gesetzgebung.

Die ... Vertiefung und Verfeinerung von Recht und Gerechtigkeit ist heute besonders nötig, um die Rechtspflege den schwierigen und verwickelten Aufgaben der Zeit anzupassen. Das Leben des einzelnen, der Frau, des früh aus der Familie heraustretenden Jugendlichen, das Familienleben als solches sind in weit stärkerem Maß als früher mit diesem komplizierten Leben der Öffentlichkeit und der Gesellschaft verknüpft, so daß Frauen- und Mutterarbeit hier wie auf allen Gebieten des öffentlichen Lebens hinzukommen muß. Die Bedeutung der Frauenmitwirkung in der Rechtspflege aber geht über diese selbst hinaus zur Gesetzgebung und von ihr in die Rechtspflege zurück. Die Gesetzesanwendung liefert das wertvollste Material für die Fortentwicklung des Rechts. Die Frau sieht in der Rechtspflege, wie die Gesetze wirken, wo sie ergänzungs- und abänderungsbedürftig sind. Vieles in unseren Gesetzen ist heute unsozial, anderes einseitig vom Standpunkt des Mannes gemacht (doppelte Moral). In der Gesetzgebung unserer Tage zeigt sich, daß wir in einer Kulturkrise leben. Die neue Kultur wird von Mann und Frau zusammen aufgebaut, auch auf einem so wichtigen Kulturgebiet wie dem des Rechts. Die Mitwirkung der Frau in der Gesetzgebung ist seit 1919 gegeben, aber sie wird wertvoller und fruchtbarer zu Gunsten eines sozialen und gerechten Rechts, wenn sie Gesetzesanwendung und Wirkung in der Rechtspflege erlebt und mitgemacht hat.

Aus diesem Verständnis heraus ist ihre umfangreiche Mitarbeit an der Fortentwicklung der Sozialhilfegesetze im Parlament und außerparlamentarisch, wie etwa in den bischöflichen Ausschüssen, eine logische Konsequenz.
Wie eine Prophetin beschreibt sie aufgrund ihrer Praxiserfahrungen das Problem von Institution und Menschlichkeit: »Das Fachliche ist heute selbstverständlich, aber es ist noch mehr mit der menschlichen Nähe zu verbinden. Das Fachliche ist auch wichtig, und wir müssen es pflegen. Aber was nicht fehlen darf, das ist die menschliche Nähe, die menschliche Nähe zum einzelnen Notleidenden, der/die Hilfe braucht. ... Es kommt auf Gespräch miteinander an. ... Das Sprechen miteinander lernt man. Man muß dafür wie auch in den anderen Dingen geschult werden. Es gehört zu den wichtigsten Aufgaben..., die menschliche Nähe als entscheidendes Kriterium der Hilfe wieder voll zum Tragen zu bringen.« Jesu ausdrückliche Hinwendung und sein Ernstnehmen der alltäglichen Sorgen der Menschen haben die Spiritualität und das Leben von Elisabeth Zillken geprägt – ein Impuls für uns auch heute noch.

Lesehinweis: H. Mockenhaupt, Elisabeth Zillken, in: J.v. Aretz/ R. Morsey/ A. Rauscher (Hg.), Zeitgeschichte in Lebensbildern, Band VI. Grünewald 1984, 214-230

Ursula Schachl-Raber

28. November — Geburtstag von Stefan Zweig (1881-1942)

Wenn sich unser Leben immer mehr ausdifferenziert, wenn sich Kulturen befruchten und mischen, dann kommen Fragen nach der eigenen Herkunft, nach dem, was bleiben könnte, nach dem Erbe der eigenen Kultur. Denn: Bäume sind nur schwer zu verpflanzen, in fremdem Boden und fremder Luft verkümmern sie schnell. Beides – die unablässige Suche nach dem Erbe, den Wurzeln, und die Verzeiflung über die gewaltsame Vertreibung – zeichneten das Leben Stefan Zweigs. Geboren 1881 in Wien, jener faszinierend abgründigen Hauptstadt einer sich ihrem Ende zuneigenden Herrschaftsform und Gesellschaft, sog er alteuropäische Geistigkeit und großbürgerliches Leben auf – zugespitzt durch das Bewußtsein jüdischer Traditionen. Der Schock des Ersten Weltkriegs, der Zerfall kultureller Selbstverständlichkeiten, das Erlebnis neuen Grauens – der Nazi-Diktatur – prägten den immer weltläufigen, weitgereisten, das Fremde begehrenden Erfolgsautor Stefan Zweig. Doch immer waren ihm die Gefahren des Verlustes abendländischer Indentität deutlich. Nicht erst die Verfemung durch die Nazis, sein Exil in England und Brasilien verschärften seine Sorge um die rechte Vergegenwärtigung des Vergangenen. Mit seinen Büchern – über bemerkenswerte Menschen, über bedeutende Schicksalsmomente, über außergewöhnliche Leidenschaften und Erlebnisse – wollte Stefan Zweig Brücken zwischen Gegenwart und Geschichte bauen. Ganz konzentriert auf den Wert und die Unantastbarkeit des geschichtsträchtigen Individuums schuf er noch heute faszinierende biografische Werke, die nicht zuletzt ihren Autor selbst als gefährdeten einzelnen in seiner Zeit spiegeln:

Niemand aber haben wir dankbarer zu sein als jenen, die in einer unmenschlichen Zeit wie der unsren das Menschliche in uns bestärken, die uns mahnen, das Einzige und Unverlierbare, das wir besitzen, unser innerstes Ich, nicht preiszugeben. Denn nur jener, der selbst frei bleibt und gegen alles und alle, mehrt und erhält die Freiheit auf Erden.

Stefan Zweig steht für eine wesentliche Spur europäischen Geistes: die Rettung des Individuums und Wahrung seiner Handlungsfähigkeit – auch im Untergang. Ihm Vernachlässigung gesellschaftlicher Einbindungen vorzuwerfen, mag berechtigt sein. Doch gerade dieser geistige Makel wirft ein Licht auf die Schwäche europäisch-bürgerlicher Bestimmungen des einzelnen. Dennoch: Mögliche Verführungen, mögliche tragische politische Irrtümer – auch sie mußte Stefan Zweig verarbeiten – sollten nicht zur Folge haben, auf die angesprochene Suche nach unserem Erbe, zu dem Tragik, Größe und Leid des einzelnen gehören, zu verzichten. Stefan Zweig stand dafür auch persönlich ein, bis zu seinem Suizid im Jahr 1942 – fern von Europa, in Petropolis/Brasilien.

Lesehinweis: St. Zweig, Europäisches Erbe (hrsg. v. R. Friedenthal), Frankfurt/Main 1990

Winfried Nonhoff

Todestag von Maria Theresia (1717-1780)   *29. November*

Maria Theresia: Erzherzogin von Österreich, Großherzogin der Toskana, Königin von Ungarn und Böhmen, Römisch-Deutsche Kaiserin.

Der unerwartete frühe Tod ihres Vaters, Kaisers Karl VI., machte 1740 seine erst 23jährige, älteste Tochter zur Erbin der Monarchie und stürzte sie in einen Kampf auf Leben und Tod um die Erhaltung ihres Erbes gegen die übermächtig erscheinende Koalition ihrer Gegner Preußen, Bayern, Sachsen, Frankreich und Spanien. In diesem acht Jahre währenden »Österreichischen Erbfolgekrieg« hat die junge Königin von Ungarn eine ganz Europa in Staunen versetzende Energie bewiesen und ihr väterliches Erbe mit Ausnahme von Schlesien, das sie an ihren großen Gegenspieler, Friedrich II., abtreten mußte, bewahrt. Außerdem erreichte sie das ihr so wichtige Ziel, daß ihr Gemahl Franz Stephan nach dem Tod des Wittelsbachers Karl VII. 1745 in Frankfurt zum Kaiser gekrönt wurde. Im gleichen Jahr, während der Krieg gegen Frankreich und dessen Verbündete in Italien und den Niederlanden noch drei Jahre andauerte, hat sie, wie sie im Rückblick schrieb

herzhaft agieret, alles hazardieret und alle Kräfte angespannt, danach aber die Gedenkensart...allein auf das Innerliche deren Länder gewandt.

Damit begann die große »Theresianische Staatsreform«, wobei ihr im Hintergrund bleibender Gemahl eine größere Rolle spielte, als man gemeinhin annimmt. Nach dem »Wechsel der Koalitionen« von 1756 hat sie unter vermeintlich günstigeren Voraussetzungen, nun ihrerseits gestützt auf eine große Koalition, ihren Erzfeind Friedrich auf den Rang eines »Markgrafen von Brandenburg« zurückzuführen gehofft. Als am Ende des Siebenjährigen Krieges die Erreichung dieses Ziels nahe schien, wurde Friedrich durch das »Mirakel des Hauses Brandenburg«, den Tod der Zarin Elisabeth, vor dem Untergang gerettet. Noch ein viertesmal hat dann im »Bayerischen Erbfolgekrieg« von 1778/79 die alt und schwach gewordene »Kaiserin-Wittib«, dem Drängen ihres »Mitregenten« Joseph und ihres Staatskanzlers Kaunitz nachgegeben und einem weiteren Waffengang gegen Friedrich zugestimmt, zugleich aber hinter dem Rücken ihres Sohnes mit Friedrich verhandelt. So kam es unter französicher und russischer Vermittlung am 13. Mai 1779, dem 62. Geburtstag der Kaiserin, zum Frieden von Teschen, der Österreich aus dem bayerischen Erbe nur das Innviertel brachte.

Von den sechzehn Kindern, die sie geboren hatte, waren sechs im Kindesalter, meist an Blattern, gestorben, von den verbliebenen weilten fünf fern von Wien.

Über ihren Tod am Abend des 29. November 1780 berichtete ihre älteste Tochter Maria Anna: »3stund vor ihrem Tod brachte der Störck (der Leibarzt der Kaiserin) eine mixtur. Sie lächelte und sagte: Ich bedanke mich, diß gehört nur um mich auf zu halten, diß nehme ich nicht... Fünf minuten vor ihrem Tod stund sie von ihrem Sessel auf und machte einige schritt bis zu ihrer Chaise longe, wo sie zusammen sank. Mann legte sie so gut als möglich hinauff, sie helffte sich noch selbst. Der kayser sagte: Ihro Majestät liegen sehr übel. Ja, sagte sie, aber gut genug um zu sterben. Sie machte noch drey vier athem -zug und verschied«.

»Sie machte Frieden! Das ist mein Gedicht/War ihres Volkes Lust und ihres Volkes Segen/Und ging getrost und voller Zuversicht/Dem Tod als ihrem Freund entgegen./Ein Welteroberer kann das nicht./Sie machte Frieden! Das ist mein Gedicht«, schrieb Matthias Claudius.

Von Johann Wilhelm Ludwig Gleim hieß es schon zwei Jahre vor ihrem Tod: »Die Kaisermutter, sagt man, sei/dem edlen Frieden hold./Sie hätte Krieg und Kriegsgeschrei/um Bayern nicht gewollt./Ist es wahr, dann Viktoria!/Dann liebt der Kriegesmann/die heilige Theresia,/dann betet er sie an«.

Lesehinweis: A. Wandruszka, Maria Theresia. Die große Kaiserin, Göttingen-Zürich-Frankfurt 1980

Adam Wandruszka

30. November — Geburtstag von Otto Karrer (1888-1976)

22 Jahre Mitglied der Gesellschaft Jesu, von 1910-1923, und von 1967-1976, dazwischen Ordensaustritt, vorübergehender Eintritt in ein lutherisches Predigerseminar (1923), Rückkehr zu Katholischen Kirche, Indizierung eines Buches (1941), Predigtverbot (1941/42), war Otto Karrer einer der fruchtbarsten theologischen Schriftsteller seiner Zeit. Eine Biografie von Umwegen und Brüchen und doch zugleich tiefer Kontinuität. Zwei Themenkreise bestimmen sein reiches Werk; Gott und Kirche. Bei den Mystikerinnen und Mystikern, bei Meister Eckhart, Augustinus und Newman, in den Religionen geht er der Begegnung mit Gott nach. Gewissen, Glaube, Gebet sind zentrale Themen. Der Ruf Gottes, des »ewigen Du«, sucht die Antwort des Glaubens, und Ruf wie Antwort sind, auch außerhalb des Christentums, Werk der Gnade. Im Gebet findet dies seinen Ausdruck, dessen Schätze mehrere Schriften Karrers erschließen. Das offene und ehrfürchtige Bemühen um »das Religiöse in der Menschheit« läßt Kirche als Ort katholischer Fülle sehen, das zweite große Thema. Pionier christlicher Einheit, als dies noch verdächtigt wurde, will er in »ökumenischer Katholizität« Getrenntes zusammenzuführen: Geistliches Amt, besonders das Petrusamt, und evangelische Freiheit, Schrift und Tradition, Christus als Mitte und Marienverehrung. Die Liebe zur Hl. Schrift findet ihren Ausdruck in seiner Übersetzung des Neuen Testaments.

Es gibt in der Geistes- und Religionsgeschichte der Menschheit nicht nur nichts Tieferes in allem Tiefsinnigen und Heiligen, das darin aufscheint – es gibt in Wahrheit nirgends sonst etwas so Tiefes und Heiliges, so erschütternd Großes wie Jesus Christus, seine Person, sein Wort, sein Leben in Selbsthingabe bis an das Kreuz. Ähnliches gibt es in allen Religionen, Heiliges lebt in aller Sehnsucht der Menschenseele, in allen Gebeten und Taten der mystischen Gottes- und Menschenliebe ... Etwas Ähnliches verehren die Stämme in allen Völkern ... Es sind Menschen der Ehrfurcht, und wo Ehrfurcht ist, da ist Gott. Ihn meinen sie, wenn sie das ewige Sein meditieren. Ihn, wenn sie um seine Hilfe bitten, Ihn – und das ist das Höchste und Reinste, was Menschen dieser Zonen geschenkt ist –, wenn ihr Gebet nicht Ihn bewegen will, sondern von Ihm sich bewegen läßt. Eines aber fehlt ihnen: sie haben Gnade empfangen, doch nicht jene »Gnade über Gnade«, den Heiligen Gottes schauen zu dürfen, die Person, in der Gott als erbarmende Liebe zum erbarmungswürdigen Menschen kam, den Sohn, in dessen Namen wir »Vater« sagen dürfen. Durch ihn wird der Mensch seines ewigen Du gewiß und eben damit seiner selbst als Person aus Gott und zu Gott, als Kind der ewigen Liebe. Wenn die Frommen des Fernen Ostens versucht sind, das eigene Selbst als bloße Täuschung zu erklären, als vergänglichen Tropfen im ewigen Meer des Seins ..., so verdankt der christusgläubige Mensch seinem Heilbringer das demütige und hohe Bewußtsein der Menschenwürde in Gott.

Ohne das ewige Du ist der Mensch wirklich bloß Torso, zum Bruchstück verkürzt. Mensch, Person in Würde und Verantwortung für sich selbst und in Ehrfurcht vor seinesgleichen sich zu wissen ist das Geschenk der Liebe Gottes, die in Jesus Christus, dem Boten dieser Liebe, zu uns gekommen ist.

Nicht Konzilstheologe, gehört Otto Karrer doch zu den Vätern des Zweiten Vatikanischen Konzils. Erst 1963 wird er kirchlich voll rehabilitert. Otto Karrer starb 1976 und liegt in Luzern begraben.

Lesehinweis: M. Schoch (Hg.), Otto Karrer. Ein Lesebuch, Freiburg/Schweiz 1992

Hans Gasper

Todestag von Charles de Foucauld (1858-1916)   *1. Dezember*

Dieser Mann, Charles de Foucauld – am 15. September 1858 als Sohn einer begüterten aristokratischen Familie in Straßburg geboren, am 1. Dezember 1916 in seiner Einsiedelei in Tamanrasset bei einem Überfall eher aus Versehen umgebracht – ein Mann der Lebensvielfalt und der Widersprüche. Er kannte fast alles damals Interessante: Paris und die Wüste; die guten Bürger Frankreichs und die Allerärmsten in den Städten und Dörfern des Orients und Nordafrikas; das leichtsinnige Wohlleben und die freiwillige Armut in solidarischer Freundschaft mit Jesus und den Bedürftigen (der Arme in seiner Arm-seligkeit offenbart Gott, dort hat Gott selbst in Jesus seinen untersten und verborgensten Platz gefunden); den kolonialisierenden, militarisierten Nationalismus und die universale Brüderlichkeit (»Ich möchte, daß alle Einwohner, Christen, Moslem, Juden und Heiden, mich als ihren Bruder, den Bruder aller Menschen betrachten«; ich will »Freund sein für alle, Gute und Böse«). Mit fünfzehn Jahren hatte er seinen Glauben verloren: zu langweilig! Ein Forscher und Sucher; sein Gebiet: die marokkanische Wüste (später ein Wörterbuch Tuareg/Französisch, eine Sammlung der Tuareg-Dichtungen). Auch Gott-Sucher in langem Verweilen in Kirchen, dann die Bekehrung Oktober 1886: »Sobald ich glaubte, daß es einen Gott gibt, verstand ich auch, daß ich nichts anderes tun kann, als nur ihm zu leben«. Seitdem vereindeutigte sich sein Leben immer mehr. Aus der Enge der Spiritualität des 19. Jahrhunderts fand er für sich als Lebensform die verborgene und leise Mystik des Evangeliums (»Jesus – das einzige Modell!«, »der Mensch Jesus!«), die Mystik der Entäußerung, die Mystik des Nichtwissens, die mystische Nähe zu den Nichtglaubenden: bei ihnen sein, »ohne ihnen jemals ein Wort über Gott oder die Religion zu sagen, indem man sich geduldet, wie Gott sich geduldet, indem man gut ist, wie Gott gut ist«. »Der Schrei des Evangeliums ist das Leben.« Ein unermüdlicher Beter, ein unermüdlicher Arbeiter. Missionar aus Sorge um das Heil – und dennoch gelassen in Hoffnung auf die Großmut Gottes. »In der Gegenwart leben und das jetzt mögliche tun.« Er wollte mehrere Orden gründen und fand keinen einzigen Gefährten. Seine Ideen wurden erst in diesem Jahrhundert wirksam, in geistlichen Gemeinschaften und Orden wie den »Kleinen Schwestern Jesu« und den »Kleinen Brüdern Jesu«, aber auch in dem für die Pastoral bestimmenden Prinzip der Teilnahme. Ein der Gemeinschaft verbundener Bischof meint: »Mission heißt nicht nur, daß wir unser Haus einladender gestalten, sondern auch, daß wir hingehen und in den Häusern der anderen wohnen. Wenn man bei ihnen lebt, nimmt man ihre Gebräuche an, ihre Gewohnheiten, ihre Art sich auszudrücken; man bleibt dann nicht mehr der gleiche, der man vorher war«. So entspricht es der Herzensrichtung des Lebens Charles de Foucaulds: die Unauffälligkeit und Gewöhnlichkeit der Lebensweise Jesu in Nazareth zu vergegenwärtigen. Drei Monate vor seinem Tod schreibt er:

Lk. 2, 50-51: »*Und er stieg mit ihnen hinab und kam nach Nazareth, und er war ihnen untertan ...*« *Er stieg hinab: sein ganzes Leben war ein Hinabsteigen: er stieg hinab, indem er Mensch wurde; er stieg hinab, indem er ein kleines Kind wurde; er stieg hinab, da er gehorsam war; er stieg hinab, indem er sich arm und hilflos machte, ausgewiesen, verfolgt, hingerichtet wurde, und immer den letzten Plan einnahm:* »*Wenn ihr zu einem Fest geladen seid, so setzt euch auf den letzten Platz*«. *Das hat er selbst getan, seit er auf dem Fest des Lebens erschien, bis zu seinem Tod. Er kam nach Nazareth, an den Schauplatz des verborgenen Lebens, des Alltagslebens, des Familienlebens, des Gebetes, der Arbeit und Unscheinbarkeit, der stillen Tugenden, die er übte und deren Zeuge nur Gott, seine Verwandten und seine Nachbarn waren. Er kam nach Nazareth, an den Schauplatz dieses heiligen, demütigen, wohltätigen, ruhmlosen Lebens. Dreißig Jahre lang gab er das Beispiel eines solchen Lebens, wie die meisten Menschen es führen.*

Lesehinweis: Ch. de Foucauld, Der letzte Platz, Einsiedeln [7]1979

Hans Günther Bender

2. Dezember Geburtstag von Carl Trimborn (1854-1921)

Der am 2. Dezember 1854 in Köln in einer politisch interessierten Familie geborene Karl Trimborn zeigte schon als Gymnasiast sein organisatorisches Talent, das er später so erfolgreich entfalten sollte. Im Studium der Rechtswissenschaft schulte der ausgesprochen gesellige Rheinländer seine rednerische Begabung und überwand dabei einen angeborenen Sprachfehler. Nachdem er sich als »einfacher Rekrut von der Pike auf« in der Kölner Zentrumspartei hinaufgedient hatte, wurde er 1890 zunächst zum 2. Vorsitzenden des neugegründeten »Volksvereins für das katholische Deutschland« gewählt. Im Volksverein, der sich schnell zur Volkshochschule für das katholische Deutschland entwickelte, wurde er dank seiner ungewöhnlichen organisatorischen Fähigkeiten, seines unermüdlichen Einsatzes und seiner sozialpolitischen Kenntnisse zum »Generalinstrukteur«:

Wer den alternden Trimborn in den letzten Jahren an der Arbeit gesehen, in den zahlreichen Sitzungen, Konferenzen, Besprechungen, immer dabei, immer aufmerksam, in zäher Ausdauer, unermüdlich, den faßte Bewunderung. Dieser Mann hätte das Leben wahrhaftig leichter haben können. Aber er hielt sich gebunden an die Pflicht.

Als »Organisator Rhenaniae« prägte Trimborn die Zentrumspartei auf allen Ebenen. Als Stadtverordneter in Köln (1883-1913) förderte er mit seinem Talent zum Ausgleich in einer planvollen kommunalen Sozialpolitik beispielsweise eine städtische Arbeitslosenversicherung. Als Vorsitzender des größten Landesverbandes übte er seit 1896 ein Doppelmandat als Mitglied des Preußischen Abgeordnetenhauses und des Reichstages aus. Seine Generation war geprägt von der Erinnerung an den Bismarckschen Kulturkampf, dessen Folgen im Rheinland besonders schmerzlich gewesen waren und dessen Wiederkehr zu verhindern höchstes Ziel der politischen Arbeit blieb. In beiden Parlamenten erwarb Trimborn sich große Verdienste um die Sozialpolitik. Dabei setzte er sich nachdrücklich für den gewerblichen Mittelstand, für Handwerker, Beamte und Arbeiter ein, wobei ihm seine glänzende Redegabe und sein rheinischer Humor zustatten kamen, um trockene Gesetzesvorlagen genießbar zu machen und lange Debatten aufzulockern.

Im Ersten Weltkrieg wuchsen ihm weitere Aufgaben zu: 1914 zum ersten Vorsitzenden des Volksvereins gewählt, übernahm er im selben Jahr die Kulturverwaltung im besetzten Belgien. Hier könnte er manche Spannungen zwischen der deutschen Besatzungsmacht und der Bevölkerung sowie dem belgischen Episkopat mildern. Als im November 1918 »niemand da war, den die Partei präsentieren konnte«, übernahm Trimborn nach langem Sträuben auch das Innenressort in der letzten kaiserlichen Regierung.

Nach dem Zusammenbruch der Monarchie und dem Umsturz von 1918 entwickelte sich Trimborn bei den Weimarer Verfassungsberatungen zum prominentesten Vertreter seiner Fraktion für eine föderative Neugliederung des Reiches. 1919/20 zum Vorsitzenden der Fraktion und Partei des Zentrums gewählt, lehnte er für sich die Bildung einer Regierung ab, um weiter die politische Uneinigkeit unter den deutschen Katholiken eindämmen zu können. Seine Selbstlosigkeit in der Vertretung politischer und kirchlicher Interessen war unbestritten, seine gläubige, allem »Klerikalismus« abholde Katholizität ungeheuchelt. Aus seiner langjährigen parlamentarischen Praxis, seiner demokratischen und sozialen Grundauffassung resultierte eine nüchterne Besonnenheit, die der Zentrumspartei und den deutschen Katholiken in den Umbruchsjahren vom Kaiserreich zur Weimarer Republik zugute kam.

Lesehinweis: R. Morsey, Karl Trimborn, in: Zeitgeschichte in Lebensbildern, Bd. I (hrsg. v. J. Aretz/ R. Morsey/ A. Rauscher), Mainz 1973, 81-93

Reimund Haas

Todestag von Franz Xaver (1506-1552) — 3. Dezember

Der Beginn der neuzeitlichen christlichen Missionsarbeit außerhalb Europas verbindet sich mit dem Namen des Spaniers Franz Xaver, 1506 auf dem Schloß Javier bei Navarra geboren, seit seiner Pariser Studienzeit Freund und Gefährte des Ignatius von Loyola, Gründungsmitglied der Gesellschaft Jesu, seit 1541 in Asien, wo er in Indien, Malakka, später in Japan die christliche Botschaft verkündete, bis er, ohne daß sein Wunsch, nach China zu gehen, in Erfüllung ging, auf der Insel Sancian vor Kanton starb. Wie einst Paulus fühlte er sich gedrängt, das Evangelium in aller Welt zum Heil der Menschen zu verkündigen. In einem ergreifenden Schreiben an Ignatius schreibt er am 20. September 1542:

Es packt mich, wie oft, das Verlangen, in die Universitäten Europas zu stürmen, schreiend mit lauter Stimme, wie einer, der nicht bei Sinnen ist; vor allem in Paris wollte ich's alle hören lassen, deren Wissen größer ist, als der Wunsch, hiervon guten Gebrauch zu machen; vor versammelter Sorbonne wollte ich's ihnen zurufen: wie viele Seelen verlorengehen durch ihre Gleichgültigkeit! Wenn sie mit dem gleichen Eifer, den sie den Studien zuwenden, auch jene Rechenschaft überdenken würden, die Gott, unser Herr, dereinst von ihnen fordern wird; wenn sie mit der gleichen Wachsamkeit die ihnen vom Herrn verliehenen Talente prüfen wollten – wie viele von ihnen müßten erschüttert sein! Sie würden die Mittel zu ihrem Heile ergreifen, sie würden Geistliche Übungen halten, diese Übungen, ausersehen, sie im Innersten ihrer Seele den heiligen Willen Gottes erkennen zu lassen und ihn zu begreifen in seiner Tiefe. Und sie würden sich diesem göttlichen Willen fortan bereitwilliger als ihren eigenen Neigungen hingeben, sprechend: »Herr! Siehe, hier bin ich. Was willst Du, daß ich tun soll? Sende mich, wohin Du willst, und wenn es gut ist, selbst bis nach Indien!«

Solche Aufrufe mögen an heutigen Universitäten fremd wirken. Man würde sie wahrscheinlich als Zeugnis europäischer Überheblichkeit ablehnen. Doch sind sie das wirklich? Aufrütteln möchte Franz Xaver die Christen Europas. Von deren Gleichgültigkeit und Vergeudung der Talente ist die Rede. Franz Xaver weiß sich von Gott durch Jesus Christus gerufen, der Welt Heil zu verkünden. Die Frage, ob diese Überzeugung nicht auch in den Religionen Asiens bereits wuchs, weil Gott überall in den Menschen spricht, konnte vor der Berührung mit den Ländern Asiens nicht aufkommen. Umso erstaunter war Franz Xaver über die hohe Kultur, die er in den Ländern des Fernen Ostens vorfand, aber auch über die Formen der Frömmigkeit und der Innerlichkeit. Die Überzeugung, daß Gott überall als Schöpfer greifbar ist, ließ ihn nach Gottesnamen auch in anderen Sprachen suchen. Die Not gegenseitigen Verstehens wurde ihm selbst nirgends so deutlich vor Augen geführt wie in Japan. Wie sollte der japanische Übersetzer »Gott« im Japanischen wiedergeben? »Kami« besagte eine Vielzahl von Göttern und göttlichen Wesen. Der Buddhismus kannte eigentlich keinen eigenen Gottesbegriff. Dann schien sich die Rede vom »großen Licht«, ein Attribut des höchsten Buddha der Shingon-Schule wie auch ein Attribut des christlichen Gottes anzubieten – bis sich Franz Xaver selbst als Künder der buddhistischen Lehre verstanden sah. War nun das Umschwenken auf eine japanisierte Form des lateinischen »Deus« die Lösung? Die Japaner lachten und verspotteten den europäischen Missionar: »Daiuso« heißt im Japanischen die »große Lüge«. Die Botschaft von einem Gott, der sich auch durch die Abkehr der Menschen von ihm nicht von seinem Heilsplan für seine Welt und Menschheit abbringen läßt, ist eine bleibende Verpflichtung für alle, die an einen solchen Gott glauben, nicht zu schweigen. Daß diese Verpflichtung nicht davon dispensiert, den Fremden in seiner Fremdheit zu respektieren und Überzeugungen in einem Prozeß der Gegenseitigkeit zueinander zu vermitteln, ist eine Einsicht, die in den Jahrhunderten nach Franz Xaver erst langsam wächst. Nur bleibt es dabei: Die Gleichgültigkeit ist keine Lösung.

Lesehinweis: E. Stürmer, Der Mann aus Feuer. Franz Xaver, Nettetal 1984

Hans Waldenfels

4. Dezember   *Todestag von Hannah Arendt (1906-1975)*

Handelnd und sprechend schalten Menschen sich in die Welt ein, die existierte, bevor sie geboren wurden und die fortdauert, wenn sie gestorben sind. Handelnd und sprechend wird die Welt zum Beziehungsgefüge menschlicher Angelegenheiten, zur Mitwelt, in der Menschen einander im Handeln und Sprechen offenbaren, wer sie sind. Diese Selbstmitteilung der Person geschieht auch dann, wenn es im Sprechen und Handeln der Menschen inhaltlich um ganz und gar objektive Dinge geht. Denn dem Handeln und Sprechen kommt eine ent-bergende Qualität zu, jedes Wort identifiziert den Täter »und verkündet, daß er es ist, der handelt, nämlich jemand, der sich auf andere Taten und Entschlüsse berufen kann, und sagen, was er weiterhin zu tun beabsichtigt«. Aber da Handeln niemals in Isolation, sondern immer im Miteinander zum Handeln begabter Menschen geschieht, gibt es niemals nur Täter, sondern immer auch Leidende, an denen gehandelt wird. Das Leiden ist die Kehrseite des Handelns, das zwar Beziehungen stiftet, so aber, daß diesen Beziehungen immer das Moment des Scheiternkönnens innewohnt. Immer laufen Menschen Gefahr, aneinander schuldig zu werden, weil Handeln schrankenlos, unübersehbar ist und niemand weiß und wissen kann, welche Prozesse sein Handeln in Gang setzt. So stellt Hannah Arendt fest, daß es zum Wesen des Handelns gehört, »Anfänge zu begrenzen«. Hier aber liegt für sie das politische Problem par excellence, denn um Menschen in der Welt Heimat zu sein, muß das instabile Bezugsgewebe menschlicher Angelegenheiten bewohnbar gemacht werden, es muß »Institutionen« geben, die die Mitwelt der Menschen halbwegs stabilisieren, damit sie in ihr Stand und in der Zeit Halt finden können.

Handeln als solches ist aporetisch, weil seine Folgen unabsehbar sind und es als Getanes niemals ungeschehen gemacht werden kann. Handeln also ist die Aporie schlechthin, weil es keine Alternative dazu gibt, denn Menschen, die aufhörten zu handeln, würden dadurch aufhören, Menschen zu sein. Es muß also »etwas« geben, das die Zerbrechlichkeit und Schrankenlosigkeit des Handelns zumindest teilweise aufwiegt, ohne seine Initiativität zu zerstören. Als dieses »Etwas«, als politische »Institutionen« gegen die Aporien des Handelns nennt Hannah Arendt »Versprechen« und »Verzeihen«:

Das Heilmittel gegen Unwiderruflichkeit – dagegen, daß man Getanes nicht rückgängig machen kann, obwohl man nicht wußte, und nicht wissen konnte, was man tat – liegt in der menschlichen Fähigkeit zu verzeihen. Und das Heilmittel gegen Unabsehbarkeit – und damit gegen die chaotische Ungewißheit alles Zukünftigen – liegt in dem Vermögen, Versprechen zu geben und zu halten. Diese beiden Fähigkeiten gehören zusammen, insofern die eine sich auf die Vergangenheit bezieht und ein Geschehenes rückgängig macht, dessen »Sünde« sonst, dem Schwert des Damokles gleich, über jeder neuen Generation hängen und sie schließlich unter sie begraben müßte; während die andere ein Bevorstehendes wie einen Wegweiser in die Zukunft aufrichtet, in der ohne die bindenden Versprechen, die wie Inseln der Sicherheit von den Menschen in das drohende Meer des Ungewissen geworfen werden, noch nicht einmal irgendeine Kontinuität menschlicher Beziehungen möglich wäre, von Beständigkeit und Treue ganz zu schweigen.

Lesehinweis: H. Arendt, Vita activa oder Vom tätigen Leben, München 1985 (SP 217)

Anne Heusmann-Eßer

Todestag von Niels Stensen (1638-1686) *5. Dezember*

Wollte man die Biographie eines erfolgreichen Naturwissenschaftlers schreiben, dessen Lebenswerk sich durch Entdeckungen und nachhaltige Wirkung auszeichnet, dann ließe sich über den aus Kopenhagen gebürtigen Forscher Niels Stensen eine Arbeit von nicht geringem Umfang erstellen. Schon kurz nach Abschluß seines Medizinstudiums entdeckte der damals Zweiundzwanzigjährige bei der Sektion eines Schafskopfes den Verbindungsgang von der Ohrspeicheldrüse zur Mundhöhle, der später nach seinem Entdecker »Ductus Stenonianus« benannt wurde. Er entwickelte Ideen für die Erforschung des Gehirns, die über lange Zeit in der Hirnforschung Beachtung fanden. Achtundzwanzigjährig erhält der schon in ganz Europa berühmte Anatom die Stellung eines Leibarztes beim Großherzog von Florenz, Ferdinand II. di Medici. Sechs Jahre später beruft ihn König Christian V. von Dänemark als »Königlichen Anatom« nach Kopenhagen. Zwischen 1666 und 1670 führten ihn mehrere längere Forschungsreisen an verschiedene Orte Italiens und Südeuropas. Seine Leistungen auf dem Gebiet der Geologie wurden noch 1881 in einer Gedenktafel gewürdigt, die der in Florenz tagende Geologenkongreß hier anbringen ließ.

Aber auch dann, wenn man die Biographie einer geistlichen Karriere und eines theologischen Denkens schreiben wollte, wäre Niels Stensen eine hierfür geeignete Gestalt. Geboren in einem protestantischen Elternhaus und in der Kopenhagener Lateinschule zusammen mit zukünftigen Pastoren ausgebildet, näherte er sich in einem längeren Prozeß der katholischen Kirche. 1667 verlieh er dieser Entwicklung durch seine Konversion Ausdruck. Ostern 1675 wurde er in Florenz zum Priester geweiht, rund zweieinhalb Jahre später erfolgte in Rom die Bischofsweihe. Der katholische Herzog von Hannover, Johann Friedrich, bat, Stensen möge als Apostolischer Vikar für die Nordischen Missionen nach Hannover kommen. Diesem Wunsch entsprach Stensen im Dezember 1677. Die Aufgaben im Norden Europas waren schwierig, mit Anfeindungen verbunden und nur wenig erfolgreich. Zweieinhalb Jahre war er Weihbischof in Münster, das er nach einer bitteren Enttäuschung verließ. Die letzten drei Lebensjahre verbrachte er in Hamburg und Schwerin, wo er nur als einfacher Seelsorger auftreten durfte. Im Oktober 1988 wurde Niels Stensen, dessen Grabmal sich in der Kirche San Lorenzo in Florenz befindet, seliggesprochen.

Dieser Pendelschlag seines Lebens, der ihn in zwei Welten zu Hause sein ließ, gab vielen Anlaß zu Verwunderung und Irritation. So war Johann Friedrich von Hannover nicht wenig enttäuscht, in ihm anstelle des erhofften kompromißbereiten Universalisten einem überzeugungsstarken Vertreter der katholischen Linie zu begegnen. Doch Stensens Leben war auch gezeichnet vom Pendelschlag zwischen zwei Welten, die sich im Zeitalter der konfessionellen Spaltung Europas in zwei so unterschiedlichen Regionen wie Skandinavien und Italien ausgeprägt hatten. Für eine Persönlichkeit mit den geistigen Anlagen eines Niels Stensen mußte diese Vielfalt eine ungeheure Herausforderung darstellen. Er versuchte sie zu bewältigen in einer an den Naturwissenschaften geschulten, eigenständigen Suche nach der Wahrheit. In diesem Sinne hatte er schon als Zwanzigjähriger in sein Tagebuch notiert:

Gib Gott, daß ich mir die Abstinenz von jeder Sünde befehle und hauptsächlich von einem vorschnellen und nicht gut durchdachten Urteil oder einer Behauptung über etwas, das ich – gleich ob wenig oder viel – jedenfalls nicht ganz genau weiß.

Lesehinweis: H. Wieh, Niels Stensen. Sein Leben in Dokumenten und Bildern, Würzburg 1988

Ferdinand Angel

6. Dezember   *Todestag von Leonhard Ragaz (1868-1945)*

24. Mai 1921. Das akademische Zürich hat seinen Skandal. Leonhard Ragaz hat seine Demission als Professor für Theologie an der Universität für das folgende Wintersemester eingereicht und verzichtet auf seine Pensionsansprüche. Ragaz ist 52 Jahre alt, verheiratet, Vater zweier Kinder, die noch in der Ausbildung stehen. Ein Mann in den besten Jahren und bester, gesellschaftlicher Stellung, mit vollen Hörsälen, der Glanz der Fakultät. Es wird gemunkelt, daß der führende Kopf der religiös- sozialistischen Bewegung für den Friedensnobelpreis vorgeschlagen werden soll. Aber Ragaz will nicht mehr Pfarrer für eine bürgerliche Kirche ausbilden. Eine Kirche, die sich nicht nur von ihren reformatorischen Wurzeln entfernt hat, sondern verkommen ist von der Trägerin in der Reich-Gottes-Botschaft zur staatsnahen, religiösen Institution bürgerlicher Moral. Pfarrer und Studenten versuchen Ragaz zum Bleiben zu bewegen. Die kantonalen Behörden lassen den unbequemen Kritiker gerne ziehen. Ragaz ist nicht nur entschiedener Aussteiger. Er will mit diesem Schritt genauso radikal tiefer einsteigen in die Verwirklichung des Reiches Gottes. Familie Ragaz verläßt das Nobelviertel Zürichberg und zieht in das Arbeiterviertel Aussersiehl. Dort gründet Ragaz eine Lehr- und Lernwerkstatt: Bibelarbeit, Wirtschafts- und Rechtskurse, Frauen- und Gewerkschaftsarbeit stehen auf dem Programm für die Arbeiter. Jenseits staatlicher oder kirchlicher Strukturen arbeitet er mit denen zusammen, die sich für eine gerechtere, menschlichere, für eine sozialistisch-genossenschaftliche Gesellschaft einsetzen. Wo Gerechtigkeit praktiziert wird, gleich unter welchem weltanschaulichen Vorzeichen, weiß er Christus incognito wirken. Dort ist das Kommen des Reiches Gottes zu erleben:

Denn in der Welt und für die Welt soll das Reich kommen, das nicht von dieser Welt ist. Diese Welt ist als Gottes Schöpfung doch voll göttlicher Möglichkeiten. Daß sie heraustreten, darin besteht das Kommen des Reiches. Aus der Schöpfung Gottes entfaltet sich das Gottesreich Christi. Es kommt durch Gottes Kraft, aber es kommt auch durch die Menschen, also durch das Zusammenarbeiten Gottes und der Menschen. Der Gedanke, daß wir Mitarbeiter sind, gehört notwendig zum lebendigen Gott und dem Gottesreiche.... Das wird die Formel für unsere Stellung zur Welt: wir fliehen sie nicht, wir kapitulieren nicht vor ihr, wir harren als Mitarbeiter Gottes des Reiches und ergreifen im Glauben dessen Verheißungen.

In Gewerkschaften, Friedensgruppen und in der Sozialdemokratischen Partei der Schweiz (SP) engagiert sich Ragaz. Es sind für ihn die Bewegungen, in denen die biblischen Verheißungen leben. Als »Religiöser Sozialist« einer der führenden Köpfe der SP, kommt es 1935 für Ragaz auch mit der Partei zum Bruch. Die Sozialdemokraten entscheiden sich für eine parlamentarische Unterstützung des Militärs. Ragaz verläßt die Partei. Der Weg der konsequenten Nachfolge Christi ist wieder wichtiger als das realpolitische Kalkül. »Kirchenfrei, parteifrei« will er »in Christus allem Volk gehörig sein. Und erst recht dem Proletariat«. Ragaz' Alterswerk gilt den Ursprüngen: auf 3000 Seiten kommentiert er die Bibel. Es ist keine Exegese, sondern eine gesellschaftsrelevante-theologische Reflexion. Es ist die Frucht des Kampfes »um die Botschaft vom Reich Gottes und seiner Gerechtigkeit für die Erde«.

Lesehinweis: L. Ragaz: Religiöser Sozialist, Pazifist, Theologe und Pädagoge (hrsg. v. Leonhard-Ragaz-Institut), Darmstadt 1986

Wilfried Köpke

Kirchlicher Gedenktag von Ambrosius von Mailand (339-397)   *7. Dezember*

Ambrosius entstammte einer römischen Adelsfamilie und wurde 339 in Trier geboren. Nach dem Tod des Vaters zog er von dort mit seiner Mutter und seinen Geschwistern nach Rom zurück, wo er sich nach rhetorischen und juristischen Studien dem Staatsdienst zuwandte. 370 wurde er Statthalter der Provinz Aemilia-Liguria mit Sitz in Mailand. Nach seiner Wahl zum Mailänder Bischof im Jahre 374 gewann er schnell Anerkennung und Autorität beim Volk und beim zuvor zerstrittenen Klerus. Selbst die Kaiser, denen er manchmal unerbittlich entgegentrat, schätzten ihn als Berater und Freund.

Bei seinen heute zum Teil befremdlich wirkenden kirchenpolitischen Aktionen ließ sich Ambrosius von der Überzeugung leiten, im Besitz des rechtgläubigen und deshalb allein berechtigten Bekenntnisses zu sein und die Politik für die Förderung der einen wahren Kirche in Anspruch nehmen zu können. Wenn er das nicänische Glaubensbekenntnis durchzusetzen suchte, wenn er die Übergabe einer von kaiserlichen Truppen belagerten Basilika an die Arianer verweigerte und die staatliche Unterstützung heidnischer Kulte verhinderte, wenn er schließlich Kaiser Theodosius verbot, eine von Christen niedergebrannte Synagoge wiedererrichten zu lassen, dann entspringt all dies dem Grundsatz, daß Wahrheit und Irrtum nicht gleichberechtigt sind. Der weltliche Herrscher kann im kirchlichen Bereich keine Entscheidungsgewalt beanspruchen; er steht in der Kirche, nicht über ihr. Die Glaubensfreiheit des einzelnen hat Ambrosius oft betont – aber Kirche und Staat sind zur Verehrung des wahren Gottes verpflichtet und dürfen den Irrtum nicht unterstützen. Der Gedanke an eine weltanschauliche Neutralität des Staates oder an gesellschaftlichen Pluralismus lag Ambrosius, wie jedem (spät)antiken Menschen, fern.

Seine vornehmste Aufgabe sah Ambrosius jedoch in der Seelsorge, die das treibende Motiv seiner Politik, Theologie und Schriftstellerei war. Das betraf zunächst die ganz auf die Mitwirkung des Bischofs ausgerichtete Liturgie. Intensiv widmete er sich der Predigt und der Unterweisung der Gläubigen – die meisten seiner zahlreichen Schriften und Briefe sind aus konkretem Anlaß verfaßt oder überarbeitete Predigten –, der Vorbereitung der Taufbewerber, der Betreuung der Neugetauften und der geistlichen Führung Ratsuchender. Daneben sorgte er sich in vielfältiger Weise um die Armen und Schwachen seiner Gemeinde. Für die Bewältigung der sozialen Probleme hat Ambrosius auch seinen eigenen Besitz zur Verfügung gestellt und Kirchengüter herangezogen. Auf den Vorwurf, Besitz der Kirche, ja sogar liturgische Geräte für den Loskauf von Gefangenen verschwendet zu haben, erwiderte er:

Es ist der stärkste Beweggrund zur Barmherzigkeit, Mitleid mit fremdem Unglück zu haben und Notlagen anderer abzuhelfen, soweit es in unseren Kräften steht – und manchmal sogar darüber hinaus. Denn es ist besser, sich wegen der Barmherzigkeit verantworten zu müssen oder Nachstellungen zu ertragen als Hartherzigkeit zu zeigen. So haben wir uns einmal Mißgunst zugezogen, weil wir gottesdienstliche Geräte zerbrachen, um Gefangene loszukaufen … Obwohl wir in diesem Fall nicht ohne Grund handelten, haben wir uns dennoch so an das Volk gewandt, daß wir deutlich darauf hinwiesen und feststellten, es sei besser gewesen, dem Herrn die Seelen als das Gold zu bewahren. Er sandte nämlich die Apostel ohne Gold aus und führte die Kirchen ohne Gold zusammen. Die Kirche besitzt das Gold nicht, um es aufzubewahren, sondern um es auszugeben und in Notlagen zu helfen.

Man wird Ambrosius also nicht gerecht, wenn man sein kirchenpolitisches Handeln zu sehr betont. Mag er auch aufgrund seiner Herkunft und Stellung Autorität und Führungsqualität besessen haben, Herrschaftsstreben und Eitelkeit lagen ihm fern. Er selbst lebte arm und asketisch und unterbrach Arbeit und Schlaf immer wieder zum Gebet. Dabei war er aber nicht verschlossen und abweisend, sondern liebte Gastlichkeit, Freundschaft und Humor. Seiner persönlichen Unzulänglichkeit und seiner Sünden war er sich durchaus bewußt. Er starb am 4. April 397 und wurde in der Basilica Ambrosiana zu Mailand beigesetzt. Sein Fest wird am 7. Dezember, dem Tag seiner Bischofsweihe, gefeiert.

Lesehinweis: Ambrosius, De sacramentis/De mysteriis. Lateinisch-deutsch (übers. u. eingel. v. J. Schmitz), Freiburg 1990 (Fontes Christiani 1)

Peter Dückers

8. Dezember — Geburtstag von Adolf Kolping (1813-1865)

»Wer Menschen gewinnen will, der muß sein Herz zum Pfande setzen«, war einer der Wahlsprüche Adolf Kolpings.

Schon immer hatte der am 8. Dezember 1813 in Kerpen geborene Sohn des Gemeindeschäfers »Pierre Külping« gespürt, daß er mehr konnte und wollte als sein gelerntes Schusterhandwerk auszuüben. »Mein Wissen genügte mir nicht, meine Fertigkeiten in meinem Fache schienen mir, nach Vorstellung, die ich davon hatte, nicht hinzureichen, des Dorflebens wurde ich überdrüssig ...«

Kolpings Weg führte ihn zunächst weg von dem Milieu, aus dem er stammte, und das sein Leben maßgeblich geprägt hatte. Sein Streben ging zu Höherem, er wurde Priester und er verspürte einige Male sogar Verachtung für den Handwerkerstand. Daß die Lebensbedingungen der Handwerker immer schlechter wurden, sah er zu diesem Zeitpunkt nicht. Es war gleichsam wie eine Bekehrung, daß Kolping zur Solidarität mit den einst so verachteten Handwerkern zurückfand. Eine zentrale Einsicht des jungen Kolping war hier, daß man das Leben nicht aus Büchern lernt.

Seit diesem Zeitpunkt engagierte er sich unermüdlich und zäh für eine Veränderung der gesellschaftlichen Verhältnisse. Scharf wendet er sich gegen eine weitverbreitete Mentalität, die die bestehende Wirklichkeit nur beklagt und allein der Schlechtigkeit der Menschen zuschreiben will. Auf solche Pessimisten war der Gesellenvater zeitlebens nicht gut zu sprechen. Er war bestimmt von einem unerschütterlichen Glauben an Gott und an die Menschen. Beides gehört für ihn untrennbar zusammen. Auch seine Zuhörer weist er stets darauf hin, daß es mit dem frommen Glauben allein nicht getan ist, sondern der Glaube an die Menschen notwendig dazugehört, will man etwas verändern. Und so schreibt er zum Neujahrstag 1851:

Mit dem faulen Motto: Die Welt ist verdorben und schlecht, also muß man sie im Stich lassen, also ist jede Mühe vergeblich, legt man nicht allein seine elende Faulheit, die sich damit decken will, sondern nicht minder seine Unwissenheit von der nächsten Umgebung an den Tag. Wenn die Welt so schlecht wäre, wie manche glauben, würdet ihr Gemächlichen nicht so gemächlich sitzengelassen wie heute noch. Doch die Menschen sind gar nicht so schlecht, als man sie sich gern vormacht. Greift sie nur mal mit einer christlichen Hand an, ihr werdet von eurem Irrtum bald überzeugt sein. Wir haben das vielfach erfahren im Leben, erfahren es noch alle Tage, und während bei anderen Menschen der Glaube an die Menschen zu sinken scheint, sehen wir ihn Gott sei Dank wachsen. Ja, wir glauben noch an die Menschen, besonders glauben wir noch an unsere arbeitende Jugend, trotz ihrer Fehler, trotz ihrer jeweiligen Verkommenheit, trotz der Verführung der Zeit ... Wir glauben aber auch noch an mehr als an die Menschen, wir glauben auch an Gott, und weil wir daran glauben, weil wir das Christentum als tätiges Leben, als Wirken zum Heile verstehen, deshalb verlassen wir uns nicht auf uns, sondern auf die sinkende Kraft des Christentums und halten es für eine Pflicht, dieser Gotteskraft dienstbar zu sein.

Und weil so manches faul ist in der Welt, weil so vieles gebrochen und zerrissen ist im gesellschaftlichen Leben, deswegen wäre es für uns, die wir ans Christentum wirklich glauben, wahrscheinlich Verrat an der Sache, wenn wir gerade jetzt nicht alle Kräfte anspannten, die eigenen und die gleichen Zwecke dienen den fremden, zu bessern und zu retten, was sich retten läßt. Es ist keine Zeit zu feiern, zuzuschauen, gewähren zu lassen, bloß zu jammern und zu klagen, sondern es ist Zeit zu handeln, und zwar für jeden ohne Unterschied, wie es ihm nach Maßgabe seiner Kräfte und Mittel nur möglich ist.

Und so war es Kolping anders als anderen Hilfsorganisationen seiner Zeit wichtig, sich dem einzelnen zuzuwenden, ihn bei der Entwicklung seiner Persönlichkeit zu unterstützen. Besonders die jungen Menschen lagen ihm dabei am Herzen.

Lesehinweis: Ch. Feldmann, Adolf Kolping. Für ein soziales Christentum, Freiburg 1991

Claudia Julius

Geburtstag von Ödön von Horváth (1901-1938) — 9. Dezember

Über den Wassern

Morgen fahre ich nach Afrika.
Auf meinem Tisch stehen Blumen. Sie sind von meiner braven Hausfrau zum Abschied.
Meine Eltern haben mir geschrieben, sie sind froh, daß ich eine Stellung habe, und traurig, daß ich soweit weg muß über das große Meer.
Und dann ist da noch ein Brief da. Ein blaues Kuvert.
»Schöne Grüße an die Neger. Der Klub.«
Gestern habe ich Eva besucht.
Sie ist glücklich, daß der Fisch gefangen wurde. Der Pfarrer hat es mir versprochen, daß er sich um sie kümmern wird, wenn sie das Gefängnis verläßt. Ja, sie hat Diebsaugen.
Die Staatsanwaltschaft hat das Verfahren gegen mich niedergeschlagen, und der Z ist schon frei. Ich packe meine Koffer.
Julius Caesar hat mir seinen Totenkopf geschenkt. Daß ich ihn nur nicht verliere.
Pack alles ein, vergiß nichts.
Laß nur nichts da.
Der Neger fährt zu den Negern.

Der Icherzähler in dem Roman »Jugend ohne Gott«, den Ödön von Horváth 1937 verfaßt hat, ist Lehrer an einem städtischen Gymnasium. Der Satz »Auch die Neger sind doch Menschen« hätte ihn beinah um seine Stellung gebracht. Der Lehrer lebt isoliert unter Menschen, denen die einfachsten Wahrheiten suspekt und gefährlich erscheinen. Der Umstand, daß doch auch die Neger Menschen sind, bedeutet in dieser Welt »Sabotage am Vaterland«. Lächerlich, mag man denken, natürlich sind Neger Menschen. Auch Lehrer sind Menschen. Und es wäre auch wirklich zum Lachen, wenn Horváth nicht so drastisch vor Augen stellen würde, wie schnell und quasi lautlos diese Qualität »Mensch« verloren geht oder zerstört wird.
Der Textausschnitt zeigt die Splitter einer Geschichte, in der Menschen sich verlieren und wieder finden, lügen und die Wahrheit suchen, nichts Besonderes eben und eben doch bemerkenswert: die brave Hausfrau, die nichts anderes als brav ist; die Eltern, die nichts verstehen und darum sich fortwährend Sorgen machen um Dummheiten und Morgenmäntel; der Klub, der sich gegründet hat, um in einer Welt voll von Schund und Schuld nach Gerechtigkeit und Wahrheit zu suchen (geradezu rührend); Eva, die so gar nicht unschuldige Diebin, die vorgibt zu lieben und nie geliebt hat; der »Fisch«, ein Junge von großer Kälte, der einen Mitschüler auf dem Gewissen hat und vom Wert eines Lebens nichts, aber auch überhaupt nichts weiß; der Pfarrer, etwas resigniert, aber klug, weltgewandt und offen, leidgeprüft, aber aufrichtig: »Das Schrecklichste auf der Welt ist Gott«, sagt der Pfarrer; und wer weiß, was das Schrecklichste ist, muß viel Schreckliches gesehen haben; »Julius Caesar«, ein ehemaliger Kollege des Lehrers, der ein Verhältnis mit einer seiner Schülerinnen hatte und nun Klinken putzt.
Der Lehrer läßt diese Menschen und alles zurück und schwebt über den Wassern wie der Geist Gottes selbst am ersten Tag (Gen 1,2). Schöpfungsstimmung. Hin und her schweben über den Wassern (welch ein Plural!), zu Menschen, die wir nicht kennen, zu Ufern, die wir nur dem Namen nach kennen, zu Menschen, die unverbraucht und unverdorben sind, zu Ufern, an denen alles anders ist. Schweben, trotz der Schwerkraft oder gerade gegen sie. Und immer wieder aufschlagen, scheitern, paradise lost.

Lesehinweis: Ö. von Horváth, Jugend ohne Gott, Frankfurt ^{5}1970 (st 1063)

Franz-Rudolf Hartwich

10. Dezember — Todestag von Franz Rosenzweig (1889-1929)

Nicht »eigentlich«, sondern »wirklich« ist das Wort des Lebens. Aber der Philosoph spricht: eigentlich. Indem er seinem Staunen nachgiebt, stehen bleibt, und das Wirkliche sich weiter ohne ihn auswirken läßt, wird er zurückgeworfen und beschränkt auf das Eigentliche. Hier ... trennen sich seine Wege von den Wegen des gesunden Menschenverstands. Der gesunde Menschenverstand vertraut dem Wirklichen und seinem Wirken. Der Philosoph zieht sich mißtrauisch vor dem fortwirkenden Wirklichen in den geschützten Zauberkreis seines Staunens zurück und versenkt sich in die Tiefe des Eigentlichen. ... Hier ist er sicher. Was schiert ihn noch das »Uneigentliche«. Und alles Wirkliche ist ja uneigentlich. Was schiert ihn, solange er sich im Zauberkreis seines einmal entstandenen Staunens zu halten vermag, noch das Ereignis. Es mag in dem magischen Kreis sich einfügen; mitbestaunt zu werden, so viel allenfalls wird ihm verstattet. Aber daß es den Bann sprenge, die Starrheit des Staunens löse, den aufgestauten Strom wieder zum Fließen bringe, und die im Unterstand des Eigentlichen verhockten Lebensgeister zum Sturm hin über das Geländer der Wirklichkeit aufwecke, das wird ihm nicht zugelassen.

In seinem »Büchlein« beschreibt Franz Rosenzweig die Folgen, die das Fragen nach dem Wesen der Dinge, das Fragen, das in die Tiefe dringt, ohne auf den Fortgang der Zeit zu vertrauen, mit sich bringt: die Lähmung. Der Philosoph, der die Antwort auf seine Wesens-Fragen im reinen Verstand sucht, der die Vorgängigkeit der Wirklichkeit vor allem Denken und die Zeitlichkeit in ihrer Bedeutung nicht anerkennt, wird bewegungsunfähig, handlungsunfähig, schließt sich ab von jedem Anspruch der Welt, von jeder Veränderung. Die Therapie der Krankheit besteht nicht in Aufklärung, sondern darin, daß der Kranke die voneinander nicht ableitbaren Elemente der Wirklichkeit, Gott, Mensch und Welt sehen lernt, in ihren *Beziehungen* sehen lernt. Das Zutrauen auf die Erfahrung ist ein Kennzeichen des neuen Denkens.

An die Stelle der Methode des Denkens, wie sie alle frühere Philosophie ausgebildet hat, tritt (im neuen Denken) die Methode des Sprechens. Das Denken ist zeitlos, will es sein ... Sprechen ist zeitgebunden, zeitgenährt; es kann und will diesen Nährboden nicht verlassen; es weiß nicht im voraus, wo es herauskommen wird; es läßt sich seine Stichworte vom andern geben. Es lebt überhaupt vom Leben des anderen. ... Zeit brauchen heißt: nicht vorwegnehmen können, alles abwarten müssen, mit dem Eigenen vom andern abhängig sein. ... Der Unterschied zwischen altem und neuem, logischem und grammatischem Denken liegt nicht in laut und leis, sondern im Bedürfen des andern und, was dasselbe ist, im Ernstnehmen der Zeit.

F. Rosenzweig, der mit Martin Buber, Ferdinand Ebner und anderen zu den Begründern der Dialogphilosphie gehört, wurde am 25. Dezember 1889 als Sohn assimilierter, liberal-jüdischer Eltern in Kassel geboren. Er studierte Medizin, wechselte nach dem Physikum zu den Fächern Geschichte und Philosophie und promovierte mit einem Teil seiner 1920 in zwei Teilen veröffentlichten Arbeit »Hegel und der Staat« 1912 bei Friedrich Meinecke. Meineckes Angebot, zu habilitieren, lehnte F. Rosenzweig ab. »Das Erkennen ist mir nicht mehr Selbstzweck. Es ist mir zum Dienst geworden. Zum Dienst an Menschen ... Es ist mir nicht jede Frage wert, gefragt zu werden. Die wissenschaftliche Neugier wie der ästhetische Stoffhunger ... füllen mich heute nicht mehr. Ich frage nur noch, wo ich gefragt werde. Von Menschen gefragt werden, nicht von Gelehrten, nicht von »der Wissenschaft«.

In Gesprächen mit Freunden im Sommer 1913 erwog F. Rosenzweig, Christ zu werden. Er fand aber, da er diesen Schritt nicht als Heide, sondern als Jude tun wollte, nach einem intensiven Studium des Judentums zu einem bewußten Judentum. 1919 legte er seine »erfahrene Philosophie«, »Sprachphilosophie« oder »Theologie« in seinem Hauptwerk »Der Stern der Erlösung« dar und wendete sich der jüdischen Erwachsenenbildung zu. 1920 gründete er das Freie Jüdische Lehrhaus in Frankfurt am Main. Im Mai 1924 begann er mit Martin Buber die Übersetzung der Schrift. Am 10. Dezember 1929 starb er an den Folgen einer Amyotrophen Lateralsklerose.

Lesehinweis: F. Rosenzweig, Das Büchlein vom gesunden und kranken Menschenverstand, Königstein/Ts. 1984

Wolfgang Krone

Todestag von Jochen Klepper (1903-1942) 11. Dezember

Die Nacht ist vorgedrungen, der Tag ist nicht mehr fern.
So sei nun Lob gesungen dem hellen Morgenstern.
Auch wer zur Nacht geweinet, der stimme froh mit ein.
Der Morgenstern bescheinet auch deine Angst und Pein.

Gott will im Dunkel wohnen und hat es doch erhellt.
Als wollte er belohnen, so richtet er die Welt.
Der sich den Erdkreis baute, der läßt den Sünder nicht.
Wer hier dem Sohn vertraute, kommt dort aus dem Gericht.

Als dieses Kirchenlied, das sich an dem Pauluswort aus Röm 13,11f. orientiert, 1938 in Jochen Kleppers geistlicher Liedsammlung Kyrie erschien (vgl. Gotteslob 111), hatte Finsternis sich schon über sein Leben und das seiner Familie gebreitet. Jochen Klepper, geboren am 22. März 1903 als Sohn eines Pfarrers in Beuthen, hatte 1933 die jüdische Witwe Johanna (Hanni) Stein, die zwei Töchter in die Ehe mitbrachte, geheiratet. Wegen seiner »nichtarischen Ehe« wird Klepper im September 1942 als »wehrunwürdig« aus dem Militärdienst entlassen. Von nun an beherrscht ihn das Gefühl, »einem Abgrund entgegenzuleben«. Der Gedanke, gemeinsam mit Frau und Stieftochter in den Tod zu fliehen, taucht, angesichts der politischen Entwicklung, insbesondere nach den Novemberprogromen 1938, schon sehr früh in den Tagebüchern Kleppers auf. Ausgesetzt der Katastrophe, die er politisch naiv zunächst nicht im nationalsozialistischen Deutschland herannahen sah (»... wenn ein unpolitischer Mensch in ein politisches Zeitalter gerät, ist es fast, als ob er unter die Räder kommt«, gelingt es ihm immer weniger, die Idylle friedlicher Häuslichkeit und verinnerlichter Frömmigkeit aufrechtzuerhalten.

Das Studium der Evangelischen Theologie in Erlangen und Breslau bricht Klepper ab, als sich ihm eine Beschäftigung als Presse- und Rundfunkredakteur in Breslau und dann in Berlin, dem letzten Wohnsitz der Kleppers, anbietet. Seinen schriftstellerischen Ambitionen – Klepper gelingt nach Anfangsschwierigkeiten mit dem Roman »Der Kahn der fröhlichen Leute«, der sogar für eine UFA-Verfilmung im Gespräch war, der Durchbruch; der historische Roman »Der Vater«, in dem Klepper an der Geschichte Friedrich Wilhelms I. die Ausübung eines Herrscheramtes unter dem Anspruch der biblischen Offenbarung darstellt, wird vollends ein Erfolg –, werden bald tödliche Grenzen gesetzt. 1933 wird Klepper wegen der Ehe mit Hanni aus dem Ullstein-Verlag entlassen, 1937 folgt der Ausschluß aus der Reichsschriftumskammer; Klepper kann nur noch mit Sondergenehmigung weiterarbeiten. Die Vorarbeiten zu seinem dritten Roman »Das ewige Haus«, in dem Klepper am Beispiel des von Luther begründeten Pfarrhauses nach der Sicherheit in der Welt und der Besitzlosigkeit angesichts der endzeitlichen Situation des Menschen fragt, geraten unter diesen Umständen zur Auseinandersetzung mit der eigenen Bedrohung; das »Ewige Haus« wird zum Symbol für Rettung und Frieden trotz menschlicher Invalidität und Ohnmacht. »Das ewige Haus« blieb unvollendet; nur das erste Kapitel erschien posthum unter dem Titel »Die Flucht der Katharina von Bora«. Neben geistlichen Liedern schrieb Klepper Gedichte und plante zwei Oratorien; seine Tagebücher offenbaren ihn als einen unter großen Selbstzweifeln nach seiner dichterischen Berufung Suchenden, sie zeigen ihn in der Verzweiflung hoffend: trotz der politischen Zwangslage findet Klepper im täglichen Bibelspruch Trost und Orientierung – bis sich die Deportation seiner Frau und seiner Stieftochter nicht mehr abwenden läßt.

Am 10. Dezember 1942, nachdem er auf dem Reichssicherheitshauptamt Berlin von Adolf Eichmann erfahren mußte, daß eine Ausreise seiner Frau und seiner Stieftochter nicht mehr möglich sei, schreibt Klepper die letzte Eintragung in sein Tagebuch: »Wir sterben nun – ach, auch das steht bei Gott – Wir gehen heute nacht gemeinsam in den Tod. Über uns steht in den letzten Stunden das Bild des segnenden Christus, der um uns ringt. In diesem Anblick endet unser Leben«.

Reinhold Schneider nennt den Tod seines Freundes Klepper und dessen Familie einen »Selbstmord unter dem Kreuz, dem Zeichen der Liebe«, den Klepper und seine Familie in ausweglosen Lage, »sich schuldig wissend und doch unergründlicher Gnade gewiß« in der Nacht vom 10. zum 11. Dezember 1942 in ihrer Wohnung in Berlin-Nikolassee begingen: »gerade dieser Tod ist«, so Schneider, »von ihm her gesehen, zu einem Glaubenszeugnis und einem Zeichen der Treue geworden, es war kein Nein, vielmehr ein Ja, der glaubensstarke Schritt über die Schwelle des Ewigen Hauses – für uns bleibt er aufwühlende Anklage«.

Lesehinweis: R. Thalmann, Jochen Klepper. Ein Leben zwischen Idyllen und Katastrophen, München 1992 (KT 117).

Lydia Koelle

12. Dezember — Morgen ist der Todestag von Jeanne-Françoise de Chantal (1572-1641)

Wohin gibt man sich, wenn man sich aufgibt?
Wessen Aufgabe wird man?
Eine fromme Frau des 17. Jahrhunderts umgaben viele Männer und, wenn sie eigenständig dachte, entstanden auch damals viele Probleme. Schon Teresa von Avila klagt bitter darüber!

Die verwitwete Baronin Johanna von Chantal hatte ihren Beichtvater, zusätzlich war sie – was nicht unüblich war – durch Gelübde an ihren Seelenführer gebunden; dabei war sie an einen von enger Denkungsart und herrschsüchtigem Verhalten geraten, der ihr das Leben zur Qual machte. Und dann, seit ihrer ersten Begegnung 1604, die heftige Sympathie zwischen ihr und Franz von Sales! Der kann sie von ihrem Seelenführer freimachen, von ihren Gelübden entbinden. Ihre neue Freiheit: völliger Gehorsam gegenüber Franz, neue Gelübde!

Das gemeinsame Lebensprogramm ist von Anfang an klar: Heilig werden, nicht mehr und nicht weniger. »Nun aber, meine Schwester, meine Tochter, meine Seele ...« 300 Briefe von Franz an Johanna sind erhalten, detaillierte Anweisungen zum geistlichen Leben, in denen er sich als äußerst energischer, zielgerichteter, konsequenter und psychologisch einfühlsamer Partner erweist. Zugleich sind es Liebesbriefe, deren Ton uns heute seltsam berührt. Liebe zwischen Mann und Frau mit dem Ziel der Gotteinigung, eine Sprache, bei der wir nicht mehr unterscheiden können, was barocke Rhetorik, was reine Leidenschaft ist – als auf beiden Seiten Ahnungslose sollten wir uns mit Urteilen zurückhalten. Johanna dagegen, eine mutige und entschlossene Frau, von ihrem spirituellen Trainer ständig zu differenzierter Selbstwahrnehmung und darauf basierender eigener Entscheidung aufgerufen, die Frau, die einen Orden und über 80 Klöster gründet, diese aus Liebe Gehorsame, die in Hunderten von Briefen um Rat fragt, um Treffen bittet, die mit den Jahren über immer längere Strecken vertröstet und immer distanzierter angeredet wird – Johanna bleibt uns gegenüber die Schweigende. Ihre Briefe hat sie fast alle vernichtet.

In den verbliebenen wird deutlich: sie hat die Einheit mit Gott erfahren, der Weg des Gehorsams und der Selbstaufgabe, der Zertrümmerung des Ego, hat beide zum Ziel geführt:

... bitte ich Sie demütigst, nichts mehr meinem Urteil zu überlassen, es sei denn, daß Sie es wünschen; denn das heißt auch noch gehorchen, und das ist besser. Ich habe eine große Abneigung gegen eigene Entscheidungen und eine unbeschreibliche Befriedigung, wenn Sie mir frei befehlen. Mein Gott, wenn es möglich ist, so schenken Sie mir diesen Trost, mein teurer Vater ...

Einen solchen Preis zu zahlen scheint heute unzumutbar, ja widernatürlich. Und doch geht es nicht anders, das bezeugen alle Religionen. Wenn es ein Mensch ist, dem die Aufgabe zufällt, eines anderen Ego zu sprengen, wird das schmerzhaft sein und gefährlich für beide. Johanna von Chantal hat sich aufgegeben in eine Liebe, deren Atemluft Gott war. Das ist ein seltenes Glück. Imitierbar ist es nicht.

Lesehinweis: A. Rovier, Johanna Franziska Freinyot, Baronin von Chantal, Eichstätt 1992

Gabriele Schuth

Geburtstag von Heinrich Heine (1797-1856)   *13. Dezember*

»Es ist mir nichts geglückt auf dieser Welt«, schreibt Heine 1853 an seine Mutter. Koketterie oder Resignation eines Dichters, dessen Leben Kampf und Streit mit sich und anderen war, und der schon ahnt, daß an seinem Epitaph gearbeitet wird? So typisch dieser Satz für Heine ist, so wenig gibt er gültige Auskunft über den widersprüchlichen Menschen Heine: den jüdischen Doktor der Rechte, der sich aus opportunistischen Gründen taufen ließ, den Sozialisten, der sich die Austern schmecken ließ, den Romantiker, der dem Fortschritt huldigte. Die Sprache ist Heines Maske, hinter der sich sein Ich, seine Widersprüche verbergen. Sein Leben lang interessierte er sich leidenschaftlich für politische und religiöse Fragen, und dennoch waren politischer Rigorismus und religiöses Asketentum dem Heineschen Lebensentwurf gleich fremd. Seine späte theologische Revision erfolgte auf dem Krankenlager. Hier verwirft er, der im Grunde nie Atheist war, den Hegelschen Atheismus, der ihn gelehrt hatte, daß der Mensch selbst ein Gott sei und daher keinen Gott über sich benötige. Über keine Lebensphase hat Heine offener und schonungsloser Geständnis abgelegt als über dieses letzte Gefecht mit sich selbst:

Ja, ich bin zurückgekehrt zu Gott, wie der verlorene Sohn, nachdem ich lange Zeit bei den Hegelianern die Schweine gehütet. War es die Misere, die mich zurücktrieb? Vielleicht ein minder miserabler Grund. Das himmlische Heimweh überfiel mich und trieb mich fort durch Wälder und Schluchten, über die schwindlichsten Bergpfade der Dialektik. Auf meinem Weg fand ich den Gott der Pantheisten, aber ich konnte ihn nicht gebrauchen. Dies arme träumerische Wesen ist mit der Welt verwebt und verwachsen, gleichsam in ihr eingekerkert, und gähnt dich an, willenlos und ohnmächtig. Um einen Willen zu haben, muß man eine Person sein, und, um ihn zu manifestieren, muß man die Ellenbogen frei haben. Wenn man nun einen Gott begehrt, der zu helfen vermag – und das ist doch die Hauptsache – so muß man auch seine Persönlichkeit, seine Außerweltlichkeit und seine heiligen Attribute, die Allgüte, die Allweisheit, die Allgerechtigkeit usw. annehmen. Die Unsterblichkeit der Seele, unsre Fortdauer nach dem Tode, wird uns alsdann gleichsam mit in den Kauf gegeben, wie der schöne Markknochen, den der Fleischer, wenn er mit seinen Kunden zufrieden ist, ihnen unentgeltlich in den Korb schiebt. Ein solcher schöner Markknochen wird in der französischen Küchensprache la réjouissance genannt, und man kocht damit ganz vorzügliche Kraftbrühen, die für einen armen schmachtenden Kranken sehr stärkend und labend sind. Daß ich eine solche réjouissance nicht ablehnte und sie mir vielmehr mit Behagen zu Gemüte führte, wird jeder fühlende Mensch billigen.

Ironie, vielleicht sogar Zynismus auch bei dieser letzten Kehrtwendung. Heines neugewonnene Religiosität, ausgelöst durch intensive Bibellektüre, bringt ihm Gott wieder als Person nahe. Die Vorstellung eines persönlichen Gottes, der hilft in der Misere, der ihm in der Einsamkeit Freund und Partner im Zwiegespräch sein kann, ist ihm ein Trost, ein Trost freilich, der durch Ironie und Zweifel gebrochen ist. Ausdrücklich verwahrt sich Heine gegen den Eindruck der Frömmelei oder gar der Allianz mit der Kirche. Insofern ist er sich bis zuletzt treu geblieben: in der Unentschiedenheit. Heine ließ sich weder in Anspruch nehmen, noch hob er die Hand zum Schwurzeichen. Er ist mit vielen ein Stück Weg gegangen, doch war selten Gefährte. Verstehen wir ihn richtig!? »Es ist mir nichts geglückt auf dieser Welt.« Gut zwei Jahre später, im Februar 1856 wird er den Kampf gegen achtjähriges Siechtum auf der »Matratzengruft« verloren haben.

Lesehinweis: H. Heine, Romanzero, Frankfurt/Main 1981 (Insel-TB 538)

David Hober

14. Dezember — Todestag von Johannes vom Kreuz (1542-1591)

Johannes vom Kreuz zählt in unserem Land nicht gerade zu den populärsten Heiligen. Das liegt unter anderem daran, daß ihm über vier Jahrhunderte hin das einseitige, verzerrte Bild eines gestrengen Asketen anhaftete, der sich und anderen harte Entbehrungen abverlangt und an den Freuden dieser Erde kaum etwas Gutes läßt; um seine Schriften machte man lieber einen weiten Bogen ... – Heute steht sein Name für eine solide, an der Realität des Lebens erprobte und von der Theologie der Kirche verantwortete Lehre vom Leben des Menschen mit Gott und aus Gott – wenngleich sich, wie eh und je, restaurative Kreise seinen von der Mitte her und zur Mitte hin kritischen Analysen des geistlichen und kirchlichen Lebens nur ungern stellen möchten. Worte wie diese sind eben keine »fromme Lektüre«:

Manche Seelsorger wissen nicht, was Geist Gottes ist. Überaus ehrfurchtslos handeln sie gegen Gott, da sie mit ihrer plumpen Hand in das Werk seiner Hände hineinpfuschen ... Vielleicht irren sie aus gutem Eifer, da ihr Verständnis nicht so weit reicht. Doch dies entbindet sie nicht von der Verantwortung für Ratschläge, die sie voreilig erteilen, ohne sich zuvor genügend Gewißheit über den geistlichen Weg verschafft zu haben, den der Betreffende geführt wird ... Gegen solche Seelsorger ist Gottes Zorn groß! Durch Ezechiel droht er ihnen an: »Mit der Milch meiner Herde habt ihr euch genährt und mit ihrer Wolle habt ihr euch bekleidet. Aber geweidet habt ihr meine Herde nicht ...«

Als Sohn armer Weber 1542 in Kastilien (Spanien) geboren, tritt Juan de Yepes 21jährig in den Karmelitenorden ein. In Salamanca erwirbt er sich neben dem Studium der scholastischen Theologie umfangreiche Kenntnisse in der Theologie des geistlichen Lebens. Teresa von Avila gewinnt den jungen Ordenspriester für ihren Plan, Reformklöster des Karmel zu gründen. 1568 beginnt er als Fray P. Juan da la Cruz zusammen mit einem Mitbruder in einer Notunterkunft karmelitanisches Leben nach den Vorgaben Teresas, wird Ausbilder der jungen Mitbrüder, dann Beichtvater der Schwestern in Avila. Mitbrüder des Stammordens nehmen ihn 1577 gefangen und halten ihn unter menschenunwürdigen Verhältnissen in Toledo fest, um seinen Einfluß auszuschalten. Nach neun für Körper und Geist qualvollen Monaten gelingt ihm die Flucht. Es folgen Jahre vielseitigen Wirkens: Ausübung verschiedener Leitungsämter im teresianischen Ordenszweig des Karmel, Klostergründungen, Schwesternseelsorge, Predigttätigkeit und geistliche Begleitung zahlreicher Laien- und Ordenschristen. Als er am 14. Dezember 1591 in Ubeda/Andalusien stirbt, ist er aller Ämter enthoben – ein Opfer der ersten großen Richtungsstreitigkeiten im neuen Orden. Er hinterläßt Gedichte, die in der spanischen Nationalliteratur bis heute den höchsten Rang einnehmen, dazu einige Briefe und geistliche Anweisungen und die vier Hauptwerke »Aufstieg zum Berg Karmel«, »Die Dunkle Nacht«, »Geistlicher Gesang«, »Die Lebendige Flamme der Liebe« – allesamt geistlich-theologische Kommentare, in denen die menschliche Erfahrung in der personalen Beziehung zum Gott der christlichen Offenbarung ausgedrückt und reflektiert wird.

Durch seine Schriften ist Johannes vom Kreuz unzähligen Suchenden der neuzeitlichen Jahrhunderte zum Lehrmeister geworden. Bei ihm kann man lernen, was »an Gott glauben«, was »geistlich leben« ist und nicht ist. Er hilft, innere Erfahrungen zu deuten, Zusammenhänge zu erkennen, Einzelnes ins Ganze einzuordnen, Echtes von Schein zu unterscheiden, Methoden und Wege auf das letzte Ziel hinzuorientieren, den eigenen Glaubensweg zu verstehen und geistliche Begleitung zu lernen.

Lesehinweis: E. Lorenz, Ins Dunkel geschrieben. Johannes vom Kreuz – Briefe geistlicher Führung, Freiburg 1987 (Herder-TB 1505)

Reinhard Körner

Geburtstag von Edith Piaf (1915-1963) *15. Dezember*

Atemlos ... Beim Lesen von Edith Piafs Biographie wird jede/r atemlos: so viele im Stakkato hereinbrechende Ereignisse, Begegnungen, Schicksalsschläge! Was für eine Frau – welch ein Leben – was für eine Musik!

Das Bild dieser kleinen, stets kränklichen, früh gealterten Frau im einfachen schwarzen Kleid, allein auf einer gigantisch wirkenden Bühne, die mit sparsamen Gesten inbrünstig von Liebe und Tod, von Hoffnung und Verzweiflung singt, bleibt unvergeßlich. Das Leben erzählt immer die besten Geschichten. Und von Edith Piafs Leben erzählen am besten ihre Lieder. Einer ihrer Welterfolge faßt in unverwechselbarer Kürze ihr Lebensmotto zusammen, mit dem sie auch ihre Autobiographie beginnt: »Non, je ne regrette rien« (Nein, ich bereue nichts).

Aber beginnen wir mit dem Anfang: Edith Giovanna Gassion wird am 19. Dezember 1919 als Tochter zweier Straßenartisten in Paris geboren. Bereits als Siebenjährige zieht sie mit ihrem Vater als Artistin durch Frankreich. 1930 verläßt sie ihn und singt in Paris in den »Straßen des Lichts und Genusses«. Dort lernt sie auch den Vater ihrer Tochter Cécile kennen, die sie im Alter von 17 Jahren zur Welt bringt. Das Kind wird keine drei Jahre alt, und der Schmerz seines Verlustes begleitet Edith lebenslänglich. Dank ihrer außergewöhnlichen Stimme und der Ausdruckskraft ihres Vortrages wird sie bald vom Besitzer eines Künstlertreffs entdeckt, der ihr den Namen »La Mome Piaf« (der kleine Spatz) gibt. Die Begegnung mit diesem Louis Leplée ist dann auch schicksalswendend für sie. In wenigen Jahren, nach vielen turbulenten Ereignissen (sie wird unter anderem beschuldigt, Leplée ermordet zu haben) ist aus dem »Spatz« eine berühmte Sängerin geworden. Die Piaf tritt in den großen Varietés von Paris, später in der ganzen Welt auf, ihre Lieder werden zu »Gassenhauern«, auch als Film- und Theaterschauspielerin beweist sie großes Talent.

Neben der Musik sind vor allem die Männer Mittelpunkt ihres Lebens. Große Namen verbinden sich mit dem Schicksal Edith Piafs: Yves Montand, Charles Aznavour, Marcel Cerdan (Boxweltmeister), Eddie Constantine, Charles Dumont, Georges Moustaki – um nur die berühmtesten zu nennen. Allen diesen Männern und vielen unbekannteren, ist sie Muse, Mäzenin, Freundin und manchmal mehr. Leben, Liebe und Musik heißen ihre Drogen. Sie lebt jeden Tag so, als wäre es buchstäblich ihr letzter. Die turbulenten Jahre fordern schließlich ihren Tribut: Edith wird zunächst alkohol-, später medikamentensüchtig. Mehrere Entziehungskuren, Operationen, die als Folge der Drogensucht nötig geworden sind, schwächen sie zunehmend. Schließlich ist sie nur noch »ein Häufchen Elend«. Mit Hilfe ihres starken Lebenswillens, ihres Eigensinns und in späteren Jahren mit ausreichend Schmerz- und Betäubungsmitteln schafft sie es jedoch immer wieder, auf der Bühne zu stehen und zu singen. Ihre Ausstrahlung bleibt ungebrochen. »L'Accordéoniste«, »Les trois cloches«, »La Vie en rose«, »Sous le ciel de Paris«, »Milord«, »Je ne regrette rien« – Chansons, die noch heute um die Welt gehen. 1962 heiratet sie mit 47 Jahren den 30 Jahre jüngeren Theo Sarapo, ihre letzte Entdeckung, der ihr bis zu ihrem Tod am 12. Oktober 1963 hingebungsvoll zur Seite steht. Diese Frau, die ihr Leben gelebt hat wie eine Fackel, welche an beiden Enden gleichzeitig brennt, und deren Lebensführung in den Augen vieler sicherlich nicht vorbildlich war, hat es geschafft, Millionen von Menschen tief in ihrem Innern zu berühren und sie für die wahren Dinge des Lebens (Liebe, Treue, Leidenschaft) zu öffnen. Sie war eine »Missionarin der Liebe«:

Ich möchte gerne die Frau ergründen, die ich gewesen bin, alle Frauen, die ich schon war, so weit man sich eben selbst zu erkennen vermag: Die Göre Piaf, Piaf, Edith ... Es ist wahr, daß ich ein schreckliches Leben geführt habe. Aber es war zugleich herrlich, weil ich es geliebt habe – ja, das Leben vor allem. Und dann, weil ich die Menschen geliebt habe, die Männer, meine Liebhaber, meine Freunde, aber auch all' die unbekannten Männer und Frauen meines Publikums, für das ich selbst an der äußersten Grenze meiner Kraft noch gesungen habe und für das ich auf der Bühne sterben möchte, am Schluß meines letzten Chansons. ... Ich wollte, daß jemand, der meine Beichte gelesen hat, ... der mir zugehört hat, wie zu Maria Magdalena sagen könnte: »Ihr sind viele Sünden vergeben, denn sie hat viel geliebt«.

Lesehinweis: E. Piaf, Mein Leben, Reinbek 1966 (rororo 859)

Regina Gröger

16. Dezember   *Todestag von Wilhelm Grimm (1786-1859)*

Uns erscheinen die Brüder Grimm so sehr als Zwillingssterne, daß wir darüber gern vergessen, wie verschieden die beiden waren. Jacob Grimm war der gründliche Wissenschaftler, ein fundierter Philologe mit einem unfaßbaren Fleiß, Wilhelm Grimm war der einfühlsame Sprachbedenker mit der poetischen Gabe. Sie ergänzten sich so harmonisch, daß sie fast ihr ganzes Leben zusammen lebten und arbeiteten. Am 24. Februar 1796 in Hanau geboren, in Steinau und Kassel aufgewachsen, studierte Wilhelm – mit Jacob – in Marburg, wurde dann Bibliothekar in Kassel, um 1829 an die Universität Göttingen zu gehen. Wegen seiner demokratischen Gesinnung wurde er – wie sein Bruder – entlassen. Erst 1841 erging eine weitere Berufung an die Universität Berlin. Dort wirkte er bis zu seinem Tod am 16. Dezember 1859.

Wie mit einer Wünschelrute entdeckten die Brüder die längst vergessene große Dichtung des Mittelalters, die Epen, die Lyrik, die Weistümer als »Denkmäler der Vorzeit«. Die größte Wirkung ging von der Sammlung der Kinder- und Hausmärchen aus. Wilhelm erkannte, daß in den Märchen »Gedanken über das Göttliche und Geistige im Leben« aufbewahrt war. In der Poesie konnte er »eine höhere und freiere Sprache des Menschen« entdecken. Die Märchen schienen ihm »gewiß aus jener ewigen Quelle gekommen, die alles Leben betaut«, er verstand sie als »eine der trostreichsten und erquickendsten Gaben Gottes«.

Obwohl die Brüder treue Glieder ihrer (reformierten) Kirche blieben, ihre Bibelkenntnis umfassend war, kann man ihrer Frömmigkeit anmerken, wie weltoffen sie waren und wie sie alle Phänomene des Religiösen ehrfürchtig wahrnahmen. Gottes Stärke und Macht bezeugt sich in der Sprache, in allen Dingen kann man Gott suchen und finden, »und seine Spur webt eben in allem Natürlichen und Wirklichen«. – Wilhelm lebte und wirkte für seine Wissenschaft, aber sie war ihm auch eine Form des Gottesdienstes.

Meine Kränklichkeit hatte nach dem Tode der Mutter (1808) immer zugenommen ... Der Schmerz, den ich mit nichts vergleichen konnte als dem Gefühl, es fahre von Zeit zu Zeit ein glühender Pfeil durch das Herz, war mit beständiger Beängstigung verbunden. Manchmal brach er in ein heftiges Herzklopfen aus, das ohne äußere Veranlassung auf einmal kam und ebenso mit einem Schlag endigte; einigemale hat es ununterbrochen zwanzig Stunden gedauert und mich in dem höchsten Grade der Erschöpfung verlassen; ein Gefühl, ich sei dann dem Tode sehr nah, war gewiß nicht unbegründet. Viele Jahre habe ich schlaflos, aufrecht sitzend, ohne mich zu bewegen, zugebracht und auf das Grauen des Tages gewartet, das mir immer einigen Trost zu bringen schien. Eine Wachtel, die vor dem Fenster eines Nachbarn hing, hat mir ihn oft zuerst angekündigt, und noch jetzt kann ich den eigentümlichen Schlag des Tieres noch nicht ganz gleichgültig anhören. Es ist unglaublich, wie viel man körperlich ertragen kann, und zwar lange Jahre hindurch, ohne doch die Freude am Leben zu verlieren. Das Gefühl der Jugend mag dabei geholfen haben, aber gänzlich fühlte ich mich durch diese Krankheit nicht niedergedrückt, und in den leidlichen Stunden arbeitete ich fort, selbst mit Vergnügen. Über meinen Zustand täuschte ich mich nicht, und jeden Tag, den ich noch lebte, betrachtete ich als ein Geschenk Gottes; daß ich bei diesen Leiden noch ein halbes Jahr fortleben könnte, schien mir oft ganz unmöglich. Nur so lange ich zweifelhaft war und an Genesung dachte, war ich gequält und erst von dem Augenblick ruhig, wo ich alle Hoffnung aufgab, und ich glaube, daß es im Grunde dieser Augenblick war, wo meine Beßrung anfing.

Lesehinweis: J. Grimm/W. Grimm, Schriften und Reden, Stuttgart 1985 (Reclam 5311)

Otto Betz

Todestag von Bernard Alfrink (1900-1987) 17. Dezember

»Der unbezwingbare Großmeister auf dem Schachbrett der katholischen Kirchenprovinz, der auf eigenem Gebiet unschlagbar war und der auf internationalen ›Turnieren‹ in Rom häufig ein Heimspiel spielte, ›Rom‹ schachmatt setzte oder in jedem Fall remis spielte, wird dieses Spiel nicht mehr spielen.« So lautete der Kommentar eines Journalisten zum Tod Kardinal Alfrinks, des Alterzbischofs von Utrecht im Jahre 1987. Kardinal Alfrink hatte alle Fähigkeiten, die einen guten Schachspieler auszeichnen: eine ausgezeichnete Intelligenz und ein großes taktisches Geschick, so daß er immer die Übersicht behielt und seinen Kontrahenten meistens eine Nasenlänge voraus war, dabei aber nie die eigenen Ziele aus dem Auge verlor. Hatte Alfrink noch im Jahre 1951 als autokratischer »Schachspieler« begonnen, als er Koadjutor des Erzbistums Utrecht wurde, so entwickelte er sich in den folgenden Jahrzehnten zu einer Integrationsfigur von großem Format. Als er 1955 zum Erzbischof von Utrecht ernannt wurde, waren große Umwälzungen in der niederländischen Kirche bereits in vollem Gange. Die enge Geschlossenheit der katholischen Minderheit in den protestantischen Niederlanden hatte definitiv ihr Ende gefunden. Die Katholiken waren durch eigene Medien und durch eine eigene Partei deutlich präsent im öffentlichen Leben; ihre kirchliche Bindung aber war deutlich rückläufig. Diesen neuen Entwicklungen begegnete Alfrink mit Toleranz und Offenheit. Allgemein galt er als introvertiert und zurückhaltend. Die vorausstrebende Rolle, die die niederländische Kirchenprovinz während und nach dem Zweiten Vatikanischen Konzil spielte, wird immer wieder mit seinem Namen verbunden. War er es doch, der in der Vorbereitungszeit des Konzils deutlich für die Idee von der Kirche als dem Volk Gottes und für die Kollegialität der Bischöfe – mit dem Papst als einer unter ihnen – plädierte. Daß die niederländische Kirche während des Konzils so stark in die Öffentlichkeit geriet, hing mit dem freimütigen Umgang der niederländischen Bischöfe mit den durch das Konzil angesprochenen Problemen zusammen. Auch die brisante Frage des Zölibats kam dabei offen zur Sprache und wurde zu einem wichtigen Thema des Pastoralkonzils der niederländischen Kirche, dem ersten nationalen Konzil weltweit nach dem Zweiten Vatikanum. Hier erwies sich der Kardinal in und gegenüber Rom ganz als Sprachrohr »seiner« Kirche. Er, dem das Zölibat selbst wichtig war, plädierte für eine größere Menschlichkeit gegenüber denjenigen, die an ihm leiden oder scheitern. So äußerte er kurz nach dem Konzil aus Anlaß einer Subdiakonsweihe:

Ich weiß aus Erfahrung als Seminar-Professor und aus Erfahrung als Bischof, daß es sehr persönliche Situationen sein können, in denen jemand sein Ja-Wort gesprochen hat, in gutem Glauben und in aller Aufrichtigkeit, in welcher er es tatsächlich aber nicht hätte tun sollen. Ich meine aufrichtig sagen zu können, daß mir diese Situationen besonders nahegehen, weil ich weiß, wieviel Leid und Elend damit einhergehen können. In jeder menschlichen Ordnung bleibt die Möglichkeit für solche Irrtümer offen. Ich glaube nicht, daß sie ein Argument gegen diese Ordnung als solche sind. Sie sind nur eine Konsequenz aus der menschlichen Unvollkommenheit...

Diese verständnisvolle Haltung zur Zölibatsfrage brachte ihm in Rom nicht nur Freunde ein. Im eigenen Land war es ihm hingegen ein wichtiges Anliegen, die verschiedenen Strömungen zu integrieren. Auch außerhalb der Kirche verstand er es als guter »Schachspieler«, Menschen für sich zu gewinnen, so daß Den Uyl als Premierminister 1987 vom Tod »unseres Kardinals« sprach – in den kalvinistisch geprägten Niederlanden sicherlich keine Selbstverständlichkeit.

Lesehinweis: E. Kleine, Es geht um mehr als Zölibat, München 1970

Klaus Sonnberger

18. Dezember — Todestag von Johann Gottfried Herder (1744-1803)

»Meine einzige Absicht ist die, die Welt meines Gottes von mehr Seiten kennenzulernen und von mehr Seiten meinem Stande brauchbar zu werden, als ich bisher Gelegenheit gehabt.« Mit diesen Worten verabschiedet sich der junge Pfarrer (und Lehrer) im Frühling 1769 von seiner Gemeinde in Riga, um sich auf eine – damals große – Reise durch Frankreich, dann nach Eutin, Darmstadt und Straßburg zu begeben. Noch größer als die äußere ist die innere Reise, auf die er sich einläßt, da er die Enge seiner bisherigen Lebenswelt verlassen möchte. Das bis dahin Gelernte und Gelehrte erscheint ihm zu einseitig und zu wenig lebendig. So wendet er sich auf seiner Reise dem Erlebnis und der Beobachtung der Natur zu; die Weite des Meeres, die Vielfalt der Tiere und Pflanzen begeistern ihn. Aber noch mehr fesselt ihn die Frage nach dem Leben des Menschen, seiner Natur und seiner Geschichte. Die Idee eines Studiums der Menschheit beginnt sich in ihm als ein noch unbestimmter Plan zu formen. Das Wesen des Menschen dürfte dabei nicht bloß begrifflich abgeleitet, sondern müßte aus den Bedingungen seiner Existenz verstanden werden. Von der konkreten geschichtlichen Existenz könne dabei nicht abgesehen werden; sie sollte gerade in der Vielfalt ihrer Ausgestaltungen bei Individuen, Völkern und Kulturen wahrgenommen werden. Ein riesiges Projekt zeichnet sich vor ihm ab: Die Selbsterkenntnis und Selbstbestimmung des Menschen soll durch eine universale Betrachtung der Fülle des Menschlich-Möglichen gefördert werden. So notiert er in seinem Reisejournal:

Welch ein Werk über das menschliche Geschlecht! den menschlichen Geist! die Kultur der Erde! aller Räume! Zeiten! Völker! Kräfte! Mischungen! Gestalten! Asiatische Religion! und Chronologie und Polizei und Philosophie! Ägyptische Kunst und Philosophie und Polizei! Phönizische Arithmetik und Sprache und Luxus! Griechisches Alles! Römisches Alles! Nordische Religion, Recht, Sitten, Krieg, Ehre! Papistische Zeit, Mönche, Gelehrsamkeit! Nordisch asiatische Kreuzzieher, Wallfahrter, Ritter! Christliche heidnische Aufweckung der Gelehrsamkeit! Jahrhundert Frankreichs! Englische, holländische, deutsche Gestalt! – Chinesische, japanische Politik! Naturlehre einer neuen Welt! Amerikanische Sitten usw. – Großes Thema: das Menschengeschlecht wird nicht vergehen, bis daß es alles geschehe! Bis der Genius der Erleuchtung die Erde durchzogen! Universalgeschichte der Bildung der Welt!

Ein solches Projekt konnte von einem einzelnen nicht verwirklicht werden, aber die Idee hat Herders Denken sein Leben lang angetrieben. Die wichtigsten Ergebnisse liegen in seiner Anthropologie vor, die den Menschen nicht wie die Tradition als ein Tier mit dem Zusatz der Geistes verstand, sondern seine gesamte Grundverfaßtheit als prinzipiell anders stukturiert erklärte: Der Mensch ist von seiner Natur her auf freie Selbstbestimmung und Bildung angewiesen. Das menschliche Wesen hat somit Aufgabencharakter, und dafür steht Herders Begriff der Humanität. Die »beste Gestalt« der Humanität zu finden, ist universale Aufgabe aller Menschen, ihre Verwirklichung kann nur geschichtlich relativ erfolgen. So eröffnet Herders Anthropologie die Perspektive einer umfassnden Bildungs- und Geschichtsphilosophie, zu deren Grundlegung er selbst beigetragen hat. Dabei prägen sich pädagogischer Optimismus und Fortschrittsglauben der Aufklärung aus, werden aber entscheidend differenziert durch die konsequente Anerkennung indvidueller und kultureller Geschichtlichkeit, d.h. Begrenzheit und Andersartigkeit. Die Hinwendung zu fremden Völkern und Sprachen, die Wertschätzung einer aus geschichtlich-kulturellem Studium und individueller Begegnung gewonnenen »Menschenkenntnis«, die Einsicht in die irreversible Prozeßhaftigkeit geschichtlicher Entwicklung und in den bedingenden Horizont eines »Zeitgeistes« sind die wichtigsten Anregungen, die Herder seinen Zeitgenossen und seiner Nachwelt gegeben hat, verbunden mit der daraus resultierenden Forderung, die je erreichte Humanität nach der Offenheit für die Vielgestalt menschlicher Selbstverwirklichung zu bemessen.

Lesehinweis: J.G. Herder, Auch eine Philosophie der Geschichte zur Bildung der Menschheit, Frankfurt

Ursula Frost

Gestern war der Todestag von Luise Hensel (1798-1876)

19. Dezember

Das Lied »Müde bin ich, geh' zur Ruh'« ist in älteren Liederbüchern noch als volkstümliches Liedgut zu finden, die Autorin ist meistens unbekannt. Im evangelischen Kirchengesangbuch steht das Lied unter »Geistlichen Kinderliedern«:

> *Müde bin ich, geh' zur Ruh',*
> *Schließe beide Äuglein zu:*
> *Vater, laß die Augen dein*
> *Über meinem Bette sein!*
>
> *Hab' ich unrecht heut' getan,*
> *Sieh es, lieber Gott, nicht an!*
> *Deine Gnad' in Jesu Blut*
> *Macht ja allen Schaden gut.*
>
> *Alle, die mir sind verwandt,*
> *Gott, laß ruhn in deiner Hand,*
> *Alle Menschen groß und klein,*
> *Sollen dir befohlen sein.*
>
> *Kranken Herzen sende Ruh',*
> *Nasse Augen schließe zu!*
> *Laß den Mond am Himmel stehn*
> *Und die stille Welt besehn!*

Luise Hensel war 20 Jahre alt und lebte mit ihrer Mutter, Schwester Wilhelmine und Bruder Wilhelm in Berlin, als sie den Text schrieb. Ähnliche Gedichte veröffentlichte sie in Försters Sängerfahrt oder in Diepenbrocks »Geistliche(m) Blumenstrauß«. Was bringt eine junge Frau dazu, derartig fromme, gemütvolle und einfältige Texte zu schreiben?

Als Tochter eines Landpfarrers in der Mark Brandenburg wuchs sie in einem geistlich geprägten und – vermutlich durch die Mutter – ästhetisch-künstlerisch angeregten Milieu auf. Ihr Vater verstarb, als sie 11 Jahre alt war; ihr Bruder wurde Maler. In Berlin besuchte sie die Realschule und lernte als 17jährige Clemens Brentano kennen, dem sie sich in schwesterlicher Zuneigung verband. Ihre Briefe an ihn zeugen von einer merkwürdig verquälten Liebe, die aus dem Versuch einer Vermischung religiös-pietistischer Askese und romantischer Zuneigung entsprang, die sie als Wunsch nach einer »keuschen und kinderlosen« Ehe formulierte. Luise Hensel tritt 1817 zum Katholizismus über und besucht mit Brentano die stigmatisierte Nonne Anne Katharina Emmerich in Dülmen. Während Brentano bis zum Tode der Stigmatisierten ihre Geschichte in Dülmen aufschreibt, entfremdet er sich durch mystische Schwärmerei von seinen Freunden und seiner Schwester Bettina in Berlin. Luise Hensel siedelt ebenfalls nach Westfalen um und arbeitet dort als Erzieherin in verschiedenen adligen Häusern.

An keinem Ort hält sie sich länger als sechs Jahre auf. Sie wird Lehrerin in Aachen, pflegt ihre kranke Mutter in Berlin, reist herum, arbeitet als Erzieherin in Köln. Die sogenannten »Kölner Wirren«, ausgelöst durch den Mischehenstreit mit dem preußischen Staat und die Verhaftung des Kölner Erzbischofs Clemens August von Köln 1837 sowie die revolutionären, radikal demokratischen Umtriebe anläßlich des Kölner Dombaufests 1848, erlebt Luise Hensel als loyale Monarchistin mit Abscheu und Schrecken. Ohne Zweifel hatte sie wohl die demokratische Bewegung ihrer Zeit verkannt. Die demokratischen Hoffnungen der Revolutionäre von 1848 sind ihr – wie vielen anderen – fremd geblieben, sie wendet sich verstärkt einer privaten, religiösen Innerlichkeit zu. Im Alter von 76 zieht sie ins Paderborner Kloster der »Genossenschaft der Töchter der christlichen Liebe« und stirbt dort am 18. Dezember 1876. Ihre Lieder und Gedichte sind Glaubenspropaganda in dichterischer Form, mit denen sie in den Glaubenskämpfen ihrer Zeit Partei ergriff für Innerlichkeit und fromme Rechtgläubigkeit. Aber sie sind auch Ausdruck legitimer lyrischer Veröffentlichungen von Frauen ihrer Zeit: Natur, Liebe, Gott waren die Themen, zu denen Frauen schreiben durften, ohne Anstoß zu erregen und gesellschaftlich ausgegrenzt zu werden. Wenn schriftstellernde Frauen im 19. Jahrhundert nicht als Schwester, Freundin oder Gattin berühmter Männer tätig wurde, sondern als eigener Mensch unter eigenem Namen, war das Schickliche auf religiöse, naturbezogene oder Liebeslyrik begrenzt. Luise Hensel hat diesen Spielraum überzeugt und überzeugend genutzt.

Lesehinweis: W. Freund, Müde bin ich, geh' zur Ruh'. Leben und Werk der Luise Hensel, Wiedenbrück 1984

Dietlind Fischer

20. Dezember — Morgen ist der Todestag von Kurt Tucholsky (1890-1935)

Er beherrschte die liebenswürdige Erzählung, das zarte Chanson ebenso wie die satirische Glosse, das Zeitgedicht so gut wie die politisch-gesellschaftliche Analyse. Der promovierte Jurist war anerkannter Literaturkritiker und zeigte eine sensible, fast melancholisch anmutende Stärke in Natur- und Landschaftsbeschreibungen. Kurt Tucholsky, geboren 1890 in Berlin als ältester Sohn einer wohlhabenden jüdischen Familie, kämpfte mit »5 PS« und meinte damit sich selbst und seine ebenso bekannten Pseudonyme Peter Panther, Theobald Tiger, Ignaz Wrobel und Kaspar Hauser. Es war Ausdruck seiner Vielseitigkeit, sich dieser »heiteren Schizophrenie« zu bedienen, aber zugleich auch Anzeichen einer sich in späteren Jahren noch vertiefenden eigenen Gespaltenheit. Der sein ganzes Leben bestimmende Feldzug gegen Militarismus und nationale Borniertheit, gegen politische Restauration, gegen Justiz und Behördenwillkür und oft auch gegen die Kirchen war nie literarischer Selbstzweck oder nur ironisch kommentierende Begleitung seiner Zeit. Tucholsky glaubte fest an die Veränderlichkeit des Menschen. Seine tiefe Verwurzelung in »Herz und Schnauze« der Berliner Volkssprache und ihrem Milieu war nicht nur die Quelle seiner sprühenden Sprachkunst, sondern vor allem auch seiner radikalen Humanität. So verstand er sich als Stimme der Anonymen und wußte um das Leid des Proletariers, des Angestellten und Arbeiters. Die Auseinandersetzung mit der katholischen Kirche war nicht religiöser Natur. Um so vehementer verwahrte er sich gegen den alleinigen Wahrheitsanspruch der Kirche gegenüber Andersdenkenden und gegen die damit oftmals einhergehende Vereinnahmung religiöser Inhalte für politische Zwecke. Der »Brief an eine Katholikin« gibt davon eindrucksvoll Zeugnis:

Die Kirche rollt durch die neue Zeit dahin wie ein rohes Ei. So etwas von Empfindlichkeit war überhaupt noch nicht da. Ein scharfes Wort, und ein ganzes Geheul bricht über unsereinen herein: Wir sind verletzt! Wehe! Sakrileg! Unsere religiösen Empfindungen ... Und die unsern –? Halten Sie es für richtig, wenn fortgesetzt eine breite Schicht des deutschen Volkes als »sittenlos«, »angefressen«, »lasterhaft«, »heidnisch« hingestellt und mit Vokabeln gebranntmarkt wird, die nur deshalb nicht treffen, weil sie einer vergangenen Zeit entlehnt sind? Nehmt ihr auf unsere Empfindungen Rücksicht? Ich z.B. fühle mich verletzt, wenn ich einen katholischen Geistlichen vor Soldaten sehe, munter und frisch zum Mord hetzend, das Wort der Liebe in das Wort des Staates umfälschend – ich mag es nicht hören. Wer nimmt darauf Rücksicht? Ihre Leute nicht, gnädige Frau.

Als dieser Brief 1930 in der »Weltbühne« erscheint, lebte Tucholsky schon im selbstgewählten Exil in Schweden. Die letzten Jahre waren von Resignation und Krankheit gezeichnet. Er hatte Erfolg und mußte zugleich seine Wirkungslosigkeit einsehen. Das kommende Deutschland war nicht mehr sein Land. Er schwieg in den letzten Jahren. »Ich habe den Eindruck, hier zu stören«, bemerkte er kurz vor seinem Tod. Am 21. Dezember 1935 nahm er sich das Leben.

Lesehinweis: K. Tucholsky, Deutschland, Deutschland über alles, Reinbek 1980 (rororo 4611)

David Hober

Geburtstag von Heinrich Böll (1917-1985) *21. Dezember*

Heinrich Böll verkörperte wie kaum ein anderer Schriftsteller der Nachkriegszeit einen sinnlichen Katholizismus:

Im Neuen Testament steckt eine Theologie der – ich wage das Wort – Zärtlichkeit, die immer heilend wirkt: durch Worte, durch Handauflegen, das man ja auch Streicheln nennen könnte, durch Küsse, durch gemeinsame Mahlzeit – das alles ist nach meiner Meinung total verkorkst und verkommen durch eine Verrechtlichung, man könnte wohl sagen durch das Römische, das Dogmen, Prinzipien daraus gemacht hat, Katechismen; dieses Element des Neuen Testamentes – das zärtliche – ist noch gar nicht entdeckt worden; es ist alles in Anbrüllen, Anschnauzen verwandelt worden.

Nicht nur in seiner bekanntgewordenen Forderung nach einer »Theologie der Zärtlichkeit«, sondern vor allem in den Erinnerungen an das Brot der frühen Jahre, an den Geschmack der Schuld, an das Sakrament der geteilten Zigarette, an eine Art Feindesliebe, die Böll Höflichkeit nannte, entfaltet sich jene subversive Zärtlichkeit. In seinen Geschichten kann man die Geräusche hören, die Gerüche riechen, die Atmosphäre der Wohnküche, die Religion der kleinen Leute mit allen Sinnen wahrnehmen.
Wichtige Impulse seines Schaffens bezog Böll aus diesem »antikatholischen Katholizismus«, aus einem Unbehagen an seinen Landsleuten und Glaubensgenossen. Er hat auf den real existierenden Katholizismus mit Bissigkeit und kaum verhohlenem Zorn reagiert und war doch mit einer Fähigkeit zur Sympathie begabt, mit welcher er vielen Leuten »aus der Seele« sprach. Böll war ein Volksschriftsteller in gutem Sinn, ein emotionaler Moralist, unbequem, mahnend, niemals aber selbstgerecht. Keiner konnte so verschämt und zugleich lebenswarm über die Liebe schreiben, keiner kannte sich so gut in der Provinz aus (im Provinziellen ebenso wie in der seelischen Privatheit). Er überzeugte mit einer unaufdringlichen Spiritualität, die ihre Wurzeln in dem Gefühl hatte, daß sich die alten verbrauchten Worte wie Brüderlichkeit und Gerechtigkeit noch mit Leben füllen lassen.
Bisweilen wunderbar altmodisch, war Böll von einer Güte, die selbst denen zugute kommen konnte, die eigentlich seine Feinde waren. Ohne daß er sich auf der Erde, geschweige denn in der Kirche zuhause gefühlt hätte, war »Heimat«, Beheimatung des Menschen für ihn wichtig. Er blieb nicht stumm vor Entsetzen, er schwieg nicht, er blieb auf keinem Auge blind und lehrte mit beharrlicher Geste und immer etwas traurigem Blick eine Frömmigkeit, die nichts anderes sein will als »ein Dienst an der Gegenwart und die Überwindung der Trägheit des Herzens«. Darin war Böll großartig, in diesem leisen Zutrauen zur Humanität: »Wir dürfen uns nicht fürchten, zu weit zu gehen«. Man fühlt andere Möglichkeiten der Religion in sich, wenn man einen Roman von Böll gelesen hat.

Lesehinweis: H. Böll, Und sagte kein einziges Wort, Köln 1979

Johannes Thiele

22. Dezember — Todestag von Ferdinand Klostermann (1907-1982)

Von den im Lande geborenen österreichischen Theologen ist nur einer nach dem Zweiten Weltkrieg in der ganzen katholischen Welt bekannt geworden: Ferdinand Klostermann, Pastoraltheologe in Wien und Konzilsberater. Das ist unter anderem wohl darauf zurückzuführen, daß sich mit seinem Namen die Leitidee für die Seelsorge nach dem Zweiten Vatikanischen Konzil verbindet: Die christliche Gemeinde, um die das theologische Denken Klostermanns kreiste. Er kannte die ungeheuren Reserven, die für die Kirche erschlossen werden können, wenn den Laien ihre Würde und ihr Auftrag aus Taufe und Firmung bewußt gemacht werden. Er wußte jedoch, daß eine Wiedererweckung des Laien in der Kirche auch eine neue Beschäftigung mit dem Priester verlangt.

Klostermanns Literaturliste umfaßt 212 Titel, darunter einige theologische Standardwerke mit weit über fünfhundert Seiten. Er war ein unbequemer Denker, ein unbestechlicher und kritischer Geist. Das Thema, das ihn immer interessierte, war die Kirche. Bei aller Aufgeschlossenheit für Kunst und Kultur, für die Politik und das Weltgeschehen pendelte sich das Gespräch mit ihm doch immer wieder auf dieses Thema ein. Er konnte in einen furchtbaren Zorn geraten, wenn seiner Meinung nach in der Kirche etwas schiefging. »Soeben hat mich der sechste Bischof nach seiner Ernennung um ehrliche Kritik gebeten. Bei den anderen fünf habe ich es je einmal versucht. Sie haben sich nie mehr an mich gewandt«, hat er einmal gesagt. Mit den Päpsten kam er nie ganz zurecht, am ehesten noch mit Johannes XXIII. Es war für viele schwer zu verstehen, daß die oft harte und auch subjektive Kritik Klostermanns aus einer tiefen Sorge um die Ausrichtung der Kirche am Evangelium kam. Viele waren nicht bereit, seinen Zorn als Charisma anzuerkennen, seine Leidenschaft als Liebe, seine Kritik als Interesse an der Sache. Manche zogen sich von ihm zurück. Er wollte jedoch niemals eine Freundschaft um den Preis des Schweigens über Zustände, die ihm unrecht erschienen, aufrecht erhalten.

Sein Herz und seinen tiefen Glauben zeigte Klostermann vor allem in seinen Briefen aus dem Gefängnis. Dorthin hatte ihn im Jahre 1942 die Geheime Staatspolizei für achteinhalb Monate gebracht. Ein Grund dafür wurde ihm nicht genannt; sein Einfluß auf die Jugend war den Behörden einfach lästig geworden. Er durfte nur seiner Mutter schreiben. Doch diese Briefe wurden mit der Schreibmaschine abgeschrieben und in vielen Durchschlägen unter der Hand verbreitet. Daraus einige Sätze:

Es gibt für jeden Menschen nur eine einzige Gelegenheit, sich zu bewähren – und das ist das Leben, so wie es an uns herantritt und wie wir darein geworfen werden, nicht so, wie wir es uns vielleicht in idyllischen Nächten erträumt haben. Wir müssen Gottes Erziehungsweisheit in dem sehen, was wir erleben. Ich kann aus diesem Erleben heraus jetzt noch froher als vorher sagen: »Ich weiß, wem ich geglaubt habe«. – Das Geschehen, in dem wir stehen, ist voll Sinn, so schwer es dem einzelnen mitunter sein mag, den Sinnzusammenhängen nachzuspüren. Aber die Brunnen der Tiefe rauschen, auch wenn wir sie nicht hören, und die besten und ergiebigsten von ihnen hört man deshalb nicht, gerade weil sie so tief sind.

Im Jahre 1970 mußte sich Klostermann einer Operation unterziehen, bei der er kaum eine Überlebenschance hatte. Er erzählte später einem Freund: »Ich habe gedacht, daß ich jetzt sterben muß. Ich habe gefühlt, daß ich sinke, tiefer und tiefer. Ich habe an nichts gedacht; nichts aus dem Evangelium oder aus der Theologie ist mir eingefallen, kein Gedanke an Gott und Christus, an ein Gebet oder Sakrament. Ich habe nur gefühlt, daß ich falle – aber nicht ins Bodenlose. Ich war mir ganz sicher: Wenn ich unten bin, werde ich gehalten, bin ich geborgen. – Wenn alle Theologie, die ich studiert und selbst getrieben habe, wenn alle Sakramente, die ich gefeiert, und die ganze Botschaft des Evangeliums, die ich geglaubt habe, dieses eine bewirkt haben, dann hat es sich gelohnt«.

Lesehinweis: F. Klostermann, Prinzip Gemeinde, Wien 1965

Wilhelm Zauner

Geburtstag von Emil Brunner (1889-1966)   *23. Dezember*

Was man »religiöses Bewußtsein« nennt, darf mit dem christlichen Glauben nicht verwechselt werden! Es kann gerade das Gegenteil sein: eine Frömmigkeit, die sich dem Wort Gottes verschließt und statt dessen der geltenden Moral und Kultur religiöse Weihe verleiht. Zu den Theologen, die dagegen nach dem ersten Weltkrieg die kritische Kraft des göttlichen Wortes »dialektisch« zur Geltung zu bringen suchten, gehörte Emil Brunner. Das Einvernehmen unter den »Dialektischen Theologen« zerbrach bald über der Frage nach dem »Anknüpfungspunkt« der Verkündigung: Gibt es eine »neutrale« Beschreibung menschlicher Existenz, die das Zeugnis der Predigt vorbereitet, ohne es überflüssig zu machen? Dem vehementen »Nein!« Karl Barths suchte Emil Brunner eine missionarisch und sozialethisch wirksamere Alternative entgegenzusetzen:

Das Menschsein ist im Unterschied zu allem anderen kreatürlichen Sein, das wir kennen, nicht ein fertiges Geprägtsein, sondern es ist Sein-in-Selbsterkenntnis und Sein-in-Selbstbestimmung, aber in einer Selbsterkenntnis und Selbstbestimmung, die nicht das erste, sondern immer ein zweites ist: Selbsterkenntnis und -bestimmung auf Grund des Erkannt- und Bestimmtseins. ... Das ein für allemal fertige Gepräge: das ist das Sein der vernunftlosen Kreatur. Das Gepräge des Menschen aber kommt nur zustande durch Selbstbestimmung auf Grund der göttlichen Bestimmung, als Antwort auf Anruf, durch Entscheidung. Aber diese Verantwortung ist ... nicht zuerst Aufgabe, sondern Gabe, nicht zuerst Forderung, sondern Leben, nicht Gesetz, sondern Gnade. Das Wort, das Antwort heischend den Menschen ruft, ist nicht ein »Du sollst«, sondern ein »Du darfst sein«. Das Urwort ist kein Imperativ, sondern der Indikativ der göttlichen Liebe: »Du bist mein«.

Jede menschliche Person muß entscheiden, wer sie sein will, sie muß diese Entscheidung bedenken und verantworten – aber nicht in einsamer Entscheidung und nicht im Selbstgespräch. Das menschliche Ich ist vernünftig, weil es immer schon die Anrede des göttlichen Du ver-nommen und darauf zu antworten hat. Dieser Dialog macht den Menschen zur Person: ein Wechsel von Wort und Antwort, wo nicht »etwas« mitgeteilt wird, wo vielmehr Personen einander mitteilen wie in einer Liebeserklärung. So wird die Begegnung von Personen – auch im zwischenmenschlichen Dialog – für Brunner zum »Anknüpfungspunkt«. Hier gibt es eine anthropologische Konstante, wo Menschen behaftet werden können, auch außerhalb des christlichen Glaubens. Doch eben darin tritt der scharfe Widerspruch des »Dialektischen Theologen« gegen das »religiöse Bewußtsein« auf die Spitze. Was beim sündigen Menschen von der liebevollen Begegnung des Ich mit seinem Du übrig bleibt, ist eine Perversion. »Das gerade ist der Ursprung der Sünde: die Behauptung der menschlichen Selbständigkeit-gegen-Gott, ... wo die Vernunft nicht mehr vernehmen, sondern selbst geben und haben will«. Der Mensch bleibt verantwortlich, doch tritt an die Stelle des Du das abstrakte Gesetz. »Aus dem Sein-aus-Liebe und in-Liebe ist das Leben in den Zwiespalt von Sollen und Sein geraten.« Dieser Zwiespalt ist nicht zu überwinden, solange der Mensch nicht aufs neue jenes erste Wort hört, das er sich nicht selbst sagen kann. Die Liebe, von der das Neue Testament zeugt, wird dann als Erfüllung der Verantwortlichkeit sichtbar. Wir lernen zu unterscheiden zwischen den »Schöpfungsordnungen«, die uns in den Dialog mit anderen Menschen einweisen – Ehe, Familie, Wirtschaft, Staat –, und ihrer Entstellung durch die Sünde. So kann uns etwa die Einsicht in die Notwendigkeit des staatlichen Gefüges mit all seinen Zweideutigkeiten zur Bußpredigt werden. Solche Erkenntnis befreit uns von der angemaßten Selbstgenügsamkeit und Einsamkeit unseres Ich.

Lesehinweis: E. Brunner, Wahrheit als Begegnung, Zürich ^{3}1983

Ernstpeter Maurer

24. Dezember — *Jesus von Nazareth (6/7 v.Chr. - ca. 30)*

Über die Biographie Jesu ist wenig zu sagen; über seine Botschaft scheint schon alles gesagt. Was läßt sich da noch entdecken? – Versuchen wir es dennoch. Eine erste Entdeckung: Dieser Mann aus Nazareth hat Zeit. Jesus ist hiesig, läßt sich einladen und ißt und trinkt in Ruhe. Nicht als Muße braucht er die Zeit, nicht für philosophische Einsichten oder Kulturgenuß. Er nimmt sich Zeit, damit er frei ist für die Begegnung mit anderen. Diese Atmosphäre gelassener Leidenschaft atmet auch eine Erzählung, die Lukas überliefert:

Einer der Pharisäer bat ihn, bei ihm zu essen. Er ging daraufhin in das Haus des Pharisäers und legte sich zu Tisch. Und eine Frau in der Stadt, eine Dirne, hatte erfahren, daß er im Haus des Pharisäers zu Tische lag. Sie hatte ein Töpfchen mit duftender Salbe besorgt und sich damit hinter seine Füße gestellt. Dabei weinte sie. Sie begann, mit den Tränen seine Füße zu benetzen. Und die ganze Zeit wischte sie seine Füße mit ihren Haaren ab, küßte sie zärtlich und bestrich sie mit der Salbe. Als der Pharisäer, der ihn eingeladen hatte, das sah, sprach er zu sich selbst: »Wenn dieser Mann der Prophet wäre, hätte er gemerkt, wer die Frau ist, die ihn da anfaßt, und aus welchen Verhältnissen sie kommt, denn sie ist eine Dirne«. Als Antwort sagte Jesus zu ihm: »Simon, ich habe dir etwas zu sagen«. Er sagte: »Sprich, mein Lehrer«.

»Ein Gläubiger hatte zwei Schuldner. Der eine schuldete ihm fünfhundert Denare, der andere fünfzig. Weil sie nicht zahlen konnten, erließ er beiden die Schulden. Wer von beiden wird ihn also mehr lieben?« Simon antwortete: »Ich vermute, der, dem er mehr erlassen hat«. Er sagte zu ihm: »Richtig hast du entschieden«.

Und nachdem er sich zu der Frau umgedreht hatte, sagte er zu Simon: »Siehst du diese Frau? Ich habe dein Haus betreten – du hast mir kein Wasser für die Füße gegeben; sie aber hat mit ihren Tränen meine Füße befeuchtet und sie mit ihren Haaren getrocknet. Du hast mir keinen Kuß gegeben; sie aber hat, seit ich hier bin, nicht aufgehört, meine Füße zu küssen. Du hast meinen Kopf nicht mit Öl bestrichen; sie aber hat meine Füße mit duftender Salbe bestrichen. Deshalb sage ich dir, ihre vielen Sünden sind verziehen, weil sie viel geliebt hat. Wem aber wenig verziehen wird, der liebt wenig.«

Zu ihr sagte er: »Deine Sünden sind verziehen.« Da sagten die Tischgenossen heimlich zueinander: »Wer ist das, der sogar Sünden vergibt?« Er sagte zu der Frau: »Durch deinen Glauben bist du gerettet. Geh in Frieden.«
(Lk 7,36-50, Übersetzung: Rüdiger Niehl)

Der Evangelist entwirft hier eine ideale Szene: Jesus ist Gast bei feinen Leuten – aber es stört ihn offensichtlich nicht, daß eine Frau von miserablem Ruf zärtlich zu ihm ist. Jesus ist in einem Dilemma: Wenn er sich von dieser Frau distanziert, verrät er seine Überzeugung; wenn er Simon eine Moralpredigt hält, verletzt er seinen Gastgeber – und bestärkt ihn gerade dadurch in seinem Vorurteil. – Wie löst Jesus diesen Konflikt? – Er vermeidet die direkte Konfrontation und erzählt statt dessen eine Geschichte. Das unscheinbare Gleichnis erweist sich dabei als Türöffner! Das Gleichnis gestattet Simon, die für ihn ärgerliche Situation probeweise zu verlassen und eine befreiende Perspektive zu gewinnen. Und dabei gelingt es Jesus, Radikalität und Liebe zu versöhnen. Seinen Überzeugungen bleibt er treu, ohne andere zu provozieren oder zu demütigen.

Und jetzt erst, nachdem Simon nachdenklich wurde, fordert Jesus ihn auf, die Frau anzuschauen. – An dieser Stelle wertet Lukas die Frau zum zweiten Mal auf, diesmal jedoch zu Lasten Simons. Könnte es sein, daß der Evangelist hier ein wenig über sein Ziel hinausschießt? Daß er Türen wieder zuschlägt, die er gerade mit dem Gleichnis geöffnet hatte? – Man kann sich jedenfalls gut vorstellen, daß er auch einen anderen Schluß für seine Geschichte hätte schreiben können. Vielleicht einen wie diesen:

Sieh diese Frau an! Wie dankbar sie ist, weil sie hier sein darf! Sie erlebt jetzt größeres Glück als mancher, der von Kindheit an in Sicherheit und Wohlstand lebt. Deshalb sage ich dir: Was sie bedrückt, wird von ihr genommen; denn sie hat viel geliebt«. – Und zur Frau sagte Jesus: »Deine Last ist von dir genommen, denn du kannst wieder vertrauen. Nun geh in Freiheit deinen Weg!«

Da staunten die, die mit ihm am Tisch saßen, und sagten: »Wer ist dieser, daß er die Menschen von ihrer Lebenslast befreit?«

Viel kann man also bei Jesus entdecken. Ist wirklich schon alles über ihn gesagt?

Lesehinweis: I. Baldermann, Der Himmel ist offen. Jesus von Nazareth: eine Hoffnung für heute, München 1991

Franz W. Niehl

Gestern war der Todestag von Andreas von Karlstadt (1480-1541)

25. Dezember

Ende Mai 1525 verläßt ein Mann eilig die Reichsstadt Rothenburg o.d.T. Er muß wieder einmal fliehen. Doch es ist, als hemme ihn etwas, als wüßte er nicht so recht, was er falsch gemacht hatte. Durfte er denn nicht – in »Gelassenheit« und unter ständiger Berücksichtigung der einfachen frommen Leute – seinen eigenen Weg zwischen den Fronten gehen? Sollte er sich denn nicht sowohl von dem »Fürstendiener« – Martin Luther – als auch dem »Rottengeist« – Thomas Müntzer – distanzieren und in aller Demut den einfachen Weisungen der Heiligen Schrift folgen? Gab es für ihn in diesen »aufrührerischen Zeiten« denn nirgends eine Bleibe?

Wir haben es mit Andreas Bodenstein zu tun, der sich – gemäß Humanistenart – nach seinem fränkischen Heimatort Andreas Carolostadio (Karlstadt) nannte. Er wurde dort 1480 geboren; von seinem Vater – dem Bürgermeister dieses Mainstädtchens – zum Geistlichen bestimmt, hatte er in Erfurt und Köln studiert, ehe er 1504 nach Wittenberg an die Universität kam. Und hier machte er schnell Karriere, wurde *neben Luther* ein erfolgreicher Theologieprofessor. Ja – nach ebenfalls umfangreichen Studien der Schriften Augustinus' – wollte auch er *mit Luther* die Mißbräuche der Kirche reformieren und das Evangelium dem »gemeinen Mann« auf der Straße nahebringen. Doch – und dies könnte man zweifellos die Tragik dieses Mannes nennen –: *von Luther* wurde er nicht akzeptiert, vielmehr verachtet und als »Judas« gebrandmarkt.

Wenn ich gleich tiefe und ausufernde Fröhlichkeit hätte für die Verkündigung von Gottes Wort, dennoch übertrifft die innerliche Fröhlichkeit die äußerliche in unsäglicher Weise. Und es ist stets besser, heimlich im Geiste aufzuspringen, denn mit äußerlichen Füßen ... Jedoch, wie dem auch sei, ich sehe Hilfe: Gottes Willen soll geschehen und ich will ihm gehorchen, denn die Gelassenheit oder Lieb meiner Seele werden die Spottworte der Gottlosen meisterlich verbraten ... Denn ich weiß, daß ich nicht freier sein werde, denn mein Meister Jesus Christus war, der mirs auch zuvor gesagt, daß ich mich des erwegen muß, daß ich Spott und Hohn leiden soll, wie auch er erlitten hat.

Es waren weniger theologische als ethische – vielleicht auch nur persönliche – Gründe, die ihn zunächst von Luther trennten. Schon 1519 hatte er geschrieben, daß »die ungelehrten einfältigen Laien eines höheren Verstandes sind denn die gelehrten vermuschten Theologen«. In den Unruhen in Wittenberg im Frühjahr 1522 konnte er deshalb nur folgerichtig sich für die sozialen Forderungen der Laien einsetzen. Freilich – den Hitzköpfen und »Bilder-stürmern« von Wittenberg war er persönlich – für den immer Gewaltlosigkeit die ethische Maxime war – nicht gewachsen. Nachdem ihm Luther hart zusetzte, gab er schließlich seine Professur auf, wagte den Schritt ins produktive Landleben, kaufte einen Bauernhof (!) und führte schließlich in seiner Gemeinde Orlamünde demokratische synodale Gemeindestrukturen ein. Doch genau diese »täuferischen- schwärmerischen« Ideen und Kontakte zu Müntzer brachten Luther noch mehr gegen ihn auf und zwangen ihn in den Bauernkriegsunruhen zur Flucht. Die Pointe dieses Lebensabschnittes war, daß Luther ihn für einige Zeit sogar in sein Haus aufnahm. Doch die »Haßliebe« der beiden zueinander führte letztlich zum totalen Bruch. 1529 floh Karlstadt endgültig aus Sachsen und kam über Umwegen dahin, wo seine theologische Heimat war: zu Zwingli nach Zürich.

Und dies ist notwendigerweise noch zu diesem »Reformator« zu sagen: Nach einigen Jahren Zürcher Predigttätigkeit gab es nochmals eine Wende in seinem Leben, die ihn beruflich dahin führte, womit er begonnen hatte. Von 1534 bis zu seinem Tode 1541 wurde er nach Basel als Professor für Altes Testament berufen. Die »Gelassenheit«, die er wohl zeitlebens gesucht hatte – nur fern von Wittenberg konnte sie für Karlstadt konkret werden.

Lesehinweis: E. Hertzsch (Hg.), Karlstadts Schriften, Bd. I, Halle 1956

Werner Brändle

26. Dezember — Morgen ist der Geburtstag von Theodor Litt (1880-1962)

Theodor Litt ist einer der pädagogischen Klassiker unseres Jahrhunderts. Vier Aspekte seines reichen, vielseitigen wissenschaftlichen Wirkens seien hervorgehoben: seine grundlegenden philosophischen Reflexionen über das Verhältnis von Individuum und Gemeinschaft, sein Bemühen um ein tiefes Verständnis des »Wesens des pädagogischen Denkens«, seine klassische Studie über das pädagogische Grundproblem »Führen oder Wachsenlassen«, in der er jeder einseitigen Perspektive eine Absage erteilt, und sein Verständnis von Bildung als kultureller Überlieferung zur Freisetzung der nachwachsenden Generation zu eigenverantwortlichem Tun.

Theodor Litt hat zeit seines Lebens seine wissenschaftliche Unabhängigkeit bewahrt und pädagogischen Modeströmungen im Sinne der Polarität des pädagogischen Denkens seine mahnende Stimme entgegengesetzt. Ebenso hat er sich jedoch neueren Entwicklungen gegenüber niemals in einer antimodernistischen Abwehrhaltung verschlossen, vielmehr sie wissenschaftlich zu durchdringen versucht und Konsequenzen für das pädagogische Denken und Tun entwickelt (vgl. v.a. Litts Reflexionen über Bildung und moderne Arbeitswelt).

Sein wissenschaftliches und menschliches Ethos hat Litt unter den bürgerlichen Pädagogen zu einem der schärften Kritiker des Nationalsozialismus werden lassen und während der NS-Herrschaft in die innere Emigration getrieben. Nach 1945 kämpfte Litt unermüdlich gegen das Vergessen, gegen den Verlust des geschichtlichen Bewußtseins an:

Es kann und wird für unser Volk keine Wiederaufrichtung geben, es sei denn, daß es jeder Anwandlung von Schwäche, jeder Versuchung zum Selbstbetrug Herr wird, der Wahrheit entschlossen in ihr strenges Antlitz schaut und nichts aus seinem Bewußtsein zu verdrängen versucht, was nur durch die aufrichtigste Rechenschaftsablage seines Stachels beraubt werden kann. Es hat in diesen Jahren der Prüfung eine Demaskierung des Menschen stattgefunden, die in ihrer grausamen Schonungslosigkeit nicht ihresgleichen hat. Es wäre ein greller Hohn auf den Ruf dieser geschichtlichen Stunde, wenn wir – wir alle, die wir bei dieser Demaskierung mitgespielt haben – uns es erlassen wollten, uns das, was so zum Vorschein gekommen ist, unverhohlen einzugestehen und so aus dem Abgrund von Irrtum, Leid und Schuld, in den wir gestürzt sind, das einzige emporzubringen, was er uns spenden kann, die Klarheit des Wissens um uns selbst und die Entschlossenheit, den Selbstgefährdungen zu begegnen, deren Furchtbarkeit uns offenbar geworden ist. Nur die Wahrheit macht uns frei!

Litts anthropologische Skepsis, die aus diesen Zeilen spricht, hat ihn doch nie am Menschen verzweifeln lassen; Litt war sich – wie alle großen Erzieher – bewußt, daß Erziehung auf Hoffnung angewiesen ist.

Bis zu seinem Tod bemühte er sich – nach den Erfahrungen zweier totalitärer Systeme (bis September 1947 war er Ordinarius für Philosophie und Pädagogik an der Universität Leipzig, dann nahm er – enttäuscht von der Entwicklung in der SBZ – einen Ruf nach Bonn an) – unermüdlich um die Konzeption einer politischen Erziehung für ein mitverantwortliches Leben in einem freiheitlich-pluralistischen Staatswesen. Das Streben nach Wahrheit und das Ringen um Freiheit als kostbares, niemals selbstverständliches und immer an Verantwortung gebundenes Gut sind die Eckpfeiler im Leben dieses großen Pädagogen.

Lesehinweis: Th. Litt, Pädagogik und Kultur. Kleine pädagogische Schriften 1918-1926 (hrsg. v. F. Nicolin), Bad Heilbrunn 1965

Eva Matthes

Geburtstag von Hermann Volk (1903-1988)   *27. Dezember*

Am Fest des hl. Bonifatius, dem 5. Juni 1988, hielt Kardinal Volk seine letzte Predigt im Mainzer Dom, vier Wochen vor seinem Tod. Er beschwor die mitfeiernden Gläubigen, am Glauben festzuhalten, den Bonifatius mehr als zwölfhundert Jahre vorher in Mainz und weithin in Deutschland verkündet hatte. Gleichsam als sein Testament stimmte der schon von der Todeskrankheit gezeichnete Bischof zum Abschluß der Predigt das Lied zum Taufbekenntnis an: »Fest soll mein Taufbund immer stehen«. Damit vollendete sich im 85. Lebensjahr der Weg eines Mannes, der von Gottes Großartigkeit, seiner Macht und Liebe derart fasziniert war, daß er sein Leben lang den christlichen Glauben als Theologe erforschte und lehrte, als Bischof und Kardinal diesen Glauben bezeugte und ihn in schlichter und geradezu kindlicher Frömmigkeit lebte. Bis ins hohe Alter hinein bewahrte er sich die Fähigkeit, über die Wunder der Schöpfung zu staunen und das unvorstellbar Kleine wie das unbegreiflich Große gleichermaßen als Ausdruck des schöpferischen Reichtums Gottes zu erkennen. Sein Respekt galt aber vor allem dem Menschen, den Gott »wunderbar erschaffen und noch wunderbarer erneuert« hat, wie die Liturgie es bekennt. Diese Achtung vor dem von Gott geliebten, von Jesus Christus erlösten, vom Heiligen Geist erfüllten Menschen prägte seinen Umgang mit Mitarbeitern und Vorgesetzten, mit Untergebenen und Gesprächspartnern jedweder Herkunft und Denkweise. Dieser stets spürbare Respekt trug ihm das Vertrauen und die Hochachtung auch derer ein, die ihn nicht verstanden oder völlig andere Auffassungen vertraten. So wurde er, ohne daß er sich darum bemüht hätte, von einfachen Menschen wie von führenden Politikern, von Fachleuten anderer Fakultäten wie von den maßgeblichen kirchlichen Amtsträgern gleichermaßen geschätzt und anerkannt. Und dies nicht, weil er den Menschen nach dem Mund redete, sondern weil er überzeugend und entschieden seinen Glauben an Jesus Christus als Grund, Mitte und Ziel menschlichen Lebens bezeugte. Ein Beispiel dafür ist ein Abschnitt aus dem Hirtenbrief, den er am 5. Juni 1962, dem Fest des hl. Bonifatius, an dem er zum Bischof geweiht wurde, an die Gläubigen des Bistums Mainz richtete:

Vieles ist also neu. Ist dann aber der Glaube, der von Bonifatius und aus noch früheren Zeiten herkommt, nicht hoffnungslos veraltet? Kann ein Glaube, der seine Ursprünge vor annähernd 2000 Jahren hat, für die Menschen von heute noch dasselbe bedeuten und leisten wie für die Menschen von damals, wie für die Menschen zur Zeit des hl. Bonifatius? Allein, im Unterschied zu den Ideen der Menschen, die sich meist verbrauchen, veraltet der Glaube nicht. Denn er stützt sich auf den ewigen Gott und seinen Gesalbten, Jesus Christus. »Sie werden vergehen, du aber bleibst, und deine Jahre enden nie« (Ps 102,26-28). Und von Christus sagt die Schrift: Er ist »derselbe gestern, heute und in Ewigkeit« (Hebr 13,8). Gott muß nicht anders werden, um nicht zu veralten, Gott bleibt derselbe und ist doch immer jünger als wir selbst. Niemand vermag Christus von seiner Stelle zu rücken; weil der himmlische Vater ihn eingesetzt hat, bleibt er der Herr der Zeiten und der Welt bis zu seiner Wiederkunft, und dann erst recht, auf daß in ihm sei »Gott alles in allem« (1 Kor 15,28). – Und der Mensch ist durch den Glauben in Schichten angesprochen und beansprucht, welche zu seinem Wesen gehören und in ihrem Kern alle geschichtlichen Veränderungen überdauern. Darum ist der Glaube allen Zeiten gemäß. »Verbum Domini nostri manet in aeternum« – »Das Wort unseres Gottes bleibt in Ewigkeit« (Jes 40,8).

Zu Beginn des Zweiten Vatikanischen Konzils inmitten einer rasch sich ändernden Welt und einer in unabsehbarem Wandel begriffenen kirchlichen Situation war es das Anliegen des Mainzer Bischofs, die Kontinuität und unerschütterliche Beständigkeit des christlichen Glaubens zu bezeugen. In allen verantwortungsvollen Aufgaben, die er als Seelsorger, als Theologieprofessor, als Bischof und Kardinal zu bewältigen hatte, ging es ihm letztlich um Gott und um Gottes Reich. Aus der Frage, was dem Glauben an Jesus Christus, den menschgewordenen Gottessohn entspricht und was nicht, gewann er das sichere Kriterium zur Unterscheidung von Tauglichem und Untauglichem, von Vorrangigem und Nachgeordnetem sowohl innerhalb der Kirche wie im gesellschaftlichen und politischen Leben. Der Wahlspruch, unter den er seinen bischöflichen Dienst gestellt hatte, wurde so tatsächlich zum »roten Faden« seines Lebens: »Gott alles in allem«.

Lesehinweis: H. Volk, Gesammelte Schriften I-IV, Mainz ^{2}1967-1982

Franziskus Eisenbach

28. Dezember — Gedenktag von Klemens von Alexandrien (ca. 258-304/312)

Titus Flavius Clemens, geboren in der Mitte des 2. Jahrhunderts in Alexandrien oder Athen, stammte offensichtlich nicht aus einer christlichen Familie. Als ein in heidnischer Literatur und Philosophie sehr belesener Mann wandte er sich erst als Erwachsener dem aufblühenden Christentum zu, in dem er die wahre Philosophie erkannte, die Philosophie, auf die alle menschliche Wahrheit im letzten hinzielt. Dies aufzuzeigen und auf diese Weise die Rationalität des Christentums zu vermitteln, war das Anliegen des Klemens. Dabei sah er sich in der spätrömischen Großstadt Alexandrien, in der er sich als Lehrer niederließ, auch ganz praktischen ethischen Problemen gegenüber; diese Probleme aus dem Christentum heraus zu beantworten war eine intellektuelle Herausforderung, die Klemens als einer der ersten annahm. Wie läßt sich die Armutsforderung, die Jesus in ganz radikaler Form in der Erzählung von dem reichen Jüngling stellt (Mt 19,16-26), mit der Existenz von wohlhabenden und sogar reichen Mitgliedern in einer christlichen Gemeinde vereinbaren? Wie kann die kompromißlose Ethik der Bergpredigt von einer großen Zahl von Menschen gelebt werden?

Klemens versucht in seiner Schrift: »Welcher Reiche wird gerettet werden?« zunächst einmal, die Begriffe zu klären. Armut besteht, christlich verstanden, in dem Bewußtsein der eigenen Abhängigkeit von Gott und der Bereitschaft, von ihm alles zu empfangen. Dementsprechend ist Reichtum die Haltung dessen, der meint, alles zu besitzen oder alles aus eigener Kraft erreichen zu können, und der so seine Angewiesenheit auf Gott leugnet. In diesem Sinn kann ein äußerlich Reicher arm und ein Armer reich sein. Dennoch sieht Klemens Armut und Reichtum keineswegs nur in einem rein spirituellen Sinn als innerliche Haltungen. Aber auch bei der rein materiellen Armut und dem rein materiellen Reichtum versucht er, differenziert zu denken. Armut ist für ihn kein Wert in sich, ebensowenig wie Reichtum in sich verwerflich ist. Die Güter dieser Welt sind wirkliche Güter, weil sie von Gott gegeben sind und der Mensch mit ihnen etwas wirken kann:

Denn wer Vermögen und Gold und Silber und Häuser als Gottes Gaben besitzt und Gott, der es gegeben hat, damit zum Wohl der Menschen dient und sich dessen bewußt ist, daß er all dieses mehr seiner Brüder als seiner selbst wegen besitzt, und Herr seines Vermögens, nicht ein Sklave seines Besitzers ist und ihn nicht in seinem Herzen trägt und ihn nicht zum Ziel und Inhalt seines Lebens macht ... wer alle diese Eigenschaften hat, der wird vom Herrn selig gepriesen und arm im Geiste genannt, würdig, ein Erbe des Himmelreiches zu werden.

Klemens löst die Frage nach dem Nutzen der Armut aus dem Zusammenhang, in dem sie in der Spätantike stand; Armut war hier Weg der Loslösung, des Freiwerdens, der Selbsterlösung und in dieser Hinsicht ein Wert in sich, allerdings ein Wert, der egoistisch nur auf das Wohl der eigenen Person gerichtet war. Für Klemens tritt demgegenüber der Nächste, der Mitmensch, in den Blick, und an ihm entscheidet sich die Verantwortbarkeit des Reichtums. Damit hat Klemens ein wichtiges Proprium christlicher Ethik ausgesprochen; Ethik ist nicht länger nur auf das Glück der eigenen Person bezogen, sondern betrifft ein Wir, die Gesamtheit aller, die zu Christus gehören.

Lesehinweis: Klemens von Alexandrien, Welcher Reiche wird gerettet werden? (Dt. Übers. v. O. Stählin, bearb. v. M. Wacht), München 1983 (Schriften der Kirchenväter, Bd. 1)

Theresia Heither

Todestag von Thomas Becket (1118-1170)   *29. Dezember*

An Heinrich II. Anjou-Plantagenet, König von England und Herzog der Normandie, im April 1166:

Die Tochter Zions, die Gemahlin des großen Königs, wird in Deinem Königreich von vielen Feinden in Ketten gehalten und mißhandelt von jenen, die sie seit langem mit ihrem Haß verfolgen und die sie hätten ehren sollen anstatt sie zu beleidigen. Es geht dabei vor allem um Dich selbst, der Du Dich hättest an die Wohltaten erinnern sollen, mit denen Gott Dich am Anfang Deiner Herrschaft und fast ohne Unterbrechungen bis auf den heutigen Tag überschüttet hat. Gib der Kirche die Freiheit und laß sie herrschen mit ihrem Gemahl, auf daß Dich Gott auch weiterhin schützt, Dein Thron noch fester steht, das Unglück Deine Familie verschont und Frieden über Dich kommt. Glaube mir, vielgeliebter Herr und erhabenster Fürst, Gott ist geduldig und voll der Nachsicht, aber seine Rache ist fürchterlich. Höre auf mich und kehre auf den rechten Weg zurück. Sonst mußt Du fürchten, daß der Allmächtige sein Schwert zieht und über Dich kommt und Angst und Schrecken verbreitet mit seinem Arm und mit der Gewalt seiner Waffen, seine Gemahlin befreit und den mit Strenge heimsucht, der sie verfolgt und versklavt.

Vier Jahre später wurde das Schwert tatsächlich gezogen. Allerdings traf es nicht den Adressaten des Drohbriefes, sondern den Absender selbst. Am 29. Dezember 1170 wurde Thomas Becket, ehemaliger Kanzler von England und Freund des Königs, seit 1162 als Erzbischof von Canterbury auf Konfrontationskurs mit seinem ehemaligen Dienstherrn wegen dessen kirchlicher Machtansprüche, von vier übereifrigen Baronen seines »vielgeliebten Herrn« im Querschiff seiner Kathedrale erschlagen.

Daß die Auseinandersetzung zwischen dem von den Prinzipien der Gregorianischen Reform beseelten Becket und Heinrich II., der – ganz im Trend seiner Zeit – auch die kirchliche Rechtssprechung in seiner Hand zentralisieren wollte, nur durch den Tod eines der Kontrahenten beendet werden konnte, beruhte nicht nur auf dem ausgeprägten Eigensinn beider Gegenspieler, sondern auch auf ihrer beider Verletzlichkeit, die das plötzliche Ausscheiden Beckets aus der erfolgreichen Symbiose von Kanzler und König zwangsläufig mit sich gebracht hatte.

Eigensinn und Verletzlichkeit, dazu auf Beckets Seite ein Hang zur Verschlossenheit, wenn es um Entscheidungen ging, bei denen der Rat und das Verhandlungsgeschick anderer Schlimmeres hätten verhindern können, diese Eigenschaften ließen einen Konflikt auf seinen Höhepunkt zusteuern, der immerhin vierzig Jahre nach dem Investiturstreit bei diplomatisch und rhetorisch geschulten Verhandlungen nach kontinentalem Muster hätte beigelegt werden können.

Wer Thomas von Canterbury als Märtyrer verehrt, der wird diese Einschätzung nicht teilen. In Gottes Angelegenheiten kann, so mag eingewandt werden, die Kirche keinen Schritt weichen. Und in der Tat unterschied Becket nicht zwischen dem Willen Gottes und der Durchsetzung kirchlicher Rechtsprinzipien. Er sprach im Namen Gottes, um der Kirche zu dem von ihr selbst als kanonisch bestimmten Recht zu verhelfen.

Beckets Tod, in dessen Folge der Kirche zumindest formal zu einem Sieg in der Sache verholfen wurde, war jedoch kein Martyrium im eigentlichen Sinne, kein Tod für das Christuszeugnis oder für eigene Glaubensüberzeugungen. Allerdings verlor Becket sein Leben für ein Ziel, das nach seinem Gewissen kein Zurückweichen duldete: die »libertas Ecclesiae«. Heilige Prinzipientreue oder Halsstarrigkeit, Becket war bereit zu ganzem Einsatz. Welcher seiner Kritiker mag dies schon von sich selbst behaupten?

Lesehinweis: P. Aubé, Thomas Becket, Zürich 1990

Desmond Bell

30. Dezember — Gedenktag von Eckhart von Hochheim (Meister Eckhart) (ca. 1260- ca. 1328)

Eckhart, aus einer thüringischen Familie, die Besitz hatte in Hochheim bei Gotha, trat als junger Mann in das Dominikanerkloster in Erfurt ein, empfing die theologische Ausbildung (Paris?, Köln?), lehrte in Paris – erst als Lector, dann zweimal als Professor (»magister«), war Prior, Provinzial und Ordensvikar, schrieb »Lateinische« und »Deutsche Werke«, wurde als Häretiker angeklagt und (posthum) verurteilt. Sein Leben setzt man an zwischen 1260 und 1327-28 (1327 ging er zur Berufung gegen den Kölner Inquisitions-Prozeß nach Avignon; 1328 teilte Johannes XXII. nach Köln mit, Eckhart habe vor seinem Tod widerrufen; wie er gestorben ist, wissen wir nicht, ein Grab ist nicht bekannt).

Obwohl außer Eckhart nur Thomas von Aquin zweimal auf den einem ausländischen Dominikaner vorbehaltenen theologischen Lehrstuhl nach Paris berufen wurde und obwohl er in den Jahren seiner Leitungsämter im Orden schon rein physisch Ungeheures geleistet hat (zu Fuß unterwegs bis zu entlegenen Klöstern an der Ostsee, später in die Täler der Schweiz, und dies bei extremen klimatischen Bedingungen, wie sie heute nicht mehr gegeben sind), bleibt Eckhart nur als Mystiker bedeutsam – nicht jedoch als »Kontemplativer« (dafür lebte er viel zu aktiv) und auch nicht als Ekstatiker, Asket, Visionär. Eckhart ist ein Mystiker der geschenkten Einheit und Gleichheit, des Lassens und Leerwerdens, des Seins und nicht der Tugend(werke). Die Seele ist Sohn und Tochter Gottes; sie darf ihn wider-gebären, zu ihm »durchbrechen« und ewig bei ihm »ruhen«. In den »Reden der Unterscheidung« (nach 1294) findet sich diese »Nähe zu Gott« als des Eckhart eigene »Erfahrung« bezeugt (Kap. 21):

Der Vernunft ist nichts so eigen, so gegenwärtig, so nahe wie Gott. Niemals kehrt sie sich nach etwas anderem. Zu den Kreaturen kehrt sie sich nicht, es geschehe ihr denn Gewalt und Unrecht; dadurch wird sie recht gebrochen und verkehrt. Ist sie dann in einem jungen Menschen oder was für ein Mensch das sei, einmal verdorben, dann muß sie mit großem Fleiß gezogen werden und man muß alles dazu tun, was man kann, daß die Vernunft wieder hergewöhnt und hergezogen werde. Denn, wie eigen und natürlich ihr Gott auch ist, wenn sie zuerst einmal verdorben wird und mit den Kreaturen begründet wird und durch diese verbildet und daran gewöhnt wird, so wird sie in dem Maße verkränkt und unmächtig ihrer selbst und an ihrer edlen Gesinnung so sehr gehindert, daß aller Fleiß, den der Mensch aufbringen kann, immer noch zu klein ist, als daß er sich wieder vollkommen gewöhnen könnte. Wenn er das alles tut, bedarf es dennoch stetiger Hut. Solange lerne man sich zu lassen, bis man nicht Eigenes behält. Aller Zank und Unfriede kommen immer vom eigenen Willen, man merke es oder man merke es nicht. Man soll sich selbst mit all dem Seinen in einem lauteren entwordenen Willen und Begehren in den guten und liebsten Willen Gottes legen mit all dem, was man wollen und begehren kann in allen Dingen.

Die Gewalt dieses (erfahrungsgestifteten) Wissens könnte wegen der verhaltenen Schlichtheit der Sätze unerkannt bleiben. Nichts steht für Eckhart höher als die Vernunft, und zwar bei Mensch und (!) bei Gott. Wenn die Vernunft an den »bloßen Gott« rührt, dann geschieht endloses Loben im »Stillschweigen«. Dann kann der Mensch auf der Straße und unter Leuten sein, wandern (»auf einen Stein treten«), arbeiten oder schlafen: »Gott vergeht ihm nicht«. Eckhart dürfte schon »als junger Mensch« Gott so »nahe« gewesen sein, daß er ihm »zugekehrt« war und blieb. Dies wurde ihm nicht »gebrochen«. Uns Behinderten macht er Mut, sofern wir es lernen, die innere Armut zu gewinnen, »der Dinge allzumal ledig zu werden«; dann wird das Äußere ganz unwichtig, ob man gleich besitzt, sich müht, von Menschen umgeben ist: der Mensch bleibt »Gott gegenwärtig«, und das, weil Gott »in ihm« ist.

Lesehinweis: Meister Eckhart, Alles lassen – Einswerden (hrsg., übers. und komm. v. G. Stachel), München 1992

Günter Stachel

Todestag von John Wycliff (ca. 1320-1384) *31. Dezember*

Als John Wyclif 1384 in seiner Dorfpfarrei in Lutterworth sehr zurückgezogen starb, erregte diese Nachricht außerhalb Englands wenig Aufsehen. Dreißig Jahre später stand sein Name im Zentrum der öffentlichen Aufmerksamkeit. Das Konzil zu Konstanz ordnete die Verbrennung der Gebeine Wyclifs an und verurteilte Jan Hus als »Wyclifiten« zum Feuertod. Trotz dieser Verbrennungen lebte der »Wyclifismus« bis in die Zeiten der Reformation im Untergrund weiter. Wyclif, der Verfrühte, erlebte diese Zeiten nicht mehr, in der viele seiner Gedanken aufgegriffen und teilweise verwirklicht wurden, bereitete aber den Boden dafür, daß manche seiner Nachfolger nicht mehr als Ketzer verfolgt, sondern als Reformatoren in die Geschichts- und Gesangbücher eingingen. Er selbst wurde statt zum Reformator zum »Erzketzer« erhoben. Noch diese »Beförderung« spiegelt das kirchliche Denken in Hierarchien.

Wyclif erkannte und formulierte die Diskrepanz zwischen einer betont hierarchischen Kirchenstruktur und dem gleichzeitigen moralischen Verfall dieser Hierarchie deutlicher als seine Zeitgenossen.

Lange Zeit lebte er als unauffälliger Dozent an der Universität in Oxford, der die üblichen kleineren Pfründe als Gehalt bekam. Als Berater der Regierung in Kirchenfragen gewann er jedoch zunehmend Einblick in die finanzpolitischen Machenschaften der Kurie. Durch die Verlagerung der Kurie nach Avignon und das sich daraus entwickelnde Schisma geriet das Papsttum immer mehr zum Spielball nationaler und machtpolitischer Interessen. Die sich gegenseitig wahlweise als Ketzer oder Antichrist beschimpfenden (Gegen-)Päpste taten ein übriges, um das moralische Ansehen der kirchlichen Hierarchie zu schmälern. Anstöße zur innerkirchlichen Reform wie durch den Armen von Assisi und seine radikalen Nachfolger waren längst vergessen bzw. erfolgreich unterdrückt worden. Von diesen Kirchenerfahrungen her fragte Wyclif nach dem Grund der Kirche. Sein Projekt der Bibelübersetzung in die entstehende englische Schriftsprache begann er daher auch mit kirchenpolitischen Absichten:

Weil das ewige Wort Gottes fehlt und der Acker der Kirche verwüstet ist, herrscht überall geistiger Tod. Gottes Wort muß deshalb wieder lebendig werden. ... Christen sollen Tag und Nacht fleißig in der Heiligen Schrift lesen, namentlich das Evangelium in ihrer Muttersprache. Aber weltliche Priester erwidern, Laien können leicht irren. Geradeso leicht kann ein stolzer weltlicher Priester irren dem lateinischen Evangelium zuwider. Die Kinder machen auch beim Lesen zuerst Fehler; soll man sie deshalb nie zum Lesen kommen lassen? Jedermann ist verpflichtet, in der Schrift zu forschen, damit er selig werde.

Wyclifs biblischer Radikalismus konkretisierte sich in vielen Fragen des kirchlichen Lebens. Im 1250 endgültig dogmatisierten Glaubenssatz von der Transsubstantiation konnte er nur den Allmachtsanspruch seitens des Papstes und seiner Priester entdecken. Desweiteren wandte er sich gegen das priesterliche Weihesakrament und den Zölibat, die Ohrenbeichte und die letzte Ölung, die Ablaßpraxis, die Reliquienverehrung und das Wallfahrtswesen. Hier wird Wyclifs Bedeutung für Spätere – Hus, Luther und andere – sichtbar. Doch stand er nicht allein und fremd in seiner Zeit, denn jeder »wirkliche Ketzer ist Ausdruck, ist Gesandter jener Kräfte, die aus dem Untergrund eines Zeitalters, einer Generation nach Umgestaltung von Glauben und Leben drängen; er ist der Mund des noch Unsagbaren, des Ungestalteten, das im Untergrund brodelt« (Alfons Rosenberg). Auch wenn die Thesen seiner letzten Schriften immer gewagter wurden, blieb das Evangelium für Wyclif die Grundlage jeder Kritik. Vor allem aber war er durchdrungen von einem konsequenten Armutsideal, was ihm die Feindschaft nicht nur der kirchlichen Hierarchie, sondern auch der besitzenden Mönchsorden einbrachte. Allein der Schutz durch den englischen Adel, der durchaus ein eigenes Interesse an der Eindämmung der weltlichen Ansprüche der Kirche hatte, ersparte ihm den Scheiterhaufen.

Lesehinweis: A. Rosenberg, Wiclif und Hus, in: H.-J. Schultz (Hg.), Die Wahrheit der Ketzer, Stuttgart 1968

Karl-Werner Peitzmann

Verzeichnis der porträtierten Gestalten in alphabetischer Reihenfolge

Abaelard, Peter: 24. April
Abraham a Santa Clara = Megerle, Ulrich: 2. Juli
Acton, Lord John Emmerich Edward: 19. Juni
Adorno, Theodor W.: 11. März
Albertus Magnus (Albert von Köln): 15. November
Alfons von Liguori: 1. August
Alfrink, Bernard: 17. Dezember
Ambrosius von Mailand: 7. Dezember
Andres, Stefan: 26. Juni
Angelus Silesius = Scheffler, Johann: 9. Juli
Anselm von Canterbury: 21. April
Antonios (d. Große): 17. Januar
Antonius von Padua: 13. Juni
Arendt, Hannah: 4. Dezember
Arnim, Bettine von: 5. April
Arrupe, Pedro: 14. November
Athanasios: 2. Mai
Augustinus von Hippo: 28. August

Baader, Franz von: 23. Mai
Bach, Sebastian: 28. Juli
Bachmann, Ingeborg: 24. Juni
Balthasar, Hans Urs von: 12. August
Barat, Madeleine-Sophie: 24. Mai
Barlach, Ernst: 24. Oktober
Barth, Karl: 16. Mai
Basedow, Johann Bernhard: 11. September
Bea, Augustin: 28. Mai
Beauduin, Lambert: 11. Januar
Becket, Thomas: 29. Dezember
Belloc, Hilaire: 27. Juli
Benedikt von Nursia: 11. Juli
Benincasa, Catarina (von Siena): 29. April
Benjamin, Walter: 27. September
Berdjajew, Nikolai Alexandrowitsch: 5. März
Bernanos, George: 19. Februar
Bernardone, Giovanni = Franziskus (von Assisi): 4. Oktober
Bernhard von Clairvaux: 20. August
Bettelheim, Bruno: 13. März
Birgitta von Schweden: 23. Juli
Bloch, Ernst: 3. August
Blondel, Maurice: 2. November
Bloy, Léon: 3. November
Bodelschwingh, Friedrich von: 2. April
Böhme, Jakob: 17. November
Böll, Heinrich: 21. Dezember
Bonaventura = Fidanza, Johannes: 15. Juli

Bonhoeffer, Dietrich: 9. April
Bora, Katharina von: 21. Januar
Borromeo, Carlo: 4. November
Bosco, Giovanni: 16. August
Brandström, Elsa: 4. März
Brandts, Franz: 12. November
Brant, Sebastian: 10. Mai
Brauns, Heinrich: 19. Oktober
Bruckner, Anton: 4. September
Brunner, Emil: 23. Dezember
Bruno, Giordano: 18. Februar
Buber, Martin: 8. Februar
Bucer, Martin: 27. Februar
Bultmann, Rudolf: 18. August

Calvin, Jean: 10. Juli
Campanella, Tommaso: 21. Mai
Campe, Joachim Heinrich: 21. Oktober
Camus, Albert: 4. Januar
Cardijn, Josef: 24. Juli
Casalis, George: 16. Januar
Casel, Odo: 28. März
Celan, Paul: 23. November
Chagall, Marc: 29. März
Chantal, Jeanne-Françoise de: 12. Dezember
Chesteron, Gilbert Keith: 14. Juni
Chevrier, Antoine: 3. Oktober
Claudel, Paul: 23. Februar
Claudius, Matthias: 15. August
Comenius = Komensky, Jan Amos: 13. November
Cusanus = Nikolaus von Kues: 11. August
Cyprian= 16. September
Cyrill = Kyrillos von Jerusalem: 18. März

Delp, Alfred: 2. Februar
Dessauer, Friedrich: 16. Februar
de Veuster, Damian: 15. April
Dewey, John: 20. Oktober
Diesterweg, Friedrich Adolf: 29. Oktober
Dirks, Walter: 9. Januar
Döllinger, Ignaz Heinrich von: 10. Januar
Döpfner, Julius: 26. August
Dominikus = Guzman, Domingo de: 8. August
Dostojewski, Fedor Michailowitsch: 9. Februar
Dransfeld, Hedwig: 31. März
Dunant, Henri: 30. Oktober
Duns Scotus, Johannes: 8. November
Dürer, Albrecht: 6. April

Ebner, Ferdinand: 17. Oktober
Ebner-Eschenbach, Marie von: 12. September
Eckhart von Hochheim = Meister Eckhart: 30. Dezember
Eichendorff, Joseph Freiherr von: 26. November
Ellacuría, Ignacio: 16. November
Ephräm der Syrer: 9. Juni
Erasmus von Rotterdam: 12. Juli
Exeler, Adolf: 14. Februar

Faulhaber, Michael von: 12. Juni
Färber, Karl: 18. April
Felbiger, Johann Ignaz von: 6. November
Fey, Clara: 11. April
Fidanza, Johannes = Bonaventura: 15. Juli
Foerster, Friedrich Wilhelm: 2. Juni
Foucauld, Charles de: 1. Dezember
Franck, Sebastian: 19. Januar
Francke, August Hermann: 8. Juni
Frank, Anne: 19. März
Franziska von Chantal = Chantal, Jeanne-Françoise de: 12. Dezember
Franz von Assisi = Bernardone, Giovanni: 4. Oktober
Franz von Sales (François de Sales): 24. Januar
Franz Xaver (Francisco de Jassu y Javier): 3. Dezember
Freinet, Célestin: 8. Oktober
Freud, Sigmund: 23. September
Frings, Josef: 6. Februar
Fröbel, Friedrich: 21. Juni
Fromm, Erich: 23. März

Galen, Klemens August Graf von: 16. März
Galilei, Galileo: 8. Januar
Galli, Mario von: 28. September
Gallitzin, Amalie Fürstin von: 27. April
Galura, Bernard: 21. August
Gerhardt, Paul: 12. März
Gertrud von Helfta: 5. Januar
Gide, André: 22. November
Gmeiner, Hermann: 23. Juni
Gnauck-Kühne, Elisabeth: 13. April
Gogarten, Friedrich: 13. Januar
Gogh, Vincenz van: 29. Juli
Gotthelf, Jeremias: 23. Oktober
Görres, Ida Friederike: 17. Mai
Görres, Joseph: 25. Januar
Göttler, Joseph: 14. Oktober
Götzel, Gustav: 8. Mai
Graf, Willi: 12. Oktober
Greene, Graham: 3. April
Gregor (d. Große): 3. September
Gregorios von Nazianz: 2. Januar
Gregorios von Nyssa: 9. März
Grimm, Wilhelm: 16. Dezember
Grünewald, Matthias = Neithardt, Mathis: 31. August

Grundtvig, Nikolaj Frederik Severin: 2. September
Gryphius, Andreas: 16. Juli
Guardini, Romano: 17. Februar
Günther, Anton: 18. November
Guzman, Domingo de (Dominikus): 8. August

Haecker, Theodor: 4. Juni
Hahn, Kurt: 5. Juni
Hamann, Johann Georg: 27. August
Hammarskjöld, Dag: 18. September
Hammelsbeck, Oskar: 22. Mai
Hardenberg, Friedrich von = Novalis: 25. März
Harnack, Adolf von: 7. Mai
Hebel, Johann Peter: 20. September
Heer, Friedrich: 19. September
Heine, Heinrich: 13. Dezember
Heinen, Anton: 3. Januar
Hensel, Luise: 19. Dezember
Herbart, Johann Friedrich: 4. Mai
Herder, Johann Gottfried: 18. Dezember
Hermes, Georg: 25. Mai
Hieronymus: 30. September
Hildegard von Bingen: 17. September
Hirscher, Johann Baptist: 20. Januar
Hitze, Franz: 20. Juli
Hofbauer, Klemens Maria: 15. März
Hohoff, Wilhelm: 10. Februar
Horvath, Ödön von: 9. Dezember
Hrabanus Maurus: 4. Februar
Hrotsvit = Roswitha von Gandersheim: 5. September
Huch, Ricarda: 18. Juli
Hus, Jan: 6. Juli
Hutten, Ulrich von: 29. August
Hügel, Friedrich von: 3. Mai

Ignatius von Loyola (Iñigo López de Loyola): 31. Juli
Irenäus von Lyon: 17. März

Janssen, Arnold: 5. November
Jaspers, Karl: 26. Februar
Jägerstetter, Franz: 10. August
Jesus von Nazareth: 24. Dezember
Joachim von Fiore: 20. März
Johannes Chrysostomos: 13. September
Johannes vom Kreuz (Juan de Yepes): 14. Dezember
Johannes von Damaskus: 27. März
Jordan, Pascual: 18. Oktober
Juana Inés de la Cruz: 17. April
Juliana von Norwich: 22. Juli
Jung, Carl Gustav: 6. Juni
Jungmann, Josef Andreas: 26. Januar

Kafka, Franz: 3. Juni
Kant, Immanuel: 22. April

Karlstadt, Andreas = Andreas Bodenstein: 25. Dezember
Karrer, Otto: 30. November
Kaschnitz, Marie-Luise: 10. Oktober
Katharina von Siena = Benincasa Catarina: 29. April
Kazantzakis, Nikos: 26. Oktober
Ketteler, Wilhelm Emmanuel von: 13. Juli
Kierkegaard, Sören: 5. Mai
King, Martin Luther: 4. April
Klausener, Erich: 30. Juni
Klemens von Alexandrien: 28. Dezember
Klepper, Jochen: 11. Dezember
Klompé, Marga: 28. Oktober
Klostermann, Ferdinand: 22. Dezember
Kneipp, Sebastian: 17. Juni
Kolbe, Maximilian: 14. August
Kollwitz, Käthe: 8. Juli
Kolping, Adolf: 8. Dezember
Komensky, Jan Amos = Comenius: 13. November
Korczak, Janusz: 5. August

Lagerlöf, Selma: 21. November
Lagrange, Marie-Joseph: 7. März
Lamennais, Félicité de: 18. Juni
Lange, Ernst: 4. Juli
Langgässer, Elisabeth: 26. Juli
Las Casas, Bartholomé de: 30. Juli
Lasker-Schüler, Else: 11. Februar
Lavant, Christine: 7. Juni
le Fort, Gertrud von: 11. Oktober
Lessing, Gotthold Ephraim: 15. Februar
Lietz, Hermann: 28. April
Lilje, Hans: 6. Januar
Litt, Theodor: 26. Dezember
Llull, Ramon: 3. Juli
Loisy, Alfred: 28. Februar
Luciani, Albino = Johannes Paul I.: 29. September
Luther, Martin: 10. November

Makarenko, Anton Semjonowitsch: 1. März
Mallinckrodt, Pauline von: 30. April
Marcel, Gabriel: 9. Oktober
Maria Theresia: 29. Oktober
Martin, Thérèse (von Lisieux): 1. Oktober
Martin (von Tours): 11. November
Marx, Karl: 14. März
Mayer, Rupert: 1. November
Mechthild von Magdeburg: 1. Februar
Megerle, Ulrich = Abraham a Santa Clara: 2. Juli
Meister Eckhart = Eckhart von Hochheim: 30. Dezember
Melanchthon, Philipp: 19. April
Mendelssohn, Moses: 6. September
Merici, Angela: 27. Januar
Michel, Ernst: 8. April
Montalembert, Charles Forbes-René de: 14. April

Montessori, Maria: 1. September
Montini, Giovanni Battista = Paul VI.: 26. September
More, Thomas: 7. Februar
Möhler, Johann Adam: 12. April
Mörike, Eduard: 8. September
Müntzer, Thomas: 27. Mai
Muth, Carl: 31. Januar

Neithardt, Mathis = Matthias Grünewald: 31. August
Neill, Alexander Sutherland: 22. September
Nell-Breuning, Oswald von: 8. März
Neri, Filippo: 21. Juli
Neuhaus, Agnes: 20. November
Newman, John Henry: 21. Februar
Niemöller, Martin: 6. März
Nietzsche, Friedrich: 25. August
Nikolaus von Flüe: 25. September
Nikolaus von Kues: 11. August
Nohl, Hermann: 7. Oktober
Novalis = Hardenberg, Friedrich von: 25. März

Oberthür, Franz: 6. August
O'Connell, Daniel: 15. Mai
Oetinger, Friedrich: 6. Mai
Origenes: 11. Mai
Overbeck, Franz: 26. Mai
Overberg, Bernard: 9. November

Pallotti, Vincenzo: 22. Januar
Paracelsus = Theophrastus Bombastus (von Hohenheim):
    24. September
Parsch, Pius: 18. Mai
Pascal, Blaise: 19. August
Paulus (von Tarsus): 29. Juni
Pestalozzi, Johann Heinrich: 12. Januar
Petersen, Peter: 22. Juni
Pfleger, Karl: 6. Oktober
Piaf, Edith: 15. Dezember
Piaget, Jean: 15. September
Pichler, Johann Evangelist: 22. März
Pirckheimer, Caritas: 21. März
Planck, Max: 23. April
Popielusko, Jerzy: 14. September
Porete, Margareta: 1. Juni
Preysing, Konrad von: 30. August
Przywara, Erich: 13. Oktober

Ragaz, Leonhard: 6. Dezember
Rahner, Karl: 30. März
Reichensperger, Peter: 29. Mai
Riemenschneider, Tilman: 7. Juli
Romero, Oscar Arnulfo: 24. März
Roncalli, Angelo = Johannes XXIII.: 25. November
Rosenstock-Huessy, Eugen: 24. Februar

Rosenzweig, Franz: 10. Dezember
Rosmini-Serbati, Antonio: 26. März
Rossaint, Joseph-Cornelius: 16. April
Roswitha = Hrotsvit von Gandersheim: 5. September
Rouault, George: 13. Februar
Rousseau, Jean-Jacques: 28. Juni

Sachs, Nelly: 12. Mai
Sailer, Johann Michael: 20. Mai
Saint-Exupéry, Antoine de: 2. August
Salzmann, Christian Gotthilf: 31. Oktober
Savonarola, Girolamo: 21. September
Scheffler, Johann = Angelus Silesius: 9. Juli
Scheler, Max: 19. Mai
Schell, Herman: 31. Mai
Schlegel, Friedrich von: 10. März
Schleiermacher, Friedrich: 12. Februar
Schmid, Christoph von: 17. August
Schneider, Friedrich: 27. Oktober
Schneider, Reinhold: 13. Mai
Scholl, Hans und Sophie: 22. Februar
Schröder, Rudolf Alexander: 23. August
Schweitzer, Albert: 14. Januar
Schulte, Paul: 7. Januar
Seraphim von Sarow: 19. Juli
Seuse, Heinrich: 23. Januar
Sieveking, Amalie: 1. April
Söderblom, Nathan: 15. Januar
Solowjew, Wladimir: 13. August
Sonnenschein, Carl: 20. Februar
Spee, Friedrich von: 7. August
Spener, Philipp Jakob: 5. Februar
Spinoza, Baruch de: 24. November
Spranger, Eduard: 27. Juni
Sproll, Joannes Baptista: 2. Oktober
Stallmann, Martin: 29. Januar
Stein, Edith: 9. August
Stensen, Niels: 5. Dezember
Stieglitz, Heinrich: 3. März
Stier, Fridolin: 2. März
Stolberg, Friedrich Leopold Graf zu: 7. November
Stolz, Alban: 16. Oktober
Suhard, Emmanuel-Célestin: 30. Mai
Suttner, Bertha von: 11. Juni

Taubes, Jacob: 25. Februar
Tauler, Johann: 16. Juni
Teilhard de Chardin, Pierre: 1. Mai
Teresa de Ahumada (von Avila): 15. Oktober
Tertullian: 5. Juli
Teusch, Christine: 25. Oktober
Thadden, Elisabeth von: 7. September
Therese von Lisieux = Martin, Thérèse: 1. Oktober
Tiele-Winckler, Eva von: 20. Juni
Thomas von Aquin (Tommaso di Aquino): 28. Januar
Thomas von Kempen: 25. Juli
Tillich, Paul: 22. Oktober
Tolstoj, Lew Nikolajewitsch: 9. September
Torres, Camilo: 3. Februar
Trimborn, Carl: 2. Dezember
Tucholsky, Kurt: 20. Dezember
Tyrell, George: 14. Juli

Undset, Sigrid: 10. Juli

Vianney, Jean-Baptiste-Marie: 4. August
Vinzenz von Paul (Vincent de Paul): 25. April
Volk, Hermann: 27. Dezember

Walther von der Vogelweide: 14. Mai
Ward, Mary: 30. Januar
Weber, Helene: 25. Juni
Weber, Max: 15. Juni
Weigl, Franz Xaver: 19. November
Weil, Simone: 24. August
Weitling, Wilhelm: 5. Oktober
Werfel, Franz: 10. September
Werthmann, Lorenz: 10. April
Wichern, Johann Hinrich von: 7. April
Willmann, Otto: 1. Juli
Windthorst, Ludwig: 18. Januar
Wittgenstein, Ludwig: 26. April
Wittig, Joseph: 22. August
Wolker, Ludwig: 17. Juli
Wyclif, John: 31. Dezember

Ziller, Tuiskon: 20. April
Zillken, Elisabeth: 27. November
Zinzendorf, Ludwig Graf von: 9. Mai
Zweig, Stefan: 28. November
Zwingli, Huldrych: 1. Januar

Verzeichnis der Autorinnen und Autoren in alphabetischer Reihenfolge

Gottfried Adam: 15.1., 22.5., 23.8.
Wilhelm Albrecht: 17.6.
Michael Albus: 12.8.
Andreas-Pazifikus Alkofer: 13.6.
Ferdinand Angel: 8.1., 16.2., 24.9., 5.12.
Walter Asmus: 4.5.

Klemens Baake: 25.5., 18.11.
Hedwig Bach: 11.10.
Franz-Josef Bäumer: 5.3.
Guido Bee: 16.3., 30.8.
Desmond Bell: 14.6., 19.6., 27.7., 29.12.
Hans Günther Bender: 1.12.
Ewald Berning: 10.9., 23.10.
Otto Betz: 16.12.
Günter Biemer: 21.8.
Albert Biesinger: 12.4.
Gerhard Birk: 5.11.
Eugen Biser: 25.8.
Gottfried Bitter: 14.2., 13.5., 17.5., 28.7.
Martina Blasberg-Kuhnke: 29.4., 4.7.
Fritz Bohnsack: 20.10.
Karl Bopp: 16.8.
Bernd Börger: 17.7.
Christine Böse: 21.1., 7.9.
Werner Brändle: 25.12.
Friedrich Brandi: 13.1.
Bernhard Braun: 9.10.
Ines Breinbauer: 27.10.
Anton A. Bucher: 15.9.
Veronika Buter-Strack: 23.2., 22.11.

Winfried Cramer: 9.6.

Albert Damblon: 2.7.
Erwin Dirscherl: 28.2., 3.5., 31.5., 14.7.
Ulrich Dobhan: 15.10.
Peter Dückers: 7.12.
Leon Dyczewski: 14.8.

Franziskus Eisenbach: 27.12.
Marilene Emmerich: 25.10.
Ulrich Engel: 8.8.
Henny Engels: 31.3., 13.4., 25.6.
Hildegard Englert: 8.7.
Rudolf Englert: 2.1., 5.1., 12.1., 15.2., 26.2., 18.3., 25.3., 19.4., 24.4., 10.5., 27.5., 26.6., 12.7., 15.8., 27.9.

Norbert Esser: 19.7., 9.11.
Martin Evang: 18.8.

Heinz-Josef Fabry: 7.3.
Erich Feifel: 1.3.
Ernst Feil: 9.4.
Margret Fell: 27.1., 30.1.
Hans-Jürgen Findeis: 14.1.
Dietlind Fischer: 13.3., 19.12.
Dorothee Fischer: 17.2.
Simon Peter Fischer: 30.10.
Hans-Jürgen Fraas: 23.9.
Kathrin Frey: 27.4., 7.11.
Dieter Froitzheim: 6.2.
Ursula Frost: 12.2., 10.3., 18.12.
Dieter Fuchs: 21.6.
Gotthard Fuchs: 2.2., 9.7.
Walter Fürst: 20.1., 20.5.
Kuno Füssel: 16.1.
Dieter Funke: 23.1.

Helmut Gabel: 4.8.
Hans Gasper: 30.11.
Albert Gerhards: 28.3.
Bernhard Gertz: 13.10., 25.11.
Josef Gerwing: 22.2., 4.10., 8.11.
Reinhard Göllner: 1.11.
Karl-Werner Goldhammer: 30.6.
Ulrich Gorki: 30.3., 3.7.
Regina Gröger: 11.4., 11.6., 15.12.
Albrecht Grözinger: 8.9.
Heinrich Grosse: 4.4.
Ralph Güth: 10.8.
Heini Gut: 9.5.

Reimund Haas: 20.11., 2.12.
Gabi Häußler: 5.4.
Silvia Hagleitner: 1.2., 22.7., 23.7.
Hubertus Halbfas: 1.9.
Heinrich Hamm: 22.1.
Franz-Rudolf Hartwich: 19.2., 9.12.
Klemens Hasenberg: 18.10.
Hanspeter Heinz: 3.9.
Theresia Heither: 11.5., 28.12.
Klaus Hemmerle: 23.5.
Carolin Hengholt: 3.4., 30.7.
Waltraud Herbstrith: 6.9.

Anne Heusmann-Eßer: 4.12.
Georg Hilger: 3.3., 8.5., 19.11.
Christine Hober: 12.9.
David Hober: 13.12., 20.12.
Hans-Joachim Höhn: 15.6.
Mathias Hugoth: 10.4.

Monika Jakobs: 29.8.
Jürgen Jansen: 1.4., 20.6.
Burglind Jantscher-Scheler: 10.6.
Bernhard Jendorff: 11.7., 20.8.
Dieter Jeschke: 7.5.
Hartmut Joisten: 27.2.
Hans Jorissen: 28.1.
Claudia Julius: 8.12.
Gerd Jungbluth: 23.6.

Thomas Kaut: 7.2., 18.2., 16.4.
Eva-Martina Kindl: 19.3., 2.8., 5.9.
Hermann Kirchhoff: 8.2.
Michael Klein: 30.5., 3.10.
Nikolaus Klein: 28.9.
Christoph Klemp: 23.4.
Anneliese Knoop-Graf: 12.10.
Lydia Koelle: 12.5., 23.11., 11.12.
Wilfried Köpke: 9.1., 8.3., 6.12.
Reinhard Körner: 14.12.
Helga Kohler-Spiegel: 4.3., 1.6.
Roland Kollmann: 28.4., 5.6.
Raymund Kottje: 4.2.
Werner Krämer: 14.3.
Hartmut Kreß: 2.4., 7.4.
Ludwig Kröner: 21.3.
Wolfgang Krone: 24.2., 22.6., 17.10., 10.12.
Klaus Kürzdörfer: 2.9.
Lothar Kuld: 21.2., 17.8.

Rainer Lachmann: 11.9., 21.10., 31.10.
Josef Lamberts: 11.1.
Günter Lange: 13.2., 27.3., 6.4., 31.8.
Annegret Langenhorst: 17.4.
Georg Langenhorst: 26.7., 26.10.
Michael Langer: 2.6., 4.6., 6.8.
Wolfgang Langer: 15.3., 22.3.
Peter Langhorst: 18.1.
Gerhard Larcher: 2.11.
Michael Lauble: 4.1.
Hanna-Renate Laurien: 26.8.
Martin Lechner: 25.9.
Wolfgang Lentzen-Deis: 11.8.
Antoni Lewek: 14.9.
Michael Linke: 8.10.
Elisabeth Lochthowe: 26.11.
Ralph Loevenich: 5.10.
Meinolf Lohrum: 15.11.

Johannes von Lüpke: 27.8.
Bernhard Lutz: 15.4., 25.4.

Theodor Maas-Ewerd: 26.1., 18.5.
Wilhelm Mader: 19.5.
Eva Matthes: 27.6., 26.12.
Ernstpeter Maurer: 16.5., 23.12
Karl-Heinz Menke: 26.3.
Norbert Mette: 24.3., 16.11.
Gabriele Miller: 8.2., 2.3., 17.9., 2.10.
Michael Mingenbach: 7.1.
Heinrich Missalla: 6.3.
Hubert Mockenhaupt: 19.10.
Wulfried Muth: 31.1.

Wolfgang Nastainczyk: 6.11.
Paul Neuenzeit: 29.6.
Peter Neuner: 10.1.
Claudia Neyer: 14.4.
Franz W. Niehl: 24.12.
Karl Ernst Nipkow: 29.1., 7.10.
Winfried Nonhoff: 12.6., 28.11.
Ursula Nothelle-Wildfeuer: 13.7., 20.7., 12.11.
Rosemarie Nürnberg: 9.8., 28.8.

Ute Oelmann: 11.2.
Markus Offner: 14.11.
Jörg Ohlemacher: 6.1.

Karl-Werner Peitzmann: 6.7., 31.12.
Tiemo Rainer Peters: 26.5.
Paul Petzel: 29.3., 7.7., 29.7.
Heinrich Pleticha: 21.11.
Franz Pöggeler: 3.1., 20.2.

George Reilly. 15.5.
Josef Römelt: 1.8.
Markus Roentgen: 24.6
Eberhard Rolinck: 22.10.
Klaus Roos: 16.10.
Horst F. Rupp: 29.10.
Godehard Ruppert: 25.1., 7.8., 4.11.

Susanne Sandherr: 25.2., 11.3., 28.6.
Dorothee Sandherr-Klemp: 7.6., 1.10.
Ralph Sauer: 5.8., 3.11.
Ursula Schachl-Raber: 18.7., 27.11.
Edeltraud Schätzle: 10.10.
Christoph Th. Scheilke: 6.5.
Günter Schiwy: 1.5.
Albrecht Schöll: 5.2.
Georg Schöllgen: 5.7., 13.9.
Elisabeth Schrader: 18.6.
Thomas Schreijäck: 13.8., 9.9.

Anton Schrettle: 4.9.
Henning Schroer: 5.5., 10.11., 13.11.
Harald Schroeter: 12.3.
Heinz Schütte: 28.5.
Heribert Schützeichel: 10.7.
Gabriele Schuth: 12.12.
Josef Senft: 10.2., 8.4.
Hermann-Josef Silberberg: 24.1.
Werner Simon: 1.7., 14.10.
Johannes Soika: 30.4.
Klaus Sonnberger: 28.10., 17.12.
Heino Sonnemans: 3.8.
Andreas Speer: 15.7.
Jakob Speigl: 11.11.
Günter Stachel: 30.12.
Marcus Stark: 17.1.
Thomas Sternberg: 9.3., 17.3.
Christoph Strack: 18.4., 6.10.

Joachim Theis: 20.4.
Johannes Thiele: 19.9., 21.12.
Werner Trutwin: 19.8., 24.11.
Helmut Tschöpe: 22.8.

Isa Vermehren: 24.5.
Stefan Vesper: 29.5., 24.7.

Hans Waldenfels: 31.7., 3.12.
Adam Wandruszka: 29.11.
Ludwig Watzal: 25.7., 18.9.
Klaus Wegenast: 1.1.
Gerhard Wehr: 23.1., 16.6., 17.11.
Norbert Weidinger: 20.3., 21.5.
Hans Martin Weikmann: 16.9., 30.9.
Jürgen Werbick: 21.4., 22.4.
Siegfried Wibbing: 8.6.
Hans-Josef Wilting: 3.2., 21.9., 26.9.
Joachim Windolph: 29.9.
Sturmius Wittschier: 3.6., 6.6.
Erhard Wolf: 19.1.
Agnes Wuckelt: 24.8.
Konrad Wünsche: 26.4.
Andreas Würbel: 2.5.
Reinhard Wunderlich: 20.9.

Helmut Zander: 16.7., 21.7.
Wilhelm Zauner: 22.12.
Hans-Georg Ziebertz: 22.9.
Kurt Zisler: 24.10.
Herbert A. Zwergel: 14.5.

Quellenverzeichnis

Bilder

13. Februar
Georges Rouault, De profundis. © VG Bild-Kunst, Bonn 1993

29. März
Marc Chagall, Der Engel mit der Thora. Federzeichnung auf Papier, 22 x 14 cm. Für »Lumières allumées« von Bella Chagall. Privatbesitz

6. April
Albrecht Dürer, Selbstbildnis als Christus, 1500, Alte Pinakothek München. Franz Winzinger, in: Kindlers Malerei Lexikon, Bd. III, München 1976, S. 291

7. Juli
Tilman Riemenschneider, Beweinungsrelief in der Kirche in Maidbronn (Detail)

8. Juli
Käthe Kollwitz, Mutter beschirmt ihre Kinder – »Saatfrüchte dürfen nicht vermahlen werden«. © VG Bild-Kunst, Bonn 1993

29. Juli
Arnulf Rainer, Van Gogh als Zigeunerkönig, 1977, Öl und Ölkreide auf Foto. Rechte beim Künstler

24. Oktober
Ernst Barlach, Russische Bettlerin II, 1907. © Ernst und Hans Barlach Lizenzverwaltung

Texte

26 April
Aus: Rudolf Wittgenstein, Über Gewißheit. © Suhrkamp Verlag, Frankfurt am Main 1970

12. Mai
Aus: Fahrt ins Staublose. Die Gedichte der Nelly Sachs. © Suhrkamp Verlag, Frankfurt am Main 1961

3. Juni
Aus: Franz Kafka, Sämtliche Erzählungen. S. Fischer Verlag GmbH, Frankfurt am Main 1972

24. Juni
© R. Piper & Co. Verlag, München 1978

23. August
Aus: Rudolf Alexander Schröder, Gesammelte Werke, Die Gedichte. © Suhrkamp Verlag, Frankfurt am Main 1952

10. September
Aus: Franz Werfel, Die vierzig Tage des Musa Dagh. © 1933 by Paul Zsolnay Verlag, Wien. Alle Rechte vorbehalten S. Fischer Verlag GmbH, Frankfurt am Main (Auszug)

23. November
Aus: Paul Celan: Die Niemandsrose. © S. Fischer Verlag GmbH, Frankfurt am Main 1963

Tradition Lebt

Die vielen Gesichter Gottes
Ein Lesebuch
Hrsg. von Franz W. Niehl unter Mitarbeit von Gotthard Fuchs
144 Seiten. Gebunden

Durch die Texte und Bilder dieses Buches werden wir in die unablässige Suche von Menschen nach Gott – quer durch Kulturen und Jahrhunderte – hineingezogen. Im Buch finden sich u. a. Texte von Buber, Meister Eckhart, Grass, Heine, Luther, Rilke, Nelly Sachs, Silesius, Walser, Wiesel, Wittgenstein, chassidische Geschichten und Texte der Bibel.

Möchten Sie unsterblich sein?
Ein Lesebuch
Hrsg. von Franz W. Niehl und Rüdiger Kaldewey
160 Seiten. Gebunden

Mit Sterben und Tod geraten wir an die Grenze des Schweigens. Bilder und Texte dieses Lesebuchs helfen, unabweisbare Fragen zu stellen und auszuhalten. Das Buch enthält u. a. Texte von Bonhoeffer, Brecht, Buber, Epikur, Frisch, Goethe, Heine, Lasker-Schüler, Mozart, Platon, Proust, Romero, Sölle, Wiesel, Texte östlicher Weisheit und Texte der Bibel.

Der Fremde aus Nazareth
Ein Lesebuch
Hrsg. von Franz W. Niehl unter Mitwirkung von Gotthard Fuchs
169 Seiten. Gebunden

Seit 2000 Jahren läßt Jesus, jener Fremde aus Nazareth, Menschen nicht los. Sie geben die Suche nach einem der großen Hoffnungsträger der Menschheit nicht auf. Zeugnisse dieser Faszination enthält das vorliegende Lesebuch. Im Buch finden sich u. a. Texte von Bloch, Bonhoeffer, Gandhi, Hesse, Heine, Kästner, Luther, Miller, Nietzsche, Origenes, Pascal, Weil, Wilde, Texte aus Bibel und Talmud.

Die Botschaft der Bilder

Otto Betz
In geheimnisvoller Ordnung
Urformen und Symbole des Lebens
*Großformat. 16 Farbtafeln von
Ernst Steiner 173 Seiten. Gebunden*

Ein faszinierender Führer zu Bildern und Symbolen, die uns prägen; eine Sehschule, die uns die Urformen des Lebens erschließt. Seinen besonderen Reiz erhält dieses faszinierende Buch durch zahlreiche Farbtafeln des bekannten Wiener Malers Ernst Steiner.

Helene Hoerni-Jung
Maria – Bild des Weiblichen
Ikonen der Gottesgebärerin
*Großformat. 18 Ganzseitige
Farbtafeln. 192 Seiten. Gebunden*

Marien-Ikonen werden zu Orten der Begegnung von individuellem Schauen, spiritueller Botschaft und tiefenpsychologischer Erkenntnis. Dieses fundierte und schön gestaltetes Buch von Helene Hoerni-Jung, der Tochter C. G. Jungs, eröffnet einen neuen Blick auf 18 Marienikonen.

Alex Stock
Gesicht – bekannt und fremd
Neue Wege zu Christus durch Bilder
des 19. und 20. Jahrhunderts
*Großformat. Zahlreiche z. T. farbige
Abbildungen. 160 Seiten. Gebunden*

Mit Kunstwerken Wahrheit entdecken: Dieser wertvolle Band eröffnet über genaue Betrachtungen von Bildern des 19. und 20. Jahrhunderts verblüffende Zugänge zur Gestalt Christi.

Katharina Winnekes (Hrsg.)
Christus in der bildenden Kunst
Von den Anfängen bis zur Gegenwart
Eine Einführung
*Großformat. Über 50 meist farbige
Abbildungen. 152 Seiten. Gebunden*

Dieses Buch führt fundiert in die künstlerische Entwicklung des Christusbildes ein. Es bietet einen faszinierenden Überblick von den Anfängen des Christentums bis zur Kunst des 20. Jahrhunderts.